POSSARD (HRSG.)

BERUFSRECHT KOMPAKT:

SAMMLUNG RELEVANTER BESTIMMUNGEN FÜR BUCHHALTER:INNEN, BILANZBUCHHALTER:INNEN UND PERSONALVERRECHNER:INNEN.

RECHTLICHES BASISWISSEN FÜR DIE BERUFSAUSÜBUNG UND FÜR DIE PRAXIS.

Stand: 01.03.2025

3., überarbeitete und aktualisierte Auflage

Bibliografische Information der Deutschen Nationalbibliothek: Die Deutsche Nationalbibliothek verzeichnet diese Publikation in der Deutschen Nationalbibliografie; detaillierte bibliografische Daten sind im Internet über http://dnb.dnb.de abrufbar.

Stand: 01.03.2025 | 3., überarbeitete und aktualisierte Auflage
Marlon Possard (Hrsg.) | ISBN: 978-3-8192-0755-6

<u>Verlag:</u>
BoD · Books on Demand GmbH,
Überseering 33, 22297 Hamburg
bod@bod.de

<u>Druck:</u>
Libri Plureos GmbH
Friedensallee 273, 22763 Hamburg

<u>Wichtige Hinweise zur Publikation:</u> In diesem Buch werden ausschließlich allgemein zugängliche Dokumente der Wirtschaftskammer Österreich (WKÖ) und der österreichischen Kammer der Steuerberater und Wirtschaftsprüfer (KSW) verwendet. Ebenso finden sich in diesem Buch ausschließlich österreichische Gesetzestexte, die für die breite Öffentlichkeit über das Rechtsinformationssystem (RIS) des Bundes abrufbar sind. Gemäß den Bestimmungen des österreichischen Urheberrechtsgesetzes unterliegen die in diesem Buch verwendeten Unterlagen der freien Werknutzung. Die in diesem Sammelwerk verwendeten Gesetze, Verordnungen und Dokumente wurden ihrem Wortlaut entsprechend übernommen und in das Buch integriert. Vorrangige Ziele dieses Buches sind die Wissensvermittlung hinsichtlich der Bestimmungen zur Berufsausübung der österreichischen Bilanzbuchhaltungsberufe und deren praktische Anwendung und Umsetzung.

Zitiervorschlag: Possard, M. (Hrsg.) (2025): *Berufsrecht kompakt: Sammlung relevanter Bestimmungen für Buchhalter:innen, Bilanzbuchhalter:innen und Personalverrechner:innen. Rechtliches Basiswissen für die Berufsausübung und für die Praxis.* (3., überarbeitete und aktualisierte Auflage). Hamburg: BoD Verlag

Zum Herausgeber: Marlon Possard, geb. 1995, ist Assistant Professor für die Bereiche Recht, Verwaltung und Ethik und Habilitand. Er lehrt und forscht am Department für Verwaltung, Wirtschaft, Sicherheit und Politik und am Research Center Administrative Sciences (RCAS) der Hochschule für Angewandte Wissenschaften Campus Wien – University of Applied Sciences. Ebenso lehrt und forscht er am Institut für digitale Transformation und künstliche Intelligenz der Sigmund-Freund-Privatuniversität Wien und Berlin. Dort leitet er seit November 2024 das Department für Ethik der Künstlichen Intelligenz. Er ist Autor zahlreicher Publikationen und Beiträge (100+) zu rechtswissenschaftlichen, verwaltungswissenschaftlichen und ethischen Fragestellungen und als Experte Mitglied in diversen wissenschaftlichen Kommissionen und Vereinigungen.

Weitere Informationen zum Herausgeber finden Sie unter: 
https://possard.at

INHALT

VORWORT DES HERAUSGEBERS

Sehr geehrte Studierende und Interessierte!

Das vorliegende Werk entstand im Rahmen meiner Tätigkeit als Hochschullehrer für externes Rechnungswesen mit den Schwerpunkten digitale Buchhaltung, Wirtschaftslehre und Steuer-/Unternehmensrecht. Der Großteil meiner Studierenden stammt aus dem rechts-, verwaltungs- und wirtschaftswissenschaftlichen Bereich. In den letzten Jahren konnte ich jedoch beobachten, dass sich unter der Studierendenschaft vermehrt auch Praktiker:innen – speziell Buchhalter:innen, Bilanzbuchhalter:innen und Personalverrechner:innen aus dem öffentlichen Sektor und der Privatwirtschaft – befinden, was mich vor dem Hintergrund des Wissenstransfers zwischen der akademischen Lehre einerseits und der praktischen Anwendung universitären Wissens andererseits sehr freut.

In vielen meiner Lehrveranstaltungen wird das Hauptaugenmerk auf inhaltliche Aspekte des externen Rechnungswesens (wie etwa auf die Technik der Buchhaltung) und auf die Personalverrechnung gelegt, um die Studierenden bestmöglich auf diverse Prüfungen vorzubereiten. Häufig werden in diesem Zusammenhang aber berufsrechtliche Bestimmungen (Bilanzbuchhaltungsgesetz, Wirtschaftstreuhandberufsgesetz, etc.) nachrangig behandelt, selbst wenn eine Auseinandersetzung mit dem eigenen Berufsrecht sinnvoll erscheint, um sowohl Kenntnisse über den Zugang zum jeweiligen Beruf als auch hinsichtlich der Berufsausübung zu erlangen. Das vorliegende Buch möchte dabei eine wesentliche Hilfestellung sein, indem es gesammelt und auf kompakte Art und Weise alle wesentlichen Gesetzesbestimmungen und für die Berufsbilder relevanten Dokumente zusammenführt. Die Inhalte sind jedenfalls hochaktuell und für die Praxis von Priorität.

Mit der Veröffentlichung des vorliegenden Werkes in der 3. Auflage wurde primär die Intention verfolgt, ein aktuelles Nachschlagewerk für das Studium und die Praxis zu bieten, das sich auf relevante Vorschriften für Bilanzbuchhaltungsberufe (Buchhaltung, Bilanzbuchhaltung und Personalverrechnung) beschränkt. Für die Erstellung dieses Werkes wurde grundlegend auf österreichische Gesetze, veröffentlicht im Rechtsinformationssystem (RIS) des Bundes, und auf Dokumente der österreichischen Wirtschaftskammer (WKÖ) und der österreichischen Kammer der Steuerberater:innen und Wirtschaftsprüfer:innen (KSW) zurückgegriffen. In diesem Kontext möchte ich der WKÖ und der KSW einen herzlichen Dank aussprechen.

Speziell in Zeiten von ökonomischen, politischen und rechtlichen Unsicherheiten, wie wir sie heute in verschiedenen Bereichen wahrnehmen können, ist es umso wichtiger, sich mit den Grundzügen des eigenen Berufsrechtes vertraut zu machen. Möge das vorliegende Werk, angelehnt an den Rechtsgrundsatz *Ignorantia legis non excusat* des römischen Rechts, seiner Bestimmung entsprechend dienlich sein und sich für das Studium und für die Praxis als nützlich erweisen.

Wien, im März 2025

Marlon Possard

KAPITEL 1

Bilanzbuchhaltungsgesetz (BiBuG 2014)

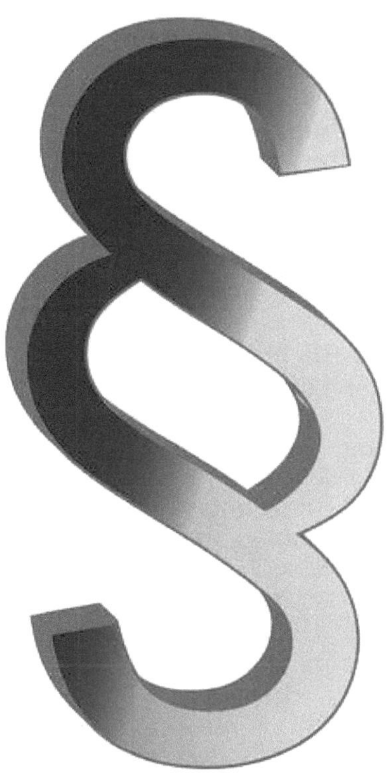

Präambel/Promulgationsklausel

Der Nationalrat hat beschlossen:

Text

1. Teil
Berufsrecht

1. Hauptstück
Bilanzbuchhaltungsberufe – Berechtigungsumfang

Bilanzbuchhaltungsberufe

§ 1. Bilanzbuchhaltungsberufe sind folgende Berufe:

1. Bilanzbuchhalter,

2. Buchhalter und

3. Personalverrechner.

Berechtigungsumfang – Bilanzbuchhalter

§ 2. (1) Den zur selbständigen Ausübung des Berufes Bilanzbuchhalter Berechtigten ist es vorbehalten, folgende Tätigkeiten auszuüben:

1. die pagatorische Buchhaltung (Geschäftsbuchhaltung) einschließlich der Lohnverrechnung und der Erstellung der Saldenlisten für Betriebe und der Einnahmen- und Ausgabenrechnung im Sinne des § 4 Abs. 3 des Einkommensteuergesetzes 19 88, BGBl. Nr. 400/1988,

2. den Abschluss von Büchern (Erstellung von Bilanzen) nach Handelsrecht oder anderen gesetzlichen Vorschriften im Rahmen der durch § 221 Abs. 1 in Verbindung mit § 221 Abs. 4, 6 und 7 des Unternehmensgesetzbuches, dRGBl. S 219/1897 festgesetzten Merkmale,

3. die Beratung in Angelegenheiten der Arbeitnehmerveranlagung und die Abfassung und Übermittlung der Erklärung zur Arbeitnehmerveranlagung an die Abgabenbehörden des Bundes als Bote auch auf elektronischem Weg unter Ausschluss jeglicher Vertretung,

4. die Vertretung in Abgaben- und Abgabenstrafverfahren für Bundes-, Landes- und Gemeindeabgaben, ausgenommen die Vertretung vor den Abgabenbehörden des Bundes, den Verwaltungsgerichten und dem Verwaltungsgerichtshof, sowie die Vertretung in Angelegenheiten des COVID-19-Förderungsprüfungsgesetzes (CFPG), BGBl. I Nr. 44/2020,

5. die Akteneinsicht auf elektronischem Wege gegenüber den Abgabenbehörden des Bundes, sowie das Stellen von Rückzahlungsanträgen,

6. die Vertretung einschließlich der Abgabe von Erklärungen in Angelegenheiten der Umsatzsteuervoranmeldungen und der Zusammenfassenden Meldungen, die Vertretung einschließlich der Registrierung, der Beendigung und der Abgabe von Erklärungen in Angelegenheiten der Sonderregelungen in § 25a, § 25b und Art. 25a UStG 1994 (unbeschadet des § 25b Abs. 1 Z 2 bzw. des § 27 Abs. 8 UStG 1994), sowie die Erklärung zur Verwendung von Gutschriften (§ 214 der Bundesabgabenordnung, BGBl. Nr. 194/1961),

7. die Vertretung einschließlich der Abgabe von Erklärungen in Angelegenheiten der Lohnverrechnung und der lohnabhängigen Abgaben, sowie die Vertretung im Rahmen der gemeinsamen Prüfung aller lohnabhängigen Abgaben, jedoch nicht die

Vertretung im Rechtsmittelverfahren und

(Anm.: Z 7a mit Ablauf des 31.8.2021 außer Kraft getreten)

8. die kalkulatorische Buchhaltung (Kalkulation).

(2) Die zur selbständigen Ausübung des Berufes Bilanzbuchhalter Berechtigten sind weiters berechtigt, folgende Tätigkeiten auszuüben:

1. sämtliche Beratungsleistungen im Zusammenhang ihres Berechtigungsumfanges gemäß Abs. 1,

2. die Beratung in Beitrags-, Versicherungs- und Leistungsangelegenheiten der Sozialversicherungen,

3. die Beratung und Vertretung vor gesetzlich anerkannten Kirchen und Religionsgemeinschaften in Beitragsangelegenheiten,

4. die Vertretung bei den Einrichtungen des Arbeitsmarktservice, der Berufsorganisationen, der Landesfremdenverkehrsverbände und bei anderen in Wirtschaftsangelegenheiten zuständigen Behörden und Ämtern, soweit diese mit den für den gleichen Auftraggeber durchzuführenden Tätigkeiten gemäß Abs. 1 unmittelbar zusammenhängen,

5. die Vertretung in Angelegenheiten der Kammerumlagen gegenüber den gesetzlichen Interessenvertretungen,

6. sämtliche Tätigkeiten gemäß § 32 der Gewerbeordnung 1994, BGBl. Nr. 194,

7. die Vertretung in allen Angelegenheiten der An- und Abmeldung von Registrierkassen,

8. die Beratung und Vertretung in Angelegenheiten des Registers der wirtschaftlichen Eigentümer einschließlich der Meldung des wirtschaftlichen Eigentümers auf der Basis der Angaben ihrer Mandanten und der Feststellung und Überprüfung des wirtschaftlichen Eigentümers im Auftrag ihrer Mandanten und

9. die Tätigkeit als Mediator, wenn sie in die Liste der Mediatoren nach dem Zivilrechts-Mediations-Gesetz (ZivMediatG), BGBl. I Nr. 29/2003, eingetragen sind.

**Berechtigungsumfang –
Buchhalter**

§ 3. (1) Den zur selbständigen Ausübung des Berufes Buchhalter Berechtigten ist es unbeschadet der Rechte der Bilanzbuchhalter vorbehalten, folgende Tätigkeiten auszuüben:

1. die pagatorische Buchhaltung (Geschäftsbuchhaltung) einschließlich der Erstellung der Saldenlisten für Betriebe und der Einnahmen- und Ausgabenrechnung im Sinne des § 4 Abs. 3 des Einkommensteuergesetzes 19 88, BGBl. Nr. 400/1988 und

2. die kalkulatorische Buchhaltung (Kalkulation).

(2) Die zur selbständigen Ausübung des Berufes Buchhalter Berechtigten sind weiters berechtigt, folgende Tätigkeiten auszuüben:

1. sämtliche Beratungsleistungen im Zusammenhang ihres Berechtigungsumfanges gemäß Abs. 1,

2. sämtliche Tätigkeiten gemäß § 32 der Gewerbeordnung 1994, BGBl. Nr. 194,

3. die Vertretung einschließlich der Abgabe von Erklärungen in Angelegenheiten der Umsatzsteuervoranmeldungen und der Zusammenfassenden Meldungen, die Vertretung einschließlich der Registrierung, der Beendigung und der Abgabe von Erklärungen in Angelegenheiten der

Sonderregelungen in § 25a, § 25b und Art. 25a UStG 1994 (unbeschadet des § 25b Abs. 1 Z 2 bzw. des § 27 Abs. 8 UStG 1994) und zur Akteneinsicht auf elektronischem Wege,

4. die Vertretung in allen Angelegenheiten der An- und Abmeldung von Registrierkassen und

5. die Beratung und Vertretung in Angelegenheiten des Registers der wirtschaftlichen Eigentümer einschließlich der Meldung des wirtschaftlichen Eigentümers auf der Basis der Angaben ihrer Mandanten und der Feststellung und Überprüfung des wirtschaftlichen Eigentümers im Auftrag ihrer Mandanten.

Berechtigungsumfang – Personalverrechner

§ 4. (1) Den zur selbständigen Ausübung des Berufes Personalverrechner Berechtigten ist es unbeschadet der Rechte der Bilanzbuchhalter vorbehalten, folgende Tätigkeiten auszuüben:

1. die Lohnverrechnung,

2. die Vertretung einschließlich der Abgabe von Erklärungen in Angelegenheiten der Lohnverrechnung und der lohnabhängigen Abgaben, jedoch nicht die Vertretung im Rahmen der gemeinsamen Prüfung aller lohnabhängigen Abgaben und nicht die Vertretung im Rechtsmittelverfahren und

3. die Beratung in Angelegenheiten der Arbeitnehmerveranlagung und die Abfassung und Übermittlung der Erklärung zur Arbeitnehmerveranlagung an die Abgabenbehörden des Bundes als Bote auch auf elektronischem Weg unter Ausschluss jeglicher Vertretung.

(2) Die zur selbständigen Ausübung des Berufes

Personalverrechner Berechtigten sind weiters berechtigt, folgende Tätigkeiten auszuüben:

1. sämtliche Beratungsleistungen im Zusammenhang ihres Berechtigungsumfanges gemäß Abs. 1,

2. sämtliche Tätigkeiten gemäß § 32 der Gewerbeordnung 1994, BGBl. Nr. 194 und

3. die Beratung und Vertretung in Angelegenheiten des Registers der wirtschaftlichen Eigentümer einschließlich der Meldung des wirtschaftlichen Eigentümers auf der Basis der Angaben ihrer Mandanten und der Feststellung und Überprüfung des wirtschaftlichen Eigentümers im Auftrag ihrer Mandanten.

Berechtigungsumfang – Sonstiges

§ 5. (1) Durch dieses Bundesgesetz werden die Befugnisse nicht berührt:

1. der Rechtsanwälte,

2. der Patentanwälte,

3. der Notare,

4. der Steuerberater,

5. der Wirtschaftsprüfer,

6. der Behörden und der Körperschaften des öffentlichen Rechts, soweit sie im Rahmen ihres Aufgabenbereiches Hilfe oder Beistand in Steuersachen leisten,

7. der Revisionsverbände der Erwerbs- und Wirtschaftsgenossenschaften und der Prüfungsstelle des Sparkassen-Prüfungsverbandes hinsichtlich der ihnen zugewiesenen Prüfungs- und Beratungsaufgaben,

8. der Gewerbetreibenden,

9. der Ziviltechniker und

10. der gesetzlichen Berufsvertretungen, ihren Mitgliedern Hilfe und Beistand auf dem Gebiet des verwaltungsbehördlichen

Finanzstrafverfahrens zu leisten.

(2) Das Recht der Gerichte und Verwaltungsbehörden, zur Erstattung von Gutachten ständig oder im Einzelfall für das Buch- und Rechnungsfach beeidete Sachverständige oder Inventurkommissäre heranzuziehen, die nicht Berufsberechtigte im Sinne dieses Bundesgesetzes sind, bleibt unberührt, doch erlangen diese Personen durch eine solche Heranziehung keine Befugnis, eine wirtschaftstreuhänderische Tätigkeit oder eine Tätigkeit im Sinne dieses Bundesgesetzes im Auftrag anderer Auftraggeber durchzuführen.

Öffentliche Bestellung – Anerkennung

§ 6. (1) Bilanzbuchhaltungsberufe dürfen selbständig durch Berufsberechtigte, das sind entweder natürliche Personen oder Gesellschaften, ausgeübt werden.

(2) Eine natürliche Person ist berufsberechtigt und somit zur selbständigen Ausübung eines Bilanzbuchhaltungsberufes berechtigt, nachdem sie durch die Behörde öffentlich bestellt wurde.

(3) Eine Gesellschaft ist berufsberechtigt und somit zur selbständigen Ausübung eines Bilanzbuchhaltungsberufes berechtigt, nachdem sie durch die Behörde anerkannt wurde.

2. Hauptstück
Natürliche Personen

1. Abschnitt
Allgemeines

Voraussetzungen

§ 7. (1) Allgemeine Voraussetzungen für die öffentliche Bestellung sind:

1. die volle Handlungsfähigkeit,
2. die besondere Vertrauenswürdigkeit,
3. geordnete wirtschaftliche Verhältnisse,

4. eine aufrechte Vermögensschaden-Haftpflichtversicherung und

5. ein Berufssitz.

(2) Weitere Voraussetzung für die öffentliche Bestellung als

1. Bilanzbuchhalter ist die erfolgreich abgelegte Fachprüfung für Bilanzbuchhalter und die Ausübung einer mindestens dreijährigen beruflichen fachlichen Tätigkeit im Rechnungswesen,

2. Buchhalter ist die erfolgreich abgelegte Fachprüfung für Buchhalter und die Ausübung einer mindestens eineinhalbjährigen beruflichen fachlichen Tätigkeit im Rechnungswesen und

3. Personalverrechner ist die erfolgreich abgelegte Fachprüfung für Personalverrechner und die Ausübung einer mindestens eineinhalbjährigen beruflichen fachlichen Tätigkeit im Rechnungswesen.

(3) Die Voraussetzung einer erfolgreich abgelegten Fachprüfung gemäß Abs. 2 liegt nicht vor, wenn die Fachprüfung im Zeitpunkt der Antragstellung mehr als sieben Jahre zurückliegt, ausgenommen der Antragsteller weist nach, dass er seit Ablegung der Prüfung überwiegend beruflich fachlich tätig war.

(4) Unter beruflichen fachlichen Tätigkeiten gemäß Abs. 2 sind Tätigkeiten zu verstehen, die geeignet sind, die Erfahrungen und Kenntnisse zu vermitteln, die zur selbständigen Ausübung des Berufes Bilanzbuchhalter, Buchhalter oder Personalverrechner erforderlich sind. Tätigkeiten, die die bei Bilanzbuchhaltungsberufen festgesetzte Arbeitszeit nicht erreichen, sind nur verhältnismäßig anzurechnen.

Besondere Vertrauenswürdigkeit
§ 8. Die besondere Vertrauenswürdigkeit liegt dann nicht

vor, wenn der Berufswerber rechtskräftig verurteilt oder bestraft worden ist

1. a) von einem Gericht wegen einer mit Vorsatz begangenen strafbaren Handlung zu einer mehr als dreimonatigen Freiheitsstrafe oder einer Geldstrafe von mehr als 180 Tagessätzen oder

   b) von einem Gericht wegen einer mit Bereicherungsvorsatz begangenen strafbaren Handlung oder

   c) von einem Gericht wegen eines Finanzvergehens oder

   d) von einer Finanzstrafbehörde wegen eines vorsätzlichen Finanzvergehens mit Ausnahme einer Finanzordnungswidrigkeit und

2. diese Verurteilung oder Bestrafung noch nicht getilgt ist oder solange die Beschränkung der Auskunft gemäß § 6 Abs. 2 oder Abs. 3 des Tilgungsgesetzes 1972, BGBl. Nr. 68, noch nicht eingetreten ist.

Geordnete wirtschaftliche Verhältnisse

§ 9. Geordnete wirtschaftliche Verhältnisse liegen dann nicht vor, wenn

1. über das Vermögen des Berufswerbers ein Insolvenzverfahren anhängig ist und der Zeitraum der Einsichtgewährung in die Insolvenzdatei nicht abgelaufen ist, sofern dieses nicht durch Bestätigung eines Sanierungs- oder eines Zahlungsplanes aufgehoben worden ist, oder

2. über das Vermögen des Berufswerbers innerhalb der letzten zehn Jahre zweimal rechtskräftig ein Sanierungsverfahren eröffnet worden ist und mittlerweile nicht sämtliche diesem Verfahren zugrunde liegenden Verbindlichkeiten nachgelassen oder beglichen worden sind oder

3. gegen den Berufswerber ein Insolvenzverfahren mangels kostendeckenden Vermögens nicht eröffnet oder aufgehoben worden ist und die Überschuldung nicht beseitigt wurde und der Zeitraum der Einsichtgewährung in die Insolvenzdatei nicht abgelaufen ist.

Vermögensschaden-Haftpflichtversicherung

§ 10. (1) Bilanzbuchhalter, Buchhalter und Personalverrechner sind verpflichtet, für Schäden aus ihrer Tätigkeit eine Vermögensschaden-Haftpflichtversicherung bei einem zum Betrieb nach den Bestimmungen des Versicherungsaufsichtsgesetzes 2016 , BGBl. I Nr. 34/2015, berechtigten Versicherer abzuschließen und für die gesamte Dauer des Bestehens ihrer Berufsberechtigung aufrechtzuerhalten.

(2) Die Versicherungspflicht gilt nicht für Tätigkeiten, wenn und insoweit für diese Tätigkeiten ein anderer Berufsberechtigter mit einer Vermögensschaden-Haftpflichtversicherung dem betreffenden Klienten gegenüber kraft gesetzlicher Schadenersatzbestimmung haftet und in dieser Versicherung die Haftung der betreffenden schadenstiftenden Person oder Gesellschaft für denselben Versicherungsfall mitgedeckt ist.

(3) Die Versicherungssumme dieser Versicherung darf nicht geringer sein als 72 673 Euro für jeden einzelnen Versicherungsfall. Bei Vereinbarung einer betragsmäßigen Obergrenze für alle Versicherungsfälle eines Jahres und für allenfalls vereinbarte Selbstbehalte gilt § 158c des

Versicherungsvertragsgesetzes 1958, BGBl. Nr. 2/1959.

(4) Ist der Versicherungspflichtige Versicherter in einer Versicherung für fremde Rechnung, wird nur dann der Versicherungspflicht entsprochen, wenn nur er über die seinen Versicherungsschutz betreffenden Rechte aus dem Versicherungsvertrag verfügen kann und ihm für jeden Versicherungsfall zumindest die gesetzliche Mindestversicherungssumme zur Verfügung steht. Deckungsausschlussgründe, die nicht in seiner Person gelegen sind, können in diesem Fall nicht eingewendet werden.

(5) Die Versicherer sind verpflichtet, der Behörde unaufgefordert und umgehend jeden Umstand zu melden, der eine Beendigung oder Einschränkung des Versicherungsschutzes oder eine Abweichung von der ursprünglichen Versicherungsbestätigung bedeutet oder bedeuten kann, und auf Verlangen der Behörde über solche Umstände Auskunft zu erteilen.

Berufssitz

§ 11. (1) Berufsberechtigte sind verpflichtet, einen in einem EU- oder EWR-Mitgliedstaat gelegenen Berufssitz zu haben.

(2) Unter einem Berufssitz ist bei einem selbständig tätigen Berufsberechtigten eine feste Einrichtung zu verstehen, welche durch ihre personelle, sachliche und funktionelle Ausstattung die Erfüllung der an einen Berufsberechtigten gestellten fachlichen Anforderungen gewährleistet.

(Anm.: Abs. 3 aufgehoben durch Z 7, BGBl. I Nr. 135/2017)

2. Abschnitt
Fachprüfungen

Organisation und Verfahren bei Prüfungen

§ 12. (1) Die Fachprüfungen sind von den Meisterprüfungsstellen durchzuführen.

(2) Soweit dieses Bundesgesetz nichts Anderes bestimmt, sind die Bestimmungen der §§ 350 bis 352 der Gewerbeordnung 1994, BGBl. Nr. 194, betreffend die Organisation und das Verfahren sinngemäß anzuwenden.

Prüfungsbefreiungen-Anerkennungen-Fachbeirat

§ 13. (1) Personen, die die Ablegung einzelner Gegenstände des schriftlichen Prüfungsteils einer Fachprüfung inhaltlich vergleichbaren Prüfung nachweisen können, sind von der Ablegung dieser Gegenstände im Rahmen des schriftlichen Teils der Fachprüfung befreit. Die Behörde hat darüber mit Bescheid abzusprechen.

(2) Personen, die bereits über eine Berechtigung als Buchhalter oder Personalverrechner verfügen, sind von jenen Gegenständen der Fachprüfung Bilanzbuchhalter befreit, die sie bereits aufgrund ihrer Befugnis ausüben dürfen. Die Behörde hat im Rahmen der Prüfungsordnung festzulegen, welche Gegenstände inhaltlich als gleichwertig anzusehen sind.

(3) Bei der Behörde ist ein Fachbeirat einzurichten. Der Fachbeirat hat aus mindestens drei Mitgliedern zu bestehen. Die Mitglieder des Fachbeirates sind vom Präsidenten der Wirtschaftskammer Österreich für die Dauer von fünf Jahren zu bestellen. Die Mitglieder des Fachbeirates haben über praktische Erfahrung oder theoretische Kenntnisse auf dem Gebiet der Bilanzbuchhaltung, Buchhaltung oder Personalverrechnung zu verfügen. Der Fachbeirat hat seine Entscheidungen mit einfacher Mehrheit zu treffen, wobei bei

Stimmengleichstand die Stimme des Vorsitzenden entscheidet. Der Präsident der Wirtschaftskammer Österreich hat für die Geschäftsführung im Fachbeirat eine Geschäftsordnung zu erlassen.

(4) Die Behörde hat vor einer Entscheidung gemäß Abs. 1 und bei der Beurteilung über das Vorliegen einer gleichwertigen Berufsqualifikation gemäß § 72 Abs. 2. Z 5 und 6 eine Stellungnahme des Fachbeirates einholen.

3. Abschnitt
Prüfungen – Bilanzbuchhalter

Fachprüfung – Bilanzbuchhalter

§ 14. Die Fachprüfung für Bilanzbuchhalter besteht aus

1. dem schriftlichen Prüfungsteil gemäß § 15 und
2. dem mündlichen Prüfungsteil gemäß § 16.

Schriftlicher Prüfungsteil

§ 15. (1) Der schriftliche Prüfungsteil hat die Ausarbeitung von zwei Klausurarbeiten zu umfassen.

(2) Eine der Klausurarbeiten hat die Ausarbeitung einer Prüfungsarbeit durch selbständige Anwendung geeigneter Techniken aus nachstehenden Gegenständen zu umfassen:

1. Einnahmen- und Ausgabenrechnung, doppelte Buchhaltung, insbesondere Verbuchung sämtlicher Steuern, Verbuchung von Wareneinkauf und Warenverkauf, Ermittlung und Verbuchung von Wareneinsatz, Materialeinsatz und Bestandsveränderungen, Retourwaren, Rabatte und Skonti,
2. Verbuchung des Zahlungsverkehrs, insbesondere Rechnungsausgleich, Anzahlungen, Teilzahlungen, diverse Instrumente des Zahlungsverkehrs, Factoring, Personenkonten, Lohn- und Gehaltsverbuchung, Verbuchung verschiedener Aufwendungen wie Reisekosten, Werbung und Repräsentation,
3. Zu- und Abgänge im Anlagevermögen, Aktivierungspflichten, selbsterstellte Anlagen, Regelungen für Kraftfahrzeuge, Fremdwährungsverbuchung, Kreditverluste, Gewährleistung und Schadenersatz, Vertragsstrafen, Rechnungsabgrenzungen, Filialbuchhaltung, Kommissionsgeschäfte, Handelsvertretung, Verbuchung von Aufnahme und Tilgung langfristigen Kapitals, Leasinggeschäfte, Verbuchung von Privatentnahmen und -einlagen,
4. buchhalterische Bedeutung der Themenkreise bürgerliches Recht, Unternehmensgesetzbuch insbesondere Rechnungslegungsvorschriften, Steuerrecht, Zahlungs- und Kapitalverkehr,
5. Anfertigung eines Jahresabschlusses mit vollständiger und sachgerechter Ermittlung der einzelnen Bilanzansätze unter Berücksichtigung der verschiedenen Unternehmensformen und
6. moderne Kosten- und Leistungsrechnung, insbesondere Zielkostenrechnung und direct costing.

(3) Die Prüfungsfragen der Klausurarbeit gemäß Abs. 2 sind so zu stellen, dass diese vom Bewerber in fünf Stunden ausgearbeitet werden können. Die Klausurarbeit ist nach sechs Stunden zu beenden.

(4) Eine der Klausurarbeiten hat die Ausarbeitung einer Prüfungsarbeit durch selbständige Anwendung

geeigneter Techniken aus dem einheitlichen Gegenstand des schriftlichen Prüfungsteils der Fachprüfung Personalverrechnung nach § 21 zu umfassen.

(5) Die Prüfungsfragen der Klausurarbeit gemäß Abs. 4 sind so zu stellen, dass diese vom Bewerber in zwei Stunden ausgearbeitet werden können. Die Klausurarbeit ist nach drei Stunden zu beenden.

(6) Der schriftliche Prüfungsteil kann teilweise oder zur Gänze unter Verwendung von informationstechnischen Werkzeugen sowie auch im Rahmen eines Multiple-Choice-Prüfungsverfahrens durchgeführt werden. Die Ermittlung des Prüfungsergebnisses kann hierbei automationsunterstützt erfolgen. Der Einsatz der Prüfungskommission im Sinne des § 351 der Gewerbeordnung 1994, BGBl. Nr. 194, ist nicht erforderlich.

Mündlicher Prüfungsteil

§ 16. Der mündliche Prüfungsteil hat die Beantwortung von Prüfungsfragen aus folgenden Gegenständen zu umfassen:

1. Berufsrecht,
2. Buchhaltung, insbesondere Funktionsweise der Einnahmen- und Ausgabenrechnung, Funktionsweise der doppelten Buchhaltung, formaler Abschluss, Organisationsformen der doppelten Buchhaltung, Belegwesen, Journal, Hauptbuch, Nebenbuchhaltung, unternehmens- und steuerrechtliche Buchführungs- und Aufzeichnungspflichten, formelle und materielle Mindestanforderungen, abhängig von der Form der Buchhaltung, formelle und materielle Ordnungsmäßigkeit der Buchführung, Inventurverfahren,

Kontenrahmenprinzipien und -systeme,
3. bürgerliches Recht und Unternehmensrecht, insbesondere Vertragsrecht, Sachenrecht, Grundzüge des Unternehmensrechts und Grundkenntnisse der einschlägigen arbeits- und sozialrechtlichen Vorschriften, soweit für die Bilanzbuchhaltung erforderlich,
4. Steuerrecht, insbesondere Grundzüge der Bundesabgabenordnung, Umsatzsteuer und Grundbegriffe des Einkommensteuer- und Körperschaftssteuerrechts unter besonderer Berücksichtigung der steuerlichen Gewinnermittlung,
5. Zahlungs- und Kapitalverkehr, insbesondere die Durchführung des Zahlungsverkehrs, diverse Instrumente des Zahlungsverkehrs und Kaufvertrags- und Versicherungsklauseln und ihre Auswirkung im Zahlungsverkehr,
6. Begriffe und Arten von Jahresabschlüssen nach dem Unternehmensgesetzbuch (insbesondere Rechnungslegungsbestimmungen) und Steuerrecht, gesetzliche Vorschriften über den Jahresabschluss nach dem Unternehmensgesetzbuch, Grundsätze ordnungsgemäßer Bilanzierung, Gliederung von Jahresabschlüssen (inklusive Gewinn- und Verlustrechnung) und Fristen zur Erstellung von Jahresabschlüssen,
7. Grundlagen und Anwendungen der Informationstechnologie im Rechnungswesen, insbesondere EDV und FinanzOnline,

8. Personalverrechnung,

9. Kostenrechnung, insbesondere Kostenrechnungstheorie und traditionelle Kostenrechnung und

10. Unternehmensführung, insbesondere für Klein- und Mittelbetriebe.

4. Abschnitt

Prüfungen – Buchhalter

Fachprüfung – Buchhalter

§ 17. Die Fachprüfung für Buchhalter besteht aus

1. dem schriftlichen Prüfungsteil gemäß § 18 und

2. dem mündlichen Prüfungsteil gemäß § 19.

Schriftlicher Prüfungsteil

§ 18. (1) Der schriftliche Prüfungsteil hat die Ausarbeitung einer Klausurarbeit zu umfassen.

(2) Die Klausurarbeit hat die Ausarbeitung einer Prüfungsarbeit durch selbständige Anwendung geeigneter Techniken aus nachstehenden Gegenständen zu umfassen:

1. Einnahmen- und Ausgabenrechnung, doppelte Buchhaltung, insbesondere Verbuchung sämtlicher Steuern, Verbuchung von Wareneinkauf und Warenverkauf, Ermittlung und Verbuchung von Wareneinsatz, Materialeinsatz und Bestandsveränderungen, Retourwaren, Rabatte und Skonti,

2. Verbuchung des Zahlungsverkehrs, insbesondere Rechnungsausgleich, Anzahlungen, Teilzahlungen, diverse Instrumente des Zahlungsverkehrs, Factoring, Personenkonten, Lohn- und Gehaltsverbuchung, Verbuchung verschiedener Aufwendungen wie Reisekosten, Werbung und Repräsentation,

3. Zu- und Abgänge im Anlagevermögen, Aktivierungspflichten, selbsterstellte Anlagen, Regelungen für Kraftfahrzeuge, Fremdwährungsverbuchung, Kreditverluste, Gewährleistung und Schadenersatz, Vertragsstrafen, Rechnungsabgrenzungen, Filialbuchhaltung, Kommissionsgeschäfte, Handelsvertretung, Verbuchung von Aufnahme und Tilgung langfristigen Kapitals, Leasinggeschäfte, Verbuchung von Privatentnahmen und -einlagen,

4. buchhalterische Bedeutung der Themenkreise bürgerliches Recht, Unternehmensgesetzbuch insbesondere Rechnungslegungsvorschriften, Steuerrecht, Zahlungs- und Kapitalverkehr,

5. moderne Kosten- und Leistungsrechnung, insbesondere Zielkostenrechnung und direct costing.

(3) Die Prüfungsfragen der Klausurarbeit sind so zu stellen, dass diese vom Bewerber in drei Stunden ausgearbeitet werden können. Die Klausurarbeit ist nach vier Stunden zu beenden.

(4) Der schriftliche Prüfungsteil kann teilweise oder zur Gänze unter Verwendung von informationstechnischen Werkzeugen sowie auch im Rahmen eines Multiple-Choice-Prüfungsverfahrens durchgeführt werden. Die Ermittlung des Prüfungsergebnisses kann hierbei automationsunterstützt erfolgen. Der Einsatz der Prüfungskommission im Sinne des § 351 der Gewerbeordnung 1994, BGBl. Nr. 194, ist nicht erforderlich.

Mündlicher Prüfungsteil

§ 19. Der mündliche Prüfungsteil hat die Beantwortung von Prüfungsfragen aus folgenden Gegenständen zu umfassen:

1. Berufsrecht,
2. Buchhaltung, insbesondere Funktionsweise der Einnahmen- und Ausgabenrechnung, Funktionsweise der doppelten Buchhaltung, formaler Abschluss, Organisationsformen der doppelten Buchhaltung, Belegwesen, Journal, Hauptbuch, Nebenbuchhaltung, unternehmens- und steuerrechtliche Buchführungs- und Aufzeichnungspflichten, formelle und materielle Mindestanforderungen, abhängig von der Form der Buchhaltung, formelle und materielle Ordnungsmäßigkeit der Buchführung, Inventurverfahren, Kontenrahmenprinzipien und -systeme,
3. bürgerliches Recht und Unternehmensrecht, insbesondere Vertragsrecht, Sachenrecht, Grundzüge des Unternehmensrechts und Grundkenntnisse der einschlägigen arbeits- und sozialrechtlichen Vorschriften, soweit für die Buchhaltung erforderlich,
4. Steuerrecht, insbesondere Grundzüge der Bundesabgabenordnung, Umsatzsteuer und Grundbegriffe des Einkommensteuerrechts unter besonderer Berücksichtigung der steuerlichen Gewinnermittlung,
5. Zahlungs- und Kapitalverkehr, insbesondere die Durchführung des Zahlungsverkehrs, diverse Instrumente des Zahlungsverkehrs und Kaufvertrags- und Versicherungsklauseln und ihre Auswirkung im Zahlungsverkehr,
6. Kostenrechnung, insbesondere Kostenrechnungstheorie und traditionelle Kostenrechnung und
7. Grundlagen und Anwendungen der Informationstechnologie im Rechnungswesen.

5. Abschnitt
Prüfungen – Personalverrechner

Fachprüfung – Personalverrechner

§ 20. Die Fachprüfung für Personalverrechner besteht aus

1. dem schriftlichen Prüfungsteil gemäß § 21 und
2. dem mündlichen Prüfungsteil gemäß § 22.

Schriftlicher Prüfungsteil

§ 21. (1) Der schriftliche Prüfungsteil hat die Ausarbeitung einer Klausurarbeit zu umfassen. Der schriftliche Prüfungsteil ist ein einheitlicher Gegenstand.

(2) Die Klausurarbeit hat die Ausarbeitung einer Prüfungsarbeit durch selbständige Anwendung geeigneter Techniken aus nachstehenden Fachbereichen zu umfassen:

1. Personalverrechnung,
2. Einnahmen- und Ausgabenrechnung und doppelte Buchführung, soweit dies für die Personalverrechnung relevant ist und
3. Bedeutung der Themenkreise bürgerliches Recht, Unternehmensrecht, Steuerrecht, Arbeits- und Sozialrecht und Verfahrensrecht, soweit dies für die Ausübung erforderlich ist.

(3) Die Prüfungsfragen der Klausurarbeit sind so zu stellen, dass diese vom Bewerber in zwei Stunden

ausgearbeitet werden können. Die Klausurarbeit ist nach drei Stunden zu beenden.

(4) Der schriftliche Prüfungsteil kann teilweise oder zur Gänze unter Verwendung von informationstechnischen Werkzeugen sowie auch im Rahmen eines Multiple-Choice-Prüfungsverfahrens durchgeführt werden. Die Ermittlung des Prüfungsergebnisses kann hierbei automationsunterstützt erfolgen. Der Einsatz der Prüfungskommission im Sinne des § 351 der Gewerbeordnung 1994, BGBl. Nr. 194, ist nicht erforderlich.

Mündlicher Prüfungsteil

§ 22. Der mündliche Prüfungsteil hat die Beantwortung von Prüfungsfragen aus folgenden Gegenständen zu umfassen:

1. Berufsrecht,
2. Personalverrechnung,
3. Buchhaltung, insbesondere Funktionsweise der Einnahmen- und Ausgabenrechnung, der doppelten Buchhaltung, formelle und materielle Ordnungsmäßigkeit der Buchführung, soweit dies für die Personalverrechnung relevant ist,
4. Bedeutung der Themenkreise bürgerliches Recht, Unternehmensrecht, Steuerrecht, Arbeits- und Sozialrecht und Verfahrensrecht, soweit dies für die Ausübung erforderlich ist und
5. Grundlagen und Anwendung der Informationstechnologie in der Personalverrechnung.

Prüfungsordnung

§ 23. (1) Die Behörde hat durch Verordnung eine Prüfungsordnung zu erlassen.

(2) Die Prüfungsordnung hat Bestimmungen über die nähere Ausgestaltung der Fachprüfungen zu enthalten, insbesondere über

1. die Qualifikation der Prüfer,
2. die Anmeldung zur Prüfung,
3. das Prüfungsverfahren bei Multiple-Choice Prüfungen,
4. die auszustellenden Zeugnisse,
5. die vom Prüfling zu bezahlende Prüfungsgebühr und Kosten für Materialien und Einrichtungen bei Prüfungsverfahren gemäß Z 3,
6. die aus den Prüfungsgebühren zu bezahlende Entschädigung der Mitglieder der Prüfungskommission,
7. die Voraussetzungen für die Rückzahlung,
8. die Pflichten der Mitglieder und des Vorsitzenden der Prüfungskommission, um unparteiische und sachgerechte Prüfungen zu gewährleisten,
9. die Ausarbeitung der Prüfungsthemen,
10. die Durchführung der Klausurarbeiten,
11. die Durchführung der mündlichen Prüfungen, ihre Dauer und die Höchst- und Mindestdauer der einzelnen Gegenstände der schriftlichen Fachprüfungsteile im Falle einer Wiederholung oder Befreiung,
12. das auszustellende Prüfungszeugnis und
13. die Gleichwertigkeit der Gegenstände im Sinne des § 13 Abs. 2.

(3) Die Prüfungsgebühren gemäß Abs. 2 Z 5 sind so zu bemessen, dass der Personal- und Sachaufwand der Meisterprüfungsstelle und eine angemessene Entschädigung der Mitglieder der Prüfungskommission gedeckt ist. Auf die wirtschaftlichen Verhältnisse des Prüflings kann Bedacht genommen werden.

Antrag auf öffentliche Bestellung

§ 24. (1) Natürliche Personen, die einen Bilanzbuchhaltungsberuf selbständig auszuüben beabsichtigen, haben einen schriftlichen Antrag auf öffentliche Bestellung bei der Behörde einzubringen.

(2) Diesem Antrag sind anzuschließen:

1. ein Identitätsnachweis und
2. die Belege zum Nachweis der Erfüllung der Voraussetzungen für die öffentliche Bestellung.

Anspruch auf öffentliche Bestellung

§ 25. (1) Natürliche Personen, welche die Voraussetzungen für die öffentliche Bestellung erfüllen, haben Anspruch auf öffentliche Bestellung.

(2) Vor der öffentlichen Bestellung darf ein Bilanzbuchhaltungsberuf nicht selbständig ausgeübt werden.

(3) Sind bei natürlichen Personen seit Ablegung der Fachprüfung mehr als sieben Jahre vergangen, so hat die Behörde die öffentliche Bestellung von der neuerlichen Ablegung der mündlichen Fachprüfung abhängig zu machen, wenn der Bestellungswerber in dieser Zeit nicht überwiegend beruflich fachlich tätig war.

Öffentliche Bestellung – Eintragung

§ 26. (1) Die Behörde hat über die öffentliche Bestellung eine Urkunde auszustellen.

(2) Bilanzbuchhalter, Buchhalter und Personalverrechner sind von Amtswegen in das bei der Behörde zu führende Register einzutragen.

Versagung der öffentlichen Bestellung

§ 27. (1) Die öffentliche Bestellung ist zu versagen, wenn eine der Bestellungsvoraussetzungen nicht erfüllt ist.

(2) Über die Versagung der öffentlichen Bestellung hat die Behörde einen schriftlichen Bescheid zu erlassen.

**3. Hauptstück
Gesellschaften**

**1. Abschnitt
Gesellschaften**

Voraussetzungen

§ 28. (1) Für Gesellschaften gelten, soweit in diesem Hauptstück nichts anderes bestimmt ist, die auf Gesellschaften anzuwendenden Bestimmungen der Gewerbeordnung 1994, BGBl. Nr. 194.

(2) Allgemeine Voraussetzung für die Anerkennung von Gesellschaften ist jedenfalls eine abgeschlossene Vermögensschaden-Haftpflichtversicherung.

(3) Gewerberechtliche Geschäftsführer haben zu erfüllen:

1. die allgemeinen Voraussetzungen für die öffentliche Bestellung gemäß § 7 Abs. 1 Z 1 bis 3 und
2. die erfolgreich abgelegte Fachprüfung gemäß § 7 Abs. 2 und 3, welche den gesamten Berechtigungsumfang der Gesellschaft umfasst.

(4) Scheidet der Geschäftsführer aus, so ist längstens innerhalb einer Frist von sechs Monaten ein neuer Geschäftsführer zu bestellen, widrigenfalls die Anerkennung von der Behörde zu widerrufen ist. Die Frist verkürzt sich auf zwei Monate, wenn in den vorangegangenen zwei Jahren vor dem Ausscheiden des Geschäftsführers die selbstständige Ausübung eines Bilanzbuchhaltungsberufes insgesamt länger als sechs Monate ohne Geschäftsführer ausgeübt wurde.

(5) Die vertretungsbefugten Organe der juristischen Person oder eingetragenen Personengesellschaft haben die Bestellung und das

Ausscheiden des Geschäftsführers der Behörde unverzüglich längstens aber innerhalb eines Monats, anzuzeigen.

2. Abschnitt

Anerkennungsverfahren

Antrag auf Anerkennung

§ 29. Gesellschaften, die einen Bilanzbuchhaltungsberuf auszuüben beabsichtigen, haben einen schriftlichen Antrag auf Anerkennung unter Beibringung der erforderlichen Belege zum Nachweis der Erfüllung der Voraussetzungen für die Anerkennung an die Behörde zu stellen.

Anspruch auf Anerkennung

§ 30. (1) Gesellschaften, welche die Voraussetzungen für die Anerkennung erfüllen, haben Anspruch auf Anerkennung.

(2) Vor Anerkennung darf ein Bilanzbuchhaltungsberuf nicht ausgeübt werden.

Anerkennung – Eintragung

§ 31. (1) Die Behörde hat über die Anerkennung eine Urkunde auszustellen.

(2) Anerkannte Gesellschaften sind von Amtswegen in das bei der Behörde zu führende Register einzutragen.

Versagung der Anerkennung

§ 32. Die Behörde hat die Anerkennung mit Bescheid zu versagen, wenn eine der Anerkennungsvoraussetzungen nicht erfüllt ist.

4. Hauptstück

Rechte und Pflichten

1. Abschnitt

Allgemeine Rechte und Pflichten

Allgemeines

§ 33. (1) Berufsberechtigte sind verpflichtet, ihren Beruf gewissenhaft, sorgfältig, eigenverantwortlich und unabhängig und unter Beachtung der in diesem Hauptstück und der in der Ausübungsrichtlinie enthaltenen Bestimmungen auszuüben.

(2) Wird ein Berufsberechtigter als Mediator tätig, so hat er auch dabei die ihn als Berufsberechtigten treffenden Berufspflichten einzuhalten. Besondere Regelungen für Mediatoren nach anderen Rechtsvorschriften werden dadurch nicht berührt.

(3) Bilanzbuchhalter und Geschäftsführer von Bilanzbuchhaltungsgesellschaften sind verpflichtet, entsprechende Fortbildungsveranstaltungen hinsichtlich der neuesten berufseinschlägigen Entwicklungen zum Zweck der Vertiefung der fachlichen Kenntnisse in einem jährlichen Ausmaß von mindestens 30 Lehreinheiten zu besuchen. Buchhalter und Personalverrechner und Geschäftsführer von Buchhalter- und Personalverrechnergesellschaften sind verpflichtet, entsprechende Fortbildungsveranstaltungen hinsichtlich der neuesten berufseinschlägigen Entwicklungen zum Zweck der Vertiefung der fachlichen Kenntnisse in einem jährlichen Ausmaß von mindestens 15 Lehreinheiten pro Berechtigung zu besuchen. Bilanzbuchhalter, Buchhalter und Personalverrechner sowie Geschäftsführer von Bilanzbuchhaltungsgesellschaften sind verpflichtet, nach Aufforderung durch die Behörde den Nachweis über den Besuch der Fortbildungsveranstaltungen binnen angemessener Frist zu erbringen.

Ausübungsrichtlinie

§ 34. (1) Die Behörde hat eine Richtlinie für die Ausübung der Bilanzbuchhaltungsberufe zu erlassen.

(2) Diese Richtlinie hat insbesondere zu regeln:

1. das standesgemäße Verhalten im Geschäftsverkehr mit Auftraggebern,
2. das standesgemäße Verhalten gegenüber anderen

Berufsberechtigten und Personen anderer Berufe, die durch die Ausübung eines Bilanzbuchhaltungsberufes berührt werden,

3. die Kontrolle der verpflichtenden Fortbildung,

4. die Kontrolle der sonstigen Pflichten von Berufsberechtigten,

5. angemessene Vorkehrungen zum Schutz der Berufsberechtigten von einer Ausnutzung durch die organisierte Kriminalität und einer Verwicklung in diese,

6. die nähere Ausgestaltung der Sorgfaltspflichten im Hinblick auf Geldwäsche und Terrorismusfinanzierung,

7. die Erstellung von Risikoprofilen betreffend Geschäftsbeziehungen im Hinblick auf Geldwäsche und Terrorismusfinanzierung und

8. Anleitungen betreffend erweiterter Sorgfaltspflichten für risikoreiche Geschäfte im Hinblick auf Geldwäsche und Terrorismusfinanzierung.

(3) Diese Richtlinie ist durch die Behörde im Internet kundzumachen. Die im Internet kundgemachten Inhalte müssen jederzeit ohne Identitätsnachweis und gebührenfrei zugänglich sein und in ihrer kundgemachten Form vollständig und auf Dauer ermittelt werden können.

Zweigstellen

§ 35. (1) Berufsberechtigte sind berechtigt, ihren Beruf von ihrem Berufssitz aus im gesamten Bundesgebiet auszuüben.

(2) Berufsberechtigte sind berechtigt, Zweigstellen zu errichten

(3) Die Errichtung einer Zweigstelle ist der Behörde unverzüglich schriftlich zu melden.

(4) Die Zweigstellen sind von Amtswegen in das von der Behörde zu führende Register einzutragen. Bei Schließung einer Zweigstelle ist diese aus dem Register zu streichen.

Aufträge und Bevollmächtigung

§ 36. (1) Berufsberechtigte sind verpflichtet, die Übernahme eines Auftrages abzulehnen, der sie bei Ausübung ihrer Tätigkeit an Weisungen fachlicher Art des Auftraggebers binden würde. Die Annahme von Aufträgen, die sowohl dem Grunde als auch der Höhe nach im Deckungsumfang der Vermögensschaden-Haftpflichtversicherung nach § 10 nicht enthalten sind, ist unzulässig.

(2) Berufsberechtigte sind berechtigt, einen bereits übernommenen Auftrag zurückzulegen, wenn ein wichtiger Grund vorliegt. Wichtige Gründe sind insbesondere

1. die sich nachträglich ergebende Unerfüllbarkeit des Auftrages oder

2. die Verhinderung durch eine Krankheit oder

3. die sich nachträglich ergebende Feststellung, dass der Auftraggeber bewusst unrichtige oder unvollständige Unterlagen zur Verfügung gestellt hat.

(3) Berufsberechtigte sind berechtigt, die ihnen erteilten Auskünfte und übergebenen Unterlagen des Auftraggebers, insbesondere Zahlenangaben, als richtig und vollständig anzusehen.

(4) Berufsberechtigte sind verpflichtet, die übernommenen Angelegenheiten, Aufgaben, Vertretungen und Verteidigungen gesetzmäßig zu führen und die Rechte des Auftraggebers gegen jedermann mit Treue und Nachdruck zu verfolgen. Sie sind im Rahmen ihrer Aufträge befugt, alle ihren Auftraggebern zur Verfügung stehenden gesetzmäßigen Angriffs- und Verteidigungsmittel zu gebrauchen.

(5) Beruft sich ein Bilanzbuchhalter im beruflichen Verkehr auf die ihm erteilte Bevollmächtigung, so ersetzt diese Berufung den urkundlichen Nachweis.

(6) Vereinbarungen in Allgemeinen Geschäftsbedingungen über einen generellen Haftungsausschluss sind unzulässig.

Interdisziplinäre Zusammenarbeit – Werkverträge

§ 37. Berufsberechtigte sind berechtigt, Angehörige anderer selbständiger Berufe für einzelne bestimmte und übliche Aufgaben durch Werkvertrag heranzuziehen.

Andere Tätigkeiten

§ 38. Berufsberechtigte sind berechtigt, auch andere Tätigkeiten selbständig oder unselbständig auszuüben.

Verschwiegenheitspflicht

§ 39. (1) Berufsberechtigte sind zur Verschwiegenheit über die ihnen anvertrauten Angelegenheiten verpflichtet. Für diese Verschwiegenheitspflicht ist es ohne Bedeutung, ob die Kenntnis dieser Umstände und Tatsachen auch anderen Personen zugänglich ist oder nicht.

(2) Die Verschwiegenheitspflicht der Berufsberechtigten erstreckt sich auch auf persönliche Umstände und Betriebs- oder Geschäftsgeheimnisse, die ihnen bei Durchführung erteilter Aufträge oder im Zuge eines behördlichen, nicht öffentlichen Verfahrens in Ausübung ihres Berufes als solche bekanntgeworden sind.

(3) Hinsichtlich der Befreiung eines Berufsberechtigten zur Ablegung eines Zeugnisses, zur Einsichtgewährung in Geschäftspapiere oder zur Erteilung von Auskünften im Verwaltungs-, Abgaben-, Zivil- und Strafverfahren sind in Ansehung dessen, was dem Berufsberechtigten in Ausübung seines Bilanzbuchhaltungsberufes bekannt geworden ist, die für Wirtschaftstreuhänder geltenden Bestimmungen anzuwenden, jedoch mit der Maßgabe, dass im Abgabenverfahren vor den Finanzbehörden einem Berufsberechtigten die gleichen Rechte wie einem Rechtsanwalt zustehen.

(4) Die Verschwiegenheitspflicht entfällt, wenn und insoweit

1. Melde- und Auskunftspflichten im Rahmen der Bestimmungen der Richtlinie (EU) 2015/849 zur Verhinderung der Nutzung des Finanzsystems zum Zwecke der Geldwäsche und der Terrorismusfinanzierung; zur Änderung der Verordnung (EU) Nr. 648/2012 und zur Aufhebung der Richtlinie 2005/60/EG und der Richtlinie 2006/70/EG in der Fassung der Richtlinie (EU) 2018/843 ABl. Nr. L 156 vom 19.06.2018 S. 43 (im Folgenden: Geldwäsche-RL), und den damit im Zusammenhang erlassenen Umsetzungsmaßnahmen bestehen oder

2. der Auftraggeber den Berufsberechtigten ausdrücklich von dieser Pflicht entbunden hat.

(5) Die Bestimmungen der Abs. 1 bis 4 gelten sinngemäß für die Erfüllungsgehilfen der Berufsberechtigten, Gesellschafter, Aufsichtsräte, Prokuristen.

Stellvertretung – Bestellungsverpflichtung

§ 40. (1) Berufsberechtigte natürliche Personen sind verpflichtet, bei voraussichtlich länger dauernder Verhinderung einen Berufsberechtigten zum Stellvertreter zu bestellen.

(2) Die Bestellung ist der Behörde unverzüglich bekanntzugeben.

(3) Eine Vertretung ist nur insoweit zulässig, als der Vertreter über die erforderlichen Berufsbefugnisse verfügt.

(4) Überschreitet die Dauer der Vertretung ein Jahr, so hat der Vertretene bei der Behörde um Genehmigung anzusuchen. Eine Genehmigung ist dann zu verweigern,

wenn die Verhinderung an der persönlichen Berufsausübung nicht mehr gegeben ist. Bei Unterlassung der Einholung der Genehmigung hat die Behörde die Berufsberechtigung des Vertretenen mit Bescheid zu widerrufen.

(5) Erfolgt die Bestellung des Stellvertreters mit Zustimmung des Auftraggebers, so haftet der Vertretene diesem nur nach Maßgabe des § 1010 ABGB zweiter Satz. Andernfalls gelten für die Haftung des Vertretenen die Grundsätze des Werkvertrages.

(6) Die Behörde hat bei voraussichtlich länger dauernder Verhinderung einen Kanzleikurator zu bestellen:

1. auf Antrag des Vertretenen oder

2. von Amtswegen, wenn der Verpflichtung gemäß Abs. 1 nicht nachgekommen wird.

(7) Die Bestellung hat durch die Behörde mit Bescheid zu erfolgen.

(8) Der gemäß Abs. 6 bestellte Kanzleikurator hat

1. die Kanzlei des Vertretenen im vollen Umfang unter eigener Verantwortung mit dem Hinweis auf seine Funktion als Kanzleikurator und im Namen und auf Rechnung des Vertretenen zu betreuen,

2. im Fall des Abs. 6 Z 1 die Weisungen des zu vertretenden Berufsberechtigten und im Fall des Abs. 6 Z 2 die Weisungen der Behörde bei Ausübung seiner Funktion als Kanzleikurator einzuhalten,

3. seine eigenen beruflichen Tätigkeiten von den Tätigkeiten für die zu verwaltende Kanzlei streng zu trennen und sowohl bei Beginn als auch bei Beendigung seiner Tätigkeit eine Vermögensaufstellung zu verfassen und

4. eine Versicherung, welche die Tätigkeit der betreuten Kanzlei umfasst, nachzuweisen.

(9) Im Falle der persönlichen Wiederaufnahme der Berufstätigkeit nach mehr als sieben Jahre dauernder Verhinderung oder Abwesenheit hat die Behörde die weitere Ausübung der Berufstätigkeit von der neuerlichen Ablegung der mündlichen Fachprüfung abhängig zu machen, wenn der Abwesende in dieser Zeit nicht überwiegend beruflich fachlich tätig war.

(10) Der gemäß Abs. 6 bestellte Kanzleikurator hat Anspruch auf Entlohnung. Die Höhe der Entlohnung richtet sich

1. nach der Vereinbarung mit dem zu vertretenden Berufsberechtigten oder

2. bei Nichtzustandekommen einer Vereinbarung nach der Festsetzung der Behörde in einem 65% nicht übersteigenden Anteil an der Betriebsleistung der betreuten Kanzlei.

Ruhen der Befugnis

§ 41. (1) Berufsberechtigte sind berechtigt, auf ihre Befugnis zur selbständigen Ausübung ihres Bilanzbuchhaltungsberufes vorübergehend mit der Rechtsfolge zu verzichten, dass hierdurch Ruhen der Berufsbefugnis eintritt.

(2) Der Eintritt des Ruhens ist der Behörde unverzüglich schriftlich anzuzeigen. Das Ruhen wird mit angegebenem Datum, frühestens jedoch mit dem Datum des Einlangens der Ruhenserklärung bei der Behörde wirksam.

(3) Bilanzbuchhalter, Buchhalter und Personalverrechner sind nicht verpflichtet, während des Ruhens ihrer Berufsberechtigung die Vermögensschaden-Haftpflichtversicherung aufrecht zu halten.

(4) Die Beendigung des Ruhens ist der Behörde unverzüglich schriftlich anzuzeigen. Der schriftlichen Anzeige auf Beendigung des Ruhens sind die Belege zum

Nachweis der Erfüllung der allgemeinen Voraussetzungen gemäß § 7 Abs. 1 anzuschließen.

(5) Die Behörde ist verpflichtet, umgehend den Eintritt und das Ende des Ruhens im Register zu veröffentlichen.

(6) Die Behörde hat die Wiederaufnahme der Berufstätigkeit zu untersagen, wenn

1. keine Belege gemäß Abs. 4 vorgelegt werden oder

2. die allgemeinen Voraussetzungen gemäß § 7 Abs. 1 nicht vorliegen oder

3. im Falle der persönlichen Wiederaufnahme der Berufstätigkeit durch eine natürliche Person nach mehr als siebenjährigem Ruhen.

(7) Von einer Untersagung ist im Fall des Abs. 6 Z 3 abzusehen, wenn der Berufsberechtigte in dieser Zeit überwiegend beruflich fachlich tätig war.

(8) Im Falle der persönlichen Wiederaufnahme der Berufstätigkeit durch eine natürliche Person nach mehr als siebenjährigem Ruhen hat die Behörde diese Wiederaufnahme von der Ablegung der mündlichen Fachprüfung abhängig zu machen, wenn der Berufsberechtigte in dieser Zeit nicht überwiegend facheinschlägig gearbeitet hat.

(9) Über die Untersagung der Wiederaufnahme ist ein schriftlicher Bescheid zu erlassen. Dieser Bescheid ist dem Berufsberechtigten zu eigenen Handen zuzustellen.

Weitere Meldepflichten

§ 42. Berufsberechtigte sind verpflichtet, der Behörde binnen einem Monat schriftlich sämtliche Änderungen, welche die Voraussetzungen für die öffentliche Bestellung oder die Anerkennung betreffen, zu melden.

2. Abschnitt
Maßnahmen zur Verhinderung der Geldwäsche und der Terrorismusfinanzierung

Allgemeines und Begriffsbestimmungen

§ 43. (1) Die Bestimmungen dieses Abschnittes setzen für den Bereich der Bilanzbuchhaltungsberufe die Geldwäsche-RL um.

(2) Im Sinne dieses Abschnittes bedeutet

1. „Geldwäsche" die folgenden Handlungen, wenn sie vorsätzlich begangen werden:

a) der Umtausch oder Transfer von Vermögensgegenständen in Kenntnis der Tatsache, dass diese Vermögensgegenstände aus einer kriminellen Tätigkeit stammen, zum Zwecke der Verheimlichung oder Verschleierung des illegalen Ursprungs der Vermögensgegenstände oder der Unterstützung von Personen, die an einer solchen Tätigkeit beteiligt sind, damit diese den Rechtsfolgen ihrer Tat entgehen oder

b) die Verheimlichung oder Verschleierung der wahren Natur, Herkunft, Lage, Verfügung oder Bewegung von Vermögensgegenständen oder von Rechten oder Eigentum an Vermögensgegenständen in Kenntnis der Tatsache, dass diese Vermögensgegenstände aus einer kriminellen Tätigkeit oder aus der Teilnahme an einer solchen Tätigkeit stammen oder

c) alle Straftaten, die mit Freiheitsstrafe von mehr als einem Jahr belegt werden können, jedoch in die

Zuständigkeit der Gerichte fallende Finanzvergehen im Zusammenhang mit direkten und indirekten Steuern nach österreichischem Recht nur nach der Maßgabe, dass eine solche Freiheitsstrafe nach den §§ 33, 35 und 37 FinStrG bei Begehung als Mitglied einer Bande oder unter Gewaltanwendung (§ 38a FinStrG) verhängt werden kann, sowie Finanzvergehen nach §§ 39 und 40 FinStrG.

d) die Beteiligung an einer der unter lit. a, b und c aufgeführten Handlungen, Zusammenschlüsse zur Ausführung einer solchen Handlung, Versuche einer solchen Handlung, Beihilfe, Anstiftung oder Beratung zur Ausführung einer solchen Handlung oder Erleichterung ihrer Ausführung,

2. „Kriminelle Tätigkeit" jede Form der strafbaren Beteiligung an der Begehung der folgenden Straftaten, unabhängig davon, ob ihr Tatort gemäß § 67 Abs. 2 des Strafgesetzbuches (StGB), BGBl. Nr. 60/1974, innerhalb oder außerhalb Österreichs liegt:

a) Urkundenfälschung gemäß § 223 StGB mit dem Ziel, eine terroristische Straftat gemäß § 278c StGB zu begehen oder sich an einer terroristischen Vereinigung gemäß § 278b Abs. 2 StGB zu beteiligen,

b) gerichtlich strafbare Handlungen nach den §§ 27 oder 30 des Suchtmittelgesetzes (SMG), BGBl I Nr. 112/1997 und

c) alle Straftaten, die mit Freiheitsstrafe von mehr als einem Jahr belegt werden können, jedoch in die Zuständigkeit der Gerichte fallende Finanzvergehen im Zusammenhang mit direkten und indirekten Steuern nach österreichischem Recht nur nach der Maßgabe, dass eine solche Freiheitsstrafe nach den §§ 33, 35 und 37 FinStrG im Fall der gewerbsmäßigen Tatbegehung oder bei Begehung als Mitglied einer Bande oder unter Gewaltanwendung (§§ 38 und 38a FinStrG) verhängt werden kann, sowie Finanzvergehen nach § 39 FinStrG.

3. „Vermögensgegenstand" Vermögenswerte aller Art, ob körperlich oder nichtkörperlich, beweglich oder unbeweglich, materiell oder immateriell, und Rechtstitel oder Urkunden in jeder — einschließlich elektronischer oder digitaler — Form, die das Eigentumsrecht oder Rechte an solchen Vermögenswerten belegen; dazu zählen auch unkörperliche Spekulationsobjekte wie Einheiten virtueller Währungen und die auf diese entfallenden Wertzuwächse, nicht aber bloße Ersparnisse wie etwa nicht eingetretene Wertverluste, Forderungsverzichte oder ersparte Aus- oder Abgaben,

4. „Stammen", dass der Täter der strafbaren Handlung den Vermögensgegenstand durch die Tat erlangt oder für ihre Begehung empfangen hat oder wenn sich in ihm der Wert des ursprünglich erlangten oder empfangenen Vermögensgegenstandes verkörpert,

5. „Terrorismusfinanzierung" die Bereitstellung oder Sammlung finanzieller Mittel, gleichviel auf welche Weise, unmittelbar oder mittelbar, mit

dem Vorsatz, dass sie ganz oder teilweise dazu verwendet werden, eine der folgenden Straftaten zu begehen:

a) Terroristische Vereinigung gemäß § 278b StGB,

b) Terroristische Straftaten gemäß § 278c StGB,

c) Terrorismusfinanzierung gemäß § 278d StGB,

d) Ausbildung für terroristische Zwecke gemäß § 278e StGB,

e) Anleitung zur Begehung einer terroristischen Straftat gemäß § 278f StGB,

f) Schwerer Diebstahl gemäß § 128 StGB mit dem Ziel, eine terroristische Straftat gemäß § 278c StGB zu begehen,

g) Erpressung gemäß § 144 StGB oder schwere Erpressung gemäß § 145 StGB mit dem Ziel, eine terroristische Straftat gemäß § 278c StGB zu begehen,

h) Urkundenfälschung gemäß § 223 StGB oder Fälschung besonders geschützter Urkunden gemäß § 224 StGB mit dem Ziel, eine terroristische Straftat gemäß § 278c StGB zu begehen oder sich an einer terroristischen Vereinigung zu beteiligen gemäß § 278b Abs. 2 StGB,

6. „Finanzielle Mittel" Bar- und Buchgeld sowie Einheiten virtueller Währungen, ungeachtet der Herkunft aus legalen oder illegalen Quellen,

7. „Verdacht" einen begründeten Verdacht, die Annahme der Wahrscheinlichkeit des Vorliegens eines bestimmten Sachverhalts, die sich aufgrund der Kenntnis darauf hinweisender Tatsachen ergibt. Diese Annahme hat über eine bloße Vermutung hinauszugehen,

8. „Geschäftsbeziehung" jedes Handeln eines Berufsberechtigten in Ausübung seines Berufes für Dritte, wenn über eine kostenlose Erstberatung hinaus weitere Dienste oder Aufträge erfolgen und bei Zustandekommen des Kontakts davon ausgegangen wird, dass sie von einer gewissen Dauer sein soll,

9. „Transaktion" einen Vorgang, der auf den Übergang von Werten von der Einflusssphäre des Auftraggebers in jene einer anderen Person abzielt,

10. „gelegentliche Transaktion" Transaktion außerhalb einer Geschäftsbeziehung, die sich auf 15 000 Euro oder mehr beläuft, und zwar unabhängig davon, ob diese Transaktion in einem einzigen Vorgang oder in mehreren Vorgängen, zwischen denen eine Verbindung zu bestehen scheint, ausgeführt wird,

11. „Geldwäschemeldestelle" die Meldestelle für die Abgabe einer Geldwäscheverdachtsmeldung gemäß § 4 Abs. 2 Z 1 und 2 des Bundeskriminalamt-Gesetzes (BKA-G) BGBl I Nr. 22/2002,

12. „Auftraggeber" eine Person, die einen Berufsberechtigten rechtswirksam einen Auftrag erteilt hat und dieser Auftrag vom Berufsberechtigten verbindlich angenommen wurde,

13. "Führungsebene" Führungskräfte oder Mitarbeiter mit ausreichendem Wissen über die Risiken, die für den Berufsberechtigten in Bezug auf Geldwäsche oder Terrorismusfinanzierung bestehen, und ausreichendem Dienstalter, um Entscheidungen mit Auswirkungen auf die Risikolage treffen zu können, wobei es sich nicht in jedem Fall um ein Mitglied der gesetzlichen Vertretung des

Berufsberechtigten handeln muss,

14. „Politisch exponierte Person" eine natürliche Person, die wichtige öffentliche Ämter ausübt oder ausgeübt hat; hierzu zählen insbesondere

a) Staatschefs, Regierungschefs, Minister, stellvertretende Minister und Staatssekretäre,

b) Parlamentsabgeordnete oder Mitglieder vergleichbarer Gesetzgebungsorgane,

c) Mitglieder der Führungsgremien politischer Parteien,

d) Mitglieder von obersten Gerichtshöfen, Verfassungsgerichtshöfen oder sonstigen hohen Gerichten, gegen deren Entscheidungen, von außergewöhnlichen Umständen abgesehen, kein Rechtsmittel mehr eingelegt werden kann,

e) Mitglieder von Rechnungshöfen oder der Leitungsorgane von Zentralbanken,

f) Botschafter, Geschäftsträger und hochrangige Offiziere der Streitkräfte,

g) Mitglieder der Verwaltungs-, Leitungs- oder Aufsichtsorgane staatseigener Unternehmen und

h) Direktoren, stellvertretende Direktoren und Mitglieder des Leitungsorgans oder eine vergleichbare Funktion bei internationalen Organisationen,

i) Keine der unter lit. a bis h genannten öffentlichen Funktionen umfasst Funktionsträger mittleren oder niedrigeren Ranges,

15. „Familienmitglieder" insbesondere:

a) den Ehepartner einer politisch exponierten Person oder eine dem Ehepartner einer politisch exponierten Person gleichgestellte Person,

b) die Kinder einer politisch exponierten Person und deren Ehepartner oder dem Ehepartner gleichgestellte Personen und

c) die Eltern einer politisch exponierten Person,

16. „bekanntermaßen nahestehende Personen"

a) natürliche Personen, die bekanntermaßen gemeinsam mit einer politisch exponierten Person wirtschaftliche Eigentümer von juristischen Personen oder Rechtsvereinbarungen sind oder sonstige enge Geschäftsbeziehungen zu einer solchen politisch exponierten Person unterhalten und

b) natürliche Personen, die alleinige wirtschaftliche Eigentümer einer juristischen Person oder einer Rechtsvereinbarung sind, welche bekanntermaßen de facto zu Gunsten einer politisch exponierten Person errichtet wurde,

17. „Gruppe" eine Gruppe von Unternehmen, die aus einem Mutterunternehmen, seinen Tochterunternehmen und den Unternehmen, an denen das Mutterunternehmen oder seine Tochterunternehmen eine Beteiligung halten, besteht, sowie Unternehmen, die untereinander durch eine Beziehung im Sinne von Art. 22 der Richtlinie 2013/34/EU über den Jahresabschluss, den konsolidierten Abschluss und damit verbundene Berichte von Unternehmen bestimmter Rechtsformen und zur Änderung der Richtlinie

2006/43/EG des Europäischen Parlaments und des Rates und zur Aufhebung der Richtlinien 78/660/EWG und 83/349/EWG des Rates, ABl. Nr. L 182 vom 29.06.2013 S. 19, zuletzt geändert durch die Richtlinie 2013/102/EU, ABl. Nr. L 334 vom 21.11.2014 S. 86, („Konzernaufstellungspflicht") verbunden sind,

18. „wirtschaftlicher Eigentümer"

a) einen wirtschaftlichen Eigentümer in sinngemäßer Anwendung des § 2 des Wirtschaftliche Eigentümer Registergesetzes (WiEReG), BGBl. I Nr. 136/2017, mit der Maßgabe, dass unter Rechtsträgern auch ausländische Gesellschaften, sonstige juristische Personen sowie Trusts und trustähnliche Vereinbarungen, die den in § 1 Abs. 2 WiEReG genannten vergleichbar sind und dass § 2 Z 1 WiEReG

aa) auf börsennotierte Gesellschaften, deren Wertpapiere zum Handel auf einem geregelten Markt in einem oder mehreren Mitgliedstaaten zugelassen sind, sowie

bb) auf börsennotierte Gesellschaften aus Drittländern, die Offenlegungsanforderungen unterliegen, die dem Unionsrecht entsprechen oder mit diesem vergleichbar sind,

nicht anzuwenden ist, und

b) eine natürliche Person, in deren Auftrag eine Transaktion oder Tätigkeit ausgeführt wird,

19. „virtuelle Währungen" eine digitale Darstellung eines Werts, die von keiner Zentralbank oder öffentlichen Stelle emittiert wurde oder garantiert wird und nicht zwangsläufig an eine gesetzlich festgelegte Währung angebunden ist und die nicht den gesetzlichen Status einer Währung oder von Geld besitzt, aber von natürlichen oder juristischen Personen als Tauschmittel akzeptiert wird und die auf elektronischem Wege übertragen, gespeichert und gehandelt werden kann und

20. „Proliferationsfinanzierung" die Bereitstellung oder Sammlung finanzieller Mittel, gleichviel auf welche Weise, unmittelbar oder mittelbar, mit dem Vorsatz, dass sie ganz oder teilweise einer Person zugutekommen, die im Zusammenhang mit der völkerrechtswidrigen Verbreitung von Massenvernichtungswaffen einer finanziellen Sanktion des Sicherheitsrates der Vereinten Nationen unterliegt,

21. „gezielte finanzielle Sanktionen": sowohl das Einfrieren von Vermögenswerten als auch das Verbot, Gelder oder andere Vermögenswerte unmittelbar oder mittelbar zugunsten der Personen und Organisationen bereitzustellen, die in Beschlüssen des Rates auf der Grundlage von Art. 29 EUV auf der Grundlage von Art. 215 AEUV benannt wurden, und

22. „gezielte finanzielle Sanktionen im Zusammenhang mit Proliferationsfinanzierung": die unter Z 21 genannten gezielten finanziellen Sanktionen, die gemäß dem Beschluss (GASP) Nr. 849/2016 über restriktive Maßnahmen gegen die Demokratische Volksrepublik Korea und zur Aufhebung des Beschlusses 2013/183/GASP, ABl. Nr. L 141 vom

28.05.2016 S. 79, und dem Beschluss (GASP) Nr. 413/2010 über restriktive Maßnahmen gegen die Demokratische Volksrepublik Korea und zur Aufhebung des Beschlusses 2013/183/GASP, ABl. Nr. L 141 vom 28.05.2016 S. 79, sowie gemäß der Verordnung (EU) Nr. 1509/2017 über restriktive Maßnahmen gegen die Demokratische Volksrepublik Korea und zur Aufhebung der Verordnung (EG) Nr. 329/2007, ABl. Nr. L 224 vom 31.08.2017 S. 1, und der Verordnung (EU) Nr. 267/2012 über restriktive Maßnahmen gegen Iran und zur Aufhebung der Verordnung (EU) Nr. 961/2010, ABl. Nr. L 88 vom 24.03.2012 S. 1, verhängt werden.

(3) Soweit die Bestimmungen der §§ 43 bis 52k und davon abgeleiteter Rechtsakte auf Terrorismusfinanzierung Bezug nehmen, erstreckt sich diese Bezugnahme sinngemäß auch auf die Nichtumsetzung und Umgehung gezielter finanzieller Sanktionen im Zusammenhang mit Proliferationsfinanzierung.

Risikobasierter Ansatz

§ 44. (1) Berufsberechtigte sind bei Ausübung ihrer beruflichen Tätigkeit verpflichtet, die in diesem Abschnitt festgelegten Pflichten risikobasiert zu erfüllen. Risiko bedeutet in diesem Abschnitt dabei die Gefahr, dass Dienste eines Berufsberechtigten für Geldwäsche oder für Zwecke der Terrorismusfinanzierung missbraucht werden. Durch eine risikobasierte Ausgestaltung der innerorganisatorischen Maßnahmen, der Sorgfaltspflichten gegenüber Auftraggebern sowie der Meldepflichten ist diese missbräuchliche Inanspruchnahme von Diensten des Berufsberechtigten zu verhindern.

(2) Die risikobasierte Erfüllung verlangt eine qualitative Risikobeurteilung des Berufsberechtigten. Dieser hat dabei vorliegende, für den Wirkungsbereich des Berufsberechtigten einschlägige Risikoanalysen der EU und der Republik Österreich ebenso einzubeziehen wie die in den Anhängen 1 bis 3 der Geldwäsche-RL genannten Risikofaktoren, soweit sie für seine konkrete Tätigkeit einschlägig sind.

(3) Die Dokumentation der im Rahmen der Risikobeurteilung gemäß Abs. 2 verwendeten Strategien, Kontrollen und Verfahren hat dabei Größe und Komplexität der Kanzlei, Dauer und Art der erbrachten Dienstleitungen, Person eines Auftraggebers oder wirtschaftlichen Eigentümers, Auftraggeberstruktur und Regionen, in denen der Berufsberechtigte seine Dienstleistungen erbringt, zu berücksichtigen.

Sorgfaltspflichten gegenüber Auftraggebern auslösende Umstände

§ 45. Auftraggeberbezogene Sorgfaltspflichten sind auf risikobasierter Grundlage einzuhalten bei

1. Begründung einer Geschäftsbeziehung oder
2. Ausführung gelegentlicher Transaktionen oder
3. Verdacht auf Geldwäsche oder Terrorismusfinanzierung, ungeachtet etwaiger Ausnahmeregelungen, Befreiungen oder Schwellenwerte oder
4. Zweifel an der Richtigkeit oder Eignung erhaltener Auftraggeberidentifikationsdaten.

Umfang der Sorgfaltspflichten gegenüber Auftraggebern

§ 46. Unter Berücksichtigung des risikobasierten Ansatzes umfassen die Sorgfaltspflichten des Berufsberechtigten gegenüber Auftraggebern:

1. die Feststellung und die Überprüfung der Identität des Auftraggebers auf der Grundlage von Dokumenten, Daten oder Informationen, die von einer glaubwürdigen und unabhängigen Quelle stammen. Die Überprüfung der Auftraggeberidentität hat bei einer natürlichen Person durch die Vorlage eines aktuellen amtlichen Lichtbildausweises zu erfolgen. Der Pflicht zur Überprüfung der Auftraggeberidentität wird bei einer in einem öffentlichen Register eingetragenen juristischen Person oder Personengesellschaft dann entsprochen, wenn ein aktueller Auszug aus dem betreffenden Register sowie ein aktueller amtlicher Lichtbildausweis der vertretungsbefugten Personen dieser juristischen Person oder Personengesellschaft in vertretungsbefugter Zusammensetzung eingeholt worden ist. Die Behörde hat durch Verordnung festlegen, unter welchen Voraussetzungen die elektronische Identitätsfeststellung (Online-Identifikation) möglich ist. In dieser Verordnung sind insbesondere Anforderungen an die Datensicherheit, Fälschungssicherheit und an jene Personen, die die Online-Identifikation durchführen sowie Sicherungsmaßnahmen zur Vorbeugung von Missbrauch, festzulegen,

2. die Feststellung der Identität des wirtschaftlichen Eigentümers und die Ergreifung angemessener Maßnahmen zur Überprüfung seiner Identität. Im Falle von juristischen Personen, Trusts, Gesellschaften, Stiftungen und ähnlichen Rechtsvereinbarungen schließt dies angemessene Maßnahmen ein, um die Eigentums- und Kontrollstruktur des Auftraggebers zu verstehen. Ist der ermittelte wirtschaftliche Eigentümer ein Angehöriger der Führungsebene im Sinne des § 2 Abs. 1 lit. b WiEReG, sind zudem Aufzeichnungen über die ergriffenen Maßnahmen und über etwaige während des Überprüfungsvorgangs aufgetretene Schwierigkeiten zu führen. Eine angemessene Maßnahme ist die Einsicht in das Register der wirtschaftlichen Eigentümer nach Maßgabe des § 11 WiEReG,

3. die Feststellung und die Überprüfung der Identität des Vertreters eines Auftraggebers sowie die Vergewisserung über das Vorliegen einer aufrechten Vertretungsbefugnis,

4. die Bewertung – und gegebenenfalls Einholung – von Informationen über den Zweck und die angestrebte Art der Geschäftsbeziehung,

5. die kontinuierliche Überwachung der Geschäftsbeziehung, einschließlich einer Überprüfung der im Verlauf der Geschäftsbeziehung ausgeführten Transaktionen, um sicherzustellen, dass diese mit den Kenntnissen über den Auftraggeber, seine Geschäftätigkeit und sein Risikoprofil, einschließlich erforderlichenfalls der Herkunft der Mittel, übereinstimmen, und die Gewährleistung, dass die betreffenden Dokumente, Daten oder Informationen auf aktuellem Stand gehalten werden und

6. die Einrichtung und Anwendung angemessener Risikomanagementsysteme einschließlich risikobasierter

Verfahren, um feststellen zu können, ob es sich bei einem Auftraggeber oder einem wirtschaftlichen Eigentümer eines Auftraggebers um eine politisch exponierte Person handelt. Im Falle von Geschäftsbeziehungen zu politisch exponierten Personen ist die Zustimmung der Führungsebene einzuholen, bevor Geschäftsbeziehungen zu diesen Personen aufgenommen oder fortgeführt werden.

Zeitliche Maßgaben für Sorgfaltspflichten gegenüber Auftraggebern

§ 47. (1) Die Überprüfung der Identität des Auftraggebers und das Ergreifen angemessener Maßnahmen zur Feststellung der Identität des wirtschaftlichen Eigentümers gemäß § 46 Z 1 und Z 2 hat vor Begründung einer Geschäftsbeziehung oder Ausführung einer Transaktion zu erfolgen.

(2) Sofern ein geringes Risiko der Geldwäsche oder Terrorismusfinanzierung besteht, kann abweichend von Abs. 1 die Überprüfung der Identität des Auftraggebers und des wirtschaftlichen Eigentümers gemäß § 46 Z 1 und Z 2 erst während der Begründung einer Geschäftsbeziehung abgeschlossen werden, wenn dies notwendig ist, um den normalen Geschäftsablauf nicht zu unterbrechen. In diesem Fall sind die betreffenden Verfahren so bald wie möglich nach dem ersten Kontakt abzuschließen.

(3) Die Sorgfaltspflichten gegenüber Auftraggebern sind nicht nur auf alle neuen Auftraggeber, sondern zu geeigneter Zeit, auch auf die bestehenden Auftraggeber auf risikobasierter Grundlage anzuwenden. Die Sorgfaltspflichten sind umgehend zu erfüllen, wenn sich bei einem Auftraggeber maßgebliche Umstände ändern oder wenn der Berufsberechtigte rechtlich verpflichtet ist, den Auftraggeber im Laufe des betreffenden Kalenderjahres zu kontaktieren, um etwaige einschlägige Informationen über den oder die wirtschaftlichen Eigentümer zu überprüfen.

(4) Zu Beginn einer neuen Geschäftsbeziehung mit einem Rechtsträger gemäß § 1 WiEReG haben die Berufsberechtigten einen Auszug aus dem Register der wirtschaftlichen Eigentümer gemäß § 9 oder § 10 WiEReG als Nachweis der Registrierung der wirtschaftlichen Eigentümer einzuholen. Zu Beginn einer neuen Geschäftsbeziehung mit einer Gesellschaft, einem Trust, einer Stiftung, einer mit einer Stiftung vergleichbaren juristischen Person oder mit einer trustähnlichen Rechtsvereinbarung mit Sitz in einem anderen Mitgliedstaat oder in einem Drittland, die mit einem Rechtsträger im Sinne des § 1 WiEReG vergleichbar sind, haben die Berufsberechtigten einen Nachweis der Registrierung oder einen Auszug einzuholen, sofern dessen wirtschaftliche Eigentümer in einem den Anforderungen der Art. 30 oder 31 der Geldwäsche-RL entsprechendem Register registriert werden müssen und es den Berufsberechtigten nach dem Recht des betreffenden anderen Mitgliedstaats oder des Drittlandes möglich ist, einen solchen Nachweis zu erhalten.

Nichterfüllbarkeit von Sorgfaltspflichten gegenüber Auftraggebern

§ 48. (1) Kann den Sorgfaltspflichten gegenüber Auftraggebern gemäß § 46 Z 1, Z 2 und Z 4 nicht nachgekommen werden, darf eine Geschäftsbeziehung nicht begründet oder eine Transaktion nicht ausgeführt werden. Bestehende Geschäftsbeziehungen sind in diesem Fall zu beenden. Der Berufsberechtigte hat zudem eine Verdachtsmeldung gemäß § 52a Abs. 3 an die Geldwäschemeldestelle unter Beachtung der Voraussetzungen der Meldeverpflichtungen in Erwägung zu ziehen.

(2) Abs. 1 gilt nicht, wenn die Voraussetzung des § 52a Abs. 9 vorliegt.

Vereinfachte Sorgfaltspflichten gegenüber Auftraggebern

§ 49. (1) Stellt ein Berufsberechtigter im Rahmen seiner generellen Risikoüberprüfung fest, dass in bestimmten Bereichen nur ein geringeres Risiko besteht, so können für Geschäftsbeziehungen in diesen Bereichen prinzipiell vereinfachte Sorgfaltspflichten gegenüber Auftraggebern angewendet werden. Bevor die Berufsberechtigten vereinfachte Sorgfaltspflichten gegenüber Auftraggebern anwenden, vergewissern sie sich, dass die Geschäftsbeziehung oder die Transaktion tatsächlich mit einem geringeren Risiko verbunden ist.

(2) Die Behörde hat im Rahmen der Ausübungsrichtlinie gemäß § 34 auf Grundlage folgender Risikoarten mögliche Faktoren für ein potenziell geringeres Risiko festzulegen:

1. Faktoren bezüglich des Auftraggeberrisikos,

2. Faktoren bezüglich des Produkt-, Dienstleistungs-, Transaktions- oder Vertriebskanalrisikos und

3. Faktoren bezüglich des geografischen Risikos.

(3) Die Behörde kann in ihrer Funktion als Aufsichtsbehörde darüber hinaus Arten von Geschäftsbeziehungen festlegen, die aufgrund des eingeschränkten Tätigkeitsumfangs und des damit verbundenen Risikos ebenfalls als Tätigkeiten mit einem geringen Geldwäscherisiko anzusehen sind.

Verstärkte Sorgfaltspflichten gegenüber Auftraggebern

§ 50. (1) In folgenden Fällen müssen die Berufsberechtigten verstärkte Sorgfaltspflichten zur angemessenen Steuerung und Minderung der Risiken anwenden:

1. Bei allen komplexen oder ungewöhnlich großen Transaktionen oder ungewöhnlichen Transaktionsmustern oder Transaktionen ohne offensichtlichen wirtschaftlichen oder rechtmäßigen Zweck,

2. bei Geschäftsbeziehungen oder Transaktionen, an denen Drittländer mit hohem Risiko gemäß der Delegierte Verordnung (EU) 2016/1675, ABl. Nr. L 254 vom 20.9.2016 S. 1, beteiligt sind,

3. in allen von der Behörde gemäß Abs. 4 festgelegten Fällen,

4. bei Transaktionen mit oder Geschäftsbeziehungen zu politisch exponierten Personen, ihren Familienangehörigen und politisch exponierten Personen bekanntermaßen nahestehenden Personen, und

5. in anderen Fällen mit höheren Risiken, die der Berufsberechtigte ermittelt hat.

(2) Die in Abs. 1 genannten Fälle sind jedenfalls einer verstärkten Überprüfung zu unterziehen. Bei komplexen oder ungewöhnlich großen Transaktionen sind insbesondere Hintergrund und Zweck mit angemessenen Mitteln zu erforschen.

(3) Bei Transaktionen oder Geschäftsbeziehungen gemäß Abs. 1 Z 4 sind angemessene Maßnahmen zu ergreifen, um die Herkunft des Vermögens oder der im Rahmen der Transaktion verwendeten finanziellen Mittel zu bestimmen und die Geschäftsbeziehung einer verstärkten fortlaufenden Überwachung zu unterziehen. Ist eine politisch exponierte Person nicht mehr mit einem öffentlichen Amt in einem Mitgliedstaat oder Drittland oder mit einem wichtigen öffentlichen Amt bei einer internationalen Organisation betraut, so haben die Berufsberechtigten für mindestens zwölf Monate das von dieser Person weiterhin ausgehende Risiko zu berücksichtigen und so lange angemessene und risikobasierte

Maßnahmen zu treffen, bis davon auszugehen ist, dass von dieser Person kein Risiko mehr ausgeht, das spezifisch für politisch exponierte Personen ist.

(4) Die Behörde kann in ihrer Funktion als Aufsichtsbehörde Bereiche festlegen, die aufgrund des eingeschränkten Tätigkeitsumfangs und des damit verbundenen Risikos ebenfalls als Tätigkeiten mit einem höheren Risiko der Geldwäsche oder Terrorismusfinanzierung anzusehen sind. Dabei sind Leitlinien gemäß Art. 18 Abs. 4 der Geldwäsche-RL zu beachten. Die Behörde hat im Rahmen der Ausübungsrichtlinie gemäß § 34 auf Grundlage folgender Risikoarten mögliche Faktoren für ein potenziell höheres Risiko festzulegen:

1. Faktoren bezüglich des Auftraggeberrisikos,

2. Faktoren bezüglich des Produkt-, Dienstleistungs-, Transaktions- oder Vertriebskanalrisikos und

3. Faktoren bezüglich des geografischen Risikos.

(5) Auf Geschäftsbeziehungen oder Transaktionen gemäß Abs. 1 Z 2 sind folgende verstärkte Sorgfaltsmaßnahmen gegenüber dem Auftraggeber anzuwenden:

1. Einholung zusätzlicher Informationen über den Auftraggeber und die wirtschaftlichen Eigentümer,

2. Einholung zusätzlicher Informationen über die angestrebte Art der Geschäftsbeziehung,

3. Einholung von Informationen über die Herkunft der Gelder und die Herkunft des Vermögens des Auftraggebers und der wirtschaftlichen Eigentümer,

4. Einholung von Informationen über die Gründe für die geplanten oder durchgeführten Transaktionen,

5. Einholung der Zustimmung ihrer Führungsebene zur Schaffung oder Weiterführung der Geschäftsbeziehung und

6. verstärkte kontinuierliche Überwachung der Geschäftsbeziehung durch eine weitere Erhöhung der Häufigkeit und der Intervalle der Kontrollen und durch die zusätzliche Auswahl von Transaktionsmustern, die einer weiteren Prüfung bedürfen.

(6) Die Behörde hat in Bezug auf Geschäftsbeziehungen und Transaktionen gemäß Abs. 1 Z 2 in ihrer Funktion als Aufsichtsbehörde zusätzliche Maßnahmen im Sinne des Art. 18a Abs. 2 der Geldwäsche-RL durch Verordnung festzulegen. Sie hat dabei einschlägige Evaluierungen, Bewertungen oder Berichte internationaler Organisationen oder von Einrichtungen für die Festlegung von Standards mit Kompetenzen im Bereich der Verhinderung von Geldwäsche und der Bekämpfung der Terrorismusfinanzierung hinsichtlich der von einzelnen Drittländern ausgehenden Risiken zu berücksichtigen und die Europäische Kommission vor dem Erlass oder der Anwendung zu unterrichten.

(7) Bei Zweigstellen und bei mehrheitlich im Besitz des Berufsberechtigten befindlichen Tochterunternehmen, die ihren Standort in Drittländern mit hohem Risiko haben, müssen bei Geschäftsbeziehungen und Transaktionen gemäß Abs. 1 Z 2 nicht automatisch verstärkte Sorgfaltspflichten gegenüber Auftraggebern angewandt werden, wenn sich diese Zweigstellen oder Tochterunternehmen uneingeschränkt an die gruppenweit anzuwendenden Strategien und Verfahren gemäß § 52d halten und diese Fälle nach einem risikobasierten Ansatz gehandhabt werden.

Erhöhtes Risiko – Nicht FATF konforme Länder

§ 51. Berufsberechtigte sind verpflichtet, auf Geschäftsbeziehungen und Transaktionen mit Personen aus und in Ländern, welche die international anerkannten Standards zur Prävention von Geldwäsche und Terrorismusfinanzierung nur unzureichend umgesetzt haben oder bei denen ihrem Wesen nach ein erhöhtes Risiko der Geldwäsche oder Terrorismusfinanzierung besteht, insbesondere im Zusammenhang mit Staaten, in denen laut glaubwürdiger Quelle ein erhöhtes Risiko der Geldwäsche und der Terrorismusfinanzierung anzunehmen ist, besonderes Augenmerk zu legen und jedenfalls die verstärkten Sorgfaltspflichten gemäß § 50 anzuwenden. Ist bei solchen Geschäftsbeziehungen oder Transaktionen kein offensichtlicher wirtschaftlicher oder erkennbarer rechtmäßiger Zweck feststellbar, haben die Berufsberechtigten soweit wie möglich den Hintergrund und den Zweck solcher Geschäftsbeziehungen und Transaktionen zu prüfen und die Ergebnisse schriftlich aufzuzeichnen. Für diese Aufzeichnungen gilt § 52c.

Ausführung durch Dritte

§ 52. (1) Hinsichtlich der in § 46 Z 1 bis 3 aufgezählten Sorgfaltspflichten kann für die Erfüllung dieser Pflichten auf Dritte zurückgegriffen werden. Die endgültige Verantwortung für die Erfüllung dieser Pflichten verbleibt jedoch bei jenem Berufsberechtigten, der auf einen oder mehrere Dritte zurückgreift. Der Berufsberechtigte hat die erforderlichen Informationen zur Erfüllung der nach § 46 Z 1 bis 3 normierten Sorgfaltspflichten einzuholen und unter Anwendung angemessener Schritte dafür zu sorgen, dass der Dritte auf Ersuchen umgehend Kopien der maßgeblichen Daten hinsichtlich der Feststellung und Überprüfung der Identität des Auftraggebers oder des wirtschaftlichen Eigentümers einschließlich Informationen, soweit verfügbar, die mittels elektronischer Mittel für die Identitätsfeststellung, einschlägiger Vertrauensdienste gemäß der Verordnung (EU) Nr. 910/2014 über elektronische Identifizierung und Vertrauensdienste für elektronische Transaktionen im Binnenmarkt und zur Aufhebung der Richtlinie 1999/93/EG, ABl. L 257 vom 28.08.2014, S. 73, oder mittels anderer regulierter, anerkannter, gebilligter oder akzeptierter sicherer Verfahren zur Identifizierung aus der Ferne oder auf elektronischem Weg eingeholt wurden, vorlegt.

(2) Um auf eine Erfüllung der Sorgfaltspflichten durch Dritte zurückgreifen zu können, haben diese folgende Voraussetzungen zu erfüllen:

1. Sie sind Verpflichtete im Sinne des Art. 2 der Geldwäsche-RL und

2. sie unterliegen Sorgfalts- und Aufbewahrungspflichten sowie einer Aufsicht, die der Geldwäsche-RL entsprechen.

(3) Bei Dritten, die ihren Sitz in einem Mitgliedstaat der EU haben, gelten die Voraussetzungen des Abs. 2 Z 2 als erfüllt. Dritte mit Sitz in Ländern mit hohem Risiko erfüllen die Voraussetzungen nicht, es sei denn, es handelt sich dabei um Zweigstellen oder mehrheitlich im Besitz der Berufsberechtigten befindliche Tochterunternehmen, wenn sich diese uneingeschränkt an die gruppenweit anzuwendenden Strategien und Verfahren gemäß § 52d halten.

(4) Den Anforderungen gemäß Abs. 1 und 2 ist bei Anwendung von gruppenweit anzuwendenden Strategien und Verfahren gemäß § 52d entsprochen, wenn

1. der Berufsberechtigte Informationen eines Dritten heranzieht, der derselben Gruppe angehört,

2. die in dieser Gruppe angewandten Sorgfaltspflichten, Aufbewahrungsvorschriften und Programme zur Bekämpfung von Geldwäsche und Terrorismusfinanzierung mit der Geldwäsche-RL oder gleichwertigen Vorschriften in Einklang stehen und

3. die effektive Umsetzung der unter Z 2 genannten

Anforderungen auf Gruppenebene von der Behörde oder einer zuständigen Behörde des Drittlandes beaufsichtigt wird.

Meldepflichten

§ 52a. (1) Der Berufsberechtigte hat die Geldwäschemeldestelle von sich aus mittels einer Meldung umgehend zu informieren, wenn er bei Ausübung seiner beruflichen Tätigkeit Kenntnis davon erhält oder den Verdacht hat, dass finanzielle Mittel unabhängig vom betreffenden Betrag aus kriminellen Tätigkeiten stammen oder mit Terrorismusfinanzierung in Verbindung stehen. Der Berufsberechtigte hat etwaigen Aufforderungen der Geldwäschemeldestelle zur Übermittlung zusätzlicher Auskünfte betreffend die Verhinderung, Aufdeckung und wirksamen Bekämpfung der Geldwäsche und der Terrorismusfinanzierung umgehend Folge zu leisten. Die Verdachtsmeldung und alle zu leistenden Auskünfte sind in einem geläufigen elektronischen Format unter Verwendung der durch die Geldwäschemeldestelle festgelegten, sicheren Kommunikationskanäle zu übermitteln.

(2) Die Geldwäschemeldestelle kann im Rahmen ihrer Aufgaben vom Berufsberechtigten Informationen zur Verhinderung, Aufdeckung und wirksamen Bekämpfung der Geldwäsche und der Terrorismusfinanzierung anfordern, einholen und nutzen, selbst wenn keine vorherige Meldung gemäß Abs. 1 erstattet wurde. Der Berufsberechtigte hat der Geldwäschemeldestelle auf schriftliches Verlangen unmittelbar über die durch die Geldwäschemeldestelle festgelegten, sicheren Kommunikationskanäle alle erforderlichen Auskünfte zur Verfügung zu stellen.

(3) Der Berufsberechtigte muss in Erwägung ziehen, eine Verdachtsmeldung gemäß Abs. 1 an die Geldwäschemeldestelle zu erstatten, wenn er bei einem Auftraggeber seinen Sorgfaltspflichten in Bezug auf die Feststellung und Überprüfung der Identität des Auftraggebers, des wirtschaftlichen Eigentümers oder der Bewertung und angemessenen Informationseinholung über Zweck und angestrebte Art der Geschäftsbeziehung nicht nachkommen kann.

(4) Berufsberechtigte dürfen Transaktionen, von denen sie wissen oder vermuten, dass sie mit finanziellen Mitteln aus kriminellen Tätigkeiten oder Terrorismusfinanzierung in Verbindung stehen, erst dann durchführen, wenn die in Abs. 1 vorgesehenen Maßnahmen abgeschlossen sind. Darüber sind in geeigneter Weise Aufzeichnungen zu erstellen und für die Dauer von fünf Jahren nach Beendigung der Geschäftsbeziehung mit den Auftraggebern oder nach dem Zeitpunkt einer gelegentlichen Transaktion aufzubewahren und vorbehaltlich anderer gesetzlicher Vorschriften dann zu löschen.

(5) Die Abwicklung einer unter Abs. 4 fallenden Transaktion darf unter Beachtung anderer, insbesondere strafrechtlicher Rechtsvorschriften fortgeführt werden, wenn die Geldwäschemeldestelle dies ohne weitere Auflage gestattet oder die Berufsberechtigten alle besonderen Anweisungen der Geldwäschemeldestelle im Einklang mit dem österreichischen Recht befolgt haben. Die Geldwäschemeldestelle ist nicht berechtigt, Berufsberechtigten Anweisungen zu einem Verhalten zu geben, das einem strafrechtlichen Tatbestand entspricht.

(6) Die Berufsberechtigten sind berechtigt, von der Geldwäschemeldestelle zu verlangen, dass diese entscheidet, ob gegen die unverzügliche Durchführung von Aufträgen oder Transaktionen Bedenken bestehen. Äußert sich die Geldwäschemeldestelle bis zum Ende

des folgenden Werktages nicht, so darf der Auftrag unverzüglich durchgeführt werden.

(7) Falls die Unterlassung der Abwicklung des Auftrages oder der Transaktion aber nicht möglich ist oder durch eine solche Unterlassung die Ermittlung des Sachverhalts erschwert oder verhindert würde, so hat der Berufsberechtigte der Geldwäschemeldestelle unmittelbar nach der Abwicklung die nötige Information zu erteilen.

(8) Die Übermittlung aller Informationen nach Abs. 1, 2, 4 und 7 kann durch speziell vom Berufsberechtigten beauftragte Personen erfolgen.

(9) Die Pflichten nach Abs. 1 bis 7 bleiben allerdings bestehen, wenn die Berufsberechtigten wissen, dass der Auftraggeber ihre Rechtsberatung bewusst für den Zweck der Geldwäsche oder Terrorismusfinanzierung in Anspruch nimmt.

(10) Geben Berufsberechtigte, deren Angestellte oder leitendes Personal im guten Glauben Informationen gemäß den Abs. 1, 2, 4 oder 7 weiter oder wird in diesem Zusammenhang ein Auftrag nicht durchgeführt, so gilt dies nicht als Verletzung einer vertraglich oder durch Rechts- oder Verwaltungsvorschriften geregelten Beschränkung der Informationsweitergabe und zieht für den Berufsberechtigten oder sein leitendes Personal oder seine Angestellten keinerlei Haftung nach sich, und zwar auch nicht in Fällen, in denen ihnen die zugrunde liegende kriminelle Tätigkeit oder die in Verbindung stehende Terrorismusfinanzierung nicht genau bekannt war, und unabhängig davon, ob tatsächlich eine rechtswidrige Handlung begangen wurde.

(11) Berufsberechtigte, ihr leitendes Personal, ihre Angestellten oder ihre Vertreter, die innerhalb des Unternehmens des Berufsberechtigten, innerhalb der Gruppe oder gegenüber der Geldwäschemeldestelle eine Meldung nach Abs. 1, 2, 4 oder 7 erstatten oder einen Verdacht auf Geldwäsche oder Terrorismusfinanzierung melden, dürfen deswegen weder

1. benachteiligt, insbesondere nicht beim Entgelt, beim beruflichen Aufstieg, bei Maßnahmen der Aus- und Weiterbildung, bei der Versetzung oder bei der Beendigung des Arbeitsverhältnisses, oder

2. nach strafrechtlichen Vorschriften verantwortlich gemacht werden,

es sei denn, die Meldung ist vorsätzlich unwahr abgegeben worden. Dem Arbeitgeber oder einem Dritten steht ein Schadenersatzanspruch nur bei einer offenbar unrichtigen Meldung, die der Arbeitnehmer mit Schädigungsvorsatz erstattet hat, zu. Die Berechtigung zur Abgabe von Meldungen darf vertraglich nicht eingeschränkt werden. Entgegenstehende Vereinbarungen sind unwirksam.

(12) Die Geldwäschemeldestelle ist ermächtigt anzuordnen, dass eine laufende oder bevorstehende Transaktion, die der Meldepflicht gemäß § 52a unterliegt, unterbleibt oder vorläufig aufgeschoben wird und dass Aufträge des Auftraggebers über Geldausgänge nur mit Zustimmung der Geldwäschemeldestelle durchgeführt werden dürfen. Die Geldwäschemeldestelle hat die Staatsanwaltschaft ohne unnötigen Aufschub von der Anordnung zu verständigen. Der Auftraggeber ist ebenfalls zu verständigen, wobei die Verständigung des Auftraggebers längstens für fünf Werktage aufgeschoben werden kann, wenn diese ansonsten die Verfolgung der Begünstigten einer verdächtigen Transaktion behindern könnte. Der Berufsberechtigte ist über den Aufschub der Verständigung des Auftraggebers zu informieren. Die Verständigung des Auftraggebers hat den Hinweis zu enthalten, dass er oder

ein sonst Betroffener berechtigt sei, Beschwerde wegen Verletzung seiner Rechte an das zuständige Verwaltungsgericht zu erheben.

(13) Die Geldwäschemeldestelle hat die Anordnung nach Abs. 12 aufzuheben, sobald die Voraussetzungen für die Erlassung weggefallen sind oder die Staatsanwaltschaft erklärt, dass die Voraussetzungen für eine Beschlagnahme gemäß § 109 Z 2 und § 115 Abs. 1 Z 3 StPO nicht bestehen. Die Anordnung tritt im Übrigen außer Kraft,

1. wenn seit ihrer Erlassung sechs Monate vergangen sind oder

2. sobald das Gericht über einen Antrag auf Beschlagnahme gemäß § 109 Z 2 und § 115 Abs. 1 Z 3 StPO rechtskräftig entschieden hat.

(14) Die Geldwäschemeldestelle hat den Berufsberechtigten Zugang zu aktuellen Informationen über Methoden der Geldwäsche und der Terrorismusfinanzierung und über Anhaltspunkte zu verschaffen, an denen sich verdächtige Transaktionen erkennen lassen. Soweit dies praktikabel ist, hat sie ebenso dafür zu sorgen, dass eine zeitgerechte Rückmeldung an den Berufsberechtigten in Bezug auf die Wirksamkeit von Verdachtsmeldungen und die daraufhin getroffenen Maßnahmen erfolgt.

Verbot der
Informationsweitergabe

§ 52b. (1) Berufsberechtigte sowie deren leitendes Personal und deren Angestellte dürfen weder den betroffenen Auftraggeber noch Dritte davon in Kenntnis setzen, dass eine Übermittlung von Informationen an die Geldwäschemeldestelle gerade erfolgt, erfolgen wird oder erfolgt ist oder dass eine Analyse wegen Geldwäsche oder Terrorismusfinanzierung gerade stattfindet oder stattfinden könnte. In Anwendung des Verbots der Informationsweitergabe besteht für personenbezogene Daten kein Zugangsrecht für betroffene Personen.

(2) Das Verbot nach Abs. 1 bezieht sich nicht auf die Weitergabe von Informationen an die Geldwäschemeldestelle und die Aufsichtsbehörde gemäß § 52f Abs. 1 oder auf die Weitergabe von Informationen zu Strafverfolgungszwecken.

(3) Das Verbot nach Abs. 1 steht einer Informationsweitergabe zwischen den Berufsberechtigten oder Einrichtungen aus Drittländern, in denen der Geldwäsche-RL gleichwertige Anforderungen gelten, nicht entgegen, sofern sie ihre berufliche Tätigkeit, ob als Angestellte oder nicht, in derselben juristischen Person oder in einer umfassenderen Struktur ausüben, der die Person angehört und die gemeinsame Eigentümer oder eine gemeinsame Leitung hat oder über eine gemeinsame Kontrolle in Bezug auf die Einhaltung der einschlägigen Vorschriften verfügt.

(4) Bei den Berufsberechtigten steht das Verbot nach Abs. 1 in Fällen, die sich auf denselben Auftraggeber oder dieselbe Transaktion beziehen und an denen zwei oder mehr Verpflichtete im Sinne der Geldwäsche-RL beteiligt sind, einer Informationsweitergabe zwischen den betreffenden Verpflichteten nicht entgegen, sofern es sich bei diesen um Verpflichtete aus einem Mitgliedstaat oder um Einrichtungen in einem Drittland, in dem der Geldwäsche-RL gleichwertige Anforderungen gelten, handelt und sofern sie derselben Berufskategorie im Sinne des Art. 2 Abs. 1 Z 3 der Geldwäsche-RL angehören und Verpflichtungen in Bezug auf das Berufsgeheimnis und den Schutz personenbezogener Daten unterliegen.

(5) Bemühen sich ein Berufsberechtigter, dessen leitendes Personal oder dessen Angestellte, einen Auftraggeber davon abzuhalten, eine rechtswidrige Handlung zu begehen, gilt dies nicht

als Informationsweitergabe im Sinne des Abs. 1.

(6) Berufsberechtigte haben, wenn sie Kenntnis davon erhalten, den Verdacht oder berechtigten Grund zu der Annahme haben, dass ein meldepflichtiger Sachverhalt gemäß § 52a vorliegt und sie vernünftigerweise davon ausgehen können, dass die Anwendung der Sorgfaltspflichten gegenüber Kunden die Verfolgung der Begünstigten einer verdächtigen Transaktion behindern könnte, die Anwendung der Sorgfaltspflichten gegenüber Kunden auszusetzen und haben stattdessen die Geldwäschemeldestelle umgehend mittels Verdachtsmeldung zu informieren.

Dokumentations- und Aufbewahrungspflichten

§ 52c. (1) Berufsberechtigte haben zumindest fünf Jahre nach dem letzten Geschäftsfall bzw. nach der Durchführung einer Transaktion aufzubewahren:

1. Unterlagen, die der Erfüllung von Sorgfaltspflichten gegenüber Auftraggebern dienen,
2. Belege und Aufzeichnungen von Transaktionen,
3. Unterlagen, die im Zusammenhang mit abgegebenen Verdachtsmeldungen erstellt wurden und
4. Unterlagen im Zusammenhang mit der Risikoeinstufung des Auftraggebers.

(2) Die Berufsberechtigten haben alle personenbezogenen Daten, die sie ausschließlich für die Zwecke dieses Bundesgesetzes verarbeitet haben, nach Ablauf der Aufbewahrungsfristen nach Abs. 1 zu löschen, es sei denn, Vorschriften anderer Bundesgesetze erfordern oder berechtigen zu einer längeren Aufbewahrungsfrist. Keine Löschung der Daten darf bis zur rechtskräftigen Beendigung eines anhängigen Ermittlungs-, Haupt- oder Rechtsmittelverfahrens wegen § 165, § 278a, § 278b, § 278c, § 278d oder § 278e StGB erfolgen, wenn der Berufsberechtigte davon nachweislich Kenntnis erlangt hat.

Innerorganisatorische Maßnahmen

§ 52d. (1) Berufsberechtigte müssen zur Verhinderung von Geldwäsche und Terrorismusfinanzierung geeignete Maßnahmen treffen, die in einem angemessenen Verhältnis zu Art und Umfang ihrer Geschäftstätigkeit stehen. Sie haben auf risikobasierter Basis insbesondere

1. angemessene und geeignete Strategien und Verfahren einzuführen für:
   a) Die Einhaltung der Sorgfaltspflichten gegenüber Auftraggebern, wobei auch dies Maßnahmen beinhaltet, in Bezug auf neue Produkte, Praktiken und Technologien, zum Ausgleich der damit im Zusammenhang stehenden Risiken,
   b) Verdachtsmeldungen,
   c) die Aufbewahrung von Aufzeichnungen,
   d) die Risikobewertung und das Risikomanagement in Bezug auf Geschäftsbeziehungen und Transaktionen und
   e) geeignete Kontroll- und Informationssysteme in ihren Kanzleien sowie
2. das in ihrer Kanzlei befasste Personal
   a) bereits bei Einstellung einer Überprüfung im Hinblick auf Geldwäsche und Terrorismusfinanzierung zu unterziehen,
   b) mit den Bestimmungen, die der Verhinderung und der Bekämpfung der Geldwäsche und der Terrorismusfinanzierung dienen, nachweislich vertraut zu machen und

c) in besonderen Fortbildungsprogrammen zu schulen.

(2) Berufsberechtigte haben einen besonderen Beauftragten zur Sicherstellung der Einhaltung der Bestimmungen dieses Bundesgesetzes zu bestellen, wenn dies nach Art und Umfang der Geschäftstätigkeit erforderlich ist. Die Position des besonderen Beauftragten ist so einzurichten, dass dieser lediglich dem Leitungsorgan gegenüber verantwortlich ist und dem Leitungsorgan direkt – ohne Zwischenebenen – zu berichten hat. Weiters ist ihm freier Zugang zu sämtlichen Informationen, Daten, Aufzeichnungen und Systemen, die in irgendeinem möglichen Zusammenhang mit Geldwäsche und Terrorismusfinanzierung stehen könnten, sowie ausreichende Befugnisse zur Durchsetzung der Einhaltung der Bestimmungen dieses Bundesgesetzes einzuräumen. Berufsberechtigte haben durch entsprechende organisatorische Vorkehrungen sicherzustellen, dass die Aufgaben des besonderen Beauftragten jederzeit vor Ort erfüllt werden können. Berufsberechtigte haben sicherzustellen, dass der besondere Beauftragte jederzeit über ausreichende Berufsqualifikationen, Kenntnisse und Erfahrungen verfügt (fachliche Qualifikation) und zuverlässig und integer ist (persönliche Zuverlässigkeit).

(3) Berufsberechtigte haben, soweit angebracht, ein Mitglied des Leitungsorgans zu bestimmen, das für die Einhaltung der Bestimmungen, die der Verhinderung oder der Bekämpfung der Geldwäsche oder der Terrorismusfinanzierung dienen, zuständig ist.

(4) Nähere Details zu den oben angeführten Pflichten kann die Behörde durch Verordnung festlegen.

(5) Berufsberechtigte, die Teil einer Gruppe sind, haben gruppenweit anzuwendende Strategien und Verfahren einzurichten, darunter Datenschutzstrategien sowie Strategien und Verfahren für den Informationsaustausch innerhalb der Gruppe für die Zwecke der Bekämpfung von Geldwäsche und Terrorismusfinanzierung. Diese Strategien und Verfahren müssen auf Ebene der Zweigstellen und der mehrheitlich im Besitz des oder der Berufsberechtigten befindlichen Tochterunternehmen in EU-Mitgliedstaaten und Drittländern wirksam umgesetzt werden.

(6) Berufsberechtigte mit Niederlassungen in einem anderen EU-Mitgliedstaat haben sicherzustellen, dass diese Niederlassungen den zur Umsetzung der Geldwäsche-RL verabschiedeten nationalen Rechtsvorschriften des anderen EU-Mitgliedstaats Folge leisten.

(7) Berufsberechtigte haben sicherzustellen, dass ihre Zweigstellen oder mehrheitlich in ihrem Besitz befindliche Tochterunternehmen in Drittländern, in denen die Mindestanforderungen an die Bekämpfung von Geldwäsche und Terrorismusfinanzierung weniger streng sind als die Anforderungen nach dem österreichischen Recht, die Anforderungen des österreichischen Rechts, einschließlich in Bezug auf den Datenschutz, anwenden, soweit das Recht des Drittlandes dies zulässt. Zudem haben sie sicherzustellen, dass von Zweigstellen oder mehrheitlich in ihrem Besitz befindlichen Tochterunternehmen in diesem Drittland zusätzliche Maßnahmen angewendet werden, um dem Risiko der Geldwäsche oder Terrorismusfinanzierung wirksam zu begegnen und die Behörde darüber zu unterrichten. Reichen die zusätzlichen Maßnahmen nicht aus, hat die Behörde zusätzliche Aufsichtsmaßnahmen zu treffen. Diese Aufsichtsmaßnahmen sind, dass die Gruppe in dem Drittland keine Geschäftsbeziehungen eingeht oder diese beendet und keine Transaktionen in dem Drittland vornimmt, und nötigenfalls, dass die Gruppe ihre Geschäfte dort einstellt.

(8) Die Weitergabe von Informationen innerhalb einer Gruppe ist zulässig.

Hinweisgebersystem

§ 52e. (1) Bei der Behörde hat ein internetbasiertes Hinweisgebersystem zu bestehen, über welches Hinweise auf Verstöße gegen die in §§ 44 bis 52d genannten Pflichten auch anonym gemeldet werden können.

(2) Die Behörde hat durch Verordnung festzulegen,

1. wie Hinweise über das Hinweisgebersystem abgegeben werden können,

2. welches Verfahren an die Abgabe eines solchen Hinweises anschließt,

3. welcher Schutz vor rechtlichen und faktischen Sanktionierungen, Benachteiligungen und Diskriminierungen Hinweisgebern zukommt,

4. welche Rechte dem durch einen Hinweis Beschuldigten zukommen,

5. wie den notwendigen Erfordernissen des Datenschutzes in Bezug auf Hinweisgeber und Beschuldigte Rechnung zu tragen ist und

6. in welchem Ausmaß aus verfahrensrechtlichen Gründen Ausnahmen von der Hinweisgebern ansonsten soweit wie möglich zu gewährenden Vertraulichkeit gegenüber ihren Arbeitgebern bestehen.

(3) Die Behörde hat durch Verordnung festzulegen, in welchem Ausmaß Berufsberechtigte unternehmensinterne Hinweisgebersysteme einzurichten haben, über die ihre Angestellten oder Personen in einer vergleichbaren Position Verstöße gegen die in §§ 44 bis 52a genannten Pflichten anonym melden können.

(4) Die Abgabe von Hinweisen über ein Hinweisgebersystem nach Abs. 1 oder 3 gilt nicht als Verletzung einer vertraglich oder durch Rechts- oder Verwaltungsvorschriften geregelten Beschränkung der Informationsweitergabe und zieht für den Hinweisgeber keinerlei Haftung nach sich, und zwar auch nicht in Fällen, in denen ihm der zugrunde liegende Verstoß gegen die in den §§ 44 bis 52d genannten Pflichten nicht genau bekannt war, und unabhängig davon, ob tatsächlich eine rechtswidrige Handlung begangen wurde.

Aufsicht

§ 52f (1) Die Aufsicht über die Einhaltung der Bestimmungen dieses Abschnittes obliegt der Wirtschaftskammer Österreich. Die Wirtschaftskammer Österreich ist zuständige Behörde im Sinne des Art. 48 der Geldwäsche-RL. Die Aufsicht umfasst die risikobasierte Prüfung der Vorkehrungen, die ein Berufsberechtigter zur Einhaltung der Bestimmungen dieses Abschnittes in seinem Betrieb getroffen hat, einschließlich einer Nachschau beim Berufsberechtigten.

(2) Der Aufsicht nach den Bestimmungen dieses Abschnittes unterliegen alle Berufsberechtigten, die ihren Beruf selbständig im eigenen Namen und auf eigene Rechnung ausüben. Berufsberechtigte, deren Befugnis gemäß § 41 ruht, unterliegen nicht der Aufsicht.

(3) Die der Aufsicht unterliegenden Berufsberechtigten haben der Behörde auf Verlangen alle Auskünfte zu erteilen und Unterlagen vorzulegen, die in Hinblick auf die Vorkehrungen zur Erfüllung der Sorgfaltspflichten von Bedeutung sind. Die Behörde kann, auch anlassunabhängig, prüfen, ob entsprechende Vorkehrungen zur Einhaltung der Sorgfaltspflichten nach den Bestimmungen dieses Abschnittes vorgesehen sind und eingehalten werden. Die mit der Prüfung befassten Personen sind berechtigt, die Geschäftsräume der Berufsberechtigten zu betreten. Innerhalb der üblichen

Geschäftszeiten ist diesen für Zwecke einer Nachschau Zutritt zu gewähren.

(4) Die Behörde hat die Geldwäschemeldestelle umgehend zu unterrichten, wenn sie im Rahmen von Prüfungen von Berufsberechtigten gemäß § 52g oder bei anderen Gelegenheiten Tatsachen aufdecken, die mit Geldwäsche oder Terrorismusfinanzierung zusammenhängen könnten.

(5) Die Behörde hat jährlich einen Bericht zu veröffentlichen mit Informationen über Maßnahmen zur Überprüfung der Einhaltung der Sorgfaltspflichten gegenüber Auftraggebern, Verdachtsmeldungen, Aufbewahrungs- und Aufzeichnungsverpflichtungen und interne Kontrollen bei den Berufsberechtigten, verhängte Maßnahmen-Sanktionen gemäß § 52j, die Anzahl der erhaltenen Berichte über Verstöße im Wege des Hinweisgebersystems gemäß § 52e Abs. 1 sowie die Anzahl und Beschreibung der Maßnahmen gemäß § 52g.

Prüfungen

§ 52g. (1) Die Behörde kann Prüfungen der Vorkehrungen zur Einhaltung der Bestimmungen dieses Abschnittes bei Berufsberechtigten vornehmen:

1. Anlassunabhängig nach einem risikobasierten Ansatz oder

2. anlassbezogen, insbesondere bei Eintritt wichtiger Ereignisse oder Entwicklungen in der Geschäftsleitung und Geschäftstätigkeit der Berufsberechtigten.

(2) Eine Prüfung der Vorkehrungen kann erfolgen durch:

1. Eine Bewertung anhand von durch den Betrieb des Berufsberechtigten zur Verfügung gestellten Unterlagen und

2. eine Nachschau im Betrieb des Berufsberechtigten einschließlich einer stichprobenmäßigen Nachschau in Auftragsunterlagen.

(3) Eine Nachschau im Betrieb eines Berufsberechtigten hat durch Experten gemäß § 52h zu erfolgen. Bei der Auswahl des für eine Nachschau zuständigen Experten sind die beruflichen Befangenheitsbestimmungen zu beachten. Wechselseitige Nachschauen sind unzulässig. Eine Nachschau ist dem Berufsberechtigten zumindest eine Woche im Vorhinein schriftlich anzukündigen. Nach erfolgter Nachschau hat der Experte einen Bericht zu erstellen und diesen mit einer abschließenden Beurteilung zu versehen. Der Bericht ist der Behörde zu übermitteln.

(4) Die Kosten einer Prüfung gemäß Abs. 1 Z 2, insbesondere die Entlohnung des Experten gemäß § 52h Abs. 4, sind vom geprüften Berufsberechtigten zu tragen. Die Kosten einer Prüfung gemäß Abs. 1 Z 1 können dem geprüften Berufsberechtigten ganz oder teilweise übertragen werden. Nähere Bestimmungen dazu hat die Geschäftsordnung zu treffen.

(5) Unterliegt ein gemäß § 52f Abs. 2 der Aufsicht unterliegender Berufsangehöriger aufgrund anderer Berufsberechtigungen Präventionspflichten zur Verhinderung der Geldwäsche und der Terrorismusfinanzierung, die den Anforderungen der Geldwäsche-RL entsprechen und deren Einhaltung einer dieser Richtlinie entsprechenden Aufsicht einer anderen Behörde unterliegt, sind Ergebnisse von aufsichtsrechtlichen Prüfungen dieser Behörden bei der Durchführung von Prüfungen gemäß Abs. 1 Z 1 zu berücksichtigen. Unter Berücksichtigung von § 52i Abs. 1 kann von der Fortsetzung einer Prüfung nach Abs. 1 Z 1 abgesehen werden, sofern diese unter Zugrundelegung des jeweiligen Risikos nicht erforderlich ist.

Experten

§ 52h. (1) Die Behörde hat eine Liste von Experten zu erstellen. Die Liste hat eine ausreichende Zahl an Experten zu enthalten, um die für die Aufsicht erforderlichen Nachschauen angemessen durchführen zu können.

(2) Voraussetzung für die Bestellung als Experte ist der Nachweis einer einschlägigen Schulung in angemessenem Umfang auf dem Gebiet der Verhinderung der Geldwäsche und der Terrorismusfinanzierung längstens ein Jahr vor der erfolgten Bestellung.

(3) Voraussetzung für die Bestellung einer Gesellschaft zum Experten ist die aufrechte Bestellung zumindest eines Vorstandsmitgliedes oder eines Geschäftsführers oder eines persönlich haftenden Gesellschafters als Experte.

(4) Experten haben einen Anspruch auf Entlohnung. Diese hat sich insbesondere an den berufsüblichen Grundsätzen, der Größe des zu überprüfenden Betriebes und der dafür aufzuwendenden Zeit zu orientieren.

Risikobasierter Ansatz der Aufsicht

§ 52i. (1) Prüfungen gemäß § 52g haben nach einem risikobasierten Ansatz zu erfolgen. Die Häufigkeit und Intensität der Prüfungen hat sich am jeweiligen Risikoprofil der Berufsberechtigten sowie an bestehenden Risiken von Geldwäsche und Terrorismusfinanzierung in Österreich zu orientieren. Dabei sind den Berufsberechtigten zustehende Ermessensspielräume und die auf diesen basierenden Risikobewertungen zu berücksichtigen.

(2) Der Bundesminister für Wissenschaft, Forschung und Wirtschaft sowie die Geldwäschemeldestelle sind verpflichtet, der Behörde die erforderlichen Informationen zu bestehenden Risiken von Geldwäsche und Terrorismusfinanzierung in Österreich zur Verfügung zu stellen

und ein klares Verständnis über die vorhandenen Risiken zu vermitteln. Die Behörde hat, wenn sie Informationen von der Geldwäschemeldestelle im Wege der Amtshilfe oder des Informationsaustausches erhält, der Geldwäschemeldestelle eine Rückmeldung über die Verwendung dieser Informationen und die Ergebnisse der auf Grundlage der bereitgestellten Informationen durchgeführten Ermittlungen oder Prüfungen zu geben.

(3) Die der Aufsicht nach diesem Abschnitt unterliegenden Berufsberechtigten sind verpflichtet, der Behörde auf Aufforderung die Bewertung ihres Risikos im Zusammenhang mit Geldwäsche und Terrorismusfinanzierung gemäß § 44 zu übermitteln. Eine neuerliche Bewertung hat in regelmäßigen Abständen und bei Eintritt wichtiger Ereignisse zu erfolgen. Als wichtige Ereignisse gelten insbesondere Änderungen in der Zusammensetzung der Geschäftsführung und Vertretung nach außen von Gesellschaften oder in der Geschäftstätigkeit des Berufsberechtigten.

(4) Zur Durchführung der risikobasierten Aufsicht hat die Behörde durch Verordnung Parameter festzulegen. Die der Aufsicht unterliegenden Berufsberechtigten sind verpflichtet, der Behörde die in diesem Zusammenhang erforderlichen Informationen zur Verfügung zu stellen. Bei der Durchführung der Aufsicht auf Basis des risikobasierten Ansatzes sind von Europäischen Aufsichtsbehörden gemäß Art. 48 Abs. 10 der Geldwäsche-RL veröffentlichten Leitlinien zur risikobasierten Aufsicht zu beachten.

Maßnahmen

§ 52j. (1) **(Verfassungsbestimmung)** Ein Berufsberechtigter, der vorsätzlich gegen die in diesem Abschnitt festgelegten Pflichten verstößt, begeht eine Verwaltungsübertretung und ist von der Behörde mit einer

Geldstrafe von 400 Euro bis zu 20 000 Euro zu bestrafen.

(2) **(Verfassungsbestimmung)** Ein Berufsberechtigter, der schwerwiegend, wiederholt oder systematisch gegen die in §§ 45 bis 52a sowie §§ 52c und 52d festgelegten Pflichten vorsätzlich verstößt, kann, von der Behörde mit den folgenden Maßnahmen belegt werden:

1. eine Aufforderung an den Berufsberechtigten, die als pflichtwidrig festgestellte Verhaltensweise einzustellen und von einer Wiederholung abzusehen,
2. eine öffentliche Bekanntgabe des Berufsberechtigten und der Art des Verstoßes auf der Website der Behörde,
3. eine Geldstrafe in zweifacher Höhe des infolge des Verstoßes erzielten Gewinnes, sofern sich dieser beziffern lässt, andernfalls in Höhe von zumindest 400 Euro und bis zu 1 000 000 Euro,
4. ein vorübergehendes Verbot, die Geschäftsführung und Vertretung nach außen, einschließlich die Prokura, einer Bilanzbuchhaltungsgesellschaft auszuüben oder
5. die Suspendierung der Berufsberechtigung gemäß § 53 Abs. 1 Z 7.

(3) Grundlage für die Bemessung der Verwaltungsstrafe nach Abs. 1 und der Maßnahme nach Abs. 2 ist die Schuld des Berufsberechtigten. Bei der Bemessung hat die Behörde auch auf die Auswirkungen der Verwaltungsstrafe oder Maßnahme und anderer zu erwartender Folgen der Tat auf das künftige Leben des Berufsberechtigten Bedacht zu nehmen. Ebenso ist darauf Bedacht zu nehmen, welchen Strafmaßes es bedarf, um derartigen Verstößen durch andere Berufsberechtigte entgegenzuwirken. Die Behörde hat bei der Festsetzung von Art und Höhe der Verwaltungsstrafen oder Maßnahmen alle maßgeblichen Umstände zu berücksichtigen, insbesondere:

1. die Schwere und die Dauer des Verstoßes,
2. den Verschuldensgrad der verantwortlich gemachten Person,
3. die Finanzkraft der verantwortlich gemachten Person, wie sie sich beispielsweise aus deren Gesamtumsatz oder Jahreseinkünften ableiten lässt,
4. die von der verantwortlichen Person durch den Verstoß erzielten Gewinne, sofern sie sich beziffern lassen,
5. die Verluste, die Dritten durch den Verstoß entstanden sind, sofern sie sich beziffern lassen,
6. die Bereitwilligkeit der verantwortlichen Person mit der Behörde zusammenzuarbeiten,
7. frühere Verstöße der verantwortlichen Person.

(4) In dem in Abs. 2 genannten Fall können nach Maßgabe der Bemessung im Sinne des Abs. 3 die Maßnahmen nach Abs. 2 Z 1, 2 und 3 auch kombiniert werden. Die Maßnahmen nach Abs. 2 Z 4 oder 5 dürfen nur verhängt werden, wenn eine Maßnahme nach Abs. 2 Z 1, 2 und 3 oder eine Kombination aus den Maßnahmen nach Abs. 2 Z 1, 2 und 3 nicht ausreicht, um den Berufsberechtigten von einem weiteren Verstoß gegen die in diesem Abschnitt festgelegten Pflichten abzuhalten.

(5) Über die nach dieser Bestimmung verhängten Verwaltungsstrafen oder Maßnahmen hat die Behörde einen Bescheid zu erlassen. Die für die Verhängung von Disziplinar- und Verwaltungsstrafen anzuwendenden Verfahrensbestimmungen bleiben unberührt.

(6) Die Behörde hat alle nach dieser Bestimmung rechtskräftig

verhängten Maßnahmen auf ihrer Website zu veröffentlichen. Die betroffene Person ist darüber vorab zu informieren. Eine Veröffentlichung der Identität oder personenbezogener Daten darf nicht unverhältnismäßig sein. Insbesondere bei Maßnahmen, die als geringfügig angesehen werden, ist bei der Bekanntmachung der Entscheidungen die Verhältnismäßigkeit zu wahren. Im Zweifel hat eine Veröffentlichung von Maßnahmen in anonymisierter Form zu erfolgen. Veröffentlichungen sind auf der Website der Behörde zumindest fünf Jahre öffentlich zugänglich zu halten.

(7) Die Behörde darf ausländischen Ersuchen um Amts- oder Rechtshilfe in Zusammenhang mit der Wahrnehmung von Sanktionen oder Maßnahmen entsprechen, wenn gewährleistet ist, dass auch der ersuchende Staat einem gleichartigen österreichischen Ersuchen entsprechen würde. Sie darf ausländische Behörden um Amts- und Rechtshilfe ersuchen, soweit einem gleichartigen Ersuchen eines anderen Staates ebenfalls entsprochen werden könnte.

(8) Hat der Berufsberechtigte für den Verstoß, für den er im Inland bestraft wird, schon im Ausland eine Strafe verbüßt, so ist sie auf die im Inland verhängte Strafe anzurechnen.

Strafbarkeit juristischer Personen

§ 52k. (1) **(Verfassungsbestimmung)** Die Behörde hat Geldstrafen gegen juristische Personen zu verhängen, wenn ein Verstoß gemäß § 52j Abs. 1 oder 2 zu ihren Gunsten von einer Person begangen wurde, die allein oder als Teil eines Organs der juristischen Person gehandelt hat und die aufgrund einer der folgenden Befugnisse eine Führungsposition innerhalb der juristischen Person innehat:

1. Befugnis zur Vertretung der juristischen Person,
2. Befugnis, Entscheidungen im Namen der juristischen Person zu treffen oder

3. Kontrollbefugnis innerhalb der juristischen Person.

(2) Juristische Personen können wegen Pflichtverletzungen gemäß § 52j Abs. 1 oder 2 auch dann verantwortlich gemacht werden, wenn mangelnde Überwachung oder Kontrolle durch eine in Abs. 1 genannte Person die Begehung einer in § 52j Abs. 1 oder 2 genannten Pflichtverletzungen zugunsten der juristischen Person durch eine für sie tätige Person ermöglicht hat.

(3) **(Verfassungsbestimmung)** Bei einem Verstoß der in Abs. 1 genannten Person gegen § 52j Abs. 1 kann gegen die juristische Person eine Geldstrafe von 400 Euro bis zu 20 000 Euro verhängt werden. Bei einem Verstoß der in Abs. 1 genannten Person gegen § 52j Abs. 2 kann eine Geldstrafe bis zur zweifachen Höhe des infolge des Verstoßes erzielten Gewinnes, sofern sich dieser beziffern lässt, andernfalls in Höhe von zumindest 400 Euro und höchstens bis zu 1 000 000 Euro festgesetzt werden. Zur Bemessung der Geldstrafe ist die Bestimmung des § 52j Abs. 3 sinngemäß heranzuziehen.

(4) Über die nach dieser Bestimmung verhängten Verwaltungsstrafen oder Maßnahmen hat die Behörde einen Bescheid zu erlassen. Die für die Verhängung von Disziplinar- und Verwaltungsstrafen anzuwendenden Verfahrensbestimmungen bleiben unberührt.

(5) Die Behörde kann von der Verhängung einer Geldstrafe gegen eine juristische Person absehen, wenn es sich um keinen schwerwiegenden, wiederholten oder systematischen Verstoß handelt und keine besonderen Umstände vorliegen, die einem Absehen von der Bestrafung entgegenstehen.

5. Hauptstück

Suspendierung – Endigung – Verwertung

1. Abschnitt

Suspendierung

Voraussetzungen

§ 53. (1) Die Behörde hat die Ausübung eines Bilanzbuchhaltungsberufes vorläufig zu untersagen bei

1. Verlust der vollen Handlungsfähigkeit oder
2. Vorliegen einer rechtswirksamen Anklageschrift gemäß den §§ 210 bis 215 der Strafprozessordnung 1975, BGBl. Nr. 631, wegen des Verdachtes
   a) einer mit Vorsatz begangenen strafbaren Handlung, die mit mehr als dreimonatiger Freiheitsstrafe bedroht ist, oder
   b) einer mit Bereicherungsvorsatz begangenen gerichtlich strafbaren Handlung oder
   c) eines gerichtlich strafbaren Finanzvergehens oder
3. Verhängung der Untersuchungshaft wegen des Verdachtes einer der in Z 2 lit. a bis c aufgezählten Handlungen oder
4. rechtskräftiger Eröffnung eines Insolvenzverfahrens oder
5. bei Nichteröffnung oder Aufhebung eines Insolvenzverfahrens mangels kostendeckenden Vermögens oder
6. fehlender Vermögensschaden-Haftpflichtversicherung oder
7. wiederholten schwerwiegenden Verstößen gegen die Bestimmungen zur Verhinderung der Geldwäsche und der Terrorismusfinanzierung.

(2) Von einer Suspendierung ist in den Fällen des Abs. 1 Z 2 abzusehen, wenn die ordnungsgemäße Berufsausübung nicht gefährdet ist.

(3) Über die Suspendierung ist ein schriftlicher Bescheid zu erlassen. Der Bescheid über die Suspendierung ist dem Berufsberechtigten zu eigenen Handen zuzustellen. Im Fall des Abs. 1 Z 1 und bei Gesellschaften ist der Bescheid dem gesetzlichen Vertreter zuzustellen. Einer Beschwerde gegen einen Bescheid, mit dem die Ausübung eines Bilanzbuchhaltungsberufes vorläufig untersagt wurde, kommt keine aufschiebende Wirkung zu.

Aufhebung der Suspendierung

§ 54. Die Behörde hat die Suspendierung auf Antrag aufzuheben, wenn der Grund für eine Untersagung nicht mehr gegeben ist.

2. Abschnitt

Erlöschen der Berechtigung

Allgemeines

§ 55. Die Berechtigung zur selbständigen Ausübung eines Bilanzbuchhaltungsberufes erlischt durch

1. Verzicht oder
2. Widerruf der öffentlichen Bestellung oder
3. Widerruf der Anerkennung oder
4. Tod oder
5. Auflösung der Gesellschaft.

Verzicht

§ 56. (1) Berufsberechtigte sind berechtigt, auf ihre Berechtigung zur selbständigen Ausübung ihres Bilanzbuchhaltungsberufes zu verzichten.

(2) Der Verzicht auf die Berechtigung zur selbständigen Ausübung eines Bilanzbuchhaltungsberufes ist der Behörde schriftlich zu erklären.

(3) Der Verzicht wird mit dem Datum wirksam, welches der Berufsberechtigte bestimmt hat,

frühestens jedoch mit jenem Tag, an dem die Verzichtserklärung der Behörde zugekommen ist.

Widerruf der öffentlichen Bestellung

§ 57. (1) Die Behörde hat eine durch öffentliche Bestellung erteilte Berechtigung zur selbständigen Ausübung eines Bilanzbuchhaltungsberufes zu widerrufen, wenn eine der allgemeinen Voraussetzungen für die öffentliche Bestellung nicht mehr gegeben ist.

(2) Über den Widerruf der Bestellung ist ein schriftlicher Bescheid zu erlassen.

(3) Vom Widerruf der öffentlichen Bestellung ist in den Fällen des § 8 Z 1 lit. d abzusehen, wenn eine ordnungsgemäße Berufsausübung nicht gefährdet ist und die Folgen des Vergehens unbedeutend sind.

Widerruf der Anerkennung

§ 58. (1) Die Behörde hat eine durch Anerkennung erteilte Berechtigung zur Ausübung eines Bilanzbuchhaltungsberufes zu widerrufen, wenn eine der Anerkennungsvoraussetzungen nicht mehr gegeben ist.

(2) Vor Widerruf einer Anerkennung hat die Behörde die Gesellschaft aufzufordern, einen den Widerruf begründenden Umstand innerhalb einer Frist von sechs Monaten, in den Fällen des § 28 Abs. 2 unverzüglich, zu beseitigen.

(3) Über den Widerruf ist ein schriftlicher Bescheid zu erlassen.

Streichung – Veröffentlichung

§ 59. Auf Grund des Erlöschens der Berechtigung hat die Streichung aus dem Register der Behörde zu erfolgen.

3. Abschnitt
Verwertung

Fortführungsrecht

§ 60. Zur Fortführung der Kanzlei eines verstorbenen Berufsberechtigten gelten die Bestimmungen der §§ 41 bis 45 der Gewerbeordnung 1994, BGBl. Nr. 194, mit der Maßgabe, dass anstelle der Bezirksverwaltungsbehörde die Behörde tritt.

6. Hauptstück
Verwaltungsübertretungen

Strafbestimmungen

§ 61. (1) Eine mit einer Geldstrafe bis zu 20 000 Euro zu bestrafende Verwaltungsübertretung begeht, wer

1. eine der in §§ 2 bis 4 angeführten Tätigkeiten selbständig ausübt oder anbietet, ohne die dafür erforderliche Berechtigung zu besitzen, oder
2. der Verpflichtung zur Verschwiegenheit gemäß § 39, ohne davon entbunden zu sein, zuwiderhandelt oder

(Anm.: Z 3 wurde nicht vergeben)

(Anm.: Z 4 aufgehoben durch Z 17, BGBl. I Nr. 135/2017)

5. der Verpflichtung zur Führung der Berufsbezeichnung gemäß § 71 Abs. 3 zuwiderhandelt oder
6. den Informationspflichten gemäß § 71 Abs. 4 nicht oder nicht vollständig nachkommt.

(2) Wer es entgegen der Bestimmung des § 49 unterlässt, die Behörde umgehend zu informieren oder die erforderlichen Auskünfte zu erteilen oder Unterlagen herauszugeben, begeht eine mit einer Geldstrafe bis zu 30 000 Euro zu bestrafende Verwaltungsübertretung.

(3) Wer die Verpflichtung zum Nachweis der Fortbildungspflicht gemäß § 33 Abs. 3 wiederholt

verletzt, begeht eine mit einer Geldstrafe bis zu 5 000 Euro zu bestrafende Verwaltungsübertretung.

(4) In Angelegenheiten des Abs. 1 bis 3 sind die Bezirksverwaltungsbehörden Strafbehörden.

2. Teil
Berufsvergehen – Disziplinarrecht

Anwendung der Gewerbeordnung 1994 und des Wirtschaftstreuhandberufsgesetzes

§ 62. Berufsberechtigte unterliegen zusätzlich zu den Bestimmungen der Verordnung gemäß § 34 den Ausübungs- und Standesregeln gemäß § 69 der Gewerbeordnung 1994, BGBl. Nr. 194. Beruft sich ein Bilanzbuchhalter im beruflichen Verkehr gegenüber den Abgabenbehörden des Bundes fälschlich auf eine ihm erteilte Bevollmächtigung, sind die disziplinarrechtlichen Bestimmungen des 2. Teiles des Wirtschaftstreuhandberufsgesetzes, BGBl. I Nr. 158/1999, sinngemäß anzuwenden. Zuständig dafür ist die Behörde.

3. Teil
Vollzug

Behörden – Verfahren – Register

§ 63. (1) Die in diesem Gesetz geregelten Aufgaben sind, sofern nicht anderes bestimmt ist, im übertragenen Wirkungsbereich von der Wirtschaftskammer Österreich wahrzunehmen. Bei ihrer Wahrnehmung ist der Präsident der Wirtschaftskammer Österreich Behörde im Sinne dieses Gesetzes und an die Weisungen des Bundesministers für Wissenschaft, Forschung und Wirtschaft gebunden. Der Präsident kann einen oder mehrere Mitarbeiter dazu ermächtigen, behördliche Erledigungen für ihn zu fertigen.

(2) Die durch dieses Gesetz den Meisterprüfungsstellen zur Besorgung zugewiesenen Aufgaben sind solche des übertragenen Wirkungsbereiches der Wirtschaftskammern in den Ländern. Die Wirtschaftskammern und Meisterprüfungsstellen sind bei der Besorgung dieser Aufgaben an die Weisungen des Bundesministers für Wissenschaft, Forschung und Wirtschaft gebunden.

(3) Die Behörde hat bei der Wahrnehmung ihrer Aufgaben das Allgemeine Verwaltungsverfahrensgesetz 1991, BGBl. Nr. 51, anzuwenden.

(4) Die Behörde hat ein Register zu führen, in das natürliche Personen und andere Rechtsträger als natürliche Personen einzutragen sind. In dieses Register sind jene Daten zu erfassen, die nach § 365a und § 365b der Gewerbeordnung 1994, BGBl. Nr. 194, in die Gewerberegister einzutragen sind, soweit diese Daten zur Erfüllung der nach diesem Bundesgesetz übertragenen Aufgaben erforderlich sind. Ebenso sind sämtliche Vorgänge im Zusammenhang mit einer öffentlichen Bestellung, Ruhendmeldung, Wiederaufnahme, Suspendierung oder deren Aufhebung, Eröffnung und Schließung einer Zweigstelle, sowie jedes Erlöschen der Berufsberufsbefugnis oder sonst nach diesem Bundesgesetz geregelten Aufgabe einzutragen.

(5) Die Behörde hat jede öffentliche Bestellung, Ruhendmeldung, Wiederaufnahme, Suspendierung oder deren Aufhebung, Eröffnung und Schließung einer Zweigstelle, sowie jedes Erlöschen der Berufsbefugnis [Anm. 1] den Wirtschaftskammern sowie der Sozialversicherung der gewerblichen Wirtschaft einschließlich der mit dieser Mitteilung verbundenen Daten aus dem Register unaufgefordert und umgehend zu übermitteln, soweit dies zur Wahrnehmung der diesen Körperschaften gesetzlichen

übertragenen Aufgaben eine wesentliche Voraussetzung bildet. Die Wirtschaftskammern sowie die Sozialversicherung der gewerblichen Wirtschaft sind befugt, diese Daten automationsunterstützt abzufragen.

(6) Die Behörde hat zur Durchführung der Aufsicht gemäß § 52f einen Ausschuss einzurichten. Der Ausschuss hat aus einem Vorsitzenden, einem Stellvertreter sowie drei Mitgliedern und Ersatzmitgliedern zu bestehen. Der Ausschuss ist beschlussfähig, wenn der Vorsitzende oder sein Stellvertreter und mindestens zwei Mitglieder anwesend sind. Voraussetzungen für die Bestellung der Mitglieder dieses Ausschusses sind eine zumindest fünfjährige Tätigkeit in einem Bilanzbuchhaltungsberuf sowie der Nachweis einer einschlägigen Schulung in angemessenem Umfang auf dem Gebiet der Verhinderung der Geldwäsche und der Terrorismusfinanzierung. Nähere Bestimmungen hat eine Geschäftsordnung zu treffen.

(7) Die Kundmachung einer von der Behörde beschlossenen Verordnung ist nur mit Zustimmung des Bundesministers für Wissenschaft, Forschung und Wirtschaft zulässig. Verordnungen der Behörde sind im Internet auf der Website der Behörde kundzumachen. Die dort kundgemachten Inhalte müssen jederzeit ohne Identitätsnachweis und gebührenfrei zugänglich sein und in ihrer kundgemachten Form vollständig und auf Dauer ermittelt werden können. Die jeweiligen Änderungen sind im Internet auf der Website der Behörde mit dem jeweiligen Kundmachungsdatum ersichtlich zu machen.

(__________________

Anm. 1: Z 30 der Novelle BGBl. I Nr. 66/2020 lautet: „§ 63 Abs. 5 **2. Satz** *wird das Wort „Berufsberufsbefugnis" durch das Wort „Berufsbefugnis" ersetzt.". Das zu ersetzende Wort befindet sich im 1. Satz.)*

Verschwiegenheitspflicht

§ 64. (1) Die Behörde ist verpflichtet, über persönliche Verhältnisse, Einrichtungen und Geschäfts- und Betriebsverhältnisse, die ihr in Wahrnehmung ihrer Aufgaben in der Behörde zur Kenntnis gelangen, Verschwiegenheit zu bewahren. Jede Verwertung von Geschäfts- und Betriebsgeheimnissen ist ihr untersagt.

(2) Von der Verschwiegenheitspflicht kann auf Verlangen eines Gerichtes oder einer Behörde der Bundesminister für Wissenschaft, Forschung und Wirtschaft entbinden. Gegenüber dem Bundesminister für Wissenschaft, Forschung und Wirtschaft bestehen keine Verschwiegenheitspflichten.

Kostentragung

§ 65. (1) Sämtliche Kosten der Behörde hat die Wirtschaftskammer Österreich zu tragen.

(2) Die Wirtschaftskammer Österreich kann zur Bedeckung der Kosten für die Vollziehung der durch dieses Bundesgesetz übertragenen Aufgaben vom Einschreiter einen Kostenersatz einheben. Die Höhe des Kostenersatzes ist nach dem tatsächlichen Aufwand zu bemessen und durch die Behörde durch Verordnung festzulegen. Diese Verordnung ist durch die Behörde im Internet kundzumachen. Die im Internet kundgemachten Inhalte müssen jederzeit ohne Identitätsnachweis und gebührenfrei zugänglich sein und in ihrer kundgemachten Form vollständig und auf Dauer ermittelt werden können.

Mitgliedschaft

§ 66. Buchhalter, Buchhaltungsgesellschaften, Personalverrechner und Personalverrechnungsgesellschaften und Bilanzbuchhalter und Bilanzbuchhaltergesellschaften sind Mitglieder der Wirtschaftskammern und der von diesen zur Vertretung ihrer fachlichen Interessen eingerichteten Fachorganisationen.

4.Teil

Schlussbestimmungen

In-Kraft-Treten

§ 67. Dieses Bundesgesetz tritt mit 1. Jänner 2014 in Kraft.

§ 67a. § 46 Abs. 1 Z 1 lit. c in der Fassung des Bundesgesetzes BGBl. I Nr. 50/2016 tritt mit 1. Juli 2016 in Kraft.

§ 67b. § 45 Z 2 in der Fassung des Bundesgesetzes BGBl. I Nr. 107/2017 tritt mit 3. Jänner 2018 in Kraft.

§ 67c. § 52a Abs. 14 und § 52e Abs. 4 treten mit Ablauf des 24. Mai 2018 außer Kraft.

§ 67d. § 43 Abs. 2 Z 18 in der Fassung des Bundesgesetzes BGBl. I Nr. 46/2019 tritt mit 1. Juli 2019 in Kraft.

§ 67e. § 2 Abs. 2 Z 7a tritt mit 20. Mai 2020 in Kraft.

§ 67f. § 75 in der Fassung des Bundesgesetzes BGBl. I Nr. 141/2020 tritt mit 1. Jänner 2021 in Kraft.

§ 67g. § 2 Abs. 1 Z 6 und § 3 Abs. 2 Z 3 in der Fassung des Bundesgesetzes BGBl. I Nr. 240/2021 treten mit 6. Jänner 2022 in Kraft.

§ 67h. § 75 in der Fassung des Bundesgesetzes BGBl. I Nr. 240/2021 tritt mit 1. Jänner 2022 in Kraft.

§ 67i. § 75 Abs. 1 in der Fassung des Bundesgesetzes BGBl. I Nr. 113/2022 tritt mit 1. Juli 2022 in Kraft.

§ 67j. § 43 in der Fassung des Bundesgesetzes BGBl I Nr. 150/2024 tritt mit Ablauf des Tages der Kundmachung im Bundesgesetzblatt in Kraft.

Außer-Kraft-Treten

§ 68. (1) Das Bilanzbuchhaltungsgesetz, BGBl. I Nr. 161/2006, zuletzt geändert durch das Bundesgesetz BGBl. I Nr. 32/2012, tritt mit 31. Dezember 2013 außer Kraft.

(2) § 75 in der Fassung des Bundesgesetzes BGBl. I Nr. 32/2020 tritt mit 31. Dezember 2020 außer Kraft.

(3) § 2 Abs. 2 Z 7a in der Fassung des Bundesgesetzes 97/2020 *(Anm.: BGBl. I Nr. 97/2020)* tritt mit 31. August 2021 außer Kraft.

(4) § 75 in der Fassung des Bundesgesetzes BGBl. I Nr. 141/2020 tritt mit 31. Dezember 2021 außer Kraft.

(5) § 75 Abs. 1 in der Fassung des Bundesgesetzes BGBl. I Nr. 240/2021 tritt mit 30. Juni 2022 außer Kraft.

(6) § 75 Abs. 1 in der Fassung des Bundesgesetzes BGBl. I Nr. 113/2022 tritt mit 31. Dezember 2022 außer Kraft.

Übergangsbestimmungen

§ 69. (1) Bis 31.12.2013 anhängige Anträge auf öffentliche Bestellung bzw. Anerkennung einer Gesellschaft, sind von der Behörde nach den Vorschriften des Bilanzbuchhaltungsgesetz, BGBl. I Nr. 161/2006, zuletzt geändert durch das Bundesgesetz BGBl. I Nr. 32/2012, abzuschließen.

(2) Im Prüfungsverfahren für Steuerberater stehende Bilanzbuchhalter sind berechtigt, diese unter den vor dem 31. Dezember 2012 geltenden rechtlichen Bestimmungen des Wirtschaftstreuhandberufsgesetzes fortzuführen.

(3) Bereits bestandene Teilprüfungen nach dem Bilanzbuchhaltungsgesetz, BGBl. I Nr. 161/2006, zuletzt geändert durch das Bundesgesetz BGBl. I Nr. 32/2012, sind auf die Prüfungsteile der Fachprüfungen anzurechnen. Im Zweifel entscheidet die Behörde, welche Gegenstände anzurechnen sind.

(Anm.: Abs. 4 aufgehoben durch Z 20, BGBl. I Nr. 135/2017)

(5) Bei am 31.12.2013 bestehenden Vertragsbeziehungen der Paritätischen Kommission tritt anstelle der Paritätischen Kommission die Behörde.

Verweisungen

§ 70. Soweit in diesem Bundesgesetz auf Bestimmungen anderer Bundesgesetze verwiesen wird, sind diese in ihrer jeweils geltenden Fassung anzuwenden.

Dienstleistungen

§ 71. (1) Staatsangehörige eines Mitgliedstaates der EU oder eines Vertragsstaates des Abkommens über den Europäischen Wirtschaftsraum oder der Schweiz sind berechtigt, vorübergehend und gelegentlich Dienstleistungen, die den Berechtigungsumfängen der Bilanzbuchhaltungsberufe gemäß den §§ 2 bis 4 zuzuordnen sind, nach Maßgabe des Abs. 2 zu erbringen.

(2) Voraussetzungen für die Erbringung vorübergehender und gelegentlicher Dienstleistungen gemäß Abs. 1 sind:

1. die Staatsangehörigkeit eines Mitgliedstaates der EU oder eines Vertragsstaates des Abkommens über den Europäischen Wirtschaftsraum oder der Schweiz,

2. eine Niederlassung in einem anderen Mitgliedstaat der EU oder in einem Vertragsstaat des Europäischen Wirtschaftsraumes oder in der Schweiz,

3. die aufrechte Berechtigung im Niederlassungsstaat Tätigkeiten auszuüben, die den Berechtigungsumfängen der Bilanzbuchhaltungsberufe gemäß den §§ 2 bis 4 zuzuordnen sind, und sofern der Beruf im Niederlassungsstaat nicht reglementiert ist, eine mindestens einjährige Berufsausübung während der vorangehenden zehn Jahre im Niederlassungsstaat, und

4. bei Ausübung von Tätigkeiten, die ausschließlich dem Bilanzbuchhalter, Buchhalter oder Personalverrechner vorbehalten sind, eine Vermögensschaden-Haftpflichtversicherung im Sinne des § 10 in Verbindung mit § 36 Abs. 1 zweiter Satz.

(3) Die Dienstleistungen gemäß Abs. 1 sind unter der Berufsbezeichnung des Niederlassungsstaates des Dienstleisters zu erbringen. Die Berufsbezeichnung ist in der Amtssprache des Niederlassungsstaates so zu führen, dass keine Verwechslungen mit den in diesem Bundesgesetz angeführten Berufsbezeichnungen möglich sind.

(4) Der Dienstleister ist verpflichtet, den Dienstleistungsempfänger spätestens bei Vertragsabschluss nachweislich zu informieren über:

1. das Register, in dem er eingetragen ist, sowie die Nummer der Eintragung oder gleichwertige, der Identifikation dienende Angaben aus diesem Register,

2. Namen und Anschrift der zuständigen Aufsichtsbehörde,

3. die Berufskammern oder vergleichbare Organisationen, denen der Dienstleister angehört,

4. die Berufsbezeichnung oder seinen Berufsqualifikationsnachweis,

5. die Umsatzsteueridentifikationsnummer nach Artikel 22 Absatz 1 der Richtlinie 77/388/EWG zur Harmonisierung der Rechtsvorschriften der Mitgliedstaaten über die Umsatzsteuern, ABl. Nr. L 145 vom 13.06.1977 S. 1, zuletzt geändert durch die Richtlinie 2004/66/EG, ABl. Nr. L 168 vom 01.05.2004 S. 35, und

6. Einzelheiten zu seinem Versicherungsschutz in Bezug auf die Vermögensschaden-Haftpflichtversicherung.

Niederlassung

§ 72. (1) Staatsangehörige eines Mitgliedstaates der EU oder eines Vertragsstaates des Abkommens über den Europäischen Wirtschaftsraum oder der Schweiz sind nach Maßgabe des Abs. 2 berechtigt, sich auf dem Gebiet der Republik Österreich zur Ausübung eines Bilanzbuchhaltungsberufes niederzulassen.

(2) Voraussetzungen für die Niederlassung gemäß Abs. 1 sind:

1. die Staatsangehörigkeit eines Mitgliedstaates der EU oder eines Vertragsstaates des Abkommens über den Europäischen Wirtschaftsraum oder der Schweiz,

2. die aufrechte Berechtigung in ihrem Herkunftsmitgliedsstaat einen Bilanzbuchhaltungsberuf auszuüben,

3. das Vorliegen der allgemeinen Voraussetzungen gemäß § 7 Abs. 1,

4. das Vorliegen einer gleichwertigen Berufsqualifikation und

5. die öffentliche Bestellung durch die Behörde.

(3) Dem Antrag auf öffentliche Bestellung sind anzuschließen:

1. ein Identitätsnachweis,

2. der Nachweis der Staatsangehörigkeit,

3. der Berufsqualifikationsnachweis, der zur Aufnahme eines Bilanzbuchhaltungsberufes berechtigt und

4. Bescheinigungen der zuständigen Behörden des Herkunftsmitgliedstaates über das Vorliegen der besonderen Vertrauenswürdigkeit, der geordneten wirtschaftlichen Verhältnisse und das Nichtvorliegen schwerwiegender standeswidriger Verhalten. Diese Bescheinigungen dürfen bei ihrer Vorlage nicht älter als drei Monate sein.

(4) Die öffentliche Bestellung hat zu erfolgen, wenn die allgemeinen Voraussetzungen für die öffentliche Bestellung vorliegen und die geltend gemachte Berufsqualifikation dem des angestrebten Bilanzbuchhaltungsberufes gleichwertig ist. Die fachliche Befähigung ist nachzuweisen durch die Vorlage eines Nachweises im Sinne des Art. 11 lit. c der Richtlinie 2005/36/EG über die Anerkennung von Berufsqualifikationen, ABl. Nr. L 255 vom 30.09.2005 S. 22, zuletzt geändert durch die Richtlinie 2006/100/EG zur Anpassung bestimmter Richtlinien im Bereich Freizügigkeit anlässlich des Beitritts Bulgariens und Rumäniens, ABl. Nr. L 363 vom 20.12.2006, S. 141 (Richtlinie 2005/36/EG). Diesen Ausbildungsnachweisen ist jeder Ausbildungsnachweis und jede Gesamtheit von Berufsqualifikationsnachweisen, die von einer zuständigen Behörde in einem Mitgliedstaat ausgestellt wurden gleichgestellt, sofern sie eine in der Gemeinschaft erworbene Ausbildung abschließen und von diesem Mitgliedstaat als gleichwertig anerkannt werden und in Bezug auf die Aufnahme oder Ausübung eines Bilanzbuchhaltungsberufes dieselben Rechte verleihen oder auf die Ausübung dieser Berufe vorbereiten.

(5) Die mangelnde Gleichwertigkeit der geltend gemachten Berufsqualifikation ist durch die Absolvierung eines höchstens einjährigen Anpassungslehrganges oder einer Eignungsprüfung auszugleichen. Unter einem Anpassungslehrgang ist ein Lehrgang im Sinne des Art. 3 Abs. 1 lit. g der Richtlinie 2005/36/EG zu verstehen. Unter einer Eignungsprüfung sind Prüfungen im Sinne des Art. 3 Abs. 1 lit. h der Richtlinie 2005/36/EG zu verstehen.

(6) Die Inhalte und die Dauer des Anpassungslehrganges sind durch die Behörde entsprechend den Erfordernissen im Einzelfall zu bestimmen. Der Anpassungslehrgang hat bei einem Berufsberechtigten mit einer der vom Niederlassungswerber angestrebten Berufsberechtigung zu erfolgen. Nach Ablauf der festgelegten Dauer des Anpassungslehrganges unterliegen die in diesem Zusammenhang erbrachten Leistungen des Niederlassungswerbers der Bewertung durch den Berufsberechtigten.

(7) Die Eignungsprüfung für Bilanzbuchhalter umfasst folgende Sachgebiete im Sinne des Art. 3 Abs. 1 lit. h der Richtlinie 2005/36/EG:

1. die schriftliche Ausarbeitung einer Klausurarbeit gemäß § 15 Abs. 4 in Verbindung mit § 15 Abs. 5 und

2. die mündliche Beantwortung von Prüfungsfragen aus den Gegenständen gemäß § 16 Z 1, 3, 4 und 8.

(8) Die Eignungsprüfung für Buchhalter umfasst die mündliche Beantwortung von Prüfungsfragen aus den Gegenständen gemäß § 19 Z 1, 3 und 4 (Sachgebiete im Sinne des Art. 3 Abs. 1 lit. h der Richtlinie 2005/36/EG).

(9) Die Eignungsprüfung für Personalverrechner umfasst folgende Sachgebiete im Sinne des Art. 3 Abs. 1 lit. h der Richtlinie 2005/36/EG:

1. die schriftliche Ausarbeitung einer Klausurarbeit gemäß § 21 Abs. 2 in Verbindung mit § 21 Abs. 3 und

2. die mündliche Beantwortung von Prüfungsfragen aus den Gegenständen gemäß § 22 Z 1, 2 und 4.

(10) Für das Prüfungsverfahren betreffend die Ablegung von Eignungsprüfungen gilt die Bestimmung des § 23.

(11) Die Behörde hat dem Niederlassungswerber binnen eines Monats den Empfang der Unterlagen mitzuteilen und ihm gegebenenfalls einen Verbesserungsauftrag zu erteilen. Die Behörde ist verpflichtet, über den Antrag ohne unnötigen Aufschub, spätestens aber drei Monate nach Einreichung der vollständigen Unterlagen des Niederlassungswerbers zu entscheiden.

(12) Für Familienangehörige von Staatsangehörigen eines Mitgliedstaates der EU oder eines Vertragsstaates des Abkommens über den Europäischen Wirtschaftsraum oder der Schweiz, die das Recht auf Aufenthalt oder das Recht auf Daueraufenthalt in einem Mitgliedstaat genießen, gelten die Abs. 1 bis 11 und die Abs. 14 und 15 ungeachtet ihrer Staatsangehörigkeit.

(13) Im Sinne des Abs. 12 bezeichnet der Ausdruck „Familienangehöriger"

1. den Ehegatten,

2. den Lebenspartner, mit dem der Unionsbürger auf der Grundlage der Rechtsvorschriften eines Mitgliedstaats eine eingetragene Partnerschaft eingegangen ist, sofern nach den Rechtsvorschriften des Aufnahmemitgliedstaats die eingetragene Partnerschaft der Ehe gleichgestellt ist und die in den einschlägigen Rechtsvorschriften des Aufnahmemitgliedstaats vorgesehenen Bedingungen erfüllt sind,

3. die Verwandten in gerader absteigender Linie des Unionsbürgers und des Ehegatten oder des Lebenspartners gemäß Z 2, die das 21. Lebensjahr noch nicht vollendet haben oder denen von diesen Unterhalt gewährt wird und

4. die Verwandten in gerader aufsteigender Linie des Unionsbürgers und des Ehegatten oder des

Lebenspartners gemäß Z 2, denen von diesem Unterhalt gewährt wird.

(14) Die Behörde hat auf entsprechenden Antrag im Einzelfall Personen, die in einem anderen EWR-Vertragsstaat oder der Schweizerischen Eidgenossenschaft einen Qualifikationsnachweis für eine berufliche Tätigkeit im Rahmen der Bilanzbuchhaltungsberufe erworben haben und in diesem Staat ohne Einschränkung zur Ausübung der beruflichen Tätigkeit qualifiziert sind unter Berücksichtigung, ob diese berufliche Tätigkeit im anderen EWR-Vertragsstaat oder der Schweizerischen Eidgenossenschaft eigenständig ausgeübt werden kann, einen partiellen Zugang zur entsprechenden berufliche Tätigkeit im Rahmen der Bilanzbuchhaltungsberufe zu gewähren, wenn

1. die Unterschiede zwischen der rechtmäßig ausgeübten Berufstätigkeit im Herkunftsmitgliedstaat und dem reglementierten Beruf nach diesem Bundesgesetz so groß sind, dass die Anwendung von Ausgleichsmaßnahmen der Anforderung an den Antragsteller gleichkäme, das vollständige Ausbildungsprogramm in Österreich zu durchlaufen, um Zugang zum gesamten reglementierten Beruf nach diesem Bundesgesetz in Österreich zu erlangen,

2. die von der erworbenen Qualifikation umfassten Tätigkeiten sich objektiv von anderen unter den reglementierten Beruf nach diesem Bundesgesetz fallenden Tätigkeiten trennen lassen und

3. dem partiellen Zugang keine zwingenden Gründe des Allgemeininteresses entgegenstehen.

(15) Personen, denen gemäß Abs. 11 ein partieller Zugang gewährt wurde, haben

1. ihren Beruf unter der Berufsbezeichnung ihres Herkunftsmitgliedstaats sowie erforderlichenfalls zusätzlich unter der im Anerkennungsbescheid festgelegten deutschsprachigen Bezeichnung auszuüben und

2. die Empfänger der Dienstleistung eindeutig über den Umfang ihrer beruflichen Tätigkeit zu informieren.

Europäische Verwaltungszusammenarbeit

§ 73. (1) Die Behörde hat mit den zuständigen Behörden der anderen Mitgliedstaaten der EU oder eines Vertragsstaates des EWR oder der Schweizerischen Eidgenossenschaft zur Anwendung folgender Richtlinien eng zusammenzuarbeiten und diesen Behörden Amtshilfe zu leisten:

1. der Richtlinie 2005/36/EG über die Anerkennung von Berufsqualifikationen (im Folgenden: Berufsqualifikationsanerkenn ungs-RL), ABl. Nr. L 255 vom 30.09.2005 S. 22, zuletzt geändert durch den Delegierten Beschluss (EU) 2016/790, ABl. Nr. L 134 vom 24.05.2016 S. 135 und

2. der Richtlinie 2006/123/EG über Dienstleistungen im Binnenmarkt, ABl. Nr. L 376 vom 27.12.2006 S. 36.

(2) Die Verpflichtungen nach Abs. 1 umfassen insbesondere den Austausch folgender Informationen betreffend diesem Gesetz unterliegende Personen:

1. Informationen über disziplinarische oder strafrechtliche Sanktionen oder sonstige schwerwiegende genau bestimmte Sachverhalte, die sich auf die ausgeübten Tätigkeiten auswirken könnten, sowie

2. betreffend die Erbringung einer Dienstleistung

   a) alle Informationen über die Rechtmäßigkeit der Niederlassung und die gute Führung des Dienstleisters,

   b) alle Informationen, die im Falle von Beschwerden eines Dienstleistungsempfängers gegen einen Dienstleister für ein ordnungsgemäßes Beschwerdeverfahren erforderlich sind, wobei der Dienstleistungsempfänger über das Beschwerdeergebnis zu unterrichten ist und

   c) Informationen darüber, dass keine berufsbezogenen disziplinarischen oder strafrechtlichen Sanktionen vorliegen.

(3) Die Behörde hat im Rahmen der Europäischen Verwaltungszusammenarbeit das Internal Market Information System (IMI) entsprechend der Verordnung (EU) Nr. 1024/2012 über die Verwaltungszusammenarbeit mit Hilfe des Binnenmarkt-Informationssystems und zur Aufhebung der Entscheidung 200/49/EG der Kommission („IMI-Verordnung"), ABl. Nr. L 316 vom 14.11.2012 S. 1, zuletzt geändert durch die Verordnung (EU) 2016/1628, ABl. Nr. L 252 vom 16.09.2016 S. 53, zu verwenden.

(4) Die Behörde hat die zuständigen Behörden der anderen Mitgliedstaaten der EU und Vertragsstaaten des EWR nach den Bestimmungen des Art. 56a der Berufsqualifikationsanerkennungs-RL im Wege des IMI binnen drei Tagen nach Rechtskraft einer entsprechenden gerichtlichen Feststellung über die Identität des Niederlassungswerbers zu informieren, sofern dieser im Rahmen eines Verfahrens gemäß § 7 gefälschte Berufsqualifikationsnachweise angeschlossen hat. Die Behörde hat den Niederlassungswerber zeitgleich mit der Vorwarnung schriftlich über die Vorwarnung zu informieren. Der Niederlassungswerber kann eine Überprüfung der Rechtmäßigkeit der Vorwarnung in einem bescheidmäßig zu erledigenden Verfahren bei der Behörde beantragen. Die Behörde hat die Vorwarnung im Wege des IMI unverzüglich richtig zu stellen oder zurückzuziehen, wenn im Rahmen der Überprüfung die Rechtswidrigkeit der Vorwarnung festgestellt wird.

Vollziehung

§ 74. (1) Mit der Vollziehung dieses Bundesgesetzes ist der Bundesminister für Wissenschaft, Forschung und Wirtschaft betraut.

(2) Mit der Vollziehung des § 49 Abs. 5, 3. und 4. Satz ist der Bundesminister für Inneres betraut.

(3) **(Verfassungsbestimmung)** Mit der Vollziehung des § 52j Abs. 1 und § 52k Abs. 1 und 3 ist die Bundesregierung betraut.

Sonderregelungen – COVID-19

§ 75. *(Anm.: Abs. 1 mit 31.12.2022 außer Kraft getreten)*

(2) Die zur selbständigen Ausübung des Bilanzbuchhaltungsberufs Bilanzbuchhalter Berechtigten sind zur Beratung, Vertretung und zur Ausstellung von Bestätigungen und Feststellungen betreffend Maßnahmen im Zusammenhang mit der Bewältigung der COVID-19-Krisensituation und betreffend Förderungen nach dem Unternehmens-Energiekostenzuschussgesetz (UEZG), BGBl. I. Nr. 117/2022, und der aufgrund des § 5 UEZG erlassenen Förderrichtlinien berechtigt. Weiters sind sie zur Beratung und Vertretung in Angelegenheiten der Rückerstattung gemäß COFAG-Neuordnungs- und Abwicklungsgesetz, BGBl. I Nr. 86/2024, berechtigt.

(3) Im Rahmen der Tätigkeiten gemäß Abs. 2 ist die Haftung des Berufsberechtigten auf Fälle von Vorsatz und grober Fahrlässigkeit, im Falle grober Fahrlässigkeit mit der

zehnfachen Mindestversicherungssumme gemäß § 10, höchstens jedoch mit der Höhe des erlangten oder erhaltenen Vorteils oder abgewehrten Nachteils begrenzt, soweit nicht aufgrund ausdrücklicher gesetzlich zwingender Bestimmungen andere Haftungsbeschränkungen anzuwenden sind oder eine Haftungsbegrenzung ausdrücklich ausgeschlossen ist.

Artikel 1
Umsetzungshinweis

(Anm.: aus BGBl. I Nr. 107/2017, zu § 45, BGBl. I Nr. 191/2013)

Mit diesem Bundesgesetz werden folgende Rechtsakte der Europäischen Union umgesetzt:

1. die Richtlinie 2014/65/EU über Märkte für Finanzinstrumente sowie zur Änderung der Richtlinien 2002/92/EG und 2011/61/EU, ABl. Nr. L 173 vom 12.06.2014 S. 349, zuletzt geändert durch die Richtlinie (EU) 2016/1034, ABl. Nr. L 175 vom 23.06.2016 S. 8, in der Fassung der Berichtigung, ABl. Nr. L 64 vom 10.03.2017 S. 116 und

2. die delegierte Richtlinie (EU) 2017/593 zur Ergänzung der Richtlinie 2014/65/EU im Hinblick auf den Schutz der Finanzinstrumente und Gelder von Kunden, Produktüberwachungspflichten und Vorschriften für die Entrichtung beziehungsweise Gewährung oder Entgegennahme von Gebühren, Provisionen oder anderen monetären oder nicht-monetären Vorteilen, ABl. Nr. L 87 S. 500.

Weiters dient dieses Bundesgesetz dem wirksamen Vollzug folgender Rechtsakte der Europäischen Union:

1. der Verordnung (EU) Nr. 600/2014 über Märkte für Finanzinstrumente und zur Änderung der Verordnung (EU) Nr. 648/2012, ABl. Nr. L 173 vom 12.06.2014 S. 84, zuletzt geändert durch die Verordnung (EU) 2016/1033, ABl. Nr. L 175 vom 23.06.2016 S. 1,

2. der delegierten Verordnung (EU) 2017/565 zur Ergänzung der Richtlinie 2014/65/EU in Bezug auf die organisatorischen Anforderungen an Wertpapierfirmen und die Bedingungen für die Ausübung ihrer Tätigkeit sowie in Bezug auf die Definition bestimmter Begriffe für die Zwecke der genannten Richtlinie, ABl. Nr. L 87 S. 1, und

3. der delegierten Verordnung (EU) 2017/567 zur Ergänzung der Verordnung (EU) Nr. 600/2014 im Hinblick auf Begriffsbestimmungen, Transparenz, Portfoliokomprimierung und Aufsichtsmaßnahmen zur Produktintervention und zu den Positionen, ABl. Nr. L 87 S. 90.

Artikel 25
Notifikationshinweis

(Anm.: aus BGBl. I Nr. 50/2016, zu § 46, BGBl. I Nr. 191/2013)

Dieses Gesetz wurde unter Einhaltung der Bestimmungen der Richtlinie (EU) 2015/1535 über ein Informationsverfahren auf dem Gebiet der technischen Vorschriften und der Vorschriften für die Dienste der Informationsgesellschaft (kodifizierter Text), ABl. Nr. L 241 vom 17.09.2015 S. 1, notifiziert (Notifikationsnummer: 2016/142/A)

KAPITEL 2

Auszug aus der Gewerbeordnung (GewO 1994)

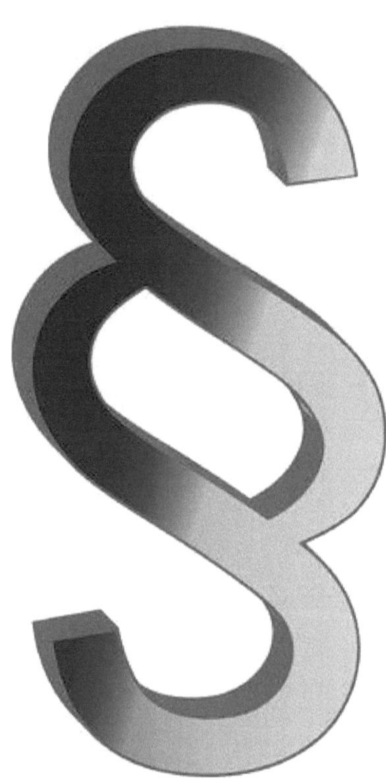

§ 2. (1) Dieses Bundesgesetz ist – unbeschadet weiterer ausdrücklich angeordneter Ausnahmen durch besondere bundesgesetzliche Vorschriften – auf die in den nachfolgenden Bestimmungen angeführten Tätigkeiten nicht anzuwenden:

1. die Land- und Forstwirtschaft (Abs. 2 und 3);

2. die Nebengewerbe der Land- und Forstwirtschaft (Abs. 4);

3. die Vermittlung von im Abs. 4 Z 4 bis 8 angeführten Leistungen durch Vereine im Sinne des Vereinsgesetzes 1951, BGBl. Nr. 233, deren satzungsgemäßer Zweck diese Vermittlungstätigkeit umfaßt, zwischen ihren Mitgliedern;

4. die nachstehenden Tätigkeiten land- und forstwirtschaftlicher Erwerbs- und Wirtschaftsgenossenschaften nach Maßgabe des Abs. 7, soweit der Geschäftsbetrieb dieser Genossenschaften im wesentlichen der Förderung des Erwerbes oder der Wirtschaft ihrer Mitglieder dient:

   a) der Betrieb von Sägen, Mühlen, Molkereien, Brennereien, Keltereien und sonstigen nach altem Herkommen üblichen Zweigen der Verarbeitung land- und forstwirtschaftlicher Erzeugnisse;

   b) die Vermittlung des Einkaufes und Verkaufes sowie die Versteigerung von Zuchtvieh;

   c) der Verkauf unverarbeiteter pflanzlicher Erzeugnisse – ausgenommen Getreide und Kartoffeln – sowie von Ferkeln, Fischen, Geflügel, Eiern und Honig, auch im Wege der Versteigerung;

   d) der im Zusammenhang mit den Tätigkeiten gemäß lit. c vorgenommene Einkauf von Verpackungen und Umhüllungen für die von der lit. c erfaßten Erzeugnisse;

   e) die Züchtung, Vermehrung, Bearbeitung, Verwertung und Beschaffung von Saatgut;

   f) die Nutzung von land- und forstwirtschaftlichen Grundstücken und ortsfesten land- und forstwirtschaftlichen Betriebseinrichtungen, sofern diese Tätigkeit der Hervorbringung und Gewinnung pflanzlicher Erzeugnisse (Abs. 3 Z 1) oder dem Halten von Nutztieren (Abs. 3 Z 2) dient, sowie die Nutzung von Kühlanlagen, diese jedoch nur für den Eigenverbrauch der Mitglieder;

   g) die Wahrnehmung der Rechte der Mitglieder hinsichtlich der Ausübung von Nutzungsrechten im Sinne des Grundsatzgesetzes 1951 über die Behandlung der Wald- und Weidenutzungsrechte sowie besonderer Felddienstbarkeiten, BGBl. Nr. 103;

   (Anm.: lit. h aufgehoben durch BGBl. I Nr. 111/2002)

5. den Buschenschank (Abs. 9);

6. den Bergbau (Abs. 10);

7. die literarische Tätigkeit, die Ausübung der schönen Künste (Abs. 11) sowie die Ausübung des Selbstverlages der Urheber;

8. die gegen Stunden- oder Taglohn oder gegen Werksentgelt zu leistenden Verrichtungen einfachster Art;

9. die nach ihrer Eigenart und ihrer Betriebsweise in die Gruppe der häuslichen Nebenbeschäftigungen fallenden und durch die gewöhnlichen Mitglieder des

eigenen Hausstandes betriebenen Erwerbszweige;

10. die zur Berufsausübung zählenden und in deren Rahmen vorgenommenen Tätigkeiten der Rechtsanwälte, Notare, Verteidiger in Strafsachen, Ziviltechniker, Patentanwälte, Versicherungstechniker, Wirtschaftstreuhänder, Bilanzbuchhalter, Personalverrechner, Buchhalter und Börsesensale, den Betrieb von autorisierten Untersuchungs-, Erprobungs- und Materialprüfungsanstalten und den Betrieb von akkreditierten (zugelassenen) Prüf-, Überwachungs- und Zertifizierungsstellen und von öffentlichen Wäg- und Messanstalten sowie die Tätigkeiten sonstiger Personen oder Anstalten, die von der Behörde hiefür besonders bestellt und in Pflicht genommen wurden, die Revision und die damit im Zusammenhang ausgeübte Beratung von Erwerbs- und Wirtschaftsgenossenschaften und ihnen gleichgestellten Vereinen, alle Auswanderungsgeschäfte;

11. die Ausübung der Heilkunde, der Psychotherapie und des psychologischen Berufes im Bereich des Gesundheitswesens, die zur Berufsausübung zählenden und in deren Rahmen vorgenommenen Tätigkeiten der Dentisten, Hebammen, der Tierärzte sowie der Apotheker, die Krankenpflegefachdienste, die medizinisch-technischen Dienste sowie die Sanitätshilfsdienste, den Betrieb von Kranken- und Kuranstalten, die in Anstalten zur Wiederherstellung der Arbeitsfähigkeit oder im Rahmen von Rehabilitationsprogrammen öffentlich-rechtlicher Körperschaften zu leistenden gewerblichen Arbeiten;

12. die Ausübung der Erwerbszweige des Privatunterrichtes und der Erziehung und den Betrieb jener Anstalten, die diesen Aufgaben dienen, ferner die gewerblichen Arbeiten von öffentlichen Schulen oder mit dem Öffentlichkeitsrecht ausgestatteten Privatschulen;

13. die gewerblichen Arbeiten von Anstalten, die von öffentlichen Wohlfahrts- und Fürsorgeeinrichtungen betrieben werden, ferner von Integrativen Betrieben im Rahmen der Behindertenhilfe sowie von Anstalten für den Vollzug von Freiheitsstrafen und von mit Freiheitsentzug verbundenen vorbeugenden Maßnahmen;

14. den Betrieb von Bankgeschäften einschließlich der nach dem Wertpapieraufsichtsgesetz 2018 erbrachten Dienstleistungen mit Ausnahme der Tätigkeiten eines vertraglich gebundenen Vermittlers gemäß § 1 Z 44 oder eines Wertpapiervermittlers gemäß § 1 Z 45 des Wertpapieraufsichtsgesetzes 2018 – WAG 2018, BGBl. I Nr. 107/2007, den Betrieb von Versicherungsunternehmen sowie den Betrieb von Pensionskassen, Zahlungsinstituten oder E-Geld-Instituten. Soweit das BWG nicht besondere Regelungen vorsieht, gelten für die Ausübung der Versicherungsvermittlung durch Kreditinstitute die Bestimmungen dieses Bundesgesetzes, ausgenommen die Bestimmungen über Betriebsanlagen;

15. den Betrieb von Eisenbahnunternehmen und

von deren Hilfseinrichtungen sowie deren Hilfstätigkeiten einschließlich des Betriebes von Seilbahnen im Sinne des Seilbahngesetzes 2003, BGBl. I Nr. 103, im Falle der Gegenseitigkeit die Bewirtschaftung von Speisewagen und Schlafwagen in- und ausländischer Eisenbahnunternehmen durch ausländische Unternehmen bei Fahrten vom Ausland aus durch Österreich oder vom Ausland aus nach Österreich oder umgekehrt, den Betrieb von Schiffahrtsunternehmen mit Wasserfahrzeugen, im Falle der Gegenseitigkeit die Bewirtschaftung von Schiffsrestaurants und -buffets auf Wasserfahrzeugen ausländischer Schiffahrtsunternehmen durch ausländische Unternehmen bei Fahrten vom Ausland aus durch Österreich oder vom Ausland aus nach Österreich oder umgekehrt, den Betrieb von Fähren (Überfuhren) und von Kraftfahrlinienunternehmen;

16. den Betrieb von Luftverkehrsunternehmen (Luftbeförderungsunternehmen und Luftfahrzeug-Vermietungsunternehmen), von Zivilflugplatzunternehmen sowie von Hilfsbetrieben der Luftbeförderungs- und Zivilflugplatzunternehmen;

17. den Betrieb von Theatern und Lichtspieltheatern und von Unternehmen öffentlicher Belustigungen und Schaustellungen aller Art, musikalische und literarische Darbietungen;

18. die Herausgabe, das Herstellen und das Verbreiten periodischer Druckwerke durch das Medienunternehmen des Medieninhabers sowie den Kleinverkauf solcher Druckwerke;

19. die Tätigkeit der Berg- und Schiführer;

20. den Betrieb von Elektrizitätsunternehmen (§ 7 Z 11 Elektrizitätswirtschafts- und -organisationsgesetz 2010 – ElWOG 2010) und jenen Erdgasunternehmen (§ 7 Abs. 1 Z 16 Gaswirtschaftsgesetz 2011 – GWG 2011), die nicht Erdgashändler (§ 7 Abs. 1 Z 14 GWG 2011) sind;

21. die unter das Sprengmittelgesetz 2010 – SprG fallenden Erzeugungs-, Verarbeitungs- und Verkaufstätigkeiten;

22. die Vermittlung und den Abschluß von Wetten aus Anlaß sportlicher Veranstaltungen (Tätigkeit der Totalisateure und Buchmacher);

23. die vom Arbeitsmarktservice oder gemeinnützigen Einrichtungen durchgeführte Arbeitsvermittlung und Berufsberatung;

24. den Betrieb der dem Bund zustehenden Monopole und Regalien sowie die Erzeugung von Blatternimpfstoff;

25. die Verabreichung von Speisen und der Ausschank von Getränken im Rahmen und Umfang von Veranstaltungen im Sinne des § 5 Z 12 des Körperschaftsteuergesetzes 1988 durch Körperschaften des öffentlichen Rechtes sowie sonstige juristische Personen, die im Sinne der §§ 34 BAO gemeinnützig, kirchlich tätig sind, und durch deren Dienststellen sowie juristische Personen, die gemäß § 1 Abs. 3 Z 2 und § 5 Z 12 lit. b und c des Körperschaftsteuergesetzes 1988 wie Körperschaften des öffentlichen Rechts zu behandeln sind. Diese

Veranstalter haben § 112 Abs. 4 und 5 und § 114 sowie die einschlägigen gesundheits-, lebensmittel-, wasser- und abfallrechtlichen Vorschriften einzuhalten.

Organisation und Verfahren bei Prüfungen

§ 350. Zur Durchführung der Meister- und Befähigungsprüfungen und der Unternehmerprüfung sind im übertragenen Wirkungsbereich der Landeskammern der gewerblichen Wirtschaft Meisterprüfungsstellen eingerichtet. Diese werden durch einen Leiter vertreten. Dieser muss mit den bezüglichen Rechtsvorschriften vertraut sein und über die für diese Tätigkeit erforderlichen Kenntnisse, Fertigkeiten und Kompetenz verfügen. Die Landeskammer der gewerblichen Wirtschaft hat die Funktion des Leiters der Meisterprüfungsstelle öffentlich in geeigneter Weise auszuschreiben. Die Bestellung erfolgt durch das satzungsgebende Organ der Landeskammer.

Zusammensetzung und Bestellung der Prüfungskommissionen

§ 351. (1) Die Meisterprüfungsstelle hat zur Durchführung der Prüfungen der Module 1 bis 3 der Meister- oder Befähigungsprüfungen sowie der Unternehmerprüfung bzw. im Fall einer gemäß § 22 Abs. 2 abweichenden inhaltlichen Struktur der Prüfungsordnung der den Modulen 1 bis 3 entsprechenden Prüfungsgegenstände die erforderliche Anzahl von Prüfungskommissionen zu bilden. Diese bestehen aus dem Vorsitzenden und zwei Beisitzern.

(2) Der Kommission hat höchstens ein weiterer Beisitzer anzugehören, wenn dessen Mitwirkung im Hinblick auf das zu prüfende Fachgebiet der Meister- oder Befähigungsprüfung in der Prüfungsordnung angeordnet wird. Soweit dies in der jeweiligen Prüfungsordnung angeordnet wird, haben den Kommissionen für das Gewerbe der Baumeister, das Gewerbe der Holzbau-Meister sowie für das Gewerbe der Ingenieurbüros (Beratende Ingenieure) jeweils höchstens zwei weitere Beisitzer anzugehören.

(3) Die Vorsitzenden sind vom Landeshauptmann mit Bescheid auf die Dauer von fünf Jahren zu bestellen. Sie müssen mit den für die Durchführung der Prüfung relevanten Rechtsvorschriften vertraut sein, über prüfungsdidaktische Kompetenz verfügen und zum Zeitpunkt ihrer Bestellung eine aktive Berufstätigkeit ausüben. Weiters ist bei der Bestellung des Vorsitzenden darauf zu achten, dass dieser im Gewerbe, auf das sich die jeweilige Prüfung bezieht, nicht selbständig tätig ist, keine interessenpolitische Funktion ausübt und in keinem Beschäftigungsverhältnis zu einer entsprechenden Interessenvertretung steht. Die Funktion des Vorsitzenden ist regelmäßig öffentlich in geeigneter Weise auszuschreiben. Das Ausschreibungs- und Auswahlverfahren ist vom Leiter der Meisterprüfungsstelle durchzuführen. Die Meisterprüfungsstelle hat eine öffentlich einsehbare Liste über sämtliche Vorsitzende (Vorname, Familienname, Nachname) aufzulegen.

(4) Die Beisitzer sind von der Meisterprüfungsstelle mit Bescheid auf die Dauer von fünf Jahren zu bestellen. Sie müssen über eine der zu prüfenden Meister- oder Befähigungsprüfung entsprechende fachbezogene Qualifikation verfügen, im entsprechenden Beruf praktisch tätig sein und über mindestens fünf Jahre Berufserfahrung in verantwortlicher Stellung verfügen. Die Meisterprüfungsstelle hat eine öffentlich einsehbare Liste über sämtliche Beisitzer (Vorname, Familienname, Nachname) aufzulegen.

(5) Die Meisterprüfungsstellen haben darauf hinzuwirken, dass Prüfer in ausreichender Zahl zur

Verfügung stehen und die betrauten Personen nach Möglichkeit abwechselnd eingesetzt werden. Die Meisterprüfungsstelle kann bei Verhinderung eines Vorsitzenden gemäß Abs. 3 oder Beisitzers gemäß Abs. 4 eine andere Person, die über die jeweiligen gesetzlichen Voraussetzungen verfügt, ad hoc mit der Übernahme der jeweiligen Prüftätigkeit betrauen. Personen mit Interesse an der Prüftätigkeit können bei der Meisterprüfungsstelle einen Antrag auf Eintragung in die Liste der Beisitzer stellen; diesem Ansuchen ist stattzugeben, wenn die betreffende Person über die Voraussetzungen gemäß Abs. 4 verfügt. Auf Verlangen ist über die Nicht-Eintragung mit Bescheid zu entscheiden.

(6) Die Prüfer haben ihre Tätigkeit im öffentlichen Interesse unparteiisch auszuüben. Sie haben sich als befangen zu erklären, wenn sie in einem Naheverhältnis zum Prüfungskandidaten, zB aufgrund eines Verwandtschaftsverhältnisses oder bei Beschäftigung im selben Unternehmen, stehen bzw. in den vergangenen zwei Jahren standen. Der Vorsitzende hat die Beisitzer vor Beginn der Prüfung über allfällige Ausschließungsgründe zu befragen. Die Prüfer haben dem Leiter der Meisterprüfungsstelle die gewissenhafte und unparteiische Ausübung ihres Amtes schriftlich oder mündlich zu versprechen. Wenn dieses Versprechen bereits einmal abgelegt wurde, genügt es, wenn an dieses Versprechen erinnert wird. Über den Ausschluss von Mitgliedern der Prüfungskommission entscheidet der Leiter der Meisterprüfungsstelle.

(7) Von der Bildung einer Prüfungskommission kann abgesehen werden, wenn in einem Bundesland keine ausreichende Zahl von Prüfungskandidaten im betreffenden Beruf zu erwarten ist oder wenn die für die Prüfung benötigte Infrastruktur nicht zur Verfügung steht.

(8) Der Landeshauptmann kann zur Überwachung des ordnungsgemäßen Vorganges bei der Prüfung einen Vertreter zur Prüfung entsenden.

Anmeldung zur Prüfung und Prüfungsverfahren

§ 352. (1) Die Meisterprüfungsstellen haben zur Durchführung der Prüfungen unter Berücksichtigung der Zahl der zu erwartenden Prüfungskandidaten regelmäßig Termine festzusetzen und für deren entsprechende Verlautbarung zu sorgen. Zwischen den Prüfungsterminen soll in der Regel ein Zeitraum von höchstens sechs Monaten liegen; jedenfalls ist ein Termin einmal im Jahr anzuberaumen.

(2) Die Anmeldung zur Prüfung hat spätestens sechs Wochen vor dem festgesetzten Termin (Abs. 1) bei der Meisterprüfungsstelle zu erfolgen. Die Wahl der Meisterprüfungsstelle steht den Prüfungskandidaten frei.

(3) Prüfungskandidaten sind von der Meisterprüfungsstelle rechtzeitig zur Prüfung einzuladen. Sind die Voraussetzungen für die Zulassung zur Prüfung nicht erfüllt, hat die Meisterprüfungsstelle mit Bescheid die Zulassung zu verweigern.

(4) Der mündliche Teil der Prüfung ist öffentlich, sofern der Prüfungskandidat dagegen keinen Einspruch erhebt und die räumlichen Verhältnisse es zulassen. Im Zweifelsfall entscheidet der Vorsitzende. Der mündliche Teil der Prüfung ist vor der gesamten Prüfungskommission abzulegen. Die Prüfungsordnungen können eine davon abweichende Regelung treffen, sofern dies aufgrund des Umfangs der Prüfung sachlich gerechtfertigt ist und die Unmittelbarkeit der Beurteilung durch die Mitglieder der Prüfungskommission, zB durch Abgrenzung nach einzelnen Prüfungsgegenständen, gewährleistet ist. Das Ergebnis des mündlichen Teils der Prüfung ist dem Prüfungskandidaten durch den Vorsitzenden vor der gesamten Prüfungskommission bekannt zu geben.

(5) Das Ergebnis des schriftlichen Teils der Prüfung ist durch die Meisterprüfungsstelle schriftlich bekannt zu geben. Dem Prüfungskandidaten ist auf sein Ersuchen innerhalb eines Jahres nach der Prüfung in der Meisterprüfungsstelle Einsicht in die Beurteilung seiner schriftlichen Prüfungsarbeiten zu gewähren.

(6) Über den Verlauf der Prüfung und die Beratung der Prüfungskommission ist eine Niederschrift anzufertigen, die von allen Prüfern zu unterzeichnen ist.

(7) Eine Prüfung ist positiv absolviert, wenn in allen Modulen bzw. im Fall einer gemäß § 22 Abs. 2 abweichenden inhaltlichen Struktur der Prüfungsordnung in allen vorgeschriebenen Prüfungsgegenständen die für die selbständige Berufsausübung erforderlichen Kenntnisse, Fertigkeiten und Kompetenz gemäß dem vorgeschriebenen Qualifikationsniveau nachgewiesen wurden. Die Absolvierung mit Auszeichnung setzt eine exzellente Beherrschung der fachlich-praktischen Kenntnisse und Fertigkeiten sowie Problemlösungs- und Innovationsfähigkeit auch in unvorhersehbaren Arbeitskontexten voraus. Das Ergebnis bestimmt sich nach der Stimmenmehrheit, bei Stimmengleichheit entscheidet der Vorsitzende.

(8) Die Meisterprüfungsstelle hat für jedes positiv absolvierte Modul einer Prüfung eine Bestätigung auszustellen. Wurden sämtliche Module bzw. alle vorgeschriebenen Prüfungsgegenstände positiv absolviert, ist ein Meisterprüfungszeugnis oder Befähigungsprüfungszeugnis auszustellen. Sind die Voraussetzungen dafür nicht erfüllt, hat die Meisterprüfungsstelle über Verlangen des Prüfungskandidaten einen Bescheid zu erlassen.

(9) Hat der Prüfungskandidat die Prüfung lediglich teilweise bestanden, kann die Prüfungskommission unter Berücksichtigung der bei der Prüfung festgestellten Kenntnisse, Fertigkeiten und Kompetenz festlegen, welcher Prüfungsgegenstand bei der Prüfung nicht zu wiederholen ist. Über Verlangen des Prüfungskandidaten hat die Meisterprüfungsstelle darüber einen Bescheid zu erlassen.

(10) Bei der Durchführung der Prüfungen haben die Prüfungskandidaten ein Recht auf eine abweichende Prüfungsmethode, wenn eine Behinderung nachgewiesen wird, die die Ablegung der Prüfung in der vorgeschriebenen Methode unmöglich macht und der Inhalt und die Anforderungen der Prüfung dadurch erfüllt werden können.

(11) Prüfungen oder einzelne Module, deren Ergebnis durch eine gerichtlich strafbare Handlung herbeigeführt oder auf andere Weise erschlichen worden ist oder deren Aufgabenstellung oder Abwicklung nachweisbar schwere Mängel aufweist, können vom Landeshauptmann mit Bescheid für ungültig erklärt werden.

(12) Gegen Bescheide der Meisterprüfungsstelle steht dem Prüfungskandidaten das Recht auf Beschwerde an das Verwaltungsgericht des Landes zu.

(13) Alle Schriften, Zeugnisse und Amtshandlungen in Prüfungsangelegenheiten sind von den Gebühren gemäß dem Gebührengesetz 1957 und den Bundesverwaltungsabgaben befreit.

§ 352a. (1) Der Bundesminister für Wissenschaft, Forschung und Wirtschaft hat zum Zweck einer bundeseinheitlichen und transparenten Durchführung durch Verordnung nähere Bestimmungen zu erlassen über

1. die Anberaumung der Prüfungstermine,

2. die Anmeldung zur Prüfung,

3. das Prüfungsverfahren,

4. die auszustellenden Zeugnisse,

5. die Prüfungsgebühr,

6. die aus den Prüfungsgebühren zu bezahlende Entschädigung der Mitglieder der Prüfungskommission und

7. die Voraussetzungen für die Rückzahlung der Prüfungsgebühr bei Nichtablegung oder teilweiser Ablegung der Prüfung sowie die Höhe der rückzuzahlenden Prüfungsgebühr.

(2) Die zuständige Fachorganisation der Wirtschaftskammer Österreich kann in den Prüfungsordnungen unter Berücksichtigung der zu prüfenden Sachgebiete und von Art und Umfang der zu absolvierenden praktischen Arbeiten nähere Bestimmungen erlassen über

1. die Zahl zusätzlicher Beisitzer,

2. die an diese Beisitzer zu stellenden Anforderungen,

3. die Kostentragung für einen allfälligen praktischen Teil der Prüfung und

4. im Fall des lediglich teilweisen Bestehens der Prüfung zu wiederholende Prüfungsteile.

(3) Die Prüfungsgebühren gemäß Abs. 1 Z 5 sind so zu bemessen, dass der Personal- und Sachaufwand der Meisterprüfungsstelle und eine angemessene Entschädigung der Mitglieder der Prüfungskommission gedeckt sind. Auf die wirtschaftlichen Verhältnisse der Prüfungskandidaten kann durch Reduktion der Prüfungsgebühren Bedacht genommen werden.

Datenverarbeitung

§ 352b. Die Meisterprüfungsstellen sind zur Verarbeitung der nachstehenden personenbezogenen Daten sowie zu deren Übermittlung an die jeweiligen Oberbehörden ermächtigt, soweit die Verarbeitung Voraussetzung zur Durchführung der Verwaltungsverfahren sowie zur Erstellung von Statistiken über die abgelegten Prüfungen ist:

1. Name (Vorname, Familienname, Nachname),

2. bereichsspezifisches Personenkennzeichen „Bildung und Forschung" (bPK-BF) gemäß Teil 1 der Anlage zu § 3 Abs. 1 E-Government-Bereichsabgrenzungsverordnung – E-Gov-BerAbgrV, BGBl. II Nr. 289/2004, in der jeweils geltenden Fassung,

3. Geburtsdatum,

4. Sozialversicherungsnummer,

5. Geschlecht,

6. Staatsangehörigkeit, Aufenthalts- und Arbeitsberechtigungen,

7. Adresse des Wohnsitzes oder Aufenthaltsortes,

8. Telefonnummer, E-Mail-Adresse,

9. Beruf,

10. Ergebnis der Prüfung.

Berufsgeheimnis und Zusammenarbeit zwischen der Behörde und anderen Behörden im Rahmen der Bekämpfung der Geldwäscherei und Terrorismusfinanzierung hinsichtlich der Versicherungsvermittler

§ 373i1a. (1) Alle Personen, die für die Behörde bei der Beaufsichtigung der Versicherungsvermittler (§ 365m1 Abs. 2 Z 4) nach diesem Abschnitt tätig sind oder waren, und von der Behörde beauftragte Wirtschaftsprüfer und Sachverständige unterliegen dem Berufsgeheimnis. Mit Ausnahme der vom Strafrecht erfassten Fälle dürfen vertrauliche Informationen, die die im ersten Satz genannten Personen in Ausübung ihrer Pflichten nach diesem Abschnitt erhalten, nur in zusammengefasster oder aggregierter Form weitergegeben werden, sodass einzelne Versicherungsvermittler (§ 365m1 Abs. 2 Z 4) nicht identifiziert werden können.

(2) Abs. 1 steht einem Informationsaustausch und einer

wechselseitigen Zusammenarbeit der Behörde mit anderen Behörden in Mitgliedstaaten und Drittländern, die der Behörde entsprechende Aufgaben wahrnehmen, soweit dies für die Erfüllung der Aufgaben zur Verhinderung der Geldwäscherei und Terrorismusfinanzierung oder für andere gesetzliche Aufgaben im Rahmen der Aufsicht über den Finanzmarkt dienlich ist, nicht entgegen. Dies gilt ebenso gegenüber der Europäischen Zentralbank, wenn diese im Einklang mit der Verordnung (EU) Nr. 1024/2013 zur Übertragung besonderer Aufgaben im Zusammenhang mit der Aufsicht über Kreditinstitute auf die Europäische Zentralbank, ABl. Nr. L 287 vom 29.10.2013 S. 63, tätig wird.

(3) Der Bundesminister für Digitalisierung und Wirtschaftsstandort kann mit den anderen zuständigen Behörden, die Kredit- und Finanzinstitute gemäß der Geldwäsche-RL im Einklang mit dieser Richtlinie überwachen, und mit Unterstützung der Europäischen Aufsichtsbehörden, mit der Europäischen Zentralbank, wenn diese gemäß Art. 27 Abs. 2 der Verordnung (EU) Nr. 1024/2013 zur Übertragung besonderer Aufgaben im Zusammenhang mit der Aufsicht über Kreditinstitute auf die Europäische Zentralbank, ABl. Nr. L 287 vom 29.10.2013 S. 63 und Art. 56 Unterabsatz 1 lit. g der Richtlinie 2013/36/EU über den Zugang zur Tätigkeit von Kreditinstituten und die Beaufsichtigung von Kreditinstituten und Wertpapierfirmen, zur Änderung der Richtlinie 2002/87/EG und zur Aufhebung der Richtlinien 2006/48/EG und 2006/49/EG, ABl. Nr. L 176 vom 27.6.2013 S. 338, in der Fassung ihrer Berichtigung, ABl. Nr. L 208 vom 2.8.2013 S. 73 handelt, eine Vereinbarung über die praktischen Modalitäten für den Informationsaustausch abschließen.

(4) Die Behörde darf vertrauliche Informationen, die sie im Rahmen des Informationsaustausches mit anderen Behörden erhält, nur für die folgenden Zwecke verwenden:

1. in Ausübung ihrer Pflichten nach den §§ 365m bis 365z oder anderen nationalen oder europäischen Rechtsakten im Bereich der Bekämpfung der Geldwäsche und der Terrorismusfinanzierung und der Beaufsichtigung von Versicherungsvermittlern (§ 365m1 Abs. 2 Z 4), einschließlich der Verhängung von Verwaltungsstrafen,

2. im Rahmen eines Verfahrens über ein Rechtsmittel gegen eine Entscheidung der Behörde, einschließlich damit zusammenhängender Gerichtsverfahren,

3. im Rahmen eines Gerichtsverfahrens, das aufgrund besonderer Bestimmungen des Unionsrechts im Bereich der Geldwäsche – RL oder im Bereich der Finanzdienstleistungsaufsicht beziehungsweise Beaufsichtigung von Kredit- und Finanzinstituten eingeleitet wird.

(5) Die Behörde hat bei Beaufsichtigung der Versicherungsvermittler (§ 365m1 Abs. 2 Z 4) mit anderen zur Beaufsichtigung von Kredit- und Finanzinstituten zuständigen Behörden in anderen Mitgliedstaaten im größtmöglichen Umfang zusammenzuarbeiten. Eine solche Zusammenarbeit umfasst auch die Zulässigkeit, innerhalb der Befugnisse der zuständigen Behörde, um deren Unterstützung ersucht wurde, im Namen der ersuchenden zuständigen Behörde Untersuchungen durchzuführen, und den anschließenden Austausch der im Rahmen solcher Untersuchungen gewonnen Informationen.

(6) Unter Berücksichtigung der Anwendung der Bestimmungen der §§ 365m bis 365z und unter Berücksichtigung von beruflichen Verschwiegenheitsverpflichtungen kann die Behörde für die Zwecke der Verhinderung von Geldwäscherei und

der Terrorismusfinanzierung Informationen betreffend Versicherungsvermittler (§ 365m1 Abs. 2 Z 4) mit folgenden Behörden austauschen:

1. die FMA;
2. die zuständigen Landesbehörden im Rahmen der Aufsicht über Landesbewilligte für Glücksspielautomaten und Wettunternehmer nach Maßgabe landesrechtlicher Vorschriften;
3. die Rechtsanwaltskammer im Rahmen der Aufsicht über Rechtsanwälte;
4. die Notariatskammer im Rahmen der Aufsicht über Notare;
5. die Kammer der Wirtschaftstreuhänder im Rahmen der Aufsicht über Wirtschaftsprüfer und Steuerberater;
6. der Präsident der Wirtschaftskammer Österreich im Rahmen der Aufsicht über Bilanzbuchhalter, Buchhalter und Personalverrechner gemäß § 1 Bundesgesetz über die Bilanzbuchhaltungsberufe (Bilanzbuchhaltungsgesetz 2014 – BiBuG 2014), BGBl. I Nr. 191/2013, in der jeweils geltenden Fassung.

Ebenso ist ein Austausch von Informationen mit Behörden in anderen Mitgliedstaaten oder Drittländern, die mit den in Z 1 bis 6 genannten Behörden vergleichbare Aufgaben wahrnehmen, zulässig, wenn gewährleistet ist, dass diese zumindest den Anforderungen an eine berufliche Geheimhaltungspflicht unterliegen, die jener gemäß Abs. 1 zumindest gleichwertig ist.

(7) Ungeachtet des Abs. 1 und des Abs. 3 kann die Behörde Informationen mit Strafverfolgungsbehörden, den Staatsanwaltschaften und den Gerichten für strafrechtliche Zwecke und für die Zwecke der Verhinderung von Geldwäscherei und der Terrorismusfinanzierung austauschen. Gemäß diesem Absatz ausgetauschte vertrauliche Informationen dürfen aber nur der Erfüllung der gesetzlichen Aufgaben der betreffenden Behörden dienen. Personen, die Zugang zu diesen Informationen haben, müssen den Anforderungen an eine berufliche Geheimhaltungspflicht unterliegen, die den in Abs. 1 genannten Anforderungen mindestens gleichwertig sind.

Informationsaustausch und Verwaltungszusammenarbeit nach der Richtlinie über Versicherungsvertrieb (EU) 2016/97 und der Richtlinie über Wohnimmobilienkreditverträge 2014/17/EU einschließlich Vorgehen bei Pflichtverstößen

§ 373i2. (1) Die Behörden haben den zuständigen Behörden der anderen Mitgliedstaaten der EU oder Vertragsstaaten des EWR Amtshilfe zu leisten. Die Behörden haben mit den zuständigen Behörden der anderen Mitgliedstaaten der EU oder Vertragsstaaten des EWR insbesondere Informationen auszutauschen und bei Ermittlungen oder der Überwachung eng im Sinne einer wirksamen Beaufsichtigung von Kreditgebern, Kreditvermittlern und Versicherungsvermittlern, die ihre Dienstleistungen im Gebiet anderer Mitgliedstaaten gemäß dem freien Dienstleistungsverkehr erbringen, zusammenzuarbeiten. Sie haben das Tätigwerden bei grenzüberschreitenden Fällen zu koordinieren, um die ordnungsgemäße Anwendung der Richtlinie (EU) 2016/97 und der Richtlinie 2014/17/EU über Wohnimmobilienkreditverträge für Verbraucher und zur Änderung der Richtlinien 2008/48/EG und 2013/36/EU und der Verordnung (EU) Nr. 1093/2010 (im Folgenden: Wohnimmobilienkreditrichtlinie) ABl. Nr. L 60 vom 28.02.2014 S. 34, zuletzt berichtigt durch ABl. Nr. L 47 vom 20.02.2015 S. 34, in der Fassung der Verordnung (EU) 2016/1011, ABl. Nr. L 171 vom 29.06.2016 S. 1 sowie die Durchsetzung der Mindestanforderungen des Aufnahmemitgliedstaats an den guten Leumund und die beruflichen Kenntnisse und Fähigkeiten, kontinuierlich zu gewährleisten.

(2) Wurde ein Ersuchen um Zusammenarbeit, insbesondere um den Austausch von Informationen, abgelehnt oder ist innerhalb eines angemessenen Zeitraums keine Reaktion erfolgt, so können die Behörden im Hinblick

1. auf Kreditvermittler gemäß Art. 19 der Verordnung (EU) 1093/2010 zur Errichtung einer Europäischen Aufsichtsbehörde (Europäische Bankenaufsichtsbehörde), zur Änderung des Beschlusses Nr. 716/2009/EG und zur Aufhebung des Beschlusses 2009/78/EG der Kommission, ABl. Nr. L 331 vom 15.12.2010 S. 12, zuletzt geändert durch die Verordnung (EU) 806/2014, ABl. Nr. L 225 vom 30.07.2014 S. 1, die Europäische Bankenaufsichtsbehörde mit der Angelegenheit befassen und sie um Unterstützung bitten;

2. auf Versicherungsvermittler gemäß Art. 19 der Verordnung (EU) 1094/2010 die EIOPA mit der Angelegenheit befassen und um Unterstützung bitten.

(3) Hat die Behörde gegen einen in Österreich niedergelassenen Kreditvermittler oder Versicherungsvermittler, der in einem oder mehreren Mitgliedstaaten der EU oder Vertragsstaaten des EWR tätig ist, eine Maßnahme gemäß § 360 verfügt oder eine Verwaltungsstrafe gemäß § 366 Abs. 1 Z 1 verhängt, so hat sie die rechtskräftige Entscheidung über die Maßnahme oder die rechtskräftige Entscheidung über die Verwaltungsstrafe der

zuständigen Behörde des Aufnahmemitgliedsstaates zu übermitteln.

(4) Die Behörde hat die zuständige Behörde des Aufnahmemitgliedsstaates von der Endigung der Gewerbeberechtigung gemäß § 85 oder vom Eintritt des Ruhens der Gewerbeausübung gemäß § 93 Abs. 3 und Abs. 5 eines in Österreich niedergelassenen Kreditvermittlers oder Versicherungsvermittlers zu verständigen.

(5) Hat der Bundesminister für Digitalisierung und Wirtschaftsstandort einem im GISA (Versicherungs- und Kreditvermittlerregister) gemäß § 136g Abs. 1 eingetragenen Kreditvermittler oder einem gemäß § 137b Abs. 7 eingetragenen Versicherungsvermittler aus einem anderen Mitgliedstaat der EU oder Vertragsstaat des EWR die Ausübung der Dienstleistung gemäß § 373a Abs. 1 in Österreich verboten oder für eine angemessene Dauer untersagt, so hat er die rechtskräftige Entscheidung über das Verbot oder die Untersagung der zuständigen Behörde des Herkunftsmitgliedsstaates zu übermitteln.

(6) Die Behörde hat die Befugnis, geeignete Maßnahmen zu ergreifen, um einen Versicherungsvermittler, der in einem anderen Mitgliedstaat niedergelassen ist, daran zu hindern, eine Tätigkeit in Österreich im Rahmen der Dienstleistungsfreiheit oder gegebenenfalls der Niederlassungsfreiheit auszuüben, wenn die entsprechende Tätigkeit gänzlich oder hauptsächlich auf Österreich zu dem einzigen Zweck gerichtet ist, die Rechtsvorschriften zu umgehen, die anwendbar wären, wenn der Versicherungsvermittler seinen Wohnsitz bzw. Sitz in Österreich hätte, und wenn zusätzlich seine Tätigkeit das reibungslose Funktionieren der Versicherungs- und Rückversicherungsmärkte in Österreich hinsichtlich des Verbraucherschutzes gefährdet. In diesem Fall darf die Behörde nach

Unterrichtung der zuständigen Behörde des Herkunftsmitgliedstaats gegenüber diesem Versicherungsvermittler alle geeigneten Maßnahmen ergreifen, die notwendig sind, um die Rechte der Verbraucher zu schützen.

(7) Der Bundesminister für Digitalisierung und Wirtschaftsstandort hat der Europäischen Kommission mitzuteilen, wenn Versicherungsvermittler bei ihrer Niederlassung oder der Ausübung von Versicherungs- oder Rückversicherungsvertriebstätigkeiten in einem Drittland auf allgemeine Schwierigkeiten stoßen.

KAPITEL 3

Wirtschaftstreuhandberufsgesetz (WTBG 2017)

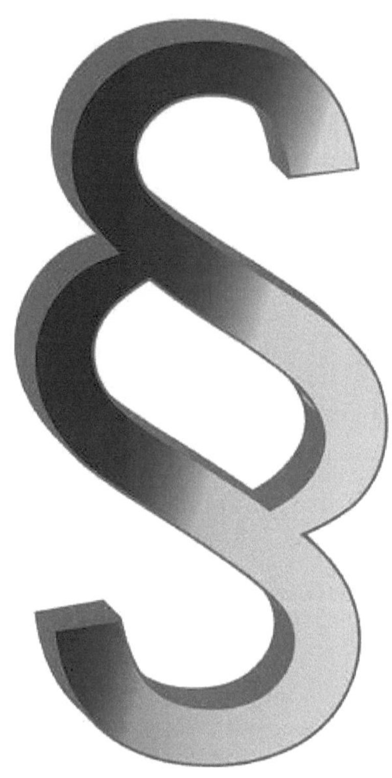

Präambel/Promulgationsklausel

Der Nationalrat hat beschlossen:

Inhaltsverzeichnis

3. Teil
Berufliche Vertretung – Kammer der Wirtschaftstreuhänder

1. Hauptstück
Allgemeines

1. Abschnitt
Einrichtung – Aufgaben – Organe

2. Abschnitt
Kammeramt

3. Abschnitt
Mitgliedschaft

4. Abschnitt
Gebarung – Haushalt – Umlagen

5. Abschnitt
Sonstige Bestimmungen

2. Hauptstück
Wahlen

1. Abschnitt
Kosten – Wahlordnung

2. Abschnitt
Wahl in den Kammertag

3. Abschnitt
Wahl des Vorstandes

4. Abschnitt
Wahl des Präsidiums

5. Abschnitt
Sonstige Wahlbestimmungen

4. Teil
Übergangs- Schlussbestimmungen

Text

1. Teil
Berufsrecht

1. Hauptstück
Wirtschaftstreuhandberufe – Berechtigungsumfang

Wirtschaftstreuhandberufe

§ 1. (1) Wirtschaftstreuhandberufe sind folgende Berufe:

1. Wirtschaftsprüfer und
2. Steuerberater.

(2) Die Wirtschaftstreuhandberufe sind freie Berufe.

Berechtigungsumfang – Steuerberater

§ 2. (1) Den zur selbständigen Ausübung des Wirtschaftstreuhandberufes Steuerberater Berechtigten ist es vorbehalten, folgende Tätigkeiten auszuüben:

1. die Beratung und Hilfeleistung auf dem Gebiet des Abgabenrechts und der Rechnungslegung,
2. die pagatorische Buchhaltung (Geschäftsbuchhaltung) einschließlich der Lohnverrechnung sowie die kalkulatorische Buchhaltung (Kalkulation),
3. die Beratung auf dem Gebiet des Bilanzwesens und der Abschluss unternehmerischer Bücher,
4. die Vertretung in Abgabe- und Abgabestrafverfahren für Bundes-, Landes- und Gemeindeabgaben und in Beihilfeangelegenheiten vor den Finanzbehörden, dem Amt für Betrugsbekämpfung, den übrigen Gebietskörperschaften und den Verwaltungsgerichten sowie bei allen Amtshandlungen, die von Organen des Amtes für Betrugsbekämpfung im Rahmen der ihnen übertragenen finanzpolizeilichen Aufgaben und Befugnisse (§ 3 Z 2 lit. e und lit. i des Bundesgesetzes über die Schaffung eines Amtes für Betrugsbekämpfung) gesetzt werden, davon ausgenommen Maßnahmen im Dienste der Strafrechtspflege gemäß § 6 des Sozialbetrugsbekämpfungsges

etzes, BGBl. I Nr. 113/2015, sowie die Vertretung in Angelegenheiten des COVID-19-Förderungsprüfungsgesetzes (CFPG), BGBl. I Nr. 44/2020,

5. die Durchführung von Prüfungsaufgaben, die nicht die Erteilung eines förmlichen Bestätigungsvermerkes, das sind Prüfungsaufgaben ohne Zusicherungsleistung eines unabhängigen Prüfers, erfordern, und eine diesbezügliche schriftliche Berichterstattung und
6. die Erstattung von Sachverständigengutachten auf den Gebieten des Buchführungs- und Bilanzwesens, des Abgabenrechts und auf jenen Gebieten, zu deren fachmännischer Beurteilung Kenntnisse des Rechnungswesens oder der Betriebswirtschaftslehre erforderlich sind.

(2) Die zur selbständigen Ausübung des Wirtschaftstreuhandberufes Steuerberater Berechtigten sind weiters berechtigt, folgende Tätigkeiten auszuüben:

1. sämtliche Beratungsleistungen im Zusammenhang ihres Berechtigungsumfanges gemäß Abs. 1,
2. sämtliche Beratungsleistungen und Tätigkeiten im Zusammenhang mit dem betrieblichen Rechnungswesen und die Beratung betreffend Einrichtung und Organisation des internen Kontrollsystems,
3. die Beratung und Vertretung in Beitrags-, Versicherungs- und Leistungsangelegenheiten der Sozialversicherungen, einschließlich der Vertretung

vor den Verwaltungsgerichten,

4. die Sanierungsberatung, insbesondere die Erstellung von Sanierungsgutachten, Organisation von Sanierungsplänen, Begutachtung von Sanierungsplänen und die begleitende Kontrolle bei der Durchführung von Sanierungsplänen,

5. die Beratung und Vertretung vor gesetzlich anerkannten Kirchen und Religionsgemeinschaften in Beitragsangelegenheiten,

6. die Vertretung in Angelegenheiten der Kammerumlagen gegenüber den gesetzlichen Interessenvertretungen,

7. die Übernahme von Treuhandaufgaben und die Verwaltung von Vermögenschaften mit Ausnahme der Verwaltung von Gebäuden,

8. die Beratung in arbeitstechnischen Fragen,

9. die Beratung und Vertretung in Abgaben- und Abgabenstrafverfahren sowie in Angelegenheiten der Z 3 vor dem Verwaltungsgerichtshof, wobei sie in diesem Verfahren Schriftsätze gemäß § 24 Abs. 2 und Anträge gemäß § 30 Abs. 2 des Verwaltungsgerichtshofgesetzes 1985, BGBl. Nr. 10/1985, auch mit ihrer Unterschrift versehen dürfen,

10. die Tätigkeit als Mediator, wenn sie in die Liste der Mediatoren nach dem Zivilrechts-Mediations-Gesetz (ZivMediatG), BGBl. I Nr. 29/2003, eingetragen sind.

(3) Die zur selbständigen Ausübung des Wirtschaftstreuhandberufes Steuerberater Berechtigten sind weiters berechtigt, folgende Tätigkeiten, soweit diese mit den für den gleichen Auftraggeber durchzuführenden wirtschaftstreuhänderischen Arbeiten unmittelbar zusammenhängen, auszuüben:

1. die Beratung in Rechtsangelegenheiten sowie die Errichtung einfacher und standardisierter, formularmäßig gestalteter Verträge betreffend Arbeitsverhältnisse jeglicher Art,

2. die Beratung und Vertretung in allen Verwaltungsverfahren, in Verwaltungsstrafverfahren jedoch nur wegen Verletzung arbeits- und sozialrechtlicher Verpflichtungen, bei den Einrichtungen des Arbeitsmarktservice, der Berufsorganisationen, der Landesfremdenverkehrsverbände und bei anderen in Wirtschaftsangelegenheiten zuständigen Behörden und Ämtern, einschließlich der Vertretung vor den Verwaltungsgerichten sowie Gerichten in Angelegenheiten des § 11 des Firmenbuchgesetzes, BGBl. Nr. 10/1991, beschränkt auf die Anmeldungen, die die für Zustellungen maßgebliche Geschäftsanschrift sowie die Adresse der Internetseite betreffen, sowie bezüglich der Veröffentlichung von Jahresabschlüssen und der Abgabe von Drittschuldnererklärungen für Auftraggeber, und

3. die Beratung und Vertretung in Angelegenheiten des Registers der wirtschaftlichen Eigentümer einschließlich der Meldung des wirtschaftlichen

Eigentümers auf der Basis der Angaben ihrer Mandanten und der Feststellung und Überprüfung des wirtschaftlichen Eigentümers im Auftrag ihrer Mandanten.

Berechtigungsumfang – Wirtschaftsprüfer

§ 3. (1) Den zur selbständigen Ausübung des Wirtschaftstreuhandberufes Wirtschaftsprüfer Berechtigten ist die Ausübung jener wirtschaftstreuhänderischen Arbeiten vorbehalten, die eine Zusicherungsleistung eines unabhängigen Prüfers erfordern, insbesondere jene, auf die in anderen Gesetzen mit der ausdrücklichen Bestimmung hingewiesen wird, dass sie nur von Wirtschaftsprüfern gültig ausgeführt werden können.

(2) Die zur selbständigen Ausübung des Wirtschaftstreuhandberufes Wirtschaftsprüfer Berechtigten sind weiters berechtigt, folgende Tätigkeiten auszuüben:

1. die gesetzlich vorgeschriebene und jede auf öffentlichem oder privatem Auftrag beruhende Prüfung der Buchführung, der Rechnungsabschlüsse, der Kostenrechnung, der Kalkulation und der kaufmännischen Gebarung von Unternehmen, die mit oder ohne der Erteilung eines förmlichen Bestätigungsvermerkes verbunden ist,

2. die pagatorische Buchhaltung (Geschäftsbuchhaltung) einschließlich der Lohnverrechnung sowie die kalkulatorische Buchhaltung (Kalkulation), einschließlich der Beratung auf diesen Gebieten,

3. die Beratung und Hilfeleistung auf dem Gebiet der Rechnungslegung und des Bilanzwesens und der Abschluss unternehmerischer Bücher,

4. sämtliche Beratungsleistungen und Tätigkeiten im Zusammenhang mit dem betrieblichen Rechnungswesen und die Beratung betreffend Einrichtung und Organisation des internen Kontrollsystems,

5. die Sanierungsberatung, insbesondere die Erstellung von Sanierungsgutachten, Organisation von Sanierungsplänen, Prüfung von Sanierungsplänen und die begleitende Kontrolle bei der Durchführung von Sanierungsplänen,

6. die Beratung und Vertretung ihrer Auftraggeber in Devisensachen mit Ausschluss der Vertretung vor ordentlichen Gerichten,

7. die Erstattung von Sachverständigengutachten auf den Gebieten des Buchführungs- und Bilanzwesens und auf jenen Gebieten, zu deren fachmännischer Beurteilung Kenntnisse des Rechnungswesens oder der Betriebswirtschaftslehre erforderlich sind,

8. die Ausübung jener wirtschaftstreuhänderischen Arbeiten, auf die in anderen Gesetzen mit der ausdrücklichen Bestimmung hingewiesen wird, dass sie nur von Buchprüfern oder Wirtschaftsprüfern gültig ausgeführt werden können,

9. die Übernahme von Treuhandaufgaben und die Verwaltung von Vermögenschaften mit Ausnahme der Verwaltung von Gebäuden,

10. die Beratung in arbeitstechnischen Fragen und

11. die Tätigkeit als Mediator, wenn sie in die Liste der Mediatoren nach dem Zivilrechts-Mediations-Gesetz (ZivMediatG), BGBl. I Nr. 29/2003, eingetragen sind.

(3) Die zur selbständigen Ausübung des Wirtschaftstreuhandberufes Wirtschaftsprüfer Berechtigten sind weiters berechtigt, folgende Tätigkeiten, soweit diese mit den für den gleichen Auftraggeber durchzuführenden wirtschaftstreuhänderischen Arbeiten unmittelbar zusammenhängen, auszuüben:

1. die Beratung in Rechtsangelegenheiten sowie die Errichtung einfacher und standardisierter, formularmäßig gestalteter Verträge betreffend Arbeitsverhältnisse jeglicher Art und

2. die Vertretung vor Behörden und Körperschaften öffentlichen Rechts einschließlich der Vertretung vor den Verwaltungsgerichten sowie Gerichten in Angelegenheiten des § 11 des Firmenbuchgesetzes, BGBl. Nr. 10/1991, beschränkt auf die Anmeldungen, die die für Zustellungen maßgebliche Geschäftsanschrift sowie die Adresse der Internetseite betreffen, und bezüglich der Veröffentlichung von Jahresabschlüssen und der Abgabe von Drittschuldnererklärungen für Auftraggeber.

Berechtigungsumfang – Sonstiges

§ 4. (1) Durch dieses Bundesgesetz werden die Befugnisse nicht berührt:

1. der Rechtsanwälte,

2. der Patentanwälte,

3. der Notare,

4. der Behörden und der Körperschaften des öffentlichen Rechts, soweit sie im Rahmen ihres Aufgabenbereiches Hilfe oder Beistand in Steuersachen leisten,

5. der Revisionsverbände der Erwerbs- und Wirtschaftsgenossenschaften und der Prüfungsstelle des Sparkassen-Prüfungsverbandes hinsichtlich der ihnen zugewiesenen Prüfungs- und Beratungsaufgaben und der in § 2 Abs. 1 Z 1 und 3 angeführten Tätigkeiten,

6. der Gewerbetreibenden,

7. der Ziviltechniker,

8. der gesetzlichen Berufsvertretungen, ihren Mitgliedern Hilfe und Beistand auf dem Gebiet des verwaltungsbehördlichen Finanzstrafverfahrens zu leisten und

9. der Ausübenden von Bilanzbuchhaltungsberufen.

(2) Das Recht der Gerichte und Verwaltungsbehörden, zur Erstattung von Gutachten ständig oder im Einzelfall für das Buch- und Rechnungsfach beeidete Sachverständige oder Inventurkommissäre heranzuziehen, die nicht Berufsberechtigte im Sinne dieses Bundesgesetzes sind, bleibt unberührt, doch erlangen diese Personen durch eine solche Heranziehung keine Befugnis, eine wirtschaftstreuhänderische Tätigkeit im Auftrag anderer Auftraggeber durchzuführen.

Öffentliche Bestellung – Anerkennung

§ 5. (1) Wirtschaftstreuhandberufe dürfen selbständig durch Berufsberechtigte, das sind entweder natürliche Personen oder Gesellschaften, ausgeübt werden.

(2) Eine natürliche Person ist berufsberechtigt und somit zur selbständigen Ausübung eines Wirtschaftstreuhandberufes berechtigt, nachdem sie durch die Kammer der Wirtschaftstreuhänder öffentlich bestellt wurde.

(3) Eine Gesellschaft ist berufsberechtigt und somit zur selbständigen Ausübung eines Wirtschaftstreuhandberufes berechtigt, nachdem sie durch die Kammer der Wirtschaftstreuhänder anerkannt wurde.

Dienstleistungen

§ 6. (1) Staatsangehörige eines Mitgliedstaates der EU oder eines Vertragsstaates des Abkommens über den Europäischen Wirtschaftsraum (EWR) oder Staatsangehörige der Schweiz, die in einem Mitgliedstaat der EU oder in einem Vertragsstaat des EWR oder in der Schweiz niedergelassen sind und dort den Beruf eines selbständigen, freiberuflichen Wirtschaftstreuhänders auf einem bestimmten diesem Bundesgesetz entsprechenden Fachgebiet gemäß § 2 und § 3 befugt ausüben, sind berechtigt, nach Maßgabe des Abs. 2, vorübergehend und gelegentlich Dienstleistungen auf diesem Fachgebiet zu erbringen.

(2) Die Voraussetzungen für die Erbringung von vorübergehenden und gelegentlichen Dienstleistungen gemäß Abs. 1 sind:

1. die Staatsangehörigkeit eines Mitgliedstaates der EU oder eines Vertragsstaates des Abkommens über den Europäischen Wirtschaftsraum oder der Schweiz,

2. eine Niederlassung in einem anderen Mitgliedstaat der EU oder in einem Vertragsstaat des Europäischen Wirtschaftsraumes oder in der Schweiz,

3. die aufrechte Berechtigung, im Niederlassungsstaat Tätigkeiten auszuüben, die den Berechtigungsumfängen der Wirtschaftstreuhandberufe gemäß § 2 und § 3 zuzuordnen sind, und sofern der Beruf im Niederlassungsstaat nicht reglementiert ist, eine mindestens einjährige Berufsausübung während der vorangehenden zehn Jahre im Niederlassungsstaat, und

4. eine aufrechte Vermögensschaden-Haftpflichtversicherung im Sinne des § 11 in Verbindung mit § 77 Abs. 1.

(3) Die Dienstleistungen gemäß Abs. 1 sind unter der Berufsbezeichnung des Niederlassungsstaates des Dienstleisters zu erbringen. Die Berufsbezeichnung ist in der Amtssprache des Niederlassungsstaates so zu führen, dass keine Verwechslungen mit den in diesem Bundesgesetz angeführten Berufsbezeichnungen möglich sind.

(4) Der Dienstleister ist verpflichtet, den Dienstleistungsempfänger spätestens bei Vertragsabschluss nachweislich zu informieren über:

1. das Register, in dem er eingetragen ist, sowie die Nummer der Eintragung oder gleichwertige, der Identifikation dienende Angaben aus diesem Register,

2. Namen und Anschrift der zuständigen Aufsichtsbehörde,

3. die Berufskammern oder vergleichbare Organisationen, denen der Dienstleister angehört,

4. die Berufsbezeichnung oder seinen Berufsqualifikationsnachweis,

5. die Umsatzsteueridentifikationsnummer und

6. Einzelheiten zu seinem Versicherungsschutz in Bezug auf die Vermögensschaden-Haftpflichtversicherung.

(5) Abs. 1 bis 4 gilt nicht für die Erbringung von Dienstleistungen bezüglich Abschlussprüfungen gemäß Art. 2 Z 1 der Richtlinie 2006/43/EG über Abschlussprüfungen von Jahresabschlüssen und konsolidierten Abschlüssen, zur Änderung der Richtlinien 78/660/EWG und 83/349/EWG und zur Aufhebung der Richtlinie 84/253/EWG (im Folgenden: Abschlussprüfungs-RL), ABl. Nr. L 157 vom 09.06.2006 S. 87, zuletzt geändert durch die Richtlinie 2014/56/EU, ABl. Nr. L 158 vom 27.05.2014 S. 196.

Niederlassung

§ 7. (1) Staatsangehörige eines Mitgliedstaates der EU oder eines Vertragsstaates des Abkommens über den Europäischen Wirtschaftsraum oder der Schweiz sind nach Maßgabe des Abs. 2 berechtigt, sich auf dem Gebiet der Republik Österreich zur Ausübung eines Wirtschaftstreuhandberufes niederzulassen.

(2) Voraussetzungen für die Niederlassung gemäß Abs. 1 sind:

1. die Staatsangehörigkeit eines Mitgliedstaates der EU oder eines Vertragsstaates des Abkommens über den Europäischen Wirtschaftsraum oder der Schweiz,

2. die aufrechte Berechtigung in ihrem Herkunftsmitgliedstaat einen Wirtschaftstreuhandberuf auszuüben,

3. das Vorliegen der allgemeinen Voraussetzungen gemäß § 8 Abs. 1,

4. das Vorliegen einer gleichwertigen Berufsqualifikation und

5. die öffentliche Bestellung durch die Kammer der Wirtschaftstreuhänder.

(3) Dem Antrag auf öffentliche Bestellung sind anzuschließen:

1. ein Identitätsnachweis,

2. der Nachweis der Staatsangehörigkeit,

3. der Berufsqualifikationsnachweis, der zur Aufnahme eines Wirtschaftstreuhandberufes berechtigt, und

4. Bescheinigungen der zuständigen Behörden des Herkunftsmitgliedstaates über das Vorliegen der besonderen Vertrauenswürdigkeit, der geordneten wirtschaftlichen Verhältnisse und das Nichtvorliegen schwerwiegender standeswidriger Verhalten. Diese Bescheinigungen dürfen bei ihrer Vorlage nicht älter als drei Monate sein.

(4) Die öffentliche Bestellung hat zu erfolgen, wenn die allgemeinen Voraussetzungen für die öffentliche Bestellung vorliegen und die geltend gemachte Berufsqualifikation dem des angestrebten Wirtschaftstreuhandberufes gleichwertig ist. Die fachliche Befähigung ist nachzuweisen durch die Vorlage eines Nachweises im Sinne des Art. 11 lit. e der Richtlinie 2005/36/EG über die Anerkennung von Berufsqualifikationen (im Folgenden: Berufsqualifikationsanerkennungs-RL), ABl. Nr. L 255 vom 30.09.2005 S. 22, zuletzt geändert durch die Richtlinie 2013/55/EU, ABl. Nr. L 354 vom 28.12.2013 S. 132, in

der Fassung der Berichtigung ABl. Nr. L 095 vom 9.4.2016 S. 20. Diesen Ausbildungsnachweisen ist jeder Ausbildungsnachweis oder jede Gesamtheit von Berufsqualifikationsnachweisen, die von einer zuständigen Behörde in einem Mitgliedstaat ausgestellt wurden, gleichgestellt, sofern sie eine in der Union erworbene Ausbildung abschließen und von diesem Mitgliedstaat als gleichwertig anerkannt werden und in Bezug auf die Aufnahme oder Ausübung eines Wirtschaftstreuhandberufes dieselben Rechte verleihen oder auf die Ausübung dieser Berufe vorbereiten.

(5) Vor der Gleichhaltung unter der Bedingung einer Eignungsprüfung ist im Sinne des Art. 14 Abs. 5 der Berufsqualifikationsanerkennungs-RL nach dem Grundsatz der Verhältnismäßigkeit zu prüfen, ob die vom Niederlassungswerber während seiner Berufserfahrung oder durch lebenslanges Lernen erworbenen Kenntnisse die wesentlichen Unterschiede gemäß Art. 14 Abs. 4 der Berufsqualifikationsanerkennungs-RL ganz oder teilweise abdecken. Die Gleichwertigkeit der Befähigungs- oder Ausbildungsnachweise ist nicht gegeben, wenn

1. die bisherige Ausbildung sich hinsichtlich der beruflichen Tätigkeit auf Fächer bezieht, die sich wesentlich von denen unterscheiden, die durch den Ausbildungsnachweis abgedeckt werden, der nach diesem Bundesgesetz vorgeschrieben ist, oder

2. die Tätigkeiten eine oder mehrere berufliche Tätigkeiten umfassen, die im Herkunftsmitgliedstaat des Niederlassungswerbers nicht Bestandteil des entsprechenden reglementierten Berufs sind, und wenn dieser Unterschied

in einer besonderen Ausbildung besteht, die nach diesem Bundesgesetz vorgeschrieben wird und sich auf Fächer bezieht, die sich wesentlich von denen unterscheiden, die von dem Befähigungs- oder Ausbildungsnachweis abgedeckt werden, den der Niederlassungswerber vorlegt.

(6) Die mangelnde Gleichwertigkeit der geltend gemachten Berufsqualifikation ist durch die Absolvierung einer Eignungsprüfung auszugleichen. Unter einer Eignungsprüfung sind Prüfungen im Sinne des Art. 3 Abs. 1 lit. h der Berufsqualifikationsanerkennungs-RL zu verstehen.

(7) Die Eignungsprüfung für Steuerberater umfasst folgende Sachgebiete im Sinne des Art. 3 Abs. 1 lit. h Berufsqualifikationsanerkennungs-RL:

1. die schriftliche Ausarbeitung von zwei Klausurarbeiten gemäß § 22 Abs. 4 und 5 in Verbindung mit § 22 Abs. 7 und 8 und

2. die mündliche Beantwortung von Prüfungsfragen aus den Fachgebieten gemäß § 23 Abs. 1 in Verbindung mit § 22 Abs. 4 und 5 und § 23 Abs. 2.

(8) Die Eignungsprüfung für Wirtschaftsprüfer umfasst folgende Sachgebiete im Sinne des Art. 3 Abs. 1 lit. h Berufsqualifikationsanerkennungs-RL:

1. die schriftliche Ausarbeitung von zwei Klausurarbeiten gemäß § 22 Abs. 4 und 6 in Verbindung mit § 22 Abs. 7 und 8 und

2. die mündliche Beantwortung von Prüfungsfragen aus den Fachgebieten gemäß § 23

Abs. 1 in Verbindung mit § 22 Abs. 4 und 6 und § 23 Abs. 3.

(9) Für das Prüfungsverfahren betreffend die Ablegung von Eignungsprüfungen gelten die Bestimmungen der §§ 14 bis 20 und §§ 24 bis 39.

(10) Die Kammer der Wirtschaftstreuhänder hat dem Niederlassungswerber binnen eines Monats den Empfang der Unterlagen mitzuteilen und ihm gegebenenfalls einen Verbesserungsauftrag zu erteilen. Die Kammer der Wirtschaftstreuhänder ist verpflichtet, über den Antrag ohne unnötigen Aufschub, spätestens aber drei Monate nach Einreichung der vollständigen Unterlagen des Niederlassungswerbers zu entscheiden.

(11) Die Kammer der Wirtschaftstreuhänder hat auf entsprechenden Antrag im Einzelfall Personen, die in einem anderen EWR-Vertragsstaat oder der Schweizerischen Eidgenossenschaft einen Qualifikationsnachweis für eine berufliche Tätigkeit im Rahmen der Wirtschaftstreuhandberufe erworben haben und in diesem Staat ohne Einschränkung zur Ausübung der beruflichen Tätigkeit qualifiziert sind unter Berücksichtigung, ob diese berufliche Tätigkeit im anderen EWR-Vertragsstaat oder der Schweizerischen Eidgenossenschaft eigenständig ausgeübt werden kann, einen partiellen Zugang zur entsprechenden beruflichen Tätigkeit im Rahmen der Wirtschaftstreuhandberufe zu gewähren, wenn

1. die Unterschiede zwischen der rechtmäßig ausgeübten Berufstätigkeit im Herkunftsmitgliedstaat und dem reglementierten Beruf nach diesem Bundesgesetz so groß sind, dass die Anwendung von Ausgleichsmaßnahmen der Anforderung an den Antragsteller gleichkäme, das vollständige Ausbildungsprogramm in Österreich zu durchlaufen, um Zugang zum gesamten reglementierten Beruf nach diesem Bundesgesetz in Österreich zu erlangen,

2. die von der erworbenen Qualifikation umfassten Tätigkeiten sich objektiv von anderen unter den reglementierten Beruf nach diesem Bundesgesetz fallenden Tätigkeiten trennen lassen und

3. dem partiellen Zugang keine zwingenden Gründe des Allgemeininteresses entgegenstehen.

(12) Personen, denen gemäß Abs. 11 ein partieller Zugang gewährt wurde, haben

1. ihren Beruf unter der Berufsbezeichnung ihres Herkunftsmitgliedstaats sowie erforderlichenfalls zusätzlich unter der im Anerkennungsbescheid festgelegten deutschsprachigen Bezeichnung auszuüben und

2. die Empfänger der Dienstleistung eindeutig über den Umfang ihrer beruflichen Tätigkeit zu informieren.

(13) Für Familienangehörige von Staatsangehörigen eines Mitgliedstaates der EU oder eines Vertragsstaates des Abkommens über den Europäischen Wirtschaftsraum oder der Schweiz, die das Recht auf Aufenthalt oder das Recht auf Daueraufenthalt in einem Mitgliedstaat genießen, gilt Abs. 1 bis 12 ungeachtet ihrer Staatsangehörigkeit.

(14) Im Sinne des Abs. 13 bezeichnet der Ausdruck „Familienangehöriger"

1. den Ehegatten,

2. den Lebenspartner, mit dem der Unionsbürger auf der Grundlage der Rechtsvorschriften eines Mitgliedstaats eine eingetragene Partnerschaft eingegangen ist, sofern nach den Rechtsvorschriften des Aufnahmemitgliedstaats die eingetragene Partnerschaft der Ehe gleichgestellt ist und die in den einschlägigen Rechtsvorschriften des Aufnahmemitgliedstaats vorgesehenen Bedingungen erfüllt sind,

3. die Verwandten in gerader absteigender Linie des Unionsbürgers und des Ehegatten oder des Lebenspartners gemäß Z 2, die das 21. Lebensjahr noch nicht vollendet haben oder denen von diesen Unterhalt gewährt wird und

4. die Verwandten in gerader aufsteigender Linie des Unionsbürgers und des Ehegatten oder des Lebenspartners gemäß Z 2, denen von diesem Unterhalt gewährt wird.

2. Hauptstück
Natürliche Personen

1. Abschnitt
Allgemeines

Voraussetzungen

§ 8. (1) Allgemeine Voraussetzungen für die öffentliche Bestellung sind:

1. die volle Handlungsfähigkeit,

2. die besondere Vertrauenswürdigkeit,

3. geordnete wirtschaftliche Verhältnisse,

4. eine aufrechte Vermögensschaden-Haftpflichtversicherung und

5. ein Berufssitz.

(2) Weitere Voraussetzungen für die öffentliche Bestellung als

1. Steuerberater sind die erfolgreich abgelegte Fachprüfung für Steuerberater und eine zumindest dreijährige Praxiszeit als Berufsanwärter, davon eine mindestens zwei Jahre umfassende hauptberufliche steuerberatende Tätigkeit in Österreich und

2. Wirtschaftsprüfer sind ein erfolgreich absolviertes facheinschlägiges Hochschulstudium oder ein facheinschlägiges Fachhochschulstudium mit einem Arbeitsaufwand von zumindest 180 ECTS-Anrechnungspunkten, die erfolgreich abgelegte Fachprüfung für Wirtschaftsprüfer und eine zumindest dreijährige Praxiszeit als Berufsanwärter, davon eine mindestens zwei Jahre umfassende hauptberufliche wirtschaftsprüfende Tätigkeiten in einem Mitgliedstaat der EU oder einem Vertragsstaat des Abkommens über den Europäischen Wirtschaftsraum. Insgesamt ist eine Ausbildung gemäß Art. 6 und 10 der Abschlussprüfungs-RL nachzuweisen.

(3) Ein Berufsberechtigter ist von der Aufrechterhaltung der Vermögensschaden-Haftpflichtversicherung befreit, wenn er den Wirtschaftstreuhandberuf ausschließlich in einem Dienstverhältnis bei einem anderen Wirtschaftstreuhänder ausübt.

(4) Ein Berufsberechtigter ist von der Aufrechterhaltung eines Berufssitzes befreit,

1. wenn er den Wirtschaftstreuhandberuf ausschließlich in einem Dienstverhältnis ausübt oder

2. während des Ruhens seiner Befugnis.

Besondere Vertrauenswürdigkeit

§ 9. Die besondere Vertrauenswürdigkeit liegt dann nicht vor, wenn der Berufswerber rechtskräftig verurteilt oder bestraft worden ist

1. a) von einem Gericht wegen einer mit Vorsatz begangenen strafbaren Handlung zu einer mehr als dreimonatigen Freiheitsstrafe oder

b) von einem Gericht wegen einer mit Bereicherungsvorsatz begangenen strafbaren Handlung oder

c) von einem Gericht wegen eines Finanzvergehens oder

d) von einer Finanzstrafbehörde wegen eines vorsätzlichen Finanzvergehens mit Ausnahme einer Finanzordnungswidrigkeit und

2. diese Verurteilung oder Bestrafung noch nicht getilgt ist oder solange die Beschränkung der Auskunft gemäß § 6 Abs. 2 oder Abs. 3 des Tilgungsgesetzes 1972, BGBl. Nr. 68, noch nicht eingetreten ist.

Geordnete wirtschaftliche Verhältnisse

§ 10. (1) Geordnete wirtschaftliche Verhältnisse liegen dann nicht vor, wenn

1. über das Vermögen des Berufswerbers ein Insolvenzverfahren anhängig oder innerhalb der letzten zehn Jahre rechtskräftig eröffnet worden ist, sofern dieses nicht durch Bestätigung eines Sanierungsplanes mit einer Quote von zumindest 20% oder eines Zahlungsplanes aufgehoben worden ist, oder

2. über das Vermögen des Berufswerbers innerhalb der letzten zehn Jahre zweimal rechtskräftig ein Sanierungsverfahren eröffnet worden ist und mittlerweile nicht sämtliche diesen Verfahren zugrundeliegenden Verbindlichkeiten nachgelassen oder beglichen worden sind, oder

3. gegen den Berufswerber innerhalb der letzten zehn Jahre ein Insolvenzverfahren mangels kostendeckenden Vermögens nicht eröffnet oder aufgehoben worden ist und die Überschuldung nicht beseitigt wurde.

(2) Eine allfällige Beseitigung der Überschuldung gemäß Abs. 1 Z 3 ist durch die Vorlage eines Vermögensverzeichnisses im Sinne des § 100a der Insolvenzordnung, RGBl. Nr. 337/1914, nachzuweisen.

Vermögensschaden-Haftpflichtversicherung

§ 11. (1) Berufsberechtigte sind verpflichtet, für Schäden aus ihrer Tätigkeit eine Vermögensschaden-Haftpflichtversicherung bei einem zum Betrieb nach den Bestimmungen des Versicherungsaufsichtsgesetzes 2016, BGBl. I Nr. 34/2015, berechtigten Versicherer abzuschließen und für die gesamte Dauer des Bestehens ihrer Berufsberechtigung aufrechtzuerhalten.

(2) Die Versicherungspflicht gilt nicht für Tätigkeiten, wenn und insoweit für diese Tätigkeiten ein

anderer Berufsberechtigter mit einer Vermögensschaden-Haftpflichtversicherung dem betreffenden Klienten gegenüber kraft gesetzlicher Schadenersatzbestimmung haftet und in dieser Versicherung die Haftung der betreffenden schadenstiftenden Person oder Gesellschaft für denselben Versicherungsfall mitgedeckt ist.

(3) Die Versicherungssumme dieser Versicherung darf nicht geringer sein als 72 673 Euro für jeden einzelnen Versicherungsfall. Bei Vereinbarung einer betragsmäßigen Obergrenze für alle Versicherungsfälle eines Jahres und für allenfalls vereinbarte Selbstbehalte gilt § 158c des Versicherungsvertragsgesetzes, BGBl. Nr. 2/1959.

(4) Ist der Versicherungspflichtige Versicherter in einer Versicherung für fremde Rechnung, wird nur dann der Versicherungspflicht entsprochen, wenn nur er über die seinen Versicherungsschutz betreffenden Rechte aus dem Versicherungsvertrag verfügen kann und ihm für jeden Versicherungsfall zumindest die gesetzliche Mindestversicherungssumme zur Verfügung steht. Deckungsausschlussgründe, die nicht in seiner Person gelegen sind, können in diesem Fall nicht eingewendet werden.

(5) Die Versicherer sind verpflichtet, der Kammer der Wirtschaftstreuhänder unaufgefordert und umgehend jeden Umstand zu melden, der eine Beendigung oder Einschränkung des Versicherungsschutzes oder eine Abweichung von der ursprünglichen Versicherungsbestätigung bedeutet oder bedeuten kann, und auf Verlangen der Kammer der Wirtschaftstreuhänder über solche Umstände Auskunft zu erteilen.

Berufssitz

§ 12. (1) Berufsberechtigte sind verpflichtet, einen in einem Mitgliedstaat der EU oder einem Vertragsstaat des Abkommens über den Europäischen Wirtschaftsraum gelegenen Berufssitz zu haben.

(2) Unter einem Berufssitz ist bei einem selbständig ausübenden Berufsberechtigten eine feste Einrichtung zu verstehen, welche durch ihre personelle, sachliche und funktionelle Ausstattung die Erfüllung der an einen Berufsberechtigten gestellten fachlichen Anforderungen gewährleistet.

2. Abschnitt
Prüfungen – Zulassung

Zulassungsvoraussetzungen – Fachprüfung

§ 13. (1) Zur Fachprüfung ist zuzulassen, wer ein facheinschlägiges Hochschulstudium oder ein facheinschlägiges Fachhochschulstudium mit einem Arbeitsaufwand von zumindest 180 ECTS-Anrechnungspunkten erfolgreich absolviert hat und

1. mindestens eineinhalb Jahre als Berufsanwärter bei einem Berufsberechtigten oder

2. mindestens eineinhalb Jahre bei einem anerkannten Revisionsverband, der die steuerliche Beratung und die Vertretung von Verbandsmitgliedern vor Abgabenbehörden wahrnimmt, als Revisionsanwärter bei einem Revisionsverband der Erwerbs- und Wirtschaftsgenossenschaften oder als Revisionsassistent oder zeichnungsberechtigter Prüfer der Prüfungsstelle des Sparkassen-

Prüfungsverbandes tätig war oder

3. die Fachprüfung zum Genossenschaftsrevisor erfolgreich abgelegt hat.

(2) Zur Fachprüfung ist ebenfalls zuzulassen, wer

1. nach der öffentlichen Bestellung zum Bilanzbuchhalter den Beruf Bilanzbuchhalter mindestens dreieinhalb Jahre hauptberuflich selbständig oder unselbständig ausgeübt hat oder

2. über eine Berufsberechtigung nach diesem Bundesgesetz verfügt.

(3) Tätigkeiten gemäß Abs. 1 Z 1 und 2 und Abs. 2 Z 1, welche die bei Wirtschaftstreuhändern festgesetzte Arbeitszeit nicht erreichen, sind nur verhältnismäßig anzurechnen.

(4) Die Kammer der Wirtschaftstreuhänder hat durch Verordnung festzusetzen, welche Hochschulstudien und Fachhochschulstudien den Voraussetzungen des Abs. 1 entsprechen. Unter facheinschlägigen Hochschulstudien und Fachhochschulstudien sind jene zu verstehen, welche die für die Ausübung des Berufes Steuerberater oder Wirtschaftsprüfer erforderlichen grundlegenden Kenntnisse vermitteln.

Antragstellung

§ 14. (1) Personen, die zu einer Fachprüfung anzutreten beabsichtigen, haben einen Antrag auf Zulassung zu stellen.

(2) Dem Antrag auf Zulassung sind anzuschließen:

1. ein Identitätsnachweis,

2. die erforderlichen Belege zum Nachweis der Erfüllung der Voraussetzungen für die Zulassung,

3. der Nachweis über die Entrichtung der Prüfungsgebühr.

(3) Der Antrag auf Zulassung ist bei der Kammer der Wirtschaftstreuhänder schriftlich einzubringen.

(4) Der Antrag auf Zulassung ist in deutscher Sprache zu stellen. Die gemäß Abs. 2 anzuschließenden Urkunden und Belege sind, sofern sie nicht in deutscher Sprache abgefasst sind, in beglaubigter Übersetzung eines gerichtlich beeideten Übersetzers vorzulegen.

Entscheidung über die Antragstellung

§ 15. Über den Antrag auf Zulassung zu einer Fachprüfung hat die Kammer der Wirtschaftstreuhänder mit Bescheid zu entscheiden.

Nichtigkeit

§ 16. Bescheide, mit denen die Zulassung zu einer Fachprüfung erteilt wurde, sind nichtig und vom Bundesminister für *Arbeit und Wirtschaft* gemäß § 68 Abs. 4 Z 4 des Allgemeinen Verwaltungsverfahrensgesetzes 1991 (AVG), BGBl. Nr. 51, für nichtig zu erklären, wenn eine der gesetzlichen Zulassungsvoraussetzungen gefehlt hat und weiterhin fehlt.

Einladung zum ersten Prüfungsteil

§ 17. (1) Die Kammer der Wirtschaftstreuhänder hat dem Bewerber nach Zulassung zur Fachprüfung die nächsten stattfindenden Prüfungstermine und die Form, in der die Prüfung an diesen Terminen durchgeführt wird, sowie allenfalls die Prüfungsorte bekannt zu geben.

(2) Der Prüfungsausschuss hat bis zum 30. Juni jeden Kalenderjahres die Termine der jeweiligen schriftlichen Prüfungsteile, die Durchführung gemäß § 32a und die jeweiligen Prüfungsorte

(Landesstellen) für das nächstfolgende Kalenderjahr festzulegen. Die Prüfungstermine, die Durchführung gemäß § 32a und Prüfungsorte sind auf der Website der Kammer der Wirtschaftstreuhänder zu verlautbaren.

(3) Eine bereits bekannt gegebene Durchführung gemäß § 32a oder bereits bekannt gegebene Prüfungsorte können bis zu einem Monat vor einem Termin für einen schriftlichen Prüfungsteil abgeändert werden. Diese sind auf der Website der Kammer der Wirtschaftstreuhänder zu verlautbaren.

Prüfungsantritt – Rücktritt

§ 18. (1) Der Prüfungskandidat muss seinen Antritt zu einer Klausurarbeit bis spätestens einen Monat vor dem jeweiligen Prüfungstermin der Kammer der Wirtschaftstreuhänder bekanntgeben und kann – sofern keine Durchführung gemäß § 32a vorgesehen ist – einen gewünschten Prüfungsort benennen. Sodann ist der Prüfungskandidat zu diesem Prüfungstermin einzuladen. Im Einladungsschreiben ist erforderlichenfalls der Prüfungsort festzulegen.

(2) Der Prüfungskandidat muss sich schriftlich zur Ablegung der mündlichen Prüfung bereit erklären und kann dabei den gewünschten Prüfungsort benennen. Der Prüfungskandidat ist sodann zum nächstmöglichen Prüfungstermin unter Angabe des Prüfungsortes einzuladen.

(3) Der Prüfungskandidat kann jederzeit ohne Angabe von Gründen von einem Prüfungsteil zurücktreten. Zwischen dem Einlangen der schriftlichen Rücktrittserklärung und dem Prüfungstermin müssen bei einem schriftlichen Prüfungsteil drei Arbeitstage und bei einem mündlichen Prüfungsteil sieben Arbeitstage liegen. Ein Rücktritt danach ist nur aus zwingenden Gründen möglich. Das Vorliegen zwingender Verhinderungsgründe ist durch den Prüfungskandidaten binnen zwei Wochen nach dem Prüfungstermin oder unverzüglich nach dem Wegfall des Verhinderungsgrundes durch geeignete Belege nachzuweisen.

(4) Tritt der Prüfungskandidat später als drei Arbeitstage vor einem schriftlichen Prüfungsteil oder später als sieben Arbeitstage vor einem mündlichen Prüfungsteil ohne zwingenden Grund oder während eines Prüfungsteiles zurück, so gilt der betreffende Prüfungsteil als nicht bestanden.

Prüfungsgebühr

§ 19. (1) Die Prüfungskandidaten haben als Kostenbeitrag zur Durchführung der Prüfung eine Prüfungsgebühr zu bezahlen. Bei Festsetzung der Höhe der Prüfungsgebühren ist insbesondere auf den besonderen Verwaltungsaufwand einschließlich einer anteilsmäßigen angemessenen Entschädigung der Mitglieder der Prüfungskommission und auf die wirtschaftlichen Verhältnisse des Prüfungskandidaten Bedacht zu nehmen.

(2) Die Höhe der Prüfungsgebühr ist in der Prüfungsordnung festzusetzen.

Verfall von Teilprüfungen

§ 20. (1) Bereits bestandene Teilprüfungen im Rahmen der Fachprüfung für Steuerberater und für Wirtschaftsprüfer verfallen sieben Jahre nach der Zulassung zum Prüfungsverfahren, sofern der Prüfungskandidat bis zu diesem Zeitpunkt keinen mündlichen Prüfungsteil der Fachprüfung erfolgreich absolviert hat.

(2) Mit dem Verfall gemäß Abs. 1 gelten sowohl die erteilte Zulassung

zur Fachprüfung als auch die Prüfungsgebühren für verfallen.

3. Abschnitt
Prüfungen – Steuerberater und Wirtschaftsprüfer

Fachprüfungen

§ 21. (1) Die Fachprüfung für Steuerberater besteht aus

1. dem schriftlichen Prüfungsteil gemäß § 22 Abs. 2,
2. dem schriftlichen Prüfungsteil gemäß § 22 Abs. 3,
3. dem schriftlichen Prüfungsteil gemäß § 22 Abs. 4,
4. dem schriftlichen Prüfungsteil gemäß § 22 Abs. 5 und
5. dem mündlichen Prüfungsteil gemäß § 23 Abs. 1 und 2.

(2) Die Fachprüfung Wirtschaftsprüfer besteht aus

1. dem schriftlichen Prüfungsteil gemäß § 22 Abs. 2,
2. dem schriftlichen Prüfungsteil gemäß § 22 Abs. 3,
3. dem schriftlichen Prüfungsteil gemäß § 22 Abs. 4,
4. dem schriftlichen Prüfungsteil gemäß § 22 Abs. 6 und
5. dem mündlichen Prüfungsteil gemäß § 23 Abs. 1 und 3.

Schriftlicher Prüfungsteil

§ 22. (1) Der schriftliche Prüfungsteil der Fachprüfungen für Steuerberater und Wirtschaftsprüfer hat die Ausarbeitung von jeweils vier Klausurarbeiten zu umfassen.

(2) Eine Klausurarbeit hat die Ausarbeitung von Prüfungsfragen aus dem Fachgebiet Betriebswirtschaftslehre zu umfassen, soweit es für die Ausübung eines Wirtschaftstreuhandberufes relevant ist.

(3) Eine Klausurarbeit hat die Ausarbeitung von Prüfungsfragen aus dem Fachgebiet Rechnungslegung und externe Finanzberichterstattung zu umfassen.

(4) Eine Klausurarbeit hat die Ausarbeitung von Prüfungsfragen aus dem Fachgebiet Rechtslehre zu umfassen, soweit es für die Ausübung eines Wirtschaftstreuhandberufes relevant ist.

(5) Eine Klausurarbeit der Fachprüfung Steuerberater hat weiters die Ausarbeitung von Prüfungsfragen aus dem Fachgebiet materielles Abgabenrecht und Finanzstrafrecht einschließlich der zugehörigen Verfahrensrechte zu umfassen.

(6) Eine Klausurarbeit der Fachprüfung Wirtschaftsprüfer hat weiters die Ausarbeitung von Prüfungsfragen aus dem Fachgebiet Abschlussprüfung zu umfassen.

(7) Die Prüfungsfragen der Klausurarbeit gemäß Abs. 5 und Abs. 6 sind so zu stellen, dass diese vom Bewerber in sechs Stunden ausgearbeitet werden können. Die jeweilige Klausurarbeit ist nach sieben Stunden zu beenden. Die Klausurarbeiten gemäß Abs. 5 und Abs. 6 können in jeweils zwei Teilen erfolgen, sofern dies durch die Prüfungsordnung gemäß § 39 vorgesehen ist.

(8) Die Prüfungsfragen der Klausurarbeiten gemäß Abs. 2 bis Abs. 4 sind so zu stellen, dass diese vom Bewerber insgesamt in neun Stunden ausgearbeitet werden können. Die jeweilige Ausarbeitungsdauer sowie die Dauer, nach der eine Klausur zu beenden ist, sind in der Prüfungsordnung gemäß § 39 festzulegen.

(9) Die nähere Ausgestaltung der schriftlichen Prüfungsteile hat in der Prüfungsordnung gemäß § 39 zu erfolgen.

Mündlicher Prüfungsteil

§ 23. (1) Der mündliche Prüfungsteil der Fachprüfungen

Steuerberater und Wirtschaftsprüfer hat die Beantwortung von Prüfungsfragen aus den Fachgebieten gemäß § 22 Abs. 2 bis Abs. 4 zu umfassen.

(2) Der mündliche Prüfungsteil der Fachprüfung Steuerberater hat weiters die Beantwortung von Prüfungsfragen aus dem Fachgebiet gemäß § 22 Abs. 5 sowie Qualitätssicherung, Risikomanagement und Berufsrecht der Wirtschaftstreuhänder, insbesondere im Hinblick auf die Tätigkeit als Steuerberater zu umfassen.

(3) Der mündliche Prüfungsteil der Fachprüfung Wirtschaftsprüfer hat weiters die Beantwortung von Prüfungsfragen aus dem Fachgebiet gemäß § 22 Abs. 6 sowie insbesondere die folgenden Fachgebiete zu umfassen:

1. Grundzüge der Volkswirtschaftslehre und Finanzwissenschaft, soweit sie für die Abschlussprüfung relevant sind,
2. Grundzüge des Bank-, Versicherungs-, Wertpapierrechts (einschließlich des Börserechts) und Devisenrechts, soweit sie für die Abschlussprüfung relevant sind,
3. Qualitätssicherung, Risikomanagement und Berufsrecht der Wirtschaftstreuhänder, insbesondere in Hinblick auf die Tätigkeit als Wirtschaftsprüfer,
4. Prüfung der EDV-Anwendung in der Rechnungslegung,
5. Prüfung mit technischen Hilfsmitteln und Anwendung von Prüfungssoftware,
6. Grundzüge der Mathematik und Statistik, soweit sie für die Abschlussprüfung relevant sind,
7. Grundzüge der Sonderrechnungslegungsvorschriften,
8. besondere Kenntnisse der Kapitalgesellschaften, der Genossenschaften, der Stiftungen und Corporate Governance und
9. Abgabenrecht, soweit für die Abschlussprüfung relevant, und insbesondere ausreichende Kenntnisse der für die Abschlussprüfung relevanten Rechts- und Verwaltungsvorschriften.

(4) Die nähere Ausgestaltung der mündlichen Prüfungsteile hat in der Prüfungsordnung gemäß § 39 zu erfolgen.

4. Abschnitt
Prüfungsausschuss

Allgemeines

§ 24. (1) Bei der Kammer der Wirtschaftstreuhänder ist ein Prüfungsausschuss für die Abhaltung der Fachprüfungen für Steuerberater und für Wirtschaftsprüfer einzurichten.

(2) Die Funktionsdauer des Prüfungsausschusses hat fünf Jahre zu betragen.

Prüfungsausschuss – Zusammensetzung

§ 25. (1) Der Prüfungsausschuss für die Abhaltung von Fachprüfungen hat sich zusammenzusetzen aus:

1. einem Vorsitzenden für die Fachprüfung Steuerberater und einem Vorsitzenden für die Fachprüfung Wirtschaftsprüfer,
2. der erforderlichen Zahl von jeweiligen Stellvertretern und
3. der erforderlichen Zahl von Prüfungskommissären.

(2) Bei der Bestellung der Stellvertreter und der Prüfungskommissäre ist auf eine bedarfsgerechte Gewährleistung der Abhaltung der mündlichen Prüfungsteile bei den Landesstellen der Kammer der Wirtschaftstreuhänder Bedacht zu nehmen.

(3) Die Vorsitzenden des Prüfungsausschusses sowie deren Stellvertreter sind nach Anhörung der Kammer der Wirtschaftstreuhänder vom Bundesminister für Arbeit und Wirtschaft zu bestellen.

(4) Zumindest zwei Drittel der Prüfungskommissäre sind auf Grund eines Vorschlags der Kammer der Wirtschaftstreuhänder, nach Möglichkeit bis zu einem Drittel ist auf Vorschlag des Bundesministers für Finanzen im Einvernehmen mit der Kammer der Wirtschaftstreuhänder vom Bundesminister für Arbeit und Wirtschaft zu bestellen. Der Vorschlag hat eine Zuteilung des jeweiligen Prüfungskommissars zu mindestens einem Fachgebiet der §§ 22 Abs. 2 bis 6 und 23 Abs. 2 und 3 zu enthalten. Eine Zuteilung zu mehreren Fachgebieten ist zulässig.

(5) Die Prüfungskommissäre sind zu entnehmen dem Kreis

1. der Berufsangehörigen,

2. der Finanzbediensteten,

3. der Mitglieder des Bundesfinanzgerichtes,

4. der Bediensteten der Finanzmarktaufsicht und der Oesterreichischen Nationalbank,

5. der Hochschullehrer für einschlägige Fächer und

6. anderer hervorragender Fachleute des betreffenden Wissensgebietes.

(6) Für die Abhaltung des mündlichen Prüfungsteiles der Fachprüfungen bei der jeweiligen Landesstelle der Kammer der Wirtschaftstreuhänder sind nach Bedarf Prüfungskommissionen zu bilden. Vorsitzender einer Prüfungskommission hat jeweils der Vorsitzende des Prüfungsausschusses oder einer seiner Stellvertreter zu sein. Nähere Bestimmungen über die Bildung der Prüfungskommissionen hat die Prüfungsordnung zu treffen.

(7) Die Prüfungskommissionen für die Abhaltung der Fachprüfungen sind beschlussfähig, wenn anwesend sind:

1. der Vorsitzende einer Prüfungskommission gemäß Abs. 6 und

2. bei Abhaltung der mündlichen Fachprüfung für Steuerberater und Wirtschaftsprüfer jeweils mindestens zwei Prüfungskommissäre.

Unabhängigkeit

§ 26. Die Prüfungsausschüsse und die Mitglieder der Prüfungsausschüsse sind in Angelegenheiten des Prüfungswesens unabhängig und an keinen Auftrag gebunden.

Zurücklegung – Enthebung

§ 27. Aus wichtigen Gründen können Mitglieder von Prüfungsausschüssen ihre Funktion vorzeitig zurücklegen oder ihrer Funktion enthoben werden.

Entschädigung

§ 28. (1) Die Mitglieder der Prüfungsausschüsse haben für ihre Prüfungstätigkeiten angemessene Entschädigungen zu erhalten.

(2) Die Höhe der Entschädigung der in Abs. 1 aufgezählten Anspruchsberechtigten ist in einer dem jeweiligen Prüfungsumfang und dem Zeitaufwand angemessenen Höhe von der Kammer der Wirtschaftstreuhänder festzusetzen.

Kanzleigeschäfte

§ 29. (1) Die Kanzleigeschäfte der Prüfungsausschüsse hat das

Kammeramt der Kammer der Wirtschaftstreuhänder zu führen.

(2) Die mit dem Prüfungswesen befassten Bediensteten der Kammer der Wirtschaftstreuhänder sind in diesen Angelegenheiten ausschließlich an die Weisungen der Prüfungsausschüsse und der Mitglieder der Prüfungsausschüsse gebunden.

5. Abschnitt

Prüfungsverlauf – Prüfungsbeurteilungen

Sprache – Auswertung – Öffentlichkeit

§ 30. (1) Die Prüfungen sind in deutscher Sprache abzulegen.

(2) Bei der Auswertung der schriftlichen Klausurarbeiten dürfen die Namen der Bewerber weder ersichtlich sein noch den Prüfungskommissären bekannt gegeben werden.

(3) Die mündlichen Prüfungen sind öffentlich.

Klausurarbeit

§ 31. (1) Die Vorsitzenden des Prüfungsausschusses haben zur Beurteilung einer Klausurarbeit gemäß § 22 Abs. 2, 3 und 4 zwei Mitglieder des Prüfungsausschusses zu bestimmen. Zur Beurteilung einer Klausurarbeit gemäß § 22 Abs. 5 hat der Vorsitzende für die Fachprüfung Steuerberater zwei Mitglieder seines Prüfungsausschusses aus dem Kreis der der Fachprüfung Steuerberater zugeteilten Prüfungskommissäre zu bestimmen. Zur Beurteilung einer Klausurarbeit gemäß § 22 Abs. 6 hat der Vorsitzende für die Fachprüfung Wirtschaftsprüfer zwei Mitglieder seines Prüfungsausschusses aus dem Kreis der für die Fachprüfung Wirtschaftsprüfer zugeteilten Prüfungskommissäre zu bestimmen.

(2) Diese beiden Mitglieder haben jeweils unabhängig voneinander die Arbeit entweder mit „bestanden" oder „nicht bestanden" zu beurteilen.

(3) Die Klausurarbeit gilt dann insgesamt als bestanden, wenn beide Mitglieder des Prüfungsausschusses die Arbeit mit „bestanden" beurteilt haben. Beurteilen beide Mitglieder des Prüfungsausschusses die Arbeit mit „nicht bestanden", so gilt sie insgesamt als nicht bestanden.

(4) Beurteilt ein Mitglied des Prüfungsausschusses die Arbeit mit „bestanden" und das andere Mitglied mit „nicht bestanden", so haben die Vorsitzenden des Prüfungsausschusses zur Beurteilung der Arbeit ein anderes Mitglied des Prüfungsausschusses entsprechend Abs. 1 zu bestimmen. Dieses Mitglied hat unabhängig von den beiden ersten Mitgliedern die Arbeit entweder mit „bestanden" oder mit „nicht bestanden" zu beurteilen. Beurteilt dieses Mitglied die Arbeit mit „nicht bestanden", so gilt sie insgesamt als nicht bestanden. Beurteilt dieses Mitglied die Arbeit mit „bestanden", so gilt sie insgesamt als bestanden.

(5) Jede Beurteilung einer Klausurarbeit ist zu begründen. Den Prüfungskandidaten sind jene Mitglieder des Prüfungsausschusses, die Klausurarbeiten beurteilt haben, nicht bekannt zu geben. Den Prüfungskandidaten ist auf Verlangen Einsicht in ihre beurteilten Klausurarbeiten zu gewähren.

(6) Die Beschlüsse der Prüfungsausschüsse sind unanfechtbar.

Reihenfolge der Prüfungen

§ 32. (1) Bei den Fachprüfungen hat der Prüfungskandidat zuerst den schriftlichen Prüfungsteil positiv abzulegen. Sodann ist er berechtigt, zum mündlichen Prüfungsteil anzutreten.

(2) Der Prüfungskandidat ist berechtigt, zum mündlichen Prüfungsteil der Fachprüfung für

Steuerberater gemäß § 23 Abs. 1 und 2 anzutreten, wenn er die schriftlichen Prüfungsteile gemäß § 22 Abs. 2, 3, 4 und 5 erfolgreich absolviert hat.

(3) Der Prüfungskandidat ist berechtigt, zum mündlichen Prüfungsteil der Fachprüfung für Wirtschaftsprüfer gemäß § 23 Abs. 1 und 3 anzutreten, wenn er die schriftlichen Prüfungsteile gemäß § 22 Abs. 2, 3, 4 und 6 erfolgreich absolviert hat.

Schriftlicher Prüfungsteil – Durchführung auf elektronischem Weg

§ 32a. (1) Der schriftliche Prüfungsteil hat grundsätzlich auf elektronischem Weg unter Verwendung von informationstechnischen Werkzeugen zu erfolgen. Datenübermittlungen sind nach dem Stand der Technik zu verschlüsseln. Der zuständige Vorsitzende für die Fachprüfung oder die Vorsitzenden für die Fachprüfung gemeinsam können im Einzelfall festlegen, dass die Durchführung des schriftlichen Prüfungsteiles nicht auf elektronischem Weg zu erfolgen hat.

(2) Im schriftlichen Prüfungsteil können auch geschlossene Fragenformate eingesetzt werden. Die Ermittlung des Prüfungsergebnisses kann bei geschlossenen Frageformaten auch automationsunterstützt erfolgen. Das automationsunterstützt ermittelte Ergebnis fließt in die Gesamtbeurteilung gemäß § 31 ein.

(3) Bei Klausurarbeiten, die auf elektronischem Weg abgehalten werden, muss jedenfalls

1. eine ordnungsgemäße Durchführung der Prüfung gewährleistet sein,
2. eine geeignete technische Infrastruktur auf Seiten der Person, die die Aufsicht bei einem schriftlichen Prüfungsteil durchführt, vorhanden sein,
3. der Prüfungskandidat für eine zur Teilnahme an der Klausurarbeit geeignete technische Infrastruktur sorgen,
4. vor Beginn der Prüfung eine Überprüfung der Identität der Prüfungskandidaten erfolgen und
5. durch technische oder organisatorische Maßnahmen die eigenständige Erbringung der Prüfungsleistung durch die Prüfungskandidaten gewährleistet sein.

(4) Die Überprüfung der Identität der Prüfungskandidaten hat durch Hochladen eines Fotos der Vorderseite eines amtlichen Lichtbildausweises oder von dessen Datenseite zu erfolgen. Um die eigenständige Erbringung der Prüfungsleistung durch die Prüfungskandidaten zu gewährleisten, sind Bild- und Tonaufnahmen der Prüfungsumgebung des Kandidaten während der Ablegung der Klausurarbeit zulässig. Bild-und Tonaufnahmen sind nach Beendigung des Prüfungsverfahrens sieben Jahre aufzubewahren. Datenschutzrechtlich Verantwortliche sind die Vorsitzenden des Prüfungsausschusses.

(5) Bei der Verwendung unerlaubter Hilfsmittel ist die Klausurarbeit abzubrechen. Die Klausurarbeit ist nicht zu beurteilen.

(6) In allen anderen Fällen hat unbeschadet Abs. 5 eine Beurteilung zu erfolgen, außer der Prüfungskandidat stellt spätestens innerhalb von 24 Stunden nach Ende der Prüfung einen begründeten Antrag auf Nichtbeurteilung der Klausurarbeit aufgrund von nicht vom Prüfungskandidaten beeinflussbarer Ereignisse. Über diesen Antrag entscheidet binnen vier

Wochen der zuständige Vorsitzende für die Fachprüfung oder die Vorsitzenden für die Fachprüfung gemeinsam.

(7) Technische Probleme führen nicht zur Verlängerung der Prüfungszeit.

(8) Die nähere Ausgestaltung und der Ablauf der Durchführung der Prüfung auf elektronischem Weg hat in der Prüfungsordnung gemäß § 39 zu erfolgen. In der Prüfungsordnung sind Bestimmungen zur Gewährleistung des Datenschutzes, zur Sicherstellung der eigenständigen Erbringung der Prüfungsleistung durch die Prüfungskandidaten und ihrer eindeutigen Identifizierung sowie zum Umgang mit technischen Problemen aufzunehmen.

Wiederholungen – Klausurarbeit

§ 33. (1) Wird eine Klausurarbeit mit insgesamt „nicht bestanden" beurteilt, so ist der Prüfungskandidat berechtigt, diese zu wiederholen.

(2) Für Wiederholungen hat der Prüfungsausschuss eine Frist festzusetzen, nach deren Ablauf die nicht bestandene Klausurarbeit wiederholt werden kann. Diese Frist darf ein Jahr nicht übersteigen. Bei Setzung der Frist sind das Klausurarbeitsergebnis sowie der nächstgelegene Prüfungstermin zu berücksichtigen.

Videokonferenzsysteme

§ 33a. (1) Der mündliche Prüfungsteil der Fachprüfungen kann auf elektronischem Weg mittels Videokonferenzsystem durchgeführt werden. Datenübermittlungen sind nach dem Stand der Technik zu verschlüsseln. Über die Durchführung als Videokonferenz entscheidet der Vorsitzende der jeweiligen Fachprüfung.

(2) Die Prüfungskandidaten sind spätestens zwei Wochen vor dem geplanten Prüfungstermin über die Form der Durchführung und den Prüfungsort zu informieren.

(3) Bei Prüfungen auf elektronischem Weg mittels Videokonferenzsystem muss jedenfalls

1. eine ordnungsgemäße Durchführung des mündlichen Prüfungsteils gewährleistet sein,

2. sich zumindest der Prüfungskandidat und der Vorsitzende oder stellvertretend ein Mitglied der Prüfungskommission am Prüfungsort aufhalten,

3. eine Beeinflussung des Prüfungskandidaten durch Dritte ausgeschlossen werden können und

4. sichergestellt sein, dass alle Mitglieder der Prüfungskommission die Prüfung mitverfolgen können.

(4) Die Kammer der Wirtschaftstreuhänder hat am Prüfungsort zur Durchführung des mündlichen Prüfungsteils auf elektronischem Weg mittels Videokonferenzsystem die erforderlichen technischen und organisatorischen Voraussetzungen zu gewährleisten.

(5) Die Prüfung ist zu unterbrechen, wenn vorübergehend aufgrund technischer Gebrechen nicht alle Mitglieder der Prüfungskommission die Leistungen der Prüfungskandidaten und deren Prüfungsverhalten durchgehend mitverfolgen können.

(6) Die Prüfung ist abzubrechen, wenn

1. die erforderlichen technischen Funktionen zur Gewährleistung der Prüfungsqualität zeitnah nicht mehr hergestellt werden können oder

2. der Prüfungskandidat unerlaubte Hilfsmittel verwendet.

(7) Eine durch ein technisches Gebrechen abgebrochene Prüfung ist hinsichtlich einzelner bereits absolvierter Prüfungsfächer des mündlichen Prüfungsteils im Sinne des § 34 Abs. 1 entsprechend zu beurteilen.

Barrierefreiheit

§ 33b. (1) Prüfungskandidaten mit Behinderungen gemäß § 3 des Bundes-Behindertengleichstellungsgesetzes, BGBl. I Nr. 82/2005, können einen begründeten Antrag auf eine abweichende Prüfungsmethode stellen, wenn die nachgewiesene Behinderung die Ablegung der Fachprüfung in der vorgeschriebenen Methode unmöglich macht.

(2) Über einen Antrag gemäß Abs. 1 entscheiden die Vorsitzenden des Prüfungsausschusses gemeinsam oder, soweit der Antrag Prüfungsteile ausschließlich einer Fachprüfung umfasst, der für die betreffende Fachprüfung zuständige Vorsitzende. Dem Antrag ist stattzugeben, wenn durch eine abweichende Prüfungsmethode weder der Inhalt der Fachprüfung, noch die an diese gestellten Anforderungen beeinträchtigt werden und die Art der Modifizierung unverhältnismäßig wäre.

Mündlicher Prüfungsteil – Beurteilung

§ 34. (1) Der Prüfungsausschuss hat die einzelnen Prüfungsfächer des mündlichen Prüfungsteiles einer Fachprüfung entweder mit „bestanden“ oder mit „nicht bestanden“ zu beurteilen.

(2) Bei Stimmengleichheit entscheidet die Stimme des Vorsitzenden.

(3) Die Beschlüsse der Prüfungsausschüsse sind unanfechtbar.

(4) Der mündliche Prüfungsteil einer Fachprüfung gilt als insgesamt bestanden, wenn sämtliche Prüfungsfächer des mündlichen Prüfungsteiles mit „bestanden“ beurteilt worden sind. Der mündliche Prüfungsteil einer Fachprüfung gilt als insgesamt nicht bestanden, wenn auch nur ein Prüfungsfach des mündlichen Prüfungsteiles mit „nicht bestanden“ beurteilt worden ist.

Niederschrift

§ 35. (1) Über den Verlauf der Prüfung ist eine Niederschrift aufzunehmen, die von sämtlichen Mitgliedern der Prüfungskommission zu unterzeichnen ist.

(2) Bei Durchführung der mündlichen Prüfung auf elektronischem Weg hat die aufzunehmende Niederschrift auch eine Unterbrechung oder das nicht ordnungsmäße Beenden der Prüfung aus technischen Gründen zu dokumentieren. Die Niederschrift ist durch das anwesende Mitglied der Prüfungskommission nach Beendigung der Prüfung zu unterzeichnen. Die Unterschriften der nicht anwesenden Mitglieder der Prüfungskommission können persönlich oder auf elektronischem Weg nachträglich eingeholt werden.

Wiederholungen – Mündlicher Prüfungsteil

§ 36. (1) Beurteilt der Prüfungsausschuss den Erfolg der mündlichen Prüfung in einzelnen Prüfungsfächern mit „nicht bestanden“, so ist der Prüfungskandidat berechtigt, den mündlichen Prüfungsteil zu wiederholen.

(2) Für Wiederholungen hat der Prüfungsausschuss eine Frist festzusetzen, nach deren Ablauf der mündliche Prüfungsteil wiederholt werden kann. Diese Frist darf ein Jahr

nicht übersteigen. Bei Setzung der Frist ist das Prüfungsergebnis zu berücksichtigen.

(3) Die Wiederholung des mündlichen Prüfungsteiles hat nur die nicht bestandenen Prüfungsfächer zu umfassen.

Prüfungsergebnis – Verkündung

§ 37. (1) Die Prüfungsergebnisse des mündlichen Prüfungsteiles sind den Prüfungskandidaten vom Vorsitzenden in Anwesenheit der Mitglieder der Prüfungskommission im unmittelbaren Anschluss an die Prüfung zu verkünden.

(2) Bei Durchführung der mündlichen Prüfung auf elektronischem Weg hat die Verkündung gemäß Abs. 1 im Rahmen der Videokonferenz oder stellvertretend durch das am Prüfungsort anwesende Mitglied der Prüfungskommission erfolgen.

Prüfungszeugnisse – Bestätigungen

§ 38. (1) Dem Prüfungskandidaten ist ein Prüfungszeugnis auszustellen, wenn er den mündlichen Prüfungsteil insgesamt bestanden hat. Dieses Prüfungszeugnis ist vom Vorsitzenden und allen Prüfungskommissären zu unterzeichnen. Dieses Prüfungszeugnis ist bei Durchführung der mündlichen Prüfung auf elektronischem Weg durch das anwesende Mitglied der Prüfungskommission nach Beendigung der Prüfung zu unterzeichnen. Die Unterschriften der nicht anwesenden Mitglieder der Prüfungskommission sind persönlich oder auf elektronischem Weg nachträglich einzuholen.

(2) Dem Prüfungskandidaten ist eine Bestätigung über die bestandenen Prüfungsfächer auszustellen, wenn er nur einzelne Prüfungsfächer des mündlichen Prüfungsteiles bestanden hat. Diese Bestätigung ist vom Vorsitzenden und allen Prüfungskommissären zu unterzeichnen. Diese Bestätigung ist bei Durchführung der mündlichen Prüfung auf elektronischem Weg durch das anwesende Mitglied der Prüfungskommission nach Beendigung der Prüfung zu unterzeichnen. Die Unterschriften der nicht anwesenden Mitglieder der Prüfungskommission sind persönlich oder auf elektronischem Weg nachträglich einzuholen.

(3) Dem Prüfungskandidaten, dem eine Bestätigung gemäß Abs. 2 ausgestellt wurde, ist ein Prüfungszeugnis dann auszustellen, wenn er sämtliche Prüfungsfächer des mündlichen Prüfungsteiles bestanden hat. Dieses Prüfungszeugnis ist vom Vorsitzenden und allen Prüfungskommissären des zuletzt tätig gewordenen Prüfungsausschusses zu unterzeichnen. Dieses Prüfungszeugnis ist bei Durchführung der mündlichen Prüfung auf elektronischem Weg durch das anwesende Mitglied der Prüfungskommission nach Beendigung der Prüfung zu unterzeichnen. Die Unterschriften der nicht anwesenden Mitglieder der Prüfungskommission sind persönlich oder auf elektronischem Weg nachträglich einzuholen.

Prüfungsordnung

§ 39. (1) Die Kammer der Wirtschaftstreuhänder hat durch Verordnung eine Prüfungsordnung zu erlassen.

(2) Die Prüfungsordnung hat Bestimmungen über die nähere Ausgestaltung der Fachprüfungen zu enthalten, insbesondere über

1. die Pflichten der Mitglieder der Prüfungsausschüsse, um unparteiische und sachgerechte Prüfungen zu gewährleisten,
2. die Ausarbeitung der Prüfungsthemen, insbesondere

die nähere Ausgestaltung der Prüfungsteile, wobei auf die dem betreffenden Prüfungsfach und -gebiet zuzuordnende Tätigkeit des Prüfungskandidaten Bedacht zu nehmen ist,

3. die Durchführung der Klausurarbeiten,

4. die Veröffentlichung von Klausurarbeiten,

5. die Durchführung der mündlichen Prüfungen und ihre Dauer,

6. die Leitung der Sitzungen bei mündlichen Prüfungen,

7. das auszustellende Prüfungszeugnis und

8. die Rechte und Pflichten der mit dem Prüfungsverfahren befassten Mitarbeiter der Kammer der Wirtschaftstreuhänder.

(3) Bei der Ausgestaltung der Prüfungsteile gemäß Abs. 2 Z 2 ist zu gewährleisten, dass die Fachprüfung Wirtschaftsprüfer zumindest die in Art. 8 der Abschlussprüfungs-RL aufgezählten Gegenstände umfasst.

6. Abschnitt

Berufsanwärter

Voraussetzungen

§ 40. (1) Berufsanwärter müssen

1. die Reife- oder Studienberechtigungsprüfung erfolgreich abgelegt haben und

2. zulässige fachliche Tätigkeiten im Ausmaß von zumindest der Hälfte der in Wirtschaftstreuhandbetrieben kollektivvertraglich festgelegten Normalarbeitszeit bei Wirtschaftstreuhändern ausüben.

(2) Unter fachlichen Tätigkeiten gemäß Abs. 1 Z 2 sind Tätigkeiten zu verstehen, die geeignet sind, die Erfahrungen und Kenntnisse zu vermitteln, die zur selbständigen Ausübung eines Wirtschaftstreuhandberufes erforderlich sind.

(3) Der erfolgreichen Reife- oder Studienberechtigungsprüfung ist eine Zulassung zu einem Fachhochschulstudium gleichzuhalten.

Anmeldung

§ 41. (1) Berufsanwärter haben sich bei der Kammer der Wirtschaftstreuhänder schriftlich anzumelden.

(2) Der Anmeldung sind in Kopie anzuschließen:

1. ein Identitätsnachweis und Urkunden über den Hauptwohnsitz,

2. die Urkunden zum Nachweis der Erfüllung der Voraussetzungen des § 40 Abs. 1 Z 1 und

3. eine Bestätigung des arbeitgebenden Wirtschaftstreuhänders über Art und Ausmaß der Tätigkeiten gemäß § 40 Abs. 1 Z 2.

(3) Berufsanwärter sind verpflichtet, der Kammer der Wirtschaftstreuhänder binnen einem Monat schriftlich sämtliche Änderungen, welche die Voraussetzungen für die Eigenschaft als Berufsanwärter betreffen, insbesondere Änderungen des Ausmaßes der Beschäftigung oder die Beendigung des Dienstverhältnisses bei einem Wirtschaftstreuhänder, unverzüglich mitzuteilen.

Anmeldung – Bescheid

§ 42. Die Kammer der Wirtschaftstreuhänder hat auf Grund der Anmeldung mit Bescheid festzustellen, ob und ab welchem Zeitpunkt die Eigenschaft als Berufsanwärter gegeben ist. Frühester

Zeitpunkt ist jener der erfolgten Anmeldung als Berufsanwärter.

7. Abschnitt
Bestellungsverfahren

Antrag auf öffentliche Bestellung

§ 43. Natürliche Personen, die einen Wirtschaftstreuhandberuf selbständig auszuüben beabsichtigen, haben einen schriftlichen Antrag auf öffentliche Bestellung bei der Kammer der Wirtschaftstreuhänder einzubringen. Diesem Antrag sind die Belege zum Nachweis der Erfüllung der Voraussetzungen für die öffentliche Bestellung anzuschließen.

Gleichhaltung von Praxiszeiten

§ 44. (1) Der Praxiszeit gemäß § 8 Abs. 2 Z 1 ist gleichzuhalten:

1. eine zumindest dreijährige hauptberufliche und steuerberatende Tätigkeit bei einem anerkannten Revisionsverband, der die steuerliche Beratung und Vertretung von Verbandsmitgliedern vor Abgabenbehörden wahrnimmt oder
2. eine zumindest fünfjährige selbständige oder unselbständige Ausübung des Berufes Bilanzbuchhalter nach öffentlicher Bestellung zum Bilanzbuchhalter oder
3. eine zumindest fünfjährige selbständige oder unselbständige Ausübung des Berufes Wirtschaftsprüfer nach öffentlicher Bestellung zum Wirtschaftsprüfer.

(2) Der Praxiszeit gemäß § 8 Abs. 2 Z 2 ist gleichzuhalten:

1. eine zumindest dreijährige hauptberufliche Tätigkeit als Revisionsanwärter bei einem Revisionsverband der Erwerbs- und Wirtschaftsgenossenschaften oder
2. eine zumindest dreijährige hauptberufliche Tätigkeit als Revisionsassistent oder zeichnungsberechtigter Prüfer der Prüfungsstelle des Sparkassen-Prüfungsverbandes.

(3) Tätigkeiten gemäß Abs. 1 und 2, welche die bei Wirtschaftstreuhändern festgesetzte Arbeitszeit nicht erreichen, sind nur verhältnismäßig anzurechnen.

(4) Auf die Dauer der Tätigkeit gemäß Abs. 1 Z 2 sind zulässige hauptberufliche Tätigkeiten im Rechnungswesen im Höchstausmaß von zwei Jahren anzurechnen. Tätigkeiten, welche die für Angestellte in Wirtschaftstreuhandkanzleien festgesetzte Arbeitszeit nicht erreichen, sind nur verhältnismäßig anzurechnen.

Anrechnungszeiten

§ 45. (1) Auf die Dauer der Tätigkeit als Berufsanwärter gemäß § 8 Abs. 2 Z 1 sind anzurechnen:

1. zulässige praktische Tätigkeiten, welche die für den Beruf des Steuerberaters erforderlichen qualifizierten Kenntnisse vermitteln, im Höchstmaß von einem Jahr,
2. Tätigkeiten als Rechtsanwaltsanwärter oder Notariatskandidat oder im rechtskundigen Dienst in der Finanzprokuratur oder als Patentanwaltsanwärter im Höchstausmaß von einem Jahr und
3. eine mit den in Z 1 und 2 angeführten Tätigkeiten vergleichbare Tätigkeit im Ausland im Höchstausmaß von einem Jahr.

(2) Auf die Dauer der Tätigkeit als Berufsanwärter gemäß § 8 Abs. 2 Z 2 sind anzurechnen:

1. zulässige praktische Tätigkeiten, welche die für den

Beruf des Wirtschaftsprüfers erforderlichen qualifizierten Kenntnisse vermitteln, im Höchstausmaß von einem Jahr,

2. Tätigkeiten als Revisionsassistent in der Prüfungsstelle des Sparkassen-Prüfungsverbandes im Höchstausmaß von einem Jahr,

3. die Tätigkeit als zeichnungsberechtigter Prüfer der Prüfungsstelle des Sparkassen-Prüfungsverbandes im Höchstausmaß von einem Jahr und

4. eine mit den in Z 1 angeführten Tätigkeiten vergleichbare Tätigkeit im Ausland im Höchstausmaß von einem Jahr.

(3) Zeiten gemäß Abs. 1 sind auf die Tätigkeit als Berufsanwärter insgesamt nur bis zum Höchstausmaß von eineinhalb Jahren anzurechnen. Bereits einmal angerechnete Tätigkeiten können kein weiteres Mal angerechnet werden.

(4) Anrechnungszeiten, die mit der Tätigkeit als Berufsanwärter bei Wirtschaftstreuhändern zusammenfallen, sind nicht zusätzlich zu berücksichtigen.

(5) Tätigkeiten, welche die für Angestellte in Wirtschaftstreuhandkanzleien festgesetzte Arbeitszeit nicht erreichen, sind nur verhältnismäßig anzurechnen.

(6) Anrechnungen gemäß Abs. 2 sind nur insoweit zulässig, als eine praktische Ausbildung gemäß Art. 10 der Abschlussprüfungs-RL gewährleistet ist.

(7) Auf die Dauer der Tätigkeit gemäß § 44 Abs. 1 Z 2 sind zulässige hauptberufliche Tätigkeiten im Rechnungswesen im Höchstausmaß von zwei Jahren anzurechnen. Tätigkeiten, welche die für Angestellte in Wirtschaftstreuhandkanzleien festgesetzte Arbeitszeit nicht erreichen, sind nur verhältnismäßig anzurechnen.

Anspruch auf öffentliche Bestellung

§ 46. (1) Natürliche Personen, welche die Voraussetzungen für die öffentliche Bestellung erfüllen, haben Anspruch auf öffentliche Bestellung.

(2) Vor der öffentlichen Bestellung darf ein Wirtschaftstreuhandberuf nicht selbständig ausgeübt werden.

(3) Sind bei natürlichen Personen seit Ablegung der Fachprüfung mehr als sieben Jahre vergangen, so hat die Kammer der Wirtschaftstreuhänder die öffentliche Bestellung von der neuerlichen Ablegung des mündlichen Prüfungsteiles abhängig zu machen, wenn der Bestellungswerber in dieser Zeit nicht überwiegend facheinschlägig gearbeitet hat und in den beiden vorangegangenen Kalenderjahren keine § 71 Abs. 3 entsprechende Fortbildung nachgewiesen werden kann.

(4) Ist bei einer natürlichen Person die Berufsberechtigung erloschen und wird die öffentliche Bestellung neuerlich beantragt, so ist neben den allgemeinen Bestellungsvoraussetzungen auch die Erfüllung der Fortbildungsverpflichtung gemäß § 71 Abs. 3 in den beiden vorangegangenen Kalenderjahren Voraussetzung. Die Kammer der Wirtschaftstreuhänder hat die öffentliche Bestellung von der neuerlichen Ablegung des mündlichen Prüfungsteiles abhängig zu machen, wenn seit dem Erlöschen der Berufsberechtigung mehr als sieben Jahre vergangen sind und der Bestellungswerber in diesem

Zeitraum nicht überwiegend facheinschlägig tätig war. Ein dem Erlöschen der Berufsberechtigung unmittelbar vorausgehendes Ruhen der Befugnis ist diesem Zeitraum hinzuzurechnen.

Öffentliche Bestellung – Eintragung

§ 47. (1) Die Kammer der Wirtschaftstreuhänder hat über die öffentliche Bestellung eine Urkunde auszustellen.

(2) Die Urkunde über die öffentliche Bestellung für die Ausübung des Wirtschaftstreuhandberufes Steuerberater ist erst nach Ablegung des Gelöbnisses auszuhändigen.

(3) Die Urkunde über die öffentliche Bestellung für die Ausübung des Wirtschaftstreuhandberufes Wirtschaftsprüfer ist erst nach Ablegung des Eides auszuhändigen.

(4) Berufsberechtigte sind von Amts wegen in die Liste der Wirtschaftstreuhänder einzutragen.

Beeidigung – Gelöbnis

§ 48. (1) Beeidigungen und Gelöbnisse sind vom Bundesminister für Arbeit und Wirtschaft oder von einem von ihm bestellten Vertreter vorzunehmen. Die Eides- und Gelöbnisabnahme mittels schriftlicher Erklärung ist zulässig.

(2) Die Eidesformel lautet: „Ich schwöre, dass ich die Gesetze der Republik Österreich stets treu und unverbrüchlich befolgen, die Aufgaben und Pflichten eines Wirtschaftsprüfers gewissenhaft erfüllen, meine Verschwiegenheitspflicht einhalten und die von mir verlangten Gutachten gewissenhaft und unparteiisch erstatten werde."

Die Einfügung einer religiösen Bekräftigung ist zulässig.

(3) Die Gelöbnisformel hat sinngemäß der Eidesformel gemäß Abs. 2 zu entsprechen.

Versagung der öffentlichen Bestellung

§ 49. (1) Die öffentliche Bestellung ist zu versagen, wenn eine der Bestellungsvoraussetzungen nicht erfüllt ist.

(2) Über die Versagung der öffentlichen Bestellung hat die Kammer der Wirtschaftstreuhänder einen schriftlichen Bescheid zu erlassen.

Nichtigkeit

§ 50. Öffentliche Bestellungen sind nichtig und vom Bundesminister für Arbeit und Wirtschaft gemäß § 68 Abs. 4 Z 4 AVG für nichtig zu erklären, wenn zum Zeitpunkt der Aushändigung der Bestellungsurkunde eine der Bestellungsvoraussetzungen nicht erfüllt war und weiterhin nicht erfüllt ist.

3. Hauptstück
Gesellschaften

1. Abschnitt

Wirtschaftstreuhandgesellschaften

Voraussetzungen

§ 51. Allgemeine Voraussetzungen für die Anerkennung einer Gesellschaft, die Wirtschaftstreuhandberufe und damit vereinbare Tätigkeiten auszuüben beabsichtigt, sind:

1. das Vorliegen einer Gesellschaftsform gemäß § 54,

2. ein schriftlich abgeschlossener Gesellschaftsvertrag,

3. eine Firma gemäß § 55,

4. Gesellschafter oder Aktionäre gemäß § 56,

5. ein allfälliger Aufsichtsrat gemäß § 58,

6. eine abgeschlossene Vermögensschaden-Haftpflichtversicherung gemäß § 11,

7. geordnete wirtschaftliche Verhältnisse gemäß § 10,

8. eine Geschäftsführung und Vertretung nach außen gemäß § 52 und

9. eine Aufteilung der Gesellschaftsanteile und der Stimmrechte gemäß § 53.

Geschäftsführung und Vertretung nach außen

§ 52. (1) Die Geschäftsführung und die Vertretung nach außen hat durch Berufsberechtigte, die zur selbständigen Ausübung ihrer Berufsbefugnis berechtigt sind, zu erfolgen.

(2) Die Geschäftsführung und die Vertretung nach außen hat mehrheitlich durch Berufsberechtigte, die zur selbständigen Ausübung der Berufsbefugnis der entsprechenden Berufsgruppe berechtigt sind, zu erfolgen, wobei die Vertretung der Gesellschaft durch Berufsberechtigte, die zur selbständigen Ausübung der Berufsbefugnis der entsprechenden Berufsgruppe berechtigt sind, einzeln oder kollektiv auch ohne Mitwirkung anderer gewährleistet sein muss. Sind nur zwei Geschäftsführer vorhanden, ist es ausreichend, wenn einer von diesen zur selbständigen Ausübung der entsprechenden Berufsbefugnis berechtigt ist.

(3) Prokuristen müssen zur selbständigen Ausübung ihrer Berufsbefugnis berechtigt sein, können aber zur Vertretung nach außen unabhängig von ihrer Berufsbefugnis und Anzahl bevollmächtigt werden.

(4) Bei Wirtschaftsprüfungsgesellschaften hat die Geschäftsführung und die Vertretung nach außen mehrheitlich durch Berufsberechtigte, die gemäß § 57 berechtigt sind, einen Bestätigungsvermerk zu unterschreiben, zu erfolgen.

(5) Sind bei Personengesellschaften oder Kapitalgesellschaften nur zwei Gesellschafter vorhanden, so genügt es bei Ausübung des Wirtschaftstreuhandberufes Steuerberater und des Wirtschaftstreuhandberufes Wirtschaftsprüfer, wenn einer von diesen ein Berufsberechtigter der entsprechenden Berufsgruppe ist, über eine mehrheitliche Beteiligung verfügt und selbständig vertretungsberechtigt ist. Bei gleichzeitiger Ausübung sowohl des Wirtschaftstreuhandberufes Steuerberater als auch des Wirtschaftstreuhandberufes Wirtschaftsprüfer haben die Gesellschafter gleichberechtigt und jeweils selbständig vertretungsberechtigt zu sein.

(6) Abschlussprüfer und Prüfungsgesellschaften gemäß Art. 2 Z 2 und 3 der Abschlussprüfungs-RL, die in einem anderen Mitgliedstaat der EU oder eines Vertragsstaates des EWR oder der Schweizerischen Eidgenossenschaft zugelassen sind, sind bezüglich Gesellschaftsbildungen Berufsberechtigten, die den Wirtschaftstreuhandberuf Wirtschaftsprüfer ausüben, nach Maßgabe des § 56 gleichgestellt.

Aufteilung der Gesellschaftsanteile und Stimmrechte

§ 53. (1) Voraussetzung für die Ausübung des Wirtschaftstreuhandberufes

1. Steuerberater ist

a) bei Personengesellschaften eine Aufteilung der Kapitalanteile und Stimmrechte, die einen mehrheitlichen und maßgebenden Einfluss von

Steuerberatern gewährleisten, und

b) bei Kapitalgesellschaften eine Aufteilung des Grund- oder Stammkapitals und der Stimmrechte, die einen mehrheitlichen und maßgebenden Einfluss von Steuerberatern gewährleisten, und

2. Wirtschaftsprüfer ist

a) bei Personengesellschaften sowohl eine Aufteilung der Kapitalanteile als auch der Stimmrechte, die einen mehrheitlichen und maßgebenden Einfluss von Wirtschaftsprüfern gewährleisten, und

b) bei Kapitalgesellschaften sowohl eine Aufteilung des Grund- oder Stammkapitals als auch der Stimmrechte, die einen mehrheitlichen und maßgebenden Einfluss von Wirtschaftsprüfern gewährleisten.

(2) Voraussetzung für die gleichzeitige Ausübung sowohl des Wirtschaftstreuhandberufes Steuerberater als auch des Wirtschaftstreuhandberufes Wirtschaftsprüfer ist eine Aufteilung der Kapitalanteile oder des Grund- oder Stammkapitals und der Stimmrechte, die jedenfalls eine Gleichberechtigung der jeweiligen Berufsberechtigten gewährleistet. Sind nur zwei Gesellschafter vorhanden, so genügt es, wenn einer von diesen über beide Berufsberechtigungen verfügt, gleichberechtigt an der Gesellschaft beteiligt und selbständig vertretungsberechtigt ist. Eine Gleichberechtigung der Beteiligungen ist dann gegeben, wenn Personen, die über die Berufsberechtigung Steuerberater oder Wirtschaftsprüfer verfügen, jeweils zusammen über die Hälfte der

Anteile und der Stimmrechte verfügen.

Gesellschaftsformen

§ 54. Die Ausübung eines Wirtschaftstreuhandberufes ist durch Personen- und Kapitalgesellschaften des Unternehmensrechts, die in das Firmenbuch eingetragen werden können, zulässig.

Firma

§ 55. (1) Die Firma hat die Bezeichnung des ausgeübten Wirtschaftstreuhandberufs zu enthalten.

(2) Erklärt eine Gesellschaft das Ruhen der Berufsbefugnis, ist das Anführen der Bezeichnung eines Wirtschaftstreuhandberufes nicht zulässig, wenn die Gesellschaft während des Ruhens über andere aufrechte Berechtigungen verfügt.

Gesellschafter

§ 56. (1) Gesellschafter dürfen nur sein:

1. berufsberechtigte natürliche Personen,

2. Ehegatten, Kinder und eingetragene Partner von an der Gesellschaft beteiligten Berufsberechtigten,

3. Gesellschaften, die berechtigt sind, einen Wirtschaftstreuhandberuf auszuüben,

4. von einem oder mehreren Gesellschaftern nach dem Privatstiftungsgesetz, BGBl. Nr. 694/1993, errichtete Privatstiftungen, deren ausschließlicher Stiftungszweck die Unterstützung der in den Z 1 und 2 genannten Personen ist und deren Stiftungsvorstand ausschließlich Berufsberechtigte angehören,

5. nach ausländischem Recht Berufsberechtigte, wenn ihre Kapitalanteile am Gesellschaftsvermögen und

ihre Stimmrechte ein Viertel nicht übersteigen, sofern zwischen Österreich und dem Staat, in dem die Berufsberechtigung erlangt wurde, Reziprozität gegeben ist und eine ähnliche Ausbildung nachgewiesen wird und die Geschäftsführung und die Vertretung nach außen mehrheitlich durch in Österreich Berufsberechtigte erfolgt, und

6. bei Wirtschaftsprüfungsgesellsch aften, Abschlussprüfer und Prüfungsgesellschaften gemäß Art. 2 Z 2 und 3 der Abschlussprüfungs-RL, die in einem anderen Mitgliedstaat der EU oder eines Vertragsstaates des EWR oder der Schweizerischen Eidgenossenschaft zugelassen sind, wenn ihre Kapitalanteile am Gesellschaftsvermögen und ihre Stimmrechte drei Viertel nicht übersteigen.

(2) Unter Kindern sind alle Deszendenten, Schwieger-, Stief- und Adoptivkinder zu verstehen.

(3) Sämtliche Gesellschafter unterliegen den Bestimmungen dieses Bundesgesetzes.

(4) Gesellschafter gemäß Abs. 1 Z 2 müssen besitzen:

1. einen in einem EU- oder EWR-Mitgliedstaat gelegenen Hauptwohnsitz,
2. die besondere Vertrauenswürdigkeit gemäß § 9 und
3. geordnete wirtschaftliche Verhältnisse gemäß § 10.

(5) Alle Gesellschafter müssen ihre Rechte im eigenen Namen und auf eigene Rechnung innehaben. Die treuhänderische Ausübung von Gesellschaftsrechten, partiarische Darlehen und ähnliche Vertragsverhältnisse sind unzulässig. Stille Beteiligungen sind nur durch den im Abs. 1 umschriebenen Personenkreis zulässig und der Kammer der Wirtschaftstreuhänder unverzüglich zu melden.

(6) Bei Aktiengesellschaften haben die Aktien auf Namen zu lauten. Die Übertragung von Namensaktien ist nur mit Zustimmung der Gesellschaft zulässig.

(7) Das Erlöschen der Berufsberechtigung eines Gesellschafters während der Dauer der Zugehörigkeit zur Gesellschaft bewirkt den Widerruf der Anerkennung der letzteren, wenn der ehemalige Berufsberechtigte nicht innerhalb von sechs Monaten aus der Gesellschaft ausscheidet. Diese Rechtsfolge tritt jedoch nicht ein, wenn das Erlöschen ausschließlich dadurch erfolgt, dass der ehemalige Berufsberechtigte auf seine Berufsberechtigung verzichtet hat, um in den Genuss einer ihm wegen seines Alters oder wegen seiner Berufsunfähigkeit zustehenden Pension aus der gesetzlichen Sozialversicherung zu gelangen.

(8) Stirbt ein Berufsberechtigter, so ist sein Ehegatte bis zu seiner allfälligen Wiederverehelichung oder Begründung einer eingetragenen Partnerschaft, sind seine Kinder bis zur Vollendung ihres 35. Lebensjahres und sein eingetragener Partner bis zu einer allfälligen Verehelichung oder Begründung einer neuerlichen eingetragenen Partnerschaft berechtigt, in seine Stellung als Gesellschafter einzutreten, sofern sie seinen Gesellschaftsanteil von Todes wegen erworben haben. Der Ehegatte, die Kinder und der eingetragene Partner haben zu den angeführten Zeitpunkten aus der Gesellschaft auszuscheiden, wenn sie bis dahin nicht bereits selbst berufsberechtigt sind.

(9) Jede Veränderung in der Geschäftsführung, in der Zusammensetzung der Gesellschafter und der Gesellschaftsanteile, bei der Verteilung der Stimmrechte und der Verlegung des Sitzes ist der Kammer der Wirtschaftstreuhänder binnen einem Monat anzuzeigen.

(10) Sämtliche Berechtigungen nach diesem Bundesgesetz, ausgenommen Berechtigungen gemäß § 3 Abs. 1 und Abs. 2 Z 1 bis 4, ruhen, wenn entweder die Kapitalanteile am Gesellschaftsvermögen oder die Stimmrechte von Abschlussprüfern und Prüfungsgesellschaften gemäß Art. 2 Z 2 und 3 der Abschlussprüfungs-RL, die in einem anderen Mitgliedstaat der EU oder eines Vertragsstaates des EWR oder der Schweizerischen Eidgenossenschaft zugelassen sind, ein Viertel übersteigen. Über diese Rechtsfolge hat die Kammer der Wirtschaftstreuhänder die betroffene Gesellschaft schriftlich und nachweislich zu informieren. Das Ruhen tritt mit Ablauf einer einmonatigen Frist nach erfolgter Zustellung der Information durch die Kammer der Wirtschaftstreuhänder ein.

Förmlicher Bestätigungsvermerk

§ 57. Förmliche Bestätigungsvermerke, die durch eine Gesellschaft erteilt werden, müssen die firmenmäßige Zeichnung durch Unterschrift von in der Gesellschaft tätigen, im Firmenbuch zur Vertretung nach außen eingetragenen und nach diesem Bundesgesetz zur Ausübung des Wirtschaftstreuhandberufes Wirtschaftsprüfer Berechtigten, die zur Erteilung des betreffenden Bestätigungsvermerkes persönlich befugt sind, enthalten. Der gemäß § 77 Abs. 9 für die Prüfung verantwortliche Berufsberechtigte hat den Bestätigungsvermerk jedenfalls zu unterschreiben.

Aufsichtsrat

§ 58. (1) Aufsichtsratsmitglieder müssen besitzen:

1. einen in einem EU- oder EWR-Mitgliedstaat gelegenen Hauptwohnsitz,
2. die besondere Vertrauenswürdigkeit gemäß § 9 und
3. geordnete wirtschaftliche Verhältnisse gemäß § 10.

(2) Aufsichtsratsmitglieder unterliegen der Verpflichtung zur Verschwiegenheit.

2. Abschnitt
Interdisziplinäre Zusammenarbeit

Voraussetzungen

§ 59. (1) Allgemeine Voraussetzungen für die Anerkennung einer Gesellschaft, der andere als in § 56 Abs. 1 aufgezählte Gesellschafter angehören und die neben der Ausübung eines Wirtschaftstreuhandberufes andere Tätigkeiten auszuüben beabsichtigt, sind:

1. die berufsrechtliche Bestellung oder Anerkennung zur befugten Ausübung anderer zulässiger beruflicher Tätigkeiten gemäß § 60,
2. das Vorliegen einer Gesellschaftsform gemäß § 61,
3. ein schriftlich abgeschlossener Gesellschaftsvertrag,
4. eine Firma gemäß § 62,
5. Gesellschafter gemäß § 63,
6. eine abgeschlossene Vermögensschaden-Haftpflichtversicherung gemäß § 11 und
7. geordnete wirtschaftliche Verhältnisse gemäß § 10.

(2) Weitere Voraussetzungen für die Anerkennung einer Gesellschaft, die neben der Ausübung eines

Wirtschaftstreuhandberufes andere Tätigkeiten auszuüben beabsichtigt, sind:

1. Bei Ausübung des Wirtschaftstreuhandberufes Steuerberater

   a) eine Aufteilung der Kapitalanteile oder des Grund- oder Stammkapitals und der Stimmrechte und

   b) eine Geschäftsführung und eine Vertretung,

   die zumindest eine Gleichberechtigung der Berufsberechtigten, welche den Wirtschaftstreuhandberuf Steuerberater ausüben, mit jenen der anderen Berufe gemäß § 60 gewährleistet,

2. bei Ausübung des Wirtschaftstreuhandberufes Wirtschaftsprüfer

   a) eine Aufteilung der Kapitalanteile oder des Grund- oder Stammkapitals und der Stimmrechte und

   b) eine Geschäftsführung und eine Vertretung,

   die zumindest eine Gleichberechtigung der Berufsberechtigten, welche den Wirtschaftstreuhandberuf Wirtschaftsprüfer ausüben, mit jenen der anderen Berufe gemäß § 60 gewährleistet,

3. bei gleichzeitiger Ausübung der Wirtschaftstreuhandberufe Steuerberater und Wirtschaftsprüfer

   a) eine Aufteilung der Kapitalanteile oder des Grund- oder Stammkapitals und der Stimmrechte, sodass Personen, die über die Berufsberechtigung Steuerberater oder Wirtschaftsprüfer verfügen, jeweils zusammen über jeweils zumindest 25% der Anteile und der Stimmrechte verfügen,

wobei diese wiederum gleichberechtigt zueinander beteiligt sein müssen und

   b) eine Geschäftsführung und eine Vertretung durch Berufsberechtigte, die zur selbständigen Ausübung der Berufsbefugnis der entsprechenden Berufsgruppen berechtigt sind, einzeln oder kollektiv auch ohne Mitwirkung anderer.

(3) Die Vertretung der Gesellschaft in Angelegenheiten des Berechtigungsumfanges der Wirtschaftstreuhänder durch Angehörige von Berufen gemäß § 60 Abs. 1 ist unzulässig, soweit die betreffende Tätigkeit nicht auch von der Berechtigung des jeweiligen Berufsangehörigen umfasst ist. In allen Fällen des Abs. 1 gilt § 52 Abs. 2 entsprechend.

Andere berufliche Tätigkeiten

§ 60. (1) Gesellschaften, die einen Wirtschaftstreuhandberuf auszuüben beabsichtigen, sind auch berechtigt, Tätigkeiten anderer freier Berufe, der Bilanzbuchhalter und der Gewerbe der Unternehmensberater und der Ingenieurbüros (Beratende Ingenieure) auszuüben, wenn und insoweit dies nach den betreffenden inländischen berufsrechtlichen Vorschriften zulässig ist. Diese haben zumindest jenen Anforderungen zu entsprechen, welche die inländischen berufsrechtlichen Vorschriften von Ausübenden von Wirtschaftstreuhandberufen vorsehen.

(2) Der Bundesminister für Arbeit und Wirtschaft hat im Einvernehmen mit den jeweils zuständigen Bundesministern durch Verordnung festzustellen, in welchen Fällen die Voraussetzungen gemäß Abs. 1 vorliegen.

Gesellschaftsformen

§ 61. Die Ausübung eines Wirtschaftstreuhandberufes und der in § 60 Abs. 1 aufgezählten Tätigkeiten ist durch Personen- und Kapitalgesellschaften des Unternehmensrechts, die in das Firmenbuch eingetragen werden können, zulässig.

Firma

§ 62. Die Firma hat einen Hinweis auf den ausgeübten Wirtschaftstreuhandberuf zu enthalten.

Gesellschafter

§ 63. (1) Gesellschafter dürfen nur folgende Personen sein:

1. berufsberechtigte natürliche Personen,
2. Gesellschaften, die berechtigt sind, einen Wirtschaftstreuhandberuf auszuüben,
3. natürliche Personen, die eine andere berufliche Tätigkeit gemäß § 60 Abs. 1 selbständig ausüben,
4. Gesellschaften, die eine andere berufliche Tätigkeit gemäß § 60 Abs. 1 ausüben, und
5. nach ausländischem Recht zu einer anderen beruflichen Tätigkeit gemäß § 60 Abs. 1 Befugte, wenn ihr Kapitalanteil am Gesellschaftsvermögen und ihre Stimmrechte ein Viertel nicht übersteigen.

(2) Gesellschafter müssen besitzen:

1. einen in einem EU- oder EWR-Mitgliedstaat gelegenen Hauptwohnsitz,
2. die besondere Vertrauenswürdigkeit gemäß § 9 und
3. geordnete wirtschaftliche Verhältnisse gemäß § 10.

(3) Auf Gesellschafter gemäß Abs. 1 Z 1 ist § 56 Abs. 5 anzuwenden.

(4) Für alle Gesellschafter gilt § 56 Abs. 7. In Hinblick auf von Berufsberechtigten gehaltene Gesellschaftsanteile gilt § 56 Abs. 8.

Sonstige Bestimmungen

§ 64. Gesellschaften im Sinne dieses Abschnittes

1. unterliegen den jeweiligen inländischen berufsrechtlichen Vorschriften entsprechend ihrer berufsrechtlichen Anerkennungen,
2. sind jeweils Mitglied jener gesetzlich berufenen Vertretung, denen sie aufgrund ihrer berufsrechtlichen Anerkennungen angehören, und
3. dürfen keine Mandanten vertreten, deren Interessen durch Ausübung der Berufsbefugnis und anderer beruflicher Tätigkeiten der Gesellschaft und der Gesellschafter einander widerstreiten.

3. Abschnitt

Anerkennungsverfahren

Antrag auf Anerkennung

§ 65. Gesellschaften, die einen Wirtschaftstreuhandberuf auszuüben beabsichtigen, haben einen schriftlichen Antrag auf Anerkennung unter Beibringung der erforderlichen Belege zum Nachweis der Erfüllung der Voraussetzungen für die Anerkennung zu stellen.

Anspruch auf Anerkennung

§ 66. (1) Gesellschaften, welche die Voraussetzungen für die Anerkennung erfüllen, haben Anspruch auf Anerkennung.

(2) Vor Anerkennung darf ein Wirtschaftstreuhandberuf nicht ausgeübt werden.

(3) Gründet eine berufsberechtigte natürliche Person oder eine Gesellschaft, die zur Ausübung eines Wirtschaftstreuhandberufes berechtigt ist, einen Betrieb oder Teilbetrieb durch eine im 1. Hauptstück des 1. Teils des Umgründungssteuergesetzes, BGBl. Nr. 699/1991, bezeichnete Umgründung in eine Wirtschaftstreuhandgesellschaft um, so hat die Anerkennung rückwirkend mit dem Tag der Eintragung in das Firmenbuch zu erfolgen, wenn die Gesellschaft an diesem Tag die Anerkennungsvoraussetzungen erfüllt.

Anerkennung

§ 67. (1) Die Kammer der Wirtschaftstreuhänder hat über die Anerkennung eine Urkunde auszustellen.

(2) Voraussetzung für die Anerkennung von Gesellschaften gemäß dem 3. Hauptstück, 2. Abschnitt, ist die Herstellung des Einvernehmens mit der jeweils zuständigen Behörde.

Versagung der Anerkennung

§ 68. Die Kammer der Wirtschaftstreuhänder hat die Anerkennung mit Bescheid zu versagen, wenn eine der Anerkennungsvoraussetzungen nicht erfüllt ist.

Nichtigkeit

§ 69. Anerkennungen sind nichtig und vom Bundesminister für Arbeit und Wirtschaft, bei Gesellschaften gemäß dem 3. Hauptstück, 2. Abschnitt, im Einvernehmen mit den jeweils zuständigen Bundesministern, gemäß § 68 Abs. 4 Z 4 AVG für nichtig zu erklären, wenn im Zeitpunkt der Anerkennung eine der Anerkennungsvoraussetzungen nicht erfüllt war und weiterhin nicht erfüllt ist.

Eintragung – Verlautbarung

§ 70. Anerkannte Gesellschaften sind von Amts wegen in die Liste der Wirtschaftstreuhänder einzutragen.

4. Hauptstück
Rechte und Pflichten

1. Abschnitt
Allgemeine Bestimmungen

Allgemeines

§ 71. (1) Berufsberechtigte sind verpflichtet, ihren Beruf gewissenhaft, sorgfältig, eigenverantwortlich und unabhängig und unter Beachtung der in diesem Hauptstück und der in den Richtlinien gemäß § 72 enthaltenen Bestimmungen auszuüben.

(2) Wird ein Berufsberechtigter als Mediator tätig, so hat er auch dabei die ihn als Berufsberechtigten treffenden Berufspflichten einzuhalten. Besondere Regelungen für Mediatoren nach anderen Rechtsvorschriften werden dadurch nicht berührt.

(3) Berufsberechtigte natürliche Personen sind verpflichtet, ihre beruflichen Kenntnisse auf dem neuesten Stand zu halten. Sie sind verpflichtet, sich jeweils innerhalb eines Zeitraumes von drei Jahren im Ausmaß von 120 Stunden fortzubilden. Pro Kalenderjahr hat das Ausmaß der Fortbildung zumindest 30 Stunden zu betragen. Die in einem Kalenderjahr absolvierten Fortbildungsmaßnahmen sind der Kammer der Wirtschaftstreuhänder bis spätestens 31. März des Folgejahres schriftlich bekannt zu geben.

Ausübungsrichtlinien

§ 72. (1) Die Kammer der Wirtschaftstreuhänder hat durch Verordnungen Richtlinien für die

Ausübung der Wirtschaftstreuhandberufe zu erlassen.

(2) Diese Richtlinien haben insbesondere zu regeln:

1. das standesgemäße Verhalten im Geschäftsverkehr mit Auftraggebern,
2. das standesgemäße Verhalten gegenüber anderen Berufsberechtigten, Berufsanwärtern und Personen anderer Berufe, die durch die Ausübung des Wirtschaftstreuhandberufes berührt werden,
3. die nähere Ausgestaltung betreffend die Verpflichtung zu einer kritische Grundhaltung gemäß § 77 Abs. 7,
4. die nähere Ausgestaltung betreffend die Verpflichtung zur Gewährleistung der Unabhängigkeit bei der Durchführung von Prüfungs- oder Sachverständigenaufträgen gemäß § 77 Abs. 2,
5. die Kontrolle der Pflichten von Berufsberechtigten,
6. angemessene Vorkehrungen zum Schutz der Berufsberechtigten vor einer Ausnutzung durch die organisierte Kriminalität und einer Verwicklung in diese,
7. die nähere Ausgestaltung der Sorgfaltspflichten im Hinblick auf Geldwäsche und Terrorismusfinanzierung,
8. die Erstellung von Risikoprofilen betreffend Geschäftsbeziehungen im Hinblick auf Geldwäsche und Terrorismusfinanzierung,
9. Anleitungen über erweiterte Sorgfaltspflichten für risikoreiche Geschäfte im Hinblick auf Geldwäsche und Terrorismusfinanzierung,
10. die nähere Ausgestaltung von Fortbildungsmaßnahmen zur Erfüllung der Fortbildungsverpflichtung sowie nähere Bestimmungen zur Meldung von Fortbildungsmaßnahmen sowie deren Überprüfung durch die Kammer der Wirtschaftstreuhänder und
11. die interne Organisation von Prüfbetrieben gemäß internationalen Standards und europarechtlichen Vorgaben.

Berufsbezeichnungen

§ 73. (1) Natürliche Personen, die zur selbständigen Ausübung eines Wirtschaftstreuhandberufes berechtigt sind, sind verpflichtet, sich zu bezeichnen bei Ausübung des Wirtschaftstreuhandberufes

1. Steuerberater als „Steuerberater" und
2. Wirtschaftsprüfer als „Wirtschaftsprüfer".

(2) Natürliche Personen gemäß § 1 sind Wirtschaftstreuhänder im Sinne dieses Bundesgesetzes und berechtigt, neben der Berufsbezeichnung gemäß Abs. 1 auch die Bezeichnung „Wirtschaftstreuhänder" zu führen.

(3) Weibliche Berufsberechtigte sind berechtigt, die in Abs. 1 und 2 genannten Berufsbezeichnungen in ihrer weiblichen Form zu führen.

(4) Berufsberechtigte, welche eine andere vereinbarte berufliche Tätigkeit befugt ausüben, sind berechtigt, neben der Berufsbezeichnung gemäß Abs. 1 bis 3 auch auf diese hinzuweisen.

Zweigstellen

§ 74. (1) Berufsberechtigte sind berechtigt, ihren Beruf von ihrem Berufssitz aus im gesamten Bundesgebiet auszuüben.

(2) Berufsberechtigte sind berechtigt, Zweigstellen zu errichten. Voraussetzung für die Errichtung

einer Zweigstelle ist die Übertragung der Leitung der Zweigstelle an eine Person mit aufrechter Berufsbefugnis nach diesem Bundesgesetz, welche für die in der Zweigstelle ausgeübten Tätigkeiten erforderlich ist. Ein Berufsberechtigter darf höchstens vier Zweigstellenleitungen übernehmen und ausüben.

(3) Die Errichtung einer Zweigstelle ist der Kammer der Wirtschaftstreuhänder unverzüglich zu melden. Der Meldung sind die erforderlichen Urkunden zum Nachweis der Erfüllung der Voraussetzung gemäß Abs. 2 anzuschließen.

(4) Die Kammer der Wirtschaftstreuhänder hat die Errichtung einer Zweigstelle binnen vier Wochen nach erfolgter Meldung mit Bescheid zu untersagen, wenn die Voraussetzung gemäß Abs. 2 nicht erfüllt ist.

(5) Die Ausübung wirtschaftstreuhänderischer Tätigkeiten in einer Zweigstelle ist von der Kammer der Wirtschaftstreuhänder mit Bescheid zu untersagen, wenn die Voraussetzung gemäß Abs. 2 weggefallen ist.

Ausgelagerte Abteilungen

§ 75. (1) Ausgelagerte Abteilungen sind vom Berufssitz eines Berufsberechtigten räumlich getrennte Organisationseinheiten, die

1. im Zusammenhang mit den am Berufssitz des Berufsberechtigten bestehenden Organisationseinheiten organisatorisch und funktionell eine Einheit bilden,

2. sich in unmittelbarer Nähe des Berufssitzes befinden und

3. vom Berufssitz aus einer fachlichen Kontrolle unterstehen.

(2) Ausgelagerte Abteilungen haben einen für die Allgemeinheit sichtbaren Hinweis auf ihre Eigenschaft als ausgelagerte Abteilung und auf den Berufssitz zu enthalten.

Schlichtungsverfahren

§ 76. (1) Berufsberechtigte und Fortführungsberechtigte sind verpflichtet, dem Schlichtungsausschuss vor Beschreiten des Rechtsweges zur Schlichtung vorzulegen:

1. berufsspezifische Streitigkeiten untereinander,

2. berufsspezifische Streitigkeiten mit Berufsanwärtern und

3. Streitigkeiten im Zusammenhang mit Tätigkeiten in der Standesvertretung.

(2) Als berufsspezifisch gelten Streitigkeiten, wenn sie in unmittelbarem Zusammenhang mit der Berufsausübung stehen. Nicht zur Schlichtung vorzulegen sind Angelegenheiten der Arbeitsgerichtsbarkeit, soweit diese nicht unmittelbar in Zusammenhang mit der wirtschaftstreuhänderischen Berufsausübung stehen.

(3) Ein Schlichtungsausschuss ist am Sitz jeder Landesstelle einzurichten. Der Schlichtungsausschuss hat seine Tätigkeit in aus drei Mitgliedern bestehenden Senaten auszuüben. Haben die Streitteile ihren Berufssitz, in Ermangelung eines solchen den Hauptwohnsitz, in verschiedenen Bundesländern, so ist der zuerst angerufene Schlichtungsausschuss zuständig.

(4) Die Senate der Schlichtungsausschüsse haben jedenfalls innerhalb von drei Monaten nach Vorlage einer Streitigkeit das Schlichtungsverfahren zu beenden.

(5) Das Beschreiten des Rechtsweges in Streitigkeiten gemäß Abs. 1 ist unzulässig, wenn

1. der Rechtsweg vor Vorlage der Streitigkeit an den Schlichtungsausschuss beschritten wird oder

2. der Rechtsweg vor Beendigung des Schlichtungsverfahrens beschritten wird.

(6) Während ein Schlichtungsausschuss mit einer Rechtssache befasst ist, sind sämtliche Verjährungs- und Verwirkungsfristen materiell-rechtlicher und prozessualer Art gehemmt. Nach Beendigung des Schlichtungsverfahrens beginnen sämtliche Fristen wieder zu laufen.

(7) Die Kammer der Wirtschaftstreuhänder hat eine Schlichtungsordnung zu erlassen. Die Schlichtungsordnung hat unter Einhaltung allgemeiner Verfahrensgrundsätze nähere Vorschriften über das Schlichtungsverfahren zu enthalten.

Aufträge und Bevollmächtigung

§ 77. (1) Berufsberechtigte sind verpflichtet, die Übernahme eines Auftrages abzulehnen, der sie bei Ausübung ihrer Tätigkeit an Weisungen fachlicher Art des Auftraggebers binden würde. Die Annahme von Aufträgen durch Berufsberechtigte, die sowohl dem Grunde als auch der Höhe nach im Deckungsumfang ihrer Vermögensschaden-Haftpflichtversicherung nicht enthalten sind, ist unzulässig. Die Kammer der Wirtschaftstreuhänder ist berechtigt, alle oder bestimmte Deckungsumfänge der Vermögensschaden-Haftpflichtversicherungen des Berufsberechtigten zu prüfen und das Ergebnis der Abschlussprüferaufsichtsbehörde (im Folgenden: APAB) mitzuteilen. Bei

hinreichenden Bedenken oder im Fall eines Auskunftsersuchens der APAB hat die Kammer der Wirtschaftstreuhänder eine solche Prüfung ohne unnötigen Verzug durchzuführen. Der Berufsberechtigte hat der Kammer der Wirtschaftstreuhänder alle für die Prüfung erforderlichen Informationen und Unterlagen zur Verfügung zu stellen.

(2) Wirtschaftsprüfer und Wirtschaftsprüfungsgesellschaften, die Abschlussprüfungen durchführen, sind verpflichtet, Prüfungs- oder Sachverständigenaufträge abzulehnen, wenn Ausschließungsgründe oder Befangenheitsgründe gemäß § 19 oder § 20 JN vorliegen. Wirtschaftsprüfer und Wirtschaftsprüfungsgesellschaften, die Abschlussprüfungen durchführen, haben einen bereits übernommenen Prüfungs- oder Sachverständigenauftrag zurückzulegen, wenn Ausschließungsgründe oder Befangenheitsgründe gemäß § 19 oder § 20 JN nachträglich bekannt werden oder nachträglich eintreten, sofern diese nicht unverzüglich, spätestens jedoch innerhalb von drei Monaten, beseitigt sind. Wirtschaftsprüfer und Wirtschaftsprüfungsgesellschaften, die Abschlussprüfungen durchführen, haben zu gewährleisten, dass ihre Unabhängigkeit bei der Durchführung von Prüfungs- oder Sachverständigenaufträgen nicht beeinträchtigt wird. Wirtschaftsprüfer und Wirtschaftsprüfungsgesellschaften, die Abschlussprüfungen durchführen, sind verpflichtet, alle angemessenen Maßnahmen zu ergreifen, um ihre Unabhängigkeit bei der Durchführung von Prüfungs- oder Sachverständigenaufträgen zu gewährleisten.

(3) Berufsberechtigte sind verpflichtet, vor der Annahme oder

der Fortsetzung eines Prüfungs- oder Sachverständigenauftrages zu prüfen, zu beurteilen und zu dokumentieren:

1. alle Umstände betreffend ihre Unabhängigkeit einschließlich allfälliger Gefährdungen ihrer Unabhängigkeit und allfällig ergriffener Schutzmaßnahmen zur Verminderung dieser Gefährdungen und

2. die Verfügbarkeit über kompetente Mitarbeiter, die Zeit und die Ressourcen, die zu einer angemessenen Durchführung des Prüfungs- oder Sachverständigenauftrages erforderlich sind.

(4) Wirtschaftstreuhänder dürfen eine Vertretungsvollmacht nur annehmen, wenn nicht ein anderer Wirtschaftstreuhänder zur Vertretung bevollmächtigt ist. Abweichend von § 1022 des Allgemeinen bürgerlichen Gesetzbuches (ABGB), JGS Nr. 946/1811, wird die erteilte Vollmacht durch den Tod des Gewalthabers nicht aufgehoben, es sei denn dies wird ausdrücklich vereinbart. Eine einem Wirtschaftstreuhänder erteilte Vollmacht gilt als eine dem Fortbetrieb erteilte.

(5) Berufsberechtigte sind berechtigt, einen bereits übernommenen Auftrag zurückzulegen, wenn ein wichtiger Grund vorliegt. Wichtige Gründe sind insbesondere

1. die sich nachträglich ergebende Unerfüllbarkeit des Auftrages oder

2. die Verhinderung durch eine Krankheit oder

3. die sich nachträglich ergebende Feststellung, dass der Auftraggeber bewusst unrichtige oder unvollständige Unterlagen zur Verfügung gestellt hat.

(6) Berufsberechtigte sind berechtigt, die ihnen erteilten Auskünfte und übergebenen Unterlagen des Auftraggebers, insbesondere Zahlenangaben, als richtig und vollständig anzusehen. Prüfungsaufträge und andere Aufträge, die zur Unparteilichkeit und Unabhängigkeit verpflichten, dürfen nur nach gewissenhafter Erhebung des Zutreffens der zu bestätigenden Tatsachen und Umstände ausgeführt werden.

(7) Wirtschaftsprüfer und Wirtschaftsprüfungsgesellschaften, die Abschlussprüfungen durchführen, haben bei Durchführung von Abschlussprüfungen eine kritische Grundhaltung gemäß Art. 21 Abs. 2 der Abschlussprüfungs-RL einzunehmen und während der gesamten Prüfung beizubehalten. Wirtschaftsprüfer und Wirtschaftsprüfungsgesellschaften, die Abschlussprüfungen durchführen, sind ungeachtet ihrer bisherigen Erfahrungen verpflichtet, die Möglichkeit in Betracht zu ziehen, dass es aufgrund von Sachverhalten oder Verhaltensweisen, die auf Unregelmäßigkeiten wie Betrug oder Irrtümer hinweisen, zu einer wesentlichen falschen Darstellung gekommen sein könnte. Wirtschaftsprüfer und Wirtschaftsprüfungsgesellschaften, die Abschlussprüfungen durchführen, sind zu einer kritischen Grundhaltung insbesondere verpflichtet bei der Beurteilung

1. von Prüfungsnachweisen und

2. von Schätzungen in Bezug auf Zeitwertangaben, auf Wertminderungen von Vermögenswerten, auf Rückstellungen und auf künftige Cashflows.

(8) Berufsberechtigte sind verpflichtet, die übernommenen Angelegenheiten, Aufgaben, Vertretungen und Verteidigungen gesetzmäßig zu führen und die Rechte

des Auftraggebers gegen jedermann mit Treue und Nachdruck zu verfolgen. Sie sind im Rahmen ihrer Aufträge befugt, alle ihren Auftraggebern zur Verfügung stehenden gesetzmäßigen Angriffs- und Verteidigungsmittel zu gebrauchen.

(9) Gesellschaften, die einen Wirtschaftstreuhandberuf ausüben, haben für jeden von ihnen übernommenen Auftrag mindestens eine natürliche Person, welche die für die Erledigung entsprechende Berufsberechtigung besitzt, zu bestimmen. Der Name des für die Erledigung bestimmten Berufsberechtigten ist dem Auftraggeber schriftlich bekanntzugeben.

(10) Personen, die für einen Berufsberechtigten in welchem Rechtsverhältnis auch immer tätig sind, dürfen während, innerhalb und anlässlich der Beendigung dieser Tätigkeit nur mit Zustimmung des Berufsberechtigten

1. Aufträge oder Bevollmächtigungen von dessen Klienten selbst übernehmen oder

2. dessen Klienten anderen Berufsberechtigten zuführen.

(11) Beruft sich ein Berufsberechtigter im beruflichen Verkehr auf die ihm erteilte Bevollmächtigung, so ersetzt diese Berufung den urkundlichen Nachweis.

(12) Vereinbarungen in Allgemeinen Geschäftsbedingungen über einen generellen Haftungsausschluss sind unzulässig.

(13) Honorare für Abschlussprüfungen und die Prüfungsverträge dürfen nicht von der Erbringung zusätzlicher Leistungen für das geprüfte Unternehmen beeinflusst oder bestimmt und an keinerlei Bedingungen geknüpft werden. Das Honorar hat in einem angemessenen Verhältnis zu den Aufgaben und dem voraussichtlichen Umfang der Abschlussprüfung zu stehen.

Interdisziplinäre Zusammenarbeit – Werkverträge

§ 78. (1) Berufsberechtigte sind berechtigt, Angehörige anderer selbständiger Berufe für einzelne bestimmte und übliche Aufgaben durch Werkvertrag heranzuziehen.

(2) Die Beteiligung am Unternehmen eines Berufsberechtigten in Form eines partiarischen Darlehens und einer Gesellschaft nach bürgerlichem Recht, auch als Innengesellschaft oder Unterbeteiligung, ist nicht gestattet.

Andere Tätigkeiten

§ 79. (1) Berufsberechtigte sind berechtigt, auch andere Tätigkeiten selbständig oder unselbständig auszuüben.

(2) Die Ausübung anderer selbständiger oder unselbständiger Tätigkeiten neben der Ausübung eines Wirtschaftstreuhandberufes ist unzulässig, wenn sie auf Provisionsbasis beruhen oder die Unabhängigkeit bei der Ausübung der Berufsberechtigung gefährden.

(3) Jede selbständige und unselbständige Tätigkeit ist der Kammer der Wirtschaftstreuhänder unverzüglich anzuzeigen.

(4) Die Kammer der Wirtschaftstreuhänder hat selbständige oder unselbständige Tätigkeiten mit Bescheid zu untersagen, wenn diese:

1. auf Provisionsbasis beruhen oder

2. die Unabhängigkeit des Berufsberechtigten gefährden.

Verschwiegenheitspflicht

§ 80. (1) Berufsberechtigte sind zur Verschwiegenheit über die ihnen anvertrauten Angelegenheiten verpflichtet. Für diese Verschwiegenheitspflicht ist es ohne Bedeutung, ob die Kenntnis dieser Umstände und Tatsachen auch anderen Personen zugänglich ist oder nicht.

(2) Die Verschwiegenheitspflicht der Berufsberechtigten erstreckt sich auch auf persönliche Umstände und Betriebs- oder Geschäftsgeheimnisse, die ihnen bei Durchführung erteilter Aufträge oder im Zuge eines behördlichen, nicht öffentlichen Verfahrens in Ausübung ihres Berufes als solche bekanntgeworden sind.

(3) Inwieweit ein Berufsberechtigter in Ansehung dessen, was ihm in Ausübung seines Berufes bekanntgeworden ist, von der Verbindlichkeit zur Ablegung eines Zeugnisses, zur Einsichtgewährung in Geschäftspapiere oder zur Erteilung von Auskünften im Verwaltungs-, Abgaben-, Zivil- und Strafverfahren befreit ist, bestimmen die Verwaltungs- und Abgabenverfahrensgesetze sowie die Zivil- und Strafprozessordnung, jedoch mit der Maßgabe, dass im Abgabenverfahren vor den Finanzbehörden einem Berufsberechtigten die gleichen Rechte wie einem Rechtsanwalt zustehen.

(3a) Soweit dies das Recht des Berufsberechtigten auf Verschwiegenheit zur Sicherstellung des Schutzes des Auftraggebers oder der Rechte und Freiheiten anderer Personen oder der Durchsetzung zivilrechtlicher Ansprüche erfordert, kann sich die betroffene Person (Art. 4 Z 1 DSGVO) nicht auf die Rechte der Art. 12 bis 22 und Art. 34 der Verordnung (EU) 2016/679 zum Schutz natürlicher Personen bei der Verarbeitung personenbezogener Daten, zum freien Datenverkehr und zur Aufhebung der Richtlinie 95/46/EG (Datenschutz-Grundverordnung), ABl. Nr. L 119

vom 4.5.2016 S. 1 (im Folgenden: DSGVO), sowie des § 1 Abs. 3 DSG berufen.

(4) Die Verschwiegenheitspflicht entfällt, wenn und insoweit

1. Melde- und Auskunftspflichten im Rahmen der Bestimmungen der Richtlinie (EU) 2015/849 zur Verhinderung der Nutzung des Finanzsystems zum Zwecke der Geldwäsche und der Terrorismusfinanzierung; zur Änderung der Verordnung (EU) Nr. 648/2012 und zur Aufhebung der Richtlinie 2005/60/EG und der Richtlinie 2006/70/EG in der Fassung der Richtlinie (EU) 2018/843 ABl. Nr. L 156 vom 19.06.2018 S. 43(im Folgenden: Geldwäsche-RL), und den damit im Zusammenhang erlassenen Umsetzungsmaßnahmen bestehen oder

2. der Auftraggeber den Berufsberechtigten ausdrücklich von dieser Pflicht entbunden hat oder

3. die Weitergabe und Verarbeitung von Informationen, auch in Form elektronischer Datenbanken und Informationsverbundsysteme, für die Beurteilung von Befangenheit und Ausgeschlossenheit im Netzwerk, einschließlich zu Netzwerkmitgliedern im Ausland, vor Übernahme eines Abschlussprüfermandates und während der Durchführung desselben durch Netzwerkmitglieder (§§ 270 Abs. 1a, 271 bis 271c des Unternehmensgesetzbuches, dRGBl. S 219/1897) erforderlich ist, oder

4. Informations-, Melde- und Auskunftspflichten auf Grund

des Abschlussprüfer-Aufsichtsgesetzes (APAG), BGBl. I Nr. 83/2016, der Verordnung (EU) Nr. 537/2014 über spezifische Anforderungen an die Abschlussprüfung bei Unternehmen von öffentlichem Interesse, ABl. Nr. L 158 vom 27.05.2014 S. 77, oder des Unternehmensgesetzbuches, dRGBl. S 219/1897, welche im Zusammenhang mit der Umsetzung der Abschlussprüfungs-RL, stehen.

(5) Die Bestimmungen der Abs. 1 bis 4 gelten sinngemäß für die Erfüllungsgehilfen der Berufsberechtigten, Gesellschafter, Aufsichtsräte, Prokuristen und Berufsanwärter.

Stellvertretung – Bestellungsberechtigung

§ 81. (1) Berufsberechtigte natürliche Personen sind berechtigt, sich bei Verhinderung durch einen anderen Berufsberechtigten vertreten zu lassen.

(2) Der Vertretene hat der Kammer der Wirtschaftstreuhänder die Bestellung seines Vertreters unverzüglich bekanntzugeben.

(3) Eine Vertretung ist nur insoweit zulässig, als die Berufsbefugnisse des Vertreters reichen.

(4) Erfolgt die Bestellung des Stellvertreters mit Zustimmung des Auftraggebers, so haftet der Vertretene diesem nur nach Maßgabe des § 1010 ABGB zweiter Satz. Andernfalls gelten für die Haftung des Vertretenen die Grundsätze des Werkvertrages.

Stellvertretung – Bestellungsverpflichtung

§ 82. (1) Berufsberechtigte natürliche Personen sind verpflichtet,

bei voraussichtlich länger dauernder Verhinderung einen Berufsberechtigten zum Stellvertreter zu bestellen.

(2) Die Bestellung ist der Kammer der Wirtschaftstreuhänder unverzüglich bekanntzugeben.

(3) Eine Vertretung ist nur insoweit zulässig, als die Berufsbefugnisse des Vertreters reichen.

(4) Überschreitet die Dauer der Vertretung ein Jahr, so hat der Vertretene bei der Kammer der Wirtschaftstreuhänder um Genehmigung anzusuchen. Eine Genehmigung ist dann zu verweigern, wenn die Verhinderung an der persönlichen Berufsausübung nicht mehr gegeben ist. Bei Unterlassung der Einholung der Genehmigung hat die Kammer der Wirtschaftstreuhänder die Berufsberechtigung des Vertretenen mit Bescheid zu widerrufen.

(5) Erfolgt die Bestellung des Stellvertreters mit Zustimmung des Auftraggebers, so haftet der Vertretene diesem nur nach Maßgabe des § 1010 ABGB zweiter Satz. Andernfalls gelten für die Haftung des Vertretenen die Grundsätze des Werkvertrages.

(6) Die Kammer der Wirtschaftstreuhänder hat bei voraussichtlich länger dauernder Verhinderung einen Kanzleikurator zu bestellen

1. auf Antrag des zu Vertretenden oder

2. von Amts wegen, wenn der Verpflichtung gemäß Abs. 1 nicht nachgekommen wird.

(7) Die Bestellung hat durch die Kammer der Wirtschaftstreuhänder mit Bescheid zu erfolgen.

(8) Der gemäß Abs. 6 bestellte Kanzleikurator hat

1. die Kanzlei des Vertretenen im vollen Umfang unter eigener

Verantwortung mit dem Hinweis auf seine Funktion als Kanzleikurator und im Namen und auf Rechnung des Vertretenen zu betreuen,

2. im Fall des Abs. 6 Z 1 die Weisungen des zu vertretenden Berufsberechtigten und im Fall des Abs. 6 Z 2 die Weisungen der Kammer der Wirtschaftstreuhänder bei Ausübung seiner Funktion als Kanzleikurator einzuhalten,

3. seine eigenen beruflichen Tätigkeiten von den Tätigkeiten für die zu verwaltende Kanzlei streng zu trennen und sowohl bei Beginn als auch bei Beendigung seiner Tätigkeit eine Vermögensaufstellung zu verfassen und

4. eine Versicherung, welche die Tätigkeit der betreuten Kanzlei umfasst, nachzuweisen.

(9) Im Falle der persönlichen Wiederaufnahme der Berufstätigkeit nach mehr als sieben Jahre dauernder Verhinderung oder Abwesenheit hat die Kammer der Wirtschaftstreuhänder die weitere Ausübung der Berufstätigkeit von der neuerlichen Ablegung der mündlichen Fachprüfung abhängig zu machen, wenn der Abwesende in dieser Zeit nicht überwiegend facheinschlägig gearbeitet hat.

(10) Der gemäß Abs. 6 bestellte Kanzleikurator hat Anspruch auf Entlohnung. Die Höhe der Entlohnung richtet sich

1. nach der Vereinbarung mit dem zu vertretenden Berufsberechtigten oder

2. bei Nichtzustandekommen einer Vereinbarung nach der Festsetzung der Kammer der Wirtschaftstreuhänder nach einem 65% nicht übersteigenden Anteil an der Betriebsleistung der betreuten Kanzlei.

Erfüllungsgehilfen

§ 83. (1) Berufsberechtigte sind berechtigt, sich ihrer Angestellten im internen Kanzleibetrieb und im Außenverkehr mit Klienten und Behörden als Erfüllungsgehilfen zu bedienen.

(2) Berufsberechtigte sind verpflichtet, dafür zu sorgen, dass sich ihre Angestellten im Verkehr mit Klienten oder Behörden jederzeit durch eine schriftliche Vollmacht ausweisen können.

(3) Verbindliche Erklärungen kann außer dem Berufsberechtigten selbst nur sein Vertreter gemäß § 81 oder § 82 oder ein von ihm besonders ermächtigter Berufsberechtigter oder Berufsanwärter abgeben.

Provisionen – Provisionsvorbehalt

§ 84. Berufsberechtigten ist die Annahme oder die Gewährung von Provisionen oder die Weitergabe von Aufträgen unter Provisionsvorbehalt verboten.

Ruhen der Befugnis

§ 85. (1) Berufsberechtigte sind berechtigt, auf ihre Befugnis zur selbständigen Ausübung ihres Wirtschaftstreuhandberufes vorübergehend zu verzichten.

(2) Der Eintritt des Ruhens ist der Kammer der Wirtschaftstreuhänder unverzüglich schriftlich anzuzeigen. Die Kammer der Wirtschaftstreuhänder hat den Eintritt des Ruhens im Verzeichnis der Mitglieder gemäß § 173 erkenntlich zu machen.

(3) Berufsberechtigte sind nicht verpflichtet, während des Ruhens ihrer Berufsberechtigung die Vermögensschaden-Haftpflichtversicherung aufrecht zu halten. Im Falle des Ruhens der Berufsberechtigung während eines gesamten Kalenderjahres entfällt die

Verpflichtung zur Meldung gemäß § 71 Abs. 3 letzter Satz.

(4) Die Beendigung des Ruhens ist der Kammer der Wirtschaftstreuhänder unverzüglich schriftlich anzuzeigen. Der schriftlichen Anzeige auf Beendigung des Ruhens sind die Belege zum Nachweis der Erfüllung der allgemeinen Voraussetzungen gemäß § 8 Abs. 1 und der Fortbildungsverpflichtung gemäß § 71 Abs. 3 in den beiden vorangehenden Kalenderjahren anzuschließen.

(5) Die Kammer der Wirtschaftstreuhänder hat die Wiederaufnahme der Berufstätigkeit zu untersagen, wenn

1. keine Belege gemäß Abs. 4 vorgelegt werden oder

2. die Allgemeinen Voraussetzungen gemäß § 8 Abs. 1 nicht vorliegen oder

3. die Fortbildungsverpflichtung gemäß § 71 Abs. 3 in den der Wiederaufnahme vorangehenden beiden Kalenderjahren nicht erfüllt wurde oder

4. im Falle der persönlichen Wiederaufnahme der Berufstätigkeit durch eine natürliche Person nach mehr als siebenjährigem Ruhen.

(6) Von einer Untersagung ist im Fall des Abs. 5 Z 4 abzusehen, wenn der Berufsberechtigte in dieser Zeit überwiegend facheinschlägig gearbeitet hat und die Fortbildungsverpflichtung gemäß § 71 Abs. 3 in den der Wiederaufnahme vorangegangenen beiden Kalenderjahren erfüllt wurde.

(7) Im Falle der persönlichen Wiederaufnahme der Berufstätigkeit durch eine natürliche Person nach mehr als siebenjährigem Ruhen hat die Kammer der Wirtschaftstreuhänder diese Wiederaufnahme von der Ablegung der mündlichen Fachprüfung abhängig zu machen, wenn der Berufsberechtigte in dieser Zeit nicht überwiegend facheinschlägig gearbeitet hat. Bei Ablegung der mündlichen Fachprüfung ist Abs. 5 Z 3 nicht anzuwenden.

(8) Über die Untersagung der Wiederaufnahme ist ein schriftlicher Bescheid zu erlassen. Dieser Bescheid ist dem Berufsberechtigten zu eigenen Handen zuzustellen.

(9) Die Kammer der Wirtschaftstreuhänder hat die Beendigung des Ruhens im Verzeichnis der Mitglieder gemäß § 173 erkenntlich zu machen.

Weitere Meldepflichten

§ 86. Berufsberechtigte sind verpflichtet, der Kammer der Wirtschaftstreuhänder binnen einem Monat schriftlich sämtliche Änderungen, welche die Voraussetzungen für die öffentliche Bestellung oder die Anerkennung betreffen, zu melden.

2. Abschnitt
Maßnahmen zur Verhinderung der Geldwäsche und der Terrorismusfinanzierung

Allgemeines – Begriffsbestimmungen

§ 87. (1) Die Bestimmungen dieses Abschnittes setzen für den Bereich der Wirtschaftstreuhandberufe die Geldwäsche-RL um.

(2) Im Sinne dieses Abschnittes bedeutet

1. „Geldwäsche" die folgenden Handlungen, wenn sie vorsätzlich begangen werden:

a) der Umtausch oder Transfer von Vermögensgegenständen in Kenntnis der Tatsache, dass diese Vermögensgegenstände aus einer kriminellen Tätigkeit stammen, zum Zwecke der Verheimlichung oder Verschleierung des illegalen Ursprungs der Vermögensgegenstände oder der Unterstützung von Personen, die an einer solchen Tätigkeit beteiligt sind, damit diese den Rechtsfolgen ihrer Tat entgehen oder

b) die Verheimlichung oder Verschleierung der wahren Natur, Herkunft, Lage, Verfügung oder Bewegung von Vermögensgegenständen oder von Rechten oder Eigentum an Vermögensgegenständen in Kenntnis der Tatsache, dass diese Vermögensgegenstände aus einer kriminellen Tätigkeit oder aus der Teilnahme an einer solchen Tätigkeit stammen oder

c) der Erwerb, der Besitz oder die Verwendung von Vermögensgegenständen, wenn dem Betreffenden bei der Übernahme dieser Vermögensgegenstände bekannt war, dass sie aus einer kriminellen Tätigkeit oder aus der Teilnahme an einer solchen Tätigkeit stammen oder

d) die Beteiligung an einer der unter den Buchstaben a, b und c aufgeführten Handlungen, Zusammenschlüsse zur Ausführung einer solchen Handlung, Versuche einer solchen Handlung, Beihilfe, Anstiftung oder Beratung zur Ausführung einer solchen Handlung oder Erleichterung ihrer Ausführung,

2. „Kriminelle Tätigkeit" jede Form der strafbaren Beteiligung an der Begehung der folgenden Straftaten, unabhängig davon, ob ihr Tatort gemäß § 67 Abs. 2 des Strafgesetzbuches (StGB), BGBl. Nr. 60/1974, innerhalb oder außerhalb Österreichs liegt:

a) Urkundenfälschung gemäß § 223 StGB mit dem Ziel, eine terroristische Straftat gemäß § 278c StGB zu begehen oder sich an einer terroristischen Vereinigung gemäß § 278b Abs. 2 StGB zu beteiligen,

b) gerichtlich strafbare Handlungen nach den §§ 27 oder 30 des Suchtmittelgesetzes (SMG), BGBl I Nr. 112/1997 und

c) alle Straftaten, die mit Freiheitsstrafe von mehr als einem Jahr belegt werden können, jedoch in die Zuständigkeit der Gerichte fallende Finanzvergehen im Zusammenhang mit direkten und indirekten Steuern nach österreichischem Recht nur nach der Maßgabe, dass eine solche Freiheitsstrafe nach den §§ 33, 35 und 37 FinStrG bei Begehung als Mitglied einer Bande oder unter Gewaltanwendung (§ 38a FinStrG) verhängt werden kann, sowie Finanzvergehen nach §§ 39 und 40 FinStrG.

3. „Vermögensgegenstand" Vermögenswerte aller Art, ob körperlich oder nichtkörperlich, beweglich oder unbeweglich, materiell oder immateriell, und Rechtstitel oder Urkunden in jeder – einschließlich elektronischer oder digitaler – Form, die das Eigentumsrecht

oder Rechte an solchen Vermögenswerten belegen; dazu zählen auch unkörperliche Spekulationsobjekte wie Einheiten virtueller Währungen und die auf diese entfallenden Wertzuwächse, nicht aber bloße Ersparnisse wie etwa nicht eingetretene Wertverluste, Forderungsverzichte oder ersparte Aus- oder Abgaben,

4. „Stammen", dass der Täter der strafbaren Handlung den Vermögensgegenstand durch die Tat erlangt oder für ihre Begehung empfangen hat oder wenn sich in ihm der Wert des ursprünglich erlangten oder empfangenen Vermögensgegenstandes verkörpert,

5. „Terrorismusfinanzierung" die Bereitstellung oder Sammlung finanzieller Mittel, gleichviel auf welche Weise, unmittelbar oder mittelbar, mit dem Vorsatz, dass sie ganz oder teilweise dazu verwendet werden, eine der folgenden Straftaten zu begehen:

a) Terroristische Vereinigung gemäß § 278b StGB,

b) Terroristische Straftaten gemäß § 278c StGB,

c) Terrorismusfinanzierung gemäß § 278d StGB,

d) Ausbildung für terroristische Zwecke gemäß § 278e StGB,

e) Anleitung zur Begehung einer terroristischen Straftat gemäß § 278f StGB,

f) Schwerer Diebstahl gemäß § 128 StGB mit dem Ziel, eine terroristische Straftat gemäß § 278c StGB zu begehen,

g) Erpressung gemäß § 144 StGB oder schwere Erpressung gemäß § 145 StGB mit dem Ziel, eine terroristische Straftat gemäß § 278c StGB zu begehen,

h) Urkundenfälschung gemäß § 223 StGB oder Fälschung besonders geschützter Urkunden gemäß § 224 StGB mit dem Ziel, eine terroristische Straftat gemäß § 278c StGB zu begehen oder sich an einer terroristischen Vereinigung zu beteiligen gemäß § 278b Abs. 2 StGB,

6. „Finanzielle Mittel" Bar- und Buchgeld sowie Einheiten virtueller Währungen, ungeachtet der Herkunft aus legalen oder illegalen Quellen,

7. „Verdacht" einen begründeten Verdacht, die Annahme der Wahrscheinlichkeit des Vorliegens eines bestimmten Sachverhalts, die sich aufgrund der Kenntnis darauf hinweisender Tatsachen ergibt. Diese Annahme hat über eine bloße Vermutung hinauszugehen,

8. „Geschäftsbeziehung" jedes Handeln eines Berufsberechtigten in Ausübung seines Berufes für Dritte, wenn über eine kostenlose Erstberatung hinaus weitere Dienste oder Aufträge erfolgen und bei deren Zustandekommen des Kontakts davon ausgegangen wird, dass sie von einer gewissen Dauer sein soll,

9. „Transaktion" einen Vorgang, der auf den Übergang von Werten von der Einflusssphäre des Auftraggebers in jene einer anderen Person abzielt,

10. „gelegentliche Transaktion" Transaktion außerhalb einer Geschäftsbeziehung, die sich auf 15 000 EUR oder mehr beläuft, und zwar unabhängig davon, ob diese Transaktion in

einem einzigen Vorgang oder in mehreren Vorgängen, zwischen denen eine Verbindung zu bestehen scheint, ausgeführt wird,

11. „Geldwäschemeldestelle" die Meldestelle für die Abgabe einer Geldwäscheverdachtsmeldung gemäß § 4 Abs. 2 Z 1 und 2 des Bundeskriminalamt-Gesetzes (BKA-G), BGBl. I Nr. 22/2002,

12. „Auftraggeber" eine Person, die einen Berufsberechtigten rechtswirksam einen Auftrag erteilt hat und dieser Auftrag vom Berufsberechtigten verbindlich angenommen wurde,

13. "Führungsebene" Führungskräfte oder Mitarbeiter mit ausreichendem Wissen über die Risiken, die für den Berufsberechtigten in Bezug auf Geldwäsche oder Terrorismusfinanzierung bestehen, und ausreichendem Dienstalter, um Entscheidungen mit Auswirkungen auf die Risikolage treffen zu können, wobei es sich nicht in jedem Fall um ein Mitglied der gesetzlichen Vertretung des Berufsberechtigten handeln muss,

14. „Politisch exponierte Person" eine natürliche Person, die wichtige öffentliche Ämter ausübt oder ausgeübt hat; hierzu zählen insbesondere

a) Staatschefs, Regierungschefs, Minister, stellvertretende Minister und Staatssekretäre,

b) Parlamentsabgeordnete oder Mitglieder vergleichbarer Gesetzgebungsorgane,

c) Mitglieder der Führungsgremien politischer Parteien,

d) Mitglieder von obersten Gerichtshöfen, Verfassungsgerichtshöfen oder sonstigen hohen Gerichten, gegen deren Entscheidungen, von außergewöhnlichen Umständen abgesehen, kein Rechtsmittel mehr eingelegt werden kann,

e) Mitglieder von Rechnungshöfen oder der Leitungsorgane von Zentralbanken,

f) Botschafter, Geschäftsträger und hochrangige Offiziere der Streitkräfte,

g) Mitglieder der Verwaltungs-, Leitungs- oder Aufsichtsorgane staatseigener Unternehmen und

h) Direktoren, stellvertretende Direktoren und Mitglieder des Leitungsorgans oder eine vergleichbare Funktion bei internationalen Organisationen,

Keine der unter a bis h genannten öffentlichen Funktionen umfasst Funktionsträger mittleren oder niedrigeren Ranges,

15. „Familienmitglieder" insbesondere:

a) den Ehepartner einer politisch exponierten Person oder eine dem Ehepartner einer politisch exponierten Person gleichgestellte Person,

b) die Kinder einer politisch exponierten Person und deren Ehepartner oder dem Ehepartner gleichgestellte Personen und

c) die Eltern einer politisch exponierten Person,

16. „bekanntermaßen nahestehende Personen"

a) natürliche Personen, die bekanntermaßen gemeinsam mit einer politisch exponierten Person wirtschaftliche Eigentümer von juristischen Personen oder Rechtsvereinbarungen sind oder sonstige enge Geschäftsbeziehungen zu einer solchen politisch exponierten Person unterhalten und

b) natürliche Personen, die alleinige wirtschaftliche Eigentümer einer juristischen Person oder einer Rechtsvereinbarung sind, welche bekanntermaßen de facto zu Gunsten einer politisch exponierten Person errichtet wurde,

17. „Gruppe" eine Gruppe von Unternehmen, die aus einem Mutterunternehmen, seinen Tochterunternehmen und den Unternehmen, an denen das Mutterunternehmen oder seine Tochterunternehmen eine Beteiligung halten, besteht, sowie Unternehmen, die untereinander durch eine Beziehung im Sinne von Art. 22 der Richtlinie 2013/34/EU über den Jahresabschluss, den konsolidierten Abschluss und damit verbundene Berichte von Unternehmen bestimmter Rechtsformen und zur Änderung der Richtlinie 2006/43/EG des Europäischen Parlaments und des Rates und zur Aufhebung der Richtlinien 78/660/EWG und 83/349/EWG des Rates, ABl. Nr. L 182 vom 29.06.2013 S. 19, zuletzt geändert durch die Richtlinie 2013/102/EU, ABl. Nr. L 334 vom 21.11.2014 S. 86, („Konzernaufstellungspflicht") verbunden sind,

18. „wirtschaftlicher Eigentümer"

a) einen wirtschaftlichen Eigentümer in sinngemäßer Anwendung des § 2 des Wirtschaftliche Eigentümer Registergesetzes (WiEReG), BGBl. I Nr. 136/2017, mit der Maßgabe, dass unter Rechtsträgern auch ausländische Gesellschaften, sonstige juristische Personen sowie Trusts und trustähnliche Vereinbarungen, die den in § 1 Abs. 2 WiEReG genannten vergleichbar sind und dass § 2 Z 1 WiEReG

aa) auf börsennotierte Gesellschaften, deren Wertpapiere zum Handel auf einem geregelten Markt in einem oder mehreren Mitgliedstaaten zugelassen sind, sowie

bb) auf börsennotierte Gesellschaften aus Drittländern, die Offenlegungsanforderungen unterliegen, die dem Unionsrecht entsprechen oder mit diesem vergleichbar sind,

nicht anzuwenden ist, und

b) eine natürliche Person, in deren Auftrag eine Transaktion oder Tätigkeit ausgeführt wird,

19. „virtuelle Währungen" eine digitale Darstellung eines Werts, die von keiner Zentralbank oder öffentlichen Stelle emittiert wurde oder garantiert wird und nicht zwangsläufig an eine gesetzlich festgelegte Währung angebunden ist und

die nicht den gesetzlichen Status einer Währung oder von Geld besitzt, aber von natürlichen oder juristischen Personen als Tauschmittel akzeptiert wird und die auf elektronischem Wege übertragen, gespeichert und gehandelt werden kann und

20. „Proliferationsfinanzierung" die Bereitstellung oder Sammlung finanzieller Mittel, gleichviel auf welche Weise, unmittelbar oder mittelbar, mit dem Vorsatz, dass sie ganz oder teilweise einer Person zugutekommen, die im Zusammenhang mit der völkerrechtswidrigen Verbreitung von Massenvernichtungswaffen einer finanziellen Sanktion des Sicherheitsrates der Vereinten Nationen unterliegt,

21. „gezielte finanzielle Sanktionen": sowohl das Einfrieren von Vermögenswerten als auch das Verbot, Gelder oder andere Vermögenswerte unmittelbar oder mittelbar zugunsten der Personen und Organisationen bereitzustellen, die in Beschlüssen des Rates auf der Grundlage von Art. 29 EUV auf der Grundlage von Art. 215 AEUV benannt wurden, und

22. „gezielte finanzielle Sanktionen im Zusammenhang mit Proliferationsfinanzierung": die unter Z 21 genannten gezielten finanziellen Sanktionen, die gemäß dem Beschluss (GASP) Nr. 849/2016 über restriktive Maßnahmen gegen die Demokratische Volksrepublik Korea und zur Aufhebung des Beschlusses 2013/183/GASP, ABl. Nr. L 141 vom 28.05.2016 S. 79, und dem

Beschluss (GASP) Nr. 413/2010 über restriktive Maßnahmen gegen die Demokratische Volksrepublik Korea und zur Aufhebung des Beschlusses 2013/183/GASP, ABl. Nr. L 141 vom 28.05.2016 S. 79, sowie gemäß der Verordnung (EU) Nr. 1509/2017 über restriktive Maßnahmen gegen die Demokratische Volksrepublik Korea und zur Aufhebung der Verordnung (EG) Nr. 329/2007, ABl. Nr. L 224 vom 31.08.2017 S. 1, und der Verordnung (EU) Nr. 267/2012 über restriktive Maßnahmen gegen Iran und zur Aufhebung der Verordnung (EU) Nr. 961/2010, ABl. Nr. L 88 vom 24.03.2012 S. 1, verhängt werden.

(3) Soweit die Bestimmungen der §§ 87 bis 105 und davon abgeleiteter Rechtsakte auf Terrorismusfinanzierung Bezug nehmen, erstreckt sich diese Bezugnahme sinngemäß auch auf die Nichtumsetzung und Umgehung gezielter finanzieller Sanktionen im Zusammenhang mit Proliferationsfinanzierung.

Risikobasierter Ansatz

§ 88. (1) Berufsberechtigte sind bei Ausübung ihrer beruflichen Tätigkeit verpflichtet, die in diesem Abschnitt festgelegten Pflichten risikobasiert zu erfüllen. Risiko bedeutet in diesem Abschnitt dabei die Gefahr, dass Dienste eines Berufsberechtigten für Geldwäsche oder für Zwecke der Terrorismusfinanzierung missbraucht werden. Durch eine risikobasierte Ausgestaltung der innerorganisatorischen Maßnahmen, der Sorgfaltspflichten gegenüber Auftraggebern sowie der Meldepflichten ist diese missbräuchliche Inanspruchnahme von Diensten des Berufsberechtigten zu verhindern.

(2) Die risikobasierte Erfüllung verlangt eine qualitative Risikobeurteilung des Berufsberechtigten. Dieser hat dabei vorliegende, für den Wirkungsbereich des Berufsberechtigten einschlägige Risikoanalysen der EU und der Republik Österreich ebenso einzubeziehen wie die in den Anhängen 1 bis 3 der Geldwäsche-RL genannten Risikofaktoren, soweit sie für seine konkrete Tätigkeit einschlägig sind.

(3) Die Dokumentation der im Rahmen der Risikobeurteilung gemäß Abs. 2 verwendeten Strategien, Kontrollen und Verfahren hat dabei Größe und Komplexität der Kanzlei, Dauer und Art der erbrachten Dienstleistung, Person eines Auftraggebers oder wirtschaftlichen Eigentümers, Auftraggeberstruktur und Regionen, in denen der Berufsberechtigte seine Dienstleistungen erbringt, zu berücksichtigen.

Sorgfaltspflichten gegenüber Auftraggebern auslösende Umstände

§ 89. Auftraggeberbezogene Sorgfaltspflichten sind auf risikobasierter Grundlage einzuhalten bei

1. Begründung einer Geschäftsbeziehung oder
2. Ausführung gelegentlicher Transaktionen oder
3. Verdacht auf Geldwäsche oder Terrorismusfinanzierung, ungeachtet etwaiger Ausnahmeregelungen, Befreiungen oder Schwellenwerte oder
4. Zweifel an der Richtigkeit oder Eignung erhaltener Auftraggeberidentifikationsdaten.

Umfang der Sorgfaltspflichten gegenüber Auftraggebern

§ 90. Unter Berücksichtigung des risikobasierten Ansatzes umfassen die Sorgfaltspflichten des Berufsberechtigten gegenüber Auftraggebern:

1. die Feststellung und Überprüfung der Identität des Auftraggebers auf der Grundlage von Dokumenten, Daten oder Informationen, die von einer glaubwürdigen und unabhängigen Quelle stammen, einschließlich elektronischer Mittel für die Identitätsfeststellung. Die Kammer der Wirtschaftstreuhänder hat durch Verordnung festlegen, unter welchen Voraussetzungen die elektronische Identitätsfeststellung (Online-Identifikation) möglich ist. In dieser Verordnung sind insbesondere Anforderungen an die Datensicherheit, Fälschungssicherheit und an jene Personen, die die Online-Identifikation durchführen sowie Sicherungsmaßnahmen zur Vorbeugung von Missbrauch, festzulegen,
2. die Feststellung der Identität des wirtschaftlichen Eigentümers und die Ergreifung angemessener Maßnahmen zur Überprüfung seiner Identität. Im Falle von juristischen Personen, Trusts, Gesellschaften, Stiftungen und ähnlichen Rechtsvereinbarungen schließt dies angemessene Maßnahmen ein, um die Eigentums- und Kontrollstruktur des Auftraggebers zu verstehen. Ist der ermittelte wirtschaftliche Eigentümer ein Angehöriger der Führungsebene im Sinne des

§ 2 Abs. 1 lit. b WiEReG, sind zudem Aufzeichnungen über die ergriffenen Maßnahmen und über etwaige während des Überprüfungsvorgangs aufgetretene Schwierigkeiten zu führen. Eine angemessene Maßnahme ist die Einsicht in das Register der wirtschaftlichen Eigentümer nach Maßgabe des § 11 WiEReG,

3. die Feststellung und die Überprüfung der Identität des Vertreters eines Auftraggebers sowie die Vergewisserung über das Vorliegen einer aufrechten Vertretungsbefugnis,

4. die Bewertung – und gegebenenfalls Einholung – von Informationen über den Zweck und die angestrebte Art der Geschäftsbeziehung,

5. die kontinuierliche Überwachung der Geschäftsbeziehung, einschließlich einer Überprüfung der im Verlauf der Geschäftsbeziehung ausgeführten Transaktionen, um sicherzustellen, dass diese mit den Kenntnissen über den Auftraggeber, seine Geschäftstätigkeit und sein Risikoprofil, einschließlich erforderlichenfalls der Herkunft der Mittel, übereinstimmen, und die Gewährleistung, dass die betreffenden Dokumente, Daten oder Informationen auf aktuellem Stand gehalten werden und

6. die Einrichtung und Anwendung angemessener Risikomanagementsysteme einschließlich risikobasierter Verfahren, um feststellen zu können, ob es sich bei einem Auftraggeber oder einem wirtschaftlichen Eigentümer eines Auftraggebers um eine

politisch exponierte Person handelt. Im Falle von Geschäftsbeziehungen zu politisch exponierten Personen ist die Zustimmung der Führungsebene einzuholen, bevor Geschäftsbeziehungen zu diesen Personen aufgenommen oder fortgeführt werden.

Zeitliche Maßgaben für Sorgfaltspflichten gegenüber Auftraggebern

§ 91. (1) Die Überprüfung der Identität des Auftraggebers und das Ergreifen angemessener Maßnahmen zur Feststellung der Identität des wirtschaftlichen Eigentümers gemäß § 90 Z 1 und Z 2 hat vor Begründung einer Geschäftsbeziehung oder Ausführung einer Transaktion zu erfolgen.

(2) Sofern ein geringes Risiko der Geldwäsche oder Terrorismusfinanzierung besteht, kann abweichend von Abs. 1 die Überprüfung der Identität des Auftraggebers und des wirtschaftlichen Eigentümers gemäß § 90 Z 1 und Z 2 erst während der Begründung einer Geschäftsbeziehung abgeschlossen werden, wenn dies notwendig ist, um den normalen Geschäftsablauf nicht zu unterbrechen. In diesem Fall sind die betreffenden Verfahren so bald wie möglich nach dem ersten Kontakt abzuschließen.

(3) Die Sorgfaltspflichten gegenüber Auftraggebern sind nicht nur auf alle neuen Auftraggeber, sondern zu geeigneter Zeit, auch auf die bestehenden Auftraggeber auf risikobasierter Grundlage anzuwenden. Die Sorgfaltspflichten sind umgehend zu erfüllen, wenn sich bei einem Auftraggeber maßgebliche Umstände ändern oder wenn der Berufsberechtigte rechtlich verpflichtet ist, den Auftraggeber im Laufe des betreffenden Kalenderjahres zu kontaktieren, um

etwaige einschlägige Informationen über den oder die wirtschaftlichen Eigentümer zu überprüfen.

(4) Zu Beginn einer neuen Geschäftsbeziehung mit einem Rechtsträger gemäß § 1 WiEReG haben die Berufsberechtigten einen Auszug aus dem Register der wirtschaftlichen Eigentümer gemäß § 9 oder § 10 WiEReG als Nachweis der Registrierung der wirtschaftlichen Eigentümer einzuholen. Zu Beginn einer neuen Geschäftsbeziehung mit einer Gesellschaft, einem Trust, einer Stiftung, einer mit einer Stiftung vergleichbaren juristischen Person oder mit einer trustähnlichen Rechtsvereinbarung mit Sitz in einem anderen Mitgliedstaat oder in einem Drittland, die mit einem Rechtsträger im Sinne des § 1 WiEReG vergleichbar sind, haben die Berufsberechtigten einen Nachweis der Registrierung oder einen Auszug einzuholen, sofern dessen wirtschaftliche Eigentümer in einem den Anforderungen der Art. 30 oder 31 der Geldwäsche-RL entsprechendem Register registriert werden müssen und es den Berufsberechtigten nach dem Recht des betreffenden anderen Mitgliedstaats oder des Drittlandes möglich ist, einen solchen Nachweis zu erhalten.

Nichterfüllbarkeit von Sorgfaltspflichten gegenüber Auftraggebern

§ 92. (1) Kann den Sorgfaltspflichten gegenüber Auftraggebern gemäß § 90 Z 1, Z 2 und Z 4 nicht nachgekommen werden, darf eine Geschäftsbeziehung nicht begründet oder eine Transaktion nicht ausgeführt werden. Bestehende Geschäftsbeziehungen sind in diesem Fall zu beenden. Der Berufsberechtigte hat zudem eine Verdachtsmeldung gemäß § 96 Abs. 3 an die Geldwäschemeldestelle unter Beachtung der Voraussetzungen

der Meldeverpflichtungen in Erwägung zu ziehen.

(2) Abs. 1 gilt nicht, wenn die Voraussetzungen des § 96 Abs. 9 vorliegen.

Vereinfachte Sorgfaltspflichten gegenüber Auftraggebern

§ 93. (1) Stellt ein Berufsberechtigter im Rahmen seiner generellen Risikoüberprüfung fest, dass in bestimmten Bereichen nur ein geringeres Risiko besteht, so können für Geschäftsbeziehungen in diesen Bereichen prinzipiell vereinfachte Sorgfaltspflichten gegenüber Auftraggebern angewendet werden. Bevor die Berufsberechtigten vereinfachte Sorgfaltspflichten gegenüber Auftraggebern anwenden, vergewissern sie sich, dass die Geschäftsbeziehung oder die Transaktion tatsächlich mit einem geringeren Risiko verbunden ist.

(2) Die Kammer der Wirtschaftstreuhänder hat im Rahmen einer Ausübungsrichtlinie gemäß § 72 auf Grundlage folgender Risikoarten mögliche Faktoren für ein potenziell geringeres Risiko festzulegen:

1. Faktoren bezüglich des Auftraggeberrisikos,
2. Faktoren bezüglich des Produkt-, Dienstleistungs-, Transaktions- oder Vertriebskanalrisikos und
3. Faktoren bezüglich des geografischen Risikos.

(3) Die Kammer der Wirtschaftstreuhänder kann in ihrer Funktion als Aufsichtsbehörde darüber hinaus Arten von Geschäftsbeziehungen festlegen, die aufgrund des eingeschränkten Tätigkeitsumfangs und des damit verbundenen Risikos ebenfalls als Tätigkeiten mit einem geringen Geldwäscherisiko anzusehen sind.

**Verstärkte Sorgfaltspflichten
gegenüber Auftraggebern**

§ 94. (1) In folgenden Fällen müssen die Berufsberechtigten verstärkte Sorgfaltspflichten zur angemessenen Steuerung und Minderung der Risiken anwenden:

1. Bei allen komplexen oder ungewöhnlich großen Transaktionen oder ungewöhnlichen Transaktionsmustern oder Transaktionen ohne offensichtlichen wirtschaftlichen oder rechtmäßigen Zweck,

2. bei Geschäftsbeziehungen oder Transaktionen, an denen Drittländer mit hohem Risiko gemäß der Delegierte Verordnung (EU) 2016/1675, ABl. Nr. L 254 vom 20.9.2016 S. 1, beteiligt sind,

3. in allen von der Kammer der Wirtschaftstreuhänder gemäß Abs. 4 festgelegten Fällen,

4. bei Transaktionen mit oder Geschäftsbeziehungen zu politisch exponierten Personen, ihren Familienangehörigen und politisch exponierten Personen bekanntermaßen nahestehenden Personen, und

5. in anderen Fällen mit höheren Risiken, die der Berufsberechtigte ermittelt hat.

(2) Die in Abs. 1 genannten Fälle sind jedenfalls einer verstärkten Überprüfung zu unterziehen. Bei komplexen oder ungewöhnlich großen Transaktionen sind insbesondere Hintergrund und Zweck mit angemessenen Mitteln zu erforschen.

(3) Bei Transaktionen oder Geschäftsbeziehungen gemäß Abs. 1 Z 4 sind angemessene Maßnahmen zu ergreifen, um die Herkunft des Vermögens oder der im Rahmen der Transaktion verwendeten finanziellen Mittel zu bestimmen und die Geschäftsbeziehung einer verstärkten fortlaufenden Überwachung zu unterziehen. Ist eine politisch exponierte Person nicht mehr mit einem öffentlichen Amt in einem Mitgliedstaat oder Drittland oder mit einem wichtigen öffentlichen Amt bei einer internationalen Organisation betraut, so haben die Berufsberechtigten für mindestens zwölf Monate das von dieser Person weiterhin ausgehende Risiko zu berücksichtigen und so lange angemessene und risikobasierte Maßnahmen zu treffen, bis davon auszugehen ist, dass von dieser Person kein Risiko mehr ausgeht, das spezifisch für politisch exponierte Personen ist.

(4) Die Kammer der Wirtschaftstreuhänder kann in ihrer Funktion als Aufsichtsbehörde Bereiche festlegen, die aufgrund des eingeschränkten Tätigkeitsumfangs und des damit verbundenen Risikos ebenfalls als Tätigkeiten mit einem höheren Risiko der Geldwäsche oder Terrorismusfinanzierung anzusehen sind. Dabei sind Leitlinien gemäß Art. 18 Abs. 4 der Geldwäsche-RL zu beachten. Die Kammer der Wirtschaftstreuhänder hat im Rahmen der Ausübungsrichtlinie gemäß § 72 auf Grundlage folgender Risikoarten mögliche Faktoren für ein potenziell höheres Risiko festzulegen:

1. Faktoren bezüglich des Auftraggeberrisikos,

2. Faktoren bezüglich des Produkt-, Dienstleistungs-, Transaktions- oder Vertriebskanalrisikos und

3. Faktoren bezüglich des geografischen Risikos.

(5) Auf Geschäftsbeziehungen oder Transaktionen gemäß Abs. 1 Z 2 sind folgende verstärkte Sorgfaltsmaßnahmen gegenüber dem Auftraggeber anzuwenden:

1. Einholung zusätzlicher Informationen über den Auftraggeber und die wirtschaftlichen Eigentümer,

2. Einholung zusätzlicher Informationen über die angestrebte Art der Geschäftsbeziehung,

3. Einholung von Informationen über die Herkunft der Gelder und die Herkunft des Vermögens des Auftraggebers und der wirtschaftlichen Eigentümer,

4. Einholung von Informationen über die Gründe für die geplanten oder durchgeführten Transaktionen,

5. Einholung der Zustimmung ihrer Führungsebene zur Schaffung oder Weiterführung der Geschäftsbeziehung und

6. verstärkte kontinuierliche Überwachung der Geschäftsbeziehung durch eine weitere Erhöhung der Häufigkeit und der Intervalle der Kontrollen und durch die zusätzliche Auswahl von Transaktionsmustern, die einer weiteren Prüfung bedürfen.

(6) Die Kammer der Wirtschaftstreuhänder hat in Bezug auf Geschäftsbeziehungen und Transaktionen gemäß Abs. 1 Z 2 in ihrer Funktion als Aufsichtsbehörde zusätzliche Maßnahmen im Sinne des Art. 18a Abs. 2 der Geldwäsche-RL durch Verordnung festzulegen. Sie hat dabei einschlägige Evaluierungen, Bewertungen oder Berichte internationaler Organisationen oder von Einrichtungen für die Festlegung von Standards mit Kompetenzen im Bereich der Verhinderung von Geldwäsche und der Bekämpfung der Terrorismusfinanzierung hinsichtlich der von einzelnen Drittländern ausgehenden Risiken zu berücksichtigen und die Europäische Kommission vor dem Erlass oder der Anwendung zu unterrichten.

(7) Bei Zweigstellen und bei mehrheitlich im Besitz des Berufsberechtigten befindlichen Tochterunternehmen, die ihren Standort in Drittländern mit hohem Risiko haben, müssen bei Geschäftsbeziehungen und Transaktionen gemäß Abs. 1 Z 2 nicht automatisch verstärkte Sorgfaltspflichten gegenüber Auftraggebern angewandt werden, wenn sich diese Zweigstellen oder Tochterunternehmen uneingeschränkt an die gruppenweit anzuwendenden Strategien und Verfahren gemäß § 99 halten und diese Fälle nach einem risikobasierten Ansatz gehandhabt werden.

Ausführung durch Dritte

§ 95. (1) Hinsichtlich der in § 90 Z 1 bis 3 aufgezählten Sorgfaltspflichten kann für die Erfüllung dieser Pflichten auf Dritte zurückgegriffen werden. Die endgültige Verantwortung für die Erfüllung dieser Pflichten verbleibt jedoch bei jenem Berufsberechtigten, der auf einen oder mehrere Dritte zurückgreift. Der Berufsberechtigte hat die erforderlichen Informationen zur Erfüllung der nach § 90 Z 1 bis 3 normierten Sorgfaltspflichten einzuholen und unter Anwendung angemessener Schritte dafür zu sorgen, dass der Dritte auf Ersuchen umgehend Kopien der maßgeblichen Daten hinsichtlich der Feststellung und Überprüfung der Identität des Auftraggebers oder des wirtschaftlichen Eigentümers einschließlich Informationen, soweit verfügbar, die mittels elektronischer Mittel für die Identitätsfeststellung, einschlägiger Vertrauensdienste gemäß der Verordnung (EU) Nr. 910/2014 über elektronische Identifizierung und Vertrauensdienste für elektronische Transaktionen im Binnenmarkt und zur Aufhebung der Richtlinie 1999/93/EG, ABl. L 257 vom 28.08.2014, S. 73, oder mittels anderer regulierter, anerkannter, gebilligter oder akzeptierter sicherer Verfahren zur Identifizierung aus der Ferne oder auf elektronischem Weg eingeholt wurden, vorlegt.

(2) Um auf eine Erfüllung der Sorgfaltspflichten durch Dritte zurückgreifen zu können, haben diese folgende Voraussetzungen zu erfüllen:

1. Sie sind Verpflichtete im Sinne des Art. 2 der Geldwäsche-RL und

2. sie unterliegen Sorgfalts- und Aufbewahrungspflichten sowie einer Aufsicht, die der Geldwäsche-RL entsprechen.

(3) Bei Dritten, die ihren Sitz in einem Mitgliedstaat der EU haben, gelten die Voraussetzungen des Abs. 2 Z 2 als erfüllt. Dritte mit Sitz in Ländern mit hohem Risiko erfüllen die Voraussetzungen nicht, es sei denn, es handelt sich dabei um Zweigstellen oder mehrheitlich im Besitz der Berufsberechtigten befindliche Tochterunternehmen, wenn sich diese uneingeschränkt an die gruppenweit anzuwendenden Strategien und Verfahren gemäß § 99 halten.

(4) Den Anforderungen gemäß Abs. 1 und 2 ist bei Anwendung von gruppenweit anzuwendenden Strategien und Verfahren gemäß § 99 entsprochen, wenn

1. der Berufsberechtigte Informationen eines Dritten heranzieht, der derselben Gruppe angehört,

2. die in dieser Gruppe angewandten Sorgfaltspflichten, Aufbewahrungsvorschriften und Programme zur Bekämpfung von Geldwäsche und Terrorismusfinanzierung mit der Geldwäsche-RL oder gleichwertigen Vorschriften in Einklang stehen und

3. die effektive Umsetzung der unter Z 2 genannten Anforderungen auf Gruppenebene von der Kammer der Wirtschaftstreuhänder oder einer zuständigen Behörde des Drittlandes beaufsichtigt wird.

Meldepflichten

§ 96. (1) Der Berufsberechtigte hat die Geldwäschemeldestelle von sich aus mittels einer Meldung umgehend zu informieren, wenn er bei Ausübung seiner beruflichen Tätigkeit Kenntnis davon erhält oder den Verdacht hat, dass finanzielle Mittel unabhängig vom betreffenden Betrag aus kriminellen Tätigkeiten stammen oder mit Terrorismusfinanzierung in Verbindung stehen. Der Berufsberechtigte hat etwaigen Aufforderungen der Geldwäschemeldestelle zur Übermittlung zusätzlicher Auskünfte betreffend die Verhinderung, Aufdeckung und wirksamen Bekämpfung der Geldwäsche und der Terrorismusfinanzierung umgehend Folge zu leisten. Die Verdachtsmeldung und alle zu leistenden Auskünfte sind in einem geläufigen elektronischen Format unter Verwendung der durch die Geldwäschemeldestelle festgelegten, sicheren Kommunikationskanäle zu übermitteln.

(2) Die Geldwäschemeldestelle kann im Rahmen ihrer Aufgaben vom Berufsberechtigten Informationen zur Verhinderung, Aufdeckung und wirksamen Bekämpfung der Geldwäsche und der Terrorismusfinanzierung anfordern, einholen und nutzen, selbst wenn keine vorherige Meldung gemäß Abs. 1 erstattet wurde. Der Berufsberechtigte hat der Geldwäschemeldestelle auf schriftliches Verlangen unmittelbar über die durch die Geldwäschemeldestelle festgelegten,

sicheren Kommunikationskanäle alle erforderlichen Auskünfte zur Verfügung zu stellen.

(3) Der Berufsberechtigte muss in Erwägung ziehen, eine Verdachtsmeldung gemäß Abs. 1 an die Geldwäschemeldestelle zu erstatten, wenn er bei einem Auftraggeber seinen Sorgfaltspflichten in Bezug auf die Feststellung und Überprüfung der Identität des Auftraggebers, des wirtschaftlichen Eigentümers oder der Bewertung und angemessenen Informationseinholung über Zweck und angestrebte Art der Geschäftsbeziehung nicht nachkommen kann.

(4) Berufsberechtigte dürfen Transaktionen, von denen sie wissen oder vermuten, dass sie mit finanziellen Mitteln aus kriminellen Tätigkeiten oder Terrorismusfinanzierung in Verbindung stehen, erst dann durchführen, wenn die in Abs. 1 vorgesehenen Maßnahmen abgeschlossen sind. Darüber sind in geeigneter Weise Aufzeichnungen zu erstellen und für die Dauer von fünf Jahren nach Beendigung der Geschäftsbeziehung mit den Auftraggebern oder nach dem Zeitpunkt einer gelegentlichen Transaktion aufzubewahren und vorbehaltlich anderer gesetzlicher Vorschriften dann zu löschen.

(5) Die Abwicklung einer unter Abs. 4 fallende Transaktion darf unter Beachtung anderer, insbesondere strafrechtlicher Rechtsvorschriften fortgeführt werden, wenn die Geldwäschemeldestelle dies ohne weitere Auflage gestattet oder die Berufsberechtigten alle besonderen Anweisungen der Geldwäschemeldestelle im Einklang mit dem österreichischen Recht befolgt haben. Die Geldwäschemeldestelle ist nicht berechtigt, Berufsberechtigten Anweisungen zu einem Verhalten zu geben, das einem strafrechtlichen Tatbestand entspricht.

(6) Die Berufsberechtigten sind berechtigt, von der Geldwäschemeldestelle zu verlangen, dass diese entscheidet, ob gegen die unverzügliche Durchführung von Aufträgen oder Transaktionen Bedenken bestehen. Äußert sich die Geldwäschemeldestelle bis zum Ende des folgenden Werktages nicht, so darf der Auftrag unverzüglich durchgeführt werden.

(7) Falls die Unterlassung der Abwicklung des Auftrages oder der Transaktion aber nicht möglich ist oder durch eine solche Unterlassung die Ermittlung des Sachverhalts erschwert oder verhindert würde, so hat der Berufsberechtigte der Geldwäschemeldestelle unmittelbar nach der Abwicklung die nötige Information zu erteilen.

(8) Die Übermittlung aller Informationen nach Abs. 1, 2, 4 und 7 kann durch speziell vom Berufsberechtigten beauftragte Personen erfolgen.

(9) Die Pflichten nach Abs. 1 bis 7 sind für Berufsberechtigte nicht anzuwenden, wenn es sich um Informationen handelt, die

1. diese von einem oder über einen ihrer Auftraggeber im Rahmen der Beurteilung der Rechtslage für diesen erhalten oder erlangen oder

2. diese im Rahmen ihrer Tätigkeit als Verteidiger oder Vertreter dieses Auftraggebers in einem Gerichts- oder sonstigem behördlichen Verfahren erhalten oder erlangen oder

3. diese betreffend ein solches Verfahren, einschließlich einer Beratung über das Betreiben oder Vermeiden eines derartigen Verfahrens, erhalten oder erlangen,

und die sie vor oder nach einem derartigen Verfahren bzw. während eines derartigen Verfahrens erhalten oder erlangen.

(10) Die Pflichten nach Abs. 1 bis 7 bleiben allerdings bestehen, wenn die Berufsberechtigten wissen, dass der Auftraggeber ihre Rechtsberatung bewusst für den Zweck der Geldwäsche oder Terrorismusfinanzierung in Anspruch nimmt.

(11) Geben Berufsberechtigte, deren Angestellte oder leitendes Personal im guten Glauben Informationen gemäß den Abs. 1, 2, 4 oder 7 weiter oder wird in diesem Zusammenhang ein Auftrag nicht durchgeführt, so gilt dies nicht als Verletzung einer vertraglich oder durch Rechts- oder Verwaltungsvorschriften geregelten Beschränkung der Informationsweitergabe und zieht für den Berufsberechtigten oder sein leitendes Personal oder seine Angestellten keinerlei Haftung nach sich, und zwar auch nicht in Fällen, in denen ihnen die zugrunde liegende kriminelle Tätigkeit oder die in Verbindung stehende Terrorismusfinanzierung nicht genau bekannt war, und unabhängig davon, ob tatsächlich eine rechtswidrige Handlung begangen wurde.

(12) Berufsberechtigte, ihr leitendes Personal, ihre Angestellten oder ihre Vertreter, die innerhalb des Unternehmens des Berufsberechtigten, innerhalb der Gruppe oder gegenüber der Geldwäschemeldestelle eine Meldung nach Abs. 1, 2, 4 oder 7 erstatten oder einen Verdacht auf Geldwäsche oder Terrorismusfinanzierung melden, dürfen deswegen weder

1. benachteiligt, insbesondere nicht beim Entgelt, beim beruflichen Aufstieg, bei Maßnahmen der Aus- und Weiterbildung, bei der Versetzung oder bei der Beendigung des Arbeitsverhältnisses, oder

2. nach strafrechtlichen Vorschriften verantwortlich gemacht werden,

es sei denn, die Meldung ist vorsätzlich unwahr abgegeben worden. Dem Arbeitgeber oder einem Dritten steht ein Schadenersatzanspruch nur bei einer offenbar unrichtigen Meldung, die der Arbeitnehmer mit Schädigungsvorsatz erstattet hat, zu. Die Berechtigung zur Abgabe von Meldungen darf vertraglich nicht eingeschränkt werden. Entgegenstehende Vereinbarungen sind unwirksam.

(13) Die Geldwäschemeldestelle ist ermächtigt anzuordnen, dass eine laufende oder bevorstehende Transaktion, die der Meldepflicht gemäß § 96 unterliegt, unterbleibt oder vorläufig aufgeschoben wird und dass Aufträge des Auftraggebers über Geldausgänge nur mit Zustimmung der Geldwäschemeldestelle durchgeführt werden dürfen. Die Geldwäschemeldestelle hat die Staatsanwaltschaft ohne unnötigen Aufschub von der Anordnung zu verständigen. Der Auftraggeber ist ebenfalls zu verständigen, wobei die Verständigung des Auftraggebers längstens für fünf Werktage aufgeschoben werden kann, wenn diese ansonsten die Verfolgung der Begünstigten einer verdächtigen Transaktion behindern könnte. Der Berufsberechtigte ist über den Aufschub der Verständigung des Auftraggebers zu informieren. Die Verständigung des Auftraggebers hat den Hinweis zu enthalten, dass er oder ein sonst Betroffener berechtigt sei, Beschwerde wegen Verletzung seiner Rechte an das zuständige Verwaltungsgericht zu erheben.

(14) Die Geldwäschemeldestelle hat die Anordnung nach Abs. 13

aufzuheben, sobald die Voraussetzungen für die Erlassung weggefallen sind oder die Staatsanwaltschaft erklärt, dass die Voraussetzungen für eine Beschlagnahme gemäß § 109 Z 2 und § 115 Abs. 1 Z 3 StPO nicht bestehen. Die Anordnung tritt im Übrigen außer Kraft,

1. wenn seit ihrer Erlassung sechs Monate vergangen sind oder

2. sobald das Gericht über einen Antrag auf Beschlagnahme gemäß § 109 Z 2 und § 115 Abs. 1 Z 3 StPO rechtskräftig entschieden hat.

(15) Die Geldwäschemeldestelle hat den Berufsberechtigten Zugang zu aktuellen Informationen über Methoden der Geldwäsche und der Terrorismusfinanzierung und über Anhaltspunkte zu verschaffen, an denen sich verdächtige Transaktionen erkennen lassen. Soweit dies praktikabel ist, hat sie ebenso dafür zu sorgen, dass eine zeitgerechte Rückmeldung an den Berufsberechtigten in Bezug auf die Wirksamkeit von Verdachtsmeldungen und die daraufhin getroffenen Maßnahmen erfolgt.

Verbot der Informationsweitergabe

§ 97. (1) Berufsberechtigte sowie deren leitendes Personal und deren Angestellte dürfen weder den betroffenen Auftraggeber noch Dritte davon in Kenntnis setzen, dass eine Übermittlung von Informationen an die Geldwäschemeldestelle gerade erfolgt, erfolgen wird oder erfolgt ist oder dass eine Analyse wegen Geldwäsche oder Terrorismusfinanzierung gerade stattfindet oder stattfinden könnte. In Anwendung des Verbots der Informationsweitergabe besteht für personenbezogene Daten kein Zugangsrecht für betroffene Personen.

(2) Das Verbot nach Abs. 1 bezieht sich nicht auf die Weitergabe von Informationen an die Geldwäschemeldestelle und die Aufsichtsbehörde gemäß § 101 Abs. 1 oder auf die Weitergabe von Informationen zu Strafverfolgungszwecken.

(3) Das Verbot nach Abs. 1 steht einer Informationsweitergabe zwischen den Berufsberechtigten oder Einrichtungen aus Drittländern, in denen der Geldwäsche-RL gleichwertige Anforderungen gelten, nicht entgegen, sofern sie ihre berufliche Tätigkeit, ob als Angestellte oder nicht, in derselben juristischen Person oder in einer umfassenderen Struktur ausüben, der die Person angehört und die gemeinsame Eigentümer oder eine gemeinsame Leitung hat oder über eine gemeinsame Kontrolle in Bezug auf die Einhaltung der einschlägigen Vorschriften verfügt.

(4) Bei den Berufsberechtigten steht das Verbot nach Abs. 1 in Fällen, die sich auf denselben Auftraggeber oder dieselbe Transaktion beziehen und an denen zwei oder mehr Verpflichtete im Sinne der Geldwäsche-RL beteiligt sind, einer Informationsweitergabe zwischen den betreffenden Verpflichteten nicht entgegen, sofern es sich bei diesen um Verpflichtete aus einem Mitgliedstaat oder um Einrichtungen in einem Drittland, in dem der Geldwäsche-RL gleichwertige Anforderungen gelten, handelt und sofern sie derselben Berufskategorie im Sinne des Art. 2 Abs. 1 Z 3 der Geldwäsche-RL angehören und Verpflichtungen in Bezug auf das Berufsgeheimnis und den Schutz personenbezogener Daten unterliegen.

(5) Bemühen sich ein Berufsberechtigter, dessen leitendes Personal oder dessen Angestellte, einen Auftraggeber davon

abzuhalten, eine rechtswidrige Handlung zu begehen, gilt dies nicht als Informationsweitergabe im Sinne des Abs. 1.

(6) Berufsberechtigte haben, wenn sie Kenntnis davon erhalten, den Verdacht oder berechtigten Grund zu der Annahme haben, dass ein meldepflichtiger Sachverhalt gemäß § 96 vorliegt und sie vernünftigerweise davon ausgehen können, dass die Anwendung der Sorgfaltspflichten gegenüber Kunden die Verfolgung der Begünstigten einer verdächtigen Transaktion behindern könnte, die Anwendung der Sorgfaltspflichten gegenüber Kunden auszusetzen und haben stattdessen die Geldwäschemeldestelle umgehend mittels Verdachtsmeldung zu informieren.

Dokumentations- und Aufbewahrungspflichten

§ 98. (1) Berufsberechtigte haben zumindest fünf Jahre nach dem letzten Geschäftsfall bzw. nach der Durchführung einer Transaktion aufzubewahren:

1. Unterlagen, die der Erfüllung von Sorgfaltspflichten gegenüber Auftraggebern dienen,

2. Belege und Aufzeichnungen von Transaktionen,

3. Unterlagen, die im Zusammenhang mit abgegebenen Verdachtsmeldungen erstellt wurden und

4. Unterlagen im Zusammenhang mit der Risikoeinstufung des Auftraggebers.

(2) Die Berufsberechtigten haben alle personenbezogenen Daten, die sie ausschließlich für die Zwecke dieses Bundesgesetzes verarbeitet haben, nach Ablauf der Aufbewahrungsfristen nach Abs. 1 zu löschen, es sei denn, Vorschriften anderer Bundesgesetze erfordern oder berechtigen zu einer längeren Aufbewahrungsfrist. Keine Löschung der Daten darf bis zur rechtskräftigen Beendigung eines anhängigen Ermittlungs-, Haupt- oder Rechtsmittelverfahrens wegen § 165, § 278a, § 278b, § 278c, § 278d oder § 278e StGB erfolgen, wenn der Berufsberechtigte davon nachweislich Kenntnis erlangt hat.

Innerorganisatorische Maßnahmen

§ 99. (1) Berufsberechtigte müssen zur Verhinderung von Geldwäsche und Terrorismusfinanzierung geeignete Maßnahmen treffen, die in einem angemessenen Verhältnis zu Art und Umfang ihrer Geschäftätigkeit stehen. Sie haben auf risikobasierter Basis insbesondere

1. angemessene und geeignete Strategien und Verfahren einzuführen für:
   a) Die Einhaltung der Sorgfaltspflichten gegenüber Auftraggebern, wobei auch dies Maßnahmen beinhaltet, in Bezug auf neue Produkte, Praktiken und Technologien, zum Ausgleich der damit im Zusammenhang stehenden Risiken,
   b) Verdachtsmeldungen,
   c) die Aufbewahrung von Aufzeichnungen,
   d) die Risikobewertung und das Risikomanagement in Bezug auf Geschäftsbeziehungen und Transaktionen und
   e) geeignete Kontroll- und Informationssysteme in ihren Kanzleien sowie

2. das in ihrer Kanzlei befasste Personal
   a) bereits bei Einstellung einer Überprüfung im Hinblick

auf Geldwäsche und Terrorismusfinanzierung zu unterziehen,

b) mit den Bestimmungen, die der Verhinderung und der Bekämpfung der Geldwäsche und der Terrorismusfinanzierung dienen, nachweislich vertraut zu machen und

c) in besonderen Fortbildungsprogrammen zu schulen.

(2) Berufsberechtigte haben einen besonderen Beauftragten zur Sicherstellung der Einhaltung der Bestimmungen dieses Bundesgesetzes zu bestellen, wenn dies nach Art und Umfang der Geschäftstätigkeit erforderlich ist. Die Position des besonderen Beauftragten ist so einzurichten, dass dieser lediglich dem Leitungsorgan gegenüber verantwortlich ist und dem Leitungsorgan direkt – ohne Zwischenebenen – zu berichten hat. Weiters ist ihm freier Zugang zu sämtlichen Informationen, Daten, Aufzeichnungen und Systemen, die in irgendeinem möglichen Zusammenhang mit Geldwäsche und Terrorismusfinanzierung stehen könnten, sowie ausreichende Befugnisse zur Durchsetzung der Einhaltung der Bestimmungen dieses Bundesgesetzes einzuräumen. Berufsberechtigte haben durch entsprechende organisatorische Vorkehrungen sicherzustellen, dass die Aufgaben des besonderen Beauftragten jederzeit vor Ort erfüllt werden können. Berufsberechtigte haben sicherzustellen, dass der besondere Beauftragte jederzeit über ausreichende Berufsqualifikationen, Kenntnisse und Erfahrungen verfügt (fachliche Qualifikation) und zuverlässig und integer ist (persönliche Zuverlässigkeit).

(3) Berufsberechtigte haben, soweit angebracht, ein Mitglied des Leitungsorgans zu bestimmen, das für die Einhaltung der Bestimmungen, die der Verhinderung oder der Bekämpfung der Geldwäsche oder der Terrorismusfinanzierung dienen, zuständig ist.

(4) Nähere Details zu den oben angeführten Pflichten hat die Kammer der Wirtschaftstreuhänder durch Verordnung festlegen.

(5) Berufsberechtigte, die Teil einer Gruppe sind, haben gruppenweit anzuwendende Strategien und Verfahren einzurichten, darunter Datenschutzstrategien sowie Strategien und Verfahren für den Informationsaustausch innerhalb der Gruppe für die Zwecke der Bekämpfung von Geldwäsche und Terrorismusfinanzierung. Diese Strategien und Verfahren müssen auf Ebene der Zweigstellen und der mehrheitlich im Besitz des oder der Berufsberechtigten befindlichen Tochterunternehmen in Mitgliedstaaten und Drittländern wirksam umgesetzt werden.

(6) Berufsberechtigte mit Niederlassungen in einem anderen EU-Mitgliedstaat haben sicherzustellen, dass diese Niederlassungen den zur Umsetzung der Geldwäsche-RL verabschiedeten nationalen Rechtsvorschriften des anderen EU-Mitgliedstaats Folge leisten.

(7) Berufsberechtigte haben sicherzustellen, dass ihre Zweigstellen oder mehrheitlich in ihrem Besitz befindliche Tochterunternehmen in Drittländern, in denen die Mindestanforderungen an die Bekämpfung von Geldwäsche und Terrorismusfinanzierung weniger streng sind als die Anforderungen nach dem österreichischen Recht, die Anforderungen des österreichischen Rechts, einschließlich in Bezug auf den Datenschutz, anwenden, soweit das Recht des Drittlandes dies zulässt. Zudem haben sie sicherzustellen, dass von Zweigstellen oder mehrheitlich in ihrem Besitz befindlichen

Tochterunternehmen in diesem Drittland zusätzliche Maßnahmen angewendet werden, um dem Risiko der Geldwäsche oder Terrorismusfinanzierung wirksam zu begegnen und die Kammer der Wirtschaftstreuhänder darüber zu unterrichten. Reichen die zusätzlichen Maßnahmen nicht aus, hat die Kammer der Wirtschaftstreuhänder zusätzliche Aufsichtsmaßnahmen zu treffen. Diese Aufsichtsmaßnahmen sind, dass die Gruppe in dem Drittland keine Geschäftsbeziehungen eingeht oder diese beendet und keine Transaktionen in dem Drittland vornimmt, und nötigenfalls, dass die Gruppe ihre Geschäfte dort einstellt.

(8) Die Weitergabe von Informationen innerhalb einer Gruppe ist zulässig.

Hinweisgebersystem

§ 100. (1) Bei der Kammer der Wirtschaftstreuhänder hat ein internetbasiertes Hinweisgebersystem zu bestehen, über welches Hinweise auf Verstöße gegen die in §§ 88 bis 99 genannten Pflichten auch anonym gemeldet werden können.

(2) Die Kammer der Wirtschaftstreuhänder hat durch Verordnung festzulegen,

1. wie Hinweise über das Hinweisgebersystem abgegeben werden können,

2. welches Verfahren an die Abgabe eines solchen Hinweises anschließt,

3. welcher Schutz vor rechtlichen und faktischen Sanktionierungen, Benachteiligungen und Diskriminierungen Hinweisgebern zukommt,

4. welche Rechte dem durch einen Hinweis Beschuldigten zukommen,

5. wie den notwendigen Erfordernissen des

Datenschutzes in Bezug auf Hinweisgeber und Beschuldigte Rechnung zu tragen ist und

6. in welchem Ausmaß aus verfahrensrechtlichen Gründen Ausnahmen von der Hinweisgebern ansonsten soweit wie möglich zu gewährenden Vertraulichkeit gegenüber ihren Arbeitgebern bestehen.

(3) Die Kammer der Wirtschaftstreuhänder hat durch Verordnung festzulegen, in welchem Ausmaß Berufsberechtigte unternehmensinterne Hinweisgebersysteme einzurichten haben, über die ihre Angestellten oder Personen in einer vergleichbaren Position Verstöße gegen die in §§ 88 bis 99 genannten Pflichten anonym melden können.

(4) Die Abgabe von Hinweisen über ein Hinweisgebersystem nach Abs. 1 oder 3 gilt nicht als Verletzung einer vertraglich oder durch Rechts- oder Verwaltungsvorschriften geregelten Beschränkung der Informationsweitergabe und zieht für den Hinweisgeber keinerlei Haftung nach sich, und zwar auch nicht in Fällen, in denen ihm der zugrunde liegende Verstoß gegen die in den §§ 88 bis 99 genannten Pflichten nicht genau bekannt war, und unabhängig davon, ob tatsächlich eine rechtswidrige Handlung begangen wurde.

Aufsicht

§ 101. (1) Die Aufsicht über die Einhaltung der Bestimmungen dieses Abschnittes obliegt der Kammer der Wirtschaftstreuhänder im Rahmen ihrer Aufgaben gemäß § 152 Abs. 2 Z 4. Die Kammer der Wirtschaftstreuhänder ist zuständige Behörde im Sinne des Art. 48 der Geldwäsche-RL. Die Aufsicht umfasst die risikobasierte Prüfung der Vorkehrungen, die ein Berufsberechtigter zur Einhaltung der

135

Bestimmungen dieses Abschnittes in seinem Betrieb getroffen hat, einschließlich einer Nachschau beim Berufsberechtigten.

(2) Der Aufsicht nach den Bestimmungen dieses Abschnittes unterliegen alle Berufsberechtigten, die ihren Beruf selbständig im eigenen Namen und auf eigene Rechnung ausüben. Berufsberechtigte, deren Befugnis gemäß § 85 ruht, unterliegen nicht der Aufsicht.

(3) Die der Aufsicht unterliegenden Berufsberechtigten haben der Kammer der Wirtschaftstreuhänder auf Verlangen alle Auskünfte zu erteilen und Unterlagen vorzulegen, die in Hinblick auf die Vorkehrungen zur Erfüllung der Sorgfaltspflichten von Bedeutung sind. Die Kammer der Wirtschaftstreuhänder kann, auch anlassunabhängig, prüfen, ob entsprechende Vorkehrungen zur Einhaltung der Sorgfaltspflichten nach den Bestimmungen dieses Abschnittes vorgesehen sind und eingehalten werden. Die mit der Prüfung befassten Personen sind berechtigt, die Geschäftsräume der Berufsberechtigten zu betreten. Innerhalb der üblichen Geschäftszeiten ist diesen für Zwecke einer Nachschau Zutritt zu gewähren.

(4) Alle im Rahmen der Aufsicht erforderlichen Entscheidungen sind vom Ausschuss für die Aufsicht gemäß § 159 Abs. 4 zu treffen.

(5) Die Kammer der Wirtschaftstreuhänder hat die Geldwäschemeldestelle umgehend zu unterrichten, wenn sie im Rahmen von Prüfungen von Berufsberechtigten gemäß § 102 oder bei anderen Gelegenheiten Tatsachen aufdecken, die mit Geldwäsche oder Terrorismusfinanzierung zusammenhängen könnten.

(6) Die Kammer der Wirtschaftstreuhänder hat jährlich einen Bericht mit Informationen über Maßnahmen zur Überprüfung der Einhaltung der Sorgfaltspflichten gegenüber Auftraggebern, Verdachtsmeldungen, Aufbewahrungs- und Aufzeichnungsverpflichtungen und interne Kontrollen bei den Berufsberechtigten, verhängte Maßnahmen-Sanktionen gemäß § 105, die Anzahl der erhaltenen Berichte über Verstöße im Wege des Hinweisgebersystems gemäß § 100 Abs. 1 sowie die Anzahl und Beschreibung der Maßnahmen gemäß § 102 zu veröffentlichen. Für Zwecke der Erstellung dieses Berichts hat die Abschlussprüferaufsichtsbehörde der Kammer der Wirtschaftstreuhänder die erforderlichen Informationen über die gemäß § 102 Abs. 4 von Prüfungen gemäß § 102 Abs. 1 Z 1 ausgenommenen Berufsberechtigten zu übermitteln.

Prüfungen

§ 102. (1) Die Kammer der Wirtschaftstreuhänder kann Prüfungen der Vorkehrungen zur Einhaltung der Bestimmungen dieses Abschnittes bei Berufsberechtigten vornehmen:

1. anlassunabhängig nach einem risikobasierten Ansatz oder
2. anlassbezogen, insbesondere bei Eintritt wichtiger Ereignisse oder Entwicklungen in der Geschäftsleitung und Geschäftstätigkeit der Berufsberechtigten.

(2) Eine Prüfung der Vorkehrungen kann erfolgen durch:

1. eine Bewertung anhand von durch den Betrieb des Berufsberechtigten zur Verfügung gestellten Unterlagen und
2. eine Nachschau im Betrieb des Berufsberechtigten einschließlich einer stichprobenmäßigen

Nachschau in Auftragsunterlagen.

(3) Eine Nachschau im Betrieb eines Berufsberechtigten hat durch Experten gemäß § 103 zu erfolgen. Bei der Auswahl des für eine Nachschau zuständigen Experten sind die beruflichen Befangenheitsbestimmungen zu beachten. Wechselseitige Nachschauen sind unzulässig. Eine Nachschau ist dem Berufsberechtigten zumindest eine Woche im Vorhinein schriftlich anzukündigen. Nach erfolgter Nachschau hat der Experte einen Bericht zu erstellen und diesen mit einer abschließenden Beurteilung zu versehen. Der Bericht ist der Kammer der Wirtschaftstreuhänder zu übermitteln.

(4) Berufsberechtigte, die im öffentlichen Register gemäß § 52 APAG eingetragen sind, sind von Prüfungen gemäß Abs. 1 Z 1 ausgenommen. Die Abschlussprüferaufsichtsbehörde hat Verstöße von Berufsberechtigten gegen Bestimmungen dieses Abschnittes, die bei der Durchführung von Qualitätssicherungsprüfungen gemäß § 24 APAG, Sonderprüfungen gemäß § 38 Abs. 2 Z 2 APAG, Inspektionen gemäß § 43 APAG oder Untersuchungen gemäß § 61 APAG festgestellt werden, der Kammer der Wirtschaftstreuhänder unter Beischluss des bezughabenden Auszugs des jeweiligen Berichts schriftlich mitzuteilen.

(5) Die Kosten einer Prüfung gemäß Abs. 1 Z 2, insbesondere die Entlohnung des Experten gemäß § 103 Abs. 4, sind vom geprüften Berufsberechtigten zu tragen. Die Kosten einer Prüfung gemäß Abs. 1 Z 1 können dem geprüften Berufsberechtigten ganz oder teilweise übertragen werden. Nähere Bestimmungen dazu hat die Geschäftsordnung zu treffen.

(6) Unterliegt ein gemäß § 101 Abs. 2 der Aufsicht unterliegender Berufsangehöriger aufgrund anderer Berufsberechtigungen Präventionspflichten zur Verhinderung der Geldwäsche und der Terrorismusfinanzierung, die den Anforderungen der Geldwäsche-RL entsprechen und deren Einhaltung einer dieser Richtlinie entsprechenden Aufsicht einer anderen Behörde unterliegt, sind Ergebnisse von aufsichtsrechtlichen Prüfungen dieser Behörden bei der Durchführung von Prüfungen gemäß Abs. 1 Z 1 zu berücksichtigen. Unter Berücksichtigung von § 104 Abs. 1 kann von der Fortsetzung einer Prüfung nach Abs. 1 Z 1 abgesehen werden, sofern diese unter Zugrundelegung des jeweiligen Risikos nicht erforderlich ist.

Experten

§ 103. (1) Der Vorstand hat eine Liste von Experten zu erstellen. Die Liste hat eine ausreichende Zahl an Experten zu enthalten, um die für die Aufsicht erforderlichen Nachschauen angemessen durchführen zu können. Die Experten sind zu entnehmen aus:

1. der Liste der Untersuchungskommissäre gemäß § 140 und

2. der Liste der Qualitätsprüfer gemäß § 26 Abs. 5 APAG.

(2) Weitere Voraussetzung für die Bestellung als Experte ist der Nachweis einer einschlägigen Schulung in angemessenem Umfang auf dem Gebiet der Verhinderung der Geldwäsche und der Terrorismusfinanzierung längstens ein Jahr vor der erfolgten Bestellung.

(3) Voraussetzung für die Bestellung einer Gesellschaft zum Experten ist die aufrechte Bestellung zumindest eines Vorstandsmitgliedes oder eines Geschäftsführers oder eines persönlich haftenden Gesellschafters als Experte.

(4) Experten haben einen Anspruch auf Entlohnung. Diese hat sich insbesondere an den berufsüblichen Grundsätzen, der Größe des zu überprüfenden Betriebes und der dafür aufzuwendenden Zeit zu orientieren. Nähere Bestimmungen dazu hat die Geschäftsordnung zu treffen. Für Experten gilt § 140 Abs. 3 gleichermaßen.

Risikobasierter Ansatz der Aufsicht

§ 104. (1) Prüfungen gemäß § 102 haben nach einem risikobasierten Ansatz zu erfolgen. Die Häufigkeit und Intensität der Prüfungen hat sich am jeweiligen Risikoprofil der Berufsberechtigten sowie an bestehenden Risiken von Geldwäsche und Terrorismusfinanzierung in Österreich zu orientieren. Dabei sind den Berufsberechtigten zustehende Ermessensspielräume und die auf diesen basierenden Risikobewertungen zu berücksichtigen.

(2) Der Bundesminister für Arbeit und Wirtschaft sowie die Geldwäschemeldestelle sind verpflichtet, der Kammer der Wirtschaftstreuhänder die erforderlichen Informationen zu bestehenden Risiken von Geldwäsche und Terrorismusfinanzierung in Österreich zur Verfügung zu stellen und ein klares Verständnis über die vorhandenen Risiken zu vermitteln. Die Kammer der Wirtschaftstreuhänder hat, wenn sie Informationen von der Geldwäschemeldestelle im Wege der Amtshilfe oder des Informationsaustausches erhält, der Geldwäschemeldestelle eine Rückmeldung über die Verwendung dieser Informationen und die Ergebnisse der auf Grundlage der bereitgestellten Informationen durchgeführten Ermittlungen oder Prüfungen zu geben.

(3) Die der Aufsicht nach diesem Abschnitt unterliegenden Berufsberechtigten sind verpflichtet, der Kammer der Wirtschaftstreuhänder auf Aufforderung die Bewertung ihres Risikos im Zusammenhang mit Geldwäsche und Terrorismusfinanzierung gemäß § 88 zu übermitteln. Eine neuerliche Bewertung hat in regelmäßigen Abständen und bei Eintritt wichtiger Ereignisse zu erfolgen. Als wichtige Ereignisse gelten insbesondere Änderungen in der Zusammensetzung der Geschäftsführung und Vertretung nach außen von Gesellschaften oder in der Geschäftstätigkeit des Berufsberechtigten.

(4) Zur Durchführung der risikobasierten Aufsicht hat die Kammer der Wirtschaftstreuhänder durch Verordnung Parameter festzulegen. Die der Aufsicht unterliegenden Berufsberechtigten sind verpflichtet, der Kammer der Wirtschaftstreuhänder die in diesem Zusammenhang erforderlichen Informationen zur Verfügung zu stellen. Bei der Durchführung der Aufsicht auf Basis des risikobasierten Ansatzes sind von Europäischen Aufsichtsbehörden gemäß Art. 48 Abs. 10 der Geldwäsche-RL veröffentlichten Leitlinien zur risikobasierten Aufsicht zu beachten.

Maßnahmen-Sanktionen

§ 105. (1) **(Verfassungsbestimmung)** Ein Berufsberechtigter, der vorsätzlich gegen die in diesem Abschnitt festgelegten Pflichten verstößt, begeht eine Verwaltungsübertretung und ist von der Kammer der Wirtschaftstreuhänder mit einer Geldstrafe von 400 Euro bis zu 20 000 Euro zu bestrafen.

(2) **(Verfassungsbestimmung)** Ein Berufsberechtigter, der schwerwiegend, wiederholt oder systematisch gegen die in §§ 89 bis 96 sowie §§ 98 und 99 festgelegten

138

Pflichten vorsätzlich verstößt, kann von der Kammer der Wirtschaftstreuhänder mit den folgenden Maßnahmen belegt werden:

1. eine Aufforderung an den Berufsberechtigten, die als pflichtwidrig festgestellte Verhaltensweise einzustellen und von einer Wiederholung abzusehen,

2. eine öffentliche Bekanntgabe des Berufsberechtigten und der Art des Verstoßes auf der Website der Kammer der Wirtschaftstreuhänder,

3. eine Geldstrafe in zweifacher Höhe des infolge des Verstoßes erzielten Gewinnes, sofern sich dieser beziffern lässt, andernfalls in Höhe von zumindest 400 Euro und bis zu 1 000 000 Euro,

4. ein vorübergehendes Verbot, die Geschäftsführung und Vertretung nach außen, einschließlich die Prokura einer Wirtschaftstreuhandgesellschaft auszuüben, oder

5. die Suspendierung der Berufsberechtigung gemäß § 106 Abs. 1 Z 7.

(3) Grundlage für die Bemessung der Verwaltungsstrafe nach Abs. 1 und der Maßnahme nach Abs. 2 ist die Schuld des Berufsberechtigten. Bei der Bemessung hat die Kammer der Wirtschaftstreuhänder auch auf die Auswirkungen der Verwaltungsstrafe oder Maßnahme und anderer zu erwartender Folgen der Tat auf das künftige Leben des Berufsberechtigten Bedacht zu nehmen. Ebenso ist darauf Bedacht zu nehmen, welchen Strafmaßes es bedarf, um derartigen Verstößen durch andere Berufsberechtigte entgegenzuwirken. Die Kammer der Wirtschaftstreuhänder hat bei der Festsetzung von Art und Höhe der Verwaltungsstrafen oder Maßnahmen alle maßgeblichen Umstände zu berücksichtigen, insbesondere:

1. die Schwere und die Dauer des Verstoßes,

2. den Verschuldensgrad der verantwortlich gemachten Person,

3. die Finanzkraft der verantwortlich gemachten Person, wie sie sich beispielsweise aus deren Gesamtumsatz oder Jahreseinkünften ableiten lässt,

4. die von der verantwortlichen Person durch den Verstoß erzielten Gewinne, sofern sie sich beziffern lassen,

5. die Verluste, die Dritten durch den Verstoß entstanden sind, sofern sie sich beziffern lassen,

6. die Bereitwilligkeit der verantwortlichen Person, mit der Kammer der Wirtschaftstreuhänder zusammenzuarbeiten und

7. frühere Verstöße der verantwortlichen Person.

(4) In dem in Abs. 2 genannten Fall können nach Maßgabe der Bemessung im Sinne des Abs. 3 die Maßnahmen nach Abs. 2 Z 1, 2 und 3 auch kombiniert werden. Die Maßnahmen nach Abs. 2 Z 4 oder 5 dürfen nur verhängt werden, wenn eine Maßnahme nach Abs. 2 Z 1, 2 und 3 oder eine Kombination aus den Maßnahmen nach Abs. 2 Z 1, 2 und 3 nicht ausreicht, um den Berufsberechtigten von einem weiteren Verstoß gegen die in diesem Abschnitt festgelegten Pflichten abzuhalten.

(5) **(Verfassungsbestimmung)** Die Kammer der Wirtschaftstreuhänder hat Geldstrafen gegen juristische Personen zu verhängen, wenn ein Verstoß gemäß Abs. 1 oder 2 zu ihren Gunsten von einer Person begangen

wurde, die allein oder als Teil eines Organs der juristischen Person gehandelt hat und die aufgrund einer der folgenden Befugnisse eine Führungsposition innerhalb der juristischen Person innehat:

1. Befugnis zur Vertretung der juristischen Person oder
2. Befugnis, Entscheidungen im Namen der juristischen Person zu treffen oder
3. Kontrollbefugnis innerhalb der juristischen Person.

(6) Juristische Personen sind wegen Pflichtverletzungen gemäß Abs. 1 oder 2 auch dann verantwortlich zu machen, wenn mangelnde Überwachung oder Kontrolle durch eine in Abs. 5 genannte Person die Begehung einer in Abs. 1 oder 2 genannten Pflichtverletzungen zugunsten der juristischen Person durch eine für sie tätige Person ermöglicht hat.

(7) **(Verfassungsbestimmung)** Bei einem Verstoß der in Abs. 5 genannten Person gegen Abs. 1 ist gegen die juristische Person eine Geldstrafe von 400 Euro bis zu 20 000 Euro zu verhängen. Bei einem Verstoß der in Abs. 5 genannten Person gegen Abs. 2 ist eine Geldstrafe bis zur zweifachen Höhe des infolge des Verstoßes erzielten Gewinnes, sofern sich dieser beziffern lässt, andernfalls in Höhe von zumindest 400 Euro und höchstens bis zu 1 000 000 Euro festgesetzt werden. Für die Bemessung der Geldstrafe gilt Abs. 3.

(8) Die Kammer der Wirtschaftstreuhänder hat von der Verhängung einer Geldstrafe gegen eine juristische Person abzusehen, wenn es sich um keinen schwerwiegenden, wiederholten oder systematischen Verstoß handelt und keine besonderen Umstände vorliegen, die einem Absehen von der Bestrafung entgegenstehen.

(9) Über die nach dieser Bestimmung verhängten Verwaltungsstrafen oder Maßnahmen hat die Kammer der Wirtschaftstreuhänder einen Bescheid zu erlassen. Die für die Verhängung von Disziplinar- und Verwaltungsstrafen anzuwendenden Verfahrensbestimmungen bleiben unberührt.

(10) Die Kammer der Wirtschaftstreuhänder hat alle nach dieser Bestimmung rechtskräftig verhängten Maßnahmen auf ihrer Website zu veröffentlichen. Die betroffene Person ist darüber vorab zu informieren. Eine Veröffentlichung der Identität oder personenbezogener Daten darf nicht unverhältnismäßig sein. Insbesondere bei Maßnahmen, die als geringfügig angesehen werden, ist bei der Bekanntmachung der Entscheidungen die Verhältnismäßigkeit zu wahren. Im Zweifel hat eine Veröffentlichung von Maßnahmen in anonymisierter Form zu erfolgen. Veröffentlichungen sind auf der Website der Kammer der Wirtschaftstreuhänder zumindest fünf Jahre öffentlich zugänglich zu halten.

(11) Das Verwaltungsstrafgesetz 1991 (VStG), BGBl. Nr. 52, ist anzuwenden.

(12) Die Kammer der Wirtschaftstreuhänder darf ausländischen Ersuchen um Amts- oder Rechtshilfe in Zusammenhang mit der Wahrnehmung von Sanktionen oder Maßnahmen entsprechen, wenn gewährleistet ist, dass auch der ersuchende Staat einem gleichartigen österreichischen Ersuchen entsprechen würde. Sie darf ausländische Behörden um Amts- und Rechtshilfe ersuchen, soweit einem gleichartigen Ersuchen eines anderen Staates ebenfalls entsprochen werden könnte.

(13) Hat der Berufsberechtigte für den Verstoß, für den er im Inland bestraft wird, schon im Ausland eine

Strafe verbüßt, so ist sie auf die im Inland verhängte Strafe anzurechnen.

5. Hauptstück

Suspendierung – Endigung – Verwertung

1. Abschnitt

Suspendierung

Voraussetzungen

§ 106. (1) Die Kammer der Wirtschaftstreuhänder hat die Ausübung eines Wirtschaftstreuhandberufes vorläufig zu untersagen bei

1. Verlust der vollen Handlungsfähigkeit oder

2. Vorliegen einer rechtswirksamen Anklageschrift gemäß §§ 210 bis 215 StPO, wegen des Verdachtes

   a) einer mit Vorsatz begangenen strafbaren Handlung, die mit mehr als dreimonatiger Freiheitsstrafe bedroht ist, oder

   b) einer mit Bereicherungsvorsatz begangenen gerichtlich strafbaren Handlung oder

   c) eines gerichtlich strafbaren Finanzvergehens oder

3. Verhängung der Untersuchungshaft wegen des Verdachtes einer der in Z 2 lit. a bis c aufgezählten Handlungen oder

4. rechtskräftiger Eröffnung eines Insolvenzverfahrens oder

5. bei Nichteröffnung oder Aufhebung eines Insolvenzverfahrens mangels kostendeckenden Vermögens oder

6. fehlender Vermögensschaden-Haftpflichtversicherung oder

7. wiederholten schwerwiegenden Verstößen gegen die Bestimmungen zur Verhinderung der Geldwäsche und der Terrorismusfinanzierung.

(2) Von einer Suspendierung ist in den Fällen des Abs. 1 Z 2 abzusehen, wenn die ordnungsgemäße Berufsausübung nicht gefährdet ist. Wird von einer Suspendierung abgesehen, ist die Kammer der Wirtschaftstreuhänder bis zur rechtskräftigen Beendigung des zugrundeliegenden Strafverfahrens berechtigt, vom Berufsberechtigten Auskünfte zu verlangen und Einschauen in der Kanzlei des Berufsberechtigten durchzuführen. Ergibt sich nachträglich eine Gefährdung der ordnungsgemäßen Berufsausübung, hat die Kammer der Wirtschaftstreuhänder die Suspendierung auszusprechen.

(3) Über die Suspendierung ist ein schriftlicher Bescheid zu erlassen. Der Bescheid über die Suspendierung ist dem Berufsberechtigten zu eigenen Handen zuzustellen. Im Fall des Abs. 1 Z 1 und bei Gesellschaften ist der Bescheid dem gesetzlichen Vertreter zuzustellen. Abweichend von § 13 Abs. 1 des Verwaltungsgerichtsverfahrensgesetz (VwGVG), BGBl. I Nr. 33/2013, kommt einer Beschwerde gegen einen Bescheid, mit dem Ausübung eines Wirtschaftstreuhandberufes vorläufig untersagt wird, keine aufschiebende Wirkung zu.

(4) Im Falle der vorläufigen Untersagung der Ausübung eines Wirtschaftstreuhandberufs von einer natürlichen Person oder Gesellschaft hat die Kammer der Wirtschaftstreuhänder umgehend einen Kanzleikurator zu bestellen. Es gelten die Bestimmungen des § 82 Abs. 3, Abs. 5, Abs. 8 und Abs. 10.

Aufhebung der Suspendierung

§ 107. Die Kammer der Wirtschaftstreuhänder hat die Suspendierung auf Antrag aufzuheben, wenn der Grund für eine Untersagung nicht mehr gegeben ist.

Veröffentlichung

(Anm.: § 108.) Die Kammer der Wirtschaftstreuhänder hat jede Suspendierung oder deren Aufhebung von Amts wegen im Mitgliederverzeichnis gemäß § 173 ersichtlich zu machen und gemäß § 106 Abs. 4 bestellte Kanzleikuratoren anzuführen.

2. Abschnitt

Erlöschen der Berechtigung

Allgemeines

§ 109. Die Berechtigung zur selbständigen Ausübung eines Wirtschaftstreuhandberufes erlischt durch

1. Verzicht gemäß § 110 oder
2. Widerruf der öffentlichen Bestellung gemäß § 111 oder
3. Widerruf der Anerkennung gemäß § 112 oder
4. Tod oder
5. Auflösung der Gesellschaft.

Verzicht

§ 110. (1) Berufsberechtigte sind berechtigt, auf ihre Berechtigung zur selbstständigen Ausübung ihres Wirtschaftstreuhandberufes zu verzichten.

(2) Der Verzicht auf die Berechtigung zur selbständigen Ausübung eines Wirtschaftstreuhandberufes ist der Kammer der Wirtschaftstreuhänder schriftlich zu erklären.

(3) Der Verzicht wird mit dem Datum wirksam, welches der Berufsberechtigte bestimmt hat, frühestens jedoch mit jenem Tag, an dem die Verzichtserklärung der Kammer der Wirtschaftstreuhänder zugekommen ist.

Widerruf der öffentlichen Bestellung

§ 111. (1) Die Kammer der Wirtschaftstreuhänder hat eine durch öffentliche Bestellung erteilte Berechtigung zur selbständigen Ausübung eines Wirtschaftstreuhandberufes zu widerrufen, wenn

1. eine der allgemeinen Voraussetzungen für die öffentliche Bestellung nicht mehr gegeben ist oder
2. die Einholung der Genehmigung gemäß § 82 Abs. 4 unterlassen wurde.

(2) Über den Widerruf der Bestellung ist ein schriftlicher Bescheid zu erlassen. In dem Bescheid, mit dem die öffentliche Bestellung widerrufen wird, ist gleichzeitig die Ausübung der Berufsbefugnis vorläufig gemäß § 106 zu untersagen. Einer Beschwerde gegen die vorläufige Untersagung der Ausübung der Berufsbefugnis kommt abweichend von § 13 Abs. 1 VwGVG keine aufschiebende Wirkung zu.

(3) Vom Widerruf der öffentlichen Bestellung ist in den Fällen des § 9 Z 1 lit. d abzusehen, wenn eine ordnungsgemäße Berufsausübung nicht gefährdet ist und die Folgen des Vergehens unbedeutend sind.

Widerruf der Anerkennung

§ 112. (1) Die Kammer der Wirtschaftstreuhänder hat eine durch Anerkennung erteilte Berechtigung zur Ausübung eines Wirtschaftstreuhandberufes zu widerrufen, wenn eine der Anerkennungsvoraussetzungen nicht mehr gegeben ist.

(2) Vor Widerruf einer Anerkennung hat die Kammer der Wirtschaftstreuhänder die

Gesellschaft aufzufordern, einen den Widerruf begründenden Umstand innerhalb folgender Fristen zu beseitigen:

1. in den Fällen des § 51 Abs. 1 Z 6 und des § 59 Abs. 1 Z 6 unverzüglich,

2. in den Fällen des § 51 Z 3 und Z 8 und des § 59 Abs. 1 Z 4 und Abs. 2 Z 1 lit. b, Z 2 lit. b und Z 3 lit. b innerhalb einer Frist von einem Monat und

3. in allen anderen Fällen innerhalb einer Frist von 6 Monaten.

(3) Über den Widerruf ist ein schriftlicher Bescheid zu erlassen. In dem Bescheid, mit dem die Anerkennung widerrufen wird, ist gleichzeitig die Ausübung der Berufsbefugnis vorläufig zu untersagen. Einer Beschwerde gegen die vorläufige Untersagung der Ausübung der Berufsbefugnis kommt abweichend von § 13 Abs. 1 VwGVG keine aufschiebende Wirkung zu.

Streichung – Veröffentlichung

§ 113. Auf Grund des Erlöschens der Berechtigung hat die Streichung aus dem Verzeichnis gemäß § 173 zu erfolgen.

3. Abschnitt

Verwertung

Fortführungsrecht

§ 114. Zur Fortführung der Kanzlei eines verstorbenen Berufsberechtigten sind berechtigt:

1. der überlebende Ehegatte gemäß § 115 oder der überlebende eingetragene Partner gemäß § 116 oder

2. die Kinder des verstorbenen Berufsberechtigten gemäß § 117 oder

3. der überlebende Ehegatte oder der überlebende eingetragene Partner gemeinsam mit den Kindern des verstorbenen Berufsberechtigten gemäß § 118.

Ehegatten

§ 115. (1) Voraussetzungen für das Fortführungsrecht des überlebenden Ehegatten sind:

1. der Übergang der Kanzlei in das ausschließliche Eigentum des überlebenden Ehegatten auf Grund einer Rechtsnachfolge von Todes wegen oder einer Schenkung auf den Todesfall und

2. die Nominierung eines Kanzleikurators durch den überlebenden Ehegatten oder die Bestellung eines Kanzleikurators durch die Kammer der Wirtschaftstreuhänder.

(2) Der Kanzleikurator muss zur selbständigen Ausübung des betreffenden Wirtschaftstreuhandberufes berechtigt sein.

(3) Eine Kanzlei darf nur im Namen und auf Rechnung des überlebenden Ehegatten weitergeführt werden.

(4) Das Fortführungsrecht des überlebenden Ehegatten endet

1. mit dem Ablauf von fünf Jahren ab Einantwortung oder

2. mit der Verwertung der Wirtschaftstreuhandkanzlei.

Eingetragene Partner

§ 116. Der überlebende eingetragene Partner ist unter sinngemäßer Anwendung der in § 115 normierten Voraussetzungen und Bedingungen zur Fortführung der Kanzlei des verstorbenen eingetragenen Partners berechtigt.

Kinder

§ 117. (1) Voraussetzungen für das Fortführungsrecht der Kinder sind:

1. der Übergang der Kanzlei in das ausschließliche Eigentum

von Kindern im Sinne des § 56 Abs. 2 des verstorbenen Berufsberechtigten auf Grund einer Rechtsnachfolge von Todes wegen oder einer Schenkung auf den Todesfall und

2. die Nominierung eines Kanzleikurators durch die Kinder oder deren gesetzliche Vertreter gemeinsam oder die Bestellung eines Kanzleikurators durch die Kammer der Wirtschaftstreuhänder.

(2) Der Kanzleikurator muss zur selbständigen Ausübung des betreffenden Wirtschaftstreuhandberufes berechtigt sein.

(3) Eine Kanzlei darf nur weitergeführt werden im Namen und auf Rechnung der Kinder oder deren gesetzlicher Vertreter.

(4) Das Fortführungsrecht der Kinder endet

1. mit dem Ablauf von fünf Jahren ab Einantwortung, nicht jedoch vor Vollendung des 30. Lebensjahres oder

2. mit dem Zeitpunkt, zu dem das jüngste Kind das 30. Lebensjahr vollendet hat, oder

3. bei Kindern, die ab ihrem 30. Lebensjahr ununterbrochen als Berufsanwärter oder als Berufsberechtigte tätig waren, mit Beendigung dieser Tätigkeiten, jedenfalls aber mit Vollendung des 35. Lebensjahres, oder

4. mit der Verwertung der Wirtschaftstreuhandkanzlei.

Gemeinsames Fortführungsrecht

§ 118. (1) Voraussetzung für das Fortführungsrecht des Ehegatten oder des eingetragenen Partners gemeinsam mit den Kindern sind:

1. der Übergang der Kanzlei in das ausschließliche Eigentum

des überlebenden Ehegatten oder des überlebenden eingetragenen Partners und der Kinder im Sinne des § 56 Abs. 2 des verstorbenen Wirtschaftstreuhänders auf Grund einer Rechtsnachfolge von Todes wegen oder einer Schenkung auf den Todesfall und

2. die Nominierung eines Kanzleikurators durch den überlebenden Ehegatten oder den überlebenden eingetragenen Partner gemeinsam mit den Kindern des verstorbenen Berufsberechtigten oder deren gesetzlichen Vertreter oder die Bestellung eines Kanzleikurators durch die Kammer der Wirtschaftstreuhänder.

(2) Der Kanzleikurator muss zur selbständigen Ausübung des betreffenden Wirtschaftstreuhandberufes berechtigt sein.

(3) Eine Kanzlei darf nur weitergeführt werden im Namen und auf Rechnung der Fortführungsberechtigten.

(4) Das Fortführungsrecht des überlebenden Ehegatten, des überlebenden eingetragenen Partners und der Kinder des verstorbenen Ehegatten endet entsprechend § 117 Abs. 4.

Antrag auf Genehmigung

§ 119. (1) Fortführungsberechtigte, welche die Fortführung der Kanzlei eines verstorbenen Berufsberechtigten beabsichtigen, haben einen diesbezüglichen Antrag zu stellen. Der Antrag auf Fortführung der Kanzlei ist spätestens vier Wochen nach Einantwortung schriftlich bei der Kammer der Wirtschaftstreuhänder zu stellen.

(2) Dem Antrag auf Fortführung sind anzuschließen:

1. Urkunden über den Vor- und Familiennamen der Fortführungsberechtigten,
2. sämtliche die Fortführungsrechte begründenden Urkunden,
3. sämtliche den nominierten Kanzleikurator betreffenden Urkunden,
4. die mit dem nominierten Kanzleikurator schriftlich getroffenen Vereinbarungen über die Fortführung der Kanzlei und
5. der Nachweis der Vermögensschaden-Haftpflichtversicherung.

(3) Voraussichtlich Fortführungsberechtigte, welche die Fortführung der Kanzlei beabsichtigen, haben unverzüglich, längstens binnen vier Wochen ab Todestag des verstorbenen Berufsberechtigten, gegenüber der Kammer der Wirtschaftstreuhänder einen Kanzleikurator zu nominieren oder die Bestellung durch die Kammer der Wirtschaftstreuhänder zu beantragen.

(4) Die Kammer der Wirtschaftstreuhänder hat nach Maßgabe des Abs. 3 und der §§ 115, 116, 117 oder 118 einen Kanzleikurator zu bestellen.

(5) Der gemäß Abs. 4 bestellte Kanzleikurator hat

1. die Kanzlei des Vertretenen im größtmöglichen Umfang unter eigener Verantwortung mit dem Hinweis auf seine Funktion als Kanzleikurator und im Namen und auf Rechnung des Nachlasses bzw. der Fortführungsberechtigten zu betreuen,
2. die Weisungen der Kammer der Wirtschaftstreuhänder bei Ausübung seiner Funktion als Kanzleikurator einzuhalten und
3. seine eigenen beruflichen Tätigkeiten von den Tätigkeiten für die verwaltete Kanzlei streng zu trennen und bei Beginn und Beendigung seiner Tätigkeit als Kanzleikurator eine Vermögensaufstellung zu verfassen.

(6) Der gemäß Abs. 4 bestellte Kanzleikurator hat Anspruch auf Entlohnung. Die Höhe der Entlohnung richtet sich

1. nach der Vereinbarung mit dem Nachlassverwalter bzw. den Fortführungsberechtigten oder
2. bei Nichtzustandekommen einer Vereinbarung nach der Festsetzung der Kammer der Wirtschaftstreuhänder nach einem 65% nicht übersteigenden Anteil an der Betriebsleistung der betreuten Kanzlei.

Genehmigung

§ 120. (1) Die Kammer der Wirtschaftstreuhänder hat die Genehmigung zur Fortführung einer Kanzlei zu erteilen, wenn die Voraussetzungen dafür erfüllt sind.

(2) Falls eine Nominierung durch die hierzu Berechtigten nicht erfolgt oder die entsprechenden Urkunden nicht vorgelegt werden, hat die Kammer der Wirtschaftstreuhänder einen Kanzleikurator von Amts wegen zu bestellen.

(3) Bis zur rechtskräftigen Einantwortung wird die Kanzlei vorläufig auf Rechnung der Verlassenschaft geführt und gilt die Genehmigung zur Fortführung vorläufig. Der Eintritt der Wirksamkeit einer Schenkung auf den Todesfall ist der Einantwortung gleichzuhalten.

(4) Die Fortführung einer Kanzlei ist zu untersagen, wenn die

Voraussetzungen dafür nicht oder nicht mehr erfüllt sind.

(5) Über die Genehmigung oder Untersagung der Fortführung einer Kanzlei hat die Kammer der Wirtschaftstreuhänder einen Bescheid zu erlassen.

Endigung des Fortführungsrechts – Kanzleiübernahme

§ 121. (1) Fortführungsberechtigte sind jederzeit berechtigt, von ihrem Verwertungsrecht gemäß § 122 Gebrauch zu machen.

(2) Nach Endigung des Fortführungsrechts ist der zuletzt bestellte Kanzleikurator berechtigt, den vorhandenen Klientenstock entgeltlich zu übernehmen.

(3) Die Höhe des für die Übernahme des Klientenstockes gemäß Abs. 2 zu leistenden Entgelts richtet sich

1. nach den zwischen den Parteien geschlossenen Vereinbarungen oder

2. nach dem von der Kammer der Wirtschaftstreuhänder festzusetzenden Betrag, wenn eine gütliche Einigung zwischen den Parteien nicht zustande kommt.

(4) Bei der Festsetzung des Betrages gemäß Abs. 3 Z 2 sind die wirtschaftliche Leistungsfähigkeit der Kanzlei und die Marktverhältnisse zu berücksichtigen. Der Betrag darf den aus den Umlagenerklärungen ermittelten Durchschnitt der Umsätze der letzten drei Jahre nicht überschreiten.

Verwertung des Klientenstockes

§ 122. Berufsberechtigte und deren Rechtsnachfolger sind berechtigt, den vorhandenen Klientenstock entgeltlich an einen anderen Berufsberechtigten zu übertragen.

Liquidator

§ 123. (1) Die Kammer der Wirtschaftstreuhänder hat im dringenden Bedarfsfall bei Erlöschen einer Berufsberechtigung einen Liquidator zu bestellen und diesem Weisungen für seine Tätigkeit zu erteilen. Hierbei ist auf die möglichste Schonung der Rechte des Berufsberechtigten oder seiner Rechtsnachfolger Bedacht zu nehmen. Der Liquidator hat seine eigene berufliche Tätigkeit von der Tätigkeit für die verwaltete Kanzlei streng zu trennen und sowohl bei Beginn als auch bei Beendigung seiner Tätigkeit eine Vermögensaufstellung zu verfassen.

(2) Der Liquidator hat die laufenden Geschäfte der Kanzlei des Berufsberechtigten, dessen Befugnis erloschen ist, unter eigener Verantwortung und im eigenen Namen, jedoch mit einem auf seine Tätigkeit als Liquidator hinweisenden Beisatz und auf Rechnung des Berufsberechtigten, dessen Befugnis erloschen ist, oder auf Rechnung der Rechtsnachfolger abzuwickeln. Neue Aufträge darf er nicht entgegennehmen. Aufträge, die im Falle der Unterlassung einer Kündigung stillschweigend als fortgesetzt gelten, sind zum nächstmöglichen Termin zu kündigen.

(3) § 82 Abs. 10 gilt sinngemäß.

(4) Bei Wegfall der Voraussetzungen ist der Liquidator unverzüglich abzuberufen.

6. Hauptstück

Verwaltungsübertretungen

Strafbestimmungen

§ 124. (1) Eine mit einer Geldstrafe bis zu 20 000 Euro zu bestrafende Verwaltungsübertretung begeht, wer

1. ohne Berufsberechtigter oder berechtigter Dienstleister

gemäß § 6 Abs. 1 und 2 zu sein, einen Wirtschaftstreuhandberuf selbständig ausübt oder eine der in §§ 2 und 3 angeführten Tätigkeiten anbietet, ohne die erforderliche Berechtigung zu besitzen, oder

2. eine Berufsbezeichnung gemäß den § 73 Abs. 1 oder die Bezeichnung gemäß § 73 Abs. 2 unberechtigt verwendet oder

3. die Verpflichtung zur Verschwiegenheit gemäß § 80 Abs. 1 oder Abs. 5, ohne Vorliegen von Gründen gemäß § 80 Abs. 4, verletzt oder

4. der Verpflichtung zur Führung der Berufsbezeichnung gemäß § 6 Abs. 3 zuwiderhandelt oder

5. den Informationspflichten gemäß § 6 Abs. 4 nicht oder nicht vollständig nachkommt.

(2) In Angelegenheiten des Abs. 1 sind die Bezirksverwaltungsbehörden Strafbehörden.

Informationspflichten

§ 125. Der Kammer der Wirtschaftstreuhänder ist von den Bezirksverwaltungsbehörden die Anhängigkeit von Verwaltungsstrafverfahren gemäß § 124 gegen Berufsberechtigte und Berufsanwärter zur Kenntnis zu bringen, in allen anderen Fällen in nicht personenbezogener Form über die Höhe der verhängten Strafen Mitteilung zu machen.

2. Teil
Disziplinarrecht

1. Hauptstück
Allgemeine Bestimmungen – Berufsvergehen

Verantwortlichkeit – Gesellschaften

§ 126. (1) Dem Disziplinarrecht unterliegen die ordentlichen Mitglieder gemäß § 170 Abs. 2 und die außerordentlichen Mitglieder gemäß § 170 Abs. 3.

(2) Für Berufsvergehen von Gesellschaften sind im Disziplinarverfahren deren gesetzliche Vertreter oder geschäftsführende Gesellschafter verantwortlich.

Strafarten

§ 127. (1) Im Disziplinarverfahren sind als Strafen zu verhängen:

1. die Verwarnung oder

2. die Geldbuße oder

3. die vorübergehende Untersagung der selbständigen Berufsausübung.

(2) Berufsvergehen sind, wenn nicht mit einer Verwarnung das Auslangen gefunden wird, mit Geldbußen von 500 Euro bis zu 15 000 Euro zu bestrafen. Hat der Täter einen schweren Schaden verursacht oder ein Berufsvergehen gemäß § 128 Z 30 begangen, so ist eine Geldbuße von 2 000 Euro bis zu 30 000 Euro zu verhängen.

(3) Die Verhängung der vorübergehenden Untersagung der unselbständigen Berufsausübung ist nur zulässig, wenn ein Berufsvergehen gemäß § 128 begangen wurde und der Täter einen schweren Schaden verursacht hat. Die vorübergehende Untersagung kann ausschließlich für den Fall der Uneinbringlichkeit einer verhängten Geldbuße ersatzweise festgesetzt

werden. Die Festsetzung hat zugleich mit der Verhängung der Geldbuße zu erfolgen. Bei Geldbußen unter 20 000 Euro ist die vorübergehende Untersagung mit einem Monat festzusetzen, bei Geldbußen ab 20 000 Euro jedoch unter 25 000 Euro mit zwei Monaten sowie bei Geldbußen von über 25 000 Euro mit drei Monaten.

(4) Die als Geldbußen vereinnahmten Beträge sind Wohlfahrtseinrichtungen für bedürftige Kammermitglieder oder bedürftige Hinterbliebene von Kammermitgliedern oder Zwecken der beruflichen Weiterbildung von Berufsberechtigten und der Heranbildung des beruflichen Nachwuchses zuzuführen.

Berufsvergehen

§ 128. Ein Berufsvergehen begeht, wer

1. eine in den Ausübungsrichtlinien gemäß § 72 normierte Pflicht verletzt oder

2. seiner Verpflichtung zur Verschwiegenheit gemäß § 80, ohne davon entbunden zu sein, zuwiderhandelt oder

3. seiner Verpflichtung gemäß § 76 Abs. 1 nicht nachkommt oder

4. seinen Verpflichtungen gemäß § 77 Abs. 1 oder Abs. 2 oder Abs. 3 oder Abs. 4 oder Abs. 6 oder Abs. 7 oder Abs. 8 oder Abs. 9 oder Abs. 10 oder Abs. 12 oder Abs. 13 nicht nachkommt oder

5. sich im beruflichen Verkehr fälschlich auf eine ihm erteilte Bevollmächtigung oder auf einen ihm erteilten Auftrag beruft oder

6. einen Werkvertrag abschließt, der eine berufliche Zusammenarbeit mit einem Nichtberufsberechtigten vorsieht, um die

Bestimmungen des 1. Teiles, 3. Hauptstück, 2. Abschnitt, und der für Gesellschaften normierten besonderen Verpflichtungen zu missachten, oder

7. eine andere selbständige oder unselbständige Tätigkeit ausübt, die auf Provisionsbasis beruht oder seine Unabhängigkeit gefährdet, oder

8. als ein dem Qualitätskontrollsystem unterliegender Berufsberechtigter angeordnete Maßnahmen gemäß § 38 APAG nicht befolgt oder die erteilte Bescheinigung im Falle des Widerrufs gemäß § 40 APAG nicht zurückstellt oder Pflichtprüfungen ohne aufrechter Bescheinigung durchführt oder

9. eine der in den §§ 2 und 3 angeführten Tätigkeiten anbietet oder ausübt, ohne die erforderliche Berufsberechtigung zu besitzen oder

10. nicht über die gesamte Dauer des Bestehens einer Berufsberechtigung über eine aufrechte Vermögensschaden-Haftpflichtversicherung gemäß § 11 verfügt

11. die Verpflichtung zur beruflichen Fortbildung gemäß § 71 Abs. 3 beharrlich verletzt oder

12. eine Zweigstelle errichtet, ohne dass die Voraussetzung des § 74 Abs. 2 erfüllt ist, oder

13. eine Zweigstelle errichtet, ohne dies der Kammer der Wirtschaftstreuhänder unverzüglich zu melden, oder

14. eine Zweigstelle trotz rechtskräftiger Untersagung errichtet oder

15. wirtschaftstreuhänderische Tätigkeiten in einer Zweigstelle trotz rechtskräftiger Untersagung ausübt oder

16. eine andere selbständige oder unselbständige Tätigkeit ausübt, ohne dies der Kammer der Wirtschaftstreuhänder unverzüglich anzuzeigen, oder

17. eine andere selbständige oder unselbständige Tätigkeit trotz rechtskräftiger Untersagung ausübt oder

18. die Bestellung eines Stellvertreters gemäß § 81 Abs. 2 oder § 82 Abs. 2 der Kammer der Wirtschaftstreuhänder nicht oder nicht unverzüglich bekanntgibt oder

19. bei voraussichtlich länger dauernder Verhinderung keinen Stellvertreter bestellt oder

20. seine Pflichten als Kanzleikurator verletzt oder

21. entgegen der Bestimmung des § 82 Abs. 9 einen Wirtschaftstreuhandberuf ausübt oder

22. die Verpflichtung gemäß § 83 Abs. 2 verletzt oder

23. Aufträge unter Provisionsvorbehalt annimmt oder unter Provisionsvorbehalt weitergibt oder Provisionen gewährt oder

24. den Eintritt oder die Beendigung des Ruhens seiner Berufsberechtigung der Kammer der Wirtschaftstreuhänder nicht oder nicht unverzüglich anzeigt oder

25. trotz Anzeige des Ruhens seiner Berufsberechtigung seinen Wirtschaftstreuhandberuf selbständig ausübt oder

26. einen Wirtschaftstreuhandberuf entgegen der Bestimmung des § 85 Abs. 4 ausübt oder

27. eine im 1. Teil, 4. Hauptstück, 2. Abschnitt normierte Pflicht betreffend Maßnahmen zur Verhinderung von Geldwäsche und Terrorismusbekämpfung verletzt oder

28. bei Suspendierung gemäß § 106 seiner Pflicht, einen Stellvertreter zu bestellen, nicht nachkommt oder

29. seine Pflichten als Liquidator verletzt oder

30. bei einer Fachprüfung unerlaubte Hilfsmittel verwendet oder unerlaubte Hilfestellung in Anspruch nimmt oder einem Prüfungskandidaten unerlaubte Hilfsmittel zur Verfügung stellt oder unerlaubte Hilfestellung leistet.

2. Hauptstück

Disziplinarverfahren

Disziplinarrat-Senat

§ 129. Die Bestrafung der in § 128 aufgezählten Berufsvergehen hat durch einen Senat des Disziplinarrates der Kammer der Wirtschaftstreuhänder zu erfolgen.

Disziplinarrat

§ 130. (1) Der Disziplinarrat hat aus einem Vorsitzenden und seinem Stellvertreter mit Sitz bei der Kammer der Wirtschaftstreuhänder, den Senatsvorsitzenden und ihren Stellvertretern, den Beiräten und der erforderlichen Zahl von Ersatzbeiräten zu bestehen. Der Disziplinarrat hat in Senaten, die aus vier Mitgliedern zusammengesetzt sind, zu verhandeln und zu entscheiden. Bei folgenden

Landesstellen ist zumindest ein Senat einzurichten:

1. der Landesstelle Wien, zuständig für das Gebiet der Bundesländer Wien, Niederösterreich und Burgenland,
2. der Landesstelle Oberösterreich, zuständig für das Gebiet der Bundesländer Oberösterreich und Salzburg
3. der Landesstelle Steiermark, zuständig für das Gebiet der Bundesländer Steiermark und Kärnten,
4. der Landesstelle Tirol, zuständig für das Gebiet des Bundeslandes Tirol und
5. der Landesstelle Vorarlberg, zuständig für das Gebiet des Bundeslandes Vorarlberg.

(2) Die örtliche Zuständigkeit der Senate richtet sich nach dem Berufssitz, besteht ein solcher im Bundesgebiet nicht, nach dem Hauptwohnsitz des Angezeigten. Besteht weder ein Berufssitz noch ein Hauptwohnsitz in Österreich, so ist der bei der Landesstelle Wien eingerichtete Senat örtlich zuständig.

(3) Sind am Sitz einer Landesstelle mehrere Senate eingerichtet und wäre einer von ihnen für die Durchführung eines Disziplinarverfahrens gemäß Abs. 2 zuständig, dann bestimmt der Zeitpunkt deren Einlangens in abwechselnder Reihenfolge die Zuständigkeit eines dieser Senate zur Behandlung der Angelegenheit.

Bestellung der Mitglieder

§ 131. (1) Die Mitglieder des Disziplinarrates sind vom Vorstand der Kammer der Wirtschaftstreuhänder spätestens drei Monate nach dessen Wahl aus dem Kreis der aktiv wahlberechtigten Kammermitglieder zu bestellen. Mit der Bestellung endet die Funktion der bisherigen Mitglieder.

(2) Jedes Kammermitglied ist verpflichtet, seine Bestellung zum Mitglied des Disziplinarrates anzunehmen. Nach Ablauf einer Funktionsperiode kann eine neuerliche Bestellung abgelehnt werden.

(3) Die Mitglieder des Disziplinarrates sind vom Präsidenten der Kammer der Wirtschaftstreuhänder anzugeloben. Sie haben ihr Amt unabhängig, frei von jeglichem Auftrag, gewissenhaft und unparteiisch auszuüben und Verschwiegenheit über die ihnen im Disziplinarverfahren bekanntgewordenen Umstände zu wahren.

Bestellungs- und Ausübungshindernisse – Ausschließung – Befangenheit – Widerruf der Bestellung

§ 132. (1) Eine Bestellung von Kammerfunktionären zu Mitgliedern des Disziplinarrates ist unzulässig.

(2) Die Mitgliedschaft ist nur zu einem Senat des Disziplinarrates zulässig.

(3) Mitglieder des Disziplinarrates, gegen die ein Disziplinarverfahren, ein Verfahren zum Widerruf der Bestellung, ein strafrechtliches Verfahren wegen einer der im § 9 angeführten strafbaren Handlungen oder ein Suspendierungsverfahren eingeleitet wurde, dürfen bis zu dessen rechtskräftigem Abschluss ihre Funktion nicht ausüben.

(4) Ist das Disziplinarverfahren mit einem verurteilenden Erkenntnis oder das strafgerichtliche Verfahren mit einer Verurteilung rechtskräftig abgeschlossen oder die Suspendierung rechtskräftig verfügt worden oder ist die Berechtigung zur selbständigen Ausübung eines Wirtschaftstreuhandberufes erloschen, so erlischt mit diesem Zeitpunkt die Zugehörigkeit zum

Disziplinarrat. Dies gilt auch für den Fall des Ruhens der Berufsbefugnis.

(5) Für die Ausschließung und Ablehnung von Mitgliedern des Disziplinarrates sind darüber hinaus die Vorschriften des 2. Hauptstückes, 4. Abschnitt der Strafprozessordnung 1975, BGBl. Nr. 631, sinngemäß anzuwenden.

Zurücklegung der Funktion

§ 133. Die Funktion als Mitglied des Disziplinarrates kann nur aus wichtigen Gründen zurückgelegt werden. Über die Zulässigkeit der Zurücklegung entscheidet der Vorstand der Kammer der Wirtschaftstreuhänder mit Beschluss. Gegen diesen Beschluss ist ein Rechtsmittel nicht zulässig.

Nachbestellung von Mitgliedern

§ 134. Bei Ausscheiden eines Mitgliedes des Disziplinarrates im Laufe der Funktionsperiode hat der Vorstand der Kammer der Wirtschaftstreuhänder umgehend eine Nachbesetzung der betreffenden Funktion vorzunehmen.

Ersatz der Barauslagen

§ 135. Die Mitglieder der Kammer der Wirtschaftstreuhänder, welche im Disziplinarverfahren Funktionen oder Ämter ausüben oder dem Untersuchungskommissär zur Unterstützung beigegeben sind, haben Anspruch auf Ersatz der ihnen dabei entstandenen notwendigen Barauslagen.

Geschäftsführung – Aufsicht

§ 136. (1) Die Vorsitzenden des Disziplinarrates haben die zur ordnungsgemäßen Geschäftsführung erforderlichen Verfügungen zu treffen und den Disziplinarrat nach außen zu vertreten. Sie sind dem Vorstand der Kammer der Wirtschaftstreuhänder für die Geschäftsführung verantwortlich.

(2) Das Kammeramt hat die Kanzleigeschäfte des Disziplinarrates zu führen.

Kammeranwalt – Aufgaben

§ 137. (1) Der Vorstand der Kammer der Wirtschaftstreuhänder hat spätestens drei Monate nach seiner Wahl einen rechtskundigen Kammeranwalt und einen Stellvertreter zu bestellen. Mit der Bestellung endet das Amt des bisherigen Kammeranwalts und seines Stellvertreters.

(2) Gehört der Kammeranwalt oder sein Stellvertreter dem Kreis der Kammermitglieder an, dann gelten für sie die Bestimmungen der §§ 131 Abs. 2, 132 Abs. 3, 4 und 5 und 133.

(3) Bei Ausscheiden des Kammeranwalts oder seines Vertreters im Laufe der Amtsperiode hat der Vorstand der Kammer der Wirtschaftstreuhänder umgehend eine Nachbesetzung des betreffenden Amtes vorzunehmen.

(4) Dem Kammeranwalt und seinem Stellvertreter ist, wenn sie nicht Mitglieder oder Angestellte der Kammer der Wirtschaftstreuhänder sind, eine im Einzelfall vom Vorstand zu bestimmende angemessene Abgeltung zuzuerkennen.

(5) Der Kammeranwalt hat die Anzeigen über Berufsvergehen, wenn keine Zurücklegung gemäß § 138 Abs. 1 erfolgt, an den zuständigen Senat zu erstatten oder weiterzuleiten und sie im Disziplinarverfahren als Partei zu vertreten.

(6) Der Kammeranwalt ist berechtigt, gegen Erkenntnisse des Senats des Disziplinarrates das Rechtsmittel der Beschwerde zu erheben.

Anzeige und Verteidigung

§ 138. (1) Findet der Kammeranwalt nach Prüfung einer Anzeige über Berufsvergehen keine Gründe für die Weiterverfolgung, ist er, unbeschadet der Möglichkeit der vorherigen Sachverhaltserhebung gemäß Abs. 2, berechtigt, die Anzeige ohne weiteres Verfahren mit kurzer Aufzeichnung der ihn dazu bestimmenden Erwägungen zurückzulegen. Legt der Kammeranwalt eine Anzeige zurück, so hat er die des Berufsvergehens angezeigten Berufsberechtigten, die bereits vernommen worden sind, und den Anzeiger hiervon zu verständigen.

(2) Legt der Kammeranwalt eine Anzeige über Berufsvergehen nicht sofort ohne weiteres Verfahren zurück, hat er dem Angezeigten die Anzeige unverzüglich zur Kenntnis zu bringen und ihm Gelegenheit zu geben, dazu binnen zwei Wochen Stellung zu nehmen. Der Kammeranwalt ist berechtigt, unterdessen Vorerhebungen zur Klärung des Sachverhaltes selbst durchzuführen oder durch das Kammeramt durchführen zu lassen.

(3) Der Angezeigte ist berechtigt, sich eines Verteidigers zu bedienen. Als Verteidiger sind ordentliche Kammermitglieder und Verteidiger gemäß § 48 Abs. 1 Z 5 StPO zugelassen.

(4) Dem Vorsitzenden des Disziplinarrates steht das Recht zu, bei Geringfügigkeit des Berufsvergehens Ordnungsstrafen bis zum Betrag von 1 500 Euro zu verhängen. Gegen Ordnungsstrafen steht der binnen zwei Wochen nach Zustellung des Bescheides beim Disziplinarrat einzubringende Einspruch offen. Dieser hat die Wirkung, dass die erlassene Strafverfügung außer Kraft gesetzt und das ordentliche Verfahren eingeleitet wird.

Einleitung des Disziplinarverfahrens

§ 139. (1) Der Kammeranwalt hat, wenn keine Zurücklegung gemäß § 138 Abs. 1 erfolgt, die Anzeige, verbunden mit einem Antrag auf Einleitung des Disziplinarverfahrens, an den zuständigen Senat zu erstatten oder weiterzuleiten, wenn die Anzeige in Ansehung der Stellungnahme des Angezeigten und des Ergebnisses von Vorerhebungen nicht zurückzulegen ist. Die Befassung des Disziplinarrates hat der Kammeranwalt dem Angezeigten ehestens zur Kenntnis zu bringen und ihm unter Angabe der Mitglieder des zuständigen Senates Gelegenheit zu geben, binnen zwei Wochen eine Gegenäußerung abzugeben und einen Gegenantrag zu stellen. Von der Zurücklegung der Anzeige hat der Kammeranwalt den Angezeigten umgehend zu verständigen.

(2) Der zuständige Senat hat nach Ablauf der dem Angezeigten eingeräumten Frist unverzüglich ohne mündliche Verhandlung darüber zu beschließen, ob ein Disziplinarverfahren einzuleiten ist. Der Einleitungsbeschluss hat erforderlichenfalls die Bestellung eines Untersuchungskommissärs zu enthalten.

(3) Der Einleitungsbeschluss ist dem Angezeigten unverzüglich zur Kenntnis zu bringen. Dem Angezeigten steht das Recht zu, den bestellten Untersuchungskommissär wegen Befangenheit im Sinne des § 132 Abs. 5 abzulehnen.

(4) Der Beschluss des zuständigen Senates, ein Disziplinarverfahren nicht einzuleiten, ist dem Angezeigten ehestens mitzuteilen.

Untersuchungskommissär – Aufgaben

§ 140. (1) Der Untersuchungskommissär ist einer Liste von ordentlichen Kammermitgliedern zu entnehmen, die vom Vorstand der Kammer der Wirtschaftstreuhänder spätestens drei Monate nach dessen Wahl zu erstellen ist. Mit der Erstellung der Liste sind die bisher als Untersuchungskommissäre vorgesehenen Personen ihrer

Verpflichtung zur Annahme dieses Amtes entbunden.

(2) Für die als Untersuchungskommissäre vorgesehenen Personen gilt die Bestimmung des § 131 Abs. 3. Zum Untersuchungskommissär dürfen vom Senat nur Personen bestellt werden, gegen die keine Ausübungshindernisse oder Ausschließungs- oder Befangenheitsgründe gemäß § 132 Abs. 3 bis 5 vorliegen.

(3) Zur Entlastung eines Untersuchungskommissärs hat der Vorstand diesem auf dessen Antrag für die Durchführung seiner Aufgaben eine rechtskundige Person beizugeben. Für diese Unterstützung ist diesen Personen, wenn sie nicht Mitglieder oder Angestellte der Kammer der Wirtschaftstreuhänder sind, eine im Einzelfall vom Vorstand zu bestimmende angemessene Abgeltung zuzuerkennen.

(4) Der Untersuchungskommissär hat alle zur Feststellung des maßgeblichen Sachverhalts erforderlichen Ermittlungen durchzuführen.

Untersuchung

§ 141. (1) Ist nach Einleitung des Verfahrens die Durchführung von Erhebungen erforderlich, so hat der Untersuchungskommissär Zeugen und Sachverständige zu vernehmen, alle der Aufklärung der Angelegenheit dienlichen Umstände zu erforschen und Beweismittel heranzuziehen. Er hat dem Angezeigten Gelegenheit zu geben, sich zu allen Anschuldigungspunkten zu äußern. Der Angezeigte ist berechtigt, Anträge auf ergänzende Ermittlung des Sachverhalts zu stellen. Die Erhebungen sind auch dann durchzuführen, wenn der Angezeigte seine Mitwirkung verweigert.

(2) Der Kammeranwalt ist berechtigt, eine Ergänzung der Untersuchung, insbesondere auch unter Einbeziehung neuer Anschuldigungspunkte, zu beantragen.

(3) Hat der Untersuchungskommissär Bedenken, einem Ergänzungsantrag des Angezeigten oder des Kammeranwalts stattzugeben, so hat er dazu einen Beschluss des zuständigen Senates einzuholen. Dieser Beschluss ist ohne mündliche Verhandlung zu fassen.

(4) Während der Dauer der Untersuchung hat der Untersuchungskommissär dem Angezeigten und seinem Verteidiger Einsicht in die Akten zu gewähren. Er hat Aktenstücke auszunehmen, deren Mitteilung mit dem Zweck des Verfahrens unvereinbar wäre. Der Kammeranwalt ist jederzeit befugt, vom Stand der anhängigen Untersuchung durch Akteneinsicht Kenntnis zu nehmen.

(5) Dauert eine Untersuchung bereits zumindest 6 Monate an, kann der Angezeigte beantragen, dass die Untersuchung innerhalb einer drei Monate nicht übersteigenden Frist zu beenden ist. Der Senat hat nach Anhörung des Kammeranwalts und des Untersuchungskommissärs ohne mündliche Verhandlung zu beschließen, ob dem Antrag stattgegeben wird. Der Beschluss hat im Falle der Stattgebung den Ausspruch zu enthalten, binnen welcher Frist die Untersuchung abzuschließen ist.

Abschluss der Untersuchung

§ 142. (1) Die Akten über die abgeschlossene Untersuchung sind dem Kammeranwalt zu übermitteln und von ihm mit dem Antrag auf Verweisung zur mündlichen Verhandlung oder mit dem Antrag auf Einstellung des Verfahrens dem zuständigen Senat vorzulegen.

(2) Der Senat hat ohne mündliche Verhandlung zu beschließen, ob die

Sache zur mündlichen Verhandlung zu verweisen oder ob das Verfahren einzustellen ist. Der Einstellungsbeschluss ist dem Kammeranwalt und dem Angezeigten ehestens zuzustellen.

(3) Im Verweisungsbeschluss müssen die Anschuldigungspunkte bestimmt angeführt sein und die Verfügungen bezeichnet werden, die zur Vorbereitung der mündlichen Verhandlung zu treffen sind.

(4) Nach Zustellung des Verweisungsbeschlusses ist dem Angezeigten und seinem Verteidiger Einsicht in die Akten zu gewähren. Die genannten Personen sind berechtigt, Abschriften auf eigene Kosten herzustellen. Von der Akteneinsicht ausgenommen sind Beratungs- und Abstimmungsprotokolle, Erledigungsentwürfe und sonstige Schriftstücke, bei denen eine Einsichtnahme eine Schädigung berechtigter Interessen dritter Personen herbeiführen könnte.

Mündliche Verhandlung

§ 143. (1) Ort und Zeitpunkt der mündlichen Verhandlung sind vom Vorsitzenden des zuständigen Senates zu bestimmen. Zur mündlichen Verhandlung sind der Angezeigte und sein Verteidiger unter Hinweis auf den Verweisungsbeschluss und Bekanntgabe der Mitglieder des Senates mindestens zwei Wochen vorher zu laden.

(2) Die Verhandlung ist öffentlich.

(3) Beratungen und Abstimmungen während und am Schluss der Verhandlung sind geheim.

(4) Die Verhandlung beginnt mit der Verlesung des Verweisungsbeschlusses. Hierauf hat die Vernehmung des Angezeigten und der vorgeladenen Zeugen und Sachverständigen und, soweit dem Verfahren dienlich, die Verlesung der

während der Untersuchung aufgenommenen Protokolle und sonstiger Urkunden zu erfolgen.

(5) Der Angezeigte, dessen Verteidiger und der Kammeranwalt haben das Recht, sich zu den einzelnen vorgebrachten Beweismitteln zu äußern und Fragen an die Zeugen und Sachverständigen zu stellen. Der Angezeigte hat unbeschadet des Ablehnungsrechts wegen Befangenheit gemäß § 132 Abs. 5 das Recht, innerhalb einer Woche nach Zustellung der Ladung ohne Angabe von Gründen zwei Mitglieder des Senats durch Ablehnung von der Teilnahme an der Verhandlung auszuschließen. Dieses Recht kann nur anlässlich der ersten Ladung sowie bei geänderter Senatszusammensetzung hinsichtlich neuer Senatsmitglieder geltend gemacht werden.

(6) Nach Schluss des Beweisverfahrens sind der Kammeranwalt, der Angezeigte und dessen Verteidiger zu hören. Dem Angezeigten steht das letzte Wort zu.

Beschlussfassung – Erkenntnis

§ 144. (1) Der Senat des Disziplinarrates hat mit Stimmenmehrheit sein Erkenntnis zu fällen und seine sonstigen Beschlüsse zu fassen. Der Vorsitzende des Senates gibt seine Stimme zuletzt ab. Stimmenthaltungen sind unzulässig. Im Falle der Stimmengleichheit entscheidet die Stimme des Vorsitzenden.

(2) Der Senat hat seine Entscheidung ausschließlich auf der Grundlage des Vorbringens in der mündlichen Verhandlung zu treffen. Die Entscheidung hat sich auf die freie, aus der gewissenhaften Prüfung aller vorgebrachten Beweise gewonnene Überzeugung der Senatsmitglieder zu gründen.

(3) Mit dem Erkenntnis ist der Angezeigte entweder freizusprechen oder des ihm zur Last gelegten

Berufsvergehens schuldig zu erkennen.

Protokoll

§ 145. (1) Über die mündliche Verhandlung ist ein Protokoll zu führen, welches die Namen der Mitglieder des erkennenden Senates, des Schriftführers, des Kammeranwalts, des Beschuldigten, seines Verteidigers und der Kammermitglieder seines Vertrauens sowie den wesentlichen Verlauf der Verhandlung zu enthalten hat.

(2) Über die Beratung und Abstimmung ist ein gesondertes Protokoll zu führen.

(3) Die Protokolle sind vom Senatsvorsitzenden und vom Protokollführer zu unterzeichnen.

Verkündung und Zustellung des Erkenntnisses

§ 146. (1) Das Erkenntnis ist samt seinen wesentlichen Gründen vom Senatsvorsitzenden sogleich zu verkünden.

(2) Je eine Ausfertigung des Erkenntnisses samt allen Entscheidungsgründen ist dem Angezeigten und dem Kammeranwalt ehestens zuzustellen.

Zustellung

§ 147. (1) Für die Zustellung von Schriftstücken im Disziplinarverfahren gelten die Bestimmungen des Zustellgesetzes, BGBl. Nr. 200/1982.

(2) Zustellungen an den Angezeigten haben zu dessen eigenen Handen zu erfolgen. Bedient sich der Angezeigte eines Verteidigers, so ist diesem zu eigenen Handen zuzustellen.

Verfahrenskosten

§ 148. Die Kosten des Verfahrens sind im Falle eines Schuldspruches vom Angezeigten, in allen anderen Fällen von der Kammer zu tragen. Sie sind in sinngemäßer Anwendung des XXII. Hauptstückes der Strafprozessordnung 1975, BGBl. Nr. 631, zu bemessen.

Vollstreckung der Erkenntnisse

§ 149. Für die Vollstreckung der Erkenntnisse hat der Vorstand der Kammer der Wirtschaftstreuhänder gemäß den Bestimmungen des ersten und dritten Teiles dieses Gesetzes zu sorgen.

Anwendung anderer Vorschriften

§ 150. Im Disziplinarverfahren sind auf die nach den Vorschriften dieses Teiles zu ahndenden Berufsvergehen, soweit im 2. Hauptstück nicht anderes bestimmt ist, anzuwenden:

1. der II. Teil, 2. Abschnitt, und die §§ 19, 32, 33, 38 und 69 bis 72 AVG und

2. die §§ 1 bis 8, 14, 19, 22, 31, 34, 38, 45, 52, 55 und 66 Abs. 1 des Verwaltungsstrafgesetzes 1991 (VStG), BGBl. Nr. 52, und

3. § 44a VStG in Verbindung mit den §§ 60 und 61 AVG.

3. Teil
Berufliche Vertretung – Kammer der Wirtschaftstreuhänder

1. Hauptstück
Allgemeines

1. Abschnitt
Einrichtung – Aufgaben – Organe

Zweck

§ 151. (1) Zur Vertretung der gemeinsamen Interessen ihrer Mitglieder ist die Kammer der Wirtschaftstreuhänder errichtet.

(2) Die Kammer der Wirtschaftstreuhänder ist eine Körperschaft des öffentlichen Rechts und hat ihren Sitz in Wien.

(3) Die Kammer der Wirtschaftstreuhänder ist berechtigt, das Bundeswappen zu führen.

(4) Die Kammer der Wirtschaftstreuhänder ist berechtigt, die Bezeichnung „Kammer der Steuerberater und Wirtschaftsprüfer (KSW)“ zu führen. Sie ist berechtigt, in dieser Bezeichnung und in der Bezeichnung gemäß Abs. 1 die Bezeichnung der Berufsgruppen in der weiblichen oder in einer alle Geschlechtsidentitäten umfassenden Form zu verwenden.

Aufgaben

§ 152. (1) Die Kammer der Wirtschaftstreuhänder hat ihre Aufgaben entweder im eigenen oder im übertragenen Wirkungsbereich zu besorgen.

(2) In den eigenen Wirkungsbereich der Kammer der Wirtschaftstreuhänder fallen insbesondere folgende Aufgaben:

1. die Vertretung und Förderung von Interessen, Rechten und Angelegenheiten der Gesamtheit ihrer Mitglieder, dazu zählen auch die Vertretung im Rahmen von Verhandlungen von Kollektivverträgen und deren Abschluss auf Arbeitgeberseite,

2. die Förderung der beruflichen Weiterbildung ihrer Mitglieder und der entsprechenden Heranbildung des beruflichen Nachwuchses, wobei die Kammer der Wirtschaftstreuhänder zur Gründung und zum Betrieb von diesem Zweck gewidmeten Einrichtungen und Unternehmungen berechtigt ist,

3. die Führung der Listen ihrer Mitglieder,

4. die Aufsicht über ihre Mitglieder betreffend die Einhaltung berufsrechtlicher Vorschriften,

5. die Errichtung, der Betrieb und die Förderung gemeinsamer wirtschaftlicher Einrichtungen, die der Wohlfahrt, der Unterstützung und der Altersvorsorge der Mitglieder und deren Hinterbliebenen dienen,

6. die Anregung rechtlicher Maßnahmen und die Erstattung von Gutachten zu Gesetzes- und Verordnungsentwürfen, sofern Interessen berührt werden, deren Vertretung der Kammer der Wirtschaftstreuhänder zukommt,

7. die Einbringung von Verbesserungsvorschlägen betreffend jene Bereiche der Vollziehung, mit denen ihre Mitglieder verkehren, sofern Interessen berührt werden, deren Vertretung der Kammer der Wirtschaftstreuhänder zukommt,

8. die Erstattung von Berichten, Gutachten und Anträgen, die Erteilung von Auskünften und die Ausstellung von Bescheinigungen, sofern Interessen berührt werden, deren Vertretung der Kammer der Wirtschaftstreuhänder zukommt,

9. die Entsendung von Vertretern in andere Körperschaften und Einrichtungen und die Erstattung von Besetzungsvorschlägen, sofern dies besondere Gesetze oder Vorschriften vorsehen,

10. die Bestellung von Wirtschaftstreuhändern als Verfahrenshelfer in gerichtlichen Abgabenverfahren vor den Verwaltungsgerichten sowie die Bestellung von Wirtschaftstreuhändern als Verteidiger vor der Finanzstrafbehörde und

11. der Abschluss und die Aufrechterhaltung einer

Vermögensschaden-Haftpflichtversicherung zugunsten der Mitglieder für Schäden, deren Höhe die Vermögensschaden-Haftpflichtversicherung gemäß § 11 Abs. 3 übersteigt (Excedentenversicherung), sofern dies im Interesse der Gesamtheit ihrer Mitglieder sinnvoll erscheint.

(3) In den übertragenen Wirkungsbereich der Kammer der Wirtschaftstreuhänder fallen insbesondere folgende Aufgaben:

1. die öffentliche Bestellung und Anerkennung,

2. die Durchführung von Zulassungsverfahren zu Fachprüfungen,

3. die Durchführung von Fachprüfungen und Eignungstests,

4. die Durchführung von Verfahren zur Feststellung der Eigenschaft als Berufsanwärter,

5. die Durchführung von Verfahren, mit denen die Ausübung anderer selbständiger oder unselbständiger Tätigkeiten untersagt wird,

6. die Durchführung von Suspendierungsverfahren,

7. die Durchführung von Widerrufs- und Entziehungsverfahren und

8. die Durchführung von Verfahren zur Genehmigung der Fortführung einer Kanzlei.

(4) Der Präsident der Kammer der Wirtschaftstreuhänder ist bei der Besorgung von Aufgaben, die in den übertragenen Wirkungsbereich der Kammer der Wirtschaftstreuhänder gemäß Abs. 3 fallen, an die Weisungen des Bundesministers für Arbeit und Wirtschaft gebunden.

Organe

§ 153. (1) Organe der Kammer der Wirtschaftstreuhänder sind:

1. der Präsident,

2. die Vizepräsidenten,

3. das Präsidium,

4. der Vorstand und

5. der Kammertag.

(2) Weibliche Kammerfunktionäre oder Angestellte der Kammer der Wirtschaftstreuhänder sind berechtigt, Funktionsbezeichnungen in weiblicher Form zu führen.

Präsident

§ 154. (1) Der Präsident ist der gesetzliche Vertreter der Kammer der Wirtschaftstreuhänder.

(2) Der Präsident hat insbesondere folgende Aufgaben wahrzunehmen:

1. die Besorgung der laufenden Geschäfte, insbesondere jene Aufgaben, die in den übertragenen Wirkungsbereich der Kammer der Wirtschaftstreuhänder gemäß § 152 Abs. 3 fallen,

2. die Leitung und Überwachung der gesamten Geschäftsführung der Kammer der Wirtschaftstreuhänder,

3. die Einberufung zu den Sitzungen der Kammerorgane und deren Vorsitzführung und

4. die Entscheidung in besonders dringlichen Fällen, in denen das Präsidium keinen Beschluss fassen kann.

(3) Entscheidungen gemäß Abs. 2 Z 4 sind dem Präsidium nachträglich zur Kenntnis zu bringen.

(4) Der Präsident hat bei Amtsantritt im Vorhinein festzulegen, in welcher Reihenfolge ihn die einzelnen Vizepräsidenten für den Fall seiner Verhinderung zu vertreten haben.

Vizepräsidenten

§ 155. (1) Die Vizepräsidenten haben den Präsidenten bei der Wahrnehmung seiner Aufgaben zu unterstützen.

(2) Den einzelnen Vizepräsidenten können bestimmte Aufgabengebiete zur ständigen Wahrnehmung mit der Wirkung übertragen werden, dass sie diesbezüglich denselben Vorschriften wie der Präsident unterliegen.

(3) Eine Übertragung bestimmter Aufgabengebiete zur ständigen Wahrnehmung an die einzelnen Vizepräsidenten hat durch Beschluss des Vorstandes zu erfolgen. Dieser Beschluss ist dem Bundesminister für Arbeit und Wirtschaft zur Kenntnis zu bringen.

Präsidium

§ 156. (1) Das Präsidium besteht aus:

1. dem Präsidenten und

2. den Vizepräsidenten.

(2) Das Präsidium hat insbesondere folgende Aufgaben wahrzunehmen:

1. die Vollziehung der Beschlüsse der Kammerorgane,

2. Sorge dafür zu tragen, dass die Geschäftsordnung eingehalten wird,

3. Sorge dafür zu tragen, dass die Kammerorgane die gesetzlichen Vorschriften, insbesondere jene, die den Wirkungskreis der Kammer der Wirtschaftstreuhänder betreffen, einhalten und

4. die Entscheidung in besonders dringlichen Fällen, in denen der Vorstand keinen Beschluss fassen kann.

(3) Entscheidungen gemäß Abs. 2 Z 4 sind dem Vorstand nachträglich zur Kenntnis zu bringen.

Vorstand

§ 157. (1) Der Vorstand besteht aus elf durch den Kammertag zu wählenden Mitgliedern.

(2) Dem Vorstand müssen mindestens je vier Vertreter eines jeden Wirtschaftstreuhandberufes sowie mindestens drei in einem anderen Wahlkreis als dem Wahlkreis Wien aktiv wahlberechtigte Vertreter angehören.

(3) Der Vorstand hat insbesondere folgende Aufgaben wahrzunehmen:

1. alle Aufgaben, die weder dem Präsidenten, dem Präsidium, den Rechnungsprüfern noch dem Kammertag oder einem besonderen Ausschuss nach den Bestimmungen dieses Gesetzes oder der Geschäftsordnung vorbehalten sind,

2. die Bewilligung des Abschlusses von Kollektivverträgen für Arbeits- und Lohnverhältnisse der in Wirtschaftstreuhandkanzleien Beschäftigten,

3. die Bestellung der Mitglieder des Disziplinarrates,

4. die Wahl der Mitglieder des Präsidiums,

5. die Bestellung des Kammeranwalts,

6. die Erstellung der Liste der Untersuchungskommissäre und

7. die Entscheidung in besonders dringlichen Fällen, in denen der Kammertag keinen Beschluss fassen kann.

(4) Entscheidungen gemäß Abs. 3 Z 7 sind dem Kammertag nachträglich zur Kenntnis zu bringen.

(5) Der Vorstand ist vom Präsidenten einzuberufen. Der Präsident ist jedenfalls verpflichtet, den Vorstand einzuberufen, wenn

dies wenigstens von vier seiner Mitglieder unter Angabe des Beratungsgegenstandes verlangt wird.

(6) Der Vorstand ist beschlussfähig, wenn wenigstens sechs Mitglieder des Vorstandes anwesend sind. Der Vorstand hat seine Beschlüsse mit einfacher Stimmenmehrheit zu fassen. Im Falle der Stimmengleichheit entscheidet die Stimme des Vorsitzenden.

Berufsgruppenobmänner

§ 158. (1) Der Vorstand hat für jede Berufsgruppe einen Obmann und Stellvertreter zu bestellen. Die Berufsgruppenobmänner und ihre Stellvertreter müssen über das passive Wahlrecht gemäß § 219 Abs. 2 verfügen. Die jeweiligen Berufsgruppenobmänner und ihre Stellvertreter müssen der Berufsgruppe angehören, die sie zu vertreten haben.

(2) Die Berufsgruppenobmänner haben insbesondere folgende Aufgaben wahrzunehmen:

1. die Mitwirkung an der Durchführung der Kammerbeschlüsse, welche die Interessen der von ihnen zu vertretenden Berufsgruppe betreffen,
2. die Betreuung der Angehörigen der von ihnen zu vertretenden Berufsgruppe in Berufsangelegenheiten und die Erteilung von Auskünften an sie und
3. die Besorgung von Aufgaben, die ihnen die Geschäftsordnung zuweist.

(3) Die Berufsgruppenobmänner haben ihre Aufgaben nach Möglichkeit im Einvernehmen mit ihren jeweiligen Stellvertretern wahrzunehmen.

(4) Die Berufsgruppenobmänner und ihre Stellvertreter sind hinsichtlich ihrer Tätigkeiten dem Vorstand verantwortlich. Sie sind berechtigt, an den Sitzungen des Vorstandes teilzunehmen und in Angelegenheiten ihrer Berufsgruppe, ausgenommen Angelegenheiten der §§ 175 und 176, vom Präsidium angehört zu werden.

Ausschüsse

§ 159. (1) Der Vorstand ist berechtigt, für die Wahrnehmung einzelner Aufgaben Ausschüsse einzurichten. Diesen Ausschüssen dürfen nur ordentliche Mitglieder der Kammer der Wirtschaftstreuhänder angehören.

(2) Der Vorstand hat zur Vertretung der spezifischen Interessen der Berufsgruppen Berufsgruppenausschüsse einzurichten. Vorsitzende der Berufsgruppenausschüsse sind die jeweiligen Berufsgruppenobmänner.

(3) Der Vorstand hat zur Vertretung der Interessen der Berufsanwärter einen Ausschuss einzurichten. Diesem Ausschuss haben Berufsanwärter anzugehören.

(3a) Der Vorstand hat für die Vorsorgeeinrichtungen gemäß § 180 Abs. 1 und Abs. 2 je einen Ausschuss einzurichten. Die Ausschüsse haben aus vier Mitgliedern zu bestehen. Die Ausschüsse sind beschlussfähig, wenn mindestens drei Mitglieder anwesend sind.

(4) Der Vorstand hat zur Durchführung der Aufsicht gemäß § 101 einen Ausschuss einzurichten. Der Ausschuss hat aus einem Vorsitzenden, einem Stellvertreter sowie drei Mitgliedern und Ersatzmitgliedern zu bestehen. Der Ausschuss ist beschlussfähig, wenn der Vorsitzende oder sein Stellvertreter und mindestens zwei Mitglieder anwesend sind. Voraussetzungen für die Bestellung der Mitglieder dieses Ausschusses sind eine zumindest fünfjährige Tätigkeit als Wirtschaftstreuhänder und der Nachweis einer einschlägigen Schulung in angemessenem Umfang

auf dem Gebiet der Verhinderung der Geldwäsche und der Terrorismusfinanzierung.

(5) Nähere Bestimmungen über die Ausschüsse hat die Geschäftsordnung zu treffen.

Landesstellen

§ 160. (1) Der Vorstand hat für die einzelnen Bundesländer Landesstellen zu errichten.

(2) Die Landesstellen haben insbesondere folgende Aufgaben wahrzunehmen:

1. die Mitwirkung an der Durchführung der Kammerbeschlüsse in dem betreffenden Bundesland,
2. die Erteilung von Auskünften an die Berufsangehörigen in Berufsangelegenheiten,
3. die Bekanntmachung der von den Kammerorganen getroffenen Entscheidungen und Beschlüsse und die Weitergabe von Weisungen und Nachrichten und
4. die Besorgung jener Aufgaben, die ihnen durch die Geschäftsordnung übertragen sind.

(3) Der Vorstand hat für jede Landesstelle einen Landespräsidenten und einen Stellvertreter zu bestellen. Die Bestellung hat unter Rücksichtnahme auf die Ergebnisse der letzten Kammerwahlen nach den Grundsätzen des Verhältniswahlrechts zu erfolgen.

(4) Der Landespräsident einer Landesstelle hat die laufenden Geschäfte der Landesstelle zu besorgen. Der Landespräsident ist dem Vorstand für die ordnungsgemäße Geschäftsführung der Landesstelle verantwortlich.

Kammertag

§ 161. (1) Der Kammertag hat aus 66 Mitgliedern zu bestehen.

(2) Der Kammertag hat insbesondere folgende Aufgaben wahrzunehmen:

1. die Wahl der Vorstandsmitglieder, ihrer Ersatzmitglieder, der Rechnungsprüfer und ihrer Stellvertreter,
2. die Beschlussfassung über den vom Vorstand vorzulegenden Jahresvoranschlag,
3. die Festlegung der Höhe der von den Mitgliedern zu entrichtenden Umlagen und Gebühren für Sonderleistungen,
4. die Entgegennahme des Berichtes der Rechnungsprüfer, die Beschlussfassung über den Jahresabschluss und die Entlastung des Vorstandes oder einzelner Kammerorgane,
5. die Beschlussfassung über Verfügungen, die das Kammervermögen betreffen, soweit sie nicht bereits im genehmigten Jahresvoranschlag vorgesehen sind,
6. die Festsetzung, die Erlassung und die Änderung der Haushaltsordnung, der Umlagenordnung, der Geschäftsordnung, der Ausübungsrichtlinien und der Dienstordnung,
7. die Beschlussfassung über die Satzungen der Vorsorgeeinrichtungen und der Leistungs- und Beitragsordnung und
8. die Festsetzung, die Erlassung und die Änderung der Verordnungen gemäß § 39 und § 187.

(3) Der Kammertag ist vom Präsidenten einzuberufen. Der Präsident ist verpflichtet, den Kammertag mindestens einmal in

jedem Geschäftsjahr und überdies, wenn mindestens ein Fünftel der ordentlichen Mitglieder unter Angabe des Beratungsgegenstandes es schriftlich verlangen, einzuberufen. Der Präsident ist berechtigt, den Kammertag auch einzuberufen, wenn er selbst oder der Vorstand es für notwendig erachtet.

(4) Der Kammertag ist mindestens zwei Wochen vor dem festgesetzten Termin unter Bekanntgabe des Ortes, der Zeit und der Beratungsgegenstände der Sitzung schriftlich einzuberufen.

(5) Der Kammertag ist beschlussfähig, wenn mindestens die Hälfte der Mitglieder anwesend ist. Wird diese Anzahl zur festgesetzten Stunde nicht erreicht, so hat eine halbe Stunde später am selben Ort eine Ersatzsitzung stattzufinden, die ohne Rücksicht auf die Zahl der erschienenen Mitglieder beschlussfähig ist, sofern in der Einladung ausdrücklich auf diese Bestimmung hingewiesen wurde.

(6) Der Kammertag hat seine Beschlüsse mit einfacher Mehrheit der abgegebenen gültigen Stimmen zu fassen. Im Fall der Stimmengleichheit entscheidet die Stimme des Vorsitzenden.

(7) Die Sitzungen des Kammertages sind öffentlich. Die Öffentlichkeit kann ausgeschlossen werden, wenn es vom Vorsitzenden oder von der in der Geschäftsordnung festzusetzenden Anzahl der Mitglieder verlangt und vom Kammertag beschlossen wird.

Rechnungsprüfer

§ 162. (1) Der Kammertag hat für jedes Geschäftsjahr, spätestens mit der Beschlussfassung über den Jahresvoranschlag, zwei Rechnungsprüfer und je einen Stellvertreter zu bestellen. Die Rechnungsprüfer und deren Stellvertreter sind aus dem Kreis der ordentlichen Mitglieder zu bestellen.

Eine Bestellung von Vorstandsmitgliedern und deren Ersatzmitgliedern ist nicht zulässig.

(2) Die Rechnungsprüfer haben folgende Aufgaben wahrzunehmen:

1. die Prüfung des Jahresabschlusses der Kammer der Wirtschaftstreuhänder und
2. die Berichterstattung über das Ergebnis ihrer Prüfung an den Kammertag.

(3) Die Prüfung des Jahresabschlusses der Kammer der Wirtschaftstreuhänder hat nach den für die Pflichtprüfung von Aktiengesellschaften geltenden Vorschriften zu erfolgen.

Ausübung der Funktion

§ 163. (1) Kammerfunktionäre und Ausschussmitglieder haben ihre Tätigkeiten ohne Bindung an einen Auftrag auszuüben.

(2) Kammerfunktionäre und Ausschussmitglieder sind verpflichtet, an den Sitzungen der jeweiligen Ausschüsse und Organe teilzunehmen und die ihnen zugewiesenen Berichte auszuarbeiten.

(3) Jedes ordentliche Mitglied ist verpflichtet, seine Wahl in eine Funktion oder die Bestellung in einen Ausschuss anzunehmen.

(4) Kammerfunktionäre und Ausschussmitglieder haben Anspruch auf Ersatz der ihnen in Ausübung ihrer Funktion entstandenen Barauslagen.

(5) Kammerfunktionären und Ausschussmitgliedern mit größerer Inanspruchnahme durch ihre Funktion sind Funktionsentschädigungen zu gewähren, wenn die Geschäftsordnung dies vorsieht. Bei Festsetzung der Funktionsentschädigungen in der Geschäftsordnung ist insbesondere auf das Ausmaß der zur Ausübung der

jeweiligen Funktion erforderlichen zeitlichen Inanspruchnahme Bedacht zu nehmen.

Verlust der Funktion

§ 164. (1) Der Bundesminister für Arbeit und Wirtschaft hat Einzelorgane und Mitglieder von Kollektivorganen und Ausschüssen zu suspendieren, wenn

1. gegen sie wegen einer die Ausschließung von der Wählbarkeit begründenden strafbaren Handlung ein Strafverfahren eingeleitet wurde oder
2. über ihr Vermögen ein Insolvenzverfahren eröffnet wurde.

(2) Die Suspendierung ist nach rechtskräftigem Abschluss des Straf- oder Insolvenzverfahrens aufzuheben.

(3) Der Vorstand der Kammer der Wirtschaftstreuhänder kann Mitglieder von Ausschüssen, die ihren Verpflichtungen gemäß § 163 Abs. 2 nicht nachkommen, abberufen.

(4) Der Bundesminister für Arbeit und Wirtschaft hat Einzelorgane und Mitglieder von Kollektivorganen und Ausschüssen abzuberufen, wenn

1. bei ihnen nachträglich Umstände eintreten oder bekannt werden, die ihre Wählbarkeit ausschließen, oder
2. sie sich einer groben Verletzung oder Vernachlässigung ihrer Pflichten schuldig gemacht haben oder
3. andere schwerwiegende Gründe vorliegen und dies der Kammertag verlangt.

(5) Beschlüsse des Vorstandes gemäß Abs. 3 sowie des Kammertages gemäß Abs. 4 Z 3 sind mit einer Mehrheit von zwei Dritteln der Anwesenden zu fassen.

(6) Der Verlust der ordentlichen Mitgliedschaft zur Kammer der Wirtschaftstreuhänder hat gleichzeitig den Verlust aller Funktionen und Mitgliedschaften zu Ausschüssen zur Folge.

Bestellung von Wirtschaftstreuhändern als Verfahrenshelfer

§ 165. (1) Hat ein Verwaltungsgericht die Beigebung eines Wirtschaftstreuhänders zum Verfahrenshelfer in einem gerichtlichen Abgabeverfahren beschlossen oder schließt die Bewilligung der Verfahrenshilfe eine solche Beigebung ein, so hat die Partei Anspruch auf die Bestellung eines Wirtschaftstreuhänders durch die Kammer der Wirtschaftstreuhänder.

(2) Die Bestellung eines Wirtschaftstreuhänders zum Verfahrenshelfer für ein gerichtliches Abgabeverfahren obliegt der Kammer der Wirtschaftstreuhänder. Nähere Bestimmungen dazu hat die Geschäftsordnung zu treffen.

2. Abschnitt
Kammeramt

Einrichtung – Aufgaben

§ 166. (1) Zur Besorgung der Kammergeschäfte und zur Mitwirkung an den der Kammer der Wirtschaftstreuhänder durch besondere Gesetze oder sonstige Vorschriften übertragenen Aufgaben ist ein Kammeramt eingerichtet.

(2) Die Kosten des Kammeramtes sind von der Kammer der Wirtschaftstreuhänder zu tragen.

(3) Das Kammeramt untersteht dem Präsidenten.

Kammeramt – Personal

§ 167. (1) Das Kammeramt ist durch einen Kammerdirektor zu leiten.

(2) Die Auswahl des Kammerdirektors und seines Stellvertreters sowie der Abschluss und die Auflösung ihres Dienstvertrages obliegen dem Vorstand. Der Kammerdirektor, sein Stellvertreter und das für die Besorgung der Kammergeschäfte erforderliche Personal haben die Gewähr dafür zu bieten, dass sie jederzeit rückhaltlos für die unabhängige demokratische Republik Österreich eintreten werden.

Dienstordnung

§ 168. (1) Die Rechte und Pflichten des in der Kammer der Wirtschaftstreuhänder beschäftigten Personals sind in einer Dienstordnung festzusetzen.

(2) In der Dienstordnung sind insbesondere die Ansprüche des in der Kammer der Wirtschaftstreuhänder beschäftigten Personals auf Entgelt und Ruhe- und Versorgungsbezüge zu regeln.

(3) Bezugsberechtigte von Ruhe- und Versorgungsbezügen aus direkten Leistungszusagen haben, soweit ihre Ruhe- und Versorgungsbezüge die Höhe der monatlichen Höchstbeitragsgrundlage gemäß § 108 Abs. 1 und 3 des Allgemeinen Sozialversicherungsgesetzes (ASVG), BGBl. Nr. 189/1955, überschreitet, für jene Anteile, welche den aus dem ASVG stammenden Teil übersteigen, einen Pensionssicherungsbeitrag an die Kammer der Wirtschaftstreuhänder zu leisten, der von der auszahlenden Stelle einzubehalten ist. Dies gilt auch für Sonderzahlungen. Der Pensionssicherungsbeitrag beträgt

1. 5% für jenen Teil des Ruhe- und Versorgungsgenusses, der über 100% der monatlichen Höchstbeitragsgrundlage liegt, aber nicht mehr als 150% der monatlichen Höchstbeitragsgrundlage beträgt,

2. 10% für jenen Teil des Ruhe- und Versorgungsgenusses, der über 150% der monatlichen Höchstbeitragsgrundlage liegt, aber nicht mehr als 200% der monatlichen Höchstbeitragsgrundlage beträgt,

3. 20% für jenen Teil des Ruhe- und Versorgungsgenusses, der über 200% der monatlichen Höchstbeitragsgrundlage liegt, aber nicht mehr als 300% der monatlichen Höchstbeitragsgrundlage beträgt und

4. 25% für jenen Teil des Ruhe- und Versorgungsgenusses, der über 300% der monatlichen Höchstbeitragsgrundlage liegt.

Geschäftsordnung

§ 169. (1) Die Kammer der Wirtschaftstreuhänder hat eine Geschäftsordnung zu erlassen.

(2) Die Geschäftsordnung hat insbesondere zu regeln:

1. die innere Geschäftsführung und den Verkehr mit Personen und Stellen außerhalb der Kammer der Wirtschaftstreuhänder,

2. die Art und Form von Beurkundungen der Kammerbeschlüsse und die Fertigung der Mitteilungen, Eingaben und sonstiger Schriftstücke der Kammer der Wirtschaftstreuhänder und

3. den Ersatz von Barauslagen und die Gewährung und die Höhe von Funktionsentschädigungen der Kammerfunktionäre und der Ausschussmitglieder.

3. Abschnitt
Mitgliedschaft

Ordentliche und außerordentliche Mitglieder

§ 170. (1) Der Kammer der Wirtschaftstreuhänder gehören die ordentlichen und außerordentlichen Mitglieder an.

(2) Ordentliche Mitglieder der Kammer der Wirtschaftstreuhänder sind alle jene, die durch Bestellung oder Anerkennung zur selbständigen Ausübung eines Wirtschaftstreuhandberufes berechtigt sind.

(3) Außerordentliche Mitglieder der Kammer der Wirtschaftstreuhänder sind alle Berufsanwärter.

Beginn und Endigung der Mitgliedschaft

§ 171. (1) Die ordentliche Mitgliedschaft beginnt mit dem Tag der Bestellung oder Anerkennung und endet mit dem Tag des Erlöschens der Berechtigung zur selbständigen Ausübung eines Wirtschaftstreuhandberufes.

(2) Die außerordentliche Mitgliedschaft beginnt mit dem Tag der Eintragung in das Verzeichnis der Berufsanwärter. Sie endet mit dem Tag des Erwerbs der ordentlichen Mitgliedschaft.

Pflichten der Mitglieder

§ 172. Die Mitglieder sind verpflichtet, die kammerrechtlichen Vorschriften einzuhalten und die Beschlüsse der Kammerorgane zu beachten.

Verzeichnis der Mitglieder

§ 173. (1) Die Kammer der Wirtschaftstreuhänder hat zu führen:

1. eine Liste ihrer ordentlichen Mitglieder, geordnet nach Berufsgruppen, und
2. eine Liste ihrer außerordentlichen Mitglieder.

(2) Die Listen gemäß Abs. 1 sind bei der Kammer der Wirtschaftstreuhänder für jedermann zugänglich zur öffentlichen Einsicht aufzulegen und haben zu enthalten:

1. den Namen oder die Firma,
2. den Berufssitz oder den Hauptwohnsitz und
3. die Art der Berufsberechtigung einschließlich eines Hinweises, ob eine Berechtigung zur selbständigen Ausübung besteht.

(3) Alle Mitglieder der Kammer der Wirtschaftstreuhänder sind verpflichtet, die zur Anlage und Führung der Listen gemäß Abs. 1 erforderlichen Unterlagen beizubringen.

Zurückstellung von Urkunden

§ 174. Bestellungsurkunden, Anerkennungsurkunden und sonstige Ausweise, die von der Kammer der Wirtschaftstreuhänder ausgestellt wurden und nicht mehr den Tatsachen entsprechen, sind der Kammer der Wirtschaftstreuhänder unverzüglich zurückzustellen. Auf Verlangen hat die Kammer der Wirtschaftstreuhänder diese Urkunden, versehen mit einem deutlich sichtbaren Ungültigkeitsvermerk, ihrem bisherigen Inhaber wieder auszuhändigen.

4. Abschnitt
Gebarung – Haushalt – Umlagen

Gebarung

§ 175. (1) Die Gebarung der Kammer der Wirtschaftstreuhänder hat nach den Grundsätzen der Zweckmäßigkeit, Wirtschaftlichkeit und Sparsamkeit zu erfolgen.

(2) Umlagen und Gebühren für Sonderleistungen dürfen nur in einer solchen Höhe festgesetzt werden,

dass ihr Aufkommen zusammen mit allfälligen sonstigen Einnahmen den in dem genehmigten Jahresvoranschlag festgelegten Aufwand einschließlich der Versicherung gemäß § 152 Abs. 2 Z 11 zuzüglich angemessener Rücklagen deckt. Sie sind unter Bedachtnahme auf die unterschiedliche Leistungsfähigkeit der Mitglieder und unter Wahrung des Grundsatzes der Verhältnismäßigkeit festzusetzen.

(3) Unter angemessenen Rücklagen sind jene Rücklagen zu verstehen, die zum Ausgleich unvorhersehbarer Entwicklungen bei den Einnahmen und Ausgaben und zur Bedeckung bestimmter Vorhaben erforderlich sind.

(4) Als Umlagen können erhoben werden:

1. als einmalige Gebühren Beitrittsgebühren, Zweigstellengebühren und Änderungsgebühren und

2. als jährliche Gebühren Grundgebühren und Umsatzgebühren.

(5) Das Recht, eine fällige Umlage oder Gebühr für eine Sonderleistung einzuheben und zwangsweise einzutreiben, verjährt binnen fünf Jahren nach Ablauf des Kalenderjahres, in dem die Umlage oder die Gebühr für die Sonderleistung fällig geworden ist.

(6) Im Einzelfall kann

1. die Bezahlung der Umlagen gemäß Abs. 4 ganz oder teilweise nachgesehen werden, wenn die Bezahlung nach Lage des Falles unbillig wäre, und

2. die Teilzahlung oder Stundung bewilligt werden, wenn die Bezahlung des Gesamtbetrages oder dessen sofortige Bezahlung nach Lage des Falles unbillig wäre.

(7) Die Mitglieder sind hinsichtlich der Umsatzgebühren verpflichtet, jährlich eine Umlagenerklärung an die Kammer der Wirtschaftstreuhänder zu übermitteln. Die Umlagenerklärung ist der Kammer der Wirtschaftstreuhänder innerhalb eines Monats nach Aufforderung zu übermitteln.

(8) Die Kammer der Wirtschaftstreuhänder ist zur Überprüfung der übermittelten Umlagenerklärungen berechtigt. In diesem Zusammenhang sind die Mitglieder verpflichtet, die für die Überprüfung der Umlagenerklärungen erforderlichen Auskünfte zu erteilen und die erforderlichen Belege vorzulegen. Die Kammer der Wirtschaftstreuhänder ist berechtigt, auf der Grundlage der erteilten Auskünfte und vorgelegten Belege die Umsatzgebühren mit Bescheid festzusetzen.

(9) Kommt ein Mitglied seinen Pflichten gemäß Abs. 8 nicht nach, hat die Kammer der Wirtschaftstreuhänder die Umsatzgebühr des betreffenden Mitgliedes zu schätzen und mit Bescheid vorzuschreiben.

Jahresvoranschlag

§ 176. (1) Die Kammer der Wirtschaftstreuhänder hat für jedes Kalenderjahr einen Jahresvoranschlag über ihre finanziellen Erfordernisse und deren Bedeckung aufzustellen.

(2) Der Jahresvoranschlag ist längstens am 15. November des vorangehenden Jahres dem Bundesminister für Arbeit und Wirtschaft zur Kenntnis zu bringen.

Jahresabschluss

§ 177. (1) Die Kammer der Wirtschaftstreuhänder hat für jedes abgelaufene Kalenderjahr einen Jahresabschluss aufzustellen.

(2) Der Jahresabschluss ist nach Genehmigung durch den Kammertag bis längstens Ende September des folgenden Jahres dem Bundesminister für Arbeit und Wirtschaft zur Kenntnis zu bringen.

Haushaltsordnung – Umlagenordnung

§ 178. (1) Die Kammer der Wirtschaftstreuhänder hat eine Haushaltsordnung und eine Umlagenordnung zu erlassen.

(2) Die Haushaltsordnung hat insbesondere zu regeln:

1. die allgemeinen Grundsätze, das Zustandekommen und die Gliederung des Jahresvoranschlages,
2. die interne Kontrolle,
3. die Verwaltung und Anlage des Vermögens,
4. die Anweisungsbefugnis bei Zahlungen,
5. die Kassen- und Buchführung und die Behandlung der Rechnungsbelege und
6. die öffentliche Einsichtnahme in den Jahresabschluss.

(3) Die Umlagenordnung hat insbesondere die Fälligkeitstermine der Umlagen und der Gebühren für Sonderleistungen zu regeln. Dabei ist Bedacht zu nehmen auf

1. die Eigenart der Umlagen und der Gebühren für Sonderleistungen,
2. den Grundsatz der Selbstbemessung durch die Zahlungspflichtigen,
3. die Zweckmäßigkeit und
4. einen gleichmäßigen Mittelzufluss.

Eintreibung von Forderungen

§ 179. (1) Rückständige Umlagen, Gebühren für Sonderleistungen, sonstige Pflichtbeiträge, Ordnungsstrafen, im Disziplinarverfahren verhängte Geldbußen und auferlegte Verfahrenskosten sind im Verwaltungsweg oder auf gerichtlichem Weg einzutreiben.

(2) Zur Eintreibung ist ein Rückstandsausweis auszufertigen. Der Rückstandsausweis hat zu enthalten:

1. den Namen und die Anschrift des Schuldners,
2. den rückständigen Betrag,
3. die Art des Rückstandes und
4. den Vermerk, dass der Rückstandsausweis einem die Vollstreckbarkeit hemmenden Rechtszug nicht unterliegt.

(3) Der Rückstandsausweis ist ein Exekutionstitel im Sinne des § 1 der Exekutionsordnung, RGBl. Nr. 79/1896.

Vorsorgeeinrichtungen

§ 180. (1) Die Kammer der Wirtschaftstreuhänder kann zur Vorsorge für den Fall der Krankheit ihrer ordentlichen Mitglieder, deren Angehörigen und deren eingetragenen Partnern sowie sonstiger Personen auch Einrichtungen schaffen, welche die Voraussetzungen des § 5 des Gewerblichen Sozialversicherungsgesetzes (GSVG), BGBl. Nr. 560/1978, erfüllen. Diese Einrichtungen können auch in Form einer von der Kammer der Wirtschaftstreuhänder abgeschlossenen vertraglichen Gruppenversicherung bestehen. Die Kammer der Wirtschaftstreuhänder ist berechtigt, derartige Einrichtungen auch für außerordentliche Mitglieder zu schaffen und aufrechtzuerhalten.

(2) Die Kammer der Wirtschaftstreuhänder hat für ihre ordentlichen Mitglieder ergänzend zur gesetzlichen Altersvorsorge Einrichtungen zur Vorsorge für den Fall des Alters und der Berufsunfähigkeit sowie zur Versorgung der Hinterbliebenen zu schaffen und aufrechtzuerhalten. Alle natürlichen Personen, die ordentliche

Mitglieder der Kammer der Wirtschaftstreuhänder sind, unterliegen verpflichtend solchen Vorsorgeeinrichtungen der Kammer der Wirtschaftstreuhänder. Kammermitglieder, deren Berufsbefugnis ruht, können sich auf Antrag von dieser Verpflichtung befreien lassen. Die Kammer der Wirtschaftstreuhänder ist berechtigt, derartige Einrichtungen auch für außerordentliche Mitglieder zu schaffen und aufrechtzuerhalten.

(3) Die Einrichtungen zur Vorsorge für den Fall des Alters und der Berufsunfähigkeit sowie zur Versorgung der Hinterbliebenen sind nach den Grundsätzen des Kapitaldeckungsverfahrens zu gestalten. Aus den Mitteln der Vorsorgeeinrichtung sind folgende Vorsorgeleistungen zu gewähren:

1. Alterspensionen,
2. Berufsunfähigkeitspensionen,
3. Witwen- und Witwerpensionen und Pensionen für hinterbliebene eingetragene Partner und
4. Waisenpension.

(4) Die Voraussetzungen für den Anspruch auf Alters-, Berufsunfähigkeits- und Hinterbliebenenvorsorge sind in der vom Kammertag zu beschließenden Satzung festzusetzen. Hierbei sind folgende Grundsätze zu beachten:

1. Voraussetzung für den Anspruch auf Alterspension ist die Vollendung des 65. Lebensjahres. Der Verzicht auf die Berufsausübung ist nicht erforderlich. In der Satzung der Vorsorgeeinrichtung kann den Kammermitgliedern die Möglichkeit eingeräumt werden, durch Antrag ein früheres oder späteres Anfallsalter zu wählen. Die Satzung kann bei Antritt der Alterspension eine Teilabfindung der

Pensionsansprüche auf Antrag vorsehen.

2. Die Berufsunfähigkeitspension ist an Kammermitglieder zu gewähren, welche infolge körperlicher oder geistiger Gebrechen zur Ausübung eines Wirtschaftstreuhandberufes dauernd oder vorübergehend unfähig sind, sofern und solange sie auf die Ausübung eines Wirtschaftstreuhandberufes verzichten. Die Satzung der Vorsorgeeinrichtung kann zur Überprüfung der Anspruchsvoraussetzungen die Durchführung von vertrauensärztlichen Untersuchungen verlangen.

3. Nach dem Tod eines Anwartschaftsberechtigten einer Alters- oder Berufsunfähigkeitspension hat die Witwe (der Witwer), die (der) mit ihm (ihr) im Zeitpunkt des Todes in aufrechter Ehe gelebt hat, Anspruch auf Witwen-(Witwer-)Pension. Ebenso hat die Witwe (der Witwer), die ein Leistungsberechtigter einer Alters- oder Berufsunfähigkeitspension hinterlässt, Anspruch auf Witwen-(Witwer-)Pension, sofern die Ehe bereits vor dem Anfall der Vorsorgeleistung geschlossen wurde. Im Fall der Wiederverehelichung oder der Begründung einer eingetragenen Partnerschaft erlischt der Anspruch auf Witwen-(Witwer-)Pension. Die Witwen-(Witwer-)Pension beträgt 60% der Alters- oder Berufsunfähigkeitspension, die dem Verstorbenen im Zeitpunkt seines Ablebens gebührt hat oder gebührt hätte.

Für den Fall, dass die Witwe (der Witwer) mehr als sieben Jahre jünger ist als der (die) Verstorbene, hat der Kammertag in der zu beschließenden Satzung Leistungsabschläge nach versicherungsmathematischen Grundsätzen vorzusehen.

3a. Nach dem Tod eines Anwartschaftsberechtigten einer Alters- oder Berufsunfähigkeitspension hat der hinterbliebene eingetragene Partner, der mit ihm (ihr) im Zeitpunkt des Todes in aufrechter eingetragenen Partnerschaft gelebt, Anspruch auf eine Pension für hinterbliebene eingetragene Partner. Ebenso hat der eingetragene Partner, den ein Leistungsberechtigter einer Alters- oder Berufsunfähigkeitspension hinterlässt, Anspruch auf eine Pension für hinterbliebene eingetragene Partner, sofern die eingetragene Partnerschaft bereits vor dem Anfall der Vorsorgeleistung geschlossen wurde. Im Fall der Begründung einer neuerlichen eingetragenen Partnerschaft oder einer Verehelichung erlischt der Anspruch auf Pension. Die Pension für hinterbliebene eingetragene Partner beträgt 60% der Alters- oder Berufsunfähigkeitspension, die dem Verstorbenen im Zeitpunkt seines Ablebens gebührt hat oder gebührt hätte. Für den Fall, dass das der hinterbliebene eingetragene Partner mehr als sieben Jahre jünger ist als der (die) Verstorbene, hat der Kammertag in der zu beschließenden Satzung Leistungsabschläge nach versicherungsmathematischen Grundsätzen vorzusehen.

4. Kinder, welche ein Anwartschaftsberechtigter oder Leistungsberechtigter einer Alters- oder Berufsunfähigkeitspension hinterlässt, haben Anspruch auf Waisenpension. Der Versorgungsanspruch der Kinder endet mit Vollendung des 18. Lebensjahres; bei Fortsetzung der wissenschaftlichen oder fachlichen Ausbildung und Nachweis eines befriedigenden Studienfortganges, mit Abschluss der Studien, spätestens jedoch mit Vollendung des 27. Lebensjahres. Die Waisenpension beträgt für Halbwaisen mindestens 10% und für Vollwaisen mindestens 20% der Alters- oder Berufsunfähigkeitspension, die dem Verstorbenen im Zeitpunkt seines Ablebens gebührt hat oder gebührt hätte.

5. Für den Fall, dass ein Kammermitglied vor Inanspruchnahme einer Leistung der Vorsorgeeinrichtung und ohne Hinterlassen von anspruchsberechtigten Hinterbliebenen stirbt, kann die Satzung die Auszahlung einer einmaligen Abfindung vorsehen. Das Kammermitglied kann eine oder mehrere Personen bestimmen, an welche die Abfindung auszuzahlen ist. Die Abfindung beträgt höchstens 40% der auf dem Konto des Anwartschaftsberechtigten verbuchten Beiträge und Veranlagungsüberschüsse.

6. Die Vorsorgeansprüche entstehen mit dem auf die Erfüllung der Anspruchsvoraussetzungen folgenden Monatsersten.

(5) Der Kammertag hat für die Vorsorgeeinrichtung gemäß § 180 Abs. 2 eine Leistungs- und Beitragsordnung zu beschließen.

(5a) Für den Fall der Beendigung der ordentlichen Mitgliedschaft zur Kammer der Wirtschaftstreuhänder kann das ehemalige Mitglied die Übertragung des auf dem Pensionskonto nach Abs. 6 angesammelten Guthabens in eine Pensionskasse oder eine Einrichtung im Sinne des § 5 Z 4 Pensionskassengesetz (PKG), BGBl. Nr. 281/1990, in eine betriebliche Kollektivversicherung oder Gruppenrentenversicherung eines neuen Arbeitgebers, in eine Einrichtung der zusätzlichen Pensionsversicherung nach § 479 ASVG oder in eine nach dem Kapitaldeckungsverfahren gestaltete Versorgungseinrichtung nach § 50 Abs. 3 der Rechtsanwaltsordnung (RAO), RGBl. Nr. 96/1868, verlangen. Im Fall des Beginns der ordentlichen Mitgliedschaft zur Kammer der Wirtschaftstreuhänder kann das ordentliche Mitglied die Überweisung von Unverfallbarkeitsbeträgen nach den §§ 5 oder 6c des Betriebspensionsgesetzes (BPG), BGBl. Nr. 282/1990, oder eines Betrages aus einer Einrichtung der zusätzlichen Pensionsversicherung nach § 479 ASVG oder einer Versorgungseinrichtung nach § 50 Abs. 3 RAO in die Vorsorgeeinrichtung nach Abs. 2 verlangen. Die näheren Bestimmungen für die Übertragung oder Überweisung sind in der Satzung festzulegen.

(6) Die Höhe der Vorsorgeansprüche ist auf Grund der eingezahlten Beiträge und erzielten Veranlagungsüberschüsse nach versicherungsmathematischen Grundsätzen zu errechnen. Für jeden Anwartschafts- und Leistungsberechtigten ist ein Pensionskonto gemäß § 18 PKG zu führen. Die mit der Verwaltung der Vorsorgeeinrichtung entstehenden Kosten sind von den Anwartschaftsberechtigten und Leistungsberechtigten zu tragen. Für die Berufsunfähigkeitspension und die Hinterbliebenenpension sind vom Eintrittsalter abhängige Mindestleistungen vorzusehen. Die Höhe der Mindestleistungen ist in der Leistungsordnung festzusetzen. Im Falle von Beitragsbefreiungen und Beitragsermäßigungen hat die Satzung die Gewährung der Mindestleistungen entsprechend dem Ausmaß der Befreiung oder Ermäßigung ganz oder teilweise auszuschließen. Die Satzung kann die Gewährung der Mindestleistungen auch abhängig vom Zeitpunkt des Leistungsfalls ganz oder teilweise ausschließen. Die Witwen-(Witwer-) und Waisenpensionen dürfen zusammen jenen Betrag nicht übersteigen, auf den der Verstorbene selbst Anspruch gehabt hat oder gehabt hätte. Innerhalb dieses Höchstausmaßes sind die Leistungen an die einzelnen Waisen verhältnismäßig zu kürzen.

(7) In der Beitragsordnung ist die Höhe der jährlichen Beiträge festzusetzen. Dabei ist auf die wirtschaftliche Leistungsfähigkeit der Kammermitglieder Bedacht zu nehmen. Die Beiträge können auch angemessene, nach versicherungsmathematischen Grundsätzen zu ermittelnde Risikobeiträge zur Finanzierung der Berufsunfähigkeits- und Hinterbliebenenvorsorge enthalten. In der Beitragsordnung können Höchst- und Mindestbeiträge festgelegt werden. Die Beiträge können sowohl als Fixbeiträge als auch in Relation zu einer in der

Satzung festzulegenden Bemessungsbasis geregelt werden. Die Höhe der Beiträge darf 10% der jährlichen Einkünfte aus selbständiger und unselbständiger Tätigkeit in einem Wirtschaftstreuhandberuf nicht übersteigen. Wenn der Beitrag als Fixbetrag festgelegt wird, hat die Satzung – unbeschadet eines allfälligen Mindestbeitrags – Ermäßigungs- oder Befreiungsmöglichkeiten für jene Kammermitglieder vorzusehen, deren Bemessungsgrundlage geringer ist als die Bemessungsgrundlage, die sich aus dem Höchstbeitrag ergibt. Eine derartige Beitragsermäßigung kann von Kammermitgliedern, deren Berufsbefugnis ruht, nicht beansprucht werden. Weiters kann die Satzung sowohl eine Beitragsermäßigung als auch eine Beitragsbefreiung für Berufsanfänger vorsehen, und zwar für das Jahr der Ersteintragung und für weitere vier Kalenderjahre.

(8) Alle für die Vorsorgeeinrichtungen gemäß § 180 Abs. 1 und 2 erforderlichen Entscheidungen, insbesondere über die Feststellung der verpflichtenden Teilnahme an einer Vorsorgeeinrichtung, über die Vorschreibung von Beiträgen, über Anträge auf Befreiungen, Beitragsermäßigungen und die Zuerkennung von Leistungen, haben die gemäß § 159 Abs. 3a zu bestellenden Ausschüsse zu treffen. Über einen Anspruch auf Leistungen aus der Vorsorgeeinrichtung gemäß § 180 Abs. 2 ist längstens innerhalb von drei Monaten zu entscheiden. Für die administrative Vorbereitung und Durchführung der die Vorsorgeeinrichtung gemäß § 180 Abs. 2 betreffenden Angelegenheiten kann sich die Kammer der Wirtschaftstreuhänder Dritter bedienen. Die Betrauung Dritter ist in der Satzung der Vorsorgeeinrichtung zu regeln.

(9) Die Verwaltung des Vermögens der Vorsorgeeinrichtung gemäß § 180 Abs. 2 ist von der Verwaltung des übrigen Kammervermögens getrennt zu führen und obliegt dem für diese Vorsorgeeinrichtung zu bestellenden Ausschuss. Dieser hat jährlich einen Rechenschaftsbericht zu erstatten. Das Vermögen der Vorsorgeeinrichtung ist nach den Grundsätzen des § 25 PKG zu veranlagen. Hierbei kann der Ausschuss Dritte zur Unterstützung heranziehen. Es ist ein Geschäftsplan gemäß § 20 PKG zu erstellen. Die Geschäftsführung der Vorsorgeeinrichtung ist von einem Prüfaktuar mindestens einmal jährlich zu überprüfen. Der Prüfaktuar wird vom Vorstand jeweils für die Dauer von drei Jahren bestellt.

(10) In den Satzungen der Vorsorgeeinrichtungen sind auf Grund der §§ 159 und 180 nähere Bestimmungen über die Zusammensetzung der Ausschüsse, die Aufbringung der Beiträge zu den Vorsorgeeinrichtungen, die Verwaltung und Veranlagung der Beiträge, die Tätigkeit des Prüfaktuars und über die Höhe, die Festlegung der Voraussetzungen und das Verfahren für die Gewährung der vorgesehenen Vorsorgeleistungen zu treffen. In den Satzungen der Vorsorgeeinrichtungen kann festgelegt werden, dass Eingaben der Mitglieder ausschließlich in elektronischer Form über ein Internetportal der jeweiligen Vorsorgeeinrichtung einzubringen sind sowie bestimmten Gliederungen, technischen Mindestanforderungen und Übermittlungsmodalitäten zu entsprechen haben. In den Satzungen der Vorsorgeeinrichtungen kann festgelegt werden, dass Entscheidungen oder sonstige Erledigungen der gemäß § 180 Abs. 8 zuständigen Ausschüsse oder betrauten Dritten an die Mitglieder ausschließlich in elektronischer Form

über ein Internetportal der jeweiligen Vorsorgeeinrichtung zuzustellen sind. Die weiteren Nutzungsbedingungen für das Internetportal der jeweiligen Vorsorgeeinrichtung sind ebenfalls in den Satzungen der Vorsorgeeinrichtungen festzulegen.

(11) Die Kammer der Wirtschaftstreuhänder hat für die Deckung von Ruhe- und Versorgungsansprüchen des Personals der Kammer der Wirtschaftstreuhänder einen Pensionsfonds zu bilden. Die Höhe des Pensionsfonds hat versicherungsmathematischen Grundsätzen zu entsprechen. Die entsprechenden Beträge sind in den jährlichen Voranschlägen der Kammer der Wirtschaftstreuhänder anzusetzen. Soweit die Ruhe- und Versorgungsansprüche durch den Pensionsfonds nicht gedeckt sind, sind die zur Ergänzung notwendigen Beträge in den Voranschlägen anzusetzen.

5. Abschnitt
Sonstige Bestimmungen

Aufsicht

§ 181. (1) Die Kammer der Wirtschaftstreuhänder und alle ihre Einrichtungen und Unternehmungen unterstehen der Aufsicht des Bundesministers für Arbeit und Wirtschaft.

(2) Die Aufsicht umfasst die Sorge für die gesetzmäßige Führung der Geschäfte und für die Aufrechterhaltung des ordnungsmäßigen Ganges der Verwaltung.

(3) Der Bundesminister für Arbeit und Wirtschaft ist in Handhabung seines Aufsichtsrechts insbesondere berechtigt, Beschlüsse und Bescheide aufzuheben.

(4) Die Kammer der Wirtschaftstreuhänder ist verpflichtet, dem Bundesminister für Arbeit und Wirtschaft auf Verlangen Auskünfte zu erteilen, Akteneinsicht zu gewähren und Prüfungen an Ort und Stelle vornehmen zu lassen. Gegenüber dem Bundesminister für Arbeit und Wirtschaft besteht keine Amtsverschwiegenheit.

(5) Die von der Kammer der Wirtschaftstreuhänder beschlossenen Richtlinien und Empfehlungen sind dem Bundesminister für Arbeit und Wirtschaft unverzüglich zur Kenntnis zu bringen.

(6) Die Kundmachung einer von der Kammer der Wirtschaftstreuhänder beschlossenen Verordnung ist nur mit Zustimmung des Bundesministers für Arbeit und Wirtschaft zulässig. Verordnungen der Kammer der Wirtschaftstreuhänder sind im Amtsblatt der Kammer der Wirtschaftstreuhänder und im Internet auf der Website der Kammer der Wirtschaftstreuhänder kundzumachen. Die im Internet kundgemachten Inhalte müssen jederzeit ohne Identitätsnachweis und gebührenfrei zugänglich sein und in ihrer kundgemachten Form vollständig und auf Dauer ermittelt werden können. Die jeweiligen Änderungen sind im Internet auf der Website der Kammer der Wirtschaftstreuhänder mit dem jeweiligen Kundmachungsdatum ersichtlich zu machen.

Wechselseitige Hilfeleistungspflichten

§ 182. (1) Alle staatlichen und autonomen Behörden und alle auf Grund gesetzlicher Bestimmungen zur Vertretung wirtschaftlicher Interessen berufenen oder auf Grund freier Vereinbarung hierzu errichteten Körperschaften sind verpflichtet, der Kammer der Wirtschaftstreuhänder auf Verlangen die zur Erfüllung ihrer Aufgaben erforderlichen Auskünfte unbeschadet der Bestimmungen des

Datenschutzgesetzes 2000, BGBl. I Nr. 165/1999, zu erteilen.

(2) Die Kammer der Wirtschaftstreuhänder ist zu einem gleichen Verhalten gegenüber den vorgenannten Behörden und Körperschaften verpflichtet.

(3) Im Fall von Strafverfahren wegen des Verdachts einer vorsätzlich begangenen strafbaren Handlung, die mit mehr als einjähriger Freiheitsstrafe bedroht ist, einer mit Bereicherungsvorsatz begangenen sonstigen gerichtlich strafbaren Handlungen und eines gerichtlich strafbaren Finanzvergehens haben die Kammer der Wirtschaftstreuhänder zu verständigen:

1. die Staatsanwaltschaften von der Einleitung eines Ermittlungsverfahrens nach der StPO als Beschuldigte (§ 48 Abs. 1 Z 2 StPO) sowie über die Einbringung der Anklage, den Rücktritt von der Verfolgung und die Einstellung des Ermittlungsverfahrens und

2. das Strafgericht über die Verhängung der Untersuchungshaft sowie über die rechtskräftige Entscheidung im Strafverfahren unter Anschluss der das Verfahren abschließenden Entscheidung.

(4) Die Finanzstrafbehörden sind verpflichtet, die Kammer der Wirtschaftstreuhänder von der Einleitung eines verwaltungsbehördlichen Finanzstrafverfahrens wegen eines sonstigen vorsätzlichen Finanzvergehens mit Ausnahme einer Finanzordnungswidrigkeit gegen einen Berufsberechtigten ohne Verzug zu verständigen und das Ergebnis des durchgeführten Strafverfahrens der Kammer unter Anschluss einer Ausfertigung der Strafentscheidung mitzuteilen.

(5) Der Kammer der Wirtschaftstreuhänder ist auf Verlangen Akteneinsicht zu gewähren. Bis zur Beendigung des Ermittlungsverfahrens können jedoch die Staatsanwaltschaften und Gerichte einzelne Aktenstücke von der Einsichtnahme ausnehmen, wenn besondere Umstände die Befürchtung rechtfertigen, dass durch eine sofortige Kenntnisnahme von diesen Aktenstücken der Zweck der Ermittlungen gefährdet wäre.

(6) Der Vorsitzenden des Disziplinarrates hat den Gerichten und Staatsanwaltschaften auf Verlangen jederzeit Auskunft über den Stand eines Disziplinarverfahrens oder dessen Ausgang zu erteilen.

Datenschutz

§ 183. Die Kammer der Wirtschaftstreuhänder ist insoweit ermächtigt, personenbezogene Daten im Sinne der Verordnung (EU) 2016/679 zum Schutz natürlicher Personen bei der Verarbeitung personenbezogener Daten, zum freien Datenverkehr und zur Aufhebung der Richtlinie 95/46/EG (Datenschutz-Grundverordnung), ABl. Nr. L 119 vom 04.05.2016 S. 1, und des Datenschutzgesetzes (DSG), BGBl. I Nr. 165/1999, zu verarbeiten, als dies der Erfüllung der ihnen gesetzlich übertragenen Aufgaben dient. Dies gilt auch für die Verarbeitung von personenbezogenen Daten durch sonstige Rechtsträger, die zur Erfüllung dieser Aufgaben herangezogen werden.

Verschwiegenheitspflicht

§ 184. (1) Alle Funktionäre, Ausschussmitglieder und das gesamte Personal der Kammer der Wirtschaftstreuhänder sind verpflichtet, über persönliche Verhältnisse, Einrichtungen und Geschäfts- und Betriebsverhältnisse, die ihnen in Wahrnehmung ihrer Aufgaben in der Kammer der Wirtschaftstreuhänder zur Kenntnis gelangen, Verschwiegenheit zu bewahren. Jede Verwertung von Geschäfts- und Betriebsgeheimnissen ist ihnen untersagt.

(2) Von der Verschwiegenheitspflicht kann auf Verlangen eines Gerichtes oder einer Behörde das Präsidium oder, soweit sie dieses betrifft, der Bundesminister für Arbeit und Wirtschaft entbinden.

Europäische Verwaltungszusammenarbeit

§ 185. (1) Die Kammer der Wirtschaftstreuhänder hat mit den zuständigen Behörden der anderen Mitgliedstaaten der EU oder eines Vertragsstaates des EWR oder der Schweizerischen Eidgenossenschaft zur Anwendung folgender Richtlinien eng zusammenzuarbeiten und diesen Behörden Amtshilfe zu leisten:

1. der Berufsqualifikationsanerkenn ungs-RL und
2. der Abschlussprüfungs-RL.

(2) Die Verpflichtungen nach Abs. 1 umfassen insbesondere den Austausch folgender Informationen betreffend diesem Gesetz unterliegende Personen:

1. Informationen über disziplinarische oder strafrechtliche Sanktionen oder sonstige schwerwiegende genau bestimmte Sachverhalte, die sich auf die ausgeübten Tätigkeiten auswirken könnten, vorliegen sowie
2. betreffend die Erbringung einer Dienstleistung
   a) alle Informationen über die Rechtmäßigkeit der Niederlassung und die gute Führung des Dienstleisters,
   b) alle Informationen, die im Falle von Beschwerden eines Dienstleistungsempfängers gegen einen Dienstleister für ein ordnungsgemäßes

Beschwerdeverfahren erforderlich sind, wobei der Dienstleistungsempfänger über das Beschwerdeergebnis zu unterrichten ist und
   c) Informationen darüber, dass keine berufsbezogenen disziplinarischen oder strafrechtlichen Sanktionen vorliegen.

(3) Die Kammer der Wirtschaftstreuhänder hat im Rahmen der Europäischen Verwaltungszusammenarbeit das Internal Market Information System (IMI) entsprechend der Verordnung (EU) Nr. 1024/2012 über die Verwaltungszusammenarbeit mit Hilfe des Binnenmarkt-Informationssystems und zur Aufhebung der Entscheidung 2008/49/EG der Kommission („IMI-Verordnung“), ABl. Nr. L 316 vom 14.11.2012 S. 1, zuletzt geändert durch die Verordnung (EU) Nr. 1628/2016, ABl. Nr. L 252 vom 16.09.2016 S. 53, zu verwenden.

(4) Sofern der Niederlassungswerber im Rahmen eines Verfahrens gemäß § 7 gefälschte Berufsqualifikationsnachweise angeschlossen hat, hat die Kammer der Wirtschaftstreuhänder die zuständigen Behörden der anderen Mitgliedstaaten der EU und Vertragsstaaten des EWR nach den Bestimmungen des Art. 56a der Berufsqualifikationsanerkennungs-RL im Wege des IMI binnen drei Tagen nach Rechtskraft einer entsprechenden gerichtlichen Feststellung über die Identität des Niederlassungswerbers zu informieren. Die Kammer der Wirtschaftstreuhänder hat den Niederlassungswerber zeitgleich mit der Vorwarnung schriftlich über die Vorwarnung zu informieren. Der Niederlassungswerber kann eine Überprüfung der Rechtmäßigkeit der

Vorwarnung in einem bescheidmäßig zu erledigenden Verfahren bei der Kammer der Wirtschaftstreuhänder beantragen. Die Kammer der Wirtschaftstreuhänder hat die Vorwarnung im Wege des IMI unverzüglich richtig zu stellen oder zurückzuziehen, wenn im Rahmen der Überprüfung die Rechtswidrigkeit der Vorwarnung festgestellt wird.

2. Hauptstück
Wahlen

1. Abschnitt
Kosten – Wahlordnung

Kosten

§ 186. Die Kosten, die sich aus der Durchführung der Wahlen der Kammerorgane ergeben, sind von der Kammer der Wirtschaftstreuhänder zu tragen.

Wahlordnung

§ 187. (1) Die Kammer der Wirtschaftstreuhänder hat durch Verordnung die näheren Durchführungsvorschriften für die Wahlen der Kammerorgane zu erlassen.

(2) Im Falle der Durchführung der Wahl auf elektronischem Weg hat die Wahlordnung die näheren Bestimmungen festzulegen. Dabei ist sicherzustellen, dass die Einhaltung der Bestimmungen des § 188 sowie der Datenschutz-Grundverordnung und des Datenschutzgesetzes gewährleistet ist. Das zum Einsatz kommende System muss den Sicherheitsanforderungen qualifizierter elektronischer Signaturen gemäß der Verordnung (EU) Nr. 910/2014 entsprechen und gewährleisten, dass die Aufgaben der Hauptwahlkommission und der Wahlkommissionen auch bei der elektronischen Wahl erfüllt werden können.

(3) Durch das bei einer elektronischen Wahl eingesetzte System ist insbesondere Folgendes sicherzustellen:

1. Die Wahrung des Wahlgeheimnisses durch Methoden, die gewährleisten, dass die ausgefüllten Stimmzettel anonymisiert und nicht rückverfolgbar bei den Wahlkommissionen zur Auszählung gelangen. Es darf zu keinem Zeitpunkt durch die Wahlkommission oder durch Dritte eine Zusammenführung der Identität des Wählers mit seinem Wahlverhalten möglich sein;

2. die Verifikation der Identität des Stimmberechtigten im Rahmen des Wahlvorganges vor der Übermittlung des Stimmzettels, damit die Stimmabgabe durch Nichtberechtigte und die Abgabe mehrerer Stimmen durch eine Person ausgeschlossen ist. Es dürfen nur jene personenbezogenen Daten verwendet werden, die zur Durchführung der Wahl notwendig sind;

3. die Unverfälschtheit des ausgefüllten Stimmzettels durch den Einsatz sicherer elektronischer Signaturen und die Geheimhaltung der Wahldaten während der Übertragung zur Wahlkommission durch Verschlüsselung dieser Daten zur Sicherstellung des Wahlgeheimnisses;

4. die Berücksichtigung des Übereilungsschutzes für den Wähler wie bei der herkömmlichen Stimmabgabe und

5. die sinngemäße Erfüllung der gemäß § 221 Abs. 2 an Wahlzellen gestellten Anforderungen durch die aufgestellten technischen Komponenten zur Abgabe der

Stimme und die Verpflichtung der Wahlberechtigten durch die Wahlordnung zum unbeobachteten und unbeeinflussten Ausfüllen der Wahlformulare.

(4) Die Erfüllung der Sicherheitsanforderungen gemäß Abs. 2 und 3 muss von einer Bestätigungsstelle gemäß § 7 des Signatur- und Vertrauensdienstegesetzes (SVG), BGBl. I Nr. 50/2016, bescheinigt sein.

2. Abschnitt
Wahl in den Kammertag

Allgemeine Grundsätze

(Anm.: § 188.) Die Mitglieder des Kammertages sind auf Grund des allgemeinen, gleichen und geheimen Wahlrechts nach den Grundsätzen des Verhältniswahlrechts zu wählen. Die Wahl in den Kammertag kann auch auf elektronischem Wege (e-voting) erfolgen.

Funktionsperiode des Kammertages

§ 189. (1) Der Kammertag hat eine fünfjährige Funktionsperiode.

(2) Die Funktionsperiode des Kammertages beginnt mit dem Tag seiner konstituierenden Sitzung. Die Funktionsperiode endet mit dem Zusammentritt des neu gewählten Kammertages zu seiner konstituierenden Sitzung.

Anordnung der Wahl

§ 190. (1) Die Wahl in den Kammertag hat innerhalb der letzten sechs Monate vor Ablauf der fünfjährigen Funktionsperiode des Kammertages stattzufinden.

(2) Die Wahl in den Kammertag ist vom Vorstand anzuordnen. Der Vorstand hat dabei auch zu beschließen, ob die Wahl auf elektronischen Weg durchgeführt wird.

(3) Die Anordnung der Wahl ist in geeigneter Weise kundzumachen.

Wahlkreise

§ 191. Das Bundesgebiet ist in neun Wahlkreise zu teilen. Jedes Bundesland bildet einen Wahlkreis. Die neun Wahlkreise bilden den Wahlkreisverband.

Aufteilung der Mandate auf die Wahlkreise

§ 192. (1) Die Zahl der auf die einzelnen Wahlkreise entfallenden Mandate ist auf Grund der Zahl der aktiv wahlberechtigten Mitglieder eines Wahlkreises zu ermitteln.

(2) Für die Zugehörigkeit eines aktiv wahlberechtigten Mitgliedes der Kammer der Wirtschaftstreuhänder zu einem Wahlkreis ist sein Berufssitz maßgebend. Besteht ein Berufssitz im Bundesgebiet nicht, so ist der Hauptwohnsitz am Tage der Wahlanordnung maßgebend.

(3) Für jeden Wahlkreis ist eine Liste der den einzelnen Wahlkreisen angehörenden aktiv wahlberechtigten Mitglieder der Kammer der Wirtschaftstreuhänder zu erstellen. Die Zahlen der den einzelnen Wahlkreisen zugehörenden aktiv wahlberechtigten Mitglieder der Kammer der Wirtschaftstreuhänder sind nach ihrer Größe geordnet nebeneinander zu schreiben. Unter jede dieser Zahlen ist ihre Hälfte, unter diese ihr Drittel, Viertel, Fünftel usw. zu schreiben, bis die 66 größte Zahl ermittelt ist. Jeder Wahlkreis hat so viele Mitglieder in den Kammertag zu wählen, als die zuvor ermittelte Zahl in der Zahl der dem jeweiligen Wahlkreis zugehörenden aktiv wahlberechtigten Mitgliedern der Kammer der Wirtschaftstreuhänder enthalten ist.

(4) Haben nach der Berechnung gemäß Abs. 3 mehrere Wahlkreise den gleichen Anspruch auf ein Mandat, so hat das Los zu entscheiden.

Aktives Wahlrecht

§ 193. (1) Aktiv wahlberechtigt sind alle natürlichen ordentlichen Mitglieder der Kammer der Wirtschaftstreuhänder, deren Mitgliedschaft am Tag der Wahlausschreibung bestanden hat.

(2) Aktiv Wahlberechtigte dürfen nur an ihrem Berufssitz in der Wählerliste eingetragen sein. Besteht ein Berufssitz im Bundesgebiet nicht, so ist der Hauptwohnsitz am Tag der Wahlausschreibung für die Eintragung in die Wählerliste maßgebend. Besteht weder ein Berufssitz noch ein Hauptwohnsitz in Österreich, so ist der Wahlberechtigte in die Wählerliste des nach dem Sitz der Wahlkreiskommissionen seinem Berufssitz nächstgelegenen Wahlkreises einzutragen.

(3) Aktiv Wahlberechtigte dürfen ihr Wahlrecht nur einmal ausüben.

Passives Wahlrecht

§ 194. Wählbar sind alle natürlichen ordentlichen Mitglieder der Kammer der Wirtschaftstreuhänder, die

1. am Tag der Wahlausschreibung bereits mindestens ein Jahr der Kammer der Wirtschaftstreuhänder als ordentliches Mitglied angehört haben und
2. die österreichische Staatsbürgerschaft besitzen.

Hauptwahlkommission – Bestellung

§ 195. (1) Zur Durchführung und Leitung der Wahl ist eine Hauptwahlkommission zu bestellen. Die Hauptwahlkommission hat ihren Sitz bei der Kammer der Wirtschaftstreuhänder. Sie ist für das ganze Bundesgebiet zuständig.

(2) Die Hauptwahlkommission hat zu bestehen aus:

1. dem Vorsitzenden und
2. sechs weiteren Mitgliedern.

(3) Der Vorsitzende der Hauptwahlkommission und für den Fall seiner Verhinderung ein Stellvertreter sind vom Vorstand der Kammer der Wirtschaftstreuhänder zu bestellen. Der Vorsitzende der Hauptwahlkommission und sein Stellvertreter haben vor Antritt ihrer Funktion in die Hand des Präsidenten der Kammer der Wirtschaftstreuhänder das Gelöbnis strenger Unparteilichkeit und gewissenhafter Erfüllung der mit ihrer Funktion verbundenen Pflichten abzulegen.

(4) Die sechs weiteren Mitglieder der Hauptwahlkommission sind vom Vorstand der Kammer der Wirtschaftstreuhänder aufgrund eines Vorschlages des Präsidiums der Kammer der Wirtschaftstreuhänder zu bestellen. Für den Fall der Verhinderung dieser Mitglieder hat der Vorstand der Kammer der Wirtschaftstreuhänder jeweils ein Ersatzmitglied aufgrund eines Vorschlages des Präsidiums zu bestellen.

(5) Das Präsidium hat seinen Vorschlag auf Bestellung der Mitglieder und Ersatzmitglieder der Wahlkommission gleichzeitig mit der Anordnung der Wahlen zu erstatten. Im Vorschlag des Präsidiums muss jede Berufsgruppe zumindest durch ein Mitglied und Ersatzmitglied vertreten sein. Mindestens zwei Mitglieder und zwei Ersatzmitglieder müssen anderen Wahlkreisen als dem Wahlkreis Wien zugehören. Mitglieder gemäß Abs. 2 Z 2 und ihre Ersatzmitglieder müssen das passive Wahlrecht besitzen.

(6) Mitglieder gemäß Abs. 2 Z 2 und ihre Ersatzmitglieder haben vor Antritt ihrer Funktion in die Hand des Vorsitzenden der Hauptwahlkommission das Gelöbnis strenger Unparteilichkeit und gewissenhafter Erfüllung der mit ihrer Funktion verbundenen Pflichten abzulegen.

Hauptwahlkommission – Aufgaben

§ 196. (1) Der Vorsitzende der Hauptwahlkommission hat deren Sitzungen zu leiten und die Geschäfte der Hauptwahlkommission zu führen, soweit diese nicht von der Hauptwahlkommission selbst wahrzunehmen sind.

(2) Die Hauptwahlkommission hat insbesondere folgende Aufgaben wahrzunehmen:

1. die Aufteilung der auf die einzelnen Wahlkreise entfallenden Mandate des Kammertages,
2. die Ausschreibung der Wahl, die Festsetzung des Zeitpunktes, bis zu welchem sich die Wahlberechtigten im Besitz des Wahlkuverts befinden müssen, und die Festsetzung des Zeitraumes, innerhalb dessen die Wahlkuverts bei der Kreiswahlkommission einlangen oder abgegeben werden müssen,
3. die Bestellung der Mitglieder der Kreiswahlkommissionen,
4. die Angabe, an welcher Stelle und innerhalb welcher Zeit die Wählerlisten zur Einsichtnahme aufliegen müssen,
5. die Entscheidung über Einsprüche gegen die Wählerlisten,
6. die Entscheidung über die Wählbarkeit der Wahlwerber und über die Gültigkeit der Wahlvorschläge und die Verlautbarung der Wahlvorschläge,
7. die Überprüfung der Wahlergebnisse in den Wahlkreisen und die Ermittlung des endgültigen Abstimmungsergebnisses und
8. die Zuweisung der Mandate an die wahlwerbenden Gruppen

und die Verlautbarung des Wahlergebnisses.

(3) Die Hauptwahlkommission hat eine elektronisch geführte Wahl unter Beiziehung einer Bestätigungsstelle gemäß § 7 SVG abzubrechen, wenn die Funktionsfähigkeit des verwendeten Systems nicht mehr gegeben ist.

(4) Nach einem Abbruch der Wahl gemäß Abs. 3 ist diese innerhalb von 60 Tagen zu wiederholen. Die Hauptwahlkommission hat die entsprechende Kundmachung zu erlassen. Diese Kundmachung ist unverzüglich im Amtsblatt der Kammer der Wirtschaftstreuhänder zu veröffentlichen. Die näheren Bestimmungen hat die Wahlordnung zu treffen.

Kreiswahlkommissionen – Bestellung

§ 197. (1) Für jeden Wahlkreis ist am Sitz der jeweiligen Landesstelle eine Kreiswahlkommission zu bestellen.

(2) Die Kreiswahlkommission hat zu bestehen aus:

1. dem Vorsitzenden und
2. vier weiteren Mitgliedern.

(3) Die Vorsitzenden der Kreiswahlkommissionen und für den Fall ihrer Verhinderung jeweils ein Stellvertreter sind vom Vorsitzenden der Hauptwahlkommission zu bestellen. Die Vorsitzenden der Kreiswahlkommissionen und ihre Stellvertreter haben vor Antritt ihrer Funktion in die Hand des Vorsitzenden der Hauptwahlkommission das Gelöbnis strenger Unparteilichkeit und gewissenhafter Erfüllung der mit ihren Funktionen verbundenen Pflichten abzulegen.

(4) Die vier weiteren Mitglieder der jeweiligen Kreiswahlkommissionen sind von der Hauptwahlkommission auf Grund

eines Vorschlages des Vorstandes der Kammer der Wirtschaftstreuhänder zu bestellen. Für den Fall der Verhinderung dieser Mitglieder hat die Hauptwahlkommission jeweils ein Ersatzmitglied auf Grund eines Vorschlages des Vorstandes zu bestellen.

(5) Im Vorschlag des Vorstandes muss jede Berufsgruppe zumindest durch ein Mitglied und ein Ersatzmitglied vertreten sein. Mitglieder gemäß Abs. 2 Z 2 und ihre Ersatzmitglieder müssen ihren Berufssitz oder Hauptwohnsitz im betreffenden Wahlkreis haben und das passive Wahlrecht besitzen.

(6) Mitglieder gemäß Abs. 2 Z 2 und ihre Ersatzmitglieder haben vor Antritt ihrer Funktion in die Hand des Vorsitzenden der Kreiswahlkommission das Gelöbnis strenger Unparteilichkeit und gewissenhafter Erfüllung der mit ihren Funktionen verbundenen Pflichten abzulegen.

Kreiswahlkommissionen – Aufgaben

§ 198. (1) Die Vorsitzenden der Kreiswahlkommissionen haben deren Sitzungen zu leiten und die Geschäfte der Kreiswahlkommissionen zu führen, soweit diese nicht von den Kreiswahlkommissionen selbst wahrzunehmen sind.

(2) Die Kreiswahlkommissionen haben insbesondere folgende Aufgaben wahrzunehmen:
1. die Auflegung der Wählerlisten,
2. die Entgegennahme der Wahlkuverts und
3. die Ermittlung des Abstimmungsergebnisses.

Wahlkommissionen – Bestellung

§ 199. (1) Der Vorsitzende, sein Stellvertreter, die Mitglieder und die Ersatzmitglieder der Hauptwahlkommission sind spätestens zwei Wochen nach der Anordnung der Wahl zu bestellen.

(2) Die Vorsitzenden, ihre Stellvertreter, die Mitglieder und die Ersatzmitglieder der Kreiswahlkommissionen sind spätestens vier Wochen nach der Anordnung der Wahl zu bestellen.

Wahlkommissionen – Ausübung der Funktion

§ 200. (1) Die Mitglieder der Wahlkommissionen haben ihre Tätigkeiten ehrenamtlich und ohne Bindung an einen Auftrag auszuüben.

(2) Die Mitglieder der Wahlkommissionen sind verpflichtet, an den Sitzungen teilzunehmen und ihre Funktion streng unparteiisch und gewissenhaft zu erfüllen.

(3) Jedes passiv wahlberechtigte Mitglied ist verpflichtet, seine Bestellung zum Mitglied einer Wahlkommission anzunehmen.

(4) Die Mitglieder der Wahlkommissionen haben Anspruch auf Ersatz der ihnen in Ausübung ihrer Funktion entstandenen Barauslagen.

Sitzungen der Wahlkommissionen

§ 201. (1) Die Vorsitzenden haben die jeweiligen Wahlkommissionen innerhalb einer Woche nach ihrer Bestellung zur ersten Sitzung einzuladen. Die erste Sitzung der jeweiligen Wahlkommission hat binnen vier Wochen nach der Bestellung ihres Vorsitzenden stattzufinden.

(2) Die folgenden Sitzungen haben nach Bedarf oder auf Beschluss der Wahlkommission stattzufinden.

(3) Zu den folgenden Sitzungen haben ihre Vorsitzenden einzuberufen.

(4) Die Wahlkommissionen sind beschlussfähig, wenn der Vorsitzende, im Fall seiner Verhinderung sein Stellvertreter, und mindestens drei Viertel ihrer

Mitglieder, im Falle ihrer Verhinderung deren Ersatzmitglieder, anwesend sind.

(5) Die Wahlkommissionen haben ihre Beschlüsse mit einfacher Stimmenmehrheit zu fassen. Der Vorsitzende stimmt nicht mit. Nur bei Stimmengleichheit hat der Vorsitzende seine Stimme abzugeben.

(6) Den Sitzungen der Hauptwahlkommission ist der Kammerdirektor oder sein Stellvertreter oder ein rechtskundiger Bediensteter der Kammer der Wirtschaftstreuhänder zur Beratung beizuziehen.

(7) Den Sitzungen der Kreiswahlkommissonen ist jeweils ein vom Kammerdirektor zu bestimmender Bediensteter der Kammer der Wirtschaftstreuhänder zur Beratung beizuziehen.

(8) In Angelegenheiten der Wahl sind die in Abs. 6 und 7 genannten Bediensteten an die Weisungen des jeweiligen Vorsitzenden der Wahlkommission gebunden.

Geschäftsstellen der Wahlkommissionen

§ 202. (1) Geschäftsstelle der Hauptwahlkommission ist das Kammeramt.

(2) Geschäftsstellen der Kreiswahlkommissionen sind die Kanzleien der jeweiligen Landesstellen.

Vertrauenspersonen

§ 203. (1) Jede Wählergruppe ist berechtigt, jeweils eine Vertrauensperson, im Verhinderungsfall deren Stellvertreter, in die Hauptwahlkommission und die Kreiswahlkommissionen zu entsenden.

(2) Voraussetzung für die Entsendung einer Vertrauensperson ist:

1. die Zulassung des Wahlvorschlages und
2. die Wahlbeteiligung in dem betreffenden Wahlkreis.

(3) Vertrauenspersonen und deren Stellvertreter sind den jeweiligen Wahlkommissionen frühestens mit der Einbringung des Wahlvorschlages und spätestens eine Woche vor der Wahl namhaft zu machen. Die Namhaftmachung hat durch den Zustellungsbevollmächtigten der Wählergruppe schriftlich zu erfolgen.

(4) Fristgerecht namhaft gemachte Vertrauenspersonen, im Verhinderungsfall ihre Stellvertreter, sind berechtigt, an den Sitzungen der jeweiligen Wahlkommissionen ohne Stimmrecht teilzunehmen.

Ausschreibung der Wahl – Wahlkundmachung

§ 204. (1) Die Hauptwahlkommission hat den Zeitpunkt der Wahl so zu bestimmen, dass zwischen dem Tag der Veröffentlichung der Wahlkundmachung und dem Wahltag ein Zeitraum von 14 Wochen liegt.

(2) Die Wahlkundmachung hat zu enthalten:

1. den Wahltag,
2. die Angabe, wo und bis wann die Wahlkuverts abgegeben werden oder bei Übersendung einlangen müssen,
3. die Anzahl der in den einzelnen Wahlkreisen zu wählenden Mitglieder des Kammertages,
4. die Angabe, wo und wann die Wählerlisten und ein Abdruck dieses Bundesgesetzes und der Wahlordnung eingesehen werden können,
5. die Bestimmung, dass Einwendungen gegen die Wählerlisten binnen zwei Wochen nach deren Auflegung bei der

Kreiswahlkommission einzubringen sind,

6. die Aufforderung, dass Wahlvorschläge schriftlich bei der Hauptwahlkommission spätestens bis 16 Uhr des Tages, welcher fünf Wochen vor dem Wahltag liegt, einzubringen sind,

7. die Bestimmungen über die Zahl der Wahlwerber, die Unterzeichnung des Wahlvorschlages, die Nennung eines Zustellungsbevollmächtigten und die Voraussetzungen für den Anspruch auf Zuweisung von Restmandaten im zweiten Ermittlungsverfahren,

8. die Angabe, wo und wann die zur Wahlhandlung zugelassenen Wahlvorschläge zur Einsicht aufliegen werden,

9. die Bestimmung, dass Stimmen gültig nur für zugelassene Wahlvorschläge abgegeben werden können, und

10. die Angabe, wie die Stimmabgabe zu erfolgen hat.

(3) Die Wahlkundmachung ist in geeigneter Weise zu veröffentlichen.

Wählerlisten

§ 205. (1) Das Kammeramt hat für jeden Wahlkreis eine Wählerliste anzulegen.

(2) Die Wählerlisten sind spätestens vier Wochen nach der Wahlausschreibung von jeder Kreiswahlkommission an ihrem Sitz zur öffentlichen Einsicht aufzulegen. Aktiv Wahlberechtigten sind auf Verlangen vom Kammeramt Ausfertigungen der Wählerlisten auszufolgen. Die Ausfolgung einer Ausfertigung einer Wählerliste kann frühestens drei Wochen nach der Wahlausschreibung verlangt werden. Einem diesbezüglichen Verlangen ist binnen einer Woche zu entsprechen.

(3) Die Auflegung der Wählerlisten ist durch die zuständige Wahlkommission in geeigneter Weise kundzumachen. Gleichzeitig mit dieser Kundmachung ist auf die Möglichkeit eines Einspruches gegen die Wählerlisten gemäß Abs. 5 hinzuweisen.

(4) Vom ersten Tag der Auflegung der Wählerlisten an ist eine Änderung dieser nur mehr im Wege eines Einspruchsverfahrens zulässig. Ausgenommen hiervon sind Formgebrechen, insbesondere die Berichtigung von Schreibfehlern.

(5) Jeder aktiv Wahlberechtigte hat das Recht, innerhalb von zwei Wochen nach Auflegung der Wählerlisten Einspruch gegen die Wählerlisten bei der zuständigen Kreiswahlkommission zu erheben. Einsprüche sind nur gegen die Aufnahme vermeintlich Nichtwahlberechtigter oder gegen die Nichtaufnahme vermeintlich Wahlberechtigter, die namentlich zu bezeichnen sind, zulässig. Sie sind schriftlich einzubringen und haben einen begründeten Antrag zu enthalten. Einsprüche, die diesen Erfordernissen nicht entsprechen, sind ohne weiteres Verfahren zurückzuweisen.

(6) Die Kreiswahlkommission hat, sofern der Einspruch nicht zurückzuweisen ist, die von einem Einspruch betroffenen Personen binnen zwei Tagen nach Einlangen des Einspruchs hiervon durch einen eingeschriebenen Brief zu verständigen und zur Abgabe einer Stellungnahme aufzufordern. Stellungnahmen sind von der Kreiswahlkommission bei ihrer Entscheidung nur dann zu berücksichtigen, wenn diese innerhalb weiterer fünf Tage bei der Kreiswahlkommission schriftlich einlangen. Die Kreiswahlkommission hat spätestens eine Woche nach Ablauf der Einspruchsfrist über Einsprüche zu entscheiden. Die

Entscheidung der Kreiswahlkommission ist dem Einspruchswerber und der vom Einspruch betroffenen Person zuzustellen.

(7) Gegen die Entscheidung der Kreiswahlkommission steht dem Einspruchswerber und der vom Einspruch betroffenen Person das Recht der Berufung an die Hauptwahlkommission zu. Berufungen gegen Entscheidungen der Kreiswahlkommission sind innerhalb einer Woche nach Zustellung bei der Hauptwahlkommission einzubringen. Die Hauptwahlkommission hat innerhalb einer Woche über die Berufung zu entscheiden. Die Hauptwahlkommission hat ihre Entscheidung der Kreiswahlkommission, dem Einspruchswerber und der vom Einspruch betroffenen Person zuzustellen.

(8) Die Kreiswahlkommissionen haben erforderliche Richtigstellungen und Ergänzungen der Wählerlisten auf Grund von rechtskräftigen Entscheidungen im Einspruchsverfahren unverzüglich vorzunehmen. Bei jeder Richtigstellung oder Ergänzung der Wählerlisten ist ein Hinweis auf die diesbezügliche Entscheidung anzubringen.

(9) Nach Abschluss der Einspruchsverfahren haben die Kreiswahlkommissionen die Wählerlisten abzuschließen und jenen aktiv Wahlberechtigten, denen Ausfertigungen der Wählerlisten gemäß Abs. 2 ausgefolgt wurden, die vorgenommenen Richtigstellungen und Ergänzungen der Wählerlisten bekanntzugeben. Die abgeschlossenen Wählerlisten sind der Wahl zugrunde zu legen.

Wahlvorschläge

§ 206. (1) Die Wählergruppen haben ihre Wahlvorschläge spätestens bis 16 Uhr des Tages, welcher fünf Wochen vor dem Wahltag liegt, schriftlich bei der Hauptwahlkommission einzubringen. Der Empfang des Wahlvorschlages ist unter Angabe der Zeit der Empfangnahme zu bestätigen.

(2) Die Wahlvorschläge müssen von mindestens fünf aktiv Wahlberechtigten, jedenfalls aber von einem Prozent der aktiv Wahlberechtigten, abgerundet auf eine volle Zahl, des betreffenden Wahlkreises durch deren Unterschrift unterstützt werden. Hat eine Wählergruppe in vier Wahlkreisen die erforderliche Zahl von Unterstützungsunterschriften nachgewiesen, so ist sie berechtigt, für die übrigen Wahlkreise Wahlvorschläge ohne Unterstützungsunterschriften einzubringen. Wird ein Wahlvorschlag von mindestens drei Mitgliedern des Kammertages durch deren Unterschrift unterstützt, ersetzt dies die erforderlichen Unterstützungserklärungen durch die Wahlberechtigten. Eine Wählergruppe, deren Wahlvorschlag für einen Wahlkreis von zumindest drei Mitgliedern des Kammertages unterstützt wird, ist berechtigt, für die übrigen Wahlkreise Wahlvorschläge ohne Unterstützungserklärungen einzubringen. Mitglieder des Kammertages sind zur Unterstützung nur eines Wahlvorschlages berechtigt.

(3) Die Wahlvorschläge haben nicht weniger Wahlwerber als ein Drittel, aufgerundet auf die nächsthöhere ganze Zahl, und nicht mehr Wahlwerber als das Doppelte der Zahl der im betreffenden Wahlkreis zu wählenden Mitglieder des Kammertages zu enthalten. Die Zustimmung jedes Wahlwerbers zu seiner Aufnahme in den Wahlvorschlag muss durch seine Unterschrift nachgewiesen werden.

(4) Jeder Wahlvorschlag hat die Bezeichnung der Wählergruppe zu enthalten. Fehlt eine solche Bezeichnung, so ist der Wahlvorschlag nach dem Listenführer, das ist der an erster Stelle vorgeschlagene Wahlwerber, zu benennen. Der Listenführer gilt dann als Zustellungsbevollmächtigter der Wählergruppe, die den Wahlvorschlag eingebracht hat, wenn nicht ein anderer Zustellungsbevollmächtigter im Wahlvorschlag genannt wird. Zustellungsbevollmächtigte müssen aktiv wahlberechtigt sein.

(5) In einem Wahlkreis ist die Aufnahme eines Wahlwerbers nur im Wahlvorschlag einer Wählergruppe zulässig. Ist ein Wahlwerber in einem Wahlkreis in mehreren Wahlvorschlägen verschiedener Wählergruppen enthalten, so ist er von der Hauptwahlkommission aufzufordern, binnen drei Tagen nach Zustellung der Aufforderung eine Erklärung abzugeben, für welche Wählergruppe er kandidiert. Entsprechend seiner fristgerecht abgegebenen Erklärung ist er von den anderen Wahlvorschlägen zu streichen. Wenn er innerhalb der gesetzten Frist keine Erklärung abgibt, ist er von allen Wahlvorschlägen zu streichen.

(6) Die Verbindung von zwei oder mehreren eingebrachten Wahlvorschlägen ist zulässig. Diesbezügliche Erklärungen sind durch die Zustellungsbevollmächtigten der Wählergruppen spätestens bis 16 Uhr des Tages, der vier Wochen vor dem Wahltag liegt, bei der Hauptwahlkommission einzubringen. Verbindungserklärungen haben die Reihenfolge der Wahlwerber zu enthalten.

(7) Wenn eine Wählergruppe keinen Anspruch auf Zuweisung von Restmandaten im zweiten Ermittlungsverfahren zu erheben beabsichtigt, muss dies der Zustellungsbevollmächtigte im Wahlvorschlag erklären. Andernfalls gelten alle im ersten Ermittlungsverfahren nicht berufenen Kandidaten des Wahlvorschlages als Wahlwerber für das zweite Ermittlungsverfahren.

(8) Die Verbindung von zwei oder mehreren eingebrachten Wahlvorschlägen ist auch für das zweite Ermittlungsverfahren zulässig. Diesbezügliche Erklärungen sind durch die Zustellungsbevollmächtigten der Wählergruppen spätestens bis 16 Uhr des Tages, der vier Wochen vor dem Wahltag liegt, bei der Hauptwahlkommission einzubringen. Eine Reihung der Wahlwerber ist in diesem Fall nicht erforderlich. Es ist jedoch ein gemeinsamer Zustellungsbevollmächtigter namhaft zu machen.

(9) Wird in einem Wahlkreis kein gültiger Wahlvorschlag eingebracht, so sind die in diesem Wahlkreis zu vergebenden Mandate im zweiten Ermittlungsverfahren als Restmandate zuzuteilen.

Prüfung der Wahlvorschläge

§ 207. (1) Die Hauptwahlkommission hat nach Ablauf der Einbringungsfrist die Wahlvorschläge zu prüfen.

(2) Wahlwerber, die nicht die Wählbarkeit besitzen, sind durch die Hauptwahlkommission aus dem Wahlvorschlag zu streichen. Wahlvorschläge, die durch Gleichheit oder Ähnlichkeit der Bezeichnungen zu Verwechslungen führen könnten, sind durch entsprechende Unterscheidungsmerkmale von der Hauptwahlkommission zu ergänzen.

(3) Stellt die Hauptwahlkommission Mängel in einem Wahlvorschlag fest, so sind diese dem jeweiligen Zustellungsbevollmächtigten innerhalb von drei Tagen

bekanntzugeben. Gleichzeitig ist der Zustellungsbevollmächtigte aufzufordern, die festgestellten Mängel innerhalb einer von mindestens fünf Tagen zu setzenden Frist zu beheben.

(4) Wahlvorschläge sind nicht zuzulassen, wenn sie

1. verspätet eingebracht wurden oder

2. auch nach Ablauf der Frist zur Mängelbehebung nicht die erforderliche Anzahl an Unterstützungsunterschriften aufweisen oder nicht die erforderliche Anzahl von wählbaren Wahlwerbern enthalten.

(5) Änderungen im Wahlvorschlag oder dessen Zurückziehung sind vom Zustellungsbevollmächtigten der Wählergruppe spätestens bis 16 Uhr des Tages, der vier Wochen vor dem Wahltag liegt, der Hauptwahlkommission schriftlich mitzuteilen. Änderungen im Wahlvorschlag durch Neuaufnahme von Wahlwerbern und die Zurückziehung des Wahlvorschlages müssen vom Zustellungsbevollmächtigten und von mindestens der Hälfte jener Wahlberechtigten, die den Wahlvorschlag durch ihre Unterschrift unterstützt haben, unterschrieben sein.

(6) Wird nur ein gültiger Wahlvorschlag eingebracht oder wird auf Grund eines Übereinkommens aller Wählergruppen eines Wahlkreises ein gemeinsam erstellter gültiger Wahlvorschlag rechtzeitig eingebracht, so hat die Hauptwahlkommission von der Fortsetzung des Wahlverfahrens für diesen Wahlkreis abzusehen und die Wahlwerber dieses Wahlvorschlages durch Verlautbarung für gewählt zu erklären.

Kundmachung der Wahlvorschläge

§ 208. (1) Die Hauptwahlkommission hat die von ihr zugelassenen Wahlvorschläge unverzüglich, spätestens jedoch 15 Tage vor dem Wahltag, kundzumachen. Die Kundmachung hat im Amtsblatt der Kammer der Wirtschaftstreuhänder zu erfolgen.

(2) In der Kundmachung der Wahlvorschläge hat sich die Reihenfolge der Wählergruppe, die im zuletzt gewählten Kammertag, wenn auch im Rahmen einer Verbindung mit anderen Wählergruppen oder unter einer anderen Bezeichnung, vertreten sind, nach der Zahl der bei der letzten Wahl ermittelten Stimmen zu richten. Ist diese Zahl gleich, so hat die Hauptwahlkommission die Reihenfolge durch Los zu ermitteln. Die übrigen Wählergruppen sind in der Reihenfolge der Zeitpunkte der Einbringung ihrer Wahlvorschläge zu reihen.

Wahlkuvert – Stimmzettel – Stimmabgabe

§ 209. (1) Die amtlichen Wahlkuverts und die amtlichen Stimmzettel sind auf Anordnung der Hauptwahlkommission oder der Kreiswahlkommissionen entsprechend der Zahl der Wahlberechtigten zusätzlich einer Reserve von 20 Prozent herzustellen.

(2) Der amtliche Stimmzettel hat für jede Wählergruppe, deren Wahlvorschlag für den betreffenden Wahlkreis zugelassen worden ist, eine gleich große Zeile vorzusehen. Diese Zeile hat die Listennummer, einen Kreis und die Bezeichnung der Wählergruppe einschließlich einer allfälligen Kurzbezeichnung zu enthalten. Die Reihenfolge der Wählergruppen auf dem amtlichen Stimmzettel hat der Reihenfolge in der Kundmachung der Wahlvorschläge zu entsprechen.

(3) Die Kreiswahlkommissionen haben allen laut abgeschlossener Wählerliste ihres Wahlkreises aktiv Wahlberechtigten fünfzehn Tage vor dem Wahltag ein amtliches Kuvert und einen amtlichen Stimmzettel mit eingeschriebenem Brief zuzusenden.

(4) Jeder Wahlberechtigte hat durch Übermittlung des geschlossenen, den amtlichen Stimmzettel enthaltenden amtlichen Wahlkuverts an die Kreiswahlkommission, in deren Wählerliste er eingetragen ist, sein Wahlrecht auszuüben. Bei Verwendung eines anderen als des amtlichen Wahlkuverts ist die abgegebene Stimme ungültig.

(5) Das amtliche Wahlkuvert ist der zuständigen Kreiswahlkommission vom Wahlberechtigten entweder durch die Post, persönlich oder durch einen Boten zu übermitteln. Bei der Übermittlung durch die Post hat der Wahlberechtigte dafür Sorge zu tragen, dass jegliche Postvermerke und sonstige handschriftliche Aufzeichnungen auf dem Wahlkuvert durch eine entsprechende Umhüllung vermieden werden. Die Übersendung durch die Post erfolgt auf Kosten und Gefahr des Wahlberechtigten. Das amtliche Wahlkuvert muss bis zum Wahlschluss bei der zuständigen Kreiswahlkommission eingelangt sein. Die Kreiswahlkommissionen sind verpflichtet, dem Wähler oder dessen Boten auf Verlangen die Übernahme des Wahlkuverts zu bestätigen.

(6) Die Kreiswahlkommission hat die bei ihr eingelangten Wahlkuverts zu sammeln und für deren sichere und geordnete Verwahrung bis zum Wahltag zu sorgen. Auskünfte über bereits eingelangte Wahlkuverts oder Aufforderungen zur Stimmabgabe auf Grund der Kenntnis bereits eingelangter Wahlkuverts sind untersagt.

(7) Die Stimmabgabe ist nur mit dem amtlichen Stimmzettel zulässig. Enthält ein Wahlkuvert mehrere gültig ausgefüllte Stimmzettel, so sind alle abgegebenen Stimmen ungültig, wenn für verschiedene Wählergruppen gestimmt worden ist. Enthält ein Wahlkuvert mehrere gültig ausgefüllte Stimmzettel, so sind alle Stimmen als eine Stimme zu zählen, wenn alle abgegebenen gültigen Stimmen der gleichen Wählergruppe zuzuzählen wären.

(8) Der amtliche Stimmzettel ist nur dann gültig, wenn eindeutig zu erkennen ist, welche Wählergruppe der Wähler wählen wollte. Leere Wahlkuverts sind als ungültige Stimmen zu zählen.

(9) Im Falle der Durchführung der Wahl auf elektronischem Weg hat der elektronische Stimmzettel den Anforderungen des Abs. 2 zu entsprechen.

Abstimmungsverfahren

§ 210. (1) Die Kreiswahlkommission hat am Wahltag zur Entgegennahme von Wahlkuverts, sofern die Wahl nicht auf elektronischem Weg durchgeführt wird, und zur Feststellung des Abstimmungsergebnisses im Wahlkreis in dem in der Wahlkundmachung festgesetzten Zeitraum zusammenzutreten.

(2) Im Amtsraum der Kreiswahlkommission müssen sich befinden:

1. die Wählerliste des Wahlkreises,

2. ein Abstimmungsverzeichnis,

3. eine Wahlzelle und

4. eine Wahlurne.

(3) Bei jedem am Wahltag persönlich überbrachten Wahlkuvert ist zu überprüfen, ob der aus dem Anhängeabschnitt des Wahlkuverts ersichtliche Wähler in der Wählerliste des Wahlkreises eingetragen ist. Ist der Wähler in die Wählerliste des

184

Wahlkreises eingetragen, so ist er dort zu streichen und in das Abstimmungsverzeichnis einzutragen. Im Anschluss daran hat der Vorsitzende der Kreiswahlkommission das Anhängeblatt vom Wahlkuvert abzutrennen und zum Wahlakt zu nehmen. Das Wahlkuvert ist in geschlossenem Zustand in die Wahlurne zu legen.

(4) Ist der Wähler nicht im Besitz des amtlichen Wahlkuverts oder des amtlichen Stimmzettels, so hat er der Kreiswahlkommission seine Identität nachzuweisen. Ist der Wähler in die Wählerliste des Wahlkreises eingetragen, so ist er dort zu streichen und in das Abstimmungsverzeichnis einzutragen. Im Anschluss daran hat ihm der Vorsitzende der Kreiswahlkommission ein leeres amtliches Wahlkuvert und einen amtlichen Stimmzettel zu übergeben. Der Wähler hat dann in der Wahlzelle den amtlichen Stimmzettel auszufüllen, in das amtliche Wahlkuvert zu legen und dieses zu verschließen. Das amtliche Wahlkuvert ist sodann dem Vorsitzenden der Kreiswahlkommission zu übergeben. Im Anschluss daran hat der Vorsitzende der Kreiswahlkommission das Anhängeblatt vom Wahlkuvert abzutrennen und zum Wahlakt zu nehmen. Das Wahlkuvert ist in geschlossenem Zustand in die Wahlurne zu legen. Ist dem Wähler bei der Ausfüllung des amtlichen Stimmzettels ein Irrtum unterlaufen und begehrt er die Aushändigung eines weiteren amtlichen Stimmzettels, so hat der Vorsitzende der Kreiswahlkommission ihm einen weiteren amtlichen Stimmzettel auszuhändigen. Der dem Wähler zuerst ausgehändigte Stimmzettel ist vor der Kreiswahlkommission durch Zerreißen unbrauchbar zu machen.

(5) Bei allen anderen durch die Post oder durch Boten übermittelten

Wahlkuverts ist nach Abschluss der Stimmabgaben gemäß Abs. 3 und 4 zu überprüfen, ob der aus dem Anhängeabschnitt des Wahlkuverts ersichtliche Wähler in der Wählerliste des Wahlkreises eingetragen ist. Ist der Wähler in die Wählerliste des Wahlkreises eingetragen, so ist er dort zu streichen und in das Abstimmungsverzeichnis einzutragen. Im Anschluss daran hat der Vorsitzende der Kreiswahlkommission das Anhängeblatt vom Wahlkuvert abzutrennen und zum Wahlakt zu nehmen. Das Wahlkuvert ist in geschlossenem Zustand in die Wahlurne zu legen.

(6) Haben Wahlberechtigte ihr Wahlrecht gemäß Abs. 4 ausgeübt und zusätzlich auch ein Wahlkuvert durch die Post oder durch einen Boten übermittelt, so ist das durch die Post oder durch einen Boten übermittelte Wahlkuvert ungeöffnet mit dem Vermerk „Wahlrecht persönlich ausgeübt" zu den Wahlakten zu legen.

(7) Im Falle der Durchführung der Wahl auf elektronischem Weg sind die Abs. 3 bis 6 mit der Maßgabe anzuwenden, dass an die Stelle der Stimmabgabe mittels amtlichen Wahlkuverts die Stimmabgabe auf elektronischem Weg tritt. Die näheren Bestimmungen hat die Wahlordnung zu treffen.

Stimmenzählung

§ 211. (1) Nach Abschluss des Abstimmungsverfahrens hat die Kreiswahlkommission die in der Wahlurne befindlichen Wahlkuverts zu mischen. Im Anschluss daran ist die Wahlurne zu entleeren und die Anzahl der vorhandenen Wahlkuverts festzustellen. Sodann sind diese zu öffnen und es ist festzustellen, in wie vielen Wahlkuverts kein Stimmzettel enthalten ist. In der Folge sind zunächst die gültigen und ungültigen Stimmen zu ermitteln, und sodann ist zu ermitteln, auf welche einzelnen

Wahlvorschläge die gültigen Stimmen entfallen.

(2) Die Kreiswahlkommissionen haben über das Abstimmungsverfahren und die Stimmenzählung Protokoll zu führen und das Abstimmungsergebnis zu beurkunden.

(3) Die Wahlakten der Kreiswahlkommissionen sind unverzüglich an die Hauptwahlkommission zu übermitteln. Noch vor Übermittlung der Wahlakte ist der Hauptwahlkommission das Abstimmungsergebnis vorläufig bekanntzugeben.

(4) Im Falle der Durchführung der Wahl auf elektronischem Weg ist Abs. 1 mit der Maßgabe anzuwenden, dass an die Stelle der Stimmabgabe mittels amtlichen Wahlkuverts die Stimmabgabe auf elektronischem Weg tritt. Die näheren Bestimmungen hat die Wahlordnung zu treffen.

Ermittlungsverfahren

§ 212. (1) Die Hauptwahlkommission hat auf Grund der Wahlergebnisse für jeden Wahlkreis die auf die einzelnen Wahlvorschläge entfallenden Mandate zu ermitteln.

(2) Die Wahlzahl für das erste Ermittlungsverfahren ist der Quotient aus der Gesamtsumme der im Wahlkreis für die einzelnen Wahlvorschläge abgegebenen gültigen Stimmen und der Zahl der im Wahlkreis zu vergebenden Mandate. Die Wahlzahl ist auf die nächsthöhere ganze Zahl aufzurunden.

(3) Im ersten Ermittlungsverfahren erhält jede Wählergruppe so viele Mandate, als die Wahlzahl gemäß Abs. 2 in den für sie abgegebenen Stimmen enthalten ist.

(4) Mandate, die bei der Verteilung im ersten Ermittlungsverfahren innerhalb des

Wahlkreises nicht vergeben werden konnten, und abgegebene gültige Stimmen, die für die Zuteilung eines oder eines weiteren Mandates an eine Wählergruppe nicht ausreichten, sind im zweiten Ermittlungsverfahren für den Wahlkreisverband bei jenen Wählergruppen zu berücksichtigen, die Anspruch auf Zuteilung von Restmandaten im zweiten Ermittlungsverfahren haben. Anspruch auf die Zuweisung von Restmandaten haben nur jene Wählergruppen, die im ersten Ermittlungsverfahren zumindest in einem Wahlkreis ein Mandat erreicht haben.

(5) Die Wahlzahl für das zweite Ermittlungsverfahren wird ermittelt, indem die Summe der auf jene Wählergruppen, die im zweiten Ermittlungsverfahren Anspruch auf die Zuteilung von Restmandaten haben, entfallenden Reststimmen nach ihrer Größe geordnet nebeneinander geschrieben werden. Unter diese Summen ist jeweils ihre Hälfte, unter diese jeweils ihr Drittel, ihr Viertel usw. zu schreiben. Als Wahlzahl gilt bei einem zu vergebenden Restmandat die größte, bei zwei Restmandaten die zweitgrößte, bei drei Restmandaten die drittgrößte usw. Zahl der angeschriebenen Zahlen.

(6) Im zweiten Ermittlungsverfahren erhält jede Wählergruppe so viele Restmandate, als die Wahlzahl gemäß Abs. 5 in ihrer Reststimmensumme enthalten ist. Haben zwei Wählergruppen auf ein Restmandat den gleichen Anspruch, so hat das Los zu entscheiden.

(7) Die Hauptwahlkommission hat so viele Wahlwerber, als der entsprechenden Wählergruppe im ersten Ermittlungsverfahren Mandate zukommen, entsprechend ihrer Reihung im Wahlvorschlag als gewählt zu erklären. Ist ein Wahlwerber in mehreren

Wahlkreisen gewählt, so hat er binnen einer Woche nach Verständigung der Hauptwahlkommission zu erklären, für welchen Wahlkreis er sich entscheidet. Gibt er innerhalb dieser Frist keine Erklärung ab, so hat die Hauptwahlkommission darüber zu entscheiden.

(8) Erhalten Wählergruppen auf Grund des zweiten Ermittlungsverfahrens Restmandate, so sind die Zustellungsbevollmächtigten der betreffenden Wählergruppen aufzufordern, der Hauptwahlkommission binnen einer Woche mitzuteilen, welchen Wahlwerbern die Restmandate zukommen. Diese sind von der Hauptwahlkommission als gewählt zu erklären.

(9) Wurde im ersten Ermittlungsverfahren in einem Wahlkreis kein Mandat vergeben, so hat der Zustellungsbevollmächtigte jener Wählergruppe, die in diesem Wahlkreis die meisten Stimmen auf sich vereinigt hat, einen Wahlwerber des betreffenden Wahlkreises für ein Restmandat gemäß Abs. 8 namhaft zu machen.

Einspruchsverfahren

§ 213. (1) Die Zustellungsbevollmächtigten haben das Recht, gegen das Ergebnis des Ermittlungsverfahrens Einspruch zu erheben. Der Einspruch ist binnen einer Woche nach Zustellung der Verständigung über das Ergebnis des Ermittlungsverfahrens bei der Hauptwahlkommission schriftlich einzubringen. Der Einspruch hat eine Begründung zu enthalten.

(2) Die Hauptwahlkommission hat auf Grund der Wahlakte das Ergebnis der Wahlen zu überprüfen. Allfällige Unrichtigkeiten sind unverzüglich zu beseitigen.

(3) Die Hauptwahlkommission hat die Wahl für ungültig zu erklären, wenn wesentliche Bestimmungen des Wahlverfahrens verletzt wurden, bei deren Einhaltung das Wahlergebnis voraussichtlich ein anderes gewesen wäre. Gleichzeitig mit einer Ungültigerklärung hat die Hauptwahlkommission zu bestimmen, welche Teile der Wahl zu wiederholen sind.

(4) Ein Einspruch ist abzuweisen, wenn weder Gründe für eine Richtigstellung noch für eine Ungültigerklärung vorliegen.

Verständigung

§ 214. (1) Die Hauptwahlkommission hat jeden zum Kammertag gewählten Wahlwerber über die erfolgte Wahl zu verständigen.

(2) Die Hauptwahlkommission hat nach erfolgter Wahl das Ergebnis der Wahlen in den Kammertag und die Namen der neu gewählten Mitglieder des Kammertages im Amtsblatt der Kammer der Wirtschaftstreuhänder zu verlautbaren.

Nachbesetzung

§ 215. (1) Scheidet während der Funktionsperiode des Kammertages ein Mitglied aus, so ist der in der Reihenfolge nach nächste, nicht berufene Wahlwerber des Wahlvorschlages, dem das ausgeschiedene Mitglied angehört hat, einzuberufen.

(2) Wenn ein Wahlvorschlag keine weiteren Wahlwerber enthält, so ist der Zustellungsbevollmächtigte des betreffenden Wahlvorschlages schriftlich aufzufordern, binnen zwei Wochen einen Kandidaten zu nominieren. Die Hauptwahlkommission hat den nominierten Kandidaten einzuberufen, wenn dieser am Tag der schriftlichen Aufforderung die Wählbarkeit besessen hat.

(3) Scheidet während der Funktionsperiode des Kammertages ein Mitglied aus und handelt es sich

hierbei um ein Mitglied, das auf Grund eines Restmandates gewählt wurde, so ist der Zustellungsbevollmächtigte der betreffenden Wählergruppe aufzufordern, der Hauptwahlkommission binnen zwei Wochen einen Kandidaten zu nominieren. Die Hauptwahlkommission hat den nominierten Kandidaten einzuberufen, wenn dieser am Tag der schriftlichen Aufforderung die Wählbarkeit besessen hat.

(4) Die Hauptwahlkommission hat nach erfolgter Nachbesetzung den Namen des neuen Mitgliedes des Kammertages im Amtsblatt der Kammer der Wirtschaftstreuhänder zu verlautbaren.

Konstituierung des Kammertages

§ 216. (1) Der Präsident der Kammer der Wirtschaftstreuhänder hat die neu gewählten Mitglieder des Kammertages unter Bekanntgabe des Ortes und der Zeit schriftlich zur konstituierenden Sitzung des Kammertages einzuberufen.

(2) Die konstituierende Sitzung des Kammertages ist binnen zwei Wochen nach Verlautbarung des Wahlergebnisses im Amtsblatt der Kammer der Wirtschaftstreuhänder einzuberufen. Hat jedoch ein Einspruchsverfahren stattgefunden, so ist die konstituierende Sitzung binnen zwei Wochen nach dessen Beendigung einzuberufen.

(3) Der Kammertag ist bei seiner konstituierenden Sitzung beschlussfähig, wenn mindestens zwei Drittel der Mitglieder anwesend sind. Wird diese Anzahl zur festgesetzten Stunde nicht erreicht, so hat zwei Stunden später am selben Ort eine Ersatzsitzung stattzufinden, die ohne Rücksicht auf die Zahl der erschienenen Mitglieder beschlussfähig ist, sofern in der Einladung ausdrücklich auf diese Bestimmung hingewiesen wurde.

(4) Die konstituierende Sitzung ist von dem an Jahren ältesten Mitglied des Kammertages zu leiten.

(5) Der Kammertag hat in seiner konstituierenden Sitzung die Mitglieder und die Ersatzmitglieder des Vorstandes zu wählen.

3. Abschnitt
Wahl des Vorstandes

Funktionsperiode des Vorstandes

§ 217. (1) Der Vorstand hat eine fünfjährige Funktionsperiode.

(2) Die Funktionsperiode des Vorstandes beginnt mit dem Tag seiner konstituierenden Sitzung. Die Funktionsperiode endet mit dem Zusammentritt des neu gewählten Vorstandes zu seiner konstituierenden Sitzung.

Leitung

§ 218. Die Wahl des Vorstandes ist vom Vorsitzenden der Hauptwahlkommission zu leiten.

Wahlrecht

§ 219. (1) Aktiv wahlberechtigt sind alle bei der konstituierenden Sitzung anwesenden Mitglieder des Kammertages.

(2) Wählbar sind alle natürlichen ordentlichen Mitglieder der Kammer der Wirtschaftstreuhänder, die

1. am Tag der Wahlausschreibung bereits mindestens ein Jahr der Kammer der Wirtschaftstreuhänder als ordentliche Mitglieder angehört haben und
2. die österreichische Staatsbürgerschaft besitzen.

(3) Die Mitglieder des Vorstandes müssen nicht Mitglieder des Kammertages sein.

Wahlvorschläge

§ 220. (1) Der Vorsitzende der Hauptwahlkommission hat zu Beginn der konstituierenden Sitzung des Kammertages die im Kammertag vertretenen Wählergruppen aufzufordern, einen bevollmächtigten Vertreter zu nominieren.

(2) Die bevollmächtigten Vertreter der Wählergruppen haben in der Reihenfolge ihrer bei den Wahlen erreichten Stärke ihre Kandidaten für den Vorstand zu nennen und einen schriftlichen Wahlvorschlag zu erstatten.

(3) Die Wahlvorschläge müssen so viele Kandidaten und Ersatzkandidaten enthalten, als dem auf eine volle Zahl aufgerundeten Fünftel der Mitglieder der Wählergruppe im Kammertag entsprechen. Gleichzeitig mit der Erstattung der Wahlvorschläge ist die schriftliche Zustimmungserklärung der Kandidaten vorzulegen.

(4) Für jedes Mitglied des Vorstandes ist ein Ersatzmitglied der gleichen Berufsgruppe zu wählen. Doppelkandidaturen innerhalb eines Wahlvorschlages sind unzulässig. Die Ersatzmitglieder der nicht dem Wahlkreis Wien angehörenden Vertreter dürfen gleichfalls nicht dem Wahlkreis Wien angehören.

(5) Wählergruppen sind berechtigt, sich zur Erstattung eines Wahlvorschlages für die Wahl des Vorstandes zusammenzuschließen. Die Stärke des Zusammenschlusses bestimmt sich in diesem Fall aus der Summe der auf seine Wählergruppen entfallenden Mandate im Kammertag.

Wahlverfahren

§ 221. (1) Der Vorsitzende der Hauptwahlkommission hat leere Stimmzettel und leere Wahlkuverts zu verteilen. Hierauf hat er die Kammertagsmitglieder zur Abgabe ihrer Stimme aufzurufen.

(2) Die Mitglieder des Kammertages haben in einer Wahlzelle auf dem Stimmzettel den Wahlvorschlag zu bezeichnen, den Stimmzettel in das leere Wahlkuvert zu legen und das Wahlkuvert dem Vorsitzenden der Hauptwahlkommission zu übergeben.

(3) Der Vorsitzende der Hauptwahlkommission hat nach Beendigung des Abstimmungsverfahrens das Abstimmungsergebnis, die Wahlzahl und die auf die Wählergruppen entfallenden Mandate zu ermitteln und bekanntzugeben.

(4) Die Wahlzahl wird ermittelt, indem die Summe der auf die Wählergruppen entfallenen Stimmen nach ihrer Größe geordnet nebeneinander geschrieben werden. Unter diese Summen ist jeweils ihre Hälfte, unter diese jeweils ihr Drittel, ihr Viertel usw. zu schreiben. Als Wahlzahl gilt die elftgrößte Zahl der angeschriebenen Zahlen. Jede Wählergruppe erhält so viele Mandate, als die Wahlzahl in ihrer Stimmensumme enthalten ist. Haben zwei Wählergruppen auf ein Mandat den gleichen Anspruch, so hat das Los zu entscheiden.

(5) Der Vorsitzende der Hauptwahlkommission hat so viele Kandidaten, wie der entsprechenden Wählergruppe im Ermittlungsverfahren Mandate zukommen, entsprechend ihrer Reihung im Wahlvorschlag als gewählt zu erklären.

(6) Ergibt die durchgeführte Wahl eine Zusammensetzung des Vorstandes, die nicht dem § 157 Abs. 2 entspricht, so ist die Wahl ungültig und so oft zu wiederholen, bis die Zusammensetzung des Vorstandes dieser Bestimmung entspricht.

(7) Die gewählten Mitglieder des Vorstandes haben, wenn sie anwesend sind, dem Vorsitzenden der Hauptwahlkommission sofort zu erklären, ob sie die Wahl annehmen. Im Fall ihrer Abwesenheit haben sie diese Erklärung binnen drei Tagen nach schriftlicher Aufforderung des

Vorsitzenden der Hauptwahlkommission abzugeben. Im Fall der Ablehnung ist die Wahlhandlung ohne Verzug fortzusetzen.

(8) Das Ergebnis der Wahl der Mitglieder des Vorstandes ist im Amtsblatt der Kammer der Wirtschaftstreuhänder zu verlautbaren.

Einspruchsverfahren

§ 222. (1) Die bevollmächtigten Vertreter der Wählergruppen haben das Recht, gegen das Ergebnis des Ermittlungsverfahrens Einspruch zu erheben. Der Einspruch ist binnen einer Woche nach Zustellung der Verständigung über das Ergebnis des Ermittlungsverfahrens bei der Hauptwahlkommission schriftlich einzubringen. Der Einspruch hat eine Begründung zu enthalten.

(2) Die Hauptwahlkommission hat auf Grund der Wahlakte das Ergebnis der Wahlen zu überprüfen. Allfällige Unrichtigkeiten sind unverzüglich zu beseitigen.

(3) Die Hauptwahlkommission hat die Wahl für ungültig zu erklären, wenn wesentliche Bestimmungen des Wahlverfahrens verletzt wurden, bei deren Einhaltung das Wahlergebnis voraussichtlich ein anderes gewesen wäre. Gleichzeitig mit einer Ungültigerklärung hat die Hauptwahlkommission zu bestimmen, welche Teile der Wahl zu wiederholen sind.

(4) Ein Einspruch ist abzuweisen, wenn weder Gründe für eine Richtigstellung noch für eine Ungültigerklärung vorliegen.

Nachbesetzung

§ 223. (1) Scheidet während der Funktionsperiode des Vorstandes ein Mitglied aus, so hat an seine Stelle das für ihn gewählte Ersatzmitglied zu treten.

(2) Ist ein gewähltes Ersatzmitglied nicht mehr vorhanden, so hat der Vorsitzende der Hauptwahlkommission den bevollmächtigten Vertreter der Wählergruppe, welcher der Ausgeschiedene angehört hat, schriftlich aufzufordern, binnen zwei Wochen einen Kandidaten zu nominieren. Der Vorsitzende der Hauptwahlkommission hat den nominierten Kandidaten einzuberufen, wenn dieser am Tag der schriftlichen Aufforderung die Wählbarkeit besessen hat.

(3) Das gewählte Ersatzmitglied oder die gemäß Abs. 2 bestellten Kandidaten haben auch dann an die Stelle des gewählten Vorstandsmitgliedes zu treten, wenn dieses verhindert ist, seine Funktion als Vorstandsmitglied auszuüben. Die rechtzeitige Verständigung des Ersatzmitgliedes obliegt dem verhinderten Vorstandsmitglied.

(4) Der Vorsitzende der Hauptwahlkommission hat nach erfolgter Nachbesetzung den Namen des neuen Mitgliedes des Vorstandes im Amtsblatt der Kammer der Wirtschaftstreuhänder zu verlautbaren.

Konstituierung des Vorstandes

§ 224. (1) Der Präsident der Kammer der Wirtschaftstreuhänder hat die neu gewählten Mitglieder des Vorstandes unter Bekanntgabe des Ortes und der Zeit schriftlich zur konstituierenden Sitzung einzuberufen.

(2) Die konstituierende Sitzung des Vorstandes ist binnen zwei Wochen nach Verlautbarung des Wahlergebnisses im Amtsblatt der Kammer der Wirtschaftstreuhänder einzuberufen. Hat jedoch ein Einspruchsverfahren stattgefunden, so ist die konstituierende Sitzung binnen zwei Wochen nach dessen Beendigung einzuberufen.

(3) Der Vorstand ist bei seiner konstituierenden Sitzung beschlussfähig, wenn mindestens acht

Mitglieder anwesend sind. Wird diese Anzahl zur festgesetzten Stunde nicht erreicht, so hat zwei Stunden später am selben Ort eine Ersatzsitzung stattzufinden, die ohne Rücksicht auf die Zahl der erschienenen Mitglieder beschlussfähig ist, sofern in der Einladung ausdrücklich auf diese Bestimmung hingewiesen wurde.

(4) Die konstituierende Sitzung ist von dem an Jahren ältesten Mitglied des Vorstandes zu leiten.

(5) Der Vorstand hat in der konstituierenden Sitzung die Mitglieder des Präsidiums zu wählen.

4. Abschnitt
Wahl des Präsidiums

Funktionsperiode des Präsidiums

§ 225. (1) Das Präsidium und seine Mitglieder haben eine fünfjährige Funktionsperiode.

(2) Die Funktionsperiode beginnt mit dem Tag der Wahl des Präsidiums. Die Funktionsperiode endet mit dem Tag der Neuwahl des Präsidiums.

Leitung

§ 226. Die Wahl der Mitglieder des Präsidiums ist vom Vorsitzenden der Hauptwahlkommission zu leiten.

Wahlrecht

§ 227. (1) Aktiv wahlberechtigt sind alle bei der konstituierenden Sitzung anwesenden Mitglieder des Vorstandes.

(2) Wählbar sind ausschließlich gewählte Mitglieder des Vorstandes.

(3) Zum Präsidenten ist nicht mehr wählbar, wer unmittelbar vorher zwei volle Amtsperioden bereits Präsident der Kammer der Wirtschaftstreuhänder war.

Wahlvorschläge

§ 228. (1) Der Wahlleiter hat zu Beginn der konstituierenden Sitzung des Vorstandes die im Vorstand vertretenen Wählergruppen aufzufordern, einen bevollmächtigten Vertreter zu nominieren.

(2) Die bevollmächtigten Vertreter der Wählergruppen haben in der Reihenfolge ihrer bei den Wahlen erreichten Stärke ihre Kandidaten für das Präsidium zu nennen und einen schriftlichen Wahlvorschlag zu erstatten.

(3) Die Wahlvorschläge müssen so viele Kandidaten und Ersatzkandidaten enthalten, als der auf eine volle Zahl aufgerundeten Hälfte der Mitglieder der Wählergruppe im Vorstand entspricht. Gleichzeitig mit der Erstattung der Wahlvorschläge ist die schriftliche Zustimmungserklärung der Kandidaten vorzulegen.

(4) Wählergruppen sind berechtigt, sich zur Erstattung eines Wahlvorschlages für die Wahl der Mitglieder des Präsidiums zusammenzuschließen. Die Stärke des Zusammenschlusses ergibt sich in diesem Fall aus der Summe der auf seine Wählergruppen entfallenden Mandate im Vorstand.

Wahlverfahren

§ 229. (1) Der Wahlleiter hat leere Stimmzettel und leere Wahlkuverts zu verteilen. Hierauf hat er die Vorstandsmitglieder zur Abgabe ihrer Stimme aufzurufen.

(2) Die Mitglieder des Vorstandes haben in einer Wahlzelle auf dem Stimmzettel den Wahlvorschlag zu bezeichnen, den Stimmzettel in das leere Wahlkuvert zu legen und das Wahlkuvert dem Wahlleiter zu übergeben.

(3) Der Vorsitzende der Hauptwahlkommission hat nach Beendigung des Abstimmungsverfahrens das Abstimmungsergebnis, die Wahlzahl und die auf die Wählergruppen entfallenden Mandate zu ermitteln und bekanntzugeben.

(4) Die Wahlzahl wird ermittelt, indem die Summe der auf die Wählergruppen entfallenen Stimmen nach ihrer Größe geordnet nebeneinander geschrieben werden. Unter diese Summen ist jeweils ihre Hälfte, unter diese jeweils ihr Drittel, ihr Viertel usw. zu schreiben. Als Wahlzahl gilt die der Anzahl der Mitglieder des Präsidiums entsprechend größte Zahl der angeschriebenen Zahlen. Jede Wählergruppe erhält so viele Mandate, als die Wahlzahl in ihrer Stimmensumme enthalten ist. Haben zwei Wählergruppen auf ein Mandat den gleichen Anspruch, so hat das Los zu entscheiden.

(5) Der Vorsitzende der Hauptwahlkommission hat so viele Kandidaten, als der betreffenden Wählergruppe im Ermittlungsverfahren Mandate zukommen, entsprechend ihrer Reihung im Wahlvorschlag als gewählt zu erklären. Zum Präsidenten ist jenes Vorstandsmitglied gewählt, das an erster Stelle jenes Wahlvorschlages steht, der die meisten Stimmen auf sich vereinigt.

(6) Die gewählten Mitglieder des Vorstandes haben die Annahme ihrer Wahl bei ihrer Anwesenheit dem Wahlleiter sofort zu erklären. Im Fall ihrer Abwesenheit haben sie die Annahme ihrer Wahl binnen drei Tagen nach schriftlicher Aufforderung des Wahlleiters zu erklären. Im Fall der Ablehnung ist die Wahlhandlung ohne Verzug fortzusetzen.

(7) Das Ergebnis der Wahl der Mitglieder des Präsidiums ist im Amtsblatt der Kammer der Wirtschaftstreuhänder zu verlautbaren.

Einspruchsverfahren

§ 230. (1) Die bevollmächtigten Vertreter der Wählergruppen haben das Recht, gegen das Ergebnis des Ermittlungsverfahrens Einspruch zu erheben. Der Einspruch ist binnen einer Woche nach Zustellung der Verständigung über das Ergebnis des Ermittlungsverfahrens bei der Hauptwahlkommission schriftlich einzubringen. Der Einspruch hat eine Begründung zu enthalten.

(2) Die Hauptwahlkommission hat auf Grund der Wahlakte das Ergebnis der Wahlen zu überprüfen. Allfällige Unrichtigkeiten sind unverzüglich zu beseitigen.

(3) Die Hauptwahlkommission hat die Wahl für ungültig zu erklären, wenn wesentliche Bestimmungen des Wahlverfahrens verletzt wurden, bei deren Einhaltung das Wahlergebnis voraussichtlich ein anderes gewesen wäre. Gleichzeitig mit einer Ungültigerklärung hat die Hauptwahlkommission zu bestimmen, welche Teile der Neuwahl zu wiederholen sind.

(4) Ein Einspruch ist abzuweisen, wenn weder Gründe für eine Richtigstellung noch für eine Ungültigerklärung vorliegen.

Übernahme der Amtsgeschäfte

§ 231. Unmittelbar nach durchgeführter Wahl der Mitglieder des Präsidiums hat die Übergabe der Amtsgeschäfte an den neu gewählten Präsidenten zu erfolgen.

Nachbesetzung

§ 232. (1) Scheidet der Präsident oder ein Vizepräsident während der Funktionsperiode aus, so hat der Vorstand innerhalb von drei Monaten für die Funktion des Ausgeschiedenen eine Neuwahl entsprechend den Bestimmungen dieses Abschnitts vorzunehmen. Die Erstattung eines Wahlvorschlages ist in diesem Fall nur seitens jener Wählergruppe zulässig, welcher der Ausgeschiedene angehört hat.

(2) Scheiden der Präsident und alle Vizepräsidenten aus, so hat das an Jahren älteste nicht verhinderte Mitglied des Vorstandes die

Aufgaben des Präsidiums und seiner Mitglieder wahrzunehmen.

5. Abschnitt
Sonstige Wahlbestimmungen

Fristenlauf

§ 233. Für die Berechnung und den Lauf der im zweiten Hauptstück vorgesehenen Fristen gelten die §§ 32 und 33 AVG.

Zustellungen

§ 234. Auf die Zustellung von Schriftstücken an die bevollmächtigten Vertreter von Wählergruppen und von verbundenen Wahlvorschlägen ist § 16 Abs. 5 ZustG nicht anzuwenden.

4. Teil
Übergangs- Schlussbestimmungen

Sprachliche Gleichbehandlung

§ 235. Soweit in diesem Bundesgesetz auf natürliche Personen bezogene Bezeichnungen nur in männlicher Form angeführt sind, beziehen sie sich auf Frauen und Männer in gleicher Weise. Bei der Anwendung der Bezeichnung auf bestimmte natürliche Personen ist die jeweils geschlechtsspezifische Form zu verwenden.

Verweisungen

§ 236. (1) Soweit in diesem Bundesgesetz auf Bestimmungen anderer Bundesgesetze verwiesen wird, sind diese in ihrer jeweils geltenden Fassung anzuwenden.

(2) Soweit in anderen Rechtsvorschriften des Bundes auf Bestimmungen verwiesen ist, die mit dem Inkrafttreten dieses Bundesgesetzes aufgehoben oder abgeändert werden, erhält die Verweisung ihren Inhalt aus den entsprechenden Bestimmungen dieses Bundesgesetzes.

Erlassen von Verordnungen

§ 237. Verordnungen auf Grund dieses Bundesgesetzes und auf Grund von Änderungen dieses Bundesgesetzes können bereits vom Tag der Kundmachung des jeweiligen Bundesgesetzes an erlassen, jedoch nicht vor diesem in Kraft gesetzt werden.

Inkrafttreten; Außerkrafttreten

§ 238. (1) Mit Inkrafttreten dieses Bundesgesetzes tritt das Wirtschaftstreuhandberufsgesetz, BGBl. I Nr. 58/1999, zuletzt geändert durch das Bundesgesetz BGBl. I Nr. 50/2016, außer Kraft.

(2) Das Inhaltsverzeichnis und § 183 in der Fassung des Materien-Datenschutz-Anpassungsgesetzes 2018, BGBl. I Nr. 32/2018, treten mit 25. Mai 2018 in Kraft. Die Überschrift zu § 238 und § 238 Abs. 1 in der Fassung des genannten Bundesgesetzes treten mit dem auf die Kundmachung folgenden Tag in Kraft. § 96 Abs. 15 und § 100 Abs. 4 treten mit Ablauf des 24. Mai 2018 außer Kraft.

(3) § 87 Abs. 2 Z 18 in der Fassung des Bundesgesetzes BGBl. I Nr. 46/2019 tritt mit 1. Juli 2019 in Kraft.

(4) § 2 Abs. 1 Z 4 in der Fassung des Bundesgesetzes BGBl. I Nr. 104/2019 tritt mit 1. Juli 2020 in Kraft.

(5) § 239a in der Fassung des Bundesgesetzes BGBl. I Nr. 32/2020 tritt mit 31. Dezember 2020 außer Kraft.

(6) § 239a in der Fassung des Bundesgesetzes BGBl. I Nr. 141/2020 tritt mit 1. Jänner 2021 in Kraft und mit 31. Dezember 2021 außer Kraft.

(7) § 239a in der Fassung des Bundesgesetzes BGBl. I Nr. 240/2021 tritt mit 1. Jänner 2022 in Kraft. § 239a Abs. 1 bis Abs. 5 in der Fassung des Bundesgesetzes

BGBl. I Nr. 240/2021 treten mit 30. Juni 2022 außer Kraft.

(8) § 239a Abs. 1 bis Abs. 5 in der Fassung des Bundesgesetzes BGBl. I Nr. 113/2022 tritt mit 1. Juli 2022 in Kraft. § 239a Abs. 1 bis Abs. 5 in der Fassung des Bundesgesetzes BGBl. I Nr. 113/2022 treten mit 31. Dezember 2022 außer Kraft.

(9) § 87 in der Fassung des Bundesgesetzes BGBl. I Nr. 150/2024 tritt mit Ablauf des Tages der Kundmachung im Bundesgesetzblatt in Kraft.

Übergangsbestimmungen-Wirtschaftstreuhandberufsgesetz

§ 239. (1) Steuerberater und Steuerberatungsgesellschaften, die im Zeitpunkt des Inkrafttretens dieses Bundesgesetzes öffentlich bestellt oder anerkannt sind, gelten als Steuerberater oder Steuerberatungsgesellschaften im Sinne dieses Bundesgesetzes.

(2) Wirtschaftsprüfer und Wirtschaftsprüfungsgesellschaften, die im Zeitpunkt des Inkrafttretens dieses Bundesgesetzes öffentlich bestellt oder anerkannt sind, gelten als Wirtschaftsprüfer und als Steuerberater oder als Wirtschaftsprüfungsgesellschaften und als Steuerberatungsgesellschaften im Sinne dieses Bundesgesetzes.

(3) Im Zeitpunkt des Inkrafttretens dieses Bundesgesetzes bereits anhängige Anträge auf Zulassung zur Fachprüfung für Steuerberater und Wirtschaftsprüfer, über die noch nicht rechtskräftig entschieden worden ist, sind nach den Bestimmungen des Wirtschaftstreuhandberufsgesetzes, BGBl. I Nr. 58/1999, zuletzt geändert durch das Bundesgesetz BGBl. I Nr. 50/2016, zu beurteilen, es sei denn, dass der Prüfungskandidat erklärt, den Antrag auf Zulassung entsprechend den Bestimmungen dieses Bundesgesetzes zu stellen. Im Fall der Zulassung nach den Bestimmungen des Wirtschaftstreuhandberufsgesetzes gelten für das Prüfungsverfahren ebenfalls diese Vorschriften, es sei denn, dass der Kandidat innerhalb von sechs Monaten erklärt, seine Prüfungen entsprechend diesem Bundesgesetz abzulegen.

(4) Bereits erteilte Zulassungen zu einer Fachprüfung bleiben in Kraft.

(5) Im Zeitpunkt des Inkrafttretens dieses Bundesgesetzes bereits begonnene Prüfungsverfahren sind nach den Vorschriften des Wirtschaftstreuhandberufsgesetzes zu Ende zu führen, es sei denn, dass der Prüfungskandidat schriftlich binnen sechs Monaten nach Inkrafttreten dieses Bundesgesetzes erklärt, seine Prüfungen entsprechend den Bestimmungen dieses Bundesgesetzes abzulegen.

(6) Prüfungskandidaten, die nach den Bestimmungen des Wirtschaftstreuhandberufsgesetzes Prüfungsteile einer Fachprüfung bereits erfolgreich abgelegt haben, sind bei einem Wechsel in das Prüfungsverfahren nach diesem Bundesgesetz von der Ablegung der entsprechenden Teile der Fachprüfung nach diesem Bundesgesetz befreit. Nähere Bestimmungen hat die Kammer der Wirtschaftstreuhänder durch Verordnung zu regeln. Über die Befreiungen hat die Kammer mit Bescheid zu entscheiden.

(7) Die bei Inkrafttreten dieses Bundesgesetzes bestellten Prüfungsausschüsse Steuerberater und Wirtschaftsprüfer gelten auch als Prüfungsausschuss im Sinne dieses Bundesgesetzes. Die Vorsitzenden des Prüfungsausschusses Steuerberater und des Prüfungsausschusses Wirtschaftsprüfer gelten als Vorsitzende und deren Stellvertreter

als jeweilige Stellvertreter im Sinne dieses Bundesgesetzes. Die bestellten Prüfungskommissäre gelten als jeweils jener Fachprüfung zugeordnet, deren Prüfungsausschuss sie bei Inkrafttreten dieses Bundesgesetzes angehört haben. Die Funktionsdauer bleibt unberührt. Gleiches gilt für die bei Inkrafttreten dieses Bundesgesetzes bestellten Landesprüfungsausschüsse.

(8) Zum Zeitpunkt des Inkrafttretens dieses Bundesgesetzes bereits anhängige Anträge auf öffentliche Bestellung als Steuerberater oder Wirtschaftsprüfer, über die noch nicht rechtskräftig entschieden worden ist, sind nach den Bestimmungen des Wirtschaftstreuhandberufsgesetzes zu beurteilen.

(9) Eine nach den Bestimmungen des Wirtschaftstreuhandberufsgesetzes erfolgreich abgelegte Fachprüfung gilt als Fachprüfung gemäß § 8 Abs. 2.

(10) Berufsanwärter, denen bei Inkrafttreten dieses Bundesgesetzes bereits mit Bescheid die Anmeldebestätigung erteilt wurde, gelten als Berufsanwärter im Sinne dieses Bundesgesetzes.

(11) Die Anerkennungen von Wirtschaftstreuhandgesellschaften, die zum Zeitpunkt des Inkrafttretens dieses Bundesgesetzes anerkannt waren, bleiben nach den Bestimmungen des Wirtschaftstreuhandberufsgesetzes bestehen. Zum Zeitpunkt des Inkrafttretens dieses Bundesgesetzes bereits anhängige Anträge auf Anerkennung als Steuerberatungsgesellschaft oder als Wirtschaftsprüfungsgesellschaft, über die noch nicht rechtskräftig entschieden worden ist, sind nach den Bestimmungen des Wirtschaftstreuhandberufsgesetzes zu beurteilen. Nachfolgende Änderungen in der Geschäftsführung und der Vertretung nach außen haben den Bestimmungen dieses Bundesgesetzes zu entsprechen.

(12) Die Anerkennungen interdisziplinärer Wirtschaftstreuhandgesellschaften, die zum Zeitpunkt des Inkrafttretens dieses Bundesgesetzes anerkannt waren, bleiben bestehen. Bereits anerkannte Gesellschaften haben die Voraussetzung des § 59 Abs. 1 Z 1 bis längstens ein Jahr und die Voraussetzungen gemäß § 59 Abs. 2 bis längstens ein halbes Jahr nach dem Inkrafttreten dieses Bundesgesetzes zu erfüllen und der Kammer der Wirtschaftstreuhänder nachzuweisen.

(13) Bestehende Geschäftsbeziehungen sind auf risikobasierter Grundlage innerhalb eines Jahres ab Inkrafttreten dieses Bundesgesetzes zu überprüfen.

(14) Im Zeitpunkt des Inkrafttretens dieses Bundesgesetzes bereits anhängige Schlichtungsverfahren sind nach den Vorschriften des Wirtschaftstreuhandberufsgesetzes durchzuführen.

(15) Die Bestimmungen dieses Bundesgesetzes sind auch auf strafbare Handlungen oder Unterlassungen und disziplinär zu verfolgende Handlungen und Unterlassungen anzuwenden, die vor seinem Inkrafttreten begangen worden sind, sofern diese bereits vor Inkrafttreten strafbar waren und dadurch nicht einer strengeren Behandlung unterliegen als nach den bisher geltenden Vorschriften.

(16) Die zum Zeitpunkt des Inkrafttretens dieses Bundesgesetzes bereits anhängigen Disziplinarverfahren sind nach den Bestimmungen des Wirtschaftstreuhandberufsgesetzes zu Ende zu führen. § 130 ist erstmals auf die dem Inkrafttreten

nachfolgende Bestellung des Disziplinarrates anzuwenden.

(17) Die §§ 158 Abs. 1 und 4 und 159 Abs. 2 sind ab der dem Inkrafttreten dieses Bundesgesetzes folgenden Funktionsperiode anzuwenden.

(18) Die im Zeitpunkt des Inkrafttretens dieses Bundesgesetzes in Geltung stehende Ausübungsrichtlinie, Fachprüfungs-Zulassungsverordnung, Dienstordnung, Geschäftsordnung, Haushaltsordnung, Umlagenordnung, Prüfungsordnung, Schlichtungsordnung, Satzungen der Vorsorgeeinrichtungen, die Beitrags- und Leistungsordnung und Wahlordnung gelten nach dem Inkrafttreten dieses Bundesgesetzes als bundesgesetzliche Regelungen. Diese Verordnungen treten mit der Neuerlassung der Ausübungsrichtlinie gemäß § 72, der Fachprüfungs-Zulassungsverordnung gemäß § 13 Abs. 4, der Dienstordnung gemäß § 168, der Geschäftsordnung gemäß § 169, der Haushaltsordnung gemäß § 178 Abs. 1, der Umlagenordnung gemäß § 178 Abs. 1, der Prüfungsordnung gemäß § 39, der Schlichtungsordnung gemäß § 76 Abs. 6, der Satzungen der Vorsorgeeinrichtungen gemäß § 180, der Beitrags- und Leistungsordnung gemäß § 180 und der Wahlordnung gemäß § 187, spätestens jedoch mit Ablauf des 31. Dezember 2017, außer Kraft. Die zum Zeitpunkt des Inkrafttretens dieses Bundesgesetzes in Geltung stehende Dienstordnung ist auf bereits bestehende Dienstverträge weiterhin anzuwenden.

(19) Die Kammer der Wirtschaftstreuhänder gemäß § 151 ist Gesamtrechtsnachfolgerin der gemäß § 145 des Wirtschaftstreuhandberufsgesetzes errichteten Kammer der Wirtschaftstreuhänder.

(20) Anträge auf öffentliche Bestellung als Steuerberater oder Wirtschaftsprüfer von Prüfungskandidaten, die nach den Bestimmungen des Wirtschaftstreuhandberufsgesetzes die Fachprüfung erfolgreich abgelegt haben, sind nach den Bestimmungen dieses Gesetzes zu beurteilen.

(21) Die Kammer der Wirtschaftstreuhänder hat binnen eines Monats ab Inkrafttreten des Bundesgesetzes BGBl I Nr. 42/2023 auf ihrer Website zu verlautbaren, welche zu diesem Zeitpunkt gemäß § 17 Abs. 2 bereits verlautbarten Prüfungstermine auf elektronischem Weg durchgeführt werden. Die gemäß § 17 Abs. 2 bereits verlautbarten Prüfungsorte der betroffenen Prüfungstermine entfallen. Eine Durchführung auf elektronischen Weg darf für bereits verlautbarte Prüfungstermine nur dann festgelegt werden, wenn zwischen der Verlautbarung der elektronischen Durchführung und dem Termin zumindest ein Monat liegt.

Sonderregelungen – COVID-19

§ 239a. *(Anm.: Abs. 1 bis 5 mit 31.12.2022 außer Kraft getreten)*

(6) Die zur selbständigen Ausübung des Wirtschaftstreuhandberufes Steuerberater oder des Wirtschaftstreuhandberufes Wirtschaftsprüfer Berechtigten sind zur Beratung, Vertretung und zur Ausstellung von Bestätigungen und Feststellungen betreffend Maßnahmen im Zusammenhang mit der Bewältigung der COVID-19-Krisensituation sowie in Angelegenheiten des COFAG-Neuordnungs- und Abwicklungsgesetzes, BGBl. I Nr. 86/2024, und betreffend Förderungen nach dem Unternehmens-Energiekostenzuschussgesetz (UEZG), BGBl. I. Nr. 117/2022) und der aufgrund des

§ 5 UEZG erlassenen Förderrichtlinien berechtigt.

(7) Im Rahmen der Tätigkeiten gemäß Abs. 6 ist die Haftung des Berufsberechtigten auf Fälle von Vorsatz und grober Fahrlässigkeit, im Falle grober Fahrlässigkeit mit der zehnfachen Mindestversicherungssumme gemäß § 11, höchstens jedoch mit der Höhe des erlangten oder erhaltenen Vorteils oder abgewehrten Nachteils begrenzt, soweit nicht aufgrund ausdrücklicher gesetzlich zwingender Bestimmungen andere Haftungsbeschränkungen anzuwenden sind oder eine Haftungsbegrenzung ausdrücklich ausgeschlossen ist.

Vollziehung

§ 240. (1) Mit der Vollziehung dieses Bundesgesetzes ist, sofern Abs. 2 und 3 nicht anderes bestimmt, der Bundesminister für Arbeit und Wirtschaft betraut.

(2) Mit der Vollziehung der §§ 25 Abs. 4 ist der Bundesminister für Finanzen betraut.

(3) **(Verfassungsbestimmung)** Mit der Vollziehung des § 105 Abs. 1, 2, 5 und 7 ist die Bundesregierung betraut.

KAPITEL 4

Voraussetzungen für das Erlangen der Berufsberechtigung für Buchhalter (BH), Bilanzbuchhalter (BBH) und Personalverrechner (PV)

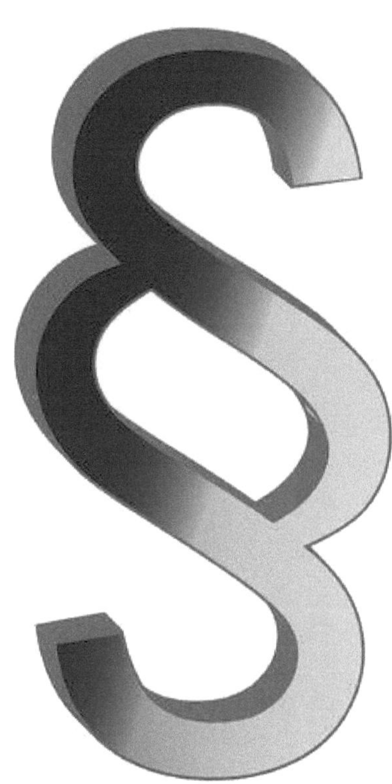

Die selbstständige Ausübung eines Bilanzbuchhaltungsberufes, das heißt die Ausübung auf eigene Rechnung und Gefahr der Befugnisse im Rahmen des jeweiligen Berechtigungsumfangs, ist Berufsberechtigten vorbehalten.

Die Berufsberechtigung setzt nach § 6 BiBuG 2014

- bei natürlichen Personen die öffentliche Bestellung und
- bei Gesellschaften die Anerkennung

durch den Präsidenten der WKO als Bilanzbuchhaltungsbehörde voraus.

Allgemeine Voraussetzungen für die Bestellung:

- Die volle Handlungsfähigkeit
- Die besondere Vertrauenswürdigkeit
- Geordnete wirtschaftliche Verhältnisse
- Eine aufrechte Vermögensschadenshaftpflichtversicherung
- Ein Berufssitz in einem EU- oder EWR-Mitgliedsstaat
- Der Nachweis der erfolgreich abgelegten Fachprüfung bei einer Meisterprüfungsstelle oder einer von der Behörde mit Unterstützung des Fachbeirates anerkannten gleichwertigen schriftlichen externen Prüfung eines Ausbildungsinstitutes
- Der Nachweis einer mindestens dreijährigen (für Bilanzbuchhalter) bzw. eineinhalbjährigen (für Buchhalter und Personalverrechner) beruflichen fachlichen Tätigkeit (Basis 40 Wochenstunden)

Soll die Berufsberechtigung (vorläufig) ruhen, entfällt die Verpflichtung zum Abschluss der Versicherung. Diese ist jedoch vor (Wieder-)Aufnahme der aktiven Tätigkeit nachzuweisen.

Berufsberechtigte dürfen in Österreich nur einen Berufssitz haben. Zweigstellen dürfen beliebig viele und im gesamten Bundesgebiet eingerichtet werden und sind der Behörde unverzüglich schriftlich zu melden.

Keine Nachsichtsmöglichkeit:

Eine Nachsicht von den oben angeführten Voraussetzungen ist nicht möglich. Ebenso sieht das BiBuG im Gegensatz zur Gewerbeordnung keine "individuelle Befähigung" oder eine auf bestimmte Teilgebiete bezogene Berufsberechtigung (z.B. Bilanzbuchhalter eingeschränkt auf Bilanzierung) vor.

Grenzüberschreitende Dienstleistungen:

Tätigkeiten im EU- und EWR-Ausland richten sich nach den entsprechenden EU-Regelungen. Grenzüberschreitende Dienstleistungen und Niederlassungen sind daher für österreichische Berufsberechtigte grundsätzlich möglich.

Für ausländische Berufsberechtigte, die in ihrem Heimatland eine im österreichischen Berufsumfang der Bilanzbuchhaltungsberufe enthaltene Tätigkeit berechtigterweise selbständig ausüben und in Österreich Dienstleistungen anbieten wollen, gelten die im BiBuG (§§ 71,72) umgesetzten Bestimmungen der EU-Richtlinie über die Anerkennung von Berufsqualifikationen.

KAPITEL 5

Allgemeine Geschäftsbedingungen für Buchhalter (BH) gemäß BiBuG 2014

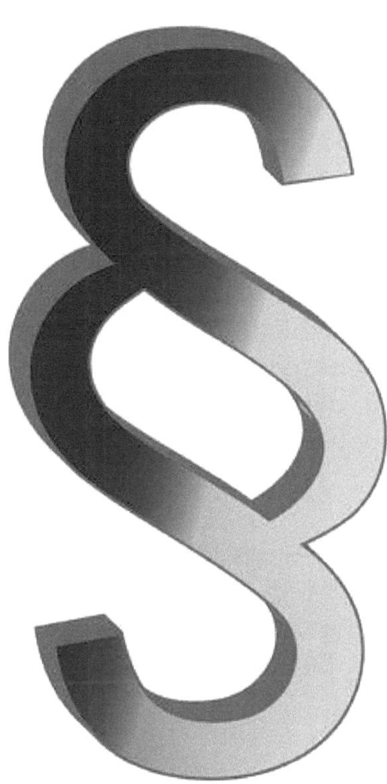

Präambel

Der selbständige Buchhalter (in der Folge „BH") übt seine berufliche Tätigkeit aufgrund des Bilanzbuchhaltungsgesetzes 2014 (in der Folge „BiBuG") aus und ist dazu nach Nachweis der vom Gesetz geforderten hohen Qualifikation öffentlich bestellt worden.

1. Allgemeine Grundlagen der Zusammenarbeit

1.1

Diese „Allgemeinen Geschäftsbedingungen für Buchhalter" gelten für sämtliche Rechtsgeschäfte zwischen dem BH als Auftragnehmer und dem Auftraggeber, insbesondere für Werkverträge, Verträge über die Durchführung der Buchhaltung, die Erstellung der Saldenlisten und der Einnahmen-Ausgabenrechnung im Ausmaß der durch das BiBuG festgelegten Berufsrechte und gewerblichen Nebenrechte, die eine fachmännische Dienstleistung und Beratung von Auftraggebern durch BH im Rahmen der allgemein anerkannten Berufsgrundsätze und Standesregeln zum Gegenstand haben. Maßgeblich ist jeweils die zum Zeitpunkt des Vertragsabschlusses gültige Fassung.

1.2

Für den Fall, dass einzelne Bestimmungen dieser Allgemeinen Geschäftsbedingungen unwirksam sein und/oder werden sollten, berührt dies die Wirksamkeit der verbleibenden Bestimmungen und der unter ihrer Zugrundelegung geschlossenen Verträge nicht. Die unwirksame ist durch eine wirksame Bestimmung, die ihr dem Sinn und wirtschaftlichen Zweck nach am nächsten kommt, zu ersetzen.

1.3

Der BH ist berechtigt, den Dienstleistungs-, und/oder Beratungsauftrag durch sachverständige, unselbständig beschäftigte Mitarbeiter, oder gewerbliche/freiberufliche Kooperationspartner (ganz oder teilweise), durchführen zu lassen. Die Mitarbeit anderer selbständiger Buchhalter ist schriftlich zu vereinbaren.

1.4

Der Auftraggeber sorgt dafür, dass die organisatorischen Rahmenbedingungen bei Erfüllung des Dienstleistungs-, und/oder Beratungsauftrages an seinem Geschäftssitz ein möglichst ungestörtes, dem raschen Fortgang des Prozesses förderliches Arbeiten erlauben. Der BH ist verpflichtet, bei der Erfüllung der vereinbarten Leistung nach den Grundsätzen ordnungsgemäßer Berufsausübung vorzugehen.

202

2. Geltungsbereich und Umfang

2.1

Die Geschäftsbedingungen gelten, wenn ihre Anwendung ausdrücklich vereinbart wurde und auch für Zusatzvereinbarungen zwischen dem BH und dem Auftraggeber.

2.2

Alle Dienstleistungs-, und/oder Beratungsaufträge und sonstigen Vereinbarungen sind nur dann rechtsverbindlich, wenn sie vom Auftraggeber bestätigt und firmenmäßig gezeichnet werden und verpflichten gegenseitig nur in dem in der schriftlichen vertraglichen Vereinbarung (Werkvertrag) angegebenen Umfang.

2.3

Der BH ist verpflichtet, sämtliche Dienstleistungen nach der geltenden Rechtslage zu erbringen. Ändert sich die Rechtslage nach Abgabe der abschließenden beruflichen Äußerung durch den BH, so ist der BH nicht verpflichtet, den Auftraggeber auf Änderungen oder sich daraus ergebende Folgerungen hinzuweisen. Dies gilt auch für abgeschlossene Teile eines Auftrages.

3. Umfang und Ausführung des Auftrages

3.1

Der Umfang sowie die Ausführung des Dienstleistungs-, und/oder Beratungsauftrages werden vertraglich vereinbart.

4. Aufklärungspflicht des Auftraggebers/Vollständigkeitserklärung

4.1

Der Auftraggeber hat dem BH die Vollständigkeit der vorgelegten Unterlagen, sowie der gegebenen Auskünfte und Erklärungen auf dessen Wunsch hin, schriftlich zu bestätigen. Darüber hinaus unterliegt diese Vollständigkeitserklärung keinerlei Formvorschriften.

4.2

Der BH ist berechtigt, bei Tätigkeiten zur Durchführung der Buchhaltung, Vorbereitung und Erstellung von Saldenlisten und Einnahmen-Ausgaben-Rechnungen, für Beratungstätigkeiten und andere zu erbringende Tätigkeiten die Angaben des Auftraggebers, insbesondere Zahlenangaben, als richtig anzunehmen. Er hat jedoch den Auftraggeber auf von ihm festgestellte Unrichtigkeiten hinzuweisen.

4.3

Der Auftraggeber verpflichtet sich, dem BH auch ohne dessen besondere Aufforderung, alle für die Erfüllung und Ausführung des Dienstleistungs-, und/oder Beratungsauftrages notwendigen Unterlagen zeitgerecht vorzulegen und ihm von allen Vorgängen und Umständen in Kenntnis zu setzen, die für die Ausführung des Auftrages von Bedeutung sind. Die Konkretisierung der „zeitgerechten" Vorlage wird gesondert vereinbart. Der Auftraggeber leistet Gewähr für die Richtigkeit und Vollständigkeit von sämtlichen zur Verfügung gestellten Unterlagen und Informationen. Dies gilt auch für alle Unterlagen, Vorgänge und Umstände, die erst während der Tätigkeit des BH bekannt werden.

Ein Verzug, der auf der verspäteten Bereitstellung von Unterlagen oder Informationen durch den Auftraggeber zurückgeht, ist nicht vom BH zu vertreten.

5. Sicherung der Unabhängigkeit

5.1

Die Vertragspartner verpflichten sich zur gegenseitigen Loyalität.

5.2

Die Vertragspartner verpflichten sich gegenseitig, alle Vorkehrungen zu treffen, die geeignet sind, die Gefährdung der Unabhängigkeit der Kooperationspartner und Mitarbeiter des BH zu verhindern. Dies gilt insbesondere für Angebote des Auftraggebers auf Anstellung bzw. der Übernahme von Aufträgen auf eigene Rechnung.

6. Berichterstattung

6.1

Der BH verpflichtet sich, über seine Arbeit, die seiner Mitarbeiter und gegebenenfalls auch die seiner Kooperationspartner schriftlich Bericht zu erstatten, sofern nicht ausdrücklich etwas anderes vereinbart wird. Die Übermittlung mittels E-Mail ist zulässig.

6.2

Der Auftraggeber und der BH stimmen überein, dass für den Dienstleistungs- , und/oder Beratungsauftrag eine dem Arbeitsfortschritt entsprechende entweder laufende- oder einmalige Berichterstattung als vereinbart gilt. Die Konditionen der Berichterstattung werden gesondert vereinbart.

6.3
Gibt der BH über die Ergebnisse seiner Tätigkeit eine schriftliche Äußerung ab, ist ausschließlich diese ausschlaggebend für eine Beurteilung.

7. Schutz des geistigen Eigentums /Urheberrecht/Nutzung

7.1
Die Leistungen des BH sind urheberrechtlich geschützt.

7.2
Der Auftraggeber verpflichtet sich, die im Zuge des Dienstleistungs-, und/oder Beratungsauftrages vom BH, seinen Mitarbeitern und Kooperationspartnern erstellten Auswertungen, Berichte, Analysen, Entwürfe, Berechnungen, Planungen, Programme, Zeichnungen, Datenträger und dergleichen nur für seine Geschäftszwecke zu verwenden. Eine sonstige Verwertung ist unzulässig.

7.3
Die Verwendung beruflicher Äußerungen des BH zu Werbezwecken durch den Auftraggeber ist unzulässig. Ein Verstoß berechtigt den BH zur fristlosen Kündigung aller noch nicht durchgeführten Aufträge.

7.4
Im Hinblick darauf, dass die erstellten Dienstleistungen geistiges Eigentum des BH sind, gilt das Nutzungsrecht derselben auch nach Bezahlung des Honorars ausschließlich für Geschäftszwecke des Auftraggebers und nur in dem im Vertrag bezeichneten Umfang. Jede rechtswidrig erfolgte Weitergabe, auch im Zuge einer Auflösung des Unternehmens oder eines Konkurses, aber auch die kurzfristige Überlassung zu Reproduktionszwecken zieht Schadenersatzansprüche des BH nach sich.

7.5
Der BH verpflichtet sich seinerseits, das geistige Eigentum des Auftraggebers zu beachten, soweit er bei der Übergabe desselben ausdrücklich darauf hingewiesen worden ist.

8. Mängelbeseitigung und Gewährleistung

8.1

Der BH ist berechtigt und verpflichtet, nachträglich bekannt werdende Unrichtigkeiten und Mängel an seiner Dienstleistungs-, und/oder Beratungsleistung zu beseitigen. Er ist verpflichtet, den Auftraggeber hiervon unverzüglich in Kenntnis zu setzen. Er ist berechtigt, auch für die ursprüngliche Äußerung informierte Dritte von der Änderung zu verständigen.

8.2

Der Auftraggeber hat Anspruch auf kostenlose Beseitigung von Mängeln, sofern diese vom BH zu vertreten sind. Dieser Anspruch erlischt jedenfalls sechs Monate nachdem der Auftraggeber Kenntnis von den Mängeln der beanstandeten Leistung des BH erlangt hat.

8.3

Der Auftraggeber hat bei Fehlschlägen der Nachbesserung etwaiger Mängel, Anspruch auf Minderung, oder – falls die erbrachte Leistung infolge des Fehlschlages der Nachbesserung für den Auftraggeber zu Recht ohne Interesse ist, – das Recht der Wandlung. Im Falle der Gewährleistung hat Nachbesserung jedenfalls Vorrang vor Preisminderung oder Wandlung.

8.4

Soweit darüber hinaus Schadenersatzansprüche bestehen, gelten die Bestimmungen des Punktes 9.

9. Haftung

9.1

Der BH und seine Mitarbeiter handeln bei der Durchführung der Beratung nach den allgemein anerkannten Prinzipien der Berufsausübung. Der BH hat entsprechend den Bestimmungen des § 10 BiBuG eine Berufshaftpflichtversicherung abgeschlossen.

Die Haftung des BH im Falle schlichter grober Fahrlässigkeit ist auf die im § 10 Abs. 3 BiBuG vorgegebene Mindestversicherungssumme beschränkt.

Die Haftungsbeschränkung gilt, wenn der Auftraggeber Verbraucher im Sinne des KSchG ist, nur für den Fall leicht fahrlässiger Schadenszufügung.

Dies gilt auch für die Verletzung von Verpflichtungen durch beigezogene Kollegen gemäß Punkt 1.4.

9.2

Der Schadenersatzanspruch kann nur innerhalb von sechs Monaten, nachdem der oder die Anspruchsberechtigten vom Schaden Kenntnis erlangt haben, gerichtlich geltend gemacht werden.

10. Verpflichtung zur Verschwiegenheit/Datenschutz

10.1

Der BH ist gemäß § 39 BiBuG verpflichtet, seine Mitarbeiter und die hinzugezogenen selbständigen Bilanzbuchhalter, über alle Angelegenheiten, die ihnen im Zusammenhang mit ihrer Tätigkeit für den Auftraggeber bekannt werden, Stillschweigen zu bewahren. Diese Schweigepflicht bezieht sich sowohl auf den Auftraggeber als auch auf dessen Geschäftsverbindungen.

10.2

Nur der Auftraggeber selbst, nicht aber dessen Erfüllungsgehilfen, kann den BH schriftlich von dieser Schweigepflicht entbinden.

10.3

Der BH darf Berichte, Auswertungen und sonstige schriftliche Äußerungen über seine Tätigkeit Dritten nur mit Einwilligung des Auftraggebers aushändigen, es sei denn, dass eine gesetzliche Verpflichtung hierzu besteht.

10.4

Die Schweigepflicht des BH, seiner Mitarbeiter und der hinzugezogenen selbständigen Bilanzbuchhalter gilt auch für die Zeit nach Beendigung des Auftrages. Ausgenommen sind Fälle, in denen eine gesetzliche Verpflichtung zur Auskunftserteilung besteht.

10.5

Der BH ist befugt, ihm anvertraute personenbezogene Daten im Rahmen der Zweckbestimmungen des Dienstleistungs-, Beratungs- und/oder Vertretungsauftrages zu verarbeiten, oder durch Dritte verarbeiten zu lassen. Der BH gewährleistet gemäß den Bestimmungen des Datenschutzgesetzes die Verpflichtung zur Wahrung des Datengeheimnisses. Dem BH überlassenes Material (Datenträger, Daten, Unterlagen, Auswertungen, Programme, etc.), sowie alle Ergebnisse aus der Durchführung der Arbeiten werden grundsätzlich dem Auftraggeber zurückgegeben.

10.6

Der BH verpflichtet sich, Vorsorge zu treffen, dass der Auftraggeber seiner Auskunftspflicht nach Artikel 15 DSGVO nachkommen kann. Sofern für solche

Auskünfte kein Honorar vereinbart wurde, ist nach dem tatsächlichen Aufwand an den Auftraggeber zu verrechnen.

10.7

Der BH hat auf Verlangen und Kosten des Auftraggebers alle Unterlagen herauszugeben, die er aus Anlass seiner Tätigkeit von diesem erhalten hat. Dies gilt jedoch nicht für den Schriftwechsel zwischen dem BH und seinem Auftraggeber und für die Schriftstücke, die dieser in Urschrift besitzt. Der BH kann von Unterlagen, die er an den Auftraggeber zurückgibt, Abschriften oder Fotokopien anfertigen oder zurückbehalten.

10.8

Der BH ist berechtigt die im Zusammenhang mit der Erledigung eines Auftrages ihm übergebenen und die von ihm selbst angefertigten Unterlagen und Dokumente gemäß Punkt 10.5 sowie den über den Auftrag geführten Schriftwechsel im Rahmen der gesetzlichen Bestimmungen aufzubewahren.

11. Honoraranspruch und -höhe

11.1

Der BH hat als Gegenleistung zur Erbringung seiner Dienstleistungs-, und/oder Beratungsleistungen Anspruch auf Bezahlung eines angemessenen Honorars durch den Auftraggeber. Die Honorarhöhe richtet sich nach der schriftlichen Vereinbarung des Auftraggebers mit dem BH.

11.2

Unterbleibt die Ausführung des Auftrages durch den BH, so gebührt diesem gleichwohl das vereinbarte Entgelt, wenn er zur Leistung bereit war und durch Umstände, die auf Seiten des Auftraggebers liegen, an der Erbringung verhindert wurde. Er muss sich jedoch anrechnen lassen, was er sich in Folge des Unterbleibens seiner Leistung erspart hat.

11.3

Unterbleibt die Ausführung des Auftrages durch Umstände, die auf Seiten des BH einen wichtigen Grund darstellen, so hat er nur Anspruch auf den seinen bisherigen Leistungen entsprechenden Teil des Honorars. Dies gilt insbesondere dann, wenn seine bisherigen Leistungen trotz Kündigung für den Auftraggeber verwertbar sind.

11.4

Die vereinbarte Honorarsumme ist zu 50 % bei Beauftragung und zu 50 % bei Auftragserfüllung mit einem Zahlungsziel von 14 Tagen fällig. Die

Beanstandung der Arbeiten des BH berechtigt, außer bei offenkundigen Mängeln, nicht zur Zurückhaltung der ihm zustehenden Vergütungen.

11.5

Der BH hat neben der angemessenen Honorarforderung, Anspruch auf Ersatz seiner Auslagen. Er kann entsprechende Vorschüsse verlangen.

11.6

Der BH kann auch die Auslieferung des Leistungsergebnisses von der vollen Befriedigung seiner Ansprüche abhängig machen. Auf das gesetzliche Zurückbehaltungsrecht (§ 471 ABGB, § 369 UGB) wird in diesem Zusammenhang verwiesen. Wird das Zurückbehaltungsrecht zu Unrecht ausgeübt, haftet der BH nur bei krass grober Fahrlässigkeit bis zur Höhe seiner noch offenen Forderung. Bei Dauerverträgen darf die Erbringung weiterer Leistungen bis zur Bezahlung früherer Leistungen verweigert werden. Bei Erbringung von Teilleistungen und offener Teilhonorierung gilt dies sinngemäß.

11.7

Eine Beanstandung der Arbeiten des BH berechtigt, außer bei offenkundigen wesentlichen Mängeln, nicht zur Zurückhaltung der ihm nach Punkt 11.5 zustehenden Vergütungen.

11.8

Eine Aufrechnung gegen Forderungen des BH auf Vergütungen nach Punkt 11.5 ist nur mit unbestrittenen oder rechtskräftig festgestellten Forderungen zulässig.

12. Kündigung

12.1

Soweit nicht etwas Anderes schriftlich vereinbart oder gesetzlich zwingend vorgeschrieben ist, können die Vertragspartner den Vertrag jederzeit mit sofortiger Wirkung kündigen. Der Honoraranspruch bestimmt sich nach Punkt 11.

12.2

Ein – im Zweifel stets anzunehmender – Dauerauftrag kann allerdings, soweit nichts Anderes schriftlich vereinbart ist, ohne Vorliegen eines wichtigen Grundes nur unter Einhaltung einer Frist von drei Monaten zum Ende eines Kalendermonats gekündigt werden.

13. Anzuwendendes Recht/Erfüllungsort/Gerichtsstand

13.1

Auf diesen Vertrag zwischen dem BH und Auftraggeber ist materielles österreichisches Recht unter Ausschluss der Verweisungsnormen des internationalen Privatrechts anwendbar.

13.2

Erfüllungsort ist der Ort der beruflichen Niederlassung des BH.

13.3

Für Streitigkeiten ist das Gericht am Unternehmensort des BH zuständig.

14. Verträge mit Verbrauchern

Für Verträge mit Verbrauchern im Sinne des Konsumentenschutzgesetzes gelten die vorstehenden Bestimmungen nur insoweit, als das Konsumentenschutzgesetz nicht zwingend andere Bestimmungen vorsieht.

Der Fachverband Unternehmensberatung und Informationstechnologie empfiehlt als wirtschaftsfreundliches Mittel der Streitschlichtung nachfolgende Mediationsklausel:

Für den Fall von Streitigkeiten aus diesem Vertrag, die nicht einvernehmlich geregelt werden können, vereinbaren die Vertragsparteien einvernehmlich zur außergerichtlichen Beilegung des Konfliktes eingetragene Mediatoren (ZivMediatG) mit dem Schwerpunkt WirtschaftsMediation aus der Liste des Justizministeriums beizuziehen. Sollte über die Auswahl der WirtschaftsMediatoren oder inhaltlich kein Einvernehmen hergestellt werden können, werden frühestens ein Monat ab Scheitern der Verhandlungen rechtliche Schritte eingeleitet.

Im Falle einer nicht zustande gekommenen oder abgebrochenen Mediation, gilt in einem allfällig eingeleiteten Gerichtsverfahren österreichisches Recht.

Sämtliche aufgrund einer vorherigen Mediation angelaufenen notwendigen Aufwendungen, insbesondere auch jene für eine(n) beigezogene(n) RechtsberaterIn, können vereinbarungsgemäß in einem Gerichts- oder Schiedsgerichtsverfahren als „vorprozessuale Kosten" geltend gemacht werden.

KAPITEL 6

Begleitblatt zu den Allgemeinen Geschäftsbedingungen für Buchhalter (BH) gemäß BiBuG 2014

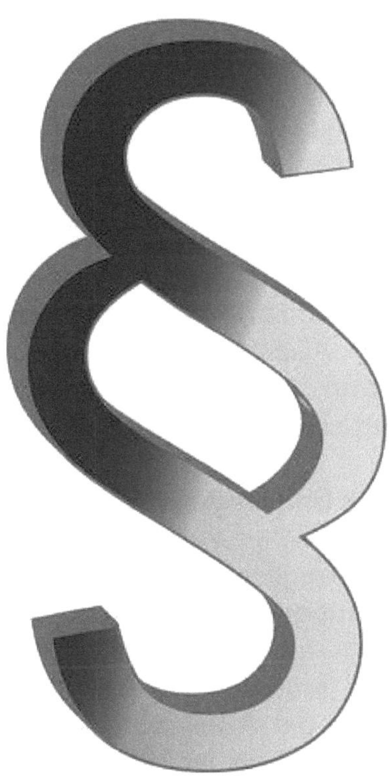

Die vorliegenden Allgemeinen Geschäftsbedingungen für Buchhalter sind lediglich als Mustervorlage für die Gestaltung von AGB zu verstehen. Die enthaltenen Bestimmungen sind Vorschläge, von denen im Einzelfall abgewichen werden kann. Wird in einem konkreten Vertrag Abweichendes vereinbart, ist es zur Vermeidung von Missverständnissen grundsätzlich hilfreich, dezidiert darauf hinzuweisen, welche Bestimmung der AGB die vertragliche Vereinbarung konkret abändert (z.B.: „diese Regelung ersetzte Punkt x. der AGB"). Die Verwendung des Musters kann die begleitende Konsultation eines rechtskundigen Beraters nicht ersetzen.

Die vorliegenden Allgemeinen Geschäftsbedingungen für Buchhalter wurden vom Ausschuss des Fachverbandes Unternehmensberatung, Buchhaltung und Informationstechnologie am 22.03.2018 als Mustervorlage bestätigt.

Die Mustervorlage gilt für die Anwendung durch Buchhalter, die nach dem Bilanzbuchhaltungsgesetz 2014 (BibuG) bestellt wurden und bei denen eine Mitgliedschaft bei der Wirtschaftskammer Österreich besteht. Sämtliche Personenbezeichnungen sind geschlechtsneutral.

Die vorliegenden AGB sind lediglich als Mustervorlage für die Gestaltung von AGB zu verstehen. Die enthaltenen Bestimmungen sind Vorschläge, von denen im Einzelfall abgewichen werden kann. Wird in einem konkreten Vertrag Abweichendes vereinbart, ist es zur Vermeidung von Missverständnissen grundsätzlich hilfreich, dezidiert darauf hinzuweisen, welche Bestimmung der AGB die vertragliche Vereinbarung konkret abändert (z.B.: „diese Regelung ersetzte Punkt x. der AGB"). Die Verwendung des Musters kann die begleitende Konsultation eines rechtskundigen Beraters nicht ersetzen. Folgende Anmerkungen sind zu beachten:

ad 1. und 2. (Allgemeine Grundlagen / Geltungsbereich)

Grundsätzlich gehen vertragliche Vereinbarungen den in AGB enthaltenen Bestimmungen vor. Darüber hinaus werden AGB nur dann Vertragsinhalt, wenn dies (nachweislich) – am besten schriftlich – vereinbart wird. Gleichzeitig (vor Vertragsabschluss) müssen die AGB dem Auftraggeber übermittelt werden. Die Übermittlung der AGB nach Vertragsabschluss auf Rechnungen, Lieferscheinen oder dergleichen ist grundsätzlich wirkungslos. Nachteilige, ungewöhnliche und überraschende Klauseln in AGB, also Klauseln mit denen der Auftraggeber nach den Begleitumständen des Vertrages und dem Erscheinungsbild der Urkunde nicht zu rechnen braucht, werden nicht Vertragsinhalt, es sei denn, der Auftraggeber wurde ausdrücklich (nachweislich) darauf hingewiesen. Gewerbetreibende, die regelmäßig AGB

verwenden, haben die AGB in den dem Kundenverkehr dienenden Räumlichkeiten auszuhängen.

Verweisen Auftraggeber und Auftragnehmer jeweils auf die Geltung ihrer AGB, so liegt Dissens vor, soweit sich die AGB widersprechen; dies grundsätzlich ungeachtet der in Punkt 1.3 enthaltenen Klausel. Meist wird der Vertrag dennoch zu Stande kommen, da sich die Vertragspartner über die wesentlichen Punkte des Vertrages (in der Regel: Leistung und Preis) einig sind/waren; lediglich die einander widersprechenden Klauseln gelten nicht (Teilungültigkeit). Die nicht vom Vertrag geregelten Punkte sind dann durch gesetzliche Bestimmungen oder ergänzende Auslegung zu ermitteln. Um die Geltung der AGB für den Streitfall soweit wie möglich zu sichern, ist in den AGB dennoch die „Abwehrklausel" gemäß Punkt 1.3 enthalten.

ad 1.3. (Umfang des Beratungsauftrages / Stellvertretung)

Dem Wesen des Werkvertrages entsprechend steht es dem Auftragnehmer zu, sich bei der Herstellung des Werkes durch andere selbständige Dritte vertreten zu lassen. Davon zu unterscheiden ist die Heranziehung von – dem Auftragnehmer ohnehin zuzurechnenden – eigenen Hilfspersonen (etwa Angestellte des Auftragnehmers).

ad 2. (Umfang des Beratungsauftrages / Stellvertretung)

Dem Wesen des Werkvertrages entsprechend steht es dem Auftragnehmer zu, sich bei der Herstellung des Werkes durch andere selbständige Dritte vertreten zu lassen. Davon zu unterscheiden ist die Heranziehung von – dem Auftragnehmer ohnehin zuzurechnenden – eigenen Hilfspersonen (etwa Angestellte des Auftragnehmers).
Datenschutzrechtlich gesehen müssen Sie sich allerdings, wenn Sie Daten einem Sub- Auftragsverarbeiter im Rahmen des Auftrages weitergeben möchten, diese Weitergabe mit dem Auftraggeber vereinbart haben. Das wird entweder im Auftragsverarbeitervertrag geregelt oder in einer separaten Vereinbarung.

ad 7. (Schutz des geistigen Eigentums)

Der Werkvertrag enthält eine ausführliche Regelung der Urheberrechte (Werknutzungsrechte). Demnach verbleiben die Urheberrechte beim Auftragnehmer.

ad 8. (Gewährleistung)

Die Gewährleistungsfrist ist auf sechs Monate eingeschränkt. Der Auftragnehmer hat primär die mangelhafte Leistung zu verbessern; erst danach besteht ein Anspruch des Auftraggebers auf Minderung des Preises und/oder Wandlung („Rückabwicklung des Vertrages"). Die gesetzliche Gewährleistungsfrist beträgt zwei Jahre; es ist jedoch möglich, diese – abgesehen von Geschäften mit Verbrauchern – zu verkürzen.

ad 9. (Haftung / Schadenersatz)

Der Auftragnehmer haftet dem Auftraggeber abgesehen von Personenschäden nur für grobes Verschulden.

ad 10. (Geheimhaltung / Datenschutz)

Der Verantwortliche, der Auftragsverarbeiter und ihre Mitarbeiter haben personenbezogene Daten aus Datenverarbeitungen, die ihnen ausschließlich auf Grund ihrer berufsmäßigen Beschäftigung anvertraut wurden oder zugänglich geworden sind, unbeschadet sonstiger gesetzlicher Verschwiegenheitspflichten, geheim zu halten, soweit kein rechtlich zulässiger Grund für eine Übermittlung der anvertrauten oder zugänglich gewordenen personenbezogenen Daten besteht (Datengeheimnis). Mitarbeiter sind hierüber und über allfällige Folgen eines Verstoßes zu belehren.

Aufgrund der bevorstehenden Änderungen durch die EU-Datenschutz-Grundverordnung und das österreichische Datenschutz-Anpassungsgesetz 2018 (künftig: DSG) wird empfohlen, weitere datenschutzrechtliche Klauseln nicht in den AGB direkt aufzunehmen, sondern hier ein Extra- Blatt auszuhändigen. Es ist darauf zu achten, dass sowohl allfällige datenschutzrechtliche Einwilligungen ordentlich eingeholt werden als auch Informationspflichten rechtzeitig und vollständig erfüllt werden. Zudem ist ein Auftragsverarbeitervertrag abzuschließen, wenn

Daten für den Kunden im Rahmen des Auftrags verarbeitet werden (wovon in dieser Branche auszugehen ist).

ad 11. (Honorar)

Das mit dem Auftragnehmer vereinbarte Honorar ist in den Vertrag aufzunehmen. Das Honorar ist mit Rechnungslegung durch den Auftragnehmer fällig. Anfallende Barauslagen und Spesen sind gegen Rechnungslegung vom Auftraggeber zusätzlich zu ersetzen.

ad 11.6

Diese Bestimmung darf nicht dazu missbraucht werden, einen Schaden des Kunden bei geringen offenen Forderungen in Kauf zu nehmen.

Sonstiges

Der Gerichtsstand müsste in der vertraglichen Vereinbarung mit dem Kunden nochmals explizit vereinbart werden.

KAPITEL 7

Allgemeine Geschäftsbedingungen für Bilanzbuchhalter (BBH) gemäß BiBuG 2014

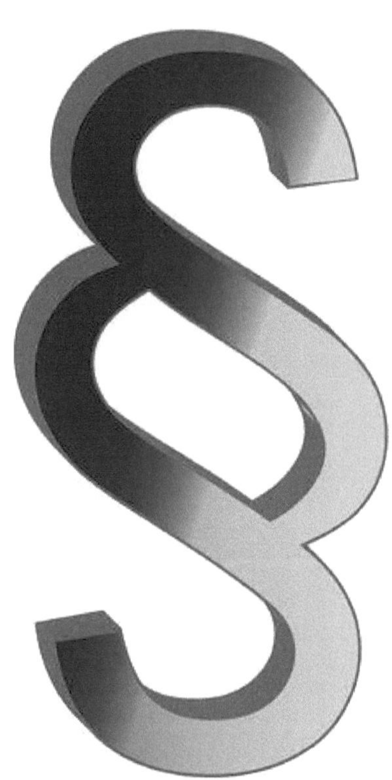

Präambel

Der selbständige Bilanzbuchhalter (in der Folge „BB") übt seine berufliche Tätigkeit aufgrund des Bilanzbuchhaltungsgesetzes 2014 (in der Folge „BiBuG") aus und ist dazu nach Nachweis der vom Gesetz geforderten hohen Qualifikation öffentlich bestellt worden.

1. Allgemeine Grundlagen der Zusammenarbeit

1.1

Diese „Allgemeinen Geschäftsbedingungen für Bilanzbuchhalter" gelten für sämtliche Rechtsgeschäfte zwischen dem BB als Auftragnehmer und dem Auftraggeber, insbesondere für Werkverträge, Verträgen über die Führung von Büchern, die Vornahme der Personalverrechnung und der Abgabenverrechnung im Ausmaß der durch das BiBuG festgelegten Berufsrechte und gewerblichen Nebenrechte, die eine fachmännische Dienstleistung und Beratung von Auftraggebern durch BB im Rahmen der allgemein anerkannten Berufsgrundsätze und Standesregeln zum Gegenstand haben. Maßgeblich ist jeweils die zum Zeitpunkt des Vertragsabschlusses gültige Fassung.

1.2

Für den Fall, dass einzelne Bestimmungen dieser Allgemeinen Geschäftsbedingungen unwirksam sein und/oder werden sollten, berührt dies die Wirksamkeit der verbleibenden Bestimmungen und der unter ihrer Zugrundelegung geschlossenen Verträge nicht. Die unwirksame ist durch eine wirksame Bestimmung, die ihr dem Sinn und wirtschaftlichen Zweck nach am nächsten kommt, zu ersetzen.

1.3

Der BB ist berechtigt, den Dienstleistungs-, Beratungs- und/oder Vertretungsauftrag durch sachverständige, unselbständig beschäftigte Mitarbeiter, oder gewerbliche/freiberufliche Kooperationspartner (ganz oder teilweise), durchführen zu lassen. Die Mitarbeit anderer selbständiger Bilanzbuchhalter ist schriftlich zu vereinbaren.

1.4

Der Auftraggeber sorgt dafür, dass die organisatorischen Rahmenbedingungen bei Erfüllung des Dienstleistungs-, Beratungs- und/oder Vertretungsauftrages an seinem Geschäftssitz ein möglichst ungestörtes, dem raschen Fortgang des Prozesses förderliches Arbeiten erlauben. Der BB ist verpflichtet, bei der Erfüllung der vereinbarten Leistung nach den Grundsätzen ordnungsgemäßer Berufsausübung vorzugehen.

2. Geltungsbereich und Umfang

2.1

Die Geschäftsbedingungen gelten, wenn ihre Anwendung ausdrücklich vereinbart wurde und auch für Zusatzvereinbarungen zwischen dem BB und dem Auftraggeber.

2.2

Alle Dienstleistungs-, Beratungs- und/oder Vertretungsaufträge und sonstigen Vereinbarungen sind nur dann rechtsverbindlich, wenn sie vom Auftraggeber bestätigt und firmenmäßig gezeichnet werden und verpflichten gegenseitig nur in dem in der schriftlichen vertraglichen Vereinbarung (Werkvertrag) angegebenen Umfang.

2.3

Der BB ist verpflichtet sämtliche Dienstleistungen nach der geltenden Rechtslage zu erbringen. Ändert sich die Rechtslage nach Abgabe der abschließenden beruflichen Äußerung durch den BB, so ist der BB nicht verpflichtet, den Auftraggeber auf Änderungen oder sich daraus ergebende Folgerungen hinzuweisen. Dies gilt auch für abgeschlossene Teile eines Auftrages.

3. Umfang und Ausführung des Auftrages

3.1

Der Umfang sowie die Ausführung des Dienstleistungs-, Beratungs- und/oder Vertretungsauftrags werden vertraglich vereinbart.

4. Aufklärungspflicht des Auftraggebers/Vollständigkeitserklärung

4.1

Der Auftraggeber hat dem BB die Vollständigkeit der vorgelegten Unterlagen, sowie der gegebenen Auskünfte und Erklärungen auf dessen Wunsch hin, schriftlich zu bestätigen. Darüber hinaus unterliegt diese Vollständigkeitserklärung keinerlei Formvorschriften.

4.2

Der BB ist berechtigt, bei Tätigkeiten zur Vorbereitung und Erstellung von Jahres- und anderen Abschlüssen, für Beratungstätigkeiten und andere zu erbringende Tätigkeiten die Angaben des Auftraggebers, insbesondere Zahlenangaben, als richtig anzunehmen. Er hat jedoch den Auftraggeber auf von ihm festgestellte Unrichtigkeiten hinzuweisen.

4.3

Der Auftraggeber verpflichtet sich, dem BB auch ohne dessen besondere Aufforderung, alle für die Erfüllung und Ausführung des Dienstleistungs-, Beratungs- und/oder Vertretungsauftrages notwendigen Unterlagen zeitgerecht vorzulegen und ihm von allen Vorgängen und Umständen in Kenntnis zu setzen, die für die Ausführung des Auftrages von Bedeutung sind. Die Konkretisierung der „zeitgerechten" Vorlage wird gesondert vereinbart. Der Auftraggeber leistet Gewähr für die Richtigkeit und Vollständigkeit von sämtlichen zur Verfügung gestellten Unterlagen und Informationen. Dies gilt auch für alle Unterlagen, Vorgänge und Umstände, die erst während der Tätigkeit des BB bekannt werden.

Ein Verzug, der auf der verspäteten Bereitstellung von Unterlagen oder Informationen durch den Auftraggeber zurückgeht, ist nicht vom BB zu vertreten.

5. Sicherung der Unabhängigkeit

5.1

Die Vertragspartner verpflichten sich zur gegenseitigen Loyalität.

5.2

Die Vertragspartner verpflichten sich gegenseitig, alle Vorkehrungen zu treffen, die geeignet sind, die Gefährdung der Unabhängigkeit der Kooperationspartner und Mitarbeiter des BB verhindern. Dies gilt insbesondere für Angebote des Auftraggebers auf Anstellung bzw. der Übernahme von Aufträgen auf eigene Rechnung.

6. Berichterstattung

6.1

Der BB verpflichtet sich, über seine Arbeit, die seiner Mitarbeiter und gegebenenfalls auch die seiner Kooperationspartner schriftlich Bericht zu erstatten, sofern nicht ausdrücklich etwas anderes vereinbart wird. Die Übermittlung mittels E-Mail ist zulässig.

6.2

Der Auftraggeber und der BB stimmen überein, dass für den Dienstleistungs-, Beratungs- und Vertretungsauftrag eine dem Arbeitsfortschritt entsprechende entweder laufende- oder einmalige Berichterstattung als vereinbart gilt. Die Konditionen der Berichterstattung werden gesondert vereinbart.

6.3

Gibt der BB über die Ergebnisse seiner Tätigkeit eine schriftliche Äußerung ab, ist ausschließlich diese ausschlaggebend für eine Beurteilung.

7. Schutz des geistigen Eigentums /Urheberrecht/Nutzung

7.1

Die Leistungen des BB sind urheberrechtlich geschützt.

7.2

Der Auftraggeber verpflichtet sich, die im Zuge des Dienstleistungs-, Beratungs- und/oder Vertretungsauftrages vom BB, seinen Mitarbeitern und Kooperationspartnern erstellten Auswertungen, Berichte, Analysen, Entwürfe, Berechnungen, Planungen, Programme, Zeichnungen, Datenträger und dergleichen nur für seine Geschäftszwecke zu verwenden. Eine sonstige Verwertung ist unzulässig.

7.3

Die Verwendung beruflicher Äußerungen des BB zu Werbezwecken durch den Auftraggeber ist unzulässig. Ein Verstoß berechtigt den BB zur fristlosen Kündigung aller noch nicht durchgeführten Aufträge.

7.4

Im Hinblick darauf, dass die erstellten Dienstleistungen geistiges Eigentum des BB sind, gilt das Nutzungsrecht derselben auch nach Bezahlung des Honorars ausschließlich für Geschäftszwecke des Auftraggebers und nur in dem im Vertrag bezeichneten Umfang. Jede rechtswidrig erfolgte Weitergabe, auch im Zuge einer Auflösung des Unternehmens oder eines Konkurses, aber auch die kurzfristige Überlassung zu Reproduktionszwecken zieht Schadenersatzansprüche des BB nach sich.

7.5

Der BB verpflichtet sich seinerseits, das geistige Eigentum des Auftraggebers zu beachten, soweit er bei der Übergabe desselben ausdrücklich darauf hingewiesen worden ist.

8. Mängelbeseitigung und Gewährleistung

8.1

Der BB ist berechtigt und verpflichtet, nachträglich bekannt werdende Unrichtigkeiten und Mängel an seiner Dienstleistungs-, Beratungs- und/oder Vertretungsleistung zu beseitigen. Er ist verpflichtet, den Auftraggeber hiervon unverzüglich in Kenntnis zu setzen. Er ist berechtigt, auch für die ursprüngliche Äußerung informierte Dritte von der Änderung zu verständigen.

8.2

Der Auftraggeber hat Anspruch auf kostenlose Beseitigung von Mängeln, sofern diese vom BB zu vertreten sind. Dieser Anspruch erlischt jedenfalls sechs Monate nachdem der Auftraggeber Kenntnis von den Mängeln der beanstandeten Leistung des BB erlangt hat.

8.3

Der Auftraggeber hat bei Fehlschlägen der Nachbesserung etwaiger Mängel, Anspruch auf Minderung, oder – falls die erbrachte Leistung infolge des Fehlschlages der Nachbesserung für den Auftraggeber zu Recht ohne Interesse ist, – das Recht der Wandlung. Im Falle der Gewährleistung hat Nachbesserung jedenfalls Vorrang vor Preisminderung oder Wandlung.

8.4

Soweit darüber hinaus Schadenersatzansprüche bestehen, gelten die Bestimmungen des Punktes 9.

9. Haftung

9.1

Der BB und seine Mitarbeiter handeln bei der Durchführung der Beratung nach den allgemein anerkannten Prinzipien der Berufsausübung. Der BB hat entsprechend den Bestimmungen des § 10 BiBuG eine Berufshaftpflichtversicherung abgeschlossen.

Die Haftung des BB im Falle schlichter grober Fahrlässigkeit ist auf die im § 10 Abs. 3 BiBuG vorgegebene Mindestversicherungssumme beschränkt.

Die Haftungsbeschränkung gilt, wenn der Auftraggeber Verbraucher im Sinne des KSchG ist, nur für den Fall leicht fahrlässiger Schadenszufügung.

Dies gilt auch für die Verletzung von Verpflichtungen durch beigezogene Kollegen gemäß Punkt 1.4.

9.2

Der Schadenersatzanspruch kann nur innerhalb von sechs Monaten, nachdem der oder die Anspruchsberechtigten vom Schaden Kenntnis erlangt haben, gerichtlich geltend gemacht werden.

10. Verpflichtung zur Verschwiegenheit/Datenschutz

10.1

Der BB ist gemäß § 39 BiBuG verpflichtet, seine Mitarbeiter und die hinzugezogenen selbständigen Bilanzbuchhalter, über alle Angelegenheiten, die ihnen im Zusammenhang mit ihrer Tätigkeit für den Auftraggeber bekannt werden, Stillschweigen zu bewahren. Diese Schweigepflicht bezieht sich sowohl auf den Auftraggeber als auch auf dessen Geschäftsverbindungen.

10.2

Nur der Auftraggeber selbst, nicht aber dessen Erfüllungsgehilfen, kann den BB schriftlich von dieser Schweigepflicht entbinden.

10.3

Der BB darf Berichte, Auswertungen und sonstige schriftliche Äußerungen über seine Tätigkeit Dritten nur mit Einwilligung des Auftraggebers aushändigen, es sei denn, dass eine gesetzliche Verpflichtung hierzu besteht.

10.4

Die Schweigepflicht des BB, seiner Mitarbeiter und der hinzugezogenen selbständigen Bilanzbuchhalter gilt auch für die Zeit nach Beendigung des Auftrages. Ausgenommen sind Fälle, in denen eine gesetzliche Verpflichtung zur Auskunftserteilung besteht.

10.5

Der BB ist befugt, ihm anvertraute personenbezogene Daten im Rahmen der Zweckbestimmungen des Dienstleistungs-, Beratungs- und/oder Vertretungsauftrages zu verarbeiten, oder durch Dritte verarbeiten zu lassen. Der BB gewährleistet gemäß den Bestimmungen des Datenschutzgesetzes die Verpflichtung zur Wahrung des Datengeheimnisses. Dem BB überlassenes Material (Datenträger, Daten, Unterlagen, Auswertungen, Programme, etc.), sowie alle Ergebnisse aus der Durchführung der Arbeiten werden grundsätzlich dem Auftraggeber zurückgegeben.

10.6

Der BB verpflichtet sich, Vorsorge zu treffen, dass der Auftraggeber seiner Auskunftspflicht nach Artikel 15 DSGVO nachkommen kann. Sofern für solche Auskünfte kein Honorar vereinbart wurde, ist nach dem tatsächlichen Aufwand an den Auftraggeber zu verrechnen.

10.7

Der BB hat auf Verlangen und Kosten des Auftraggebers alle Unterlagen herauszugeben, die er aus Anlass seiner Tätigkeit von diesem erhalten hat.

Dies gilt jedoch nicht für den Schriftwechsel zwischen dem BB und seinem Auftraggeber und für die Schriftstücke, die dieser in Urschrift besitzt. Der BB kann von Unterlagen, die er an den Auftraggeber zurückgibt, Abschriften oder Fotokopien anfertigen oder zurückbehalten.

10.8

Der BB ist berechtigt die im Zusammenhang mit der Erledigung eines Auftrages ihm übergebenen und die von ihm selbst angefertigten Unterlagen und Dokumente gemäß Punkt 10.5 sowie den über den Auftrag geführten Schriftwechsel im Rahmen der gesetzlichen Bestimmungen aufzubewahren.

11. Honoraranspruch und -höhe

11.1

Der BB hat als Gegenleistung zur Erbringung seiner Dienstleistungs-, Beratungs- und/oder Vertretungsleistungen Anspruch auf Bezahlung eines angemessenen Honorars durch den Auftraggeber. Die Honorarhöhe richtet sich nach der schriftlichen Vereinbarung des Auftraggebers mit dem BB.

11.2

Unterbleibt die Ausführung des Auftrages durch den BB, so gebührt diesem gleichwohl das vereinbarte Entgelt, wenn er zur Leistung bereit war und durch Umstände, die auf Seiten des Auftraggebers liegen, an der Erbringung verhindert wurde. Er muss sich jedoch anrechnen lassen, was er sich in Folge des Unterbleibens seiner Leistung erspart hat.

11.3

Unterbleibt die Ausführung des Auftrages durch Umstände, die auf Seiten des BB einen wichtigen Grund darstellen, so hat er nur Anspruch auf den seinen bisherigen Leistungen entsprechenden Teil des Honorars. Dies gilt insbesondere dann, wenn seine bisherigen Leistungen trotz Kündigung für den Auftraggeber verwertbar sind.

11.4

Die vereinbarte Honorarsumme ist zu 50 % bei Beauftragung und zu 50 % bei Auftragserfüllung mit einem Zahlungsziel von 14 Tagen fällig. Die Beanstandung der Arbeiten des BB berechtigt, außer bei offenkundigen Mängeln, nicht zur Zurückhaltung der ihm zustehenden Vergütungen.

11.5

Der BB hat neben der angemessenen Honorarforderung, Anspruch auf Ersatz seiner Auslagen. Er kann entsprechende Vorschüsse verlangen.

11.6

Der BB kann auch die Auslieferung des Leistungsergebnisses von der vollen Befriedigung seiner Ansprüche abhängig machen. Auf das gesetzliche Zurückbehaltungsrecht (§ 471 ABGB, § 369 UGB) wird in diesem Zusammenhang verwiesen. Wird das Zurückbehaltungsrecht zu Unrecht ausgeübt, haftet der BB nur bei krass grober Fahrlässigkeit bis zur Höhe seiner noch offenen Forderung. Bei Dauerverträgen darf die Erbringung weiterer Leistungen bis zur Bezahlung früherer Leistungen verweigert werden. Bei Erbringung von Teilleistungen und offener Teilhonorierung gilt dies sinngemäß.

11.7

Eine Beanstandung der Arbeiten des BB berechtigt, außer bei offenkundigen wesentlichen Mängeln, nicht zur Zurückhaltung der ihm nach Punkt 11.5 zustehenden Vergütungen.

11.8

Eine Aufrechnung gegen Forderungen des BB auf Vergütungen nach Punkt 11.5 ist nur mit unbestrittenen oder rechtskräftig festgestellten Forderungen zulässig.

12. Kündigung

12.1

Soweit nicht etwas Anderes schriftlich vereinbart oder gesetzlich zwingend vorgeschrieben ist, können die Vertragspartner den Vertrag jederzeit mit sofortiger Wirkung kündigen. Der Honoraranspruch bestimmt sich nach Punkt 11.

12.2

Ein – im Zweifel stets anzunehmender – Dauerauftrag kann allerdings, soweit nichts Anderes schriftlich vereinbart ist, ohne Vorliegen eines wichtigen Grundes nur unter Einhaltung einer Frist von drei Monaten zum Ende eines Kalendermonats gekündigt werden.

13. Anzuwendendes Recht/Erfüllungsort/Gerichtsstand

13.1

Auf diesen Vertrag zwischen dem BB und Auftraggeber ist materielles österreichisches Recht unter Ausschluss der Verweisungsnormen des internationalen Privatrechts anwendbar.

13.2
Erfüllungsort ist der Ort der beruflichen Niederlassung des BB.

13.3
Für Streitigkeiten ist das Gericht am Unternehmensort des BB zuständig.

14. Verträge mit Verbrauchern

Für Verträge mit Verbrauchern im Sinne des Konsumentenschutzgesetzes gelten die vorstehenden Bestimmungen nur insoweit, als das Konsumentenschutzgesetz nicht zwingend andere Bestimmungen vorsieht.

Der Fachverband Unternehmensberatung und Informationstechnologie empfiehlt als wirtschaftsfreundliches Mittel der Streitschlichtung nachfolgende Mediationsklausel:

Für den Fall von Streitigkeiten aus diesem Vertrag, die nicht einvernehmlich geregelt werden können, vereinbaren die Vertragsparteien einvernehmlich zur außergerichtlichennBeilegung des Konfliktes eingetragene Mediatoren (ZivMediatG) mit dem Schwerpunkt WirtschaftsMediation aus der Liste des Justizministeriums beizuziehen. Sollte über die Auswahl der WirtschaftsMediatoren oder inhaltlich kein Einvernehmen hergestellt werden können, werden frühestens ein Monat ab Scheitern der Verhandlungen rechtliche Schritte eingeleitet.

Im Falle einer nicht zustande gekommenen oder abgebrochenen Mediation, gilt in einem allfällig eingeleiteten Gerichtsverfahren österreichisches Recht.

Sämtliche aufgrund einer vorherigen Mediation angelaufenen notwendigen Aufwendungen, insbesondere auch jene für eine(n) beigezogene(n) RechtsberaterIn, können vereinbarungsgemäß in einem Gerichts- oder Schiedsgerichtsverfahren als „vorprozessuale Kosten" geltend gemacht werden.

KAPITEL 8

Begleitblatt zu den Allgemeinen Geschäftsbedingungen für Bilanzbuchhalter (BBH) gemäß BiBuG 2014

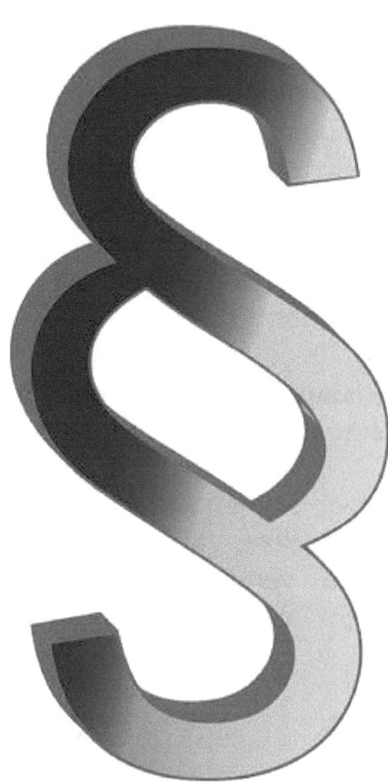

Die vorliegenden Allgemeinen Geschäftsbedingungen für Bilanzbuchhalter sind lediglich als Mustervorlage für die Gestaltung von AGB zu verstehen. Die enthaltenen Bestimmungen sind Vorschläge, von denen im Einzelfall abgewichen werden kann. Wird in einem konkreten Vertrag Abweichendes vereinbart, ist es zur Vermeidung von Missverständnissen grundsätzlich hilfreich, dezidiert darauf hinzuweisen, welche Bestimmung der AGB die vertragliche Vereinbarung konkret abändert (z.B.: „diese Regelung ersetzte Punkt x. der AGB"). Die Verwendung des Musters kann die begleitende Konsultation eines rechtskundigen Beraters nicht ersetzen.

Die vorliegenden Allgemeinen Geschäftsbedingungen für Bilanzbuchhalter wurden vom Ausschuss des Fachverbandes Unternehmensberatung, Buchhaltung und Informationstechnologie am 22.3.2018 als Mustervorlage bestätigt.

Die Mustervorlage gilt für die Anwendung durch Bilanzbuchhalter, die nach dem Bilanzbuchhaltungsgesetz 2014 (BibuG) bestellt wurden und bei denen eine Mitgliedschaft bei der Wirtschaftskammer Österreich besteht. Sämtliche Personenbezeichnungen sind geschlechtsneutral.

Die vorliegenden AGB sind lediglich als Mustervorlage für die Gestaltung von AGB zu verstehen. Die enthaltenen Bestimmungen sind Vorschläge, von denen im Einzelfall abgewichen werden kann. Wird in einem konkreten Vertrag Abweichendes vereinbart, ist es zur Vermeidung von Missverständnissen grundsätzlich hilfreich, dezidiert darauf hinzuweisen, welche Bestimmung der AGB die vertragliche Vereinbarung konkret abändert (z.B.: „diese Regelung ersetzte Punkt x. der AGB"). Die Verwendung des Musters kann die begleitende Konsultation eines rechtskundigen Beraters nicht ersetzen. Folgende Anmerkungen sind zu beachten:

ad 1. und 2. (Allgemeine Grundlagen / Geltungsbereich)

Grundsätzlich gehen vertragliche Vereinbarungen den in AGB enthaltenen Bestimmungen vor. Darüber hinaus werden AGB nur dann Vertragsinhalt, wenn dies (nachweislich) – am besten schriftlich – vereinbart wird. Gleichzeitig (vor Vertragsabschluss) müssen die AGB dem Auftraggeber übermittelt werden. Die Übermittlung der AGB nach Vertragsabschluss auf Rechnungen, Lieferscheinen oder dergleichen ist grundsätzlich wirkungslos. Nachteilige, ungewöhnliche und überraschende Klauseln in AGB, also Klauseln mit denen der Auftraggeber nach den Begleitumständen des Vertrages und dem Erscheinungsbild der Urkunde nicht zu rechnen braucht, werden nicht Vertragsinhalt, es sei denn, der Auftraggeber wurde ausdrücklich (nachweislich) darauf hingewiesen. Gewerbetreibende, die regelmäßig AGB

verwenden, haben die AGB in den dem Kundenverkehr dienenden Räumlichkeiten auszuhängen.

Verweisen Auftraggeber und Auftragnehmer jeweils auf die Geltung ihrer AGB, so liegt Dissens vor, soweit sich die AGB widersprechen; dies grundsätzlich ungeachtet der in Punkt 1.3 enthaltenen Klausel. Meist wird der Vertrag dennoch zu Stande kommen, da sich die Vertragspartner über die wesentlichen Punkte des Vertrages (in der Regel: Leistung und Preis) einig sind/waren; lediglich die einander widersprechenden Klauseln gelten nicht (Teilungültigkeit). Die nicht vom Vertrag geregelten Punkte sind dann durch gesetzliche Bestimmungen oder ergänzende Auslegung zu ermitteln. Um die Geltung der AGB für den Streitfall soweit wie möglich zu sichern, ist in den AGB dennoch die „Abwehrklausel" gemäß Punkt 1.3 enthalten.

ad 1.3. (Umfang des Beratungsauftrages / Stellvertretung)

Dem Wesen des Werkvertrages entsprechend steht es dem Auftragnehmer zu, sich bei der Herstellung des Werkes durch andere selbständige Dritte vertreten zu lassen. Davon zu unterscheiden ist die Heranziehung von – dem Auftragnehmer ohnehin zuzurechnenden – eigenen Hilfspersonen (etwa Angestellte des Auftragnehmers).

ad 2. (Umfang des Beratungsauftrages / Stellvertretung)

Dem Wesen des Werkvertrages entsprechend steht es dem Auftragnehmer zu, sich bei der Herstellung des Werkes durch andere selbständige Dritte vertreten zu lassen. Davon zu unterscheiden ist die Heranziehung von – dem Auftragnehmer ohnehin zuzurechnenden – eigenen Hilfspersonen (etwa Angestellte des Auftragnehmers).

Datenschutzrechtlich gesehen müssen Sie sich allerdings, wenn Sie Daten einem Sub-Auftragsverarbeiter im Rahmen des Auftrages weitergeben möchten, diese Weitergabe mit dem Auftraggeber vereinbart haben. Das wird entweder im Auftragsverarbeitervertrag geregelt oder in einer separaten Vereinbarung.

ad 7. (Schutz des geistigen Eigentums)

Der Werkvertrag enthält eine ausführliche Regelung der Urheberrechte (Werknutzungsrechte). Demnach verbleiben die Urheberrechte beim Auftragnehmer.

ad 8. (Gewährleistung)

Die Gewährleistungsfrist ist auf sechs Monate eingeschränkt. Der Auftragnehmer hat primär die mangelhafte Leistung zu verbessern; erst danach besteht ein Anspruch des Auftraggebers auf Minderung des Preises und/oder Wandlung („Rückabwicklung des Vertrages"). Die gesetzliche Gewährleistungsfrist beträgt zwei Jahre; es ist jedoch möglich, diese – abgesehen von Geschäften mit Verbrauchern – zu verkürzen.

ad 9. (Haftung / Schadenersatz)

Der Auftragnehmer haftet dem Auftraggeber abgesehen von Personenschäden nur für grobes Verschulden.

ad 10. (Geheimhaltung / Datenschutz)

Der Verantwortliche, der Auftragsverarbeiter und ihre Mitarbeiter haben personenbezogene Daten aus Datenverarbeitungen, die ihnen ausschließlich auf Grund ihrer berufsmäßigen Beschäftigung anvertraut wurden oder zugänglich geworden sind, unbeschadet sonstiger gesetzlicher Verschwiegenheitspflichten, geheim zu halten, soweit kein rechtlich zulässiger Grund für eine Übermittlung der anvertrauten oder zugänglich gewordenen personenbezogenen Daten besteht (Datengeheimnis). Mitarbeiter sind hierüber und über allfällige Folgen eines Verstoßes zu belehren.

Aufgrund der bevorstehenden Änderungen durch die EU-Datenschutz-Grundverordnung und das österreichische Datenschutz-Anpassungsgesetz 2018 (künftig: DSG) wird empfohlen, weitere datenschutzrechtliche Klauseln nicht in den AGB direkt aufzunehmen, sondern hier ein Extra-Blatt auszuhändigen. Es ist darauf zu achten, dass sowohl allfällige datenschutzrechtliche Einwilligungen ordentlich eingeholt werden als auch Informationspflichten rechtzeitig und vollständig erfüllt werden. Zudem ist ein Auftragsverarbeitervertrag abzuschließen, wenn Daten für den Kunden im Rahmen des Auftrags verarbeitet werden (wovon in dieser Branche auszugehen ist).

ad 11. (Honorar)

Das mit dem Auftragnehmer vereinbarte Honorar ist in den Vertrag aufzunehmen. Das Honorar ist mit Rechnungslegung durch den Auftragnehmer fällig. Anfallende Barauslagen und Spesen sind gegen Rechnungslegung vom Auftraggeber zusätzlich zu ersetzen.

ad 11.6

Diese Bestimmung darf nicht dazu missbraucht werden, einen Schaden des Kunden bei geringen offenen Forderungen in Kauf zu nehmen.

Sonstiges

Der Gerichtsstand müsste in der vertraglichen Vereinbarung mit dem Kunden nochmals explizit vereinbart werden.

KAPITEL 9

Allgemeine Geschäftsbedingungen für Personalverrechner (PV) gemäß BiBuG 2014

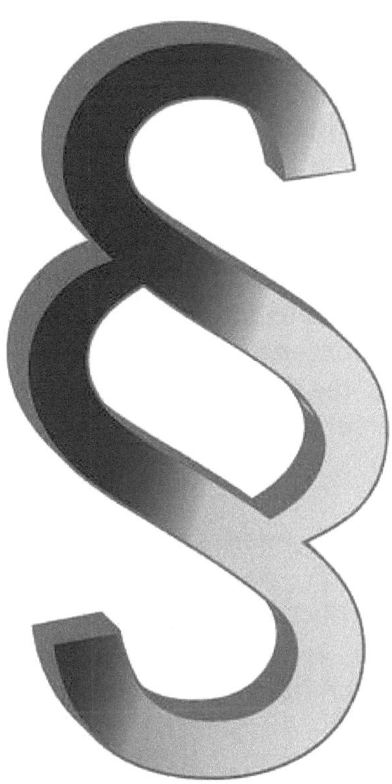

Präambel

Der Personalverrechner (in der Folge „PV") übt seine berufliche Tätigkeit aufgrund des Bilanzbuchhaltungsgesetzes 2014 (in der Folge „BiBuG") aus und ist dazu nach Nachweis der vom Gesetz geforderten hohen Qualifikation öffentlich bestellt worden.

1. Allgemeine Grundlagen der Zusammenarbeit

1.1

Diese „Allgemeinen Geschäftsbedingungen für Personalverrechner" gelten für sämtliche Rechtsgeschäfte zwischen dem PV als Auftragnehmer und dem Auftraggeber, insbesondere für Werkverträge, Verträge über die Vornahme der Personalverrechnung und der Abgabenverrechnung im Ausmaß der durch das BibuG festgelegten Berufsrechte und gewerblichen Nebenrechte, die eine fachmännische Dienstleistung und Beratung von Auftraggebern durch PV im Rahmen der allgemein anerkannten Berufsgrundsätze und Standesregeln zum Gegenstand haben. Maßgeblich ist jeweils die zum Zeitpunkt des Vertragsabschlusses gültige Fassung.

1.2

Für den Fall, dass einzelne Bestimmungen dieser Allgemeinen Geschäftsbedingungen unwirksam sein und/oder werden sollten, berührt dies die Wirksamkeit der verbleibenden Bestimmungen und der unter ihrer Zugrundelegung geschlossenen Verträge nicht. Die unwirksame ist durch eine wirksame Bestimmung, die ihr dem Sinn und wirtschaftlichen Zweck nach am nächsten kommt, zu ersetzen.

1.3

Der PV ist berechtigt, den Dienstleistungs-, Beratungs- und/oder Vertretungsauftrag durch sachverständige, unselbständig beschäftigte Mitarbeiter, oder gewerbliche/freiberufliche Kooperationspartner (ganz oder teilweise), durchführen zu lassen. Die Mitarbeit anderer selbständiger Personalverrechner ist schriftlich zu vereinbaren.

1.4

Der Auftraggeber sorgt dafür, dass die organisatorischen Rahmenbedingungen bei Erfüllung des Dienstleistungs-, Beratungs- und/oder Vertretungsauftrages an seinem Geschäftssitz ein möglichst ungestörtes, dem raschen Fortgang des Prozesses förderliches Arbeiten erlauben. Der PV ist verpflichtet, bei der Erfüllung der vereinbarten Leistung nach den Grundsätzen ordnungsgemäßer Berufsausübung vorzugehen.

2. Geltungsbereich und Umfang

2.1

Die Geschäftsbedingungen gelten, wenn ihre Anwendung ausdrücklich vereinbart wurde und auch für Zusatzvereinbarungen zwischen dem PV und dem Auftraggeber.

2.2

Alle Dienstleistungs-, Beratungs- und/oder Vertretungsaufträge und sonstigen Vereinbarungen sind nur dann rechtsverbindlich, wenn sie vom Auftraggeber bestätigt und firmenmäßig gezeichnet werden und verpflichten gegenseitig nur in dem in der schriftlichen vertraglichen Vereinbarung (Werkvertrag) angegebenen Umfang.

2.3

Der PV ist verpflichtet, sämtliche Dienstleistungen nach der geltenden Rechtslage zu erbringen. Ändert sich die Rechtslage nach Abgabe der abschließenden beruflichen Äußerung durch den PV, so ist der PV nicht verpflichtet, den Auftraggeber auf Änderungen oder sich daraus ergebende Folgerungen hinzuweisen. Dies gilt auch für abgeschlossene Teile eines Auftrages.

3. Umfang und Ausführung des Auftrages

3.1

Der Umfang sowie die Ausführung des Dienstleistungs-, Beratungs- und/oder Vertretungsauftrags werden vertraglich vereinbart.

4. Aufklärungspflicht des Auftraggebers/Vollständigkeitserklärung

4.1

Der Auftraggeber hat dem PV die Vollständigkeit der vorgelegten Unterlagen, sowie der gegebenen Auskünfte und Erklärungen auf dessen Wunsch hin, schriftlich zu bestätigen. Darüber hinaus unterliegt diese Vollständigkeitserklärung keinerlei Formvorschriften.

4.2

Der PV ist berechtigt, bei Tätigkeiten zur Vorbereitung und Durchführung der Personalverrechnung, für Beratungstätigkeiten und andere zu erbringende Tätigkeiten die Angaben des Auftraggebers, insbesondere Zahlenangaben, als richtig anzunehmen. Er hat jedoch den Auftraggeber auf von ihm festgestellte Unrichtigkeiten hinzuweisen.

4.3

Der Auftraggeber verpflichtet sich, dem PV auch ohne dessen besondere Aufforderung, alle für die Erfüllung und Ausführung des Dienstleistungs-, Beratungs- und/oder Vertretungsauftrages notwendigen Unterlagen zeitgerecht vorzulegen und ihm von allen Vorgängen und Umständen in Kenntnis zu setzen, die für die Ausführung des Auftrages von Bedeutung sind. Die Konkretisierung der „zeitgerechten" Vorlage wird gesondert vereinbart. Der Auftraggeber leistet Gewähr für die Richtigkeit und Vollständigkeit von sämtlichen zur Verfügung gestellten Unterlagen und Informationen. Dies gilt auch für alle Unterlagen, Vorgänge und Umstände, die erst während der Tätigkeit des PV bekannt werden.

Ein Verzug, der auf der verspäteten Bereitstellung von Unterlagen oder Informationen durch den Auftraggeber zurückgeht, ist nicht vom PV zu vertreten.

5. Sicherung der Unabhängigkeit

5.1

Die Vertragspartner verpflichten sich zur gegenseitigen Loyalität.

5.2

Die Vertragspartner verpflichten sich gegenseitig, alle Vorkehrungen zu treffen, die geeignet sind, die Gefährdung der Unabhängigkeit der Kooperationspartner und Mitarbeiter des PV zu verhindern. Dies gilt insbesondere für Angebote des Auftraggebers auf Anstellung bzw. der Übernahme von Aufträgen auf eigene Rechnung.

6. Berichterstattung

6.1

Der PV verpflichtet sich, über seine Arbeit, die seiner Mitarbeiter und gegebenenfalls auch die seiner Kooperationspartner schriftlich Bericht zu erstatten, sofern nicht ausdrücklich etwas anderes vereinbart wird. Die Übermittlung mittels E-Mail ist zulässig.

6.2

Der Auftraggeber und der PV stimmen überein, dass für den Dienstleistungs- , Beratungs- und Vertretungsauftrag eine dem Arbeitsfortschritt entsprechende entweder laufende- oder einmalige Berichterstattung als vereinbart gilt. Die Konditionen der Berichterstattung werden gesondert vereinbart.

6.3

Gibt der PV über die Ergebnisse seiner Tätigkeit eine schriftliche Äußerung ab, ist ausschließlich diese ausschlaggebend für eine Beurteilung.

7. Schutz des geistigen Eigentums /Urheberrecht/Nutzung

7.1

Die Leistungen des PV sind urheberrechtlich geschützt.

7.2

Der Auftraggeber verpflichtet sich, die im Zuge des Dienstleistungs-, Beratungs- und/oder Vertretungsauftrages vom PV, seinen Mitarbeitern und Kooperationspartnern erstellten Auswertungen, Berichte, Analysen, Entwürfe, Berechnungen, Planungen, Programme, Zeichnungen, Datenträger und dergleichen nur für seine Geschäftszwecke zu verwenden. Eine sonstige Verwertung ist unzulässig.

7.3

Die Verwendung beruflicher Äußerungen des PV zu Werbezwecken durch den Auftraggeber ist unzulässig. Ein Verstoß berechtigt den PV zur fristlosen Kündigung aller noch nicht durchgeführten Aufträge.

7.4

Im Hinblick darauf, dass die erstellten Dienstleistungen geistiges Eigentum des PV sind, gilt das Nutzungsrecht derselben auch nach Bezahlung des Honorars ausschließlich für Geschäftszwecke des Auftraggebers und nur in dem im Vertrag bezeichneten Umfang. Jede rechtswidrig erfolgte Weitergabe, auch im Zuge einer Auflösung des Unternehmens oder eines Konkurses, aber auch die kurzfristige Überlassung zu Reproduktionszwecken zieht Schadenersatzansprüche des PV nach sich.

7.5

Der PV verpflichtet sich seinerseits, das geistige Eigentum des Auftraggebers zu beachten, soweit er bei der Übergabe desselben ausdrücklich darauf hingewiesen worden ist.

8. Mängelbeseitigung und Gewährleistung

8.1

Der PV ist berechtigt und verpflichtet, nachträglich bekannt werdende Unrichtigkeiten und Mängel an seiner Dienstleistungs-, Beratungs- und/oder Vertretungsleistung zu beseitigen. Er ist verpflichtet, den Auftraggeber hiervon unverzüglich in Kenntnis zu setzen. Er ist berechtigt, auch für die ursprüngliche Äußerung informierte Dritte von der Änderung zu verständigen.

8.2

Der Auftraggeber hat Anspruch auf kostenlose Beseitigung von Mängeln, sofern diese vom PV zu vertreten sind. Dieser Anspruch erlischt jedenfalls sechs Monate nachdem der Auftraggeber Kenntnis von den Mängeln der beanstandeten Leistung des PV erlangt hat.

8.3

Der Auftraggeber hat bei Fehlschlägen der Nachbesserung etwaiger Mängel, Anspruch auf Minderung, oder – falls die erbrachte Leistung infolge des Fehlschlages der Nachbesserung für den Auftraggeber zu Recht ohne Interesse ist, – das Recht der Wandlung. Im Falle der Gewährleistung hat Nachbesserung jedenfalls Vorrang vor Preisminderung oder Wandlung.

8.4

Soweit darüber hinaus Schadenersatzansprüche bestehen, gelten die Bestimmungen des Punktes 9.

9. Haftung

9.1

Der PV und seine Mitarbeiter handeln bei der Durchführung der Beratung nach den allgemein anerkannten Prinzipien der Berufsausübung. Der PV hat entsprechend den Bestimmungen des § 10 BiBuG eine Berufshaftpflichtversicherung abgeschlossen.

Die Haftung des PV im Falle schlichter grober Fahrlässigkeit ist auf die im § 10 Abs. 3 BiBuG vorgegebene Mindestversicherungssumme beschränkt.

Die Haftungsbeschränkung gilt, wenn der Auftraggeber Verbraucher im Sinne des KSchG ist, nur für den Fall leicht fahrlässiger Schadenszufügung.

Dies gilt auch für die Verletzung von Verpflichtungen durch beigezogene Kollegen gemäß Punkt 1.4.

9.2

Der Schadenersatzanspruch kann nur innerhalb von sechs Monaten, nachdem der oder die Anspruchsberechtigten vom Schaden Kenntnis erlangt haben, gerichtlich geltend gemacht werden.

10. Verpflichtung zur Verschwiegenheit/Datenschutz

10.1

Der PV ist gemäß § 39 BiBuG verpflichtet, seine Mitarbeiter und die hinzugezogenen selbständigen Bilanzbuchhalter, über alle Angelegenheiten, die ihnen im Zusammenhang mit ihrer Tätigkeit für den Auftraggeber bekannt werden, Stillschweigen zu bewahren. Diese Schweigepflicht bezieht sich sowohl auf den Auftraggeber als auch auf dessen Geschäftsverbindungen.

10.2

Nur der Auftraggeber selbst, nicht aber dessen Erfüllungsgehilfen, kann den PV schriftlich von dieser Schweigepflicht entbinden.

10.3

Der PV darf Berichte, Auswertungen und sonstige schriftliche Äußerungen über seine Tätigkeit Dritten nur mit Einwilligung des Auftraggebers aushändigen, es sei denn, dass eine gesetzliche Verpflichtung hierzu besteht.

10.4

Die Schweigepflicht des PV, seiner Mitarbeiter und der hinzugezogenen selbständigen Bilanzbuchhalter gilt auch für die Zeit nach Beendigung des Auftrages. Ausgenommen sind Fälle, in denen eine gesetzliche Verpflichtung zur Auskunftserteilung besteht.

10.5

Der PV ist befugt, ihm anvertraute personenbezogene Daten im Rahmen der Zweckbestimmungen des Dienstleistungs-, Beratungs- und/oder Vertretungsauftrages zu verarbeiten, oder durch Dritte verarbeiten zu lassen. Der PV gewährleistet gemäß den Bestimmungen des Datenschutzgesetzes die Verpflichtung zur Wahrung des Datengeheimnisses. Dem PV überlassenes Material (Datenträger, Daten, Unterlagen, Auswertungen, Programme, etc.), sowie alle Ergebnisse aus der Durchführung der Arbeiten werden grundsätzlich dem Auftraggeber zurückgegeben.

10.6

Der PV verpflichtet sich, Vorsorge zu treffen, dass der Auftraggeber seiner Auskunftspflicht nach Artikel 15 DSGVO nachkommen kann. Sofern für solche Auskünfte kein Honorar vereinbart wurde, ist nach dem tatsächlichen Aufwand an den Auftraggeber zu verrechnen.

10.7

Der PV hat auf Verlangen und Kosten des Auftraggebers alle Unterlagen herauszugeben, die er aus Anlass seiner Tätigkeit von diesem erhalten hat.

Dies gilt jedoch nicht für den Schriftwechsel zwischen dem PV und seinem Auftraggeber und für die Schriftstücke, die dieser in Urschrift besitzt. Der PV kann von Unterlagen, die er an den Auftraggeber zurückgibt, Abschriften oder Fotokopien anfertigen oder zurückbehalten.

10.8

Der PV ist berechtigt die im Zusammenhang mit der Erledigung eines Auftrages ihm übergebenen und die von ihm selbst angefertigten Unterlagen und Dokumente gemäß Punkt 10.5 sowie den über den Auftrag geführten Schriftwechsel im Rahmen der gesetzlichen Bestimmungen aufzubewahren.

11. Honoraranspruch und -höhe

11.1

Der PV hat als Gegenleistung zur Erbringung seiner Dienstleistungs-, Beratungs- und/oder Vertretungsleistungen Anspruch auf Bezahlung eines angemessenen Honorars durch den Auftraggeber. Die Honorarhöhe richtet sich nach der schriftlichen Vereinbarung des Auftraggebers mit dem PV.

11.2

Unterbleibt die Ausführung des Auftrages durch den PV, so gebührt diesem gleichwohl das vereinbarte Entgelt, wenn er zur Leistung bereit war und durch Umstände, die auf Seiten des Auftraggebers liegen, an der Erbringung verhindert wurde. Er muss sich jedoch anrechnen lassen, was er sich in Folge des Unterbleibens seiner Leistung erspart hat.

11.3

Unterbleibt die Ausführung des Auftrages durch Umstände, die auf Seiten des PV einen wichtigen Grund darstellen, so hat er nur Anspruch auf den seinen bisherigen Leistungen entsprechenden Teil des Honorars. Dies gilt insbesondere dann, wenn seine bisherigen Leistungen trotz Kündigung für den Auftraggeber verwertbar sind.

11.4

Die vereinbarte Honorarsumme ist zu 50 % bei Beauftragung und zu 50 % bei Auftragserfüllung mit einem Zahlungsziel von 14 Tagen fällig. Die Beanstandung der Arbeiten des PV berechtigt, außer bei offenkundigen Mängeln, nicht zur Zurückhaltung der ihm zustehenden Vergütungen.

11.5

Der PV hat neben der angemessenen Honorarforderung, Anspruch auf Ersatz seiner Auslagen. Er kann entsprechende Vorschüsse verlangen.

11.6

Der PV kann auch die Auslieferung des Leistungsergebnisses von der vollen Befriedigung seiner Ansprüche abhängig machen. Auf das gesetzliche Zurückbehaltungsrecht (§ 471 ABGB, § 369 UGB) wird in diesem Zusammenhang verwiesen. Wird das Zurückbehaltungsrecht zu Unrecht ausgeübt, haftet der PV nur bei krass grober Fahrlässigkeit bis zur Höhe seiner noch offenen Forderung. Bei Dauerverträgen darf die Erbringung weiterer Leistungen bis zur Bezahlung früherer Leistungen verweigert werden. Bei Erbringung von Teilleistungen und offener Teilhonorierung gilt dies sinngemäß.

11.7

Eine Beanstandung der Arbeiten des PV berechtigt, außer bei offenkundigen wesentlichen Mängeln, nicht zur Zurückhaltung der ihm nach Punkt 11.5 zustehenden Vergütungen.

11.8

Eine Aufrechnung gegen Forderungen des PV auf Vergütungen nach Punkt 11.5 ist nur mit unbestrittenen oder rechtskräftig festgestellten Forderungen zulässig.

12. Kündigung

12.1

Soweit nicht etwas Anderes schriftlich vereinbart oder gesetzlich zwingend vorgeschrieben ist, können die Vertragspartner den Vertrag jederzeit mit sofortiger Wirkung kündigen. Der Honoraranspruch bestimmt sich nach Punkt 11.

12.2

Ein – im Zweifel stets anzunehmender – Dauerauftrag kann allerdings, soweit nichts Anderes schriftlich vereinbart ist, ohne Vorliegen eines wichtigen Grundes nur unter Einhaltung einer Frist von drei Monaten zum Ende eines Kalendermonats gekündigt werden.

13. Anzuwendendes Recht/Erfüllungsort/Gerichtsstand

13.1

Auf diesen Vertrag zwischen dem PV und Auftraggeber ist materielles österreichisches Recht unter Ausschluss der Verweisungsnormen des internationalen Privatrechts anwendbar.

13.2
Erfüllungsort ist der Ort der beruflichen Niederlassung des PV.

13.3
Für Streitigkeiten ist das Gericht am Unternehmensort des PV zuständig.

14. Verträge mit Verbrauchern

Für den Verkauf an Verbraucher im Sinne des Konsumentenschutzgesetzes gelten die vorstehenden Bestimmungen nur insoweit, als das Konsumentenschutzgesetz nicht zwingend andere Bestimmungen vorsieht.

Der Fachverband Unternehmensberatung und Informationstechnologie empfiehlt als wirtschaftsfreundliches Mittel der Streitschlichtung nachfolgende Mediationsklausel:

Für den Fall von Streitigkeiten aus diesem Vertrag, die nicht einvernehmlich geregelt werden können, vereinbaren die Vertragsparteien einvernehmlich zur außergerichtlichen Beilegung des Konfliktes eingetragene Mediatoren (ZivMediatG) mit dem Schwerpunkt Wirtschaftsmediation aus der Liste des Justizministeriums beizuziehen. Sollte über die Auswahl der Wirtschaftsmediatoren oder inhaltlich kein Einvernehmen hergestellt werden können, werden frühestens ein Monat ab Scheitern der Verhandlungen rechtliche Schritte eingeleitet.

Im Falle einer nicht zustande gekommenen oder abgebrochenen Mediation, gilt in einem allfällig eingeleiteten Gerichtsverfahren österreichisches Recht.

Sämtliche aufgrund einer vorherigen Mediation angelaufenen notwendigen Aufwendungen, insbesondere auch jene für eine(n) beigezogene(n) RechtsberaterIn, können vereinbarungsgemäß in einem Gerichts- oder Schiedsgerichtsverfahren als „vorprozessuale Kosten" geltend gemacht werden.

KAPITEL 10

Begleitblatt zu den Allgemeinen Geschäftsbedingungen für Personalverrechner (PV) gemäß BiBuG 2014

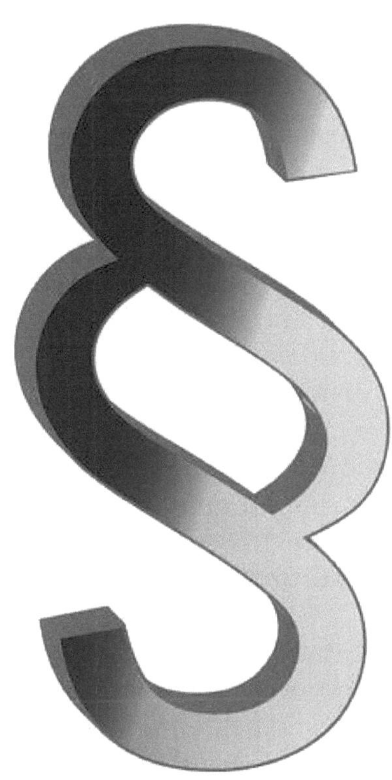

Die vorliegenden Allgemeinen Geschäftsbedingungen für Personalverrechner sind lediglich als Mustervorlage für die Gestaltung von AGB zu verstehen. Die enthaltenen Bestimmungen sind Vorschläge, von denen im Einzelfall abgewichen werden kann. Wird in einem konkreten Vertrag Abweichendes vereinbart, ist es zur Vermeidung von Missverständnissen grundsätzlich hilfreich, dezidiert darauf hinzuweisen, welche Bestimmung der AGB die vertragliche Vereinbarung konkret abändert (z.B.: „diese Regelung ersetzte Punkt x. der AGB"). Die Verwendung des Musters kann die begleitende Konsultation eines rechtskundigen Beraters nicht ersetzen.

Die vorliegenden Allgemeinen Geschäftsbedingungen für Personalverrechner wurden vom Ausschuss des Fachverbandes Unternehmensberatung, Buchhaltung und Informationstechnologie am 22.03.2018 als Mustervorlage bestätigt.

Die Mustervorlage gilt für die Anwendung durch Personalverrechner, die nach dem Bilanzbuchhaltungsgesetz 2014 (BibuG) bestellt wurden und bei denen eine Mitgliedschaft bei der Wirtschaftskammer Österreich besteht. Sämtliche Personenbezeichnungen sind geschlechtsneutral.

Die vorliegenden AGB sind lediglich als Mustervorlage für die Gestaltung von AGB zu verstehen. Die enthaltenen Bestimmungen sind Vorschläge, von denen im Einzelfall abgewichen werden kann. Wird in einem konkreten Vertrag Abweichendes vereinbart, ist es zur Vermeidung von Missverständnissen grundsätzlich hilfreich, dezidiert darauf hinzuweisen, welche Bestimmung der AGB die vertragliche Vereinbarung konkret abändert (z.B.: „diese Regelung ersetzte Punkt x. der AGB"). Die Verwendung des Musters kann die begleitende Konsultation eines rechtskundigen Beraters nicht ersetzen. Folgende Anmerkungen sind zu beachten:

ad 1. und 2. (Allgemeine Grundlagen / Geltungsbereich)

Grundsätzlich gehen vertragliche Vereinbarungen den in AGB enthaltenen Bestimmungen vor. Darüber hinaus werden AGB nur dann Vertragsinhalt, wenn dies (nachweislich) – am besten schriftlich – vereinbart wird. Gleichzeitig (vor Vertragsabschluss) müssen die AGB dem Auftraggeber übermittelt werden. Die Übermittlung der AGB nach Vertragsabschluss auf Rechnungen, Lieferscheinen oder dergleichen ist grundsätzlich wirkungslos. Nachteilige, ungewöhnliche und überraschende Klauseln in AGB, also Klauseln mit denen der Auftraggeber nach den Begleitumständen des Vertrages und dem Erscheinungsbild der Urkunde nicht zu rechnen braucht, werden nicht Vertragsinhalt, es sei denn, der Auftraggeber wurde ausdrücklich (nachweislich) darauf hingewiesen. Gewerbetreibende, die regelmäßig AGB

verwenden, haben die AGB in den dem Kundenverkehr dienenden Räumlichkeiten auszuhängen.

Verweisen Auftraggeber und Auftragnehmer jeweils auf die Geltung ihrer AGB, so liegt Dissens vor, soweit sich die AGB widersprechen; dies grundsätzlich ungeachtet der in Punkt 1.3 enthaltenen Klausel. Meist wird der Vertrag dennoch zu Stande kommen, da sich die Vertragspartner über die wesentlichen Punkte des Vertrages (in der Regel: Leistung und Preis) einig sind/waren; lediglich die einander widersprechenden Klauseln gelten nicht (Teilungültigkeit). Die nicht vom Vertrag geregelten Punkte sind dann durch gesetzliche Bestimmungen oder ergänzende Auslegung zu ermitteln. Um die Geltung der AGB für den Streitfall soweit wie möglich zu sichern, ist in den AGB dennoch die „Abwehrklausel" gemäß Punkt 1.3 enthalten.

ad 1.3. (Umfang des Beratungsauftrages / Stellvertretung)

Dem Wesen des Werkvertrages entsprechend steht es dem Auftragnehmer zu, sich bei der Herstellung des Werkes durch andere selbständige Dritte vertreten zu lassen. Davon zu unterscheiden ist die Heranziehung von – dem Auftragnehmer ohnehin zuzurechnenden – eigenen Hilfspersonen (etwa Angestellte des Auftragnehmers).

ad 2. (Umfang des Beratungsauftrages / Stellvertretung)

Dem Wesen des Werkvertrages entsprechend steht es dem Auftragnehmer zu, sich bei der Herstellung des Werkes durch andere selbständige Dritte vertreten zu lassen. Davon zu unterscheiden ist die Heranziehung von – dem Auftragnehmer ohnehin zuzurechnenden – eigenen Hilfspersonen (etwa Angestellte des Auftragnehmers).

Datenschutzrechtlich gesehen müssen Sie sich allerdings, wenn Sie Daten einem Sub-Auftragsverarbeiter im Rahmen des Auftrages weitergeben möchten, diese Weitergabe mit dem Auftraggeber vereinbart haben. Das wird entweder im Auftragsverarbeitervertrag geregelt oder in einer separaten Vereinbarung.

ad 7. (Schutz des geistigen Eigentums)

Der Werkvertrag enthält eine ausführliche Regelung der Urheberrechte (Werknutzungsrechte). Demnach verbleiben die Urheberrechte beim Auftragnehmer.

ad 8. (Gewährleistung)

Die Gewährleistungsfrist ist auf sechs Monate eingeschränkt. Der Auftragnehmer hat primär die mangelhafte Leistung zu verbessern; erst danach besteht ein Anspruch des Auftraggebers auf Minderung des Preises und/oder Wandlung („Rückabwicklung des Vertrages"). Die gesetzliche Gewährleistungsfrist beträgt zwei Jahre; es ist jedoch möglich, diese – abgesehen von Geschäften mit Verbrauchern – zu verkürzen.

ad 9. (Haftung / Schadenersatz)

Der Auftragnehmer haftet dem Auftraggeber abgesehen von Personenschäden nur für grobes Verschulden.

ad 10. (Geheimhaltung / Datenschutz)

Der Verantwortliche, der Auftragsverarbeiter und ihre Mitarbeiter haben personenbezogene Daten aus Datenverarbeitungen, die ihnen ausschließlich auf Grund ihrer berufsmäßigen Beschäftigung anvertraut wurden oder zugänglich geworden sind, unbeschadet sonstiger gesetzlicher Verschwiegenheitspflichten, geheim zu halten, soweit kein rechtlich zulässiger Grund für eine Übermittlung der anvertrauten oder zugänglich gewordenen personenbezogenen Daten besteht (Datengeheimnis). Mitarbeiter sind hierüber und über allfällige Folgen eines Verstoßes zu belehren.

Aufgrund der bevorstehenden Änderungen durch die EU-Datenschutz-Grundverordnung und das österreichische Datenschutz-Anpassungsgesetz 2018 (künftig: DSG) wird empfohlen, weitere datenschutzrechtliche Klauseln nicht in den AGB direkt aufzunehmen, sondern hier ein Extra-Blatt auszuhändigen. Es ist darauf zu achten, dass sowohl allfällige datenschutzrechtliche Einwilligungen ordentlich eingeholt werden als auch Informationspflichten rechtzeitig und vollständig erfüllt werden. Zudem ist ein Auftragsverarbeitervertrag abzuschließen, wenn Daten für den Kunden im Rahmen des Auftrags verarbeitet werden (wovon in dieser Branche auszugehen ist).

ad 11. (Honorar)

Das mit dem Auftragnehmer vereinbarte Honorar ist in den Vertrag aufzunehmen. Das Honorar ist mit Rechnungslegung durch den Auftragnehmer fällig. Anfallende Barauslagen und Spesen sind gegen Rechnungslegung vom Auftraggeber zusätzlich zu ersetzen.

ad 11.6

Diese Bestimmung darf nicht dazu missbraucht werden, einen Schaden des Kunden bei geringen offenen Forderungen in Kauf zu nehmen.

Sonstiges

Der Gerichtsstand müsste in der vertraglichen Vereinbarung mit dem Kunden nochmals explizit vereinbart werden.

KAPITEL 11

Code of Conduct und Datenschutz-Grundverordnung (DS-GVO): Verhaltensregeln für Bilanzbuchhaltungsberufe (BH, BBH, PV)

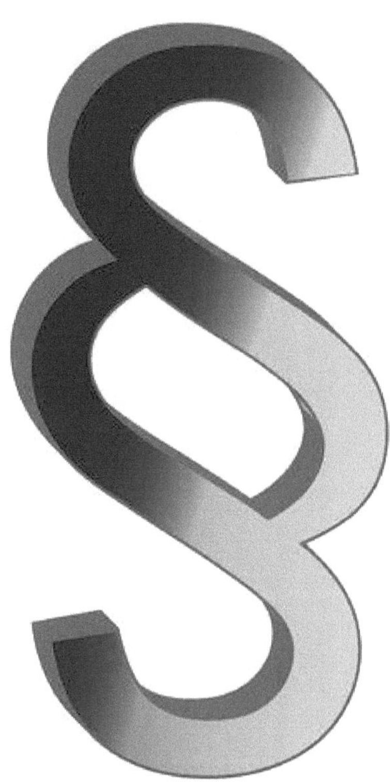

Präambel

Der Fachverband Unternehmensberatung, Buchhaltung und Informationstechnologie (UBIT) der Wirtschaftskammer Österreich ist die gesetzliche Interessenvertretung der Bilanzbuchhaltungsberufe gemäß Bilanzbuchhaltungsgesetz (BiBuG). Gem. § 47 Abs. 1 iVm. § 43 Abs. 3 Wirtschaftskammergesetz (WKG) hat der Fachverband UBIT im eigenen Wirkungsbereich die fachlichen Interessen dieser Berufsgruppe zu vertreten, was deren rechtliche Beratung und Information einschließt.

Der Fachverband UBIT hat diese Verhaltensregeln gem. Art 40 Datenschutz-Grundverordnung (DSGVO) in enger Zusammenarbeit mit Vertretern der betroffenen Berufsgruppe erstellt (im Folgenden „Verhaltensregeln"). Insbesondere mit Blick auf Einzelunternehmen sowie kleine und mittlere Unternehmen sollen die Verhaltensregeln eine wirksame Anwendung der DSGVO erleichtern und Rechtsunsicherheiten bei der Verarbeitung personenbezogener Daten beseitigen.

Die Bestimmungen des österreichischen Bilanzbuchhaltungsgesetzes führen in einigen Verarbeitungsbereichen zu Besonderheiten, weshalb eine branchenspezifische Präzisierung für eine ordnungsgemäße Anwendung der DSGVO erforderlich ist.

Abkürzungen (z.B. „DSGVO" statt „Datenschutz-Grundverordnung") werden jeweils an vorheriger Stelle in den Verhaltensregeln erläutert. Wird ein Paragraph ohne Gesetzesverweis angeführt (z.B. „§ 3"), ist damit der jeweilige Paragraph dieser Verhaltensregeln gemeint. Wird ein Absatz ohne Gesetzesverweis und ohne Paragraph angeführt (z.B. „Abs. 2"), ist der jeweilige Absatz desselben Paragraphen dieser Verhaltensregeln gemeint.

§ 1. Geltungsbereich

(1) Die Verhaltensregeln betreffen ausschließlich Bilanzbuchhaltungsberufe gemäß BiBuG und beschränken sich auf die Verarbeitung personenbezogener Daten im Inland. Der Fachverband UBIT ist als „Verband oder andere Vereinigung" zu qualifizieren, der gem. Art 40 DSGVO berechtigt ist, die Bilanzbuchhaltungsberufe zu vertreten.

(2) Die Verhaltensregeln gelten für jene natürlichen oder juristischen Personen sowie Personengesellschaften, die gemäß BiBuG zur Ausübung eines Bilanzbuchhaltungsberufes berechtigt sind (im Folgenden: „Berufsberechtigte") und sich den Verhaltensregeln durch Antrag gem. § 8 Abs. 2 erfolgreich unterworfen haben.

§ 2. Datenverarbeitungen der Bilanzbuchhaltungsberufe

(1) Die Berufsberechtigten nehmen im Rahmen ihrer Berufsausübung unterschiedliche Tätigkeiten vor, bei denen unter anderem personenbezogene Daten verarbeitet werden, wie beispielsweise von ihren privatrechtlichen Auftraggebern gemäß BiBuG (im Folgenden „Kunden"). Abhängig von den konkreten Umständen einer Datenverarbeitung sind die Berufsberechtigten dabei entweder als Verantwortliche gem. Art 4 Z 7 DSGVO, als gemeinsame Verantwortliche gem. Art 26 DSGVO oder als Auftragsverarbeiter gem. Art 4 Z 8 DSGVO einzustufen. Ausschlaggebend für diese Abgrenzung ist, ob ein Berufsberechtigter selbst (entweder allein oder als gemeinsamer Verantwortlicher) über die Zwecke und Mittel einer Datenverarbeitung entscheidet, wobei für diese Auslegung jeweils auch Unionsrecht und das Recht eines Mitgliedstaats maßgeblich sind.

(2) Insbesondere bei Tätigkeiten im Rahmen ihres Berechtigungsumfangs gemäß BiBuG sind Berufsberechtigte bei der Verarbeitung von personenbezogenen Daten datenschutzrechtlich als Verantwortliche zu qualifizieren. Grund dafür ist der Umstand, dass Berufsberechtigte gem. § 33 Abs. 1 BiBuG dazu verpflichtet sind, ihren Beruf *„gewissenhaft, sorgfältig, eigenverantwortlich und unabhängig und unter Beachtung der in diesem Hauptstück und der in der Ausübungsrichtlinie enthaltenen Bestimmungen auszuüben"*. Festzuhalten ist, dass Tätigkeiten gemäß BiBuG nicht im Rahmen eines Auftragsverarbeitungsverhältnisses gem. Art 28 DSGVO vorgenommen werden dürfen, da ein solches voraussetzt, dass Verarbeitungen ausschließlich im Auftrag und auf Weisung eines Kunden erfolgen. § 36 BiBuG normiert dem widersprechend ausdrücklich: *„Berufsberechtigte sind verpflichtet, die Übernahme eines Auftrages abzulehnen, der sie bei Ausübung ihrer Tätigkeit an Weisungen fachlicher Art des Auftraggebers binden würde."* Die Pflicht der Bilanzbuchhaltungsberufe, ihre Tätigkeiten eigenverantwortlich, unabhängig und weisungsfrei im Rahmen der gesetzlichen Vorgaben vorzunehmen, ist somit nicht mit den Pflichten eines Auftragsverarbeiters gem. Art 28 DSGVO vereinbar.

(3) Bei Tätigkeiten im Rahmen ihres Berechtigungsumfangs gemäß BiBuG sind Berufsberechtigte bei der Verarbeitung von personenbezogenen Daten datenschutzrechtlich regelmäßig nicht als gemeinsame Verantwortliche gem. Art 26 DSGVO zu qualifizieren. Grund dafür ist der Umstand, dass Berufsberechtigte gem. § 33 Abs. 1 BiBuG verpflichtet sind, ihren Beruf *„gewissenhaft, sorgfältig, eigenverantwortlich und unabhängig und unter Beachtung der in diesem Hauptstück und der in der Ausübungsrichtlinie enthaltenen Bestimmungen auszuüben"*. Die Pflicht der Bilanzbuchhaltungsberufe, ihre Tätigkeiten eigenverantwortlich, unabhängig und weisungsfrei im Rahmen der gesetzlichen Vorgaben vorzunehmen, ist regelmäßig nicht mit einer gemeinsamen Verantwortlichkeit vereinbar, die eine wesentliche Entscheidungsbefugnis anderer Beteiligter über die Zwecke und Mittel einer Datenverarbeitung voraussetzt.

§ 3. Rechtsgrundlage für Datenverarbeitungen gem. Art 4 Z 1 DSGVO

(1) Berufsberechtigte verarbeiten im Rahmen ihrer Tätigkeiten gemäß BiBuG regelmäßig personenbezogene Daten gem. Art 4 Z 1 DSGVO.

(2) Neben personenbezogenen Daten von Kunden verarbeiten Berufsberechtigte insbesondere bei Tätigkeiten gem. §§ 2 bis 4 BiBuG auch personenbezogene Daten von Dritten, deren Daten Berufsberechtigte von ihren Kunden erhalten (z.B. von Arbeitnehmern oder Geschäftspartnern der Kunden, deren Daten z.B. in diversen Rechnungsbelegen aufscheinen).

(3) Datenverarbeitungen gem. Abs. 2, die keine besonderen Kategorien personenbezogener Daten gem. Art 9 DSGVO betreffen, können unter Umständen auf eine Einwilligung gem. Art 6 Abs. 1 lit a DSGVO gestützt werden. Die Einholung und Administrierung dieser Einwilligungen ist für Berufsberechtigte jedoch regelmäßig mit einem unverhältnismäßigen und kaum durchführbaren wirtschaftlichen und organisatorischen Aufwand verbunden (insbesondere für Einzelunternehmen sowie kleine und mittlere Unternehmen), da vor Aufnahme der geplanten Datenverarbeitungen entsprechende Einwilligungen von jeweils allen Arbeitnehmern, Lieferanten und Geschäftspartnern sämtlicher Kunden eingeholt werden müssten.

(4) Datenverarbeitungen gem. Abs. 2, die keine besonderen Kategorien personenbezogener Daten gem. Art 9 DSGVO betreffen, könnten unter Umständen auf die Erforderlichkeit zur Erfüllung eines Vertrags gem. Art 6 Abs. 1 lit b DSGVO gestützt werden. Datenverarbeitungen von Berufsberechtigten betreffen jedoch neben Kunden regelmäßig auch Personen, die nicht selbst Partei von Verträgen über Tätigkeiten gemäß BiBuG sind (etwa die Arbeitnehmer, Lieferanten oder Geschäftspartner von Kunden, deren personenbezogene Daten in z.B. Rechnungen, Belegen oder Lohnzetteln erfasst werden). Aus diesem Grund ist eine Datenverarbeitung auf dieser Rechtsgrundlage hinsichtlich dieser Personen regelmäßig rechtlich unzulässig.

(5) Datenverarbeitungen gem. Abs. 2, die keine besonderen Kategorien personenbezogener Daten gem. Art 9 DSGVO betreffen, können regelmäßig auf ein berechtigtes Interesse gem. Art 6 Abs. 1 lit f DSGVO gestützt werden.

Bei der vorzunehmenden Interessenabwägung sind insbesondere folgende Umstände zu berücksichtigen:

a. Das Recht auf Schutz der personenbezogenen Daten gem. Art 1 Abs. 2 DSGVO ist insbesondere mit dem Recht der Berufsberechtigten auf freie Gewerbeausübung abzuwägen. Das Recht, das Gewerbe im Rahmen der gesetzlichen Bedingungen des BiBuG auszuüben, ist dabei insbesondere geschützt durch Art 6 Abs. 1 Staatsgrundgesetz (StGG), Art 15 und Art 16 der Charta der Grundrechte der Europäischen Union (EU-GRC) und Art 45 des Vertrags über die Arbeitsweise der Europäischen Union (AEUV).

b. Berufsberechtigte können ihren Beruf in der gesetzlich vorgesehen Weise nur dann ausüben, wenn sie ihre Datenverarbeitungen gem. Abs. 2 auf mindestens eine der taxativ aufgezählten Rechtsgrundlagen des Art 6 DSGVO stützen können.

c. Bei der Beurteilung der Interessenabwägung ist insbesondere auch zu berücksichtigen, welche sonstigen Rechtsgrundlagen des Art 6 DSGVO für Datenverarbeitungen gem. Abs. 2 herangezogen werden können und mit welchen Interessensbeeinträchtigungen diese gegebenenfalls verbunden sind.

d. Können Datenverarbeitungen gem. Abs. 2 aufgrund einer rechtlichen Unmöglichkeit oder einer unverhältnismäßigen Interessenbeeinträchtigung auf keine andere Rechtsgrundlage als auf Art 6 Abs. 1 lit f DSGVO gestützt werden (siehe Abs. 3 und Abs. 4), ist dies bei einer Abwägung zu Gunsten des Rechts auf freie Gewerbeausübung zu berücksichtigen.

e. Interessen oder Rechte betroffener Personen, die besonders schützenswert sind, sind bei der Interessenabwägung zu Gunsten des Rechts auf Datenschutz zu berücksichtigen, insbesondere dann, wenn es sich bei der betroffenen Person um ein Kind handelt.

f. Die Kunden der Berufsberechtigten („Dritte" iSd Art 6 Abs. 1 lit f DSGVO) sind zur Einhaltung von handels- und steuerrechtlichen Vorgaben und zur Verrichtung öffentlicher Abgaben verpflichtet und haben diesbezüglich ein schützenswertes Interesse. Dass die Kunden diesen Pflichten regelmäßig nicht oder nur mit unverhältnismäßigem Aufwand ohne die Beiziehung von entsprechenden Experten (z.B. eines Berufsberechtigten) nachkommen können, ist bei der Interessenabwägung zu Gunsten des Rechts auf freie Gewerbeausübung zu berücksichtigen.

g. Verarbeitungen gem. Abs. 2 sind jeweils zur ordnungsgemäßen Verrichtung öffentlicher Abgaben notwendig und erfüllen so ein öffentliches Interesse. Der

Umstand, dass Berufsberechtigte in Erfüllung handels-, steuer- und abgabenrechtlicher Pflichten ausschließlich gesetzlich vorgegebene Daten verarbeiten, ist bei der Interessenabwägung zu Gunsten des Rechts auf freie Gewerbeausübung zu berücksichtigen.

h. Die spezifischen Maßnahmen zur Wahrung der Grundrechte und Interessen der betroffenen Personen gem. § 4 Abs. 8 lit a bis d dieser Verhaltensregeln sind bei der Interessenabwägung Gunsten des Rechts auf freie Gewerbeausübung zu berücksichtigen.

§ 4. Besondere Kategorien von Daten gem. Art 9 DSGVO

(1) Besondere Kategorien personenbezogener Daten gem. Art 9 DSGVO sind besonders schützenswert. Dazu zählen beispielsweise Gesundheitsdaten oder Daten, aus denen eine ethnische Herkunft, politische Meinung, religiöse oder weltanschauliche Überzeugung oder eine Gewerkschaftszugehörigkeit hervorgehen.

(2) Berufsberechtigte verarbeiten im Rahmen ihrer Tätigkeiten gemäß BiBuG regelmäßig besondere Kategorien personenbezogener Daten gem. Art 9 DSGVO, wie beispielsweise bei der Abgabe von Erklärungen in Angelegenheiten der Lohnverrechnung und der lohnabhängigen Abgaben gem. § 2 Abs.1 Z 7 BiBuG bzw. § 4 Abs. 1 Z 2 BiBuG (z.B. Daten zur Gesundheit bei der Erfassung von Krankheitstagen, Daten zur Entgeltfortzahlung oder Daten zu religiösen oder weltanschaulichen Überzeugungen bei der Erfassung von Feiertagen oder Kantinenrücksichtnahmen).

(3) Datenverarbeitungen gem. Abs. 2 können gegebenenfalls auf eine ausdrückliche Einwilligung gem. Art 9 Abs. 2 lit a DSGVO gestützt werden. Die Einholung und Administrierung derartiger Einwilligungen ist für Berufsberechtigte jedoch regelmäßig mit einem unverhältnismäßigen und kaum durchführbaren wirtschaftlichen und organisatorischen Aufwand verbunden (insbesondere für Einzelunternehmen sowie kleine und mittlere Unternehmen), da vor Aufnahme einer geplanten Datenverarbeitung entsprechende Einwilligungen von jeweils allen Arbeitnehmern, Lieferanten und Geschäftspartnern sämtlicher Kunden eingeholt werden müssten.

(4) Datenverarbeitungen gem. Abs. 2 sind gem. Art 9 Abs. 2 lit g DSGVO zulässig, wenn sie

    a. auf Grundlage des Rechts eines Mitgliedstaates,
    b. das in einem angemessenen Verhältnis zu dem verfolgten Ziel steht,

c. den Wesensgehalt des Rechts auf Datenschutz wahrt,

d. angemessene und spezifische Maßnahmen zur Wahrung der Grundrechte und Interessen der betroffenen Person vorsieht und

e. aus Gründen eines erheblichen öffentlichen Interesses erforderlich sind.

(5) Zu Abs. 4 lit a: Datenverarbeitung gem. Abs. 2, die im Rahmen des Berechtigungsumfangs gem. §§ 2 bis 6 BiBuG vorgenommen werden, erfolgen auf Grundlage des Rechts eines Mitgliedstaates.

(6) Zu Abs. 4 lit b: Das BiBuG regelt den auf das notwendige Maß beschränkten Berechtigungsumfang, der zur Verrichtung öffentlicher Abgaben und zur Erfüllung handels-, steuer- und abgabenrechtlicher Pflichten durch die Kunden erforderlich ist und steht somit in einem angemessenen Verhältnis zum verfolgten Ziel.

(7) Zu Abs. 4 lit c: Das BiBuG entspricht den Grundsätzen für die Verarbeitung personenbezogener Daten gem. Art 5 DSGVO und wahrt so den Wesensgehalt des Rechts auf Datenschutz.

(8) Zu Abs. 4 lit d: Als angemessene und spezifische Maßnahmen zur Wahrung der Grundrechte und Interessen der betroffenen Personen sind insbesondere vorgesehen

    a. die öffentliche Bestellung bzw. Anerkennung der Berufsberechtigten gem. § 6 BiBuG,

    b. die besondere Vertrauenswürdigkeit der Berufsberechtigten gem. § 8 BiBuG,

    c. die gesetzliche Verschwiegenheitspflicht der Berufsberechtigten gem. § 39 BiBuG und

    d. die gesetzlichen Aussageverweigerungsrechte der Berufsberechtigten, insbesondere gem. § 49 Abs. 1 Z 2 AVG, § 171 Abs. 1 lit c BAO, § 321 Abs. 1 Z 3 ZPO, § 157 Abs. 1 Z 2 StPO iVm § 39 Abs. 3 BiBuG und § 104 Abs. 1 lit d FinStrG.

(9) Zu Abs. 4 lit e: Die Beratungen und Tätigkeiten der Berufsberechtigten gemäß BiBuG und insbesondere Datenverarbeitungen gem. Abs. 2 sind regelmäßig aus Gründen eines erheblichen öffentlichen Interesses erforderlich. Bei der vorzunehmenden Erforderlichkeitsprüfung sind unter anderem folgende Umstände zu berücksichtigen:

    a. Datenverarbeitungen gem. Abs. 2 sind erforderlich für die Administrierung und damit das Funktionieren verschiedenster öffentlicher Bereiche (z.B. das Steuer- und Abgabewesen oder die Erfassung von

Krankheitstagen und Entgeltfortzahlungen für das Kranken- und Sozialversicherungswesen). In Entsprechung zahlreicher gesetzlicher Vorgaben müssen entsprechende Datenverarbeitungen dabei von vielen unterschiedlichen Beteiligten vorgenommen werden (Arbeitnehmern, Arbeitgebern, Krankenkassen, etc.). Ein besonderes öffentliches Interesse, dass diese Datenverarbeitungen auch von Berufsberechtigten vorgenommen werden, ergibt sich aus dem Umstand, dass diese Beteiligten typischerweise ohne die Beiziehung sachkundiger Experten regelmäßig nicht oder nicht in wirtschaftlich zumutbarer Weise in der Lage sind, ihren gesetzlichen Pflichten vorschriftsmäßig nachzukommen und z.B. ihre öffentlichen Abgaben ordnungsgemäß zu entrichten.

b. Öffentliche Interesse sind Interessen, die der Gemeinschaft dienen. Obwohl das Einhalten gesetzlicher Vorschriften oftmals gleichzeitig auch Partikularinteressen von Rechtsunterworfenen entspricht (insbesondere zur Vermeidung von Verwaltungsstrafen), steht bei Datenverarbeitungen gem. Abs. 2 regelmäßig ein öffentliches Interesse als Zweck der Verarbeitung im Vordergrund. Etwaige Verwaltungsstrafen dienen daher vorrangig der Durchsetzung öffentlicher Zwecke, insbesondere der Steuergerechtigkeit *(vgl. Weichert in Kühling/Buchner DS-GVO, Art. 9 Rz. 90)* und der Finanzierung des öffentlichen Sektors durch Steuerzahlungen.

c. Ein öffentliches Interesse ist immer auch dann gegeben, wenn die Partikularinteressen einer unbestimmten Vielzahl von Personen betroffen sind. Derartige Partikularinteressen sind z.B. die der:

- Arbeitnehmer an gesetzeskonformen Arbeitnehmerveranlagungen gem. § 2 Abs. 1 Z 3 bzw. § 4 Abs. 1 Z 3 BiBuG,

- Arbeitgeber an gesetzeskonformen Entgeltfortzahlungen für Arbeitnehmer gem. Entgeltfortzahlungsgesetz (EFZG) im Falle einer Arbeitsverhinderung durch Krankheit oder Arbeitsunfall,

- Kunden der Berufsberechtigten an Beratung und Vertretung vor gesetzlich anerkannten Kirchen und Religionsgemeinschaften in Beitragsangelegenheiten gem. § 2 Abs. 2 Z 3 BiBuG.

Bei Datenverarbeitungen gem. Abs. 2 liegt demnach regelmäßig ein öffentliches Interesse in Form von Partikularinteressen einer unbestimmten Vielzahl von Personen vor.

d. Können Datenverarbeitungen gem. Abs. 2 aufgrund einer rechtlichen Unmöglichkeit oder eines unverhältnismäßigen wirtschaftlichen oder organisatorischen Aufwandes auf keine andere Rechtsgrundlage als auf Art 9 Abs. 2 lit a DSGVO gestützt werden (siehe etwa Abs. 3), ist dies bei der Erforderlichkeitsprüfung zu Gunsten des erheblichen öffentlichen Interesses besonders zu berücksichtigen.

§ 5. Zeitliche Begrenzung der Datenverarbeitungen

Speicherfristen

(1) Gemäß dem Grundsatz der „Datenminimierung" (Art 5 Abs. 1 lit c DSGVO) müssen Datenverarbeitungen auf jenes Maß eingeschränkt werden, das für die Erfüllung des jeweiligen Zwecks erforderlich ist. Diese Einschränkung ist sowohl im Umfang („Zweckbindungsgrundsatz") als auch hinsichtlich der Dauer (Grundsatz der „Speicherbegrenzung") zu beachten. Allgemein ergibt sich für Unternehmen die Notwendigkeit, personenbezogene Daten zu verarbeiten, etwa aus vertraglichen Vereinbarungen, berechtigten Interessen oder gesetzlichen Aufbewahrungspflichten, wie insbesondere dem Unternehmensgesetzbuch (UGB) oder der Bundesabgabenordnung (BAO). Regelmäßig sind es Berufsberechtigte gemäß BiBuG, die von Unternehmen mit der Bearbeitung und Aufbewahrung von Dokumenten beauftragt werden und so in Erfüllung ihres Mandats zur eigenverantwortlichen Verarbeitung und Speicherung von Daten verpflichtet sind.

(2) Berufsberechtigte sind so beispielsweise verpflichtet zur Speicherung der Daten

    a. gem. § 52c BiBuG für eine Dauer von 5 Jahren, sofern andere Vorschriften keine längere Aufbewahrungsfrist erfordern,
    b. gem. § 132 BAO für eine Dauer von 7 Jahren, wobei die Frist mit Ablauf des Kalenderjahres zu laufen beginnt,
    c. gem. § 207 BAO für eine Dauer von 10 Jahren, wobei die Frist mit Ablauf des Kalenderjahres beginnt, in dem die Abgabenverkürzung geendet hat (gem. § 209 BAO verlängert sich diese Verjährungsfrist, wenn nach außen erkennbare Amtshandlungen zur Geltendmachung des Abgabenanspruches oder zur Feststellung des Abgabepflichtigen unternommen werden, um deren Dauer),
    d. gem. § 11 Abs. 2 letzter Satz UStG für eine Dauer von 7 Jahren,
    e. gem. § 18 Abs. 10 UStG für eine Dauer von 22 Jahren,
    f. gem. § 212 UGB für eine Dauer von 7 Jahren, wobei die Frist mit Ablauf des Kalenderjahres zu laufen beginnt (davon umfasst sind auch „Geschäftsbriefe", also etwa geschäftliche E-Mail-Korrespondenz),
    g. gem. § 41a ASVG für die in der BAO normierten Aufbewahrungsfristen,

h. gem. GIBG für eine Dauer von 7 Monaten, die zur Abwehr von etwaigen Rechtsansprüchen wegen Diskriminierung erforderlich sind.

(3) Darüber hinaus müssen Daten solange aufbewahrt werden, wie sie für ein drohendes oder anhängiges gerichtliches oder behördliches Verfahren, in dem der Unternehmer oder der Berufsberechtigte Parteistellung hat, von Bedeutung sind (z.B. bei einer Außenprüfung gem. §§ 147 ff BAO oder bei Beschwerdeverfahren gegen Bescheide gem. § 92 BAO).

(4) Unzulässig sind pauschale, nicht näher begründete Aufbewahrungsdauern (wie z.B. *„30 Jahre Speicherdauer gemäß allgemeiner Verjährungsfrist nach dem Allgemeinen Bürgerlichen Gesetzbuch"*). Gewählte Speicherdauern müssen im Einzelfall durch einen konkreten Anspruch dargelegt werden können.

(5) Im konkreten Fall müssen Berufsberechtige die Speicherdauer in Entsprechung des Datenminimierungsgrundsatzes eigenständig und eigenverantwortlich festlegen, etwa durch Erstellung eines Löschkonzepts. Dieses Löschkonzept hat zu umfassen: eine Kategorisierung von Daten nach Rechtsgrundlage und Frist der Löschung, eine konkrete Ausweisung der Fristen zur Löschung sowie eine Beschreibung der Löschprozesse für automationsunterschützte Datenverarbeitung und manuell geführte Akte.

Datensicherung

(6) Um die Verfügbarkeit von Systemen, Diensten und personenbezogenen Daten auch bei physischen oder technischen Zwischenfällen zu gewährleisten, müssen Berufsberechtigte regelmäßig Datensicherungen durchführen und ein Wiederherstellungskonzept definieren.

(7) Insbesondere bei Sicherungen ist die Einhaltung zulässiger Speicherdauern regelmäßig mit erheblichen Schwierigkeiten verbunden, da eine nach Informationsinhalten differenzierte Löschung von Datensätzen in den Sicherungen oftmals mit großem organisatorischem und technischem Aufwand verbunden ist. Löschungen von automationsunterstützt verarbeiteten personenbezogenen Daten müssen dementsprechend gem. § 4 Abs. 2 DSG nicht unverzüglich vorgenommen werden, wenn sie aus wirtschaftlichen oder technischen Gründen nur zu bestimmten Zeitpunkten vorgenommen werden können. Die Verarbeitung der so über die eigentlich zulässige Speicherdauer hinaus erfassten Daten muss dabei jedoch mit der Wirkung nach Art 18 Abs. 2 DSGVO eingeschränkt werden.

Anonymisierung

(8) Mit Ablauf der zulässigen Speicherdauer sind betroffene Datenverarbeitungen einzustellen und gespeicherte Daten zum technisch nächstmöglichen Zeitpunkt zu löschen. Als gelöscht gelten auch solche Daten, die durch Entfernung des Personenbezugs anonymisiert wurden.

(9) Festzuhalten ist, dass personenbezogene Daten grundsätzlich nur dann als anonymisiert gelten, wenn der Personenbezug tatsächlich nicht mehr wiederhergestellt werden kann. Da selten gänzlich ausschließbar ist, dass Daten denkunmöglich jemals wieder der entsprechenden Person zugeordnet werden können, reicht es für eine Anonymisierung (und damit für die Einhaltung einer Speicherbegrenzung) aus, wenn die Rekonstruktion des Personenbezugs nur mit unverhältnismäßigem Aufwand möglich wäre.

§ 6. Technische und organisatorische Sicherheitsmaßnahmen

(1) Berufsberechtigte haben gemäß Art 32 DSGVO und § 6 DSG unter Berücksichtigung der konkreten Umstände einer Datenverarbeitung die geeigneten technischen und organisatorischen Maßnahmen zu treffen, um ein dem Risiko angemessenes Schutzniveau zu gewährleisten. Berufsberechtigte verarbeiten im Rahmen ihrer Tätigkeiten gem. BiBuG unterschiedliche Datenarten, darunter auch besondere Kategorien personenbezogener Daten gem. Art 9 DSGVO (siehe dazu §§ 3 und 4). Die Ausgestaltung dieser Maßnahmen wird nach Art und Umfang des Betriebs des Berufsberechtigten eingerichtet. Dabei ist auch auf die technischen Möglichkeiten der Empfänger Bedacht zu nehmen.

§ 7. Informationspflichten

(1) Die Informationspflichten gem. Art 13 und Art 14 DSGVO gelten für Berufsberechtigte in ihrer Rolle als Verantwortliche gem. Art 4 Z 7 DSGVO (siehe dazu § 2 Abs. 2).

(2) Berufsberechtigte können sich im Rahmen ihrer Berufsausübung regelmäßig auf die Ausnahmebestimmung des Art 14 Abs. 5 lit b DSGVO stützen, da diese Informationen jeweils allen Arbeitnehmern, Lieferanten und Geschäftspartnern sämtlicher Kunden erteilt werden müssten, was für Berufsberechtigte in der Regel mit einem unverhältnismäßigen Aufwand verbunden wäre.

(3) Neben den in Abs. 2 genannten Fällen können Berufsberechtigte im Einzelfall gem. Art 14 Abs. 5 lit d DSGVO von ihrer Informationspflicht gem.

Art 14 Abs. 1 bis 4 befreit sein, wenn sie gem. § 39 BiBuG zur berufsmäßigen Verschwiegenheit über die ihnen anvertrauten Angelegenheiten verpflichtet sind. Diese Verschwiegenheitspflicht gilt über das Ende des Auftragsverhältnisses hinaus.

(4) Von der Befreiung der Informationspflicht gem. Abs. 2 und Abs. 3 unberührt bleiben die etwaigen Informationspflichten der Kunden der Berufsberechtigten. Die Kunden müssen Betroffene über den jeweils beauftragten Berufsberechtigten als Empfänger gem. Art 13 Abs. 1 lit e DSGVO informieren.

§ 8. Anwendbarkeit der Verhaltensregeln

(1) Berufsberechtigte, die in den räumlichen und sachlichen Geltungsbereich der Verhaltensregeln fallen und nicht von deren Anwendbarkeit ausgeschlossen sind, haben gem. Abs. 2 die Möglichkeit, sich den Verhaltensregeln zu unterwerfen.

(2) Berufsberechtigte können sich den Verhaltensregeln und den damit verbundenen Rechtsfolgen unterwerfen, in dem sie mit einer Überwachungsstelle gem. § 9 eine Vereinbarung zur Überwachung abschließen und dabei eine Erklärung zur Anwendbarkeit der Verhaltensregeln abgeben. Berufsberechtigte sind nach erfolgter Unterwerfung verpflichtet, die Verhaltensregeln in ihrer aktuellen Form bei der Verarbeitung personenbezogener Daten im Rahmen ihres Berechtigungsumfangs gemäß BiBuG einzuhalten.

(3) Die Bedingungen für die Vereinbarung zur Überwachung gem. Abs. 2 legt die jeweilige Überwachungsstelle fest. Die Vereinbarung darf den Verhaltensregeln nicht widersprechen.

§ 9. Überwachungsstelle

(1) Gemäß Art. 41 DSGVO werden unabhängige, von der Datenschutzbehörde akkreditierte Stellen eingerichtet, die mit der Überwachung jener Berufsberechtigten betraut sind, die sich gem. § 8 zur Einhaltung der Verhaltensregeln verpflichtet haben („Überwachungsstellen"). Diese Funktion wird für die gegenständlichen Verhaltensregeln unter anderem von der Austrian Standards Plus GmbH ausgeübt.

(2) Durch den Abschluss einer Vereinbarung gem. § 8 Abs. 2 unterwirft sich der erklärende Berufsberechtigte der Überprüfung durch eine

Überwachungsstelle im Hinblick auf die Einhaltung der Verhaltensregeln. Dies beinhaltet für den Berufsberechtigten insbesondere die Verpflichtung

a. der Überwachungsstelle auf Verlangen Einblick in die Verarbeitungsvorgänge des Berufsberechtigten zu geben, insbesondere für Sachverhaltsfeststellungen in Beschwerdefällen,
b. Fragen der Überwachungsstelle zu beantworten,
c. an einem Beschwerdeverfahren teilzunehmen, das die Überwachungsstelle mit Bezug auf den verpflichteten Berufsberechtigten eröffnet hat,
d. den Feststellungen, Aufforderungen und Anordnungen der Überwachungsstelle zu entsprechen.

(3) Weigert sich ein Berufsberechtigter, der sich zur Einhaltung der Verhaltensregeln verpflichtet hat, den Feststellungen, Aufforderungen oder Anordnungen einer Überwachungsbehörde entsprechend zu handeln, bringt die Überwachungsstelle, wenn es sich nicht nur um ein Versehen oder Missverständnis handelt, den Sachverhalt der Datenschutzbehörde zur Kenntnis, einschließlich der Begründung, die der Berufsberechtigte für seine Weigerung allenfalls gegeben hat. Allfällige Entscheidungen und sonstige Äußerungen der Datenschutzbehörde in derselben Sache bewirken die Nichtigkeit gegenteiliger Äußerungen der Überwachungsstelle.

(4) Hat eine Überwachungsstelle wiederholte erhebliche Verstöße gegen die Verhaltensregeln durch einen Berufsberechtigten festgestellt, und deshalb den Ausschluss eines Berufsberechtigten von den Verhaltensregeln gem. § 10 in Aussicht genommen, hat sie diese Absicht der Datenschutzbehörde zur Kenntnis zu bringen. Sofern die Datenschutzbehörde sich nicht gegenteilig äußert, verfügt die Überwachungsstelle den Ausschluss des Berufsberechtigten aus den Verhaltensregeln.

§ 10. Beschwerdeverfahren

(1) Die Überwachung durch eine Überwachungsstelle gem. § 9 schließt auch die Durchführung von Prüfverfahren über Beschwerden betroffener Personen ein. Das Recht auf Anrufung von Gerichten und das Recht der Beschwerdeführung bei der Datenschutzbehörde bleiben dadurch unberührt.

(2) Natürliche Personen, die behaupten von der Datenverarbeitung eines Berufsberechtigten, der sich diesen Verhaltensregeln gem. § 8 unterworfen hat, betroffen zu sein, können bei der jeweiligen Überwachungsstelle schriftlich Beschwerde erheben. In der Beschwerde sind Identität und Erreichbarkeit des Beschwerdeführers sowie die Bezeichnung jenes Berufsberechtigten, gegen den Beschwerde erhoben wird, anzugeben. Außerdem ist der behauptete Verstoß des Beschwerdegegners gegen die Verhaltensregeln zu beschreiben, wobei dieser Verstoß nicht länger als 6 Monate zurückliegen darf.

(3) Überwachungsstellen werden bei Beschwerden gem. Abs. 2 den Beschwerdegegner unverzüglich um Stellungnahme ersuchen und Befragungen, Dokumentvorlagen und sonstige Beweisaufnahmen durchführen, die zur Aufklärung des Sachverhalts erforderlich sind. Falls sich der Beschwerdeführer und der belangte Berufsberechtigte unter der Anleitung einer Überwachungsstelle nicht innerhalb von 3 Monaten nach Einlangen der Beschwerde einigen können, wird die Überwachungsstelle innerhalb einer weiteren Frist von 1 Monat über die Beschwerde entscheiden. Zeiträume, die die Verfahrensparteien für Auskünfte und Stellungnahmen in Anspruch nehmen, können die genannten Fristen nur in jenem Ausmaß verlängern, das von der Überwachungsstelle zur Beantwortung eines Ersuchens eingeräumt wurde.

(4) Die Anbringung einer Beschwerde an eine Überwachungsstelle ist für den Beschwerdeführer kostenfrei. Im Übrigen tragen die am Verfahren Beteiligten die ihnen aus dem Verfahren erwachsenden Kosten selbst.

(5) Erhält eine Überwachungsstelle Kenntnis davon, dass der Beschwerdeführer in derselben Sache auch die Datenschutzbehörde befasst hat, ist das Verfahren mit dieser Begründung einzustellen.

(6) Wird in der Entscheidung einer Überwachungsstelle der belangte Berufsberechtigte zur Vornahme einer bestimmten Handlung verpflichtet, ist dafür von der Überwachungsstelle eine angemessene Frist zu setzen, die nur aus berechtigten Gründen und nur im dafür erforderlichen Ausmaß erstreckt werden darf.

(7) Überwachungsstellen können unter Einhaltung der Abs. 1 bis 6 nähere Regelungen über das Beschwerdeverfahren erlassen.

KAPITEL 12

Leitfaden zur EU-Datenschutz-Grundverordnung (DS-GVO) für Buchhalter (BH), Bilanzbuchhalter (BBH) und Personalverrechner (PV)

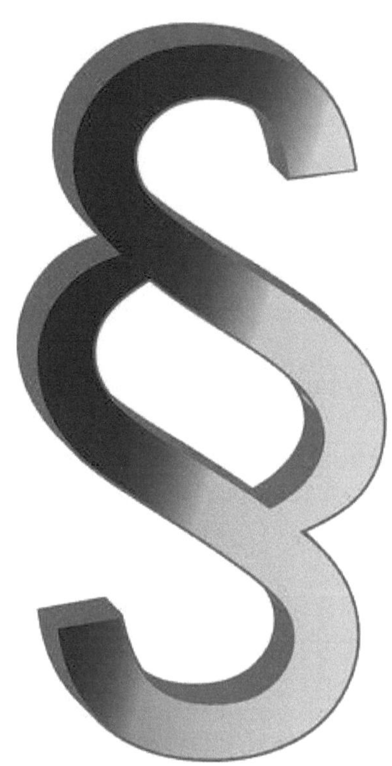

1. Allgemein

Mit der EU-Datenschutz-Grundverordnung (DSGVO) und dem österreichischen Datenschutz-Anpassungsgesetz 2018 (DSG) kamen einige betriebliche und organisatorische Änderungen auf österreichische Unternehmen zu. Diese gelten seit dem 25. Mai 2018 für jeglichen betrieblichen Umgang mit personenbezogenen Daten, das sind alle Informationen, welche direkt oder indirekt einen Bezug zu einer Person herstellen können (zB Name, Adresse, Geburtsdatum, genetische Daten, Gesundheitsdaten,…).

Auch Begriffsbestimmungen haben sich geändert, u.a. wird der Begriff des datenschutzrechtlichen Auftraggebers auf „Verantwortlicher". Sie sind als Bilanzbuchhalter, Buchhalter oder Personalverrechner „Verantwortlicher" gemäß Art 4 Z 7 DSGVO für Ihr eigenes Unternehmen und die Daten, die Sie im Rahmen Ihrer Tätigkeit als Bilanzbuchhalter, Buchhalter und Personalverrechner für andere Unternehmen verarbeiten (also auch als externer Dienstleister!).

2. Rechtsgrundlage

Grundsätzlich dürfen personenbezogene Daten nur verarbeitet werden, wenn dies auf eine gültige Rechtsgrundlage gestützt wird (z.B. auf eine Einwilligung des Betroffenen). Besonders „sensible" Daten benötigen dafür eine Rechtsgrundlage gemäß Artikel 9 DSGVO (z.B. Gesundheitsdaten, Religionsdaten, etc.). Die Verarbeitung sonstiger allgemeiner Daten muss demgegenüber auf eine Rechtsgrundlage gemäß Artikel 6 DSGVO gestützt werden. Hinsichtlich der Frage, welche konkrete Rechtsgrundlage herangezogen werden kann, sind folgende Fälle zu unterscheiden:

Bei Vertragsverhältnissen mit einem Auftraggeber, der dabei jeweils selbst die datenschutzrechtlich betroffene Person ist (z.B. Vertrag mit einem Arbeitnehmer selbst über dessen eigene Arbeitnehmerveranlagung): Hinsichtlich „sensibler" Daten benötigen Sie hier in der Regel eine Einwilligung der betroffenen Person. Sonstige Daten dürfen auch ohne Einwilligung des Betroffenen verarbeitet werden, z.B. wenn dies zur Erfüllung eines Vertrags notwendig ist (z.B. zur Durchführung der Arbeitnehmerveranlagung).

Bei Vertragsverhältnissen mit einem Auftraggeber, bei denen die datenschutzrechtlich betroffenen Personen selbst nicht Vertragsparteien sind (z.B. die Durchführung einer Personalverrechnung für ein Unternehmen: die ArbeitnehmerInnen sind zwar von der Datenverarbeitung betroffen, aber selbst nicht Vertragspartei): Hinsichtlich „sensibler" Daten benötigen Sie in der Regel keine Einwilligung, sondern können die Datenverarbeitung auf ein

„erhebliches öffentliches Interesse" stützen (Artikel 9 Abs. 2 lit g DSGVO). Hinsichtlich sonstiger Daten benötigen Sie in der Regel ebenfalls keine Einwilligung, sondern können die Datenverarbeitung auf „berechtigte Interessen" stützen (Artikel 6 Abs. 1 lit f DSGVO).

3. Datensicherheit

Als Verantwortliche müssen Sie für geeignete technische und organisatorische Maßnahmen garantieren, die eine Verarbeitung im Einklang mit den Anforderungen dieser Verordnung sicherstellen und den Schutz der Rechte der betroffenen Person gewährleisten. Sie sind daher als Verantwortlicher verpflichtet, Datensicherheitsmaßnahmen zu implementieren, hier sind folgende Maßnahmen in der DSGVO selbst ausgewiesen:

- die Pseudonymisierung und Verschlüsselung personenbezogener Daten (z.B. Passwortsicherungen von Dateien): „Pseudonymisierung" ist die Verarbeitung personenbezogener Daten in einer Weise, dass die personenbezogenen Daten ohne Hinzuziehung zusätzlicher Informationen nicht mehr einer spezifischen betroffenen Person zugeordnet werden können, sofern diese zusätzlichen Informationen gesondert aufbewahrt werden und technischen und organisatorischen Maßnahmen unterliegen, die gewährleisten, dass die personenbezogenen Daten nicht einer identifizierten oder identifizierbaren natürlichen Person zugewiesen werden.

- die Fähigkeit, die Vertraulichkeit, Integrität, Verfügbarkeit und Belastbarkeit der Systeme und Dienste im Zusammenhang mit der Verarbeitung auf Dauer sicherzustellen (z.B. Zutritts-/Zugangskontrollen, Zugriffsbeschränkungen). Dazu gehört auch, dass unterstellte natürliche Personen, die Zugang zu personenbezogenen Daten haben, diese nur auf Anweisung des Verantwortlichen verarbeiten („Auftragsprinzip");

- die Fähigkeit, die Verfügbarkeit der personenbezogenen Daten und den Zugang zu ihnen bei einem physischen oder technischen Zwischenfall rasch wiederherzustellen (z.B. Backup-Programme);

- ein Verfahren zur regelmäßigen Überprüfung, Bewertung und Evaluierung der Wirksamkeit der technischen und organisatorischen Maßnahmen zur Gewährleistung der Sicherheit der Verarbeitung (z.B. Selbstevaluierungsprozesse).

3.1. Beurteilung des angemessenen Schutzniveaus

Sie müssen die Risiken berücksichtigen, die mit der Verarbeitung verbunden sind, insbesondere bei unbeabsichtigter oder unrechtmäßiger Vernichtung, Verlust, Veränderung, unbefugter Offenlegung oder unbefugtem Zugang zu personenbezogenen Daten („risikobasierter Ansatz").
Die Einhaltung genehmigter Verhaltensregeln oder eines genehmigten Zertifizierungsverfahrens kann als Faktor herangezogen werden, um die Erfüllung der genannten Maßnahmen nachzuweisen.

3.2. Privacy by design / privacy by default

Zum Schutz der personenbezogenen Daten haben Sie ua auch die Grundsätze des Datenschutzes durch Technik (privacy by design) und durch datenschutzfreundliche Voreinstellungen (privacy by default) zu berücksichtigen und geeignete interne Strategien festzulegen sowie entsprechende Maßnahmen zu setzen.

- Datenschutz durch Technik: Sowohl bei der Planung als auch bei der Datenverarbeitung selbst haben Sie geeignete technische und organisatorische Maßnahmen zu berücksichtigen, um ein dem Risiko angemessenes Schutzniveau zu gewährleisten. Dabei sind der Stand der Technik, die Implementierungskosten, die Art, der Umfang, die Umstände und die Zwecke der Verarbeitung sowie die unterschiedlichen Eintrittswahrscheinlichkeiten und Schwere der Risiken für die Rechte und Freiheiten natürlicher Personen zu berücksichtigen (z.B. Pseudonymisierung).

- Datenschutzfreundliche Voreinstellungen: Sie haben geeignete technische und organisatorische Maßnahmen zu treffen, die sicherstellen, dass durch entsprechende Voreinstellungen grundsätzlich nur solche personenbezogenen Daten verarbeitet werden, deren Verarbeitung für den jeweiligen bestimmten Verarbeitungszweck erforderlich ist. Diese Verpflichtung gilt für die Menge der erhobenen personenbezogenen Daten, den Umfang ihrer Verarbeitung, ihre Speicherfrist und ihre Zugänglichkeit. Solche Maßnahmen müssen insbesondere sicherstellen, dass personenbezogene Daten nicht ohne Eingreifen der Person einer unbestimmten Zahl von natürlichen Personen zugänglich gemacht werden.

- Die Einhaltung eines genehmigten Zertifizierungsverfahrens kann als Faktor herangezogen werden, um die Erfüllung der genannten Maßnahmen nachzuweisen.

4. Weniger Meldeverpflichtungen – mehr Selbstverantwortung im Betrieb

4.1. Verarbeitungsverzeichnis

Aufgrund der DSGVO muss keine Meldung mehr an das Datenverarbeitungsregister (DVR) erstattet werden und auch die DVR-Nummer gehört der
Vergangenheit an. Stattdessen müssen Sie Verzeichnisse über die Verarbeitung von Daten führen. Diese Verzeichnisse sind schriftlich zu führen, wobei dies auch in einem elektronischen Format erfolgen kann. Im Verarbeitungsverzeichnis sind unter anderem die Kategorien von Empfängerinnen und Empfängern (Auftragsverarbeiter, andere Verantwortliche, sonstige Empfänger) anzugeben. Die Steuerberaterin und der Steuerberater wären daher unter diesem Punkt anzugeben.

Sie sind verpflichtet, bei der Erfüllung Ihrer Aufgaben mit der Aufsichtsbehörde zusammenzuarbeiten. Auf Anfrage sind die Verzeichnisse der Behörde vorzulegen. Anhand dieser Verzeichnisse ist es für die Aufsichtsbehörde möglich, die betreffenden Verarbeitungsvorgänge zu kontrollieren.

4.2. Risikoanalyse & Datenschutzfolgenabschätzung

Sie müssen Risikoanalysen der Datenanwendungen durchführen.

5. Datenschutzbeauftragter

Es ist ein Datenschutzbeauftragter verpflichtend zu bestellen, wenn die Kerntätigkeit des Unternehmens eine umfangreiche regelmäßige und systematische Überwachung von betroffenen Personen erforderlich macht oder in der umfangreichen Verarbeitung besonderer Kategorien von Daten oder von Daten über strafrechtliche Verurteilungen und Straftaten besteht.

Bilanzbuchhalter/Buchhalter/Personalverrechner arbeiten zwar oftmals auch mit sensiblen Daten (Gesundheitsdaten, Daten über religiöse Zugehörigkeit der Mitarbeiter eines Unternehmens), es ist jedoch sehr fraglich, ob sie das in einem umfangreichen Ausmaß (= große Anzahl der betroffenen Personen, umfassendes Datenvolumen,...) tun bzw ob diese konkrete Datenverarbeitung die Kerntätigkeit (= wichtigsten Arbeitsabläufe, Haupttätigkeit) dieses Unternehmens darstellt. Es ist zum jetzigen Stand nicht davon auszugehen, dass Bilanzbuchhalter/Buchhalter/Personalverrechner standardmäßig Datenschutzbeauftragte benötigen werden. Im Einzelfall könnte aber dennoch die Bestellung eines solchen notwendig werden (zB Spezialisierung im Unternehmen,...).

6. Auftragsverarbeitervertrag

Sie müssen mit Ihrem Auftragsverarbeiter schriftlich einen Vertrag abschließen, wobei elektronisch auch als schriftlich gilt. Der Vertrag kann auf Standardvertragsklauseln beruhen, welche entweder die Europäische Kommission oder die Aufsichtsbehörde festlegen kann und hat Folgendes zu beinhalten:

- Bindung an den Verantwortlichen,
- Gegenstand und Dauer der Verarbeitung,
- Art und Zweck der Verarbeitung,
- die Art der personenbezogenen Daten,
- die Kategorien betroffener Personen und
- die Pflichten und Rechte des Verantwortlichen.

Ihr Auftragsverarbeiter und eine diesem unterstellte Person, die Zugang zu personenbezogenen Daten hat, dürfen diese Daten nur auf Ihre Weisung verarbeiten, es sei denn, dass Ihr Auftragsverarbeiter aufgrund einer gesetzlichen Vorschrift zur Verarbeitung verpflichtet sind. Mitarbeiter sind entsprechend zu belehren.

7. Sub-Auftragsverarbeiter

Ihr Auftragsverarbeiter darf keinen weiteren Auftragsverarbeiter (Subunternehmer) ohne Ihre vorherige schriftliche Genehmigung beauftragen und muss Sie immer über jede beabsichtigte Änderung in Bezug auf die Hinzuziehung oder die Ersetzung anderer Auftragsverarbeiter informieren. Sie haben die Möglichkeit, gegen derartige Änderungen Einspruch zu erheben.

8. Informationspflichten

Als Verantwortlicher sind Sie grundsätzlich dazu verpflichtet, die Betroffenen im Voraus über die Details Ihrer Datenverarbeitungen zu informieren (siehe Artikel 13 und 14 DSGVO). Da die Erfüllung dieser Informationspflicht für viele Berufsberechtige aber oftmals mit einem unverhältnismäßigen Aufwand verbunden wäre (Sie müssten gegebenenfalls jeweils alle Arbeitnehmer, Lieferanten und Geschäftspartner sämtlicher Ihrer Kunden informieren), sind die Berufsberechtigten regelmäßig von dieser Informationspflicht befreit (siehe Artikel 14 Abs. 5 lit b DSGVO).

Hinweis: Ihre Kunden selbst werden dabei nicht von ihrer eigenen Informationspflicht befreit, die sie gegebenenfalls gegenüber den Betroffenen erbringen müssen! In diesem Rahmen sind die Betroffenen auch über Ihr

Unternehmen (also den Berufsberechtigten!) als Empfänger gem. Artikel 13 Abs. 1 lit e DSGVO zu informieren.

9. Sonstige Betroffenenrechte

Als Verantwortlicher müssen Sie den von einer Datenanwendung betroffenen Personen (Betroffene) Rechte gewährleisten:

- Informationspflicht (siehe Punkt 8.)
- Auskunftsrecht
- Recht auf Berichtigung
- Recht auf Löschung ("Recht auf Vergessenwerden")
- Recht auf Einschränkung der Verarbeitung
- Recht auf Datenübertragbarkeit
- Widerspruchsrecht

Abgesehen von den Informationspflichten ist innerhalb von 4 Wochen auf Betroffenenanfragen zu reagieren. Diese Frist kann um weitere zwei Monate verlängert werden (die Frist kann daher insgesamt drei Monate betragen), wenn dies unter Berücksichtigung der Komplexität und der Anzahl von Anträgen erforderlich ist. Der Verantwortliche muss die betroffene Person aber innerhalb eines Monats nach Eingang der Anfrage über eine Fristverlängerung unterrichten, das zusammen mit den Gründen für die Verzögerung.

10. Aufbewahrungsfristen

Gemäß dem Grundsatz der „Datenminimierung" müssen Datenverarbeitungen auf jenes Maß eingeschränkt werden, das für die Erfüllung des jeweiligen Zwecks erforderlich ist (siehe Artikel 5 Abs. 1 lit c DSGVO). Das bedeutet, dass die Verarbeitung und Speicherung von Daten nur so lange und in dem Umfang erlaubt ist, wie es unbedingt erforderlich ist.

Im konkreten Fall müssen Berufsberechtige die Speicherdauer in Entsprechung des Datenminimierungsgrundsatzes eigenständig und eigenverantwortlich festlegen. Regelmäßig sind die Berufsberechtigten, die von Unternehmen mit der Bearbeitung und Aufbewahrung von Dokumenten beauftragt werden, in Erfüllung ihres Mandats zur eigenverantwortlichen Verarbeitung und Speicherung von Daten verpflichtet, wie beispielsweise:

- gem. § 52c BiBuG für eine Dauer von 5 Jahren, sofern andere Vorschriften keine längere Aufbewahrungsfrist erfordern,
- gem. § 132 BAO für eine Dauer von 7 Jahren, wobei die Frist mit Ablauf des Kalenderjahres zu laufen beginnt,

- gem. § 207 BAO für eine Dauer von 10 Jahren, wobei die Frist mit Ablauf des Kalenderjahres beginnt, in dem die Abgabenverkürzung geendet hat (gem. § 209 BAO verlängert sich diese Verjährungsfrist, wenn nach außen erkennbare Amtshandlungen zur Geltendmachung des Abgabenanspruches oder zur Feststellung des Abgabepflichtigen unternommen werden, um deren Dauer),
- gem. § 11 Abs. 2 letzter Satz UStG für eine Dauer von 7 Jahren,
- gem. § 18 Abs. 10 UStG für eine Dauer von 22 Jahren,
- gem. § 212 UGB für eine Dauer von 7 Jahren, wobei die Frist mit Ablauf des Kalenderjahres zu laufen beginnt (davon umfasst sind auch „Geschäftsbriefe", also etwa geschäftliche E-Mail-Korrespondenz),
- gem. § 41a ASVG für die in der BAO normierten Aufbewahrungsfristen,
- gem. GlBG für eine Dauer von 7 Monaten, die zur Abwehr von etwaigen Rechtsansprüchen wegen Diskriminierung erforderlich sind.

Darüber hinaus müssen Daten solange aufbewahrt werden, wie sie für ein drohendes oder anhängiges gerichtliches oder behördliches Verfahren, in dem der Unternehmer oder der Berufsberechtigte Parteistellung hat, von Bedeutung sind (z.B. bei einer Außenprüfung gem. §§ 147 ff BAO oder bei Beschwerdeverfahren gegen Bescheide gem. § 92 BAO).

Unzulässig sind pauschale, nicht näher begründete Aufbewahrungsfristen (wie z.B. „30 Jahre Speicherdauer gemäß allgemeiner Verjährungsfrist nach dem Allgemeinen Bürgerlichen Gesetzbuch"). Gewählte Speicherdauern müssen im Einzelfall durch einen konkreten Anspruch dargelegt werden können.

11. Haftung

Betroffene Personen haben neben verfügbaren verwaltungsrechtlichen oder außergerichtlichen Rechtsbehelfen auch das Recht auf einen wirksamen gerichtlichen Rechtsbehelf gegen Verantwortliche im Falle einer Rechtsverletzung durch die Verantwortliche und den Verantwortlichen (zB Ansprüche auf Schadenersatz).

Betroffene Personen können auf materiellen oder immateriellen Schadenersatz klagen. Jeder an einer Verarbeitung Beteiligte haftet für den Schaden, der durch eine unrechtmäßige Verarbeitung verursacht wurde. Die Haftung entfällt, wenn die fehlende Verantwortung für den Umstand, durch den der Schaden eingetreten ist, nachgewiesen werden kann. Ist mehr als ein Verantwortlicher (oder mehr als ein Auftragsverarbeiter) oder sowohl ein Verantwortlicher als auch ein Auftragsverarbeiter an derselben Verarbeitung beteiligt und sind sie für einen Schaden verantwortlich, haftet jede Verantwortliche / jeder Verantwortliche (oder jeder Auftragsverarbeiter) für den gesamten Schaden. Es ist jedoch möglich, von den übrigen an derselben Verarbeitung Beteiligten den Teil des Schadenersatzes zurückzufordern, der ihrem Anteil an der Verantwortung für den Schaden entspricht, also Regress zu nehmen.

12. Geldstrafen

Es drohen Verwaltungsstrafen bis zu einer Maximalhöhe von EUR 20 Mio bzw 4% des weltweiten Konzernumsatzes des vorangegangenen Geschäftsjahres, je nach dem, was höher ist.

KAPITEL 13

Erklärung zur Verschwiegenheit der Mitarbeiter von Buchhaltern (BH), Bilanzbuchhaltern (BBH) und Personalverrechnern (PV)

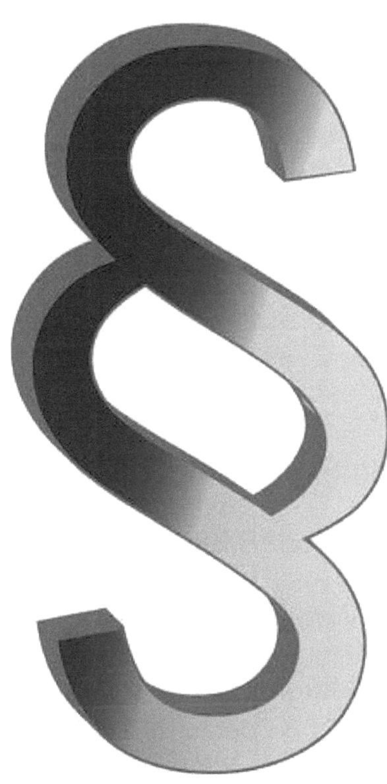

Ich...bin
heute   am..von   meinem   Arbeitgeber
....
über meine Verpflichtungen nach § 11 Gesetz gegen unlauteren Wettbewerb
(UWG) zur Wahrung der Geschäfts- oder Betriebsgeheimnisse, nach § 52b
Bilanzbuchhaltungsgesetz (BiBuG) zum Verbot der Informationsweitergabe
sowie des § 6 Datenschutzgesetz (DSG) zur Wahrung des Datengeheimnisses
belehrt worden.

Die Bestimmungen des § 11 UWG haben folgenden Wortlaut:

Verletzung von Geschäfts- oder Betriebsgeheimnissen. Missbrauch anvertrauter Vorlagen

§ 11. (1) Wer als Bediensteter eines Unternehmens Geschäfts- oder
Betriebsgeheimnisse, die ihm vermöge des Dienstverhältnisses anvertraut
oder sonst zugänglich geworden sind, während der Geltungsdauer des
Dienstverhältnisses unbefugt anderen zu Zwecken des Wettbewerbes mitteilt,
ist vom Gericht mit Freiheitsstrafe bis zu drei Monaten oder mit Geldstrafe bis
zu 180 Tagessätzen zu bestrafen.

(2) Die gleiche Strafe trifft den, der Geschäfts- oder Betriebsgeheimnisse,
deren Kenntnis er durch eine der im Abs. 1 bezeichneten Mitteilungen oder
durch eine gegen das Gesetz oder die guten Sitten verstoßende eigene
Handlung erlangt hat, zu Zwecken des Wettbewerbes unbefugt verwertet oder
an andere mitteilt.

(3) Die Verfolgung findet nur auf Verlangen des Verletzten statt.

Die Bestimmungen des § 52b BiBuG haben folgenden Wortlaut:

Verbot der Informationsweitergabe

§ 52b. (1) Berufsberechtigte sowie deren leitendes Personal und deren
Angestellte dürfen weder den betroffenen Auftraggeber noch Dritte davon in
Kenntnis setzen, dass eine Übermittlung von Informationen an die
Geldwäschemeldestelle gerade erfolgt, erfolgen wird oder erfolgt ist oder dass
eine Analyse wegen Geldwäsche oder Terrorismusfinanzierung gerade
stattfindet oder stattfinden könnte. In Anwendung des Verbots der
Informationsweitergabe besteht für personenbezogene Daten kein
Zugangsrecht für betroffene Personen.

(2) Das Verbot nach Abs. 1 bezieht sich nicht auf die Weitergabe von Informationen an die Geldwäschemeldestelle und die Aufsichtsbehörde gemäß § 52f Abs. 1 oder auf die Weitergabe von Informationen zu Strafverfolgungszwecken.

(3) Das Verbot nach Abs. 1 steht einer Informationsweitergabe zwischen den Berufsberechtigten oder Einrichtungen aus Drittländern, in denen der Geldwäsche-RL gleichwertige Anforderungen gelten, nicht entgegen, sofern sie ihre berufliche Tätigkeit, ob als Angestellte oder nicht, in derselben juristischen Person oder in einer umfassenderen Struktur ausüben, der die Person angehört und die gemeinsame Eigentümer oder eine gemeinsame Leitung hat oder über eine gemeinsame Kontrolle in Bezug auf die Einhaltung der einschlägigen Vorschriften verfügt.

(4) Bei den Berufsberechtigten steht das Verbot nach Abs. 1 in Fällen, die sich auf denselben Auftraggeber oder dieselbe Transaktion beziehen und an denen zwei oder mehr Verpflichtete im Sinne der Geldwäsche-RL beteiligt sind, einer Informationsweitergabe zwischen den betreffenden Verpflichteten nicht entgegen, sofern es sich bei diesen um Verpflichtete aus einem Mitgliedstaat oder um Einrichtungen in einem Drittland, in dem der Geldwäsche-RL gleichwertige Anforderungen gelten, handelt und sofern sie derselben Berufskategorie im Sinne des Art. 2 Abs. 1 Z 3 der Geldwäsche-RL angehören und Verpflichtungen in Bezug auf das Berufsgeheimnis und den Schutz personenbezogener Daten unterliegen.

(5) Bemühen sich ein Berufsberechtigter, dessen leitendes Personal oder dessen Angestellte, einen Auftraggeber davon abzuhalten, eine rechtswidrige Handlung zu begehen, gilt dies nicht als Informationsweitergabe im Sinne des Abs. 1.

(6) Berufsberechtigte haben, wenn sie Kenntnis davon erhalten, den Verdacht oder berechtigten Grund zu der Annahme haben, dass ein meldepflichtiger Sachverhalt gemäß § 52a vorliegt und sie vernünftigerweise davon ausgehen können, dass die Anwendung der Sorgfaltspflichten gegenüber Kunden die Verfolgung der Begünstigten einer verdächtigen Transaktion behindern könnte, die Anwendung der Sorgfaltspflichten gegenüber Kunden auszusetzen und haben stattdessen die Geldwäschemeldestelle umgehend mittels Verdachtsmeldung zu informieren.

Die Bestimmungen des § 6 DSG haben folgenden Wortlaut:

Datengeheimnis

§ 6. (1) Der Verantwortliche, der Auftragsverarbeiter und ihre Mitarbeiter – das sind Arbeitnehmer (Dienstnehmer) und Personen in einem arbeitnehmerähnlichen (dienstnehmerähnlichen) Verhältnis – haben personenbezogene Daten aus Datenverarbeitungen, die ihnen ausschließlich auf Grund ihrer berufsmäßigen Beschäftigung anvertraut wurden oder zugänglich geworden sind, unbeschadet sonstiger gesetzlicher Verschwiegenheitspflichten, geheim zu halten, soweit kein rechtlich zulässiger Grund für eine Übermittlung der anvertrauten oder zugänglich gewordenen personenbezogenen Daten besteht (Datengeheimnis).

(2) Mitarbeiter dürfen personenbezogene Daten nur auf Grund einer ausdrücklichen Anordnung ihres Arbeitgebers (Dienstgebers) übermitteln. Der Verantwortliche und der Auftragsverarbeiter haben, sofern eine solche Verpflichtung ihrer Mitarbeiter nicht schon kraft Gesetzes besteht, diese vertraglich zu verpflichten, personenbezogene Daten aus Datenverarbeitungen nur aufgrund von Anordnungen zu übermitteln und das Datengeheimnis auch nach Beendigung des Arbeitsverhältnisses (Dienstverhältnisses) zum Verantwortlichen oder Auftragsverarbeiter einzuhalten.

(3) Der Verantwortliche und der Auftragsverarbeiter haben die von der Anordnung betroffenen Mitarbeiter über die für sie geltenden Übermittlungsanordnungen und über die Folgen einer Verletzung des Datengeheimnisses zu belehren.

(4) Unbeschadet des verfassungsrechtlichen Weisungsrechts darf einem Mitarbeiter aus der Verweigerung der Befolgung einer Anordnung zur unzulässigen Datenübermittlung kein Nachteil erwachsen.

(5) Ein zugunsten eines Verantwortlichen bestehendes gesetzliches Aussageverweigerungsrecht darf nicht durch die Inanspruchnahme eines für diesen tätigen Auftragsverarbeiters, insbesondere nicht durch die Sicherstellung oder Beschlagnahme von automationsunterstützt verarbeiteten Dokumenten, umgangen werden.

Erläuterungen zu den Bestimmungen des § 15 DSG 2000:

Die Verschwiegenheitspflicht betrifft alle durch das Dienstverhältnis bekannt gewordene Umstände, insbesondere Informationen über Klienten, Mitarbeiter und sonstige Vertragspartner, über wirtschaftliche, technische, betriebliche, steuerliche und persönliche Verhältnisse sowie über interne Angelegenheiten

jeder Art. Für diese Verschwiegenheitspflicht ist es ohne Bedeutung, ob die Kenntnis dieser Umstände und Tatsachen auch anderen Personen zugänglich ist oder nicht. Die Verschwiegenheitspflicht erstreckt sich auch auf persönliche Umstände und Betriebs- oder Geschäftsgeheimnisse, die bei Durchführung erteilter Aufträge oder im Zuge eines behördlichen, nicht öffentlichen Verfahrens in Ausübung ihres Berufes als solche bekanntgeworden sind.
Ich bin sowohl während als auch nach der Laufzeit meines Dienstverhältnisses gegenüber jedem, auch gegenüber Familienangehörigen und gegenüber Mitarbeitern, zur jeweils erforderlichen Verschwiegenheit verpflichtet.

Weiters bin ich darüber belehrt worden, dass ich betriebsfremden Personen nur über ausdrückliche Weisung meines Arbeitgebers Einblick in die im Unternehmen meines Arbeitgebers verwendeten Geschäfts- und Postsachen, Belege sowie Arbeitspapiere und sonstige Unterlagen oder Datenträger (Disketten, CD-Roms oder DVDs) gewähren darf.

Die Verschwiegenheitspflicht erstreckt sich auch sämtliche personenbezogene Daten aus der Datenverarbeitung, die dem Mitarbeiter ausschließlich beruflich anvertraut wurden oder zugänglich geworden sind (§ 6 DSG).

Über Aufforderung durch den Arbeitgeber hat der Arbeitnehmer sämtliche analogen oder digitalen Aufzeichnungen über Geschäfts- oder Betriebsgeheimnisse und über betriebsrelevante Informationen von Kunden, Lieferanten und sonstigen Vertragspartnern an den Arbeitgeber zurückzustellen. Diese Verpflichtung besteht ohne Aufforderung bei Beendigung des Dienstverhältnisses.

Der Arbeitnehmer hat ihm anvertraute Benutzerkennwörter, Passwörter und sonstige Zugangsberechtigungen sorgfältig zu verwahren und geheim zu halten.

Der Arbeitnehmer darf personenbezogene Daten nur auf Grund einer ausdrücklichen Anordnung des jeweiligen Vorgesetzten verarbeiten und übermitteln. Es ist ihm insbesondere untersagt,

- Daten an unbefugte Empfänger innerhalb und außerhalb des Unternehmens zu übermitteln oder sonst zugänglich zu machen;

- sich unbefugt Daten zu beschaffen oder zu verarbeiten;

- personenbezogene Daten zu einem anderen Zweck zu verarbeiten, als zum jenem Zweck, die mit seinem Aufgabenbereich verbunden sind.

Folgen einer Rechtsverletzung:

Der Arbeitnehmer nimmt zur Kenntnis, dass die Verletzung von Geschäfts- oder Betriebsgeheimnissen sowie der Missbrauch anvertrauter Vorlagen zum Zwecke des Wettbewerbes gem. § 11 UWG gerichtlich strafbar ist. Auch die Datenverarbeitung in Gewinn- oder Schädigungsabsicht ist gem. § 63 DSG ein gerichtlich strafbares Verhalten. Die Verletzung des Datengeheimnisses ist nach § 62 DSG mit einer Verwaltungsstrafe bedroht.
Der Arbeitnehmer nimmt außerdem zur Kenntnis, dass die Verletzung der gesetzlichen, sich aus § 11 UWG und § 6 DSG ergebende Verschwiegenheitspflicht einen Entlassungsgrund darstellt.

Die Verpflichtungen zur Verschwiegenheit bestehen unbegrenzt über das arbeitsrechtliche Ende des Dienstverhältnisses hinaus.

(Optionale Vereinbarung einer Vertragsstrafe:

Der Arbeitnehmer verpflichtet sich im Falle der Verletzung dieser Vereinbarung oder der gesetzlichen Bestimmungen der § 11 UWG, und/oder § 52b BiBuG, und/oder § 6 DSG zur Leistung von Schadenersatz. Dieser wird – ohne Rücksicht auf den tatsächlich eingetretenen Schaden – durch Vereinbarung einer Konventionalstrafe pauschaliert, und zwar im Ausmaß von ....Bruttomonatsentgelten. Der Arbeitnehmer anerkennt ausdrücklich die Angemessenheit der Konventionalstrafe.)

....
Datum   Unterschrift des Mitarbeiters

....
Datum   Unterschrift des Arbeitgebers

KAPITEL 14

Verordnung des Präsidenten der Wirtschaftskammer Österreich (WKÖ) über die Ausübung der Bilanzbuchhaltungsberufe (Bilanzbuchhaltungsberufe-Ausübungsrichtlinie 2014 – BB-AR 2014)

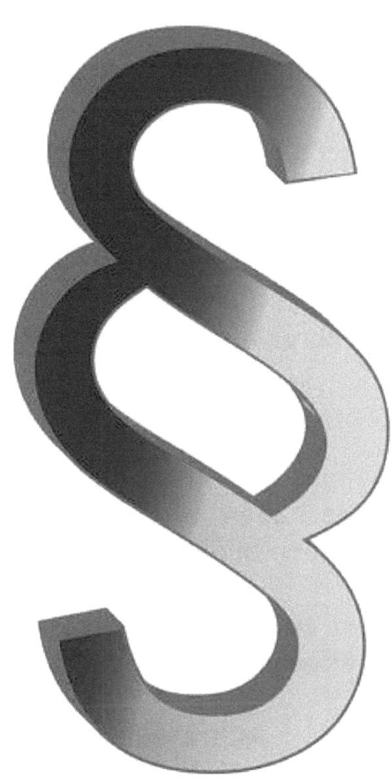

Verordnung des Präsidenten der Wirtschaftskammer Österreich über die Ausübung der Bilanzbuchhaltungsberufe (Bilanzbuchhaltungsberufe-Ausübungsrichtlinie 2014 – BB-AR 2014)

Aufgrund des § 34 Abs. 1 des Bilanzbuchhaltungsgesetzes 2014, BGBl. I Nr. 191/2013, wird verordnet:

1. Abschnitt

Standesgemäßes Verhalten

Allgemeines

§ 1. Berufsberechtigte (Bilanzbuchhalter, Buchhalter und Personalverrechner) sind verpflichtet, ihren Beruf gewissenhaft, sorgfältig, eigenverantwortlich, unabhängig und verschwiegen auszuüben.

Aufträge

§ 2. (1) Berufsberechtigte sind verpflichtet, die übernommenen Angelegenheiten, Dienstleistungen, Aufgaben und Vertretungen gesetzmäßig auszuführen. Dabei sind sie verpflichtet, die anerkannten fachlichen Regeln zu beachten.

(2) Sie haben die Rechte ihrer Auftraggeber gegen jedermann mit Treue und Nachdruck zu verfolgen.

Eigenverantwortung

§ 3. (1) Berufsberechtigte haben ihr Handeln in eigener Verantwortung zu bestimmen, ihr Urteil selbst zu bilden und ihre Entscheidung selbst zu treffen.

(2) Berufsberechtigten ist es untersagt, berufliche Aufträge zu übernehmen, wenn die geforderte Eigenverantwortung nicht getragen werden kann.

Auftragsübernahme

§ 4. (1) Berufsberechtigte sind nur dann berechtigt, einen Auftrag zu übernehmen und auszuführen, wenn sie über die dafür erforderliche Sachkunde, die zur Bearbeitung erforderliche Zeit und eventuelle Hilfsmittel verfügen.

(2) Berufsberechtigte haben die für eine gewissenhafte Berufsausübung erforderlichen sachlichen, personellen und sonstigen organisatorischen Voraussetzungen zu gewährleisten.

(3) Berufsberechtigte dürfen Aufträge nur im Rahmen der ihnen gesetzlich eingeräumten Berufsrechte annehmen. Geht ein Auftrag darüber hinaus, haben sie den Auftraggeber darüber zu informieren.

(4) Ergibt sich nachträglich die Unerfüllbarkeit des Auftrages, ist dieser zurückzulegen.

Unterlagen

§ 5. (1) Sofern sich nicht nach anderen Vorschriften die Pflicht zu einer längeren Aufbewahrung ergibt, sind Berufsberechtigte verpflichtet, die ihnen im Zusammenhang mit einem Auftrag übergebenen Unterlagen und den über den Auftrag geführten Schriftwechsel sieben Jahre aufzubewahren. Die Vorschriften über Aufbewahrungsfristen im Zusammenhang mit Maßnahmen gegen die Geldwäsche bleiben unberührt.

(2) Berufsberechtigte sind verpflichtet, auf Verlangen des Auftraggebers während der Aufbewahrungsfrist oder bei Beendigung des Auftragsverhältnisses die ihnen im Zusammenhang mit dem Auftrag übergebenen Unterlagen unter Hinweis auf die gesetzlichen Aufbewahrungsfristen herauszugeben.

(3) Berufsberechtigte sind berechtigt, bis zur vollständigen Bezahlung ihrer Honoraransprüche die Herausgabe der von ihnen erstellten und noch nicht bezahlten Werke zurückzuhalten.

Sachlich korrektes Verhalten gegenüber Behörden

§ 6. Berufsberechtigte sind verpflichtet, sich in Ausübung der ihnen übertragenen Angelegenheiten gegenüber Behörden und deren Organen sachlich und korrekt zu verhalten.

FinanzOnline

§ 7. Berufsberechtigte haben von ihren Mitarbeitern eine schriftliche Erklärung für die Einhaltung der disziplinarrechtlichen Bestimmungen gemäß § 62 BiBuG 2014 einzufordern und in Missbrauchsfällen in geeigneter Weise vorzugehen.

Mitarbeiter

§ 8. Berufsberechtigte haben bei der Einstellung von Mitarbeitern die fachliche und persönliche Eignung der Bewerber zu überprüfen. Mitarbeiter sind nach Maßgabe ihrer Verantwortung über ihre Berufspflichten, insbesondere die Verpflichtung zur Verschwiegenheit, nachweislich zu belehren und in ihrer Tätigkeit gewissenhaft zu beaufsichtigen.

Zusammenarbeit

§ 9. Die Zusammenarbeit mit anderen Berufsberechtigten der Bilanzbuchhaltungsberufe, der freien Berufe und der gewerblichen Unternehmen muss unter Beachtung der jeweiligen Berufsvorschriften auf partnerschaftliche, faire und transparente Weise erfolgen.

2. Abschnitt

Fortbildung

Allgemeines

§ 10. (1) Fortbildungsveranstaltungen im Sinne des § 33 Abs. 3 BiBuG 2014 sind Veranstaltungen, die die berufliche und unternehmerische Qualifikation erhalten, erweitern, ausbauen oder der technischen Entwicklung anpassen.

(2) Bilanzbuchhalter und gewerberechtliche Geschäftsführer von Bilanzbuchhaltungsgesellschaften sind unabhängig weiterer aufrechter Befugnisse nach dem Bilanzbuchhaltungsgesetz 2014 verpflichtet, entsprechende Fortbildungsveranstaltungen in einem jährlichen Ausmaß von mindestens 30 Lehreinheiten zu besuchen.

(3) Buchhalter, gewerberechtliche Geschäftsführer von Buchhaltergesellschaften, Personalverrechner und gewerberechtliche Geschäftsführer von Personalverrechnergesellschaften sind verpflichtet, entsprechende Fortbildungsveranstaltungen in einem jährlichen Ausmaß von mindestens 15 Lehreinheiten zu besuchen.

Umfang und Inhalt

§ 11. (1) Eine Lehreinheit gemäß § 33 Abs. 3 BiBuG 2014 hat eine Mindestdauer von 45 Minuten zu haben.

(2) Facheinschlägige Tätigkeiten als Vortragender gelten als Besuch von Fortbildungsveranstaltungen.

(3) Der Nachweis hat durch Beibringung einer vom Leiter oder Organisator der Fortbildungsveranstaltung ausgestellten Bestätigung über den vollständigen Besuch der Veranstaltung und Vortragstätigkeiten zu erfolgen.

Nachweis und Überprüfung

§ 12. (1) Die Aufgeforderten haben den Nachweis über den Besuch von Fortbildungsveranstaltungen binnen zwei Monaten nach Aufforderung der Behörde vorzulegen.

(2) Wird die Fortbildungsverpflichtung gemäß § 33 Abs. 3 BiBuG 2014 erfüllt, hat die Behörde berufsberechtigte natürliche Personen und gewerberechtliche Geschäftsführer von berufsbefugten Gesellschaften entsprechend zu informieren.

(3) Wird die Fortbildungsverpflichtung gemäß § 33 Abs. 3 BiBuG 2014 zwei Jahre hintereinander nicht erfüllt, ist dies der Bezirksverwaltungsbehörde mitzuteilen.

3. Abschnitt

Maßnahmen zur Verhinderung der Geldwäsche und der Terrorismusfinanzierung

Begriffsbestimmungen

§ 13. Im Sinne dieses Abschnittes ist

1. „Geldwäsche" eine Straftat gemäß § 165 Strafgesetzbuch, BGBl. Nr. 60/1974 in der Fassung BGBl. I Nr. 134/2013;

2. „Terrorismusfinanzierung" eine Straftat gemäß § 278d Strafgesetzbuch, BGBl. Nr. 60/1974 in der Fassung BGBl. I Nr. 134/2013;

3. „Geschäftsbeziehung" jedes Handeln des Berufsberechtigten in Ausübung seines Berufes für Dritte, das auf die Erbringung von Diensten oder Aufträgen für denselben Auftraggeber angelegt ist, ausgenommen eine kostenlose Erstberatung;

4. „Transaktion" ein Vorgang, der auf den Übergang von Werten von einer Einflusssphäre auf eine andere abzielt;

5. „gelegentliche Transaktion" eine Transaktion außerhalb einer Geschäftsbeziehung ab einem Volumen von zusammengerechnet mindestens 15.000 Euro;

6. „zuständige Behörde" die Geldwäschemeldestelle des Bundeskriminalamts (§ 4 Abs. 2 des Bundeskriminalamt-Gesetzes, BGBl. I Nr. 22/2002 in der Fassung BGBl. I Nr. 35/2012);

7. „Auftraggeber" eine Person, die einem Berufsberechtigten rechtswirksam einen Auftrag erteilt hat und dieser Auftrag vom Berufsberechtigten verbindlich angenommen wurde;

8. „Berufsberechtigter" jeder zur Ausübung eines Bilanzbuchhaltungsberufes gemäß § 1 BiBuG 2014 Berechtigter (natürliche und juristische Personen).

Ausgestaltung von Sorgfaltspflichten

§ 14. (1) Steht für die Feststellung und Überprüfung der Identität einer natürlichen Person als Auftraggeber ein aktueller amtlicher Lichtbildausweis zur Verfügung, ist die Einholung von weiteren Dokumenten, Daten und Informationen nicht erforderlich, sofern der Berufsberechtigte alleine daraus die Identität des Auftraggebers feststellen kann. Ansonsten haben die Feststellung und Überprüfung der Identität risikobasiert aufgrund des gemäß § 21 erstellten Risikoprofils zu erfolgen. Auskünfte und Informationen, die von Personen stammen, die als verlässliche Gewährspersonen im Sinne des § 46 Abs. 1 Z 1 lit. a) bb) BiBuG 2014 gelten, sind als glaubwürdig anzusehen.

(2) Ist der Auftraggeber ein Unternehmen, eine Gesellschaft oder eine sonstige juristische Person, dann ist die Vertretungsbefugnis aufgrund beweiskräftiger aktueller Dokumente zu prüfen. Von den vertretungsbefugten Personen sind gemäß § 44 Abs. 1 Z 3 BiBuG 2014 jedenfalls Lichtbildausweise in vertretungsbefugter Zusammensetzung erforderlich. Die vorstehenden Bedingungen gelten nur, sofern nicht die vereinfachten Sorgfaltspflichten gemäß § 45 BiBuG 2014 anwendbar sind.

(3) Wird die Überprüfung der Identität des Auftraggebers erst während der Begründung der Geschäftsbeziehung abgeschlossen, ist zu beachten:

1. Die Feststellung und Überprüfung der Identität des Auftraggebers während der Begründung einer Geschäftsbeziehung kann dann gerechtfertigt

sein, wenn ein geringes Risiko der Geldwäsche und der Terrorismusfinanzierung besteht und ein Aufschub in der Begründung der Geschäftsbeziehung oder eine nicht umgehende Durchführung eines Auftrages mit einem Schaden für den Auftraggeber verbunden sein könnte.

2. Ein die Feststellung und Überprüfung der Identität des Auftraggebers erst während der Begründung der Geschäftsbeziehung rechtfertigendes geringes Risiko der Geldwäsche und der Terrorismusfinanzierung kann insbesondere dann angenommen werden, wenn der Auftraggeber dem Berufsberechtigten seit längerer Zeit persönlich bekannt ist.

3. Eine Vervollständigung der zur Feststellung und Überprüfung der Identität des Auftraggebers dienenden Verfahren hat möglichst bald, ohne schuldhaftes Verzögern, zu erfolgen.

(4) Zur Überprüfung der Vertretungsbefugnis eines als Vertreter eines Dritten handelnden Auftraggebers ist die erteilte schriftliche Vollmacht einzuholen. Bei berufsmäßigen Parteienvertretern genügt die Berufung auf die erteilte Vollmacht und Nachweis der Berufsberechtigung.

(5) Ist eine Feststellung der Identität des wirtschaftlichen Eigentümers nicht anhand von Dokumenten möglich, kann nach risikobasierter Beurteilung eine Erklärung des Auftraggebers ausreichen und ist zu dokumentieren, wer wirtschaftlicher Eigentümer gemäß § 44 Abs. 2 BiBuG 2014 ist.

(6) Die zur Überprüfung der Identität des wirtschaftlichen Eigentümers sowie zum Verständnis der Eigentums- und Kontrollstruktur des Auftraggebers zu setzenden Maßnahmen sind entsprechend dem individuellen Risikoprofil zu wählen. Dabei ist insbesondere die Risikogeneigtheit der für den Auftraggeber zu erbringenden Tätigkeiten zu beachten. Soweit der Auftrag die Erfüllung gesetzlicher Pflichten für den Auftraggeber umfasst, besteht in der Regel ein geringes Risiko einer Ausnutzung der Geschäftsbeziehung für Zwecke der Geldwäsche oder der Terrorismusfinanzierung. Bei Annahme von Aufträgen zur Durchführung von Tätigkeiten mit geringem Risiko ist es ausreichend, mit angemessenen Mitteln ein allgemeines Verständnis der Eigentums- und Kontrollstruktur des Auftraggebers zu erlangen.

(7) Zur Einholung von Informationen über Zweck und Art der angestrebten Geschäftsbeziehung sind im Zuge der Begründung der Geschäftsbeziehung die zu erbringenden Leistungen zu dokumentieren. Diese Dokumentation ist bei aufrechten Geschäftsbeziehungen regelmäßig zu aktualisieren. Die eingeholten Informationen sowie die Dokumentation der zu erbringenden

Leistungen sind bei Erstellung des Risikoprofils gemäß § 21 zu berücksichtigen.

(8) Zur kontinuierlichen Überwachung aufrechter Geschäftsbeziehungen ist im Sinne des § 44 Abs. 1 Z 6 BiBuG 2014 in regelmäßigen Intervallen eine Überprüfung dahingehend durchzuführen, ob die Kenntnisse über den Auftraggeber und seine Geschäftstätigkeit aktuell sind. Das Intervall der Überprüfungen ist entsprechend einer Risikoeinstufung des Auftraggebers vorzunehmen. Unabhängig von den regelmäßig vorzunehmenden Überprüfungen ist eine Überprüfung anlassbezogen durchzuführen, wenn aufgrund von dem Berufsberechtigten bekannt gewordener Tatsachen und im Hinblick auf die Risikoeinstufung des Auftraggebers dies erforderlich scheint. Eine gesonderte Verpflichtung des Berufsberechtigten zur Einholung von Informationen wird dadurch nicht begründet.

(9) Auftraggeber sind darauf zu überprüfen, ob es sich bei diesen um politisch exponierte Personen im Sinne des § 46 Abs. 1 Z 3 BiBuG 2014 von anderen Mitgliedstaaten oder Drittländern handelt (§ 46 Abs. 1 Z 2 BiBuG 2014). Die Überprüfung ist auf Basis verlässlicher Informationsquellen durchzuführen und das Ergebnis der Überprüfung ist zu dokumentieren. Von gesetzlichen Berufsorganisationen angebotene oder empfohlene Informationsquellen gelten jedenfalls als verlässlich.

(10) Als unüblich im Sinne des § 44 Abs. 1 Z 8 BiBuG 2014 gilt eine Transaktion, wenn diese in Bezug auf die bisher vom Auftraggeber ausgeübte Geschäftstätigkeit ungewöhnlich ist, ohne erkennbaren wirtschaftlichen oder erkennbaren rechtmäßigen Zweck erfolgt und damit für die Transaktion keine normale, legale, harmlose Erklärung in Betracht kommt. Die Dokumentation über eine solche Transaktion ist zumindest fünf Jahre nach Durchführung der Transaktion aufzubewahren.

(11) Die Meldepflicht ist gemäß § 49 Abs. 6 BiBuG 2014 nicht anzuwenden, wenn es sich um eine Tätigkeit als Berater oder Vertreter des Auftraggebers im Rahmen des Berechtigungsumfanges der Berufsberechtigten gemäß §§ 2 - 4 BiBuG 2014 insbesondere vor folgenden Behörden handelt:

1. Finanzbehörden
2. Gebietskörperschaften
3. Sozialversicherungsträger
4. Einrichtungen des Arbeitsmarktservice, der Berufsorganisationen, der Landes-Fremdenverkehrsverbände und andere in wirtschaftlichen Angelegenheiten zuständigen Behörden und Ämter.

Wirtschaftlicher Eigentümer

§ 15. Die Prüfung der Gleichwertigkeit von Offenlegungsvorschriften hinsichtlich der an einem geregelten Markt notierten Gesellschaften kann anhand von durch öffentliche Stellen veröffentlichten Listen erfolgen.

Vereinfachte Sorgfaltspflichten

§ 16. (1) Auch bei Vorliegen der in § 45 BiBuG 2014 angeführten Voraussetzungen dürfen vereinfachte Sorgfaltspflichten nur dann angewendet werden, wenn der Berufsberechtigte das Risiko der Geldwäsche und Terrorismusfinanzierung der Geschäftsbeziehung (Risikoprofil) insgesamt als gering eingestuft hat.

(2) Die Einholung von Informationen aus Geschäftsberichten, detaillierten Websites oder sonstigen Veröffentlichungen kann in solchen Fällen zur Erfüllung der Identifikationspflichten für die vertretungsbefugten Personen und des wirtschaftlichen Eigentümers sowie zur Einholung von Informationen über den Zweck und die Art der Geschäftstätigkeit ausreichen.

(3) Das Vorliegen der in § 45 BiBuG 2014 angeführten Voraussetzungen berechtigt nicht, auf sämtliche Sorgfaltspflichten zu verzichten.

Verstärkte Sorgfaltspflichten

§ 17. (1) Das vorläufige Fehlen von Identifizierungsunterlagen bei Vorliegen eines Ferngeschäftes im Sinne des § 46 Abs. 1 Z 1 BiBuG 2014 kann zu keiner Verpflichtung zu einer Meldung aufgrund § 44 Abs. 5 BiBuG 2014 führen. Erst das endgültige Fehlen derartiger Unterlagen nach Abschluss der für Ferngeschäfte vorgesehenen Sorgfaltsmaßnahmen löst eine solche Meldeverpflichtung aus.

(2) Die Nutzung einer Datenbank, die auf die internationale Erkennung politisch exponierter Personen spezialisiert ist, stellt ein angemessenes Verfahren zur Feststellung dar, ob der Auftraggeber eine politisch exponierte Person eines anderen Mitgliedstaates oder eines Drittstaates ist. Nach Begründung einer Geschäftsbeziehung ist auf risikoorientierter Basis regelmäßig zu überprüfen, ob ein Auftraggeber als politisch exponierte Person eines anderen Mitgliedstaates oder eines Drittstaates gilt.

(3) Für die Begründung einer Geschäftsbeziehung mit politisch exponierten Personen von anderen Mitgliedstaaten oder von Drittländern sind angemessene Verfahren festzulegen, welche die Einbindung der

Führungsebene bereits vor Erbringung von Leistungen gewährleisten. Bei Gesellschaften ist eine Einbeziehung des Geldwäschebeauftragten in diese Verfahren einzubeziehen.

Ausführung durch Dritte

§ 18. Das Vorliegen der Voraussetzungen gemäß § 48 Abs. 2 Z 1 und 2 BiBuG 2014 ist risikobasiert unter Anwendung angemessener Maßnahmen zu prüfen.

Meldepflichten

§ 19. (1) Vermögensbestandteile, die aus einer strafbaren Handlung des Täters selbst herrühren, sind für das Entstehen einer Meldepflicht nur insoweit beachtlich, als die Geldwäsche derartiger Vermögensbestandteile auch nach § 165 StGB, BGBl. 1974/60 in der Fassung BGBl. I Nr. 116/2013, strafbar ist.

(2) Entspricht ein Auftraggeber einem Verlangen im Zusammenhang mit der Identifizierung des wirtschaftlichen Eigentümers nicht, führt dies nur dann zu einer Meldepflicht, wenn mit dem Auftraggeber bereits über eine kostenlose Erstberatung hinaus eine Geschäftsbeziehung begründet oder eine gelegentliche Transaktion durchgeführt werden soll.

(3) Ein Verzicht auf die Durchführung eines Geschäfts ist insbesondere dann nicht möglich, wenn der Auftrag in der Erfüllung gesetzlicher Pflichten für den Auftraggeber besteht und deren fristgerechte Durchführung andernfalls gefährdet ist.

(4) Berufsberechtigte sowie deren leitendes Personal sind verpflichtet vor der Erteilung von Auskünften gemäß § 49 Abs. 5 BiBuG 2014 an die zuständige Behörde, von dieser eine schriftliche Bestätigung über das Bestehen einer Ermittlungstätigkeit wegen Geldwäsche oder Terrorismusfinanzierung zu verlangen. Wird dem Verlangen nicht Folge geleistet, kann Auskunft dann erteilt werden, wenn die Berechtigung des Auskunftsersuchens glaubhaft erscheint.

Verbot der Informationsweitergabe

§ 20. (1) Eine Informationsweitergabe an andere Berufsberechtigte ist zulässig, sofern es sich um denselben Auftraggeber und dieselbe Transaktion handelt. Eine Informationsweitergabe innerhalb eines inländischen Netzwerkes ist immer zulässig.

(2) Im Falle der Informationsweitergabe an ausländische Berufsberechtigte hat die Prüfung der Gleichwertigkeit der Anforderungen von Bestimmungen zur Verhinderung der Geldwäsche und der Terrorismusfinanzierung in Drittländern sowie der beruflichen Verschwiegenheitspflicht und des Schutzes personenbezogener Daten anhand von durch öffentliche Stellen veröffentlichten Listen zu erfolgen. Liegen derartige Listen nicht vor, kann der Berufsberechtigte selbst die Gleichwertigkeit beurteilen. Im Zweifel ist von dem im Drittland ansässigen Berufsberechtigten die Gleichwertigkeit der Anforderung glaubhaft zu machen.

(3) Unter Transaktionen im Sinne des § 50 Abs. 3 BiBuG 2014 sind nicht nur Sachverhalte im Sinne der allgemeinen Begriffsbestimmung gemäß § 13 Z 5 zu verstehen, sondern Geschäftsfälle allgemein.

Risikoprofil

§ 21. (1) Zur Beurteilung des Risikos der Geldwäsche oder der Terrorismusfinanzierung einer Geschäftsbeziehung oder einer gelegentlichen Transaktion ist auf Grundlage aller über Auftraggeber und Auftrag erhaltenen Informationen bei Begründung der Geschäftsbeziehung oder anlässlich der Durchführung einer gelegentlichen Transaktion ein Risikoprofil zu erstellen. Maßnahmen, die risikobasiert zu treffen sind, sind auf Grundlage dieses Risikoprofils festzulegen. Das Risikoprofil ist während der Dauer der Geschäftsbeziehung entsprechend den Vorschriften zur laufenden Überwachung einer Geschäftsbeziehung aktuell zu halten.

(2) Bei der Erstellung eines Risikoprofils können beispielsweise einfließen:

1. Auftraggeberbezogene Faktoren wie beispielsweise

a) Herkunft oder Sitzstaat des Auftraggebers
b) bei ausländischen Auftraggebern die Vergleichbarkeit von Regelungen des Herkunftsstaates zur Verhinderung der Geldwäsche und der Terrorismusfinanzierung mit inländischen Regelungen
c) die Rechtsform des Auftraggebers
d) Geschäftstätigkeit und Branche des Auftraggebers
e) Feststellung, ob es sich bei dem Auftraggeber um eine politisch exponierte Person von anderen Mitgliedstaaten oder von Drittländern im Sinne des § 46 Abs 1 Z 3 BiBuG 2014 handelt
f) Handeln des Auftraggebers im eigenen Namen oder in Vertretung

2. Auftragsbezogene Faktoren wie beispielsweise

a) Inhalt, Art und Dringlichkeit der beauftragten Leistungen
b) beabsichtigte Dauer der Geschäftsbeziehung
c) Marktüblichkeit des Preis-Leistungsverhältnisses
d) unbare oder bare Leistungsvergütung

3. Faktoren in der Sphäre des Berufsberechtigten wie beispielsweise

a) auftragsspezifische Kenntnisse des Berufsberechtigten
b) Sprachkenntnisse
c) organisatorische Voraussetzungen

(3) Die Risikoeinstufung einer Geschäftsbeziehung hat in einer Gesamtbetrachtung aller im Einzelfall allenfalls gewichtet zu berücksichtigenden Faktoren zu erfolgen. Die Risikoeinstufung ist anlässlich jeder Aktualisierung des Risikoprofils neuerlich zu beurteilen.

(4) Das Risikoprofil sowie die Risikoeinstufung sind zu dokumentieren und die Dokumentation zumindest fünf Jahre nach Beendigung der Geschäftsbeziehung oder der Durchführung einer Transaktion aufzubewahren.

4. Abschnitt

Schlussbestimmungen

Inkrafttreten

§ 22. Diese Verordnung tritt mit Beginn des auf die Kundmachung folgenden Tages in Kraft.

Sprachliche Gleichbehandlung

§ 23. Soweit in dieser Richtlinie personenbezogene Bezeichnungen nur in männlicher Form angeführt sind, beziehen sie sich auf Frauen und Männer in gleicher Weise. Bei der Anwendung auf bestimmte Personen ist jeweils die geschlechtsspezifische Form zu verwenden.

Wien, am 3. Februar 2014

Dr. Christoph Leitl

Präsident

KAPITEL 15

Verordnung des Präsidenten der Wirtschaftskammer Österreich (WKÖ), mit der die Verordnung über die Ausübung der Bilanzbuchhaltungsberufe (Bilanzbuchhaltungsberufe-Ausübungsrichtlinie 2014 - BB-AR 2014) geändert wird, genehmigt vom Bundesministerium für Digitalisierung und Wirtschaftsstandort mit Note vom 12.07.2018, BMDW-91.560/0013.I/3/2018

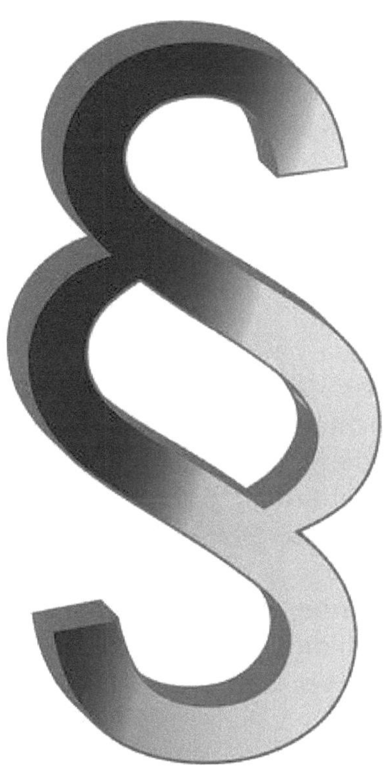

**Verordnung des Präsidenten der Wirtschaftskammer Österreich, mit der
die Verordnung über die Ausübung der Bilanzbuchhaltungsberufe
(Bilanzbuchhaltungsberufe-Ausübungsrichtlinie 2014 – BB-AR 2014)
geändert wird, genehmigt vom Bundesministerium für Digitalisierung und
Wirtschaftsstandort mit Note vom 12.7.2018,
BMDW-91.560/0013-I/3/2018**

Aufgrund der §§ 34 Abs. 1 und 2, 49 Abs. 2, 50 Abs. 4, 52e Abs. 2 und 3
sowie 52i Abs.4 des Bilanzbuchhaltungsgesetzes 2014, BGBl. I Nr.
191/2013, zuletzt geändert durch BGBl. I Nr.32/2018, wird verordnet:

Die Verordnung des Präsidenten der Wirtschaftskammer Österreich über die
Ausübung der Bilanzbuchhaltungsberufe, kundgemacht am 3. Februar 2014,
wird wie folgt geändert:

1. Der 3. Abschnitt lautet:

„3. Abschnitt

**Maßnahmen zur Verhinderung der Geldwäsche und der
Terrorismusfinanzierung**

Begriffsbestimmungen

§ 13. Im Sinne dieses Abschnittes ist

1. „Berufsberechtigter" jeder zur Ausübung eines
Bilanzbuchhaltungsberufes gemäß § 1 BiBuG 2014 Berechtigte (natürliche
und juristische Personen);

2. „Hinweisgeber" jede natürliche Person, die im guten Glauben und bei
Verdacht (§ 43 Abs. 2 Z 7 BiBuG 2014), dass ein Verstoß gegen
berufsrechtliche Pflichten nach den §§ 43 bis 52d BiBuG 2014 begangen
wurde oder wird, diese Information über das Hinweisgebersystem der
Bilanzbuchhaltungsbehörde oder über das unternehmensinterne
Hinweisgebersystem weitergibt;

3. „Beschuldigter" eine natürliche oder juristische Person, die vom
Hinweisgeber beschuldigt wird, einen Verstoß gegen berufsrechtliche
Pflichten nach §§ 43 bis 52d BiBuG 2014 begangen zu haben oder zu
begehen.

Ausgestaltung von Sorgfaltspflichten

§ 14. (1) Steht für die Feststellung und Überprüfung der Identität einer natürlichen Person als Auftraggeber ein aktueller amtlicher Lichtbildausweis zur Verfügung, ist die Einholung von weiteren Dokumenten, Daten und Informationen nicht erforderlich, sofern der Berufsberechtigte alleine daraus die Identität des Auftraggebers feststellen und überprüfen kann. Ansonsten haben die Feststellung und Überprüfung der Identität risikobasiert aufgrund des gemäß § 19 erstellten Risikoprofils zu erfolgen. Auskünfte und Informationen von verlässlichen Gewährspersonen sind als glaubwürdig anzusehen. Verlässliche Gewährspersonen in diesem Sinn sind Gerichte und sonstige staatliche Behörden, Notare und Rechtsanwälte, sofern sie nicht ihren amtlichen Wirkungsbereich, Sitz oder Wohnsitz in einem Nicht-Kooperationsstaat haben sowie Kredit- und Finanzinstitute im Sinne des § 13 Finanzmarkt-Geldwäschegesetz – FM-GwG. (BGBl. I Nr.118/2016 idF BGBl. I Nr. 136/2017).

(2) Wird die Überprüfung der Identität des Auftraggebers erst während der Begründung der Geschäftsbeziehung abgeschlossen, ist zu beachten:

1. Ein die Feststellung und Überprüfung der Identität des Auftraggebers erst während der Begründung der Geschäftsbeziehung rechtfertigendes geringes Risiko der Geldwäsche und der Terrorismusfinanzierung kann zum Beispiel dann angenommen werden, wenn der Auftraggeber dem Berufsberechtigten seit längerer Zeit persönlich bekannt ist.

2. Eine Vervollständigung der zur Feststellung und Überprüfung der Identität des Auftraggebers dienendes Verfahren hat möglichst bald, ohne schuldhaftes Zögern, zu erfolgen.

(3) Zur Überprüfung der Vertretungsbefugnis eines als Bevollmächtigten des Auftraggebers ist die erteilte schriftliche Vollmacht einzuholen. Bei berufsmäßigen Parteienvertretern genügt die Berufung auf die erteilte Vollmacht und den Nachweis der Berufsberechtigung.

(4) Die zum Verständnis der Eigentums- und Kontrollstruktur des Auftraggebers zu setzenden Maßnahmen sind entsprechend dem individuellen Risikoprofil zu wählen. Dabei ist insbesondere die Risikogeneigtheit der für den Auftraggeber zu erbringenden Tätigkeiten zu beachten. Soweit der Auftrag die Erfüllung gesetzlicher Pflichten für den Auftraggeber umfasst, besteht in der Regel ein geringes Risiko einer Ausnutzung der Geschäftsbeziehung für Zwecke der Geldwäsche oder der Terrorismusfinanzierung. Bei Annahme von Aufträgen zur Durchführung von

Tätigkeiten mit geringem Risiko ist es ausreichend, mit angemessenen Mitteln ein allgemeines Verständnis der Eigentums- und Kontrollstruktur des Auftraggebers zu erlangen.

(5) Zur kontinuierlichen Überwachung aufrechter Geschäftsbeziehungen ist im Sinne des § 46 Z 5 BiBuG 2014 in regelmäßigen Intervallen eine Überprüfung dahingehend durchzuführen, ob die Kenntnisse über den Auftraggeber und seine Geschäftstätigkeit aktuell sind. Das Intervall der Überprüfungen ist entsprechend einer Risikoeinstufung des Auftraggebers vorzunehmen. Unabhängig von den regelmäßig vorzunehmenden Überprüfungen ist eine Überprüfung anlassbezogen durchzuführen, wenn aufgrund von dem Berufsberechtigten bekannt gewordenen Tatsachen und im Hinblick auf die Risikoeinstufung des Auftraggebers dies erforderlich scheint. Eine gesonderte Verpflichtung des Berufsberechtigten zur Einholung von Informationen wird dadurch nicht begründet.

(6) Bei der Überprüfung nach § 46 Z 6 BiBuG 2014, ob es sich beim Auftraggeber oder einem wirtschaftlichen Eigentümer des Auftraggebers um eine politisch exponierte Person handelt, ist auf verlässliche Informationsquellen zurückzugreifen und das Ergebnis der Überprüfung zu dokumentieren. Von gesetzlichen Berufsorganisationen angebotene oder empfohlene Informationsquellen gelten jedenfalls als verlässlich.

Vereinfachte Sorgfaltspflichten

§ 15. (1) Mögliche Faktoren für ein potenziell geringeres Risiko sind beispielsweise:

1. Hinsichtlich des Auftraggeberrisikos

a) öffentliche, an einer Börse notierte Unternehmen, die (aufgrund von Börsenordnungen oder von Gesetzes wegen oder aufgrund durchsetzbarer Instrumente) Offenlegungspflichten unterliegen, die Anforderungen an die Gewährleistung einer angemessenen Transparenz hinsichtlich des wirtschaftlichen Eigentümers auferlegen,
b) öffentliche Verwaltungen oder Unternehmen oder
c) Auftraggeber mit Wohnsitz in geografischen Gebieten mit geringerem Risiko (Z 3);

2. hinsichtlich des Produkt-, Dienstleistungs-, Transaktions- oder Vertriebskanalrisikos Produkte, bei denen die Risiken der Geldwäsche und Terrorismusfinanzierung durch andere Faktoren wie etwa Beschränkungen der elektronischen Geldbörse oder die Transparenz der Eigentumsverhältnisse gesteuert werden;

3. hinsichtlich des geografischen Risikos

a) Mitgliedstaaten der Europäischen Union,
b) Drittländer mit gut funktionierenden Systemen zur Bekämpfung von Geldwäsche und Terrorismusfinanzierung,

c) Drittländer, in denen Korruption und andere kriminelle Tätigkeiten laut glaubwürdigen Quellen schwach ausgeprägt sind,
d) Drittländer, deren Anforderungen an die Bekämpfung von Geldwäsche und Terrorismusfinanzierung laut glaubwürdigen Quellen (z. B. gegenseitige Evaluierungen, detaillierte Bewertungsberichte oder veröffentlichte Follow-up-Berichte) den überarbeiteten FATF-Empfehlungen entsprechen und die diese Anforderungen wirksam umsetzen.

(2) Die Einholung von Informationen aus einer einzigen verlässlichen, glaubwürdigen und unabhängigen Quelle kann in solchen Fällen zur Erfüllung der Identifikationspflichten für die vertretungsbefugten Personen und des wirtschaftlichen Eigentümers ausreichen. Hinsichtlich des Zweckes und der Art der Geschäftstätigkeit kann es in solchen Fällen gegebenenfalls auch ausreichen, Annahmen zu treffen, wenn das betreffende Produkt oder die betreffende Dienstleistung für einen einzigen Zweck zugeschnitten ist.

Verstärkte Sorgfaltspflichten

§ 16. (1) Abgesehen von den in § 50 Abs. 1 BiBuG 2014 genannten Fällen sind mögliche Faktoren für ein potenziell höheres Risiko beispielsweise:

1. Hinsichtlich des Auftraggeberrisikos

a) außergewöhnliche Umstände der Geschäftsbeziehung,
b) Auftraggeber, die in geografischen Gebieten mit hohem Risiko (Z 3) ansässig sind,
c) juristische Personen oder Rechtsvereinbarungen, die als Instrumente für die private Vermögensverwaltung dienen,
d) Unternehmen mit nominellen Anteilseignern oder als Inhaberpapieren emittierten Aktien,
e) bargeldintensive Unternehmen,

f) angesichts der Art der Geschäftstätigkeit als ungewöhnlich oder übermäßig kompliziert erscheinende Eigentumsstruktur des Unternehmens;

2. hinsichtlich des Produkt-, Dienstleistungs-, Transaktions- oder Vertriebskanalrisikos

a) Banken mit Privatkundengeschäft,
b) Produkte oder Transaktionen, die Anonymität begünstigen könnten,
c) Geschäftsbeziehungen oder Transaktionen ohne persönliche Kontakte und ohne bestimmte Sicherungsmaßnahmen wie z. B. elektronische Unterschriften,
d) Eingang von Zahlungen unbekannter oder nicht verbundener Dritter,
e) neue Produkte und neue Geschäftsmodelle einschließlich neuer Vertriebsmechanismen sowie Nutzung neuer oder in Entwicklung begriffener Technologien für neue oder bereits bestehende Produkte;

3. hinsichtlich des geografischen Risikos

a) Länder, deren Finanzsysteme laut glaubwürdigen Quellen (z. B. gegenseitige Evaluierungen, detaillierte Bewertungsberichte oder veröffentlichte Follow-up-Berichte) nicht über hinreichende Systeme zur Bekämpfung von Geldwäsche und Terrorismusfinanzierung verfügen,
b) Drittländer, in denen Korruption oder andere kriminelle Tätigkeiten laut glaubwürdigen Quellen signifikant stark ausgeprägt sind,
c) Länder, gegen die beispielsweise die Europäische Union oder die Vereinten Nationen Sanktionen, Embargos oder ähnliche Maßnahmen verhängt hat/haben,
d) Länder, die terroristische Aktivitäten finanziell oder anderweitig unterstützen oder in denen bekannte terroristische Organisationen aktiv sind.

(2) Die Nutzung einer Datenbank, die auf die internationale Erkennung politisch exponierter Personen spezialisiert ist, stellt ein angemessenes Verfahren zur Feststellung dar, ob der Auftraggeber eine politisch exponierte Person ist. Nach Begründung einer Geschäftsbeziehung ist auf risikoorientierter Basis regelmäßig zu überprüfen, ob ein Auftraggeber als politisch exponierte Person gilt.

(3) Als ungewöhnlich im Sinne des § 50 Abs. 1 Z 1 BiBuG 2014 gilt eine Transaktion, wenn diese in Bezug auf die bisher vom Auftraggeber ausgeübte Geschäftstätigkeit unüblich ist, ohne erkennbaren wirtschaftlichen oder erkennbaren rechtmäßigen Zweck erfolgt und damit für die Transaktion keine normale, legale und harmlose Erklärung in Betracht kommt.

Ausführung durch Dritte

§ 17. Das Vorliegen der Voraussetzungen gemäß § 52 Abs. 2 Z 1 und 2 BiBuG 2014 ist risikobasiert unter Anwendung angemessener Maßnahmen zu prüfen.

Verbot der Informationsweitergabe

§ 18. Im Falle der Informationsweitergabe an ausländische Berufsberechtigte hat die Prüfung der Gleichwertigkeit der Anforderungen von Bestimmungen zur Verhinderung der Geldwäsche und der Terrorismusfinanzierung in Drittländern sowie der beruflichen Verschwiegenheitspflicht und des Schutzes personenbezogener Daten anhand von durch öffentliche Stellen veröffentlichten Listen zu erfolgen. Liegen derartige Listen nicht vor, kann der Berufsberechtigte selbst die Gleichwertigkeit beurteilen. Im Zweifel ist von dem im Drittland ansässigen Berufsberechtigten die Gleichwertigkeit der Anforderung glaubhaft zu machen.

Risikoprofil

§ 19. (1) Zur Beurteilung des Risikos der Geldwäsche oder der Terrorismusfinanzierung einer Geschäftsbeziehung oder einer gelegentlichen Transaktion ist auf Grundlage aller über Auftraggeber und Auftrag erhaltenen Informationen bei Begründung der Geschäftsbeziehung oder anlässlich der Durchführung einer gelegentlichen Transaktion ein Risikoprofil zu erstellen. Maßnahmen, die risikobasiert zu treffen sind, sind auf Grundlage dieses Risikoprofils festzulegen. Das Risikoprofil ist während der Dauer der Geschäftsbeziehung entsprechend den Vorschriften zur laufenden Überwachung einer Geschäftsbeziehung aktuell zu halten.

(2) Bei der Erstellung eines Risikoprofils können beispielsweise einfließen:

1. Auftraggeberbezogene Faktoren wie

a) Herkunft oder Sitzstaat des Auftraggebers
b) bei ausländischen Auftraggebern die Vergleichbarkeit von Regelungen des Herkunftsstaates zur Verhinderung der Geldwäsche und der Terrorismusfinanzierung mit inländischen Regelungen
c) die Rechtsform des Auftraggebers
d) Geschäftstätigkeit und Branche des Auftraggebers

e) Feststellung, ob es sich bei dem Auftraggeber um eine politisch exponierte Person im Sinne des § 43 Abs. 2 Z 14 BiBuG 2014 handelt
f) Handeln des Auftraggebers im eigenen Namen oder in Vertretung

2. Auftragsbezogene Faktoren wie

a) Inhalt, Art und Dringlichkeit der beauftragten Leistungen
b) beabsichtigte Dauer der Geschäftsbeziehung
c) Marktüblichkeit des Preis-Leistungsverhältnisses
d) unbare oder bare Leistungsvergütung

3. Faktoren in der Sphäre des Berufsberechtigten wie

a) auftragsspezifische Kenntnisse des Berufsberechtigten
b) Sprachkenntnisse
c) organisatorische Voraussetzungen

(3) Die Risikoeinstufung einer Geschäftsbeziehung hat in einer Gesamtbetrachtung aller im Einzelfall allenfalls gewichtet zu berücksichtigenden Faktoren zu erfolgen. Die Risikoeinstufung ist anlässlich jeder Aktualisierung des Risikoprofils neuerlich zu beurteilen.

Internetbasiertes Hinweisgebersystem bei der Bilanzbuchhaltungsbehörde

§ 20. (1) Die Bilanzbuchhaltungsbehörde hat auf einer gesonderten, leicht erkennbaren und zugänglichen Rubrik ihrer Website mindestens folgende Informationen zur Entgegennahme einer Verstoßmeldung zu veröffentlichen:

1. den Kommunikationskanal zur Abgabe und Nachverfolgung einer Meldung eines Verstoßes gegen berufsrechtliche Pflichten nach den §§ 43 bis 52d BiBuG 2014;
2. das anwendbare Verfahren bei Verstoßmeldungen;
3. die für Verstoßmeldungen geltenden Vertraulichkeitsbestimmungen und die Reichweite der den Hinweisgebern zukommenden Anonymität im Hinblick auf Abs. 2, 6 und 7;
4. die Verfahren zum Schutz von Personen, die als Hinweisgeber auftreten;
5. eine Erklärung, aus der eindeutig hervorgeht, dass eine Meldung einer Information als Hinweisgeber im Sinne des § 13 Z 2 nicht als Verletzung einer vertraglich oder durch Gesetzes- oder Verordnungsbestimmungen geregelten Bekanntmachungsbeschränkung gilt und keine rechtlich nachteiligen Folgen nach sich zieht.

(2) Das nach § 52e Abs. 1 BiBuG 2014 bei der Bilanzbuchhaltungsbehörde bestehende internetbasierte Hinweisgebersystem ist über die Website der Bilanzbuchhaltungsbehörde (http://www.bilanzbuchhaltung.or.at) aufrufbar. Es ermöglicht das anonyme Erstellen eines Postfaches, über welches der Hinweisgeber mit der Bilanzbuchhaltungsbehörde kommunizieren und dieser Dateien übermitteln kann, ohne seine Identität notwendigerweise preiszugeben. Gibt der Hinweisgeber seine Anonymität nicht durch die Ausgestaltung seiner Nachrichten oder der übermittelten Dateien einschließlich der mitgesendeten Metadaten selbst preis, darf das internetbasierte Hinweisgebersystem technisch nicht dazu benützt werden, die Anonymität des Hinweisgebers zu lüften.

(3) Das internetbasierte Hinweisgebersystem verläuft getrennt von den allgemeinen Kommunikationskanälen der Bilanzbuchhaltungsbehörde, einschließlich der Kommunikationskanäle, über die die Bilanzbuchhaltungsbehörde in ihren allgemeinen Arbeitsabläufen intern und mit Dritten kommuniziert. Es wird so gestaltet, eingerichtet und betrieben, dass die Vollständigkeit, Integrität und Vertraulichkeit der Informationen gewährleistet ist und der Zugang durch nicht berechtigte Mitarbeiter der Bilanzbuchhaltungsbehörde verhindert wird. Das internetbasierte Hinweisgebersystem ermöglicht die Speicherung von Informationen im Zusammenhang mit der Meldung von Verstößen, um weitere Untersuchungen zu ermöglichen.

(4) Erbittet der Hinweisgeber ein persönliches Treffen mit Mitarbeitern der Bilanzbuchhaltungsbehörde, kann dem stattgegeben werden. Die Bilanzbuchhaltungsbehörde hat die Aufzeichnungen eines persönlichen Treffens auf folgende Weise zu dokumentieren:

1. Tonaufzeichnung des Gesprächs in dauerhafter und abrufbarer Form

oder

2. detailliertes Protokoll des Treffens, das von den Mitarbeitern der Bilanzbuchhaltungsbehörde angefertigt wird. Hat der Hinweisgeber seine Identität offengelegt, so wird ihm von der Bilanzbuchhaltungsbehörde die Möglichkeit eingeräumt, das Protokoll des Treffens zu prüfen, zu berichtigen und per Unterschrift zu bestätigen.

(5) Die Bilanzbuchhaltungsbehörde hat allen über das internetbasierte Hinweisgebersystem erhaltenen Informationen, die nicht offenkundig substratlos sind, nachzugehen und gegebenenfalls ein Disziplinar-, Suspendierungs- oder Verwaltungsstrafverfahren einzuleiten.

(6) Die Bilanzbuchhaltungsbehörde hat den Beschuldigten über die ihn betreffenden Vorwürfe, die den über das internetbasierte Hinweisgebersystem mitgeteilten Informationen zu entnehmen sind, zu informieren, sobald dies möglich ist, ohne die Ermittlung der vorgeworfenen Verstöße zu gefährden. Der Beschuldigte ist jedenfalls dann und darüber zu informieren, wenn bzw. dass ein Disziplinar-, Suspendierungs- oder Verwaltungsstrafverfahren eingeleitet oder eingestellt wird. Dabei ist die Anonymität des Hinweisgebers in jedem Fall zu wahren.

(7) Bei Prüfungen nach § 52g BiBuG 2014, Verwaltungsstrafverfahren nach § 52j und § 52k BiBuG 2014 sowie Disziplinarverfahren ist die Bilanzbuchhaltungsbehörde verpflichtet, die Anonymität des Hinweisgebers zu wahren und auf seine Verwendung als Zeuge zu verzichten. Wäre eine Fortführung des Verfahrens oder Bestrafung ohne Aufdeckung der Identität des Hinweisgebers oder seine Verwendung als Zeuge nicht möglich, so ist das Verfahren einzustellen, außer der Hinweisgeber erklärt freiwillig, dass er auf die Wahrung seiner Anonymität verzichtet oder zur Verwendung als Zeuge bereit ist.

Unternehmensinterne Hinweisgebersysteme

§ 21. (1) Berufsberechtigte, die mehr als zehn Angestellte haben, sind verpflichtet, ein unternehmensinternes Hinweisgebersystem einzurichten, welches auch gemeinsam mit anderen Berufsberechtigten betrieben werden kann.

(2) Als Ansprechpartner für Hinweisgeber ist zumindest eine Vertrauensperson zu benennen. Als solche können Mitarbeiter des Berufsberechtigten sowie unternehmensexterne Personen bestimmt werden, nicht aber der Berufsberechtigte selbst sowie der Verantwortliche für die Einhaltung der Bestimmungen zur Verhinderung der Geldwäsche und Terrorismusfinanzierung nach § 52d Abs. 2 BiBuG 2014.

(3) Auf die Vertrauensperson und ihre Funktion als Ansprechpartner für Hinweisgeber ist unternehmensintern angemessen hinzuweisen.

(4) Die Berufsberechtigten haben Voraussetzungen zu schaffen, unter denen Hinweisgeber mit der Vertrauensperson in einer Weise kommunizieren können, die ihre Anonymität wahrt, und zwar sowohl gegenüber der Vertrauensperson als auch gegenüber dem Berufsberechtigten, anderen Mitarbeitern sowie externen Personen. Gibt der Hinweisgeber gegenüber der Vertrauensperson seine Anonymität preis, muss diese sie ihrerseits dennoch wahren, es sei denn, der Hinweisgeber stimmt der weiteren Preisgabe seiner Anonymität zu.

(5) Erbittet der Hinweisgeber ein persönliches Treffen mit der Vertrauensperson, kann dem stattgegeben werden. In diesem Fall hat die Vertrauensperson dafür zu sorgen, dass vollständige und genaue Aufzeichnungen des Treffens in dauerhafter und abrufbarer Form aufbewahrt werden. Die Vertrauensperson hat die Aufzeichnungen eines persönlichen Treffens auf folgende Weise zu dokumentieren:

1. Tonaufzeichnung des Gesprächs in dauerhafter und abrufbarer Form

oder

2. detailliertes Protokoll des Treffens, das von der Vertrauensperson angefertigt wird.

Hat der Hinweisgeber seine Identität offengelegt, so wird ihm von der Vertrauensperson die Möglichkeit eingeräumt, das Protokoll des Treffens zu prüfen, zu berichtigen und per Unterschrift zu bestätigen.

(6) Die Vertrauensperson hat in regelmäßigen Abständen sowie bei Bedarf anlassbezogen an den Berufsberechtigten bzw. den Verantwortlichen für die Einhaltung der Bestimmungen zur Verhinderung der Geldwäsche und Terrorismusfinanzierung nach § 52d Abs. 2 BiBuG zu berichten. Dabei trägt die Vertrauensperson Sorge dafür, die Anonymität der Hinweisgeber zu wahren. Der Berufsberechtigte bzw. der Verantwortliche für die Einhaltung der Bestimmungen zur Verhinderung der Geldwäsche und Terrorismusfinanzierung nach § 52d Abs. 2 BiBuG versuchen nicht, die Anonymität eines Hinweisgebers gegen dessen Willen oder den Willen der Vertrauensperson zu lüften.

(7) Die Vertrauensperson kann die ihr mitgeteilten Informationen auch über das internetbasierte Hinweisgebersystem der Bilanzbuchhaltungsbehörde weiterleiten. In diesem Fall gelten sowohl der ursprüngliche Hinweisgeber als auch die Vertrauensperson als Hinweisgeber.

(8) Eine Vertrauensperson darf durch den Berufsberechtigten, dessen Vertreter oder ihre Vorgesetzten als Reaktion auf ihre Funktion oder die Wahrnehmung derselben oder im Zusammenhang mit dieser nicht entlassen, gekündigt oder auf andere Weise benachteiligt werden.

(9) Die Berufsberechtigten können weitergehende Vorkehrungen für ihr unternehmensinternes Hinweisgebersystem vorsehen.

Hinweisgeberschutz

§ 22. (1) Ein Hinweisgeber darf durch den Berufsberechtigten, dessen Vertreter oder seine Vorgesetzten als Reaktion auf seine Informationsweitergabe im Sinne des § 13 Z 2 oder im Zusammenhang mit dieser nicht benachteiligt werden, insbesondere nicht beim Entgelt, beim beruflichen Aufstieg, bei Maßnahmen der Aus- und Weiterbildung, bei Versetzung oder bei Beendigung des Arbeitsverhältnisses. Der Berufsberechtigte und die Vorgesetzten des Hinweisgebers sind verpflichtet, jede von Vorgesetzten oder Mitarbeitern ausgehende Benachteiligung eines Hinweisgebers als Reaktion auf seine Informationsweitergabe im Sinne des § 13 Z 2 oder im Zusammenhang mit dieser zu verbieten und zu ahnden.

(2) Die Weitergabe von Informationen als Hinweisgeber im Sinne des § 13 Z 2 gilt nicht als Verletzung einer Verschwiegenheitspflicht sowie anderer vertraglicher oder durch Gesetzes- und Verordnungsbestimmungen geregelter Bekanntmachungsbeschränkungen und Geheimhaltungspflichten und zieht für den Hinweisgeber keine nachteiligen Rechtsfolgen nach berufsrechtlichen Vorschriften nach sich.

Rechte des Beschuldigten

§ 23. (1) Ein Beschuldigter darf nicht alleine aufgrund einer Information benachteiligt werden, insbesondere nicht beim Entgelt, beim beruflichen Aufstieg, bei Maßnahmen der Aus- und Weiterbildung, bei Versetzung oder bei Beendigung des Arbeitsverhältnisses. Die Möglichkeit, den Beschuldigten aufgrund derartiger Vorwürfe vorübergehend dienstfrei zu stellen, bleibt davon unberührt.

(2) Der Beschuldigte hat das Recht, unternehmensintern zu den ihn betreffenden Vorwürfen gehört zu werden. Bei dieser Anhörung sind belastende und entlastende Umstände gleichermaßen zu berücksichtigen. In Unternehmen, bei denen ein Betriebsrat besteht, kann der Beschuldigte die Anwesenheit eines Betriebsratsmitglieds bei dieser Anhörung verlangen.

(3) Der Beschuldigte hat das Recht, sich auch in einer unternehmensinternen Ermittlung nicht selbst belasten zu müssen. Er darf nicht unter Androhung einer Entlassung oder Kündigung zu einer Aussage gezwungen werden, die ihn selbst belasten könnte.

(4) Ergibt sich, dass die gegen den Beschuldigten erhobenen Vorwürfe unberechtigt sind, sind der Berufsberechtigte und die Vorgesetzten des Beschuldigten verpflichtet, jede von Vorgesetzten oder Mitarbeitern ausgehende Benachteiligung des Beschuldigten als Reaktion auf die gegen ihn erhobenen Vorwürfe oder im Zusammenhang mit diesen zu verbieten und zu ahnden.

Risikobasierter Ansatz der Aufsicht

§ 24. Bei der risikobasierten Aufsicht berücksichtigt die Bilanzbuchhaltungsbehörde die möglichen Faktoren für ein potenziell geringeres Risiko (§ 15 Abs. 1) und die möglichen Faktoren für ein potenziell erhöhtes Risiko (§ 16 Abs. 1)."

2. Der 4. Abschnitt lautet:

„4. Abschnitt

Schlussbestimmungen

Inkrafttreten

§ 25. (1) Diese Verordnung tritt mit Beginn des auf die Kundmachung folgenden Tages in Kraft.

(2) Der 3. Abschnitt und der 4. Abschnitt in der Fassung der Verordnung des Präsidenten der Wirtschaftskammer Österreich vom 23.7.2018 treten mit Ablauf des Tages der Kundmachung in Kraft.

Sprachliche Gleichbehandlung

§ 26. Soweit in dieser Richtlinie personenbezogene Bezeichnungen nur in männlicher Form angeführt sind, beziehen sie sich auf Frauen und Männer in gleicher Weise. Bei der Anwendung auf bestimmte Personen ist jeweils die geschlechtsspezifische Form zu verwenden."

Wien, am 23.7.2018

Dr. Harald Mahrer

Präsident

KAPITEL 16

Verordnung des Präsidenten der Wirtschaftskammer Österreich (WKÖ) über eine Geschäftsordnung des beratenden Ausschusses über die Einhaltung der Maßnahmen zur Verhinderung der Geldwäsche und der Terrorismusfinanzierung

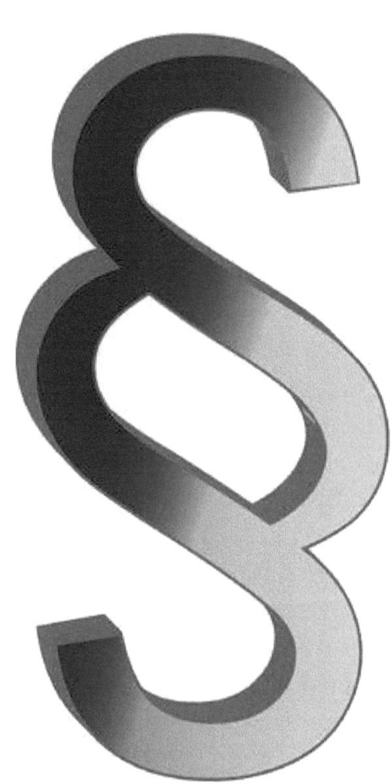

Verordnung des Präsidenten der Wirtschaftskammer Österreich über eine Geschäftsordnung des beratenden Ausschusses über die Einhaltung der Maßnahmen zur Verhinderung der Geldwäsche und der Terrorismusfinanzierung

Aufgrund der §§ 52f, 52g Abs. 4 und 63 Abs. 6 des Bilanzbuchhaltungsgesetzes 2014 (BiBuG 2014), BGBl I Nr. 191/2013, zuletzt geändert durch BGBl. I Nr. 46/2019, wird verordnet:

Mitglieder

§ 1. (1) Der Ausschuss gemäß § 63 Abs. 6 BiBuG 2014 – im folgenden „Ausschuss" genannt – hat aus einem Vorsitzenden, einem Stellvertreter und drei weiteren Mitgliedern zu bestehen. Für jedes Mitglied ist ein Ersatzmitglied zu bestellen. Die Mitglieder und Ersatzmitglieder sind vom Präsidenten der Wirtschaftskammer Österreich für die Dauer von fünf Jahren zu bestellen. Eine Wiederbestellung ist möglich.

(2) Voraussetzung für die Bestellung sind eine zumindest fünfjährige aktive Tätigkeit in einem Bilanzbuchhaltungsberuf sowie der Nachweis einer einschlägigen Schulung auf dem Gebiet der Verhinderung der Geldwäsche und Terrorismusfinanzierung.

(3) Über Ersuchen eines Mitglieds ist dieses vom Präsidenten der Wirtschaftskammer Österreich vor Ablauf seiner Funktionsperiode abzuberufen.

(4) Der Präsident der Wirtschaftskammer Österreich hat ein Mitglied abzuberufen, wenn dieses die Voraussetzungen für die Bestellung nicht mehr erfüllt oder seine Pflichten gröblich verletzt, insbesondere, wenn es einer größeren Zahl von Sitzungen ohne zwingenden Grund fernbleibt.

(5) Scheidet ein Mitglied gemäß Abs. 3 oder 4 vorzeitig aus, so hat der Präsident der Wirtschaftskammer Österreich für die restliche Funktionsdauer ein neues Mitglied zu bestellen.

Vorsitz

§ 2. (1) Der Präsident der Wirtschaftskammer Österreich hat den Vorsitzenden und dessen Stellvertreter zu ernennen.

(2) Im Falle der Verhinderung des Vorsitzenden sowie im Fall seines Ausscheidens bis zur Neubestellung eines Vorsitzenden, hat der Stellvertreter den Vorsitz zu führen und hat die dem Vorsitzenden obliegenden Aufgaben wahrzunehmen.

Aufgaben

§ 3. (1) Der Ausschuss hat auf Aufforderung des Präsidenten der Wirtschaftskammer Österreich Gutachten zu erstellen, welche über die Einhaltung von Vorkehrungen zur Verhinderung von Geldwäsche und Terrorismusfinanzierung gemäß §§ 43 bis 52d und § 52e Abs.3 BiBuG 2014 zu befinden haben. Die Gutachten sind durch berufsbefugte aktive Bilanzbuchhalter, Buchhalter und Personalverrechner sowie deren Gesellschaften zu erstellen.

(2) Diese Gutachten haben insbesondere zu umfassen

1. die Prüfung, ob ein Verstoß gegen die §§ 43 bis 52d und § 52 e Abs. 3 BiBuG 2014 vorliegt,
2. die Überprüfung der Art der Beweisaufnahmen (z. B. Nachschau durch Experten),
3. die Beurteilung des Verschuldensgrades des Berufsberechtigten und
4. die Auswahl der Maßnahmen gemäß § 52j BiBuG 2014.

Befangenheit

§ 4. (1) Ein Ausschussmitglied hat sich der Ausübung seiner Aufgaben zu enthalten und seine Vertretung zu veranlassen:

1. in Sachen, an denen es selbst, einer seiner Angehörigen oder eine von ihm vertretene schutzberechtigte Person beteiligt sind,
2. in Sachen, in denen es als Bevollmächtigter einer Partei bestellt war oder noch bestellt ist oder
3. wenn sonstige wichtige Gründe vorliegen, die geeignet sind, seine volle Unbefangenheit in Zweifel zu ziehen.

(2) Die Befangenheit ist dem Vorsitzenden umgehend anzuzeigen. Ist der Vorsitzende befangen, so hat er dies seinem Stellvertreter umgehend anzuzeigen.

(3) Für Experten nach § 52h BiBuG 2014 gelten die Absätze 1. und 2. sinngemäß.

Sitzungen

§ 5. (1) Die Sitzungen sind vom Vorsitzenden nach Bedarf einzuberufen.

(2) Der Vorsitzende hat die Tagesordnung festzulegen.

(3) Die Verhandlungsgegenstände und darauf Bezug habende, für die Willensbildung erforderliche Unterlagen sind den Mitgliedern mindestens zwei Wochen vor jeder Sitzung schriftlich zu übermitteln.

(4) Die Sitzungen sind vom Vorsitzenden zu leiten.

(5) Die Sitzungen sind nicht öffentlich.

(6) Alle Teilnehmer haben über die Verhandlungsgegenstände Verschwiegenheit zu bewahren. Diese Verschwiegenheitspflicht bleibt auch nach Ausscheiden als Ausschussmitglied oder Experte bestehen.

Beschlussfähigkeit

§ 6. (1) Der Ausschuss ist beschlussfähig, wenn der Vorsitzende oder sein Stellvertreter und mindestens zwei Mitglieder anwesend sind. Die Entscheidungen sind mit einfacher Stimmenmehrheit zu treffen.

(2) Der Vorsitzende, bei dessen Verhinderung sein Stellvertreter, hat jedenfalls mitzustimmen. Bei Stimmengleichheit entscheidet seine Stimme.

(3) Eine Stimmenthaltung ist nicht zulässig.

(4) Ist die Abhaltung einer Sitzung unzweckmäßig, können Beschlüsse auch schriftlich im Umlaufwege erfolgen. Solche Beschlüsse bedürfen der Einstimmigkeit.

(5) Ein Umlaufbeschluss ist in der nächstfolgenden Niederschrift zu protokollieren.

Niederschrift

§ 7. (1) Über den Verlauf jeder Sitzung des Ausschusses ist eine Niederschrift anzufertigen, die den Tag der Sitzung, die Namen der Anwesenden, die Tagesordnung, den wesentlichen Inhalt der Verhandlungen und die gefassten Beschlüsse zu enthalten hat.

(2) Die Niederschriften sind vom Vorsitzenden und, so ein solcher beigezogen war, vom Schriftführer zu fertigen.

Geschäftsführung

§ 8. Die Geschäftsführung des Ausschusses obliegt der Geschäftsstelle der Bilanzbuchhaltungsbehörde. Diese hat auf Verlangen des Vorsitzenden den Sitzungen einen Schriftführer beizustellen.

Kostenersatz

§ 9. (1) Die Tätigkeit als Mitglied des Ausschusses ist ehrenamtlich.

(2) (a) Die Bilanzbuchhaltungsbehörde hat anhand berufsüblicher Grundsätze, sowie der Größe des zu überprüfenden Betriebes die voraussichtlich für eine Nachschau aufzuwendende Zeit festzulegen.

(b) Soweit sich im Zuge einer Nachschau die von der Bilanzbuchhaltungsbehörde festgelegte Dauer aus nicht vom Experten zu vertretenden Gründen als nicht ausreichend erweist, hat der Experte unverzüglich, jedenfalls vor Überschreiten der durch die Bilanzbuchhaltungsbehörde festgelegten Dauer, die Bilanzbuchhaltungsbehörde unter Darlegung der Gründe, der noch offenen Maßnahmen und der voraussichtlich dafür aufzuwendenden Zeitdauer zu informieren.

(c) Die Bilanzbuchhaltungsbehörde hat unter Abwägung des möglichen Erkenntnisgewinns durch weitere Prüfmaßnahmen und der daraus für den zu prüfenden Betrieb entstehenden Belastung zu entscheiden, ob und inwieweit die Nachschau für die Feststellung des relevanten Sachverhalts geeignet, erforderlich und angemessen ist. Erforderlichenfalls ist eine konkrete Zeitdauer für die Erweiterung festzusetzen.

(d) Dem Experten gebührt für die von der Bilanzbuchhaltungsbehörde festgelegte, angemessene Dauer einschließlich allfälliger genehmigter Erweiterung der Nachschau ein Honorar in Höhe von EURO 142,-- pro Stunde, mit welchem auch die Zeit für die Erstellung des Gutachtens abgegolten ist.

(3) Hat der Experte seine Tätigkeit nicht innerhalb der von der Bilanzbuchhaltungsbehörde festgelegten Frist erbracht oder sein Gutachten so mangelhaft erstellt, sodass es einer Erörterung bedarf, so ist diese Pauschale um die Hälfte zu mindern.

(4) Den Mitgliedern des Ausschusses und den Experten gebührt der Ersatz der anlässlich der Sitzung und der Nachschau aufgewendeten Kosten durch die Wirtschaftskammer Österreich nach Maßgabe der Dienstreisevorschriften vom

23.11.2005 und 28.11.2012, gemäß der §§ 50 und 55 Abs. 3 des Wirtschaftskammergesetzes 1998, BGBl. I Nr. 103/1998, zuletzt geändert durch BGBl. I Nr. 108/2018.

Inkrafttreten

§ 10. Diese Verordnung tritt mit Beginn des auf die Kundmachung folgenden Tages in Kraft.

§ 11. Soweit in dieser Verordnung personenbezogene Bezeichnungen nur in männlicher Form angeführt sind, beziehen sie sich auf Frauen und Männer in gleicher Weise. Bei der Anwendung auf bestimmte Personen ist jeweils die geschlechtsspezifische Form zu verwenden.

Wien, am 26.08.2019

Dr. Harald Mahrer

Präsident

KAPITEL 17

Verstärkte Präventionspflichten für Bilanzbuchhaltungsberufe zur Verhinderung der Geldwäsche und Terrorismusfinanzierung

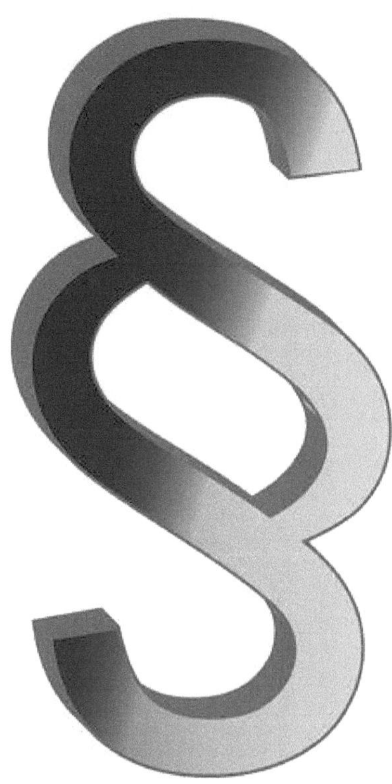

Das Bilanzbuchhaltungsgesetz setzt die EU-rechtlichen Verpflichtungen im Zusammenhang mit der Verhinderung der Geldwäsche und Terrorismusfinanzierung um.

Präventionsmaßnahmen

Abgesehen von der jedermann betreffenden Pflicht zur Einhaltung der Strafgesetze sind Sie als Berufsberechtigte/r nach den §§ 43 ff BiBuG (Bilanzbuchhaltungsgesetz) zusätzlich verpflichtet, verschiedene Präventionsmaßnahmen gegen Geldwäsche zu setzen. Die Einhaltung dieser Präventionspflichten unterliegt Kontrollen, und Verstöße gegen die Präventionspflichten werden mit schweren Verwaltungstrafen geahndet, die bis zur Suspendierung der Berufsberechtigung reichen können.

Wer ist Täter nach den Geldwäschebestimmungen?

Als Täter der Geldwäscherei nach § 165 Abs (Absatz) 1 StGB (Strafgesetzbuch) kommt jedermann infrage, auch der Vortäter selbst (in welchem Fall man von Eigengeldwäsche spricht). Zu beachten ist zudem, dass man sich an Geldwäscherei (wie an allen Delikten des StGB (Strafgesetzbuch)) auch beteiligen kann: Der Bestimmungstäter und der Beitragstäter machen sich genauso strafbar, wie der unmittelbare Täter. Da auch Anleitungen und Ratschläge als solche Bestimmungen bzw. (beziehungsweise) Beiträge qualifiziert werden können, ist dies für alle beratenden Berufe besonders gefahrenträchtig.

<u>Beispiel:</u>

In Ihrer Tätigkeit als Bilanzbuchhalter erkennen Sie im Rahmen der Erstellung des Jahresabschlusses, dass Ihr Mandant Zahlungen getätigt hat, die in Wahrheit Bestechungszahlungen darstellen. In den entsprechenden Rechnungen werden diese Bestechungsgelder als Beratungsentgelt und Vortragshonorare deklariert. Der Mandant ist nicht nur Täter einer Bestechung (also einer geldwäschereibegründenden Vortat), sondern – soweit er sich auf die inhaltlich falschen Rechnungen beruft – auch Eigengeldwäscher, da er die Herkunft der (gar nicht mehr in seinem Vermögen befindlichen) Bestechungsgelder verschleiert. Durch Übernahme der falschen Darstellung ohne Korrektur des Ausweises im Jahresabschluss würden Sie sich deshalb nicht nur an einem Finanzvergehen beteiligen, sondern auch zum Geldwäscher werden.

Welche Handlungsweisen sind kriminalisiert?

§ 165 Abs (Absatz) 2 StGB (Strafgesetzbuch) kriminalisiert weitere Handlungsweisen als Geldwäscherei, nämlich das Ansichbringen, Verwahren, Anlegen, Verwalten, Umwandeln, Verwerten oder einem Dritten Übertragen von Vermögensbestandteilen, die aus einer Vortat eines anderen herrühren. § 165 Abs (Absatz) 2 StGB (Strafgesetzbuch) erfasst keine schon an sich ungewöhnlichen Handlungen wie das Verbergen oder Verschleiern der Herkunft, sondern alltägliche Handlungen des Wirtschaftslebens. Damit korrespondierend setzt die Strafbarkeit erst bei einem erhöhten Vorsatzgrad ein, nämlich bei Wissentlichkeit in Bezug auf die kriminelle Herkunft der betroffenen Vermögensbestandteile.

Der Vortäter selbst kann sich in Bezug auf § 165 Abs (Absatz) 2 StGB (Strafgesetzbuch) nicht strafbar machen. Für Sie als Berufsberechtigte/r stellt die Bestimmung dennoch ein Gefahrenpotenzial dar, das sich insbesondere bei der Honorarannahme verwirklichen kann.

Beispiel:

Obwohl Ihr Mandant offensichtlich durch Anlagebetrug Geld verdient hat, haben Sie nichts verschleiert. Ihr Honorar wird von einem Konto des Mandanten beglichen, auf das auch die betrügerisch herausgelockten Gelder der Anleger eingezahlt worden waren. Damit ist dieses Konto geldwäscheverseucht. Sie machen sich als Geldwäscher strafbar, wenn Sie im Wissen um die Umstände dieser Kontoverbindung dennoch Vermögensbestandteile von diesem annehmen.

Alle Vermögensbestandteile, die der Verfügungsmacht einer kriminellen Organisation (§ 278a StGB (Strafgesetzbuch)) oder einer terroristischen Vereinigung (§ 278b StGB (Strafgesetzbuch)) unterliegen, sind geldwäscheverseucht, selbst wenn sie auf legale Weise erwirtschaftet wurden. Strafbar macht sich, wer im Auftrag oder Interesse der kriminellen Organisation bzw. (beziehungsweise) terroristischen Vereinigung solche Vermögensbestandteile an sich bringt, verwahrt, anlegt, verwaltet, umwandelt, verwertet oder einem Dritten überträgt, wenn er dabei wissentlich handelt.

Beispiel:

Eine Pizzeria, die offenkundig im Dienste der Mafia steht, beauftragt Sie mit völlig legalen Dienstleistungen. Nach ordnungsgemäßer Ausführung derselben bezahlt Sie die Pizzeria aus Mitteln, die nachweislich durch den Gastronomiebetrieb erwirtschaftet wurden. Wenn Sie wissen, dass die Pizzeria (mit den ihr zurechenbaren Vermögensbestandteilen) der Verfügungsmacht der Mafia, also einer kriminellen Organisation, unterliegt, machen Sie sich durch die Annahme der Honorarzahlung (die im Auftrag der kriminellen Organisation erfolgt) strafbar.

Verwaltungsrechtlicher Geldwäschebegriff (§ 43 BiBuG)

Der Straftatbestand der Geldwäscherei (§ 165 StGB (Strafgesetzbuch)) kriminalisiert eine Vielzahl an Handlungen. Bezugspunkt der Geldwäschepräventionspflichten nach dem BiBuG (Bilanzbuchhaltungsgesetz) ist jedoch nicht der Geldwäschereistraftatbestand nach § 165 StGB (Strafgesetzbuch), sondern ein eigenständiger Geldwäschebegriff, der enger an den Vorgaben der 4. Geldwäsche-RL (Richtlinie) orientiert ist.

Die Vortaten beim verwaltungsrechtlichen Geldwäschebegriff werden "kriminelle Tätigkeiten" genannt und umfassen:

- Urkundenfälschung (Urkundenfälschung gemäß § 223 StGB (Strafgesetzbuch) mit dem Ziel eine terroristische Straftat gemäß § 278c StGB (Strafgesetzbuch) zu begehen oder sich an einer terroristischen Vereinigung zu beteiligen),

- Suchtmitteldelikte nach §§ 27 und 30 SMG (Suchtmittelgesetz) sowie

- alle Straftaten, deren Strafdrohung ein Jahr Freiheitsstrafe übersteigt, allerdings mit einer wichtigen Einschränkung bei den Finanzvergehen.

Fallen auch Finanzvergehen unter den verwaltungsrechtlichen Geldwäschebegriff?

Finanzvergehen sind nur bei Vorliegen des § 38 FinStrG (Finanzstrafgesetz) (gewerbsmäßige Tatbegehung), § 38a FinStrG (Finanzstrafgesetz) (Begehung als Mitglied einer Bande oder unter Gewaltanwendung) oder § 39 FinStrG (Finanzstrafgesetz) (Abgabenbetrug) erfasst.

Eine unqualifizierte (jedoch in die schöffengerichtliche Zuständigkeit fallende) Abgabenhinterziehung ist damit zwar eine Vortat der Geldwäscherei nach § 165 StGB (Strafgesetzbuch), jedoch keine kriminelle Tätigkeit im Sinne des verwaltungsrechtlichen Geldwäschebegriffes. Sie trifft daher in diesem Fall keine Meldepflicht an die Geldwäschemeldestelle.

Risikoanalyse

Sie müssen zunächst selbst das Risiko beurteilen, dass Ihre Dienste für Geldwäsche (oder für Zwecke der Terrorismusfinanzierung) missbraucht werden. Die Sorgfaltspflichten bestehen im Kern aus dem "Know your customer"-Prinzip, das heißt der Kenntnis des Gegenübers und werden gegenüber Ihren neuen Auftraggebern ausgelöst bei:

- Begründung einer Geschäftsbeziehung oder
- Ausführung gelegentlicher Transaktionen oder
- Verdacht auf Geldwäsche oder Terrorismusfinanzierung oder
- Zweifel an der Richtigkeit oder Eignung erhaltener Auftraggeberidentifikationsdaten.

Die Sorgfaltspflichten gegenüber Ihren bestehenden Auftraggebern müssen Sie zu geeigneter Zeit anwenden, umgehend jedoch dann, wenn sich bei einem Ihrer bestehenden Auftraggeber maßgebliche Umstände ändern.

Können Sie die Identität des Auftraggebers und des wirtschaftlichen Eigentümers nicht feststellen bzw. (beziehungsweise) überprüfen oder sind Informationen über den Zweck und die angestrebte Art der Geschäftsbeziehung nicht einholbar oder bewertbar, dürfen Sie keine Geschäftsbeziehung begründen bzw. (beziehungsweise) keine Transaktion durchführen, bzw. (beziehungsweise) müssen Sie eine bestehende Geschäftsbeziehung beenden und (dokumentiert) erwägen, ob die Voraussetzungen für eine Verdachtsmeldung vorliegen.

<u>Beispiel:</u>

Sie erhalten Besuch von einem potenziellen neuen Kunden. Herr A vertritt den Auftraggeber, die XY-Ldt., eine Gesellschaft, die nach dem Recht der Insel Man eingerichtet und dort registriert ist. Ihr einziger Gesellschafter der XY-Ldt. ist eine andere Gesellschaft, die Z-Ldt., mit Sitz auf den Kaiman-Inseln. Herr A legt seinen Personalausweis, seine schriftliche Vertretungsbefugnis, einen Auszug des Handelsregisters der Insel Man betreffend die XY-Ldt. sowie den Reisepass des Geschäftsführers vor. Zur Z-Ldt. vermag er hingegen keine Unterlagen beizuschaffen. Da somit der wirtschaftliche Eigentümer, für den nicht die Z-Ldt., sondern nur eine natürliche Person in Frage kommt, nicht feststellbar ist, dürfen Sie keine Geschäftsbeziehung mit der XY-Ldt. eingehen. Eine Verdachtsmeldung ist in Erwägung zu ziehen.

<u>Beispiel:</u>

Ein bestehender Kunde weigert sich, Ihnen Informationen über seinen neuen Mehrheitsgesellschafter zu geben. Sie müssen die Geschäftsbeziehung beenden. Eine Verdachtsmeldung ist in Erwägung zu ziehen.

Vereinfachte Sorgfaltspflichten

In Bereichen mit geringem Geldwäscherisiko (etwa wenn Ihnen der Auftraggeber seit längerer Zeit persönlich bekannt ist) bestehen vereinfachte Sorgfaltspflichten.

Verstärkte Sorgfaltspflichten

In manchen Situationen ist umgekehrt das Geldwäscherisiko erhöht, so dass Sie verstärkte Sorgfaltspflichten anwenden und die Auftraggeberbeziehungen einer verstärkten Überprüfung unterziehen müssen. Dies ist der Fall bei

- ungewöhnlich großen oder komplexen Transaktionen oder ungewöhnlichen Transaktionen ohne offensichtlichen oder rechtmäßigen Zweck,
- bei Personen, die in Drittländern mit hohem Risiko niedergelassen sind:

  - Delegierte Verordnung (EU (Europäische Union)) 2016/1675 der Kommission vom 14. Juli 2016
  - Delegierte Verordnung (EU (Europäische Union)) 2020/855 der Kommission vom 7. Mai 2020
  - FATF (Financial Action Task Force): High-risk and other monitored jurisdictions

- bei politisch exponierten Personen sowie
- risikobasiert bei den in der BB-AR genannten Konstellationen.

Melde- und Verschwiegenheitspflichten

Sie haben als BilanzbuchhalterIn/BuchhalterIn/PersonalverrechnerIn die Pflicht, Verdachtsmeldungen an die Geldwäschemeldestelle im Bundeskriminalamt abzugeben. Zu melden ist umgehend bei Verdacht oder Kenntnis, dass finanzielle Mittel aus "kriminellen Tätigkeiten" (also Vortaten des verwaltungsrechtlichen Geldwäschebegriffes) stammen (oder mit Terrorismusfinanzierung in Verbindung stehen). Auf den Verdacht, dass Ihr Auftraggeber (oder sonst jemand) Geldwäsche betreibt oder betrieben hat, kommt es hingegen nicht an. Ein Verdacht geht über eine bloße Vermutung hinaus, ist aber deutlich weniger als Gewissheit.

<u>Beispiel:</u>

Sie erkennen, dass bei Ihrem Auftraggeber, einer Mehrpersonen-GmbH, offenbar eine verbotene Einlagenrückgewähr stattgefunden hat. Der betreffende Gesellschafter-Geschäftsführer scheint sich bewusst zu sein, dass eine solche gesellschaftsrechtlich nicht gestattet, mithin befugnismissbräuchlich ist. Sie haben demzufolge den Verdacht, dass eine Untreue begangen wurde, durch die der Täter finanzielle Mittel erlangt hat. Übersteigt der Schadensbetrag dieser Untreue Euro 5.000, wäre sie nach § 153 Abs (Absatz) 3 StGB (Strafgesetzbuch) mit Freiheitsstrafe bis zu drei Jahren bedroht, mithin eine kriminelle Tätigkeit im Sinne des verwaltungsrechtlichen Geldwäschebegriffes. Sie müssten in diesem Fall umgehend Meldung an die Geldwäschemeldestelle erstatten.

Gutgläubig erstattete Verdachtsmeldungen und unterlassene Auftragsdurchführungen gelten nicht als Verletzung einer ansonsten geltenden Beschränkung der Informationsweitergabe und ziehen keinerlei Haftung nach sich, also z.B. (zum Beispiel) keine Schadenersatzansprüche des Auftraggebers.

<u>Beispiel:</u>

Sie erkennen bei der Erstellung der Geschäftsbuchhaltung, dass Ihr Auftraggeber in der Vergangenheit seine Vermögenslage besser dargestellt hat als es der Wahrheit entspricht, um einen dringend benötigten Bankkredit zu bekommen, der schließlich auch gewährt wurde. Dies stellt den Verdacht eines Beweismittelbetrugs (Schwerer Betrug nach § 147 Abs (Absatz) 1 Z (Zeile) 1 StGB (Strafgesetzbuch), mit Freiheitsstrafdrohung bis zu drei Jahren) dar, aus dem der Täter finanzielle Mittel erlangt hat. Sie müssen dies der Geldwäschemeldestelle mitteilen und gleichzeitig mit der Fortführung der Erstellung der Geschäftsbuchhaltung innehalten. Soweit sich die Geldwäschemeldestelle nicht ohnehin zur Möglichkeit der Auftragsdurchführung äußert, können Sie von der Geldwäschemeldestelle eine Entscheidung darüber verlangen, ob Bedenken gegen eine Fortführung bestehen. Wenn sich die Geldwäschemeldestelle bis zum Ende des folgenden Werktages nicht dazu äußert, dürfen Sie aus berufsrechtlicher Sicht fortfahren. Sie dürfen sich allerdings nicht strafbar machen, das heißt insbesondere nicht die Herkunft der zum Gegenstand der Verdachtsmeldung gemachten Mittel verschleiern. Auch bei der Honorarannahme ist in weiterer Folge Vorsicht geboten. Dem Auftraggeber dürfen Sie nichts über die Verdachtsmeldung und das Innehalten bei der Auftragsdurchführung sagen. Auch wenn der Auftraggeber nach dem Grund für die Unterbrechung fragt, dürfen Sie ihm nicht die Wahrheit sagen. Sie werden dem Auftraggeber gegenüber selbst dann nicht schadenersatzpflichtig, wenn sich der Verdacht in weiterer Folge nicht bestätigt.

Verdachtsmeldungen an die Geldwäschemeldestelle

Ab 1. April 2021 sind Verdachtsmeldungen nur mehr über das goAML Portal zu übermitteln.

Dokumentations- und Aufbewahrungspflichten

Sie müssen alle Unterlagen zur Einhaltung der Sorgfaltspflichten und der Risikoeinstufung Ihres Auftraggebers, alle Belege und Aufzeichnungen zu Transaktionen sowie alle im Zusammenhang mit Verdachtsmeldungen erstellten Unterlagen mindestens fünf Jahre nach dem letzten Geschäftsfall bzw. (beziehungsweise) nach der Durchführung einer Transaktion aufbewahren. Nach Ablauf von fünf Jahren sind die personenbezogenen Daten zu löschen. Ausgenommen sind nur jene Fälle, in denen Sie davon wissen, dass weiterhin ein Strafverfahren wegen Geldwäscherei, einer kriminellen Organisation oder bestimmter Delikte im Zusammenhang mit Terrorismus anhängig ist.

Innerorganisatorische Maßnahmen

Sie sind verpflichtet, in angemessenem Verhältnis zu Art und Umfang Ihrer Geschäftstätigkeit risikobasiert geeignete Strategien und Verfahren zu entwickeln, die die Einhaltung der Sorgfalts-, Melde- und Aufbewahrungspflichten sowie Risikobewertung- und management in Bezug auf Geschäftsbeziehungen sicherstellen (z.B. (zum Beispiel) Kontroll- und Informationssysteme in größeren Kanzleien, Bestellung eines fachlich qualifizierten Geldwäschebeauftragten, Überprüfung Ihrer Mitarbeiter bei der Einstellung im Hinblick auf Geldwäsche und Terrorismusfinanzierung und Schulung Ihrer Mitarbeiter).

Hinweisgebersysteme

In der Wirtschaftskammer Österreich ist ein anonymisiertes Hinweisgebersystem eingerichtet worden, über das Verstöße gegen die Geldwäschepräventionspflichten nach dem BiBuG (Bilanzbuchhaltungsgesetz) (bzw. (beziehungsweise) der BB-AR) mitgeteilt werden können. Zudem sind Sie (ab 11 Mitarbeiter) verpflichtet, ein unternehmensinternes Hinweisgebersystem einzurichten, über welches ebenfalls in anonymer Weise Verstöße gegen die Geldwäschepräventionspflichten gemeldet werden können.

KAPITEL 18

Identifizierung des Auftraggebers zur Verhinderung der Geldwäsche und Terrorismusfinanzierung (Checkliste der WKÖ)

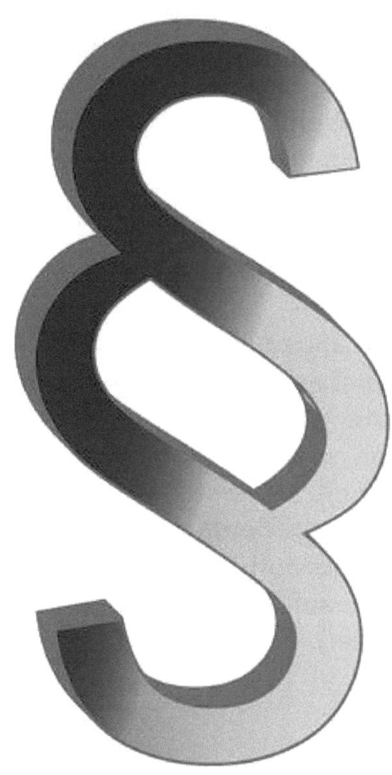

Checkliste
Identifizierung des Auftraggebers
zur Verhinderung der Geldwäsche und Terrorismusfinanzierung

AUFTRAGGEBER:..

A. Identifizierung nicht erforderlich (bereits identifiziert, kostenlose Erstberatung)	☐

B. Natürliche Person als Auftraggeber	
1. Identifizierung Auftraggeber	
a) **persönlich anwesend**: Anfertigung einer Kopie eines aktuellen amtlichen Lichtbildausweises (Reisepass, Personalausweis, Führerschein) des Auftraggebers	☐
b) **nicht persönlich anwesend**: Ausweiskopie, welche von einer Gewährsperson (z.B. Behörde, Rechtsanwalt, Notar, Bank, StB, WP, Bilanzbuchhalter, Buchhalter, Personalverrechner) bestätigt und übermittelt wird	☐
c) **bei geringem Risiko**: Name und Geburtsdatum des Auftraggebers und Überprüfung durch Auskünfte/Informationen aus glaubwürdiger Quelle	☐
2. PEP-Prüfung (z.B. Datenbankabfrage)	☐
3. Gegebenenfalls Identifizierung des Vertreters eines Auftraggebers und Vergewisserung über das Vorliegen einer aufrechten Vertretungsbefugnis	☐

➤ bei Nichterfüllbarkeit Ablehnung des Mandats und Erwägung einer Verdachtsmeldung

C. Gesellschaft oder Stiftung (u. ähnliche Rechtsvereinbarungen) als Auftraggeber	
1. Anfertigung einer Kopie aktueller Registerauszug (z.B. Firmenbuchauszug) oder von einer Gewährsperson (z.B. Behörde, Rechtsanwalt, Notar, Bank, Bilanzbuchhalter, Buchhalter, Personalverrechner) übermittelte und bestätigte Kopie eines Registerauszuges	☐
2. Identifizierung vertretungsbefugter Personen **in vertretungsbefugter Anzahl**	
a) **persönlich anwesend**: Anfertigung einer Kopie eines aktuellen amtlichen Lichtbildausweises (Reisepass, Personalausweis, Führerschein) des Auftraggebers	☐

315

b) **nicht persönlich anwesend**: Ausweiskopie, welche von einer Gewährsperson (z.B. Behörde, Rechtsanwalt, Notar, Bank, BiBu, BH, PV) bestätigt und übermittelt wird	☐
c) **bei geringem Risiko**: Name und Geburtsdatum der vertretungsbefugten Personen in vertretungsbefugter Zusammensetzung und Überprüfung durch Auskünfte/Informationen aus glaubwürdiger Quelle	☐
3. Dokumentation der Eigentums- und Kontrollstruktur	☐
4. Gegebenenfalls Identifizierung eines rechtsgeschäftlichen Vertreters des Auftraggebers und Vergewisserung über das Vorliegen einer aufrechten Vertretungsbefugnis	☐

➤ bei Nichterfüllbarkeit Ablehnung des Mandats und Erwägung einer Verdachtsmeldung

D. Wirtschaftlicher Eigentümer des Auftraggebers	
1. Einsicht in das Register der wirtschaftlichen Eigentümer	
a) Feststellung der Identität (z.B. Abfrage nach § 9 Abs 4 WiEReG)	☐
b) Überprüfung der Identität durch angemessene Maßnahmen (z.B. Abfrage gem.§ 9 Abs 5 WiEReG)	☐
2. PEP-Prüfung (z.B. Datenbankabfrage)	☐

Datum________________________   Unterschrift______________________________

KAPITEL 19

Risikoerhebung/Risikobeurteilung zur Verhinderung der Geldwäsche und Terrorismusfinanzierung (Checkliste der WKÖ)

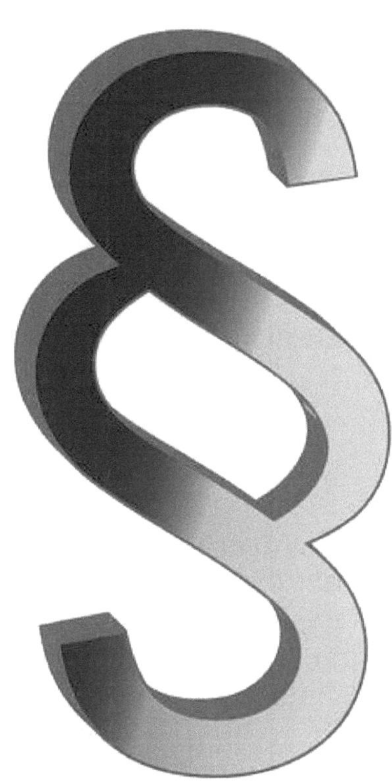

**Checkliste Risikoerhebung/Risikobeurteilung
zur Verhinderung der Geldwäsche und Terrorismusfinanzierung**

AUFTRAGGEBER:...

A. Geldwäscheverdachtskriterien

1. Haben Sie im Rahmen Ihrer unternehmerischen Tätigkeit Kenntnis von einem Geldwäschetatbestand erhalten oder den Verdacht darauf?

   ☐ ja   ☐ nein

   a.) Bestehen konkrete Anzeichen dafür, dass eine kriminelle Tätigkeit vorgefallen ist und dass Ihr Auftraggeber über Vermögensgegenstände aus dieser **kriminellen Tätigkeit** verfügt?

   ☐ ja   ☐ nein

   b.) Bestehen konkrete Anzeichen dafür, dass Ihr Auftraggeber mit einer **terroristischen Vereinigung** in Verbindung steht?

   ☐ ja   ☐ nein

ACHTUNG:

Sie dürfen diese Geschäftstransaktion ohne Einbindung der Geldwäschemeldestelle nicht durchführen, wenn Sie einen Verdacht auf einen Geldwäschetatbestand haben! Sie müssen alle verdächtigen Transaktionen melden (auch versuchte). Weitere Informationen erhalten Sie beim Bundeskriminalamt unter: http://www.bundeskriminalamt.at/602/start.aspx

---

B. Risikoanalyse

Laut meiner Risikoanalyse haben meine Geschäftsfälle

1.) ein geringes Risiko

   ☐ ja   ☐ nein

Begründung für ein geringes Risiko/sonstige Anmerkungen:

....

....

....

2.) ein erhöhtes Risiko

    ☐ ja   ☐ nein

Begründung für ein hohes Risiko oder Anmerkungen zu Restzweifel:

....

....

....

➤ bei hohem Risiko verstärkte Sorgfaltspflichten
➤ bei hohem Risiko Verdachtsmeldung an Geldwäschemeldestelle

C. Sorgfaltspflichten

Erfüllen Sie Ihre Sorgfaltspflichten im konkreten Geschäftsfall (Lieferanten und/oder Kunden)?

a.) Haben Sie Ihren Kunden eindeutig identifiziert?

    ☐ ja   ☐ nein

Führen Sie die Identifikation des Kunden/des wirtschaftlichen Eigentümers grundsätzlich **vor** der Begründung einer Geschäftsbeziehung durch. Nur wenn der gewöhnliche Geschäftsverlauf dadurch unterbrochen wäre, kann die Identifikation erst - sobald als möglich - nach dem ersten Kontakt erfolgen. Identifizieren Sie den Kunden eindeutig - Know-your-customer-Prinzip. Verwenden Sie dafür:

- bei natürlichen Personen: amtlichen Lichtbildausweis

- bei juristischen Personen: beweiskräftige Urkunden z. B. Firmenbuchauszug, Gesellschaftsvertrag, Identitätsnachweis des wirtschaftlichen Eigentümers

- bei Stellvertretung: Vollmacht und Identitätsnachweis. Kopieren Sie diese Dokumente!

Überprüfen Sie jedenfalls, ob es sich um eine PEP ("Politisch Exponierte Person") handelt.

b.) Haben Sie das Risiko der Geschäftsbeziehung bewertet?

☐ ja   ☐ nein

c.) Haben Sie die Bargeldherkunft festgestellt (Nachvollziehbarkeit)?

☐ ja   ☐ nein

> Ist die Information zur Herkunft des Geldes für Sie glaubwürdig? Sind die Angaben des Kunden zur Herkunft des Geldes schlüssig unter Berücksichtigung der Umstände des Geschäftes und des Kunden.

d.) Handelt es sich beim Kunden um eine "Politisch Exponierte Person" (PEP)?

☐ ja   ☐ nein

> Eine Politisch Exponierte Person (PEP) ist eine natürliche Person, die wichtige öffentliche Ämter (im Inland oder Ausland) ausübt oder ausgeübt hat. Dazu zählen u. a. Staatschefs, Regierungschefs, sonstige Regierungsmitglieder, Parlamentsabgeordnete, Parteiführer, Diplomaten, Höchstrichter etc. und deren Familienmitglieder. Der Kunde muss immer (unabhängig von der Risikoeinschätzung) nach seinem PEP-Status gefragt werden. Handelt der Kunde für einen Vollmachtsgeber/im Auftrag des wirtschaftlichen Eigentümers, so muss dieser nach seinem PEP-Status gefragt werden. Bei der Abfrage nach dem PEP-Status sollte der Kunde/wirtschaftliche Eigentümer erstmals darüber aufgeklärt werden, was überhaupt ein „PEP" ist. Eine schriftliche Selbsterklärung des Kunden/des wirtschaftlichen Eigentümers ist dafür vorab notwendig und sinnvoll.
> **ACHTUNG:** Wenn ein Kunde die PEP Erklärung verweigert, besteht ein hohes Risiko. Informieren Sie die Geldwäschemeldestelle. Die Meldung kann mit dem Meldeformular erfolgen und auch per E-Mail. Auch eine anonymisierte Meldung ist möglich.
> **ACHTUNG:** Wenn der Kunde einen PEP-Status hat, müssen immer die verstärkten Sorgfaltspflichten eingehalten werden! Wenn der Verdacht besteht, z. B. aufgrund eines Lichtbildausweises, dass es sich um eine PEP handeln könnte, der Kunde dies aber verneint, so muss das näher geprüft werden, z. B. durch Internetrecherche. Wenn es nicht möglich ist, zweifelsfrei festzustellen, dass es sich um keine PEP handelt, sollte das Geschäft nicht abgeschlossen werden und eine Meldung an die Geldwäschemeldestelle erfolgen.

D. Verstärkte Sorgfaltspflichten

Ist Ihr Auftraggeber in einem Drittland mit hohem Risiko niedergelassen?

☐ ja   ☐ nein

Ist Ihr Auftraggeber oder der wirtschaftliche Eigentümer als politisch exponierte Person (PEP) zu qualifizieren?

☐ ja   ☐ nein

Liegt eine ungewöhnlich große oder komplexe Transaktion vor?

☐ ja   ☐ nein

E. Risikokriterien

1. Auftraggeberrisiko

a. Liegen geografische Risikofaktoren vor?

☐ ja   ☐ nein

b. Liegen branchen- oder personenbezogene Verdachtsmomente vor?

☐ ja   ☐ nein

c. Liegen verhaltensbezogene Risiken vor?

☐ ja   ☐ nein

2. Weist der Auftrag oder die begehrte Dienstleistung geschäftsbezogene Risiken oder Verdachtsmomente auf?

☐ ja   ☐ nein

3. Liegen in Ihrer Sphäre Anhaltspunkte vor, die eine ordnungsgemäße Auftragsbearbeitung in Zweifel ziehen könnten?

☐ ja   ☐ nein

Bewerten Sie das Risiko der Geschäftsbeziehung. Dieses ergibt sich aus Zweck (warum und wofür dieses Geschäft) und Art (warum dieses Geschäft bzw. warum Barzahlung) des Geschäftes, aufgrund der Informationen des Kunden und Ihrer eigenen Einschätzung. Fragen Sie nach.

Hinterfragen Sie die Herkunft des Geldes! Ist die Information zur Herkunft des Geldes für Sie glaubwürdig? Sind die Angaben des Kunden zur Herkunft des Geldes schlüssig unter Berücksichtigung der Umstände des Geschäftes und des Kunden? Prüfen Sie die Informationen bei Zweifel nach, z. B. Vorlage von Kontoauszug, Bankbelege des Kunden.

Dokumentieren Sie alles schriftlich!

KAPITEL 20

Checkliste zur Verdachtsmeldung der Geldwäsche und Terrorismusfinanzierung der Wirtschaftskammer Österreich (WKÖ)

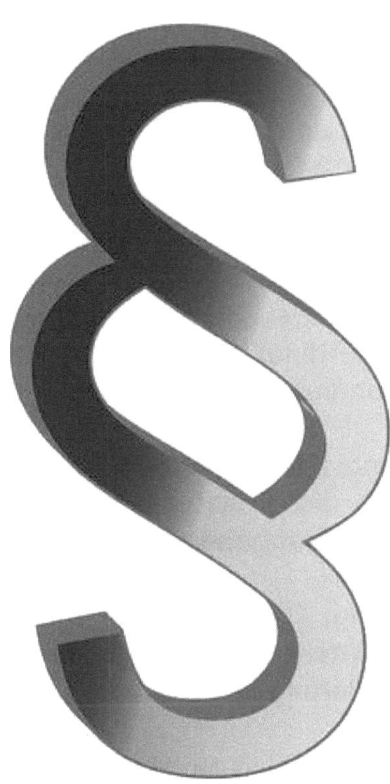

Checkliste zur Verdachtsmeldung

1. **Besteht der Verdacht/die Kenntnis, dass einerseits eine „kriminelle Tätigkeit" vorgefallen ist und andererseits finanzielle Mittel daraus herrühren (die der Täter also durch die kriminelle Tätigkeit erlangt oder für die kriminelle Tätigkeit erhalten hat, oder in denen sich der Wert der ursprünglich erlangten oder erhaltenen Vermögensgegenstände verkörpert)? Besteht der Verdacht/die Kenntnis, dass finanzielle Mittel mit Terrorismusfinanzierung in Verbindung stehen?**

Wenn ja:
- Transaktion vorerst nicht weiter ausführen (Ausnahme: Unterlassung ist nicht möglich oder würde Ermittlung des Sachverhalts verhindern oder erschweren; dann entsprechende Meldung unmittelbar nach Ausführung)
- Dokumentation der Unterbrechung (fünf Jahre nach Beendigung der Geschäftsbeziehung aufzubewahren, dann zu löschen)
- Verdachtsmeldung an die Geldwäschemeldestelle
- Ausführung von Sorgfaltspflichten
- Anpassung des Risikoprofils
- Dokumentation aller Schritte (fünf Jahre nach Beendigung der Geschäftsbeziehung aufzubewahren, dann zu löschen)
- Verschwiegenheit gegenüber dem Auftraggeber und Dritten
- Erlaubt ist es allerdings, den Auftraggeber davon abzuhalten, eine rechtswidrige Handlung zu begehen.

2. **Nach der Meldung: Der Geldwäschemeldestelle sind weitere Auskünfte zu erteilen, wenn diese das verlangt. Weiterhin ist Verschwiegenheit gegenüber dem Auftraggeber und Dritten zu wahren.**

3. **Nach der Meldung: Darf man die Transaktion durchführen, die mit finanziellen Mitteln aus kriminellen Tätigkeiten oder Terrorismusfinanzierung in Verbindung steht?**

- Vor jeder Durchführung ist zu hinterfragen, ob die Durchführung einen Straftatbestand (insb. Geldwäscherei) erfüllt.
- Berufsrechtlich ist die Durchführung zulässig, wenn und soweit die Geldwäschemeldestelle sie erlaubt. Diese kann dabei auch Anweisungen an den Berufsberechtigten erteilen.
- Berufsrechtlich ist die Durchführung auch dann zulässig, wenn der Berufsberechtigte von der Geldwäschemeldestelle eine Entscheidung

darüber verlangt, ob gegen die Durchführung Bedenken bestehen, und diese Entscheidung bis zum Ende des folgenden Werktages ausbleibt.
- Berufsrechtlich ist die Durchführung nicht zulässig, soweit die Geldwäschemeldestelle das Unterbleiben oder den Aufschub anordnet. In diesem Fall wird der Auftraggeber von den Behörden nach spätestens fünf Werktagen verständigt.
- Der Berufsberechtigte ist weiterhin zur Verschwiegenheit gegenüber dem Auftraggeber und Dritten verpflichtet.

4. Anordnungsbefugnisse der Geldwäschemeldestelle

- Bezüglich Transaktionen, die mit finanziellen Mitteln aus kriminellen Tätigkeiten oder Terrorismusfinanzierung in Verbindung stehen, kann die Geldwäschemeldestelle Anweisungen an den Berufsberechtigten geben, an deren Einhaltung die berufsrechtliche Zulässigkeit der Durchführung der Transaktion geknüpft ist.
- Dabei kann die Geldwäschemeldestelle keine Anweisungen zu einem Verhalten zu geben, das einem strafrechtlichen Tatbestand entspricht.
- Bezüglich aller Aufträge des Auftraggebers über Geldausgänge kann die Geldwäschemeldestelle anordnen, dass diese nur mit ihrer Zustimmung durchgeführt werden dürfen.
- Auch ohne vorhergehende Verdachtsmeldung des Berufsberechtigten kann die Geldwäschemeldestelle schriftlich von diesem Auskünfte verlangen, die unter Beachtung verfahrens- oder berufsrechtlicher Verbote oder Aussageverweigerungsrechte zu erteilen sind.

KAPITEL 21

Information der Wirtschaftskammer Österreich (WKÖ) über eine „Politisch exponierte Person" (PEP) und Selbsterklärung des Kunden bzw. des wirtschaftlichen Eigentümers

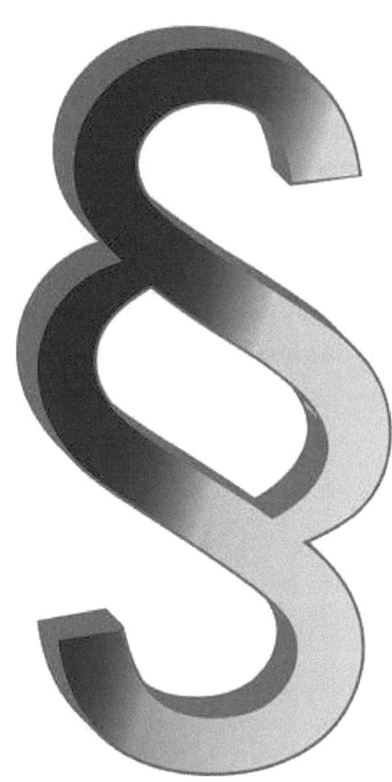

Information über eine „Politisch Exponierte Person (PEP)" und Selbsterklärung des Kunden/des wirtschaftlichen Eigentümers

Definition „politisch exponierte Person" aus § 43 Abs 2 Z 14, 15 und 16 BiBuG 2017 (Auszug):

14. „Politisch exponierte Person":

Politische exponierte Personen sind natürliche Personen, die wichtige öffentliche Ämter ausüben oder ausgeübt haben. Hierzu zählen insbesondere:

a) Staatschefs, Regierungschefs, Minister, stellvertretende Minister und Staatssekretäre

b) Parlamentsabgeordnete oder Mitglieder vergleichbarer Gesetzgebungsorgane

c) Mitglieder der Führungsgremien politischer Parteien

d) Mitglieder von obersten Gerichtshöfen, Verfassungsgerichtshöfen oder sonstigen hohen Gerichten, gegen deren Entscheidungen, von außergewöhnlichen Umständen abgesehen, kein Rechtsmittel mehr eingelegt werden kann

e) Mitglieder von Rechnungshöfen oder der Leitungsorgane von Zentralbanken

f) Botschafter, Geschäftsträger und hochrangige Offiziere der Streitkräfte

g) Mitglieder der Verwaltungs-, Leitungs- oder Aufsichtsorgane staatseigener Unternehmen und

h) Direktoren, stellvertretende Direktoren und Mitglieder des Leitungsorgans oder eine vergleichbare Funktion bei internationalen Organisationen

Keine der unter lit. a bis h genannten öffentlichen Funktionen umfasst Funktionsträger mittleren oder niedrigeren Ranges.

15. „Familienmitglieder" insbesondere:

a) den Ehepartner einer politisch exponierten Person oder eine dem Ehepartner einer politisch exponierten Person gleichgestellte Person

b) die Kinder einer politisch exponierten Person und deren Ehepartner oder dem Ehepartner gleichgestellte Personen und

c) die Eltern einer politisch exponierten Person

16. „bekanntermaßen nahestehende Personen":

a) natürliche Personen, die bekanntermaßen gemeinsam mit einer politisch exponierten Person wirtschaftliche Eigentümer von juristischen Personen oder Rechtsvereinbarungen sind oder sonstige enge Geschäftsbeziehungen zu einer solchen politisch exponierten Person unterhalten und

b) natürliche Personen, die alleinige wirtschaftliche Eigentümer einer juristischen Person oder einer Rechtsvereinbarung sind, welche bekanntermaßen de facto zu Gunsten einer politisch exponierten Person errichtet wurde

Selbsterklärung des Kunden/des wirtschaftlichen Eigentümers:

Name: ....

☐ **Ich bin eine „Politisch Exponierte Person" als (Angabe der PEP-Eigenschaft):**

....

☐ **Ich bin keine „Politisch Exponierte Person"**

....
Ort/Datum   **Unterschrift des Kunden/
wirtschaftlicher Eigentümer**

ACHTUNG: Wenn der Kunde/der wirtschaftliche Eigentümer einen PEP-Status hat, müssen immer die verstärkten Sorgfaltspflichten eingehalten werden.

KAPITEL 22

Whistleblowing: Hinweisgebersystem der Bilanzbuchhaltungsbehörde inkl. Leitfaden

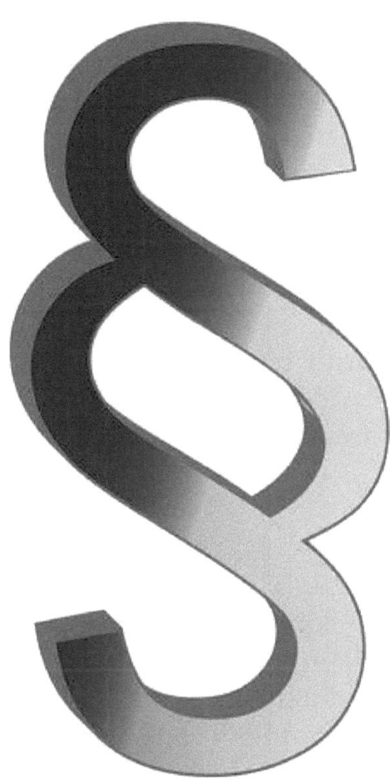

Das Hinweisgebersystem der Bilanzbuchhaltungsbehörde

Das internetbasierte Hinweisgebersystem der Bilanzbuchhaltungsbehörde bietet jeder natürlichen Person die Möglichkeit, Hinweise auf Verstöße eines Berufsberechtigten nach BiBuG 2014 gegen die Pflichten zur Verhinderung der Geldwäsche und Terrorismusfinanzierung nach §§ 43-52d BiBuG 2014 anonym der Bilanzbuchhaltungsbehörde zu melden.

Bleibe ich bei meiner Meldung wirklich anonym?

Unser Hinweisgebersystem wird von unserem externen Partner Whistleblowing Centre zur Verfügung gestellt und verläuft getrennt von unseren allgemeinen Kommunikationskanälen.

Dadurch werden Vollständigkeit, Integrität und Vertraulichkeit Ihrer Meldung gewährleistet und unbefugte Dritte vom Zugang ausgeschlossen.

Ihre Meldung benötigt keine personenbezogenen Daten von Ihnen und jede weitere Kommunikation mit Ihnen erfolgt über ein anonymes und passwortgeschütztes Postfach. Ihre Zugangsdaten werden Ihnen nach Abschicken Ihrer Meldung auf dem Bildschirm angezeigt.

Verletze ich durch eine Meldung Bekanntmachungsbeschränkungen?

Nein, eine Meldung über das Hinweisgebersystem der Bilanzbuchhaltungsbehörde gilt nicht als Verletzung einer vertraglich oder durch Gesetzes- oder Verordnungsbestimmungen geregelten Bekanntmachungsbeschränkung und darf keine rechtlich nachteiligen Folgen nach sich ziehen.

Wann kann ich melden?

Eine natürliche Person kann der Bilanzbuchhaltungsbehörde über das Hinweisgebersystem melden,
- wenn ein begründeter Verdacht vorliegt. Das bedeutet, wenn Sie aufgrund der Kenntnis von Hinweisen annehmen, dass ein Berufsberechtigter der Bilanzbuchhaltungsberufe gegen seine Pflichten zur Verhinderung der Geldwäsche und Terrorismusfinanzierung verstoßen hat und die Annahme über eine bloße Vermutung hinausgeht.
- wenn Sie in gutem Glauben über die Verletzung der Pflichten zur Verhinderung der Geldwäsche und Terrorismusfinanzierung des Beschuldigten sind.

Was soll eine Meldung enthalten?

Eine Meldung soll jene Hinweise enthalten, aufgrund derer Sie annehmen, dass ein Berufsberechtigter nach BiBuG 2014 gegen seine Pflichten zur Verhinderung der Geldwäsche und Terrorismusfinanzierung verstoßen hat. Als solche können etwa Unterlagen wie Dokumente, Fotos, E-Mails oder Ähnliches dienen.

Welche Meldungen sind nicht für unser Hinweisgebersystem geeignet?

Offenkundig substratlosen Meldungen wird nicht nachgegangen. Allen anderen Meldungen, welche obengenannte Voraussetzungen erfüllen und über das Hinweisgebersystem eingehen, geht die Bilanzbuchhaltungsbehörde nach.

Meldungen über arbeitsplatzbezogene Probleme sind an die hierfür zuständigen Stellen wie etwa Arbeiterkammer, Gewerkschaft, Betriebsrat oder Ähnliche zu richten.

Verdachtsmeldungen über Geldwäsche oder Terrorismusfinanzierung sind direkt an die Geldwäschemeldestelle im Bundeskriminalamt zu richten. Die Bilanzbuchhaltungsbehörde unterrichtet diese allerdings, wenn die Meldung Tatsachen aufdeckt, die mit Geldwäsche oder Terrorismusfinanzierung zusammenhängen könnten.

Whistleblowing-Leitfaden

Was sind Whistleblower und warum sind sie so wichtig?

Whistleblower bzw. Hinweisgeber sind Personen, die Kenntnis über illegales Handeln haben, dieses durch eine Meldung aufdecken wollen und dadurch einen Beitrag zur Bekämpfung von Missständen leisten.

Hinweisgeber erlangen diese Kenntnis meistens aufgrund ihrer beruflichen Position (z.B. Mitarbeiter), aber etwa auch als Kunden oder sonstige externe Stakeholder des Gemeldeten.

Da sich Hinweisgeber mit ihrer Meldung exponieren, ist es wichtig ihren Schutz vor etwaigen Repressalien zu gewährleisten. Dazu dienen u.a. anonyme Hinweisgebersysteme.

Was bewirkt das Whistleblowing bei der Bilanzbuchhaltungsbehörde?

Die Bilanzbuchhaltungsbehörde stellt nach § 52e BiBuG 2014 ein internetbasiertes Hinweisgebersystem zur Verfügung, welches jeder natürlichen Person die Möglichkeit bietet, Hinweise auf Verstöße eines Berufsberechtigten nach BiBuG 2014 gegen die Pflichten zur Verhinderung der Geldwäsche und Terrorismusfinanzierung nach §§ 43-52d BiBuG 2014 anonym der Bilanzbuchhaltungsbehörde zu melden.

Meldungen, die über unser Hinweisgebersystem eingehen, sind eine wichtige Informationsquelle für die Offenlegung möglicher Fehlverhalten seitens der Berufsberechtigten nach BiBuG 2014 und unterstützen die Bilanzbuchhaltungsbehörde in ihrer Aufsichtsfunktion über die Einhaltung der Bestimmungen zur Verhinderung der Geldwäsche und Terrorismusfinanzierung.

Fundierte Meldungen bilden gegebenenfalls den Anlass für eine Prüfung nach § 52g, die Einleitung eines Verwaltungsstrafverfahrens nach §52j und/oder die Einleitung eines Suspendierungsverfahrens nach § 53 nach sich.

Verletze ich durch eine Meldung Bekanntmachungsbeschränkungen?

Ein Hinweisgeber, der über das Hinweisgebersystem der Bilanzbuchhaltungsbehörde einen Verstoß gegen die berufsrechtlichen Pflichten nach §§ 43-52d BiBuG 2014 meldet, verletzt keine vertraglich oder durch Gesetzes- oder Verordnungsbestimmungen geregelten Bekanntmachungsbeschränkungen, wenn er dies in gutem Glauben und bei Vorliegen eines begründeten Verdachts tut.

Eine Meldung, welche die vorgenannten Kriterien erfüllt, darf keine rechtlich nachteiligen Folgen für den Hinweisgeber nach sich ziehen.

Was sollte meine Meldung enthalten und wie sollte sie aussehen?

Eine Meldung sollte jene Hinweise enthalten, aufgrund derer Sie annehmen, dass ein Berufsberechtigter der Bilanzbuchhaltungsberufe gegen seine Pflichten zur Verhinderung der Geldwäsche und Terrorismusfinanzierung verstoßen hat.

Formulieren Sie in Ihrer Meldung den Sachverhalt so präzise wie möglich und halten Sie sich an Fakten. Beschränken Sie sich auf sachdienliche Informationen und schmücken Sie diese nicht aus. Das Ausschmücken von

Tatsachen, selbst mit wohlgemeinter Absicht, kann im Zweifelsfall die Glaubwürdigkeit Ihrer Meldung verringern.

Stellen Sie nur Unterlagen zur Verfügung, die zum Sachverhalt gehören, wie etwa Dokumente, Fotos, E-Mails oder Ähnliches.
Fügen Sie keine sensiblen personenbezogenen Daten über eine Person in Ihre Nachricht ein, wenn dies nicht unbedingt erforderlich ist, um Ihre Bedenken zu beschreiben.

Wo kann man etwas melden?

Zum Melden von Fehlverhalten stehen Ihnen grundsätzlich drei Wege offen:

- **Alternative 1**: Wenden Sie sich an einen Vorgesetzten oder Manager innerhalb Ihres Unternehmens.
- **Alternative 2**: Wenn ein Berufsberechtigter nach BiBuG mehr als zehn Angestellte hat, ist er verpflichtet, ein unternehmensinternes Hinweisgebersystem einzurichten, über welches Sie eine Meldung einbringen können.
- **Alternative 3**: Melden Sie anonym über das Hinweisgebersystem der Bilanzbuchhaltungsbehörde.

Der Untersuchungsprozess

Das Whistleblowing-Team: Der Zugang zu Meldungen, die über das Hinweisgebersystem der Bilanzbuchhaltungsbehörde eingehen, ist auf Personen beschränkt, die zur Bearbeitung von Whistleblowing-Meldungen berechtigt sind. Deren Arbeitsschritte werden protokolliert und die Handhabung der Nachrichten ist vertraulich.

Bei Bedarf können Personen hinzugezogen werden, die den Untersuchungsprozess mit Sachkunde bereichern können, wobei sie gleichermaßen der Wahrung der Vertraulichkeit verpflichtet sind. In keinem Fall werden Meldungen von Personen untersucht, die vom gemeldeten Sachverhalt betroffen sind oder damit in Zusammenhang stehen.

Nicht entgegennehmbare Meldungen: Wenn es sich um eine offenkundig substratlose Meldung oder eine Meldung über arbeitsplatzbedingte Probleme handelt, kann unser Whistleblowing-Team Ihrer Meldung nicht nachgehen.

Verdachtsmeldungen über Geldwäsche oder Terrorismusfinanzierung kann nicht nachgegangen werden und sind direkt an die Geldwäschemeldestelle im Bundeskriminalamt zu richten. Die Bilanzbuchhaltungsbehörde unterrichtet diese allerdings, wenn die Meldung Tatsachen aufdeckt, die mit Geldwäsche oder Terrorismusfinanzierung zusammenhängen könnten.

Untersuchungsschritte: Auf jede Meldung folgt innerhalb von 10 Kalendertagen eine Antwort von uns.

Wenn Sie eine nicht akzeptierte Meldung einreichen, weisen wir Sie auf diesen Umstand hin.

Wenn Sie eine Meldung einreichen, deren Informationen nicht ausreichen, stellen wir Ihnen über Ihr anonymes Postfach weiterführende Fragen oder bitten Sie um die Übermittlung weiterer Unterlagen.

Wenn Sie eine Meldung einreichen, deren Informationen ausreichen oder Informationen bzw. Unterlagen für eine Meldung nachgereicht haben, führt dies gegebenenfalls zu den weiter unten aufgezählten Konsequenzen für den Gemeldeten.

Als Hinweisgeber können Sie die Bilanzbuchhaltungsbehörde jederzeit über Ihr anonymes Postfach um ein persönliches Treffen mit dem Whistleblowing-Team ersuchen, bei dem Sie Ihre Identität nicht offenlegen müssen. Die Bilanzbuchhaltungsbehörde kann solch einem Ersuchen stattgeben.

Die Bilanzbuchhaltungsbehörde hat das persönliche Treffen aufzuzeichnen und durch eine Tonaufzeichnung des Gesprächs in dauerhafter und abrufbarer Form oder durch ein detailliertes Protokoll des Treffens, das vom Whistleblowing-Team angefertigt wird, zu dokumentieren. Wenn Sie entschieden haben, Ihre Identität offenzulegen, können Sie das Protokoll des Treffens prüfen, gegebenenfalls berichtigen und per Unterschrift bestätigen.

Konsequenzen: Meldungen mit ausreichenden Informationen bilden gegebenenfalls Anlass für eine Prüfung nach § 52g, für die Einleitung eines Verwaltungsstrafverfahrens nach § 52j und/oder für die Einleitung eines Suspendierungsverfahrens nach § 53.

In all diesen Fällen ist die Bilanzbuchhaltungsbehörde verpflichtet, die Anonymität des Hinweisgebers zu wahren und auf seine Verwendung als Zeuge zu verzichten. Wenn die Fortführung eines Verfahrens oder die Sanktionierung im Zuge des Verfahrens ohne die Aufdeckung der Identität des Hinweisgebers oder seine Verwendung als Zeuge nicht möglich ist, wird das Verfahren eingestellt, außer der Hinweisgeber erklärt freiwillig, dass er auf die Wahrung seiner Anonymität verzichtet oder zur Verwendung als Zeuge bereit ist.

Die Bilanzbuchhaltungsbehörde hat den Gemeldeten in jedem Fall über die ihn betreffenden Vorwürfe zu informieren, sobald dies möglich ist, ohne die Ermittlung der vorgeworfenen Verstöße zu gefährden. Der Gemeldete ist jedenfalls darüber zu informieren, dass ein Verwaltungsstraf-, und/oder Suspendierungsverfahren eingeleitet oder eingestellt wird. Dabei wird die Anonymität des Hinweisgebers in jedem Fall gewahrt.

Schutz im Falle einer nicht anonymen Meldung

Die Wahrung Ihrer Identität hängt allein von der Ausgestaltung Ihrer Meldung ab. Wenn Sie auf die Angabe Ihrer personenbezogenen Daten verzichten, kann das Hinweisgebersystem nicht dazu verwendet werden, Ihre Identität zu lüften. Sollten Sie in Ihrer Meldung Ihre Identität bewusst oder irrtümlicherweise preisgegeben haben, laufen Sie trotzdem nicht Gefahr, deswegen ihre Arbeit zu verlieren oder in irgendeiner Form Sanktionen oder persönliche Nachteile zu erleiden, da Ihre Identität dem Gemeldeten nicht preisgegeben wird.

Auch wenn sich Ihre Hinweise als falsch herausstellen, ist dies unerheblich, wenn Sie in gutem Glauben und bei Vorliegen eines begründeten Verdachts gehandelt haben.

Datenschutz

Das internetbasierte Hinweisgebersystem ermöglicht die Speicherung von Informationen im Zusammenhang mit Ihrer Meldung, um weitere Untersuchungen zu ermöglichen.

Datenschutz und Informationspflicht zugunsten von Personen, die in einer Whistleblower-Meldung genannt sind: Die Rechte der Personen, die in einer Whistleblower-Meldung genannt sind, unterliegen den einschlägigen Datenschutzvorschriften. Den betroffenen Personen steht ein Recht auf Auskunft über die sie betreffenden personenbezogenen Daten zu. Sollten die Daten falsch, unvollständig oder veraltet sein, können sie eine entsprechende Berichtigung oder die Löschung verlangen.

Diese Rechte unterliegen jeglichen vorrangigen Schutzmaßnahmen, die erforderlich sind, um die Zerstörung von Beweismitteln zu verhindern oder andere Hindernisse bei der Bearbeitung und Untersuchung der Meldung aus dem Weg zu räumen.

Löschung von Daten: Personenbezogene Daten, die in Whistleblowing-Meldungen und den beigefügten Unterlagen enthalten sind, werden nach

Abschluss der Untersuchung gelöscht, außer wenn die personenbezogenen Daten nach anderen einschlägigen Bestimmungen aufbewahrt werden müssen. Die Löschung erfolgt 30 Tage nach Abschluss der Untersuchung. Untersuchungsunterlagen und Whistleblower-Meldungen, die archiviert werden, werden anonymisiert und enthalten keine personenbezogenen Daten, anhand derer Personen in direkter oder indirekter Weise identifiziert werden können.

Übermittlung personenbezogener Daten in Länder außerhalb des EWR: Alle Daten werden innerhalb der EU gespeichert. Die Übertragung personenbezogener Daten in Länder außerhalb des Europäischen Wirtschaftsraums (EWR) ist generell verboten, außer es werden spezifische Mechanismen zum Schutz der Daten eingesetzt. Davon ausgenommen ist die Übermittlung personenbezogener Daten aus dem EWR an Tochtergesellschaften, die sich außerhalb des EWR befinden.

KAPITEL 23

Änderung der Ermächtigung zur selbständigen Behandlung der dem Präsidenten der Wirtschaftskammer Österreich (WKÖ) vom Bilanzbuchhaltungsgesetz 2014 (BiBuG 2014) zugewiesenen Aufgaben vom 07.01.2014, ReOrg 136-9/13

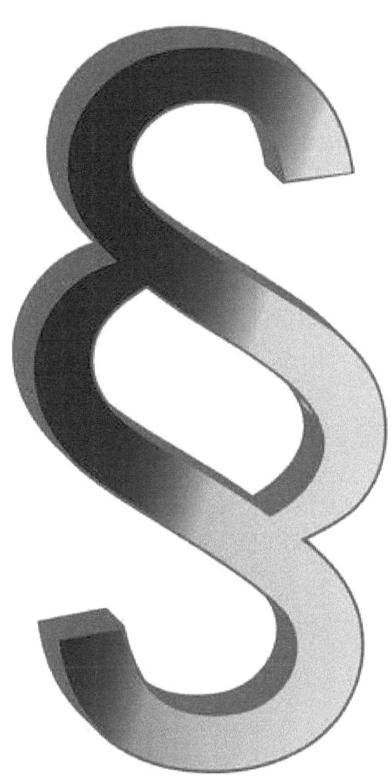

**Änderung der Ermächtigung zur selbständigen Behandlung der dem
Präsidenten der Wirtschaftskammer Österreich vom
Bilanzbuchhaltungsgesetz 2014 (BiBuG 2014) zugewiesenen
Aufgaben vom 7. Jänner 2014, ReOrg 136-9/13**

Gemäß § 63 Abs. 1 letzter Satz des Bilanzbuchhaltungsgesetzes 2014 (BiBuG 2014), BGBl. I Nr. 191/2013, zuletzt geändert durch das Bundesgesetz BGBl. I Nr. 135/2017, wird verordnet:

§ 1 Abs. 1 der Ermächtigung zur selbständigen Behandlung der dem Präsidenten der Wirtschaftskammer Österreich vom Bilanzbuchhaltungsgesetz 2014 (BiBuG 2014) zugewiesenen Aufgaben vom 7. Jänner 2014, ReOrg 136-9/13, lautet:

„(1) Dem Leiter der in der Wirtschaftskammer Österreich für die Abwicklung der dem Präsidenten der Wirtschaftskammer Österreich durch das Bilanzbuchhaltungsgesetz 2014 übertragenen behördlichen Aufgaben eingerichteten Geschäftsstelle, sofern ein ständiger Stellvertreter bestellt ist, im Verhinderungsfalle diesem, werden folgende Angelegenheiten des Bilanzbuchhaltungsgesetzes 2014 zur selbständigen Behandlung und Fertigung übertragen:

1. § 13 Abs. 1 BiBuG 2014:	Prüfungsbefreiung	
2. § 13 Abs. 4 BiBuG 2014:	Einholung Stellungnahme Fachbeirat	
3. § 24 bis § 27 BiBuG 2014:	Bestellungsverfahren	
4. § 28 bis § 32 BiBuG 2014:	Anerkennungsverfahren	
5. § 33 BiBuG 2014:	Fortbildungsverpflichtung	
6. § 35 BiBuG 2014:	Zweigstellen/Register	
7. § 40 BiBuG 2014:	Stellvertretung	
8. § 41 BiBuG 2014:	Ruhen der Befugnis	
9. § 52f bis 52k BiBuG 2014:	Aufsicht und Maßnahmen zur Verhinderung der Geldwäsche und der Terrorismusfinanzierung	

10. § 53 bis § 54 BiBuG 2014:   Suspendierung

11. § 57 BiBuG 2014:   Widerruf Bestellung

12. § 58 BiBuG 2014:   Widerruf Anerkennung

13. § 59 BiBuG 2014:   Streichung Register

14. § 60 BiBuG 2014:   Fortführungsrecht

15. § 62 BiBuG 2014:   Disziplinarrecht

16. § 63 Abs. 4 und 5 BiBuG 2014:   Registerführung

17. § 69 BiBuG 2014:   Übergangsbestimmungen

18. § 72 BiBuG 2014:   Niederlassung"

Wien, am 29. März 2018

Dr. Christoph Leitl

Präsident

KAPITEL 24

Fachprüfungen der Bilanzbuchhaltungsberufe: Inhalte der Fachprüfungen für Buchhalter (BH), Bilanzbuchhalter (BBH) und Personalverrechner (PV)

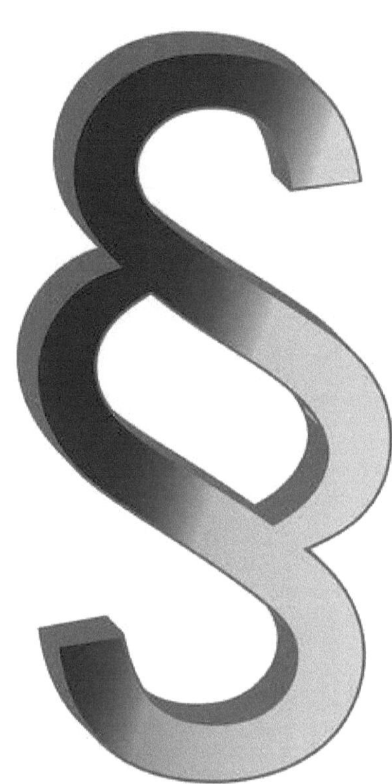

Inhalte der Fachprüfungen

Die jeweiligen Fachprüfungen der Bilanzbuchhaltungsberufe (Bilanzbuchhalter, Buchhalter, Personalverrechner) haben unterschiedlich viele Prüfungsteile und umfassen verschiedene Inhalte.

Nachfolgend sind die einzelnen Fachprüfungen samt Prüfungsteilen und Inhalten aufgelistet.

1. Fachprüfung Bilanzbuchhalter

Die Fachprüfung Bilanzbuchhalter besteht nach §§ 14-16 BiBuG 2014 aus:

- zwei schriftlichen Klausuren (Bilanzierung und Personalverrechnung);

- einer mündlichen Prüfung.

Die schriftliche Klausur Bilanzierung besteht aus folgenden sechs Gegenständen:

- Einnahmen- und Ausgabenrechnung, doppelte Buchhaltung, insbesondere Verbuchung sämtlicher Steuern;

- Verbuchung des Zahlungsverkehrs, insbesondere Rechnungsausgleich, Anzahlungen, Teilzahlungen;

- Zu- und Abgänge im Anlagevermögen, Aktivierungspflichten, selbsterstellte Anlagen;

- buchhalterische Bedeutung der Themenkreise bürgerliches Recht, Unternehmensgesetzbuch, insbesondere Rechnungslegungsvorschriften, Steuerrecht, Zahlungs- und Kapitalverkehr;

- Anfertigung eines Jahresabschlusses mit vollständiger und sachgerechter Ermittlung der einzelnen Bilanzansätze unter Berücksichtigung der verschiedenen Unternehmensformen;

- moderne Kosten- und Leistungsrechnung.

Die schriftliche Klausur Personalverrechnung (dieselbe wie bei der Fachprüfung Personalverrechner) besteht aus einem einheitlichen Gegenstand und aus folgenden Fachbereichen:

- Personalverrechnung;

- Einnahmen- und Ausgabenrechnung und doppelte Buchführung, soweit dies für die Personalverrechnung relevant ist;

- Bedeutung der Themenkreise bürgerliches Recht, Unternehmensrecht, Steuerrecht, Arbeits- und Sozialrecht und Verfahrensrecht, soweit dies für die Ausübung erforderlich ist.

Die mündliche Prüfung besteht aus folgenden zehn Gegenständen:

- **Berufsrecht;**

- **Buchhaltung;**

- **Recht;**

- **Steuerrecht;**

- **Zahlungs- und Kapitalverkehr;**

- **Bilanzierung;**

- **Grundlagen der IT, insbesondere der Verwendung von FinanzOnline;**

- **Personalverrechnung;**

- **Kostenrechnung;**

- **Unternehmensführung.**

2. Fachprüfung Buchhalter

Die Fachprüfung Buchhalter besteht nach §§ 17-19 BiBuG 2014 aus:

- **einer schriftlichen Klausur (Buchhaltung);**

- **einer mündlichen Prüfung.**

Die schriftliche Klausur Buchhaltung besteht aus fünf Gegenständen:

- Einnahmen- und Ausgabenrechnung, doppelte Buchhaltung, insbesondere Verbuchung sämtlicher Steuern;
- Verbuchung des Zahlungsverkehrs, insbesondere Rechnungsausgleich, Anzahlungen, Teilzahlungen;

- Zu- und Abgänge im Anlagevermögen, Aktivierungspflichten, selbsterstellte Anlagen;

- buchhalterische Bedeutung der Themenkreise bürgerliches Recht, Unternehmensgesetzbuch, insbesondere Rechnungslegungsvorschriften, Steuerrecht, Zahlungs- und Kapitalverkehr;

- moderne Kosten- und Leistungsrechnung.

Die mündliche Prüfung besteht aus folgenden sieben Gegenständen:

- **Berufsrecht;**

- **Buchhaltung;**

- **Recht;**

- **Steuerrecht;**

- **Zahlungs- und Kapitalverkehr;**

- **Kostenrechnung;**

- **Grundlagen der IT, insbesondere der Verwendung von FinanzOnline.**

3. Fachprüfung Personalverrechner

Die Fachprüfung Personalverrechner besteht nach §§ 20-22 BiBuG 2014 aus:

- **einer schriftlichen Klausur (Personalverrechnung);**

- **einer mündlichen Prüfung.**

Die schriftliche Klausur Personalverrechnung (dieselbe wie bei der Fachprüfung für Bilanzbuchhalter) besteht aus einem einheitlichen Gegenstand und aus folgenden Fachbereichen:

- Personalverrechnung;

- Einnahmen- und Ausgabenrechnung und doppelte Buchführung, soweit dies
für die Personalverrechnung relevant ist;
- Bedeutung der Themenkreise bürgerliches Recht, Unternehmensrecht,
Steuerrecht, Arbeits- und Sozialrecht und Verfahrensrecht, soweit dies für die
Ausübung erforderlich ist.

Die mündliche Prüfung besteht aus folgenden fünf Gegenständen:

- Berufsrecht;

- Personalverrechnung;

- Buchhaltung;

- Recht, Steuerrecht;

- Grundlagen der IT, insbesondere der Verwendung von FinanzOnline.

KAPITEL 25

Verordnung des Präsidenten der Wirtschaftskammer Österreich (WKÖ) über die nähere Ausgestaltung des Prüfungsverfahrens der Fachprüfungen für die Bilanzbuchhaltungsberufe (Bilanzbuchhaltungsberufe-Prüfungsverordnung 2014 – BB-PO 2014)

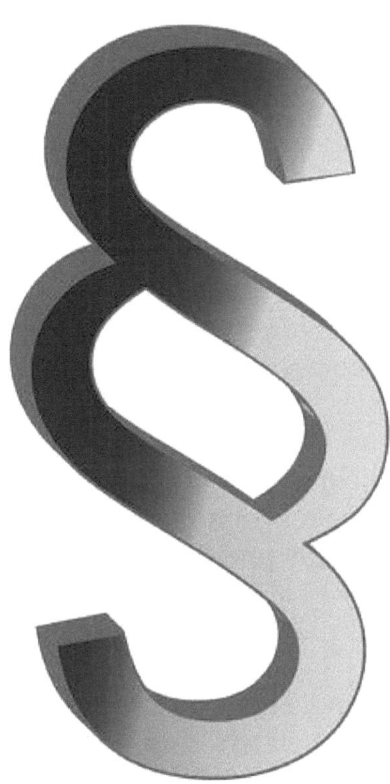

Verordnung des Präsidenten der Wirtschaftskammer Österreich über die nähere Ausgestaltung des Prüfungsverfahrens der Fachprüfungen für die Bilanzbuchhaltungsberufe

(Bilanzbuchhaltungsberufe-Prüfungsordnung 2014 - BB-PO 2014)

Aufgrund des § 23 Abs. 1 des Bilanzbuchhaltungsgesetzes 2014, BGBl. I Nr. 191/2013, wird verordnet:

Prüfungskommission

§ 1. (1) Die Prüfungskommissionen haben aus einem Vorsitzenden und drei Beisitzern zu bestehen.

(2) Die Beisitzer sind zu entnehmen dem Kreis

1. der Berufsangehörigen mit mindestens dreijähriger qualifizierter Berufspraxis im Bereich der jeweiligen Prüfungsfächer,

2. der Hochschullehrer für einschlägige Fächer und

3. anderer Fachleute des betreffenden Wissensgebietes.

Prüfungstermine

§ 2. (1) Die Meisterprüfungsstellen haben regelmäßig wiederkehrende Prüfungstermine festzusetzen, wobei mindestens einmal jährlich ein Prüfungstermin anzuberaumen ist.

(2) Von der Bildung einer Prüfungskommission kann abgesehen werden, wenn in einem Bundesland keine hinreichende Zahl von Prüfungskandidaten im betreffenden Bilanzbuchhaltungsberuf zu erwarten ist oder wenn die für die Prüfung benötigten Einrichtungen und Geräte nicht zur Verfügung stehen.

Anmeldung zur Prüfung

§ 3. (1) Der Prüfungskandidat hat sich für die Prüfung spätestens sechs Wochen vor dem festgesetzten Termin bei der Meisterprüfungsstelle anzumelden. Die Wahl der Prüfungsstelle steht dem Prüfungskandidaten frei.

(2) In der Anmeldung hat der Prüfungskandidat zu erklären, zu welchem Prüfungsteil oder zu welcher Prüfung er antreten will. Der Anmeldung sind Belege anzuschließen, die dem Nachweis folgender Daten dienen:

1. Familienname und Vorname,

2. Geburtsdatum,

3. akademische Grade und Titel und

4. Sozialversicherungsnummer.

(3) Der Anmeldung sind weiters anzuschließen:

1. Nachweise über den Ersatz von Prüfungsteilen gemäß § 13 Abs. 1 des Bilanzbuchhaltungsgesetzes 2014 (BiBuG 2014), BGBl. I Nr. 191/2013 und

2. Zahlungsbelege über die entrichteten Prüfungsgebühren.

(4) Der Prüfungskandidat ist von der Beibringung der in Abs. 2 und 3 angeführten Belege entbunden, wenn er die Nachweise bereits einmal erbracht hat oder sich die Meisterprüfungsstelle selbst auf automationsunterstütztem Wege Kenntnis über die betreffenden Daten verschaffen kann.

Prüfungsverfahren bei Multiple-Choice-Prüfungen und Ausarbeitung der Prüfungsthemen

§ 4. (1) Das schriftliche Prüfungsverfahren kann ganz oder teilweise im Mehrfachauswahlverfahren (Multiple-Choice-Verfahren) durchgeführt werden.

(2) Wird eine fachliche schriftliche Prüfung zur Gänze oder teilweise im Mehrfachauswahlverfahren (Multiple-Choice-Verfahren) abgehalten, so ist das verwendete System (Programmsoftware) vor der ersten Prüfung einem Verfahren zur Zertifizierung zu unterziehen. Die Zertifizierung kann von einem Leiter der Meisterprüfungsstellen eingeleitet werden. Die Zertifizierung hat durch einen unparteiischen Dritten nach erfolgter Begutachtung durch die Leiter der Meisterprüfungsstellen zu erfolgen und die Überprüfung der Tauglichkeit der Programmsoftware im Hinblick auf ihren Einsatz bei Prüfungen zu enthalten.

(3) Bestehende Zertifizierungen für Meister- bzw. Befähigungsprüfungen gelten gleichermaßen auch als für die Fachprüfungen geeignet.

Prüfungsgebühr

§ 5. (1) Die Prüfungsgebühr bei Durchführung einer schriftlichen Fachprüfung Bilanzbuchhalter und einer Eignungsprüfung gemäß § 72 Abs. 7 BiBuG ist durch 8 Prozent des Gehaltes eines Beamten des Allgemeinen Verwaltungsdienstes der Verwendungsgruppe A 1, Gehaltsstufe 6, gemäß § 28 Abs. 1 des Gehaltsgesetzes 1956, BGBl. Nr. 54, in der jeweils geltenden Fassung, zu bestimmen.

(2) Die Prüfungsgebühr bei Durchführung einer mündlichen Fachprüfung Bilanzbuchhalter und einer Eignungsprüfung gemäß § 72 Abs. 7 BiBuG ist durch 12 Prozent des Gehaltes eines Beamten des Allgemeinen Verwaltungsdienstes der Verwendungsgruppe A 1, Gehaltsstufe 6, gemäß § 28 Abs. 1 des Gehaltsgesetzes 1956, BGBl. Nr. 54, in der jeweils geltenden Fassung, zu bestimmen.

(3) Die Prüfungsgebühr bei Durchführung einer schriftlichen Fachprüfung Buchhalter ist durch 6 Prozent des Gehaltes eines Beamten des Allgemeinen Verwaltungsdienstes der Verwendungsgruppe A 1, Gehaltsstufe 6, gemäß § 28 Abs. 1 des Gehaltsgesetzes 1956, BGBl. Nr. 54, in der jeweils geltenden Fassung, zu bestimmen.

(4) Die Prüfungsgebühr bei Durchführung einer mündlichen Fachprüfung Buchhalter und einer Eignungsprüfung gemäß § 72 Abs. 8 BiBuG ist durch 8 Prozent des Gehaltes eines Beamten des Allgemeinen Verwaltungsdienstes der Verwendungsgruppe A 1, Gehaltsstufe 6, gemäß § 28 Abs. 1 des Gehaltsgesetzes 1956, BGBl. Nr. 54, in der jeweils geltenden Fassung, zu bestimmen.

(5) Die Prüfungsgebühr bei Durchführung einer schriftlichen Fachprüfung Personalverrechner und einer Eignungsprüfung gemäß § 72 Abs. 9 BiBuG ist durch 6 Prozent des Gehaltes eines Beamten des Allgemeinen Verwaltungsdienstes der Verwendungsgruppe A 1, Gehaltsstufe 6, gemäß § 28 Abs. 1 des Gehaltsgesetzes 1956, BGBl. Nr. 54, in der jeweils geltenden Fassung, zu bestimmen.

(6) Die Prüfungsgebühr bei Durchführung einer mündlichen Fachprüfung Personalverrechner und einer Eignungsprüfung gemäß § 72 Abs. 9 BiBuG ist durch 8 Prozent des Gehaltes eines Beamten des Allgemeinen Verwaltungsdienstes der Verwendungsgruppe A 1, Gehaltsstufe 6, gemäß § 28 Abs. 1 des Gehaltsgesetzes 1956, BGBl. Nr. 54, in der jeweils geltenden Fassung, zu bestimmen.

(7) Die Prüfungsgebühren sind auf einen vollen Eurobetrag aufzurunden.

Prüfungsaufsicht und Entschädigung der Mitglieder der Prüfungskommission

§ 6. (1) Die Meisterprüfungsstelle hat 90 Prozent der Prüfungsgebühr an die Mitglieder der Prüfungskommission als Entschädigung zu entrichten. Die Entschädigung muss den vom Prüfer erbrachten Leistungen angemessen sein. Bei der Beurteilung der Angemessenheit ist insbesondere der Umstand zu berücksichtigten, ob die Prüfertätigkeit die Ausarbeitung der schriftlichen Prüfungsaufgaben, Aufgaben im Rahmen der Prüfungsaufsicht und die Korrektur der schriftlichen Prüfungsarbeiten umfasst hat. Die verbleibenden 10 Prozent der Prüfungsgebühr sind zur Abdeckung des durch die Abhaltung der Prüfung entstandenen besonderen Verwaltungsaufwandes zu verwenden.

(2) Neben den Kommissionsmitgliedern kann der Leiter der Meisterprüfungsstelle Aufsichtspersonen für die Beaufsichtigung und die Durchführung und Kontrolle des korrekten Ablaufs des Prüfungsverfahrens bei der schriftlichen Prüfung bestellen, wobei die Aufsichtspersonen funktional als Prüfer tätig werden.

Voraussetzungen für die Rückzahlung bzw. Ermäßigung

§ 7. (1) Die Höhe der Prüfungsgebühr ist auf Antrag des Prüfungskandidaten herabzusetzen, wenn er nachweist, dass für ihn die Bezahlung der vollen Höhe der Prüfungsgebühr eine erhebliche wirtschaftliche Härte darstellt. Die Herabsetzung hat entsprechend den Einkommensverhältnissen und Sorgepflichten des Prüfungskandidaten zu erfolgen. Die Herabsetzung unter zwei Fünftel der Prüfungsgebühr ist unzulässig.

(2) Die Prüfungsgebühr ist dem Prüfungskandidaten von der Meisterprüfungsstelle nicht in Rechnung zu stellen oder zurückzuzahlen, wenn der Prüfungskandidat

1. spätestens zehn Kalendertage vor Prüfungsbeginn die Bekanntgabe seines Rücktrittes zur Post gegeben hat oder

2. aus nachweislich nicht von ihm zu vertretenden Gründen von der Prüfung gänzlich oder teilweise fernbleibt.

Pflichten der Mitglieder und des Vorsitzenden der Prüfungskommission, um unparteiische und sachgerechte Prüfungen zu gewährleisten

§ 8. Alle Prüfer haben dem Leiter der Meisterprüfungsstelle die gewissenhafte und unparteiische Ausübung ihres Amtes schriftlich oder mündlich zu versprechen und sich zur Verschwiegenheit zu verpflichten. Wenn dieses Versprechen bereits einmal abgelegt wurde, genügt es, wenn an dieses Versprechen bloß erinnert wird.

Schriftliche Bilanzbuchhalterprüfung

§ 9. (1) Die schriftliche Bilanzbuchhalterprüfung hat die Ausarbeitung von zwei Klausurarbeiten zu umfassen. Die Klausurarbeit aus Bilanzierung hat die Ausarbeitung einer Prüfungsarbeit durch selbständige Anwendung geeigneter Techniken aus nachstehenden Gegenständen zu umfassen:

1. Einnahmen- und Ausgabenrechnung, doppelte Buchhaltung, insbesondere Verbuchung sämtlicher Steuern, Verbuchung von Wareneinkauf und Warenverkauf, Ermittlung und Verbuchung von Wareneinsatz, Materialeinsatz und Bestandsveränderungen, Retourwaren, Rabatte und Skonti;

2. Verbuchung des Zahlungsverkehrs, insbesondere Rechnungsausgleich, Anzahlungen, Teilzahlungen, diverse Instrumente des Zahlungsverkehrs, Factoring, Personenkonten, Lohn- und Gehaltsverbuchung, Verbuchung verschiedener Aufwendungen wie Reisekosten, Werbung und Repräsentation;

3. Zu- und Abgänge im Anlagevermögen, Aktivierungspflichten, selbsterstellte Anlagen, Regelungen für Kraftfahrzeuge, Fremdwährungsverbuchung, Kreditverluste, Gewährleistung und Schadenersatz, Vertragsstrafen, Rechnungsabgrenzungen, Filialbuchhaltung, Kommissionsgeschäfte, Handelsvertretung, Verbuchung von Aufnahme und Tilgung langfristigen Kapitals, Leasinggeschäfte, Verbuchung von Privatentnahmen und -einlagen;

4. buchhalterische Bedeutung der Themenkreise bürgerliches Recht, Unternehmensgesetzbuch insbesondere Rechnungslegungsvorschriften, Steuerrecht, Zahlungs- und Kapitalverkehr;

5. Anfertigung eines Jahresabschlusses mit vollständiger und sachgerechter Ermittlung der einzelnen Bilanzansätze unter Berücksichtigung der verschiedenen Unternehmensformen;

6. moderne Kosten- und Leistungsrechnung, insbesondere Zielkostenrechnung und direct costing.

(2) Die Prüfungsfragen der Klausurarbeit aus Bilanzierung gemäß Abs. 1 sind so zu stellen, dass diese vom Bewerber in fünf Stunden ausgearbeitet werden können. Die Klausurarbeit aus Bilanzierung ist nach sechs Stunden zu beenden.

(3) Die Klausurarbeit aus Personalverrechnung hat die Ausarbeitung einer Prüfungsarbeit durch selbständige Anwendung geeigneter Techniken aus dem einheitlichen Gegenstand des schriftlichen Prüfungsteils der Fachprüfung Personalverrechnung nach § 21 BiBuG 2014 zu umfassen.

(4) Die Prüfungsfragen der Klausurarbeit aus Personalverrechnung gemäß Abs. 3 sind so zu stellen, dass diese vom Bewerber in zwei Stunden ausgearbeitet werden können. Die Klausurarbeit aus Personalverrechnung ist nach drei Stunden zu beenden.

(5) Für Wiederholungs- und Teilprüfungen einzelner Gegenstände des schriftlichen Fachprüfungsteils wird festgelegt:

1. Die Dauer des Gegenstandes gemäß § 9 Abs. 1 Z 1 beträgt mindestens 20 Minuten und höchstens 30 Minuten.

2. Die Dauer des Gegenstandes gemäß § 9 Abs. 1 Z 2 beträgt mindestens 20 Minuten und höchstens 30 Minuten.

3. Die Dauer des Gegenstandes gemäß § 9 Abs. 1 Z 3 beträgt mindestens 20 Minuten und höchstens 30 Minuten.

4. Die Dauer des Gegenstandes gemäß § 9 Abs. 1 Z 4 beträgt mindestens 100 Minuten und höchstens 110 Minuten.

5. Die Dauer des Gegenstandes gemäß § 9 Abs. 1 Z 5 beträgt mindestens 100 Minuten und höchstens 110 Minuten.

6. Dauer des Gegenstandes gemäß § 9 Abs. 1 Z 6 beträgt mindestens 40 Minuten und höchstens 50 Minuten.

Schriftliche Buchhalterprüfung

§ 10. (1) Die schriftliche Buchhalterprüfung hat die Ausarbeitung einer Klausurarbeit zu umfassen. Die Klausurarbeit hat die Ausarbeitung einer Prüfungsarbeit durch selbständige Anwendung geeigneter Techniken aus nachstehenden Gegenständen zu umfassen:

1. Einnahmen- und Ausgabenrechnung, doppelte Buchhaltung, insbesondere Verbuchung sämtlicher Steuern, Verbuchung von Wareneinkauf und Warenverkauf, Ermittlung und Verbuchung von Wareneinsatz, Materialeinsatz und Bestandsveränderungen, Retourwaren, Rabatte und Skonti;

2. Verbuchung des Zahlungsverkehrs, insbesondere Rechnungsausgleich, Anzahlungen, Teilzahlungen, diverse Instrumente des Zahlungsverkehrs, Factoring, Personenkonten, Lohn- und Gehaltsverbuchung, Verbuchung verschiedener Aufwendungen wie Reisekosten, Werbung und Repräsentation;

3. Zu- und Abgänge im Anlagevermögen, Aktivierungspflichten, selbsterstellte Anlagen, Regelungen für Kraftfahrzeuge, Fremdwährungsverbuchung, Kreditverluste, Gewährleistung und Schadenersatz, Vertragsstrafen, Rechnungsabgrenzungen, Filialbuchhaltung, Kommissionsgeschäfte, Handelsvertretung, Verbuchung von Aufnahme und Tilgung langfristigen Kapitals, Leasinggeschäfte, Verbuchung von Privatentnahmen und -einlagen;

4. buchhalterische Bedeutung der Themenkreise bürgerliches Recht, Unternehmensgesetzbuch insbesondere Rechnungslegungsvorschriften, Steuerrecht, Zahlungs- und Kapitalverkehr;

5. moderne Kosten- und Leistungsrechnung, insbesondere Zielkostenrechnung und direct costing.

(2) Die Prüfungsfragen der Klausurarbeit sind so zu stellen, dass diese vom Bewerber in drei Stunden ausgearbeitet werden können. Die Klausurarbeit ist nach vier Stunden zu beenden.

(3) Für Wiederholungs- und Teilprüfungen einzelner Gegenstände des schriftlichen Fachprüfungsteils wird festgelegt:

1. Die Dauer des Gegenstandes gemäß § 10 Abs. 1 Z 1 beträgt mindestens 45 Minuten und höchstens 60 Minuten.

2. Die Dauer des Gegenstandes gemäß § 10 Abs. 1 Z 2 beträgt mindestens 45 Minuten und höchstens 60 Minuten.

3. Die Dauer des Gegenstandes „gemäß § 10 Abs. 1 Z 3 beträgt mindestens 45 Minuten und höchstens 60 Minuten.

4. Die Dauer des Gegenstandes gemäß § 10 Abs. 1 Z 4 beträgt mindestens 25 Minuten und höchstens 35 Minuten.

5. Die Dauer des Gegenstandes gemäß § 10 Abs. 1 Z 5 beträgt mindestens 20 Minuten und höchstens 25 Minuten.

Schriftliche Personalverrechnerprüfung

§ 11. (1) Die schriftliche Personalverrechnerprüfung hat die Ausarbeitung einer Klausurarbeit zu umfassen. Die schriftliche Prüfung ist ein einheitlicher Gegenstand. Die Klausurarbeit hat die Ausarbeitung einer Prüfungsarbeit durch selbständige Anwendung geeigneter Techniken aus nachstehenden Fachbereichen zu umfassen:

1. Personalverrechnung;

2. Einnahmen- und Ausgabenrechnung und doppelte Buchführung, soweit dies für die Personalverrechnung relevant ist;

3. Bedeutung der Themenkreise bürgerliches Recht, Unternehmensrecht, Steuerrecht, Arbeits- und Sozialrecht und Verfahrensrecht, soweit dies für die Ausübung erforderlich ist.

(2) Die Prüfungsfragen der Klausurarbeit sind so zu stellen, dass diese vom Bewerber in zwei Stunden ausgearbeitet werden können. Die Klausurarbeit ist nach drei Stunden zu beenden.

Mündliche Bilanzbuchhalterprüfung

§ 12. (1) Die mündliche Bilanzbuchhalterprüfung hat die Beantwortung von Prüfungsfragen aus folgenden Gegenständen zu umfassen:

1. Berufsrecht;

2. Buchhaltung, insbesondere Funktionsweise der Einnahmen- und Ausgabenrechnung, Funktionsweise der doppelten Buchhaltung, formaler Abschluss, Organisationsformen der doppelten Buchhaltung, Belegwesen, Journal, Hauptbuch, Nebenbuchhaltung, unternehmens- und steuerrechtliche Buchführungs- und Aufzeichnungspflichten, formelle und materielle Mindestanforderungen, abhängig von der Form der Buchhaltung, formelle und materielle Ordnungsmäßigkeit der Buchführung, Inventurverfahren, Kontenrahmenprinzipien und -systeme;

3. bürgerliches Recht und Unternehmensrecht, insbesondere Vertragsrecht, Sachenrecht, Grundzüge des Unternehmensrechts und Grundkenntnisse der einschlägigen arbeits- und sozialrechtlichen Vorschriften, soweit für die Bilanzbuchhaltung erforderlich;

4. Steuerrecht, insbesondere Grundzüge der Bundesabgabenordnung, Umsatzsteuer und Grundbegriffe des Einkommensteuer- und Körperschaftssteuerrechts unter besonderer Berücksichtigung der steuerlichen Gewinnermittlung;

5. Zahlungs- und Kapitalverkehr, insbesondere die Durchführung des Zahlungsverkehrs, diverse Instrumente des Zahlungsverkehrs und Kaufvertrags- und Versicherungsklauseln und ihre Auswirkung im Zahlungsverkehr;

6. Begriffe und Arten von Jahresabschlüssen nach dem Unternehmensgesetzbuch (insbesondere Rechnungslegungsbestimmungen) und Steuerrecht, gesetzliche Vorschriften über den Jahresabschluss nach dem Unternehmensgesetzbuch, Grundsätze ordnungsgemäßer Bilanzierung, Gliederung von Jahresabschlüssen (inklusive Gewinn- und Verlustrechnung) und Fristen zur Erstellung von Jahresabschlüssen;

7. Grundlagen und Anwendungen der Informationstechnologie im Rechnungswesen, insbesondere EDV und FinanzOnline;

8. Personalverrechnung;

9. Kostenrechnung, insbesondere Kostenrechnungstheorie und traditionelle Kostenrechnung;

10. Unternehmensführung, insbesondere für Klein- und Mittelbetriebe.

(2) Die Gesamtdauer der mündlichen Bilanzbuchhalterprüfung hat mindestens 75 Minuten und höchstens 105 Minuten je Prüfungskandidat zu betragen, die Dauer pro Gegenstand mindestens 8 Minuten und höchstens 10 Minuten.

Mündliche Buchhalterprüfung

§ 13. (1) Die mündliche Buchhalterprüfung hat die Beantwortung von Prüfungsfragen aus folgenden Gegenständen zu umfassen:

1. Berufsrecht;

2. Buchhaltung, insbesondere Funktionsweise der Einnahmen- und Ausgabenrechnung, Funktionsweise der doppelten Buchhaltung, formaler Abschluss, Organisationsformen der doppelten Buchhaltung, Belegwesen, Journal, Hauptbuch, Nebenbuchhaltung, unternehmens- und steuerrechtliche Buchführungs- und Aufzeichnungspflichten, formelle und materielle

Mindestanforderungen, abhängig von der Form der Buchhaltung, formelle und materielle Ordnungsmäßigkeit der Buchführung, Inventurverfahren, Kontenrahmenprinzipien und -systeme;

3. bürgerliches Recht und Unternehmensrecht, insbesondere Vertragsrecht, Sachenrecht, Grundzüge des Unternehmensrechts und Grundkenntnisse der einschlägigen arbeits- und sozialrechtlichen Vorschriften, soweit für die Buchhaltung erforderlich;

4. Steuerrecht, insbesondere Grundzüge der Bundesabgabenordnung, Umsatzsteuer und Grundbegriffe des Einkommensteuerrechts unter besonderer Berücksichtigung der steuerlichen Gewinnermittlung;

5. Zahlungs- und Kapitalverkehr, insbesondere die Durchführung des Zahlungsverkehrs, diverse Instrumente des Zahlungsverkehrs und Kaufvertrags- und Versicherungsklauseln und ihre Auswirkung im Zahlungsverkehr;

6. Kostenrechnung, insbesondere Kostenrechnungstheorie und traditionelle Kostenrechnung;

7. Grundlagen und Anwendungen der Informationstechnologie im Rechnungswesen.

(2) Die Gesamtdauer der mündlichen Buchhalterprüfung hat mindestens 45 Minuten und höchstens 75 Minuten je Prüfungskandidat zu betragen, die Dauer pro Gegenstand mindestens 8 Minuten und höchstens 10 Minuten.

Mündliche Personalverrechnerprüfung

§ 14. (1) Die mündliche Personalverrechnerprüfung hat die Beantwortung von Prüfungsfragen aus folgenden Gegenständen zu umfassen:

1. Berufsrecht;

2. Personalverrechnung;

3. Buchhaltung, insbesondere Funktionsweise der Einnahmen- und Ausgabenrechnung, der doppelten Buchhaltung, formelle und materielle Ordnungsmäßigkeit der Buchführung, soweit dies für die Personalverrechnung relevant ist;

4. Bedeutung der Themenkreise bürgerliches Recht, Unternehmensrecht, Steuerrecht, Arbeits- und Sozialrecht und Verfahrensrecht, soweit dies für die Ausübung erforderlich ist;

5. Grundlagen und Anwendung der Informationstechnologie in der Personalverrechnung.

(2) Die Gesamtdauer der mündlichen Personalverrechnerprüfung hat mindestens 45 Minuten und höchstens 75 Minuten je Prüfungskandidat zu betragen, die Dauer pro Gegenstand mindestens 8 Minuten und höchstens 10 Minuten.

Bewertung und auszustellende Zeugnisse

§ 15. (1) Die schriftliche Prüfung ist positiv bestanden, wenn alle Gegenstände positiv bewertet wurden.

(2) Die schriftliche Prüfung ist mit Auszeichnung bestanden, wenn mehr als die Hälfte der Gegenstände mit Auszeichnung bestanden und die restlichen Gegenstände bestanden wurden.

(3) Die mündliche Prüfung ist positiv bestanden, wenn alle Gegenstände positiv bewertet wurden.

(4) Die mündliche Prüfung ist mit Auszeichnung bestanden, wenn mehr als die Hälfte der Gegenstände mit Auszeichnung bestanden und die restlichen Gegenstände bestanden wurden.

(5) Die Meisterprüfungsstelle hat bei erfolgreicher Ablegung der schriftlichen oder mündlichen Prüfung das entsprechende Fachprüfungszeugnis auszustellen. Die Mitunterfertigung des jeweiligen Fachprüfungszeugnisses durch die Mitglieder der Prüfungskommission ist zulässig.

Wiederholungsprüfungen

§ 16. (1) Gegenstände sind entsprechend der Entscheidung der Prüfungskommission zu wiederholen.

(2) Sowohl bei der schriftlichen Prüfung als auch bei der mündlichen Prüfung hat sich die Wiederholung auf jene Gegenstände zu beschränken, die nicht positiv bewertet wurden.

(3) Bei Wiederholung der mündlichen Prüfung ist die Prüfungsdauer nach Anzahl der zu wiederholenden Gegenstände angemessen zu reduzieren.

Gleichwertigkeit der Gegenstände im Sinne des § 13 Abs. 2 BiBuG 2014

§ 17. (1) Personen, die über eine aufrechte Berechtigung Buchhaltung verfügen, sind von der Absolvierung folgender Gegenstände der Fachprüfung Bilanzbuchhalter befreit:

1. Schriftlich: § 15 Abs. 2 Z 1, 2 und 3 BiBuG 2014

2. Mündlich: § 16 Z 2, 5 und 7 BiBuG 2014

(2) Personen, die über eine aufrechte Berechtigung Personalverrechnung verfügen, sind von der Absolvierung folgender Gegenstände der Fachprüfung Bilanzbuchhalter befreit:

1. Schriftlich: § 15 Abs. 4 und 5 BiBuG 2014

2. Mündlich: § 16 Z 7 und 8 BiBuG 2014

Voraussetzungen für die Anerkennung von Prüfungen von Ausbildungsinstituten

§ 18. (1) Der Antrag auf Anerkennung ist vom Ausbildungsinstitut schriftlich bei der Behörde einzubringen.

(2) Eine Anerkennung von Prüfungen eines Ausbildungsinstitutes nach § 13 Abs. 3 BiBuG 2014 kann nur für eine Gesamtprüfung nach §§ 14 bis 16 BiBuG 2014 (Fachprüfung Bilanzbuchhalter), §§ 17 bis 19 BiBuG 2014 (Fachprüfung Buchhalter) und §§ 20 bis 22 BiBuG 2014 (Fachprüfung Personalverrechner) erfolgen.

(3) Die Prüfungen des Ausbildungsinstitutes müssen alle Gegenstände der Fachprüfungen nach BiBuG 2014 enthalten.

(4) Die Dauer der Prüfungen des Ausbildungsinstitutes darf die Dauer der Gegenstände der Fachprüfungen nach BiBuG 2014 nicht unterschreiten.

(5) Die Prüfungskommissäre des Ausbildungsinstitutes haben die Voraussetzungen nach § 1 Abs. 2 und § 8 zu erfüllen. Die Prüfungsvorsitzenden dürfen nicht gleichzeitig Vortragende und Prüfer desselben Lehrganges sein.

(6) Das Ausbildungsinstitut hat den Ablauf und die Inhalte der schriftlichen und mündlichen Prüfungen, die Ergebnisse der Prüfungen, die Art der Benotung und die Zusammensetzung der Prüfungskommissionen (für jede abgenommene Prüfung) zu dokumentieren.

(7) Eine Klausur ist nur dann als positiv zu bewerten, wenn mindestens 60% der vom Ausbildungsinstitut für alle Gegenstände festgesetzten erreichbaren Punkte erzielt wurden.

(8) Eine mündliche Prüfung gilt als positiv absolviert, wenn alle Prüfungsgegenstände gemäß § 12 Abs. 1, § 13 Abs. 1 und § 14 Abs. 1 positiv bewertet wurden.

Schlussbestimmungen

Inkrafttreten

§ 19. Diese Verordnung tritt mit Beginn des auf die Kundmachung folgenden Tages in Kraft.

Sprachliche Gleichbehandlung

§ 20. Soweit in dieser Verordnung personenbezogene Bezeichnungen nur in männlicher Form angeführt sind, beziehen sie sich auf Frauen und Männer in gleicher Weise. Bei der Anwendung auf bestimmte Personen ist jeweils die geschlechtsspezifische Form zu verwenden.

Wien, am 3. Februar 2014

Dr. Christoph Leitl

Präsident

KAPITEL 26

General Terms and Conditions for Accountants (according to the Austrian Certified Management Accountant Law of 2014 – BiBuG 2014)

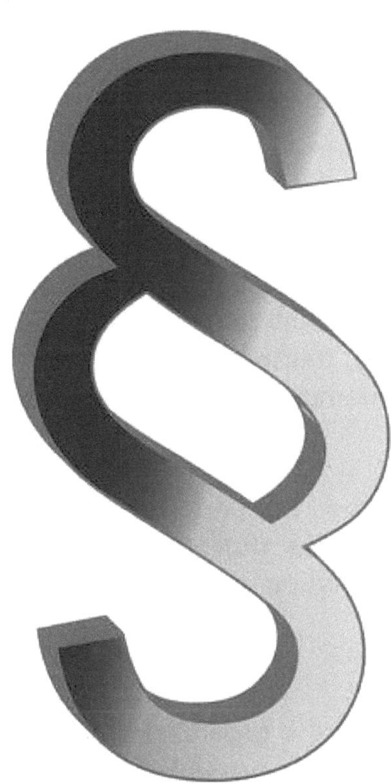

Preamble

A freelance accountant performs their professional work according to the Austrian Certified Management Accountant Law of 2014 (hereinafter referred to as the BiBuG) and is publicly appointed to do so having provided proof of the high qualifications required by law.

1. General Principles of Cooperation

1.1

These "General Terms and Conditions for Accountants" shall apply to all legal transactions between the accountant, as contractor, and the client, particularly for works contracts, contracts regarding performing accounting and creating balance lists and profit and loss accounts to the extent of those professional rights and commercial ancillary rights established by the BiBuG, the content of which are expert services and the consultation of clients by the accountant within the scope of the generally approved professional principles and ethics of the profession. The version valid at the time of the conclusion of the contract shall be applicable.

1.2

Should one or more clauses of these Terms and Conditions be or become invalid, the validity of the remaining clauses as well as of the concluded contracts based thereupon shall remain unaffected. The invalid clause shall be replaced with a valid one, the intention of which comes as close as possible to the meaning and economic purpose of the invalid one.

1.3

The accountant shall be entitled to have competent employees or commercial/freelance partners (full or partial) conduct the service and/or consulting order. Collaboration with other freelance accountants shall be agreed upon in writing.

1.4

The client shall ensure that the organizational frame conditions at their place of business permit the fewest possible interruptions of work and facilitate rapid progress of processes while the service and/or consulting is conducted. The accountant shall act according to the policies of professional practice when conducting the service agreed.

2. Area and Scope of Application

2.1

These Terms and Conditions shall apply both insofar as the application thereof is expressly agreed upon and to additional agreements between the accountant and the client.

2.2

All service and/or consulting orders and other agreements shall only be legally binding insofar as the client confirms and signs these with the legally binding signature of the company, and shall only oblige both parties to the extent determined in the written contractual agreement (works contract).

2.3

The accountant shall render all services according to prevailing legal norms. Should the legal norms change after the accountant submits their concluding professional statement, the accountant shall not be obliged to indicate changes or implications arising therefrom to the client. This shall also apply to completed parts of an order.

3. Scope and Execution of Orders

3.1

The scope as well as the execution of service and/or consulting orders shall be agreed upon in a contract.

4. Duty of Disclosure of the Client/Declaration of Completeness

4.1

The client shall, at the request of the accountant, confirm in writing to the accountant the completeness of the documents submitted as well as the information and explanations provided. Furthermore, this declaration of completeness shall not be subject to any formal requirements.

4.2

The accountant shall be entitled to presume that the information of the client, particularly numbers, is accurate when working to perform accounting, prepare and create balance lists and profit and loss accounts and in conducting consulting tasks and other tasks. However, the accountant shall notify the client of any incorrectness the former discovers.

4.3

The client undertakes to provide all documents necessary for the execution and implementation of the service and/or consulting order in a timely fashion, even without a specific request from the accountant, and to inform the accountant of all processes and circumstances of importance for the execution of the order. The definition of a "timely" submission shall be agreed separately. The client shall guarantee that all documents and information provided are accurate and complete. This shall also apply to all documents, processes and circumstances which only become known during the work of the accountant. The accountant shall not be held responsible for delays due to the delayed provision of documents or information by the client.

5. Assurance of Independence

5.1

The parties to the contract agree to mutual loyalty.

5.2

The contractual parties each undertake to make apt provisions to prevent threats to the independence of the cooperation partners and employees of the accountant. This shall particularly apply to employment offers or offers to accept orders on one's own account by the client.

6. Reporting

6.1

The accountant undertakes to submit reports regarding their work, the work of their employees and, if applicable, also the work of their cooperation partners in writing, provided that no other agreements are expressly made. Submission via e-mail shall be admissible.

6.2

The client and the accountant agree that either continuous or one-time reporting, depending on work progress, shall be considered agreed for the service and consulting order. The conditions of reporting shall be agreed upon separately.

6.3

Should the accountant submit a written statement about their work, this statement alone shall be decisive for an evaluation.

7. Intellectual Property/Copyright/Utilization Protection

7.1
The services of the accountant shall be protected by copyright.

7.2
The client undertakes to use those assessments, reports, analyses, drafts, calculations, plans, programmes, drawings, data storage media and the like created in the course of the service, consulting or representation order by the accountant or employees and cooperation partners thereof only for the business purposes of the client. Further utilization shall be inadmissible.

7.3
The utilization of professional statements of the accountant by the client for advertising purposes shall be inadmissible. Any violation thereof shall entitle the accountant to terminate without notice all orders not yet performed.

7.4
With regard to the fact that the services rendered are the intellectual property of the accountant, the right of utilization thereof shall only apply to those business purposes of the client and only within the scope agreed upon in the contract, even after remuneration has been paid. Every illicit disclosure, including in the course of dissolvement of the company or insolvency, but also every short-term allocation for reproduction purposes shall entail claims for damages by the accountant.

7.5
On their part, the accountant undertakes to respect the intellectual property of the client, as far as this has been expressly indicated to the former upon transferal.

8. Rectification of Defects and Guarantee

8.1
The accountant shall be entitled and obliged to remove incorrectness and defects in their service and/or consulting work that only become known retrospectively. The accountant shall immediately inform the client thereof. The accountant shall be entitled to notify of the changes those third parties informed about the initial statement.

8.2
The client is entitled to the rectification of defects free of charge provided that the accountant is responsible for these. In any case, this claim shall expire six

months after the client gains knowledge of the defects in the performance in dispute of the accountant.

8.3

Should the rectification of any defects fail, the client shall be entitled to a reduction, or, in case the provided service is justifiably no longer of interest to the client due to failure of rectification, to redhibitory action. With regard to guarantee, rectification shall, in any case, prevail over price reduction or redhibitory action.

8.4

Insofar as there are additional claims to damages, the provisions of Clause 9 shall apply.

9. Liability

9.1

The accountant and their employees shall act according to the generally accepted principles of professional practice when consulting. The accountant shall have professional liability insurance according to the provisions of Section 10 of the BiBuG.

The liability of the accountant in the event of simple gross negligence shall be limited to the minimum insurance sum stipulated by Section 10, Para. 3 of the BiBuG.

This limitation of liability shall only apply in the event of slightly negligent inflicted damage insofar as the client is a consumer as defined by the Austrian Consumer Protection Act (KSchG).

This shall also apply to the infringement of obligations by involved colleagues as stipulated in Clause 1.4.

9.2

Claims for damages may only be legally pursued within six months of the entitled person(s) obtaining knowledge of the damage.

10. Obligation to Discretion/Data Protection

10.1

According to Section 39 of the BiBuG, the accountant, employees thereof and any freelance accountants involved shall be bound to discretion regarding all matters of which they gain knowledge in their work for the client. This discretion shall include both the client and business connections thereof.

10.2

Only the client themselves, but not agents thereof, may release the accountant from this obligation to discretion in writing.

10.3

The accountant may only deliver reports, assessments and other written statements about their work to third parties with the consent of the client unless there is a legal obligation to do so.

10.4

The obligation to discretion of the accountant, employees thereof and any freelance accountants involved shall also apply to the time after order completion. Cases in which there is a legal obligation to disclosure shall be exempt from this.

10.5

The accountant shall be authorised to process, or have third parties process entrusted personal data insofar as this serves the purpose of the service and/or consulting order. The accountant shall guarantee the obligation to protect data secrecy according to the clauses of the Austrian Data Protection Act (DSG). Material given to the accountant (data storage media, data, documents, assessments, programmes, etc.) as well as all work results shall, in principle, be returned to the client.

10.6

The accountant undertakes to make provisions in order for the client to be able to comply with their obligation of disclosure according to Section 26 of the Austrian Data Protection Act, Article 15 of the General Data Protection Regulation. Provided that remuneration for such disclosures has not been agreed upon, the actual expense shall be charged to the client.

10.7

The accountant shall release all documents received from the client for the work of the former upon request and at the cost of the client. However, correspondence between the accountant and clients thereof and original documents owned by the accountant shall be exempt from this. The accountant may produce or retain transcripts or copies of documents they return to the client.

10.8

The accountant shall be entitled to retain documents given to them or created by themselves in relation to an order according to Clause 10.5 as well as the correspondence relating to the order within the legal framework.

11. Right to Remuneration and Amount

11.1

The accountant shall be entitled to adequate remuneration from the client in exchange for the provision of service and/or consulting services of the former. The amount of the remuneration shall be determined by written agreement between the client and the accountant.

11.2

Should the accountant not fulfil an order, remuneration shall nevertheless be due to them provided that they were ready to render the service and were prevented from doing so by circumstances attributable to the client. However, the accountant shall offset what they saved due to the non-performance.

11.3

Should the order not be fulfilled due to circumstances that constitute an important reason for the accountant, the accountant shall only be entitled to remuneration corresponding to the services rendered until that point. This shall particularly apply if services rendered by the accountant hitherto are of use to the client in spite of termination.

11.4

50% of the remuneration agreed shall be due upon commissioning and the other 50% at completion of the order with payment terms of 14 days. A complaint regarding the work of the accountant shall not entitle the client to retain the remuneration due to the former, except in the case of blatant defects.

11.5

Alongside adequate remuneration, the accountant shall be entitled to reimbursement of their expenses. The accountant may request corresponding advance payments.

11.6

The accountant may only deliver their performance if they are paid in full. In this regard, the legal right of lien (Section 471 of the Austrian Civil Code (ABGB), Section 369 of the Austrian Commercial Code (UGB)) shall be indicated. Should the right of lien be wrongfully executed, the accountant shall only be liable for blatant gross negligence up to the amount of their outstanding claim. In case of permanent contracts, the further rendering of services may be refused until previous services have been paid. This applies accordingly to partial performance and outstanding partial payment.

11.7

A complaint regarding the work of the accountant shall not entitle the client to withhold the remuneration due the accountant according to Clause 11.5, except in the event of blatant substantial defects.

11.8

Set-offs against remuneration claims of the accountant according to Clause 11.5 shall only be admissible with undisputed or legally determined claims.

12. Termination

12.1

Insofar as nothing else is agreed in writing or prescribed by mandatory law, the parties to this contract may terminate the contract at any time with immediate effect. The claim to remuneration shall be determined by Clause 11.

12.2

Insofar as nothing else is agreed in writing, a permanent contract – always presumed as such in case of doubt - may only be terminated without an important reason subject to a period of three months at the end of a calendar month.

13. Applicable Law/Place of Performance/Legal Venue

13.1

This contract between the accountant and the client is subject to substantive Austrian law under exclusion of the reference standards of private international law.

13.2

The place of performance shall be the business address of the accountant.

13.3

Disputes shall be settled at the court at the place of business of the accountant.

14. Contracts with Consumers

According to the Austrian Consumer Protection Law (KSchG), for sale/delivery to consumers the T&C above are valid as far as the Austrian Consumer Protection Law does not foresee other obligatory conditions.

The Austrian Professional Association for Consulting and IT recommends the following mediation clause as a pro-business method of dispute resolution:

In the event that any disputes, which cannot be solved by mutual agreement, arise from this contract, the parties to the contract agree to engage a listed mediator (Austrian Civil Rights Mediation Law (ZivMediatG)) specialized in business mediation from the list of the Austrian Ministry of Justice in order to reconcile these out of court. Should no mutual agreement regarding the selection of the business mediator or with regard to content be possible, legal measures shall be initiated no sooner than one month after the negotiations fail.

In the event that mediation could not be held or was discontinued, any litigation intiated shall be subject to Austrian law. As agreed, all necessary costs incurred due to previous mediation, particularly for legal advisors consulted, may be claimed in litigation or arbitration as "pre-trial costs".

KAPITEL 27

General Terms and Conditions for Payroll Accountants (according to the Austrian Certified Management Accountant Law of 2014 – BiBuG 2014)

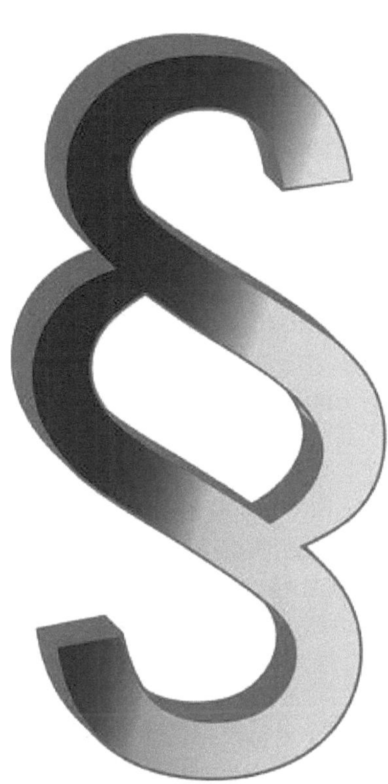

Preamble

A Payroll Accountant performs their professional work according to the Austrian Certified Management Accountant Law of 2014 (hereinafter referred to as the BiBuG) and is publicly appointed to do so having provided proof of the high qualifications required by law.

1. General Principles of Cooperation

1.1

These "General Terms and Conditions for Payroll Accountants" shall apply to all legal transactions between the payroll accountant, as contractor, and the client, particularly for works contracts, contracts about performing payroll accounting and handling payroll-related taxes to the extent of those professional rights and commercial ancillary rights established by the BiBuG, the content of which are expert services and consulting of clients by the payroll accountant within the scope of the generally approved professional principles and ethics of the profession. The version valid at the time of the conclusion of the contract shall be applicable.

1.2

Should one or more clauses of these Terms and Conditions be or become invalid, the validity of the remaining clauses as well as of the concluded contracts based thereupon shall remain unaffected. The invalid clause shall be replaced with a valid one, the intention of which comes as close as possible to the meaning and economic purpose of the invalid one.

1.3

The payroll accountant shall be entitled to have competent employees or commercial/freelance partners (full or partial) conduct the service, consulting and/or representation. Collaboration with other freelance payroll accountants shall be agreed upon in writing.

1.4

The client shall ensure that the organizational frame conditions at their place of business permit the fewest possible interruptions of work and facilitate rapid progress of processes while the service, consulting and/or representation is conducted. The payroll accountant shall act according to the policies of professional practice when conducting the service agreed.

2. Area and Scope of Application

2.1

These Terms and Conditions shall apply both insofar as the application thereof is expressly agreed upon and to additional agreements between the payroll accountant and the client.

2.2

All service, consulting and/or representation orders and other agreements shall only be legally binding insofar as the client confirms and signs these with the legally binding signature of the company, and shall only oblige both parties to the extent determined in the written contractual agreement (works contract).

2.3

The payroll accountant shall render all services according to prevailing legal norms. Should the legal norms change after the payroll accountant submits their concluding professional statement, the payroll accountant shall not be obliged to indicate changes or implications arising therefrom to the client. This shall also apply to completed parts of an order.

3. Scope and Execution of Orders

3.1

The scope as well as the execution of service, consulting and/or representation orders shall be agreed upon in a contract.

4. Duty of Disclosure of the Client/Declaration of Completeness

4.1

The client shall, at the request of the payroll accountant, confirm in writing to the payroll accountant the completeness of the documents submitted as well as the information and explanations provided. Furthermore, this declaration of completeness shall not be subject to any formal requirements.

4.2

The payroll accountant shall be entitled to presume that the information of the client, particularly numbers, are accurate when working to prepare and create payroll accounting statements, and in conducting consulting tasks and other tasks. However, the payroll accountant shall notify the client of any incorrectness the former discovers.

4.3
The client undertakes to provide all documents necessary for the execution and implementation of the service, consulting and/or representation order in a timely fashion, even without a specific request from the payroll accountant, and to inform the payroll accountant of all processes and circumstances of importance for the execution of the order. The definition of a "timely" submission shall be agreed separately. The client shall guarantee that all documents and information provided are accurate and complete. This shall also apply to all documents, processes and circumstances which only become known during the work of the payroll accountant.

The payroll accountant shall not be held responsible for delays due to the delayed provision of documents or information by the client.

5. Assurance of Independence

5.1
The parties to the contract agree to mutual loyalty.

5.2
The contractual parties each undertake to make apt provisions to prevent threats to the independence of the cooperation partners and employees of the payroll accountant. This shall particularly apply to employment offers or offers to accept orders on one's own account by the client.

6. Reporting

6.1
The payroll accountant undertakes to submit reports regarding their work, the work of their employees and, if applicable, also the work of their cooperation partners in writing, provided that no other agreements are expressly made. Submission via e-mail shall be admissible.

6.2
The client and the payroll accountant agree that either continuous or one-time reporting, depending on work progress, shall be considered agreed for the service, consulting and representation order. The conditions of reporting shall be agreed upon separately.

6.3
Should the payroll accountant submit a written statement about their work, this statement alone shall be decisive for an evaluation.

7. Intellectual Property/Copyright/Utilization Protection

7.1

The services of the payroll accountant shall be protected by copyright.

7.2

The client undertakes to use those assessments, reports, analyses, drafts, calculations, plans, programmes, drawings, data storage media and the like created in the course of the service, consulting or representation order by the payroll accountant or employees and cooperation partners thereof only for the business purposes of the client. Further utilization shall be inadmissible.

7.3

The utilization of professional statements of the payroll accountant by the client for advertising purposes shall be inadmissible. Any violation thereof shall entitle the payroll accountant to terminate without notice all orders not yet performed.

7.4

With regard to the fact that the services rendered are the intellectual property of the payroll accountant, the right of utilization thereof shall only apply to those business purposes of the client and only within the scope agreed upon in the contract, even after remuneration has been paid. Every illicit disclosure, including in the course of dissolvement of the company or insolvency, but also every short-term allocation for reproduction purposes shall entail claims for damages by the payroll accountant.

7.5

On their part, the payroll accountant undertakes to respect the intellectual property of the client, as far as this has been expressly indicated to the former upon transferal.

8. Rectification of Defects and Guarantee

8.1

The payroll accountant shall be entitled and obliged to remove incorrectness and defects in their service, consulting and/or representation work that only become known retrospectively. The payroll accountant shall immediately inform the client thereof. The payroll accountant shall be entitled to notify of the changes those third parties informed about the initial statement.

8.2

The client is entitled to the rectification of defects free of charge provided that the payroll accountant is responsible for these. In any case, this claim shall expire six months after the client gains knowledge of the defects in the performance in dispute of the payroll accountant.

8.3

Should the rectification of any defects fail, the client shall be entitled to a reduction, or, in case the provided service is justifiably no longer of interest to the client due to failure of rectification, to redhibitory action. With regard to guarantee, rectification shall, in any case, prevail over price reduction or redhibitory action.

8.4

Insofar as there are additional claims to damages, the provisions of Clause 9 shall apply.

9. Liability

9.1

The payroll accountant and their employees shall act according to the generally accepted principles of professional practice when consulting. The payroll accountant shall have professional liability insurance according to the provisions of Section 10 of the BiBuG.

The liability of the payroll accountant in the event of simple gross negligence shall be limited to the minimum insurance sum stipulated by Section 10, Para. 3 of the BiBuG.

This limitation of liability shall only apply in the event of slightly negligent inflicted damage insofar as the client is a consumer as defined by the Austrian Consumer Protection Act (KSchG).

This shall also apply to the infringement of obligations by involved colleagues as stipulated in Clause 1.4.

9.2

Claims for damages may only be legally pursued within six months of the entitled person(s) obtaining knowledge of the damage.

10. Obligation to Discretion/Data Protection

10.1

According to Section 39 of the BiBuG, the payroll accountant, employees thereof and any freelance payroll accountants involved shall be bound to discretion regarding all matters of which they gain knowledge in their work for the client. This discretion shall include both the client and business connections thereof.

10.2

Only the client themselves, but not agents thereof, may release the payroll accountant from this obligation to discretion in writing.

10.3

The payroll accountant may only deliver reports, assessments and other written statements about their work to third parties with the consent of the client unless there is a legal obligation to do so.

10.4

The obligation to discretion of the payroll accountant, employees thereof and any freelance payroll accountants involved shall also apply to the time after order completion. Cases in which there is a legal obligation to disclosure shall be exempt from this.

10.5

The payroll accountant shall be authorised to process, or have third parties process entrusted personal data insofar as this serves the purpose of the service, consulting and/or representation order. The payroll accountant shall guarantee the obligation to protect data secrecy according to the clauses of the Austrian Data Protection Act. Material given to the payroll accountant (data storage media, data, documents, assessments, programmes, etc.) as well as all work results shall, in principle, be returned to the client.

10.6

The payroll accountant undertakes to make provisions in order for the client to be able to comply with their obligation of disclosure according to Section 26 of the Austrian Data Protection Act, Article 15 of the General Data Protection Regulation. Provided that remuneration for such disclosures has not been agreed upon, the actual expense shall be charged to the client.

10.7

The payroll accountant shall release all documents received from the client for the work of the former upon request and at the cost of the client. However, correspondence between the payroll accountant and clients thereof and original documents owned by the payroll accountant shall be exempt from this. The payroll accountant may produce or retain transcripts or copies of documents they return to the client.

10.8

The payroll accountant shall be entitled to retain documents given to them or created by themselves in relation to an order according to Clause 10.5 as well as the correspondence relating to the order within the legal framework.

11. Right to Remuneration and Amount

11.1

The payroll accountant shall be entitled to adequate remuneration from the client in exchange for the provision of service, consulting and/or representation services of the former. The amount of the remuneration shall be determined by written agreement between the client and the payroll accountant.

11.2

Should the payroll accountant not fulfil an order, remuneration shall nevertheless be due to them provided that they were ready to render the service and were prevented from doing so by circumstances attributable to the client. However, the payroll accountant shall offset what they saved due to the non-performance.

11.3

Should the order not be fulfilled due to circumstances that constitute an important reason for the payroll accountant, the payroll accountant shall only be entitled to remuneration corresponding to the services rendered until that point. This shall particularly apply if services rendered by the payroll accountant hitherto are of use to the client in spite of termination.

11.4

50% of the remuneration agreed shall be due upon commissioning and the other 50% at completion of the order with payment terms of 14 days. A complaint regarding the work of the payroll accountant shall not entitle the client to retain the remuneration due to the former, except in the case of blatant defects.

11.5

Alongside adequate remuneration, the payroll accountant shall be entitled to reimbursement of their expenses. The payroll accountant may request corresponding advance payments.

11.6

The payroll accountant may only deliver their performance if they are paid in full. In this regard, the legal right of lien (Section 471 of the Austrian Civil Code (ABGB), Section 369 of the Austrian Commercial Code (UGB)) shall be indicated. Should the right of lien be wrongfully executed, the payroll accountant shall only be liable for blatant gross negligence up to the amount of their outstanding claim. In case of permanent contracts, the further rendering of services may be refused until previous services have been paid. This applies accordingly to partial performance and outstanding partial payment.

11.7

A complaint regarding the work of the payroll accountant shall not entitle the client to withhold the remuneration due the payroll accountant according to Clause 11.5, except in the event of blatant substantial defects.

11.8

Set-offs against remuneration claims of the payroll accountant according to Clause 11.5 shall only be admissible with undisputed or legally determined claims.

12. Termination

12.1

Insofar as nothing else is agreed in writing or prescribed by mandatory law, the parties to this contract may terminate the contract at any time with immediate effect. The claim to remuneration shall be determined by Clause 11.

12.2

Insofar as nothing else is agreed in writing, a permanent contract – always presumed as such in case of doubt - may only be terminated without an important reason subject to a period of three months at the end of a calendar month.

13. Applicable Law/Place of Performance/Legal Venue

13.1

This contract between the payroll accountant and the client is subject to substantive Austrian law under exclusion of the reference standards of private international law.

13.2

The place of performance shall be the business address of the payroll accountant.

13.3

Disputes shall be settled at the court at the place of business of the payroll accountant.

KAPITEL 28

General Terms and Conditions for Accountants and Payroll Accountants (according to the Austrian Certified Management Accountant Law of 2014 – BiBuG 2014)

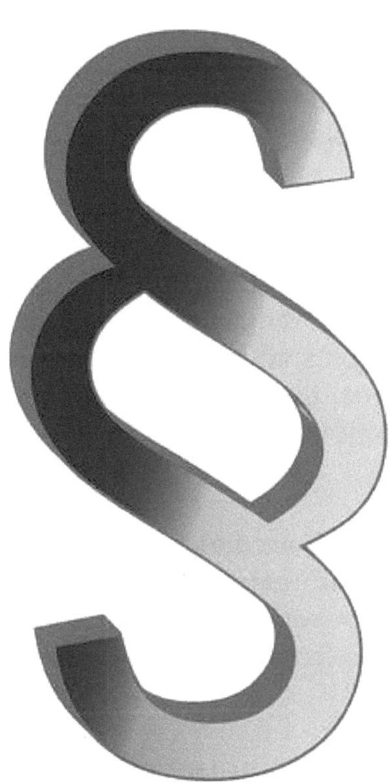

Preamble

A freelance accountant and payroll accountant performs their professional work according to the Austrian Certified Management Accountant Law of 2014 (hereinafter referred to as the "BiBuG") and is publicly appointed to do so having provided proof of the high qualifications required by law.

1. General Principles of Cooperation

1.1

These "General Terms and Conditions for Accountants and Payroll Accountants" shall apply to all legal transactions between the accountant and payroll accountant, as contractor, and the client, particularly for works contracts, bookkeeping contracts, performing payroll accounting and handling payroll-related taxes to the extent of those professional rights and commercial ancillary rights established by the BiBuG, the content of which are expert services and consulting of clients by the accountant and payroll accountant within the scope of the generally approved professional principles and ethics of the profession. The version valid at the time of the conclusion of the contract shall be applicable.

1.2

Should one or more clauses of these Terms and Conditions be or become invalid, the validity of the remaining clauses as well as of the concluded contracts based thereupon shall remain unaffected. The invalid clause shall be replaced with a valid one, the intention of which comes as close as possible to the meaning and economic purpose of the invalid one.

1.3

The accountant and payroll accountant shall be entitled to have competent employees or commercial/freelance partners (full or partial) conduct the service, consulting and/or representation. Collaboration with other freelance accountants and payroll accountants shall be agreed upon in writing.

1.4

The client shall ensure that the organizational frame conditions at their place of business permit the fewest possible interruptions of work and facilitate rapid progress of processes while the service, consulting and/or representation is conducted. The accountant and payroll accountant shall act according to the policies of professional practice when conducting the service agreed.

2. Area and Scope of Application

2.1
These Terms and Conditions shall apply both insofar as the application thereof is expressly agreed upon and to additional agreements between the accountant and payroll accountant and the client.

2.2
All service, consulting and/or representation orders and other agreements shall only be legally binding insofar as the client confirms and signs these with the legally binding signature of the company, and shall only oblige both parties to the extent determined in the written contractual agreement (works contract).

2.3
The accountant and payroll accountant shall render all services according to prevailing legal norms. Should the legal norms change after the accountant and payroll accountant submits their concluding professional statement, the accountant and payroll accountant shall not be obliged to indicate changes or implications arising therefrom to the client. This shall also apply to completed parts of an order.

3. Scope and Execution of Orders

3.1
The scope as well as the execution of service, consulting and/or representation orders shall be agreed upon in a contract.

4. Duty of Disclosure of the Client/Declaration of Completeness

4.1
The client shall, at the request of the accountant and payroll accountant, confirm in writing to the accountant and payroll accountant the completeness of the documents submitted as well as the information and explanations provided. Furthermore, this declaration of completeness shall not be subject to any formal requirements.

4.2
The accountant and payroll accountant shall be entitled to presume that the information of the client, particularly numbers, are accurate when working to prepare and create annual financial statements and other statements, in conducting consulting tasks and other tasks. However, the accountant and payroll accountant shall notify the client of any incorrectness the former discovers.

4.3

The client undertakes to provide all documents necessary for the execution and implementation of the service, consulting and/or representation order in a timely fashion, even without a specific request from the accountant and payroll accountant, and to inform the accountant and payroll accountant of all processes and circumstances of importance for the execution of the order. The definition of a "timely" submission shall be agreed separately. The client shall guarantee that all documents and information provided are accurate and complete. This shall also apply to all documents, processes and circumstances which only become known during the work of the accountant and payroll accountant.

The accountant and payroll accountant shall not be held responsible for delays due to the delayed provision of documents or information by the client.

5. Assurance of Independence

5.1

The parties to the contract agree to mutual loyalty.

5.2

The contractual parties each undertake to make apt provisions to prevent threats to the independence of the cooperation partners and employees of the accountant and payroll accountant. This shall particularly apply to employment offers or offers to accept orders on one's own account by the client.

6. Reporting

6.1

The accountant and payroll accountant undertakes to submit reports regarding their work, the work of their employees and, if applicable, also the work of their cooperation partners in writing, provided that no other agreements are expressly made. Submission via e-mail shall be admissible.

6.2

The client and the accountant and payroll accountant agree that either continuous or one-time reporting, depending on work progress, shall be considered agreed for the service, consulting and representation order. The conditions of reporting shall be agreed upon separately.

6.3

Should the accountant and payroll accountant submit a written statement about their work, this statement alone shall be decisive for an evaluation.

7. Intellectual Property/Copyright/Utilization Protection

7.1
The services of the accountant and payroll accountant shall be protected by copyright.

7.2
The client undertakes to use those assessments, reports, analyses, drafts, calculations, plans, programmes, drawings, data storage media and the like created in the course of the service, consulting or representation order by the accountant and payroll accountant or employees and cooperation partners thereof only for the business purposes of the client. Further utilization shall be inadmissible.

7.3
The utilization of professional statements of the accountant and payroll accountant by the client for advertising purposes shall be inadmissible. Any violation thereof shall entitle the accountant and payroll accountant to terminate without notice all orders not yet performed.

7.4
With regard to the fact that the services rendered are the intellectual property of the accountant and payroll accountant, the right of utilization thereof shall only apply to those business purposes of the client and only within the scope agreed upon in the contract, even after remuneration has been paid. Every illicit disclosure, including in the course of dissolvement of the company or insolvency, but also every short-term allocation for reproduction purposes shall entail claims for damages by the accountant and payroll accountant.

7.5
On their part, the accountant and payroll accountant undertakes to respect the intellectual property of the client, as far as this has been expressly indicated to the former upon transferal.

8. Rectification of Defects and Guarantee

8.1
The accountant and payroll accountant shall be entitled and obliged to remove incorrectness and defects in their service, consulting and/or representation work that only become known retrospectively. The accountant and payroll accountant shall immediately inform the client thereof. The accountant and payroll accountant shall be entitled to notify of the changes those third parties informed about the initial statement.

8.2

The client is entitled to the rectification of defects free of charge provided that the accountant and payroll accountant is responsible for these. In any case, this claim shall expire six months after the client gains knowledge of the defects in the performance in dispute of the accountant and payroll accountant.

8.3

Should the rectification of any defects fail, the client shall be entitled to a reduction, or, in case the provided service is justifiably no longer of interest to the client due to failure of rectification, to redhibitory action. With regard to guarantee, rectification shall, in any case, prevail over price reduction or redhibitory action.

8.4

Insofar as there are additional claims to damages, the provisions of Clause 9 shall apply.

9. Liability

9.1

The accountant and payroll accountant and their employees shall act according to the generally accepted principles of professional practice when consulting. The accountant and payroll accountant shall have professional liability insurance according to the provisions of Section 10 of the BiBuG.

The liability of the accountant and payroll accountant in the event of simple gross negligence shall be limited to the minimum insurance sum stipulated by Section 10, Para. 3 of the BiBuG.

This limitation of liability shall only apply in the event of slightly negligent inflicted damage insofar as the client is a consumer as defined by the Austrian Consumer Protection Act (KSchG).

This shall also apply to the infringement of obligations by involved colleagues as stipulated in Clause 1.4.

9.2

Claims for damages may only be legally pursued within six months of the entitled person(s) obtaining knowledge of the damage.

10. Obligation to Discretion/Data Protection

10.1

According to Section 39 of the BiBuG, the accountant and payroll accountant, employees thereof and any freelance accountants involved shall be bound to discretion regarding all matters of which they gain knowledge in their work for the client. This discretion shall include both the client and business connections thereof.

10.2

Only the client themselves, but not agents thereof, may release the accountant and payroll accountant from this obligation to discretion in writing.

10.3

The accountant and payroll accountant may only deliver reports, assessments and other written statements about their work to third parties with the consent of the client unless there is a legal obligation to do so.

10.4

The obligation to discretion of the accountant and payroll accountant, employees thereof and any freelance accountants and payroll accountants involved shall also apply to the time after order completion. Cases in which there is a legal obligation to disclosure shall be exempt from this.

10.5

The accountant and payroll accountant shall be authorised to process, or have third parties process entrusted personal data insofar as this serves the purpose of the service, consulting and/or representation order. The accountant and payroll accountant shall guarantee the obligation to protect data secrecy according to the clauses of the Austrian Data Protection Act (DSG). Material given to the accountant and payroll accountant (data storage media, data, documents, assessments, programmes, etc.) as well as all work results shall, in principle, be returned to the client.

10.6

The accountant and payroll accountant undertakes to make provisions in order for the client to be able to comply with their obligation of disclosure according to Section 26 of the Austrian Data Protection Act, Article 15 of the General Data Protection Regulation. Provided that remuneration for such disclosures has not been agreed upon, the actual expense shall be charged to the client.

10.7

The accountant and payroll accountant shall release all documents received from the client for the work of the former upon request and at the cost of the client.

However, correspondence between the accountant and payroll accountant and clients thereof and original documents owned by the accountant and payroll accountant shall be exempt from this. The accountant and payroll accountant may produce or retain transcripts or copies of documents they return to the client.

10.8

The accountant and payroll accountant shall be entitled to retain documents given to them or created by themselves in relation to an order according to Clause 10.5 as well as the correspondence relating to the order within the legal framework.

11. Right to Remuneration and Amount

11.1

The accountant and payroll accountant shall be entitled to adequate remuneration from the client in exchange for the provision of service, consulting and/or representation services of the former. The amount of the remuneration shall be determined by written agreement between the client and the accountant and payroll accountant.

11.2

Should the accountant and payroll accountant not fulfil an order, remuneration shall nevertheless be due to them provided that they were ready to render the service and were prevented from doing so by circumstances attributable to the client. However, the accountant and payroll accountant shall offset what they saved due to the non-performance.

11.3

Should the order not be fulfilled due to circumstances that constitute an important reason for the accountant and payroll accountant, the accountant and payroll accountant shall only be entitled to remuneration corresponding to the services rendered until that point. This shall particularly apply if services rendered by the accountant and payroll accountant hitherto are of use to the client in spite of termination.

11.4

50% of the remuneration agreed shall be due upon commissioning and the other 50% at completion of the order with payment terms of 14 days. A complaint regarding the work of the accountant and payroll accountant shall not entitle the client to retain the remuneration due to the former, except in the case of blatant defects.

11.5

Alongside adequate remuneration, the accountant and payroll accountant shall be entitled to reimbursement of their expenses. The accountant and payroll accountant may request corresponding advance payments.

11.6

The accountant and payroll accountant may only deliver their performance if they are paid in full. In this regard, the legal right of lien (Section 471 of the Austrian Civil Code (ABGB), Section 369 of the Austrian Commercial Code (UGB)) shall be indicated. Should the right of lien be wrongfully executed, the accountant and payroll accountant shall only be liable for blatant gross negligence up to the amount of their outstanding claim. In case of permanent contracts, the further rendering of services may be refused until previous services have been paid. This applies accordingly to partial performance and outstanding partial payment.

11.7

A complaint regarding the work of the accountant and payroll accountant shall not entitle the client to withhold the remuneration due the accountant and payroll accountant according to Clause 11.5, except in the event of blatant substantial defects.

11.8

Set-offs against remuneration claims of the accountant and payroll accountant according to Clause 11.5 shall only be admissible with undisputed or legally determined claims.

12. Termination

12.1

Insofar as nothing else is agreed in writing or prescribed by mandatory law, the parties to this contract may terminate the contract at any time with immediate effect. The claim to remuneration shall be determined by Clause 11.

12.2

Insofar as nothing else is agreed in writing, a permanent contract – always presumed as such in case of doubt - may only be terminated without an important reason subject to a period of three months at the end of a calendar month.

13. Applicable Law/Place of Performance/Legal Venue

13.1

This contract between the accountant and payroll accountant and the client is subject to substantive Austrian law under exclusion of the reference standards of private international law.

13.2

The place of performance shall be the business address of the accountant and payroll accountant.

13.3

Disputes shall be settled at the court at the place of business of the accountant and payroll accountant.

14. Contracts with Consumers

According to the Austrian Consumer Protection Law (KSchG), for sale/delivery to consumers the T&C above are valid as far as the Austrian Consumer Protection Law does not foresee other obligatory conditions.

The Austrian Professional Association for Consulting and IT recommends the following mediation clause as a pro-business method of dispute resolution:

In the event that any disputes, which cannot be solved by mutual agreement, arise from this contract, the parties to the contract agree to engage a listed mediator (Austrian Civil Rights Mediation Law (ZivMediatG)) specialized in business mediation from the list of the Austrian Ministry of Justice in order to reconcile these out of court. Should no mutual agreement regarding the selection of the business mediator or with regard to content be possible, legal measures shall be initiated no sooner than one month after the negotiations fail.

In the event that mediation could not be held or was discontinued, any litigation intiated shall be subject to Austrian law. As agreed, all necessary costs incurred due to previous mediation, particularly for legal advisors consulted, may be claimed in litigation or arbitration as "pre-trial costs".

KAPITEL 29

General Terms and Conditions for Certified Management Accountants (according to the Austrian Certified Management Accountant Law of 2014 – BiBuG 2014)

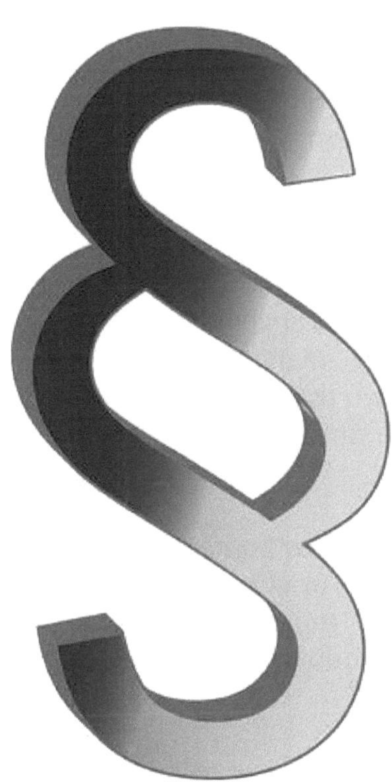

Preamble

A freelance Certified Management Accountant performs their professional work according to the Austrian Certified Management Accountant Law of 2014 (hereinafter referred to as the BiBuG) and is publicly appointed to do so having provided proof of the high qualifications required by law.

1. General Principles of Cooperation

1.1

These "General Terms and Conditions for Certified Management Accountants" shall apply to all legal transactions between the Certified Management Accountant, as contractor, and the client, particularly for works contracts, bookkeeping contracts, performing payroll accounting and handling payroll-related taxes to the extent of those professional rights and commercial ancillary rights established by the BiBuG, the content of which are expert services and consulting of clients by the Certified Management Accountant within the scope of the generally approved professional principles and ethics of the profession. The version valid at the time of the conclusion of the contract shall be applicable.

1.2

Should one or more clauses of these Terms and Conditions be or become invalid, the validity of the remaining clauses as well as of the concluded contracts based thereupon shall remain unaffected. The invalid clause shall be replaced with a valid one, the intention of which comes as close as possible to the meaning and economic purpose of the invalid one.

1.3

The Certified Management Accountant shall be entitled to have competent employees or commercial/freelance partners (full or partial) conduct the service, consulting and/or representation. Collaboration with other freelance certified management accountants shall be agreed upon in writing.

1.4

The client shall ensure that the organizational frame conditions at their place of business permit the fewest possible interruptions of work and facilitate rapid progress of processes while the service, consulting and/or representation is conducted. The Certified Management Accountant shall act according to the policies of professional practice when conducting the service agreed.

2. Area and Scope of Application

2.1

These Terms and Conditions shall apply both insofar as the application thereof is expressly agreed upon and to additional agreements between the Certified Management Accountant and the client.

2.2

All service, consulting and/or representation orders and other agreements shall only be legally binding insofar as the client confirms and signs these with the legally binding signature of the company, and shall only oblige both parties to the extent determined in the written contractual agreement (works contract).

2.3

The Certified Management Accountant shall render all services according to prevailing legal norms. Should the legal norms change after the Certified Management Accountant submits their concluding professional statement, the Certified Management Accountant shall not be obliged to indicate changes or implications arising therefrom to the client. This shall also apply to completed parts of an order.

3. Scope and Execution of Orders

3.1

The scope as well as the execution of service, consulting and/or representation orders shall be agreed upon in a contract.

4. Duty of Disclosure of the Client/Declaration of Completeness

4.1

The client shall, at the request of the Certified Management Accountant, confirm in writing to the Certified Management Accountant the completeness of the documents submitted as well as the information and explanations provided. Furthermore, this declaration of completeness shall not be subject to any formal requirements.

4.2

The Certified Management Accountant shall be entitled to presume that the information of the client, particularly numbers, are accurate when working to prepare and create annual financial statements and other statements, in conducting consulting tasks and other tasks. However, the Certified Management Accountant shall notify the client of any incorrectness the former discovers.

4.3

The client undertakes to provide all documents necessary for the execution and implementation of the service, consulting and/or representation order in a timely fashion, even without a specific request from the Certified Management Accountant, and to inform the Certified Management Accountant of all processes and circumstances of importance for the execution of the order. The definition of a "timely" submission shall be agreed separately. The client shall guarantee that all documents and information provided are accurate and complete. This shall also apply to all documents, processes and circumstances which only become known during the work of the Certified Management Accountant.

The Certified Management Accountant shall not be held responsible for delays due to the delayed provision of documents or information by the client.

5. Assurance of Independence

5.1

The parties to the contract agree to mutual loyalty.

5.2

The contractual parties each undertake to make apt provisions to prevent threats to the independence of the cooperation partners and employees of the Certified Management Accountant. This shall particularly apply to employment offers or offers to accept orders on one's own account by the client.

6. Reporting

6.1

The Certified Management Accountant undertakes to submit reports regarding their work, the work of their employees and, if applicable, also the work of their cooperation partners in writing, provided that no other agreements are expressly made. Submission via e-mail shall be admissible.

6.2

The client and the Certified Management Accountant agree that either continuous or one-time reporting, depending on work progress, shall be considered agreed for the service, consulting and representation order. The conditions of reporting shall be agreed upon separately.

6.3

Should the Certified Management Accountant submit a written statement about their work, this statement alone shall be decisive for an evaluation.

7. Intellectual Property/Copyright/Utilization Protection

7.1

The services of the Certified Management Accountant shall be protected by copyright.

7.2

The client undertakes to use those assessments, reports, analyses, drafts, calculations, plans, programmes, drawings, data storage media and the like created in the course of the service, consulting or representation order by the Certified Management Accountant or employees and cooperation partners thereof only for the business purposes of the client. Further utilization shall be inadmissible.

7.3

The utilization of professional statements of the Certified Management Accountant by the client for advertising purposes shall be inadmissible. Any violation thereof shall entitle the Certified Management Accountant to terminate without notice all orders not yet performed.

7.4

With regard to the fact that the services rendered are the intellectual property of the Certified Management Accountant, the right of utilization thereof shall only apply to those business purposes of the client and only within the scope agreed upon in the contract, even after remuneration has been paid. Every illicit disclosure, including in the course of dissolvement of the company or insolvency, but also every short-term allocation for reproduction purposes shall entail claims for damages by the Certified Management Accountant.

7.5

On their part, the Certified Management Accountant undertakes to respect the intellectual property of the client, as far as this has been expressly indicated to the former upon transferal.

8. Rectification of Defects and Guarantee

8.1

The Certified Management Accountant shall be entitled and obliged to remove incorrectness and defects in their service, consulting and/or representation work that only become known retrospectively. The Certified Management Accountant shall immediately inform the client thereof. The Certified Management Accountant shall be entitled to notify of the changes those third parties informed about the initial statement.

8.2

The client is entitled to the rectification of defects free of charge provided that the Certified Management Accountant is responsible for these. In any case, this claim shall expire six months after the client gains knowledge of the defects in the performance in dispute of the Certified Management Accountant.

8.3

Should the rectification of any defects fail, the client shall be entitled to a reduction, or, in case the provided service is justifiably no longer of interest to the client due to failure of rectification, to redhibitory action. With regard to guarantee, rectification shall, in any case, prevail over price reduction or redhibitory action.

8.4

Insofar as there are additional claims to damages, the provisions of Clause 9 shall apply.

9. Liability

9.1

The Certified Management Accountant and their employees shall act according to the generally accepted principles of professional practice when consulting. The Certified Management Accountant shall have professional liability insurance according to the provisions of Section 10 of the BiBuG.

The liability of the Certified Management Accountant in the event of simple gross negligence shall be limited to the minimum insurance sum stipulated by Section 10, Para. 3 of the BiBuG.

This limitation of liability shall only apply in the event of slightly negligent inflicted damage insofar as the client is a consumer as defined by the Austrian Consumer Protection Act (KSchG).

This shall also apply to the infringement of obligations by involved colleagues as stipulated in Clause 1.4.

9.2

Claims for damages may only be legally pursued within six months of the entitled person(s) obtaining knowledge of the damage.

10. Obligation to Discretion/Data Protection

10.1

According to Section 39 of the BiBuG, the Certified Management Accountant, employees thereof and any freelance certified management accountants involved shall be bound to discretion regarding all matters of which they gain knowledge in their work for the client. This discretion shall include both the client and business connections thereof.

10.2

Only the client themselves, but not agents thereof, may release the Certified Management Accountant from this obligation to discretion in writing.

10.3

The Certified Management Accountant may only deliver reports, assessments and other written statements about their work to third parties with the consent of the client unless there is a legal obligation to do so.

10.4

The obligation to discretion of the Certified Management Accountant, employees thereof and any freelance certified management accountants involved shall also apply to the time after order completion. Cases in which there is a legal obligation to disclosure shall be exempt from this.

10.5

The Certified Management Accountant shall be authorised to process, or have third parties process entrusted personal data insofar as this serves the purpose of the service, consulting and/or representation order. The Certified Management Accountant shall guarantee the obligation to protect data secrecy according to the clauses of the Austrian Data Protection Act. Material given to the Certified Management Accountant (data storage media, data, documents, assessments, programmes, etc.) as well as all work results shall, in principle, be returned to the client.

10.6

The Certified Management Accountant undertakes to make provisions in order for the client to be able to comply with their obligation of disclosure according to Section 26 of the Austrian Data Protection Act, Article 15 of the General Data Protection Regulation. Provided that remuneration for such disclosures has not been agreed upon, the actual expense shall be charged to the client.

10.7

The Certified Management Accountant shall release all documents received from the client for the work of the former upon request and at the cost of the client.

However, correspondence between the Certified Management Accountant and clients thereof and original documents owned by the Certified Management Accountant shall be exempt from this. The Certified Management Accountant may produce or retain transcripts or copies of documents they return to the client.

10.8

The Certified Management Accountant shall be entitled to retain documents given to them or created by themselves in relation to an order according to Clause 10.5 as well as the correspondence relating to the order within the legal framework.

11. Right to Remuneration and Amount

11.1

The Certified Management Accountant shall be entitled to adequate remuneration from the client in exchange for the provision of service, consulting and/or representation services of the former. The amount of the remuneration shall be determined by written agreement between the client and the Certified Management Accountant.

11.2

Should the Certified Management Accountant not fulfil an order, remuneration shall nevertheless be due to them provided that they were ready to render the service and were prevented from doing so by circumstances attributable to the client. However, the Certified Management Accountant shall offset what they saved due to the non-performance.

11.3

Should the order not be fulfilled due to circumstances that constitute an important reason for the Certified Management Accountant, the Certified Management Accountant shall only be entitled to remuneration corresponding to the services rendered until that point. This shall particularly apply if services rendered by the Certified Management Accountant hitherto are of use to the client in spite of termination.

11.4

50% of the remuneration agreed shall be due upon commissioning and the other 50% at completion of the order with payment terms of 14 days. A complaint regarding the work of the Certified Management Accountant shall not entitle the client to retain the remuneration due to the former, except in the case of blatant defects.

11.5

Alongside adequate remuneration, the Certified Management Accountant shall be entitled to reimbursement of their expenses. The Certified Management Accountant may request corresponding advance payments.

11.6

The Certified Management Accountant may only deliver their performance if they are paid in full. In this regard, the legal right of lien (Section 471 of the Austrian Civil Code (ABGB), Section 369 of the Austrian Commercial Code (UGB)) shall be indicated. Should the right of lien be wrongfully executed, the Certified Management Accountant shall only be liable for blatant gross negligence up to the amount of their outstanding claim. In case of permanent contracts, the further rendering of services may be refused until previous services have been paid. This applies accordingly to partial performance and outstanding partial payment.

11.7

A complaint regarding the work of the Certified Management Accountant shall not entitle the client to withhold the remuneration due the Certified Management Accountant according to Clause 11.5, except in the event of blatant substantial defects.

11.8

Set-offs against remuneration claims of the Certified Management Accountant according to Clause 11.5 shall only be admissible with undisputed or legally determined claims.

12. Termination

12.1

Insofar as nothing else is agreed in writing or prescribed by mandatory law, the parties to this contract may terminate the contract at any time with immediate effect. The claim to remuneration shall be determined by Clause 11.

12.2

Insofar as nothing else is agreed in writing, a permanent contract – always presumed as such in case of doubt - may only be terminated without an important reason subject to a period of three months at the end of a calendar month.

13. Applicable Law/Place of Performance/Legal Venue

13.1

This contract between the Certified Management Accountant and the client is subject to substantive Austrian law under exclusion of the reference standards of private international law.

13.2

The place of performance shall be the business address of the Certified Management Accountant.

13.3

Disputes shall be settled at the court at the place of business of the Certified Management Accountant.

14. Contracts with Consumers

Pursuant to the Austrian Consumer Protection Law, the Terms and Conditions above shall be valid insofar as the Austrian Consumer Protection Law (KSchG) provides no differing obligatory provisions.

The Austrian Professional Association for Consulting and IT recommends the following mediation clause as a pro-business method of dispute resolution:

In the event that any disputes, which cannot be solved by mutual agreement, arise from this contract, the parties to the contract agree to engage a listed mediator (Austrian Civil Rights Mediation Law (ZivMediatG)) specialized in business mediation from the list of the Austrian Ministry of Justice in order to reconcile these out of court. Should no mutual agreement regarding the selection of the business mediator or with regard to content be possible, legal measures shall be initiated no sooner than one month after the negotiations fail.

In the event that mediation could not be held or was discontinued, any litigation intiated shall be subject to Austrian law. As agreed, all necessary costs incurred due to previous mediation, particularly for legal advisors consulted, may be claimed in litigation or arbitration as "pre-trial costs".

KAPITEL 30

Antrag auf öffentliche Bestellung als Buchhalter (BH) gemäß § 24 BiBuG

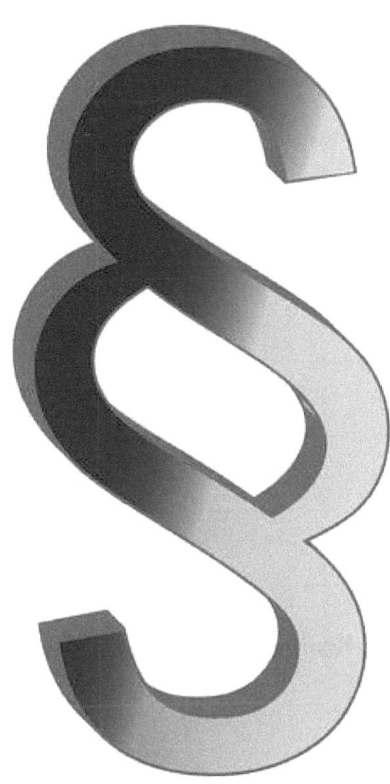

**Antrag
auf Öffentliche Bestellung als Buchhalter gem. § 24 BiBuG**

A. Persönliche Daten

Vorname ____

Zuname ____

Frühere Namen ____

Eingetragene Firma (e.U.)________________Firmenbuchnummer____________

Akademischer Grad ____

Geburtsdatum ________________ Ort ______________________________

Sozialversicherungsnr. ☐☐☐☐   ☐☐☐☐☐☐

Staatsbürgerschaft ____________________

Wohnsitz:

Straße ____

PLZ/Ort ____

Telefon ____

E-Mail ____

Website ____

Ich stimme zu, dass die Kommunikation mit der Behörde grundsätzlich über E-Mail erfolgt.

Gewünschte Zustelladresse:

Straße ____

PLZ/Ort ____

B. Ausbildung
(Bitte Zutreffendes ankreuzen!)

1.) Ich habe bereits folgende Berufsberechtigung(en):

☐ Steuerberater/Wirtschaftsprüfer seit_______________

☐ Personalverrechner gem. BiBuG seit_______________

☐ Ich verfüge über keine dieser Befugnisse

2.) Folgende Ausbildungen (mit Prüfung) habe ich bisher absolviert:

☐ **Fachprüfung für Buchhalter gem. BiBuG bei der Meisterprüfungsstelle**_______________________________________

Datum der Prüfung_______________________________________

oder

an einem Ausbildungsinstitut:

☐ **Buchhalterprüfung**

Institut ___________________________Datum der Prüfung___________________

☐ **Berufsrecht gem. BiBuG**

Institut___________________________Datum der Prüfung___________________

☐ **Informationstechnologie**

Institut___________________________Datum der Prüfung___________________

☐ **Absolvierung eines facheinschlägigen Studiums** an der

Universität ____

Studienrichtung ____

Akad. Grad___________________Datum der Verleihung ___________________

Fachhochschule ____

Studienrichtung ____

Akad. Grad___________________Datum der Verleihung ___________________

Absolvierung eines Lehrgangs universitären Charakters

(Fach)Hochschule ____

Studienrichtung ____

Akad. Grad______________________Datum der Verleihung _______________________

3.) Andere Ausbildungen mit Prüfung:

Institut ____

Inhalt ____

Datum der Prüfung _______________________

Institut ____

Inhalt ____

Datum der Prüfung _______________________

Institut ____

Inhalt ____

C. Berufliche fachliche Tätigkeiten im Rechnungswesen

Dienstgeber ____

Tätigkeit als _______________________Anzahl Wochenstunden _______________________

Von (TT/MM/JJJJ) _______________________ Bis (TT/MM/JJJJ) _______________________

Dienstgeber ____

Tätigkeit als _______________________Anzahl Wochenstunden _______________________

Von (TT/MM/JJJJ) _______________________ Bis (TT/MM/JJJJ) _______________________

Dienstgeber ____

Tätigkeit als ___________________Anzahl Wochenstunden ______________

Von (TT/MM/JJJJ) __________________ Bis (TT/MM/JJJJ) ____________________

A bis C. Unterlagen

Als Nachweis für die oben gemachten Angaben sind beizulegen:

Ad A) Personaldokumente (z.B. Passkopie, Personalausweis, Führerschein), aktuell geltende Meldebestätigung

Ad B 1) Bestellungsurkunde(n)

Ad B 2) Prüfungszeugnis(se), Sponsionsurkunde(n), Diplom(e)

Ad B 3) Zeugnisse

Ad C) Sozialversicherungsdatenauszug, Dienstzeugnis, Zwischenzeugnis

Die Behörde behält sich die Einsichtnahme in die Originale vor!

D. Besondere Vertrauenswürdigkeit und geordnete wirtschaftliche Verhältnisse

Die besondere Vertrauenswürdigkeit wird im § 8 BiBuG wie folgt geregelt:

Die besondere Vertrauenswürdigkeit liegt dann nicht vor, wenn der Berufswerber rechtskräftig verurteilt oder bestraft worden ist

1. a) von einem Gericht wegen einer mit Vorsatz begangenen strafbaren Handlung zu einer mehr als dreimonatigen Freiheitsstrafe oder einer Geldstrafe von mehr als 180 Tagessätzen oder

b) von einem Gericht wegen einer mit Bereicherungsvorsatz begangenen strafbaren Handlung oder

c) von einem Gericht wegen eines Finanzvergehens oder

d) von einer Finanzstrafbehörde wegen eines vorsätzlichen Finanzvergehens mit Ausnahme einer Finanzordnungswidrigkeit und

2. diese Verurteilung oder Bestrafung noch nicht getilgt ist oder solange die Beschränkung der Auskunft gemäß § 6 Abs. 2 oder Abs. 3 des Tilgungsgesetzes 1972, BGBl. Nr. 68 noch nicht eingetreten ist.

Die geordneten wirtschaftlichen Verhältnisse werden im § 9 BiBuG wie folgt geregelt:

Geordnete wirtschaftliche Verhältnisse liegen dann nicht vor, wenn

1. über das Vermögen des Berufswerbers ein Insolvenzverfahren anhängig ist und der Zeitraum der Einsichtsgewährung in die Insolvenzdatei nicht abgelaufen ist, sofern dieses nicht durch Bestätigung eines Sanierungs- oder eines Zahlungsplans aufgehoben worden ist, oder

2. über das Vermögen des Berufswerbers innerhalb der letzten zehn Jahre zweimal rechtskräftig ein Sanierungsverfahren eröffnet worden ist und mittlerweile nicht sämtliche diesem Verfahren zugrundeliegenden Verbindlichkeiten nachgelassen oder beglichen worden sind oder

3. gegen den Berufswerber ein Insolvenzverfahren mangels kostendeckenden Vermögens nicht eröffnet oder aufgehoben worden ist und die Überschuldung nicht beseitigt wurde und der Zeitraum der Einsichtsgewährung in die Insolvenzdatei nicht abgelaufen ist.

☐   **Ich erkläre, dass für mich die besondere Vertrauenswürdigkeit gemäß § 8 BiBuG vorliegt und ich über geordnete wirtschaftliche Verhältnisse im Sinne des § 9 BiBuG verfüge.**

E. Gebühren und Kosten

1. Die Gebühr für den **Antrag beträgt € 47,30**, für jede noch nicht vergebührte Beilage **€ 3,90** (gemäß § 14 TP 5 GebG).

2. Die Gebühr für die **Bestellungsurkunde** als Buchhalter beträgt **€ 83,60** (gemäß § 14 TP 2 GebG).

3. Gebührenbefreiung gemäß **NEUFÖG:** Personen, die sich mit der Bestellung zum ersten Mal selbständig machen oder einen Betrieb übernehmen, haben die Möglichkeit eine Gebührenbefreiung gemäß NEUFÖG in Anspruch zu nehmen.

Die Förderung kann nur dann gewährt werden, wenn die Befugnis ab Bestellung aktiv gemeldet wird bzw. spätestens binnen eines Monats ab Bestellung aktiviert wird

Das entsprechende Formular – bestätigt mit Unterschrift der Wirtschaftskammer meines Bundelandes - lege ich bei _________________ ☐

Hinweis: *Die anfallenden Gebühren werden nach abschließender Erledigung durch die Behörde vorgeschrieben.*

F. Berufsausübung
(Bitte Zutreffendes ankreuzen!)

☐ **Ich werde den Beruf des Buchhalters ab Bestellung <u>aktiv</u> ausüben.**

Berufssitz:

Straße ____

PLZ/Ort ____

Telefon ____

E-Mail ____

Website ____

Ich habe veranlasst, dass die Versicherungsanstalt, bei der ich die gesetzlich vorgeschriebene **Vermögensschaden-Haftpflichtversicherung** mit einer **Mindestversicherungssumme von € 72.673, -- je Schadensfall (§ 10 BiBuG)** abgeschlossen habe, der Behörde eine entsprechende Versicherungsbestätigung übersenden wird.

oder

☐ **Ich melde meine Berufsberechtigung als Buchhalter ab Bestellung <u>ruhend</u>.**

<u>**Ich erkläre, vorstehende Angaben wahrheitsgetreu und vollständig gemacht zu haben.**</u>

_______________________   _______________________
Ort, Datum   Unterschrift

KAPITEL 31

Meldung über den Verzicht auf die Berufsberechtigung einer natürlichen Person gemäß § 56 BiBuG für Buchhalter (BH), Bilanzbuchhalter (BBH) und Personalverrechner (PV)

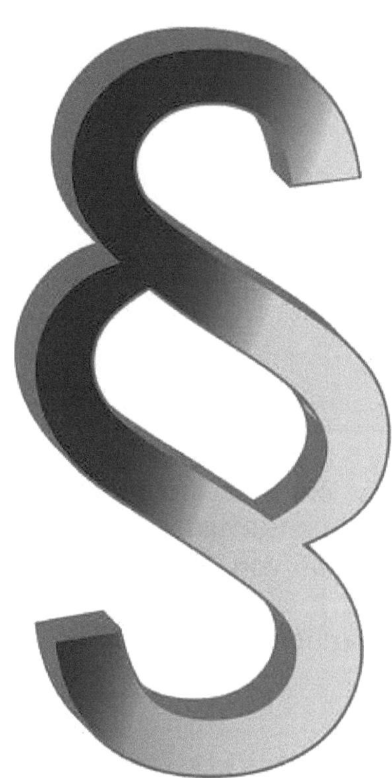

Meldung über den
Verzicht auf die Berufsberechtigung/en einer natürlichen Person

Gemäß § 56 BiBuG zeige ich den Verzicht auf die Berufsberechtigung/en

- ☐ **Bilanzbuchhalter**
- ☐ **Buchhalter**
- ☐ **Personalverrechner**

ab_______________________________*) an.

***) Wir machen darauf aufmerksam, dass der Verzicht frühestens mit jenem Tag zur Kenntnis genommen werden kann, an dem die Verzichtserklärung in der Geschäftsstelle der Bilanzbuchhaltungsbehörde einlangt!**

Vorname ____

Zuname ____

Akad. Grad. _____________________   Sozialvers. Nr._____________________

Wohnsitz:

Straße ____

PLZ/Ort ____

Telefon ____

E-Mail ____

Website ____

ACHTUNG: Falls Sie die Berufsberechtigung(en) wieder erlangen wollen, sind alle fachlichen Voraussetzungen (Prüfungen) nachzuweisen, die im Zeitpunkt der Antragstellung gelten.

Ich stimme zu, dass diese Daten an die zuständigen Wirtschaftskammern und die Sozialversicherung der Selbständigen weitergeleitet werden.

______________________________   ______________________________
    Ort, Datum   Unterschrift

KAPITEL 32

Meldung über die Wiederaufnahme einer Berufsberechtigung einer natürlichen Person gemäß § 41 BiBuG für Buchhalter (BH), Bilanzbuchhalter (BBH) und Personalverrechner (PV)

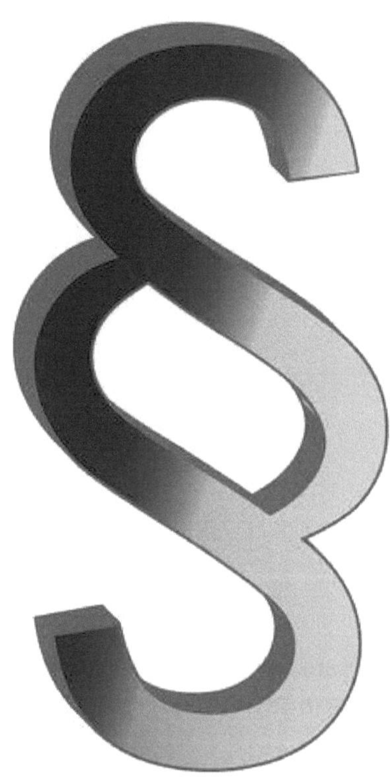

Meldung über die
Wiederaufnahme einer Berufsberechtigung einer natürlichen Person

Gemäß § 41 BiBuG gebe ich die Wiederaufnahme der Berufsberechtigung/en

☐ **Bilanzbuchhalter**
☐ **Buchhalter**
☐ **Personalverrechner**

ab_______________________________*) bekannt.

*) Wir machen darauf aufmerksam, dass die Wiederaufnahme der Berufstätigkeit frühestens ab jenem Datum zur Kenntnis genommen werden kann, mit welchem der Versicherungsschutz durch eine aufrechte Vermögensschadenhaftpflichtversicherung gegeben ist.

ACHTUNG: Sofern Ihre Berechtigung länger als 7 Jahre ruhte, senden Sie uns Nachweise Ihrer beruflichen Tätigkeiten während der ruhenden Phase.

Vorname ____

Zuname ____

Akad. Grad. ___________________   Sozialvers. Nr._________________

Eingetragene Firma (e.U.)________________________FBNR_______________

Berufssitz

Straße ____

PLZ/Ort ____

Telefon ____

E-Mail ____

Website ____

Ich habe veranlasst, dass die Versicherungsanstalt, bei der ich die gesetzlich vorgeschriebene **Vermögensschadenhaftpflichtversicherung** mit einer **Mindestversicherungssumme von EUR 72.673, - je Schadensfall** (§ 10 BiBuG) abgeschlossen habe, der Bilanzbuchhaltungsbehörde eine entsprechende <u>Versicherungsbestätigung</u> übersenden wird.

Besondere Vertrauenswürdigkeit und geordnete wirtschaftliche Verhältnisse

__Die besondere Vertrauenswürdigkeit wird im § 8 BiBuG wie folgt geregelt:__

Die besondere Vertrauenswürdigkeit liegt dann nicht vor, wenn der Berufswerber rechtskräftig verurteilt oder bestraft worden ist

1. a) von einem Gericht wegen einer mit Vorsatz begangenen strafbaren Handlung zu einer mehr als dreimonatigen Freiheitsstrafe oder einer Geldstrafe von mehr als 180 Tagessätzen oder

b) von einem Gericht wegen einer mit Bereicherungsvorsatz begangenen strafbaren Handlung oder

c) von einem Gericht wegen eines Finanzvergehens oder

d) von einer Finanzstrafbehörde wegen eines vorsätzlichen Finanzvergehens mit Ausnahme einer Finanzordnungswidrigkeit und

2. diese Verurteilung oder Bestrafung noch nicht getilgt ist oder solange die Beschränkung der Auskunft gemäß § 6 Abs. 2 od. Abs. 3 des Tilgungsgesetzes 1972, BGBl. Nr. 68 noch nicht eingetreten ist.

__Die geordneten wirtschaftlichen Verhältnisse werden im § 9 BiBuG wie folgt geregelt:__

Geordnete wirtschaftliche Verhältnisse liegen dann nicht vor, wenn

1. über das Vermögen des Berufswerbers ein Insolvenzverfahren anhängig ist und der Zeitraum der Einsichtsgewährung in die Insolvenzdatei nicht abgelaufen ist, sofern dieses nicht durch Bestätigung eines Sanierungs- oder eines Zahlungsplans aufgehoben worden ist, oder

2. über das Vermögen des Berufswerbers innerhalb der letzten zehn Jahre zweimal rechtskräftig ein Sanierungsverfahren eröffnet worden ist und mittlerweile nicht sämtliche diesem Verfahren zugrundeliegenden Verbindlichkeiten nachgelassen oder beglichen worden sind oder

3. gegen den Berufswerber ein Insolvenzverfahren mangels kostendeckenden Vermögens nicht eröffnet oder aufgehoben worden ist und die Überschuldung nicht beseitigt wurde und der Zeitraum der Einsichtsgewährung in die Insolvenzdatei nicht abgelaufen ist.

☐ Ich erkläre, dass für mich die besondere Vertrauenswürdigkeit gemäß § 8 BiBuG vorliegt und ich über geordnete wirtschaftliche Verhältnisse im Sinne des § 9 BiBuG verfüge.

Ich stimme zu, dass diese Daten an die Wirtschaftskammern und die Sozialversicherung der Selbständigen weitergeleitet werden.

_________________________   _________________________
Ort, Datum   Unterschrift

Meldung über das Ruhen einer Berufsberechtigung einer natürlichen Person gemäß § 41 BiBuG für Buchhalter (BH), Bilanzbuchhalter (BBH) und Personalverrechner (PV)

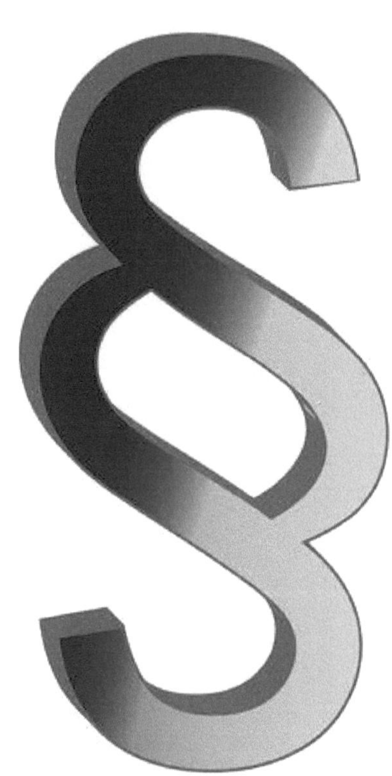

**Meldung über das
Ruhen der Berufsberechtigung/en einer natürlichen Person**

Gemäß § 41 BiBuG gebe ich das Ruhen der Berufsberechtigung/en

- ☐ **Bilanzbuchhalter**
- ☐ **Buchhalter**
- ☐ **Personalverrechner**

ab_________________________________*) bekannt.

***) Wir machen darauf aufmerksam, dass der Eintritt des Ruhens unverzüglich der Bilanzbuchhaltungsbehörde schriftlich zu melden ist. Das Ruhen wird mit angegebenem Datum, frühestens aber mit dem Datum des Einlangens der Ruhenderklärung bei der Behörde wirksam!**

Vorname ____

Zuname ____

Akad. Grad. ___________________   Sozialvers. Nr.___________________

Wohnsitz:

Straße ____

PLZ/Ort ____

Telefon ____

E-Mail ____

Website ____

Ich stimme zu, dass diese Daten an die zuständigen Wirtschaftskammern und die Sozialversicherung der Selbständigen weitergeleitet werden.

______________________________   ______________________________
Ort, Datum   Unterschrift

KAPITEL 34

Meldung über die Errichtung einer Zweigstelle einer natürlichen Person oder Gesellschaft gemäß § 35 BiBuG

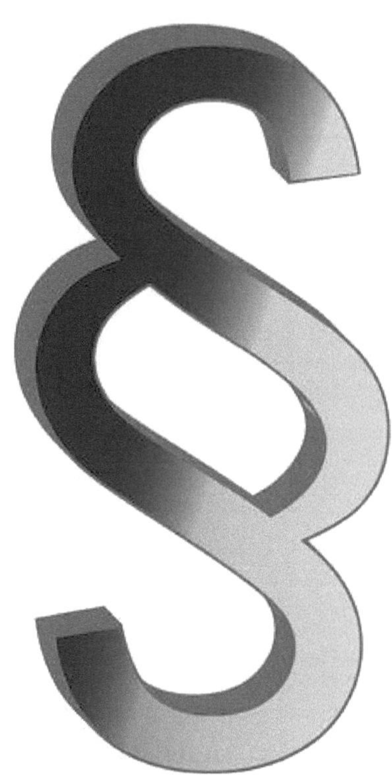

**Meldung über die
Errichtung einer Zweigstelle einer natürlichen Person oder Gesellschaft
gemäß § 35 BiBuG**

Name/Firma des **Errichters der Zweigstelle**_________________________

____

Sozialvers. Nr. ____________________ Firmenbuchnr. ______________

Straße ____

PLZ/Ort ____

Bitte Zutreffendes ankreuzen:

Berufsberechtigung des Errichters: ☐ **Bilanzbuchhalter**
                                              ☐ **Buchhalter**
                                              ☐ **Personalverrechner**

Ich melde für meine/die Einzelkanzlei/Gesellschaft die Errichtung einer Zweigstelle am

Standort

Straße ____

PLZ/Ort ____

Telefon ____________________________ Fax ____________________

E-Mail _________________________________

ab (Datum) ________________.

_______________________   _______________________________
    Ort, Datum   Unterschrift

KAPITEL 35

Fortbildungsnachweis für natürliche Personen: Meldung der Fortbildung gemäß § 33 Abs. 3 BiBuG 2014 betreffend Buchhalter (BH), Bilanzbuchhalter (BBH) und Personalverrechner (PV)

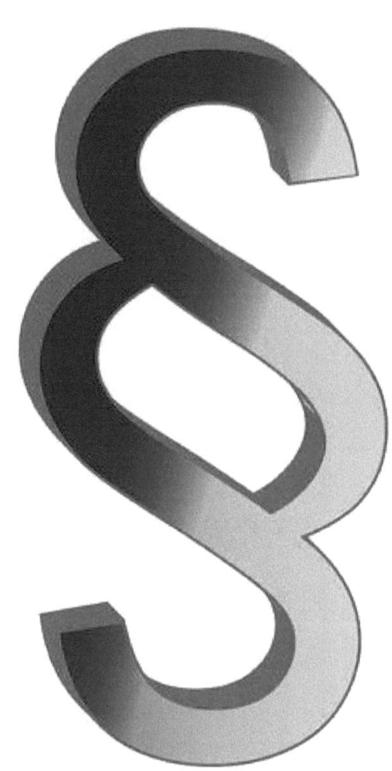

Meldung der Fortbildung gem. § 33 Abs. 3 BiBuG 2014
für das Kalenderjahr _______________

Vorname ___________________________Akad. Grad: _______________________

Zuname ____

Berufssitz ☐ **oder** Ordentlicher Wohnsitz (bei ruhender Befugnis) ☐

Straße ____

PLZ/Ort ____

E-Mail-Adresse ____________________Telefonnummer____________________

Berufsberechtigung ☐ Bilanzbuchhalter ☐ Buchhalter ☐ Personalverrechner

Im **Jahr** ___________ habe ich folgende Fortbildungsveranstaltungen besucht:

Veranstalter	**Titel der Veranstaltung**	**Datum**	**Lehreinh.**
________	____________	______	______
________	____________	______	______
________	____________	______	______
________	____________	______	______
________	____________	______	______
________	____________	______	______
________	____________	______	______

Summe der Lehreinheiten in

☐ Bilanzierung________ ☐ Buchhaltung________ ☐ Personalverrechnung_______

Anzahl der beigelegten Bestätigungen (Kopien!)_______________________

___________________________   ___________________________
Ort, Datum   Unterschrift

KAPITEL 36

Fortbildungsnachweis für Gesellschaften: Meldung der Fortbildung gemäß § 33 Abs. 3 BiBuG 2014 betreffend Buchhalter (BH), Bilanzbuchhalter (BBH) und Personalverrechner (PV)

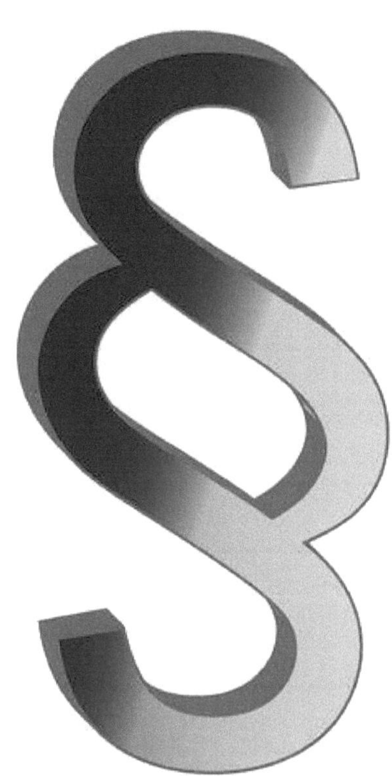

Meldung der Fortbildung gem. § 33 Abs. 3 BiBuG 2014
für das Kalenderjahr _______________

Firma: ____

Firmenbuchnummer: _____________________________________

Straße: ____

PLZ/Ort: ____

E-Mail-Adresse ____________________Telefonnummer_____________________

Berufsberechtigung ☐ Bilanzbuchhalter ☐ Buchhalter ☐ Personalverrechner

Ich bin (gewerberechtlicher) Geschäftsführer

☐ mit eigener Befugnis   ☐ mit Befähigungsnachweis

Vorname: __________________________Akad. Grad: __________________

Zuname: ____

Straße: ____

PLZ/Ort: ____

Im **Jahr** ___________ habe ich folgende Fortbildungsveranstaltungen besucht:

Veranstalter	**Titel der Veranstaltung**	**Datum**	**Lehreinh.**
_________	_________	_________	_________
_________	_________	_________	_________
_________	_________	_________	_________
_________	_________	_________	_________
_________	_________	_________	_________
_________	_________	_________	_________
_________	_________	_________	_________

Summe der Lehreinheiten in

☐ Bilanzierung________ ☐ Buchhaltung_______ ☐ Personalverrechnung_______

Anzahl der beigelegten Bestätigungen (Kopien!)_______________________________

_______________________________   _______________________________
        Ort, Datum   Unterschrift

KAPITEL 37

Allgemeine Auftragsbedingungen für Wirtschaftstreuhandberufe (AAB 2018)

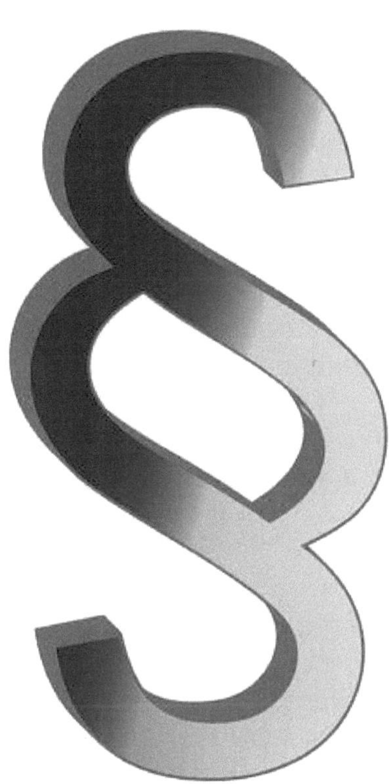

**Allgemeine Auftragsbedingungen
für Wirtschaftstreuhandberufe
(AAB 2018)**

Empfohlen vom Vorstand der Kammer der Steuerberater und Wirtschaftsprüfer zuletzt mit Beschluss vom 18.04.2018:

Präambel und Allgemeines

(1) Auftrag im Sinne dieser Bedingungen meint jeden Vertrag über vom zur Ausübung eines Wirtschaftstreuhandberufes Berechtigten in Ausübung dieses Berufes zu erbringende Leistungen (sowohl faktische Tätigkeiten als auch die Besorgung oder Durchführung von Rechtsgeschäften oder Rechtshandlungen, jeweils im Rahmen der §§ 2 oder 3 Wirtschaftstreuhandberufsgesetz 2017 (WTBG 2017). Die Parteien des Auftrages werden in Folge zum einen „Auftragnehmer", zum anderen „Auftraggeber" genannt).

(2) Diese Allgemeinen Auftragsbedingungen für Wirtschaftstreuhandberufe gliedern sich in zwei Teile: Die Auftragsbedingungen des I. Teiles gelten für Aufträge, bei denen die Auftragserteilung zum Betrieb des Unternehmens des Auftraggebers (Unternehmer iSd KSchG) gehört. Für Verbrauchergeschäfte gemäß Konsumentenschutzgesetz (Bundesgesetz vom 8.3.1979/BGBl Nr.140 in der derzeit gültigen Fassung) gelten sie insoweit der II. Teil keine abweichenden Bestimmungen für diese enthält.

(3) Im Falle der Unwirksamkeit einer einzelnen Bestimmung ist diese durch eine wirksame, die dem angestrebten Ziel möglichst nahe kommt, zu ersetzen.

I. TEIL

1. Umfang und Ausführung des Auftrages

(1) Der Umfang des Auftrages ergibt sich in der Regel aus der schriftlichen Auftragsvereinbarung zwischen Auftraggeber und Auftragnehmer. Fehlt diesbezüglich eine detaillierte schriftliche Auftragsvereinbarung gilt im Zweifel (2)-(4):

(2) Bei Beauftragung mit Steuerberatungsleistungen umfasst die Beratungstätigkeit folgende Tätigkeiten:

a) Ausarbeitung der Jahressteuererklärungen für die Einkommen- oder Körperschaftsteuer sowie Umsatzsteuer und zwar auf Grund der vom

422

Auftraggeber vorzulegenden oder (bei entsprechender Vereinbarung) vom Auftragnehmer erstellten Jahresabschlüsse und sonstiger, für die Besteuerung erforderlichen Aufstellungen und Nachweise. Wenn nicht ausdrücklich anders vereinbart, sind die für die Besteuerung erforderlichen Aufstellungen und Nachweise vom Auftraggeber beizubringen.

b) Prüfung der Bescheide zu den unter a) genannten Erklärungen.

c) Verhandlungen mit den Finanzbehörden im Zusammenhang mit den unter a) und b) genannten Erklärungen und Bescheiden.

d) Mitwirkung bei Betriebsprüfungen und Auswertung der Ergebnisse von Betriebsprüfungen hinsichtlich der unter a) genannten Steuern.

e) Mitwirkung im Rechtsmittelverfahren hinsichtlich der unter a) genannten Steuern.

Erhält der Auftragnehmer für die laufende Steuerberatung ein Pauschalhonorar, so sind mangels anderweitiger schriftlicher Vereinbarungen die unter d) und e) genannten Tätigkeiten gesondert zu honorieren.

(3) Soweit die Ausarbeitung von einer oder mehreren Jahressteuererklärung(en) zum übernommenen Auftrag zählt, gehört dazu nicht die Überprüfung etwaiger besonderer buchmäßiger Voraussetzungen sowie die Prüfung, ob alle in Betracht kommenden insbesondere umsatzsteuerrechtlichen Begünstigungen wahrgenommen worden sind, es sei denn, hierüber besteht eine nachweisliche Beauftragung.

(4) Die Verpflichtung zur Erbringung anderer Leistungen gemäß §§ 2 und 3 WTBG 2017 bedarf jedenfalls nachweislich einer gesonderten Beauftragung.

(5) Vorstehende Absätze (2) bis (4) gelten nicht bei Sachverständigentätigkeit.

(6) Es bestehen keinerlei Pflichten des Auftragnehmers zur Leistungserbringung, Warnung oder Aufklärung über den Umfang des Auftrages hinaus.

(7) Der Auftragnehmer ist berechtigt, sich zur Durchführung des Auftrages geeigneter Mitarbeiter und sonstiger Erfüllungsgehilfen (Subunternehmer) zu bedienen, als auch sich bei der Durchführung des Auftrages durch einen Berufsbefugten substituieren zu lassen. Mitarbeiter im Sinne dieser Bedingungen meint alle Personen, die den Auftragnehmer auf regelmäßiger oder dauerhafter Basis bei seiner betrieblichen Tätigkeit unterstützen, unabhängig von der Art der rechtsgeschäftlichen Grundlage.

(8) Der Auftragnehmer hat bei der Erbringung seiner Leistungen ausschließlich österreichisches Recht zu berücksichtigen; ausländisches Recht ist nur bei ausdrücklicher schriftlicher Vereinbarung zu berücksichtigen.

(9) Ändert sich die Rechtslage nach Abgabe der abschließenden schriftlichen als auch mündlichen beruflichen Äußerung, so ist der Auftragnehmer nicht verpflichtet, den Auftraggeber auf Änderungen oder sich daraus ergebende Folgen hinzuweisen. Dies gilt auch für in sich abgeschlossene Teile eines Auftrages.

(10) Der Auftraggeber ist verpflichtet dafür Sorge zu tragen, dass die von ihm zur Verfügung gestellten Daten vom Auftragnehmer im Rahmen der Leistungserbringung verarbeitet werden dürfen. Diesbezüglich hat der Auftraggeber insbesondere aber nicht ausschließlich die anwendbaren datenschutz- und arbeitsrechtlichen Bestimmungen zu beachten.

(11) Bringt der Auftragnehmer bei einer Behörde ein Anbringen elektronisch ein, so handelt er – mangels ausdrücklicher gegenteiliger Vereinbarung – lediglich als Bote und stellt dies keine ihm oder einem einreichend Bevollmächtigten zurechenbare Willens- oder Wissenserklärung dar.

(12) Der Auftraggeber verpflichtet sich, Personen, die während des Auftragsverhältnisses Mitarbeiter des Auftragnehmers sind oder waren, während und binnen eines Jahres nach Beendigung des Auftragsverhältnisses nicht in seinem Unternehmen oder in einem ihm nahestehenden Unternehmen zu beschäftigen, widrigenfalls er sich zur Bezahlung eines Jahresbezuges des übernommenen Mitarbeiters an den Auftragnehmer verpflichtet.

2. Aufklärungspflicht des Auftraggebers; Vollständigkeitserklärung

(1) Der Auftraggeber hat dafür zu sorgen, dass dem Auftragnehmer auch ohne dessen besondere Aufforderung alle für die Ausführung des Auftrages notwendigen Unterlagen zum vereinbarten Termin und in Ermangelung eines solchen rechtzeitig in geeigneter Form vorgelegt werden und ihm von allen Vorgängen und Umständen Kenntnis gegeben wird, die für die Ausführung des Auftrages von Bedeutung sein können. Dies gilt auch für die Unterlagen, Vorgänge und Umstände, die erst während der Tätigkeit des Auftragnehmers bekannt werden.

(2) Der Auftragnehmer ist berechtigt, die ihm erteilten Auskünfte und übergebenen Unterlagen des Auftraggebers, insbesondere Zahlenangaben, als richtig und vollständig anzusehen und dem Auftrag zu Grunde zu legen. Der Auftragnehmer ist ohne gesonderten schriftlichen Auftrag nicht verpflichtet, Unrichtigkeiten festzustellen. Insbesondere gilt dies auch für die Richtigkeit und Vollständigkeit von Rechnungen. Stellt er allerdings Unrichtigkeiten fest, so hat er dies dem Auftraggeber bekannt zu geben. Er hat im Finanzstrafverfahren die Rechte des Auftraggebers zu wahren.

(3) Der Auftraggeber hat dem Auftragnehmer die Vollständigkeit der vorgelegten Unterlagen sowie der gegebenen Auskünfte und Erklärungen im Falle von Prüfungen, Gutachten und Sachverständigentätigkeit schriftlich zu bestätigen.

(4) Wenn bei der Erstellung von Jahresabschlüssen und anderen Abschlüssen vom Auftraggeber erhebliche Risiken nicht bekannt gegeben worden sind, bestehen für den Auftragnehmer insoweit diese Risiken schlagend werden keinerlei Ersatzpflichten.

(5) Vom Auftragnehmer angegebene Termine und Zeitpläne für die Fertigstellung von Produkten des Auftragnehmers oder Teilen davon sind bestmögliche Schätzungen und, sofern nicht anders schriftlich vereinbart, nicht bindend. Selbiges gilt für etwaige Honorarschätzungen: diese werden nach bestem Wissen erstellt; sie sind jedoch stets unverbindlich.

(6) Der Auftraggeber hat dem Auftragnehmer jeweils aktuelle Kontaktdaten (insbesondere Zustelladresse) bekannt zu geben. Der Auftragnehmer darf sich bis zur Bekanntgabe neuer Kontaktdaten auf die Gültigkeit der zuletzt vom Auftraggeber bekannt gegebenen Kontaktdaten verlassen, insbesondere Zustellung an die zuletzt bekannt gegebene Adresse vornehmen lassen.

3. Sicherung der Unabhängigkeit

(1) Der Auftraggeber ist verpflichtet, alle Vorkehrungen zu treffen, um zu verhindern, dass die Unabhängigkeit der Mitarbeiter des Auftragnehmers gefährdet wird, und hat selbst jede Gefährdung dieser Unabhängigkeit zu unterlassen. Dies gilt insbesondere für Angebote auf Anstellung und für Angebote, Aufträge auf eigene Rechnung zu übernehmen.

(2) Der Auftraggeber nimmt zur Kenntnis, dass seine hierfür notwendigen personenbezogenen Daten sowie Art und Umfang inklusive Leistungszeitraum der zwischen Auftragnehmer und Auftraggeber vereinbarten Leistungen (sowohl Prüfungs- als auch Nichtprüfungsleistungen) zum Zweck der

Überprüfung des Vorliegens von Befangenheits- oder Ausschließungsgründen und Interessenkollisionen in einem allfälligen Netzwerk, dem der Auftragnehmer angehört, verarbeitet und zu diesem Zweck an die übrigen Mitglieder dieses Netzwerkes auch ins Ausland übermittelt werden. Hierfür entbindet der Auftraggeber den Auftragnehmer nach dem Datenschutzgesetz und gemäß § 80 Abs 4 Z 2 WTBG 2017 ausdrücklich von dessen Verschwiegenheitspflicht. Der Auftraggeber kann die Entbindung von der Verschwiegenheitspflicht jederzeit widerrufen.

4. Berichterstattung und Kommunikation

(1) (Berichterstattung durch den Auftragnehmer) Bei Prüfungen und Gutachten ist, soweit nichts anderes vereinbart wurde, ein schriftlicher Bericht zu erstatten.

(2) (Kommunikation an den Auftraggeber) Alle auftragsbezogenen Auskünfte und Stellungnahmen, einschließlich Berichte, (allesamt Wissenserklärungen) des Auftragnehmers, seiner Mitarbeiter, sonstiger Erfüllungsgehilfen oder Substitute („berufliche Äußerungen") sind nur dann verbindlich, wenn sie schriftlich erfolgen. Berufliche Äußerungen in elektronischen Dateiformaten, welche per Fax oder E-Mail oder unter Verwendung ähnlicher Formen der elektronischen Kommunikation (speicher- und wiedergabefähig und nicht mündlich dh zB SMS aber nicht Telefon) erfolgen, übermittelt oder bestätigt werden, gelten als schriftlich; dies gilt ausschließlich für berufliche Äußerungen. Das Risiko der Erteilung der beruflichen Äußerungen durch dazu Nichtbefugte und das Risiko der Übersendung dieser trägt der Auftraggeber.

(3) (Kommunikation an den Auftraggeber) Der Auftraggeber stimmt hiermit zu, dass der Auftragnehmer elektronische Kommunikation mit dem Auftraggeber (zB via E-Mail) in unverschlüsselter Form vornimmt. Der Auftraggeber erklärt, über die mit der Verwendung elektronischer Kommunikation verbundenen Risiken (insbesondere Zugang, Geheimhaltung, Veränderung von Nachrichten im Zuge der Übermittlung) informiert zu sein. Der Auftragnehmer, seine Mitarbeiter, sonstigen Erfüllungsgehilfen oder Substitute haften nicht für Schäden, die durch die Verwendung elektronischer Kommunikationsmittel verursacht werden.

(4) (Kommunikation an den Auftragnehmer) Der Empfang und die Weiterleitung von Informationen an den Auftragnehmer und seine Mitarbeiter sind bei Verwendung von Telefon – insbesondere in Verbindung mit automatischen Anrufbeantwortungssystemen, Fax, E-Mail und anderen Formen der elektronischen Kommunikation – nicht immer sichergestellt. Aufträge und wichtige Informationen gelten daher dem Auftragnehmer nur dann als zugegangen, wenn sie auch physisch (nicht (fern-)mündlich oder elektronisch) zugegangen sind, es sei denn, es wird im Einzelfall der Empfang ausdrücklich bestätigt. Automatische Übermittlungs- und Lesebestätigungen gelten nicht als solche ausdrücklichen Empfangsbestätigungen. Dies gilt insbesondere für die Übermittlung von Bescheiden und anderen Informationen über Fristen. Kritische und wichtige Mitteilungen müssen daher per Post oder Kurier an den Auftragnehmer gesandt werden. Die Übergabe von Schriftstücken an Mitarbeiter außerhalb der Kanzlei gilt nicht als Übergabe.

(5) (Allgemein) Schriftlich meint insoweit in Punkt 4 (2) nicht anderes bestimmt, Schriftlichkeit iSd § 886 ABGB (Unterschriftlichkeit). Eine fortgeschrittene elektronische Signatur (Art. 26 eIDAS-VO, (EU) Nr. 910/2014) erfüllt das Erfordernis der Schriftlichkeit iSd § 886 ABGB (Unterschriftlichkeit), soweit dies innerhalb der Parteiendisposition liegt.

(6) (Werbliche Information) Der Auftragnehmer wird dem Auftraggeber wiederkehrend allgemeine steuerrechtliche und allgemeine wirtschaftsrechtliche Informationen elektronisch (zB per E-Mail) übermitteln. Der Auftraggeber nimmt zur Kenntnis, dass er das Recht hat, der Zusendung von Direktwerbung jederzeit zu widersprechen.

5. Schutz des geistigen Eigentums des Auftragnehmers

(1) Der Auftraggeber ist verpflichtet, dafür zu sorgen, dass die im Rahmen des Auftrages vom Auftragnehmer erstellten Berichte, Gutachten, Organisationspläne, Entwürfe, Zeichnungen, Berechnungen und dergleichen nur für Auftragszwecke (z.B. gemäß § 44 Abs 3 EStG 1988) verwendet werden. Im Übrigen bedarf die Weitergabe schriftlicher als auch mündlicher beruflicher Äußerungen des Auftragnehmers an einen Dritten zur Nutzung der schriftlichen Zustimmung des Auftragnehmers.

(2) Die Verwendung schriftlicher als auch mündlicher beruflicher Äußerungen des Auftragnehmers zu Werbezwecken ist unzulässig; ein Verstoß berechtigt den Auftragnehmer zur fristlosen Kündigung aller noch nicht durchgeführten Aufträge des Auftraggebers.

(3) Dem Auftragnehmer verbleibt an seinen Leistungen das Urheberrecht. Die Einräumung von Werknutzungsbewilligungen bleibt der schriftlichen Zustimmung des Auftragnehmers vorbehalten.

6. Mängelbeseitigung

(1) Der Auftragnehmer ist berechtigt und verpflichtet, nachträglich hervorkommende Unrichtigkeiten und Mängel in seiner schriftlichen als auch mündlichen beruflichen Äußerung zu beseitigen, und verpflichtet, den Auftraggeber hiervon unverzüglich zu verständigen. Er ist berechtigt, auch über die ursprüngliche berufliche Äußerung informierte Dritte von der Änderung zu verständigen.

(2) Der Auftraggeber hat Anspruch auf die kostenlose Beseitigung von Unrichtigkeiten, sofern diese durch den Auftragnehmer zu vertreten sind; dieser Anspruch erlischt sechs Monate nach erbrachter Leistung des Auftragnehmers bzw. – falls eine schriftliche berufliche Äußerung nicht abgegeben wird – sechs Monate nach Beendigung der beanstandeten Tätigkeit des Auftragnehmers.

(3) Der Auftraggeber hat bei Fehlschlägen der Nachbesserung etwaiger Mängel Anspruch auf Minderung. Soweit darüber hinaus Schadenersatzansprüche bestehen, gilt Punkt 7.

7. Haftung

(1) Sämtliche Haftungsregelungen gelten für alle Streitigkeiten im Zusammenhang mit dem Auftragsverhältnis, gleich aus welchem Rechtsgrund. Der Auftragnehmer haftet für Schäden im Zusammenhang mit dem Auftragsverhältnis (einschließlich dessen Beendigung) nur bei Vorsatz und grober Fahrlässigkeit. Die Anwendbarkeit des § 1298 Satz 2 ABGB wird ausgeschlossen.

(2) Im Falle grober Fahrlässigkeit beträgt die Ersatzpflicht des Auftragnehmers höchstens das zehnfache der Mindestversicherungssumme der Berufshaftpflichtversicherung gemäß § 11 Wirtschaftstreuhandberufsgesetz 2017 (WTBG 2017) in der jeweils geltenden Fassung.

(3) Die Beschränkung der Haftung gemäß Punkt 7 (2) bezieht sich auf den einzelnen Schadensfall. Der einzelne Schadensfall umfasst sämtliche Folgen einer Pflichtverletzung ohne Rücksicht darauf, ob Schäden in einem oder in mehreren aufeinander folgenden Jahren entstanden sind. Dabei gilt mehrfaches auf gleicher oder gleichartiger Fehlerquelle beruhendes Tun oder Unterlassen als eine einheitliche Pflichtverletzung, wenn die betreffenden Angelegenheiten miteinander in rechtlichem und wirtschaftlichem Zusammenhang stehen. Ein einheitlicher Schaden bleibt ein einzelner Schadensfall, auch wenn er auf mehreren Pflichtverletzungen beruht. Weiters ist, außer bei vorsätzlicher Schädigung, eine Haftung des Auftragnehmers für entgangenen Gewinn sowie Begleit-, Folge-, Neben- oder ähnliche Schäden, ausgeschlossen.

(4) Jeder Schadenersatzanspruch kann nur innerhalb von sechs Monaten nachdem der oder die Anspruchsberechtigten von dem Schaden Kenntnis erlangt haben, spätestens aber innerhalb von drei Jahren ab Eintritt des (Primär)Schadens nach dem anspruchsbegründenden Ereignis gerichtlich geltend gemacht werden, sofern nicht in gesetzlichen Vorschriften zwingend andere Verjährungsfristen festgesetzt sind.

(5) Im Falle der (tatbestandsmäßigen) Anwendbarkeit des § 275 UGB gelten dessen Haftungsnormen auch dann, wenn an der Durchführung des Auftrages mehrere Personen beteiligt gewesen oder mehrere zum Ersatz verpflichtende Handlungen begangen worden sind und ohne Rücksicht darauf, ob andere Beteiligte vorsätzlich gehandelt haben.

(6) In Fällen, in denen ein förmlicher Bestätigungsvermerk erteilt wird, beginnt die Verjährungsfrist spätestens mit Erteilung des Bestätigungsvermerkes zu laufen.

(7) Wird die Tätigkeit unter Einschaltung eines Dritten, z.B. eines Daten verarbeitenden Unternehmens, durchgeführt, so gelten mit Benachrichtigung des Auftraggebers darüber nach Gesetz oder Vertrag be- oder entstehende Gewährleistungs- und Schadenersatzansprüche gegen den Dritten als an den Auftraggeber abgetreten. Der Auftragnehmer haftet, unbeschadet Punkt 4. (3), diesfalls nur für Verschulden bei der Auswahl des Dritten.

(8) Eine Haftung des Auftragnehmers Dritten gegenüber ist in jedem Fall ausgeschlossen. Geraten Dritte mit der Arbeit des Auftragnehmers wegen des Auftraggebers in welcher Form auch immer in Kontakt hat der Auftraggeber diese über diesen Umstand ausdrücklich aufzuklären. Soweit ein solcher Haftungsausschluss gesetzlich nicht zulässig ist oder eine Haftung gegenüber Dritten vom Auftragnehmer ausnahmsweise übernommen wurde, gelten subsidiär diese Haftungsbeschränkungen jedenfalls auch gegenüber Dritten. Dritte können jedenfalls keine Ansprüche stellen, die über einen allfälligen Anspruch des Auftraggebers hinausgehen. Die Haftungshöchstsumme gilt nur insgesamt einmal für alle Geschädigten, einschließlich der Ersatzansprüche des Auftraggebers selbst, auch wenn mehrere Personen (der Auftraggeber und ein Dritter oder auch mehrere Dritte) geschädigt worden sind; Geschädigte werden nach ihrem Zuvorkommen befriedigt. Der Auftraggeber wird den Auftragnehmer und dessen Mitarbeiter von sämtlichen Ansprüchen Dritter im Zusammenhang mit der Weitergabe schriftlicher als auch mündlicher beruflicher Äußerungen des Auftragnehmers an diese Dritte schad- und klaglos halten.

(9) Punkt 7 gilt auch für allfällige Haftungsansprüche des Auftraggebers im Zusammenhang mit dem Auftragsverhältnis gegenüber Dritten (Erfüllungs- und Besorgungsgehilfen des Auftragnehmers) und den Substituten des Auftragnehmers.

8. Verschwiegenheitspflicht, Datenschutz

(1) Der Auftragnehmer ist gemäß § 80 WTBG 2017 verpflichtet, über alle Angelegenheiten, die ihm im Zusammenhang mit seiner Tätigkeit für den Auftraggeber bekannt werden, Stillschweigen zu bewahren, es sei denn, dass der Auftraggeber ihn von dieser Schweigepflicht entbindet oder gesetzliche Äußerungspflichten entgegenstehen.

(2) Soweit es zur Verfolgung von Ansprüchen des Auftragnehmers (insbesondere Ansprüche auf Honorar) oder zur Abwehr von Ansprüchen gegen den Auftragnehmer (insbesondere Schadenersatzansprüche des Auftraggebers oder Dritter gegen den Auftragnehmer) notwendig ist, ist der Auftragnehmer von seiner beruflichen Verschwiegenheitspflicht entbunden.

(3) Der Auftragnehmer darf Berichte, Gutachten und sonstige schriftliche berufliche Äußerungen über die Ergebnisse seiner Tätigkeit Dritten nur mit Einwilligung des Auftraggebers aushändigen, es sei denn, dass eine gesetzliche Verpflichtung hierzu besteht.

(4) Der Auftragnehmer ist datenschutzrechtlich Verantwortlicher im Sinne der Datenschutz-Grundverordnung („DSGVO") hinsichtlich aller im Rahmen des Auftrages verarbeiteter personenbezogenen Daten. Der Auftragnehmer ist daher befugt, ihm anvertraute personenbezogene Daten im Rahmen der Grenzen des Auftrages zu verarbeiten. Dem Auftragnehmer überlassene Materialien (Papier und Datenträger) werden grundsätzlich nach Beendigung der diesbezüglichen Leistungserbringung dem Auftraggeber oder an vom Auftraggeber namhaft gemachte Dritte übergeben oder wenn dies gesondert vereinbart ist vom Auftragnehmer verwahrt oder vernichtet. Der Auftragnehmer ist berechtigt Kopien davon aufzubewahren soweit er diese zur ordnungsgemäßen Dokumentation seiner Leistungen benötigt oder es rechtlich geboten oder berufsüblich ist.

(5) Sofern der Auftragnehmer den Auftraggeber dabei unterstützt, die den Auftraggeber als datenschutzrechtlich Verantwortlichen treffenden Pflichten gegenüber Betroffenen zu erfüllen, so ist der Auftragnehmer berechtigt, den entstandenen tatsächlichen Aufwand an den Auftraggeber zu verrechnen. Gleiches gilt für den Aufwand, der für Auskünfte im Zusammenhang mit dem Auftragsverhältnis anfällt, die nach Entbindung von der Verschwiegenheitspflicht durch den Auftraggeber gegenüber Dritten diesen Dritten erteilt werden.

9. Rücktritt und Kündigung („Beendigung")

(1) Die Erklärung der Beendigung eines Auftrags hat schriftlich zu erfolgen (siehe auch Punkt. 4 (4) und (5)). Das Erlöschen einer bestehenden Vollmacht bewirkt keine Beendigung des Auftrags.

(2) Soweit nicht etwas anderes schriftlich vereinbart oder gesetzlich zwingend vorgeschrieben ist, können die Vertragspartner den Vertrag jederzeit mit sofortiger Wirkung beendigen. Der Honoraranspruch bestimmt sich nach Punkt 11.

(3) Ein Dauerauftrag (befristeter oder unbefristeter Auftrag über, wenn auch nicht ausschließlich, die Erbringung wiederholter Einzelleistungen, auch mit Pauschalvergütung) kann allerdings, soweit nichts anderes schriftlich vereinbart ist, ohne Vorliegen eines wichtigen Grundes nur unter Einhaltung einer Frist von drei Monaten („Beendigungsfrist") zum Ende eines Kalendermonats beendet werden.

(4) Nach Erklärung der Beendigung eines Dauerauftrags – sind, soweit im Folgenden nicht abweichend bestimmt, nur jene einzelnen Werke vom Auftragnehmer noch fertigzustellen (verbleibender Auftragsstand), deren vollständige Ausführung innerhalb der Beendigungsfrist (grundsätzlich) möglich ist, soweit diese innerhalb eines Monats nach Beginn des Laufs der Beendigungsfrist dem Auftraggeber schriftlich im Sinne des Punktes 4 (2) bekannt gegeben werden. Der verbleibende Auftragsstand ist innerhalb der Beendigungsfrist fertig zu stellen, sofern sämtliche erforderlichen Unterlagen rechtzeitig zur Verfügung gestellt werden und so weit nicht ein wichtiger Grund vorliegt, der dies hindert.

(5) Wären bei einem Dauerauftrag mehr als 2 gleichartige, üblicherweise nur einmal jährlich zu erstellende Werke (z.B. Jahresabschlüsse, Steuererklärungen etc.) fertig zu stellen, so zählen die über 2 hinaus gehenden Werke nur bei ausdrücklichem Einverständnis des Auftraggebers zum verbleibenden Auftragsstand. Auf diesen Umstand ist der Auftraggeber in der Bekanntgabe gemäß Punkt 9 (4) gegebenenfalls ausdrücklich hinzuweisen.

10. Beendigung bei Annahmeverzug und unterlassener Mitwirkung des Auftraggebers und rechtlichen Ausführungshindernissen

(1) Kommt der Auftraggeber mit der Annahme der vom Auftragnehmer angebotenen Leistung in Verzug oder unterlässt der Auftraggeber eine ihm nach Punkt 2. oder sonst wie obliegende Mitwirkung, so ist der Auftragnehmer zur fristlosen Beendigung des Vertrages berechtigt. Gleiches gilt, wenn der Auftraggeber eine (auch teilweise) Durchführung des Auftrages verlangt, die, nach begründetem Dafürhalten des Auftragnehmers, nicht der Rechtslage oder berufsüblichen Grundsätzen entspricht. Seine Honoraransprüche bestimmen sich nach Punkt 11. Annahmeverzug sowie unterlassene Mitwirkung seitens des Auftraggebers begründen auch dann den Anspruch des Auftragnehmers auf Ersatz der ihm hierdurch entstandenen Mehraufwendungen sowie des verursachten Schadens, wenn der Auftragnehmer von seinem Kündigungsrecht keinen Gebrauch macht.

(2) Bei Verträgen über die Führung der Bücher, die Vornahme der Personalsachbearbeitung oder Abgabenverrechnung ist eine fristlose Beendigung durch den Auftragnehmer gemäß Punkt 10 (1) zulässig, wenn der Auftraggeber seiner Mitwirkungspflicht gemäß Punkt 2. (1) zweimal nachweislich nicht nachkommt.

11. Honoraranspruch

(1) Unterbleibt die Ausführung des Auftrages (z.B. wegen Rücktritt oder Kündigung), so gebührt dem Auftragnehmer gleichwohl das vereinbarte Entgelt (Honorar), wenn er zur Leistung bereit war und durch Umstände, deren Ursache auf Seiten des Auftraggebers liegen, ein bloßes Mitverschulden des Auftragnehmers bleibt diesbezüglich außer Ansatz, daran gehindert worden ist; der Auftragnehmer braucht sich in diesem Fall nicht anrechnen zu lassen, was er durch anderweitige Verwendung seiner und seiner Mitarbeiter Arbeitskraft erwirbt oder zu erwerben unterlässt.

(2) Bei Beendigung eines Dauerauftrags gebührt das vereinbarte Entgelt für den verbleibenden Auftragsstand, sofern er fertiggestellt wird oder dies aus Gründen, die dem Auftraggeber zuzurechnen sind, unterbleibt (auf Punkt 11. (1) wird verwiesen). Vereinbarte Pauschalhonorare sind gegebenenfalls zu aliquotieren.

(3) Unterbleibt eine zur Ausführung des Werkes erforderliche Mitwirkung des Auftraggebers, so ist der Auftragnehmer auch berechtigt, ihm zur Nachholung eine angemessene Frist zu setzen mit der Erklärung, dass nach fruchtlosem

Verstreichen der Frist der Vertrag als aufgehoben gelte, im Übrigen gelten die Folgen des Punkt 11. (1).

(4) Bei Nichteinhaltung der Beendigungsfrist gemäß Punkt 9. (3) durch den Auftraggeber, sowie bei Vertragsauflösung gemäß Punkt 10. (2) durch den Auftragnehmer behält der Auftragnehmer den vollen Honoraranspruch für drei Monate.

12. Honorar

(1) Sofern nicht ausdrücklich Unentgeltlichkeit vereinbart ist, wird jedenfalls gemäß § 1004 und § 1152 ABGB eine angemessene Entlohnung geschuldet. Höhe und Art des Honoraranspruchs des Auftragnehmers ergeben sich aus der zwischen ihm und seinem Auftraggeber getroffenen Vereinbarung. Sofern nicht nachweislich eine andere Vereinbarung getroffen wurde, sind Zahlungen des Auftraggebers immer auf die älteste Schuld anzurechnen.

(2) Die kleinste verrechenbare Leistungseinheit beträgt eine Viertelstunde.

(3) Auch die Wegzeit wird im notwendigen Umfang verrechnet.

(4) Das Aktenstudium in der eigenen Kanzlei, das nach Art und Umfang zur Vorbereitung des Auftragnehmers notwendig ist, kann gesondert verrechnet werden.

(5) Erweist sich durch nachträglich hervorgekommene besondere Umstände oder auf Grund besonderer Inanspruchnahme durch den Auftraggeber ein bereits vereinbartes Entgelt als unzureichend, so hat der Auftragnehmer den Auftraggeber darauf hinzuweisen und sind Nachverhandlungen zur Vereinbarung eines angemessenen Entgelts zu führen (auch bei unzureichenden Pauschalhonoraren).

(6) Der Auftragnehmer verrechnet die Nebenkosten und die Umsatzsteuer zusätzlich. Beispielhaft aber nicht abschließend im Folgenden (7) bis (9):

(7) Zu den verrechenbaren Nebenkosten zählen auch belegte oder pauschalierte Barauslagen, Reisespesen (bei Bahnfahrten 1. Klasse), Diäten, Kilometergeld, Kopierkosten und ähnliche Nebenkosten.

(8) Bei besonderen Haftpflichtversicherungserfordernissen zählen die betreffenden Versicherungsprämien (inkl. Versicherungssteuer) zu den Nebenkosten.

(9) Weiters sind als Nebenkosten auch Personal- und Sachaufwendungen für die Erstellung von Berichten, Gutachten uä. anzusehen.

(10) Für die Ausführung eines Auftrages, dessen gemeinschaftliche Erledigung mehreren Auftragnehmern übertragen worden ist, wird von jedem das seiner Tätigkeit entsprechende Entgelt verrechnet.

(11) Entgelte und Entgeltvorschüsse sind mangels anderer Vereinbarungen sofort nach deren schriftlicher Geltendmachung fällig. Für Entgeltzahlungen, die später als 14 Tage nach Fälligkeit geleistet werden, können Verzugszinsen verrechnet werden. Bei beiderseitigen Unternehmergeschäften gelten Verzugszinsen in der in § 456 1. und 2. Satz UGB festgelegten Höhe.

(12) Die Verjährung richtet sich nach § 1486 ABGB und beginnt mit Ende der Leistung bzw. mit späterer, in angemessener Frist erfolgter Rechnungslegung zu laufen.

(13) Gegen Rechnungen kann innerhalb von 4 Wochen ab Rechnungsdatum schriftlich beim Auftragnehmer Einspruch erhoben werden. Andernfalls gilt die Rechnung als anerkannt. Die Aufnahme einer Rechnung in die Bücher gilt jedenfalls als Anerkenntnis.

(14) Auf die Anwendung des § 934 ABGB im Sinne des § 351 UGB, das ist die Anfechtung wegen Verkürzung über die Hälfte für Geschäfte unter Unternehmern, wird verzichtet.

(15) Falls bei Aufträgen betreffend die Führung der Bücher, die Vornahme der Personalsachbearbeitung oder Abgabenverrechnung ein Pauschalhonorar vereinbart ist, so sind mangels anderweitiger schriftlicher Vereinbarung die Vertretungstätigkeit im Zusammenhang mit abgaben- und beitragsrechtlichen Prüfungen aller Art einschließlich der Abschluss von Vergleichen über Abgabenbemessungs- oder Beitragsgrundlagen, Berichterstattung, Rechtsmittelerhebung uä gesondert zu honorieren. Sofern nichts anderes schriftlich vereinbart ist, gilt das Honorar als jeweils für ein Auftragsjahr vereinbart.

(16) Die Bearbeitung besonderer Einzelfragen im Zusammenhang mit den im Punkt 12. (15) genannten Tätigkeiten, insbesondere Feststellungen über das prinzipielle Vorliegen einer Pflichtversicherung, erfolgt nur aufgrund eines besonderen Auftrages.

(17) Der Auftragnehmer kann entsprechende Vorschüsse verlangen und seine (fortgesetzte) Tätigkeit von der Zahlung dieser Vorschüsse abhängig machen.

Bei Daueraufträgen darf die Erbringung weiterer Leistungen bis zur Bezahlung früherer Leistungen (sowie allfälliger Vorschüsse gemäß Satz 1) verweigert werden. Bei Erbringung von Teilleistungen und offener Teilhonorierung gilt dies sinngemäß.

(18) Eine Beanstandung der Arbeiten des Auftragnehmers berechtigt, außer bei offenkundigen wesentlichen Mängeln, nicht zur auch nur teilweisen Zurückhaltung der ihm nach Punkt 12. zustehenden Honorare, sonstigen Entgelte, Kostenersätze und Vorschüsse (Vergütungen).

(19) Eine Aufrechnung gegen Forderungen des Auftragnehmers auf Vergütungen nach Punkt 12. ist nur mit unbestrittenen oder rechtskräftig festgestellten Forderungen zulässig.

13. Sonstiges

(1) Im Zusammenhang mit Punkt 12. (17) wird auf das gesetzliche Zurückbehaltungsrecht (§ 471 ABGB, § 369 UGB) verwiesen; wird das Zurückbehaltungsrecht zu Unrecht ausgeübt, haftet der Auftragnehmer grundsätzlich gemäß Punkt 7. aber in Abweichung dazu nur bis zur Höhe seiner noch offenen Forderung.

(2) Der Auftraggeber hat keinen Anspruch auf Ausfolgung von im Zuge der Auftragserfüllung vom Auftragnehmer erstellten Arbeitspapieren und ähnlichen Unterlagen. Im Falle der Auftragserfüllung unter Einsatz elektronischer Buchhaltungssysteme ist der Auftragnehmer berechtigt, nach Übergabe sämtlicher vom Auftragnehmer auftragsbezogen damit erstellter Daten, für die den Auftraggeber eine Aufbewahrungspflicht trifft, in einem strukturierten, gängigen und maschinenlesbaren Format an den Auftraggeber bzw. an den nachfolgenden Wirtschaftstreuhänder, die Daten zu löschen. Für die Übergabe dieser Daten in einem strukturierten, gängigen und maschinenlesbaren Format hat der Auftragnehmer Anspruch auf ein angemessenes Honorar (Punkt 12 gilt sinngemäß). Ist eine Übergabe dieser Daten in einem strukturierten, gängigen und maschinenlesbaren Format aus besonderen Gründen unmöglich oder untunlich, können diese ersatzweise im Vollausdruck übergeben werden. Eine Honorierung steht diesfalls dafür nicht zu.

(3) Der Auftragnehmer hat auf Verlangen und Kosten des Auftraggebers alle Unterlagen herauszugeben, die er aus Anlass seiner Tätigkeit von diesem erhalten hat. Dies gilt jedoch nicht für den Schriftwechsel zwischen dem Auftragnehmer und seinem Auftraggeber und für die Schriftstücke, die der Auftraggeber in Urschrift besitzt und für Schriftstücke, die einer

Aufbewahrungspflicht nach den für den Auftragnehmer geltenden rechtlichen Bestimmungen zur Verhinderung von Geldwäsche unterliegen. Der Auftragnehmer kann von Unterlagen, die er an den Auftraggeber zurückgibt, Abschriften oder Fotokopien anfertigen. Sind diese Unterlagen bereits einmal an den Auftraggeber übermittelt worden so hat der Auftragnehmer Anspruch auf ein angemessenes Honorar (Punkt 12. gilt sinngemäß).

(4) Der Auftraggeber hat die dem Auftragsnehmer übergebenen Unterlagen nach Abschluss der Arbeiten binnen 3 Monaten abzuholen. Bei Nichtabholung übergebener Unterlagen kann der Auftragnehmer nach zweimaliger nachweislicher Aufforderung an den Auftraggeber, übergebene Unterlagen abzuholen, diese auf dessen Kosten zurückstellen und/oder ein angemessenes Honorar in Rechnung stellen (Punkt 12. gilt sinngemäß). Die weitere Aufbewahrung kann auch auf Kosten des Auftraggebers durch Dritte erfolgen. Der Auftragnehmer haftet im Weiteren nicht für Folgen aus Beschädigung, Verlust oder Vernichtung der Unterlagen.

(5) Der Auftragnehmer ist berechtigt, fällige Honorarforderungen mit etwaigen Depotguthaben, Verrechnungsgeldern, Treuhandgeldern oder anderen in seiner Gewahrsame befindlichen liquiden Mitteln auch bei ausdrücklicher Inverwahrungnahme zu kompensieren, sofern der Auftraggeber mit einem Gegenanspruch des Auftragnehmers rechnen musste.

(6) Zur Sicherung einer bestehenden oder künftigen Honorarforderung ist der Auftragnehmer berechtigt, ein finanzamtliches Guthaben oder ein anderes Abgaben- oder Beitragsguthaben des Auftraggebers auf ein Anderkonto zu transferieren. Diesfalls ist der Auftraggeber vom erfolgten Transfer zu verständigen. Danach kann der sichergestellte Betrag entweder im Einvernehmen mit dem Auftraggeber oder bei Vollstreckbarkeit der Honorarforderung eingezogen werden.

14. Anzuwendendes Recht, Erfüllungsort, Gerichtsstand

(1) Für den Auftrag, seine Durchführung und die sich hieraus ergebenden Ansprüche gilt ausschließlich österreichisches Recht unter Ausschluss des nationalen Verweisungsrechts.

(2) Erfüllungsort ist der Ort der beruflichen Niederlassung des Auftragnehmers.

(3) Gerichtsstand ist – mangels abweichender schriftlicher Vereinbarung – das sachlich zuständige Gericht des Erfüllungsortes.

II. TEIL

15. Ergänzende Bestimmungen für Verbrauchergeschäfte

(1) Für Verträge zwischen Wirtschaftstreuhändern und Verbrauchern gelten die zwingenden Bestimmungen des Konsumentenschutzgesetzes.

(2) Der Auftragnehmer haftet nur für vorsätzliche und grob fahrlässig verschuldete Verletzung der übernommenen Verpflichtungen.

(3) Anstelle der im Punkt 7 Abs 2 normierten Begrenzung ist auch im Falle grober Fahrlässigkeit die Ersatzpflicht des Auftragnehmers nicht begrenzt.

(4) Punkt 6 Abs 2 (Frist für Mängelbeseitigungsanspruch) und Punkt 7 Abs 4 (Geltendmachung der Schadenersatzansprüche innerhalb einer bestimmten Frist) gilt nicht.

(5) Rücktrittsrecht gemäß § 3 KSchG:
Hat der Verbraucher seine Vertragserklärung nicht in den vom Auftragnehmer dauernd benützten Kanzleiräumen abgegeben, so kann er von seinem Vertragsantrag oder vom Vertrag zurücktreten. Dieser Rücktritt kann bis zum Zustandekommen des Vertrages oder danach binnen einer Woche erklärt werden; die Frist beginnt mit der Ausfolgung einer Urkunde, die zumindest den Namen und die Anschrift des Auftragnehmers sowie eine Belehrung über das Rücktrittsrecht enthält, an den Verbraucher, frühestens jedoch mit dem Zustandekommen des Vertrages zu laufen. Das Rücktrittsrecht steht dem Verbraucher nicht zu,

1. wenn er selbst die geschäftliche Verbindung mit dem Auftragnehmer oder dessen Beauftragten zwecks Schließung dieses Vertrages angebahnt hat,

2. wenn dem Zustandekommen des Vertrages keine Besprechungen zwischen den Beteiligten oder ihren Beauftragten vorangegangen sind oder

3. bei Verträgen, bei denen die beiderseitigen Leistungen sofort zu erbringen sind, wenn sie üblicherweise von Auftragnehmern außerhalb ihrer Kanzleiräume geschlossen werden und das vereinbarte Entgelt € 15 nicht übersteigt.

Der Rücktritt bedarf zu seiner Rechtswirksamkeit der Schriftform. Es genügt, wenn der Verbraucher ein Schriftstück, das seine Vertragserklärung oder die des Auftragnehmers enthält, dem Auftragnehmer mit einem Vermerk zurückstellt, der erkennen lässt, dass der Verbraucher das Zustandekommen

437

oder die Aufrechterhaltung des Vertrages ablehnt. Es genügt, wenn die Erklärung innerhalb einer Woche abgesendet wird.

Tritt der Verbraucher gemäß § 3 KSchG vom Vertrag zurück, so hat Zug um Zug

1. der Auftragnehmer alle empfangenen Leistungen samt gesetzlichen Zinsen vom Empfangstag an zurückzuerstatten und den vom Verbraucher auf die Sache gemachten notwendigen und nützlichen Aufwand zu ersetzen,

2. der Verbraucher dem Auftragnehmer den Wert der Leistungen zu vergüten, soweit sie ihm zum klaren und überwiegenden Vorteil gereichen.
Gemäß § 4 Abs 3 KSchG bleiben Schadenersatzansprüche unberührt.

(6) Kostenvoranschläge gemäß § 5 KSchG:
Für die Erstellung eines Kostenvoranschlages im Sinn des § 1170a ABGB durch den Auftragnehmer hat der Verbraucher ein Entgelt nur dann zu zahlen, wenn er vorher auf diese Zahlungspflicht hingewiesen worden ist.
Wird dem Vertrag ein Kostenvoranschlag des Auftragnehmers zugrunde gelegt, so gilt dessen Richtigkeit als gewährleistet, wenn nicht das Gegenteil ausdrücklich erklärt ist.

(7) Mängelbeseitigung: Punkt 6 wird ergänzt:
Ist der Auftragnehmer nach § 932 ABGB verpflichtet, seine Leistungen zu verbessern oder Fehlendes nachzutragen, so hat er diese Pflicht zu erfüllen, an dem Ort, an dem die Sache übergeben worden ist. Ist es für den Verbraucher tunlich, die Werke und Unterlagen vom Auftragnehmer gesendet zu erhalten, so kann dieser diese Übersendung auf seine Gefahr und Kosten vornehmen.

(8) Gerichtsstand: Anstelle Punkt 14. (3) gilt:
Hat der Verbraucher im Inland seinen Wohnsitz oder seinen gewöhnlichen Aufenthalt oder ist er im Inland beschäftigt, so kann für eine Klage gegen ihn nach den §§ 88, 89, 93 Abs 2 und 104 Abs 1 JN nur die Zuständigkeit eines Gerichtes begründet werden, in dessen Sprengel der Wohnsitz, der gewöhnliche Aufenthalt oder der Ort der Beschäftigung liegt.

(9) Verträge über wiederkehrende Leistungen:

(a) Verträge, durch die sich der Auftragnehmer zu Werkleistungen und der Verbraucher zu wiederholten Geldzahlungen verpflichten und die für eine unbestimmte oder eine ein Jahr übersteigende Zeit geschlossen worden sind, kann der Verbraucher unter Einhaltung einer zweimonatigen Frist zum Ablauf des ersten Jahres, nachher zum Ablauf jeweils eines halben Jahres kündigen.

(b) Ist die Gesamtheit der Leistungen eine nach ihrer Art unteilbare Leistung, deren Umfang und Preis schon bei der Vertragsschließung bestimmt sind, so kann der erste Kündigungstermin bis zum Ablauf des zweiten Jahres hinausgeschoben werden. In solchen Verträgen kann die Kündigungsfrist auf höchstens sechs Monate verlängert werden.

(c) Erfordert die Erfüllung eines bestimmten, in lit. a) genannten Vertrages erhebliche Aufwendungen des Auftragnehmers und hat er dies dem Verbraucher spätestens bei der Vertragsschließung bekannt gegeben, so können den Umständen angemessene, von den in lit. a) und b) genannten abweichende Kündigungstermine und Kündigungsfristen vereinbart werden.

(d) Eine Kündigung des Verbrauchers, die nicht fristgerecht ausgesprochen worden ist, wird zum nächsten nach Ablauf der Kündigungsfrist liegenden Kündigungstermin wirksam.

KAPITEL 38

Datenschutzinformation und Einwilligungserklärung für Buchhalter (BH), Bilanzbuchhalter (BBH) und Personalverrechner (PV) nach der Datenschutz-Grundverordnung

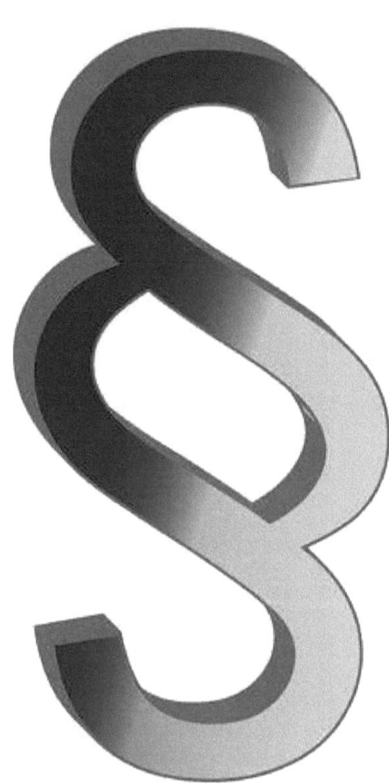

DATENSCHUTZINFORMATION UND EINWILLIGUNGSERKLÄRUNG

[**Name des Unternehmens einfügen**] ist gesetzlich zum Schutz Ihrer personenbezogenen Daten verpflichtet und nimmt diesen Auftrag ernst.

Einwilligungserklärung

☐ Ich bin damit einverstanden, dass [**Name des Unternehmens**] zur Durchführung der [**Zwecke einfüllen, zB Buchhaltung/Bilanzbuchhaltung/Personalverrechnung**] personenbezogene Daten über meine [**Datenarten einfügen, zB Religionszugehörigkeit und Gewerkschaftszugehörigkeit**] verarbeitet.

Da diese sensiblen Daten besonders schützenswert sind, verarbeiten wir sie nur mit Ihrer ausdrücklichen Einwilligung. Sie können diese Einwilligung jederzeit über unsere angegebenen Kontaktmöglichkeiten widerrufen. Die Rechtmäßigkeit der Datenverarbeitung bis zum Zeitpunkt Ihres Widerrufes bleibt davon unberührt. Weitere Informationen darüber, wie wir Ihre Daten verarbeiten, erhalten Sie in den folgenden Datenschutzinformationen.

Datenschutzinformationen

Welche Ihrer Daten werden verarbeitet?

Diese Datenschutzerklärung ist integraler Bestandteil des Vertrages, mit dem [**Name des Unternehmens**] als [**Buchhalter/Bilanzbuchhalter/Personalverrechner**] beauftragt wurde.

Zum Zwecke der Erfüllung dieses Vertrages ist es erforderlich, folgende personenbezogene Daten von Ihnen zu verarbeiten: [**z.B. Personalnummer, Name, Geburtsdatum, Geschlecht, Personenstand, Staatsbürgerschaft, Bankverbindung, Sozialversicherungsnummer, Sozialversicherungsträger, Eintrittsdatum, Vordienstzeiten, Austrittsdatum, Kündigungsfrist, Art der Beendigung des Dienstverhältnisses, etc.**].

Die unter dem Punkt „**Einwilligungserklärung**" (siehe oben) genannten Daten verarbeiten wir ebenfalls zur Erfüllung des Auftragsverhältnisses, sofern Sie uns dazu Ihre entsprechende Einwilligung erteilt haben.

Wir haben Daten über Sie von [**Quelle angeben**] auf Grundlage [**zB Ihrer Einwilligung, zur Vertragserfüllung mit Ihnen**] für [**Zweck ergänzen**] erhalten.

Wer erhält Ihre Daten?

Um die genannten Zwecke zu erreichen, kann es erforderlich sein, dass wir Ihre Daten an weitere Empfänger (insbesondere an unsere vertraglichen Dienstleister, im datenschutzrechtlichen Sinn Auftragsverarbeiter) weitergeben. Dabei stellen wir über eigene Datenschutzverträge sicher, dass diese Empfänger geeignete technische und organisatorische Maßnahmen treffen, die den Schutz Ihrer Rechte gewährleisten. Diese Empfänger sind:

- [z.B. die XY-GmbH als unser IT-Dienstleister]
- [z.B. unser Konzernunternehmen XY-AG]

Wie lange werden Ihre Daten gespeichert?

Um die genannten Zwecke zu erreichen, ist es jeweils erforderlich, Ihre Daten für eine bestimmte Dauer zu speichern:

- Bücher und Aufzeichnungen, die dazugehörigen Belege, die für die Abgabenerhebung bedeutsamen Geschäftspapiere sowie sonstige Unterlagen, die für die Buchhaltung relevant sind, werden gemäß § 132 Bundesabgabenordnung für eine Dauer von sieben Jahren aufbewahrt. Diese Frist gilt ab Ende des Kalenderjahres, für das die letzte Eintragung vorgenommen wurde.
- Daten, die zur Geltendmachung, Ausübung oder Verteidigung von vertraglichen Ansprüchen erforderlich sind, werden entsprechend den gesetzlichen Verjährungsfirsten bis zu einer Dauer von drei Jahren ab Beendigung des Vertragsverhältnisses gespeichert.
- Sonstige Speicherdauern können sich insbesondere aus anderweitigen gesetzlichen Aufbewahrungsfristen ergeben.

Daneben werden Daten, die zur Geltendmachung, Ausübung oder Verteidigung von Rechtsansprüchen vor einer Behörde erforderlich sind, bis zum rechtskräftigen Abschluss des jeweiligen Verfahrens gespeichert.

Ihre Rechte:

Ihnen stehen grundsätzlich die Rechte auf Auskunft, Berichtigung, Löschung, Einschränkung, Datenübertragbarkeit und Widerspruch zu. Sie können eine erteile Einwilligung außerdem jederzeit über unsere angegebenen Kontaktmöglichkeiten widerrufen. Die Rechtmäßigkeit der Datenverarbeitung bis zum Zeitpunkt Ihres Widerrufes bleibt davon unberührt. Wenn Sie glauben, dass die Verarbeitung Ihrer Daten gegen Datenschutzrecht verstößt oder Ihre datenschutzrechtlichen Ansprüche sonst in einer Weise verletzt worden sind, können Sie sich bei der zuständigen Aufsichtsbehörde beschweren. In Österreich ist dies die Datenschutzbehörde.

Unsere Kontaktdaten:

[Name des Unternehmens]
[Adresse des Unternehmens]
[Kontaktdaten des Unternehmens, z.B.: Telefon, E-Mail]

Unser Unternehmen wird innerhalb der Europäischen Union von folgendem Vertreter repräsentiert:

[Name des Vertreters]
[Kontaktdaten des Vertreters, z.B.: Telefon, E-Mail]

Unseren Datenschutzbeauftragten erreichen Sie unter:

[Name des Datenschutzbeauftragten]
[Kontaktdaten des Datenschutzbeauftragten z.B.: Telefon, E-Mail]

LITERATUR- UND QUELLENVERZEICHNIS

<u>Stand:</u> 01.03.2025

a) <u>Gesetze entnommen aus:</u>

- Rechtsinformationssystem (RIS) des Bundes (Republik Österreich)
- Allgemein online aufrufbar unter: <u>www.ris.bka.gv.at</u>
- Zuletzt geprüft am: 01.03.2025

➤ <u>RIS:</u> Bilanzbuchhaltungsgesetz 2014 (BiBuG 2014)
<u>https://www.ris.bka.gv.at/GeltendeFassung.wxe?Abfrage=Bundesnormen&Gesetzesnummer=20008571</u>

➤ <u>RIS.</u> Gewerbeordnung 1994 (GewO 1994)
<u>https://www.ris.bka.gv.at/GeltendeFassung.wxe?Abfrage=Bundesnormen&Gesetzesnummer=10007517</u>

➤ <u>RIS:</u> Wirtschaftstreuhandberufsgesetz 2017 (WTBG 2017)
<u>https://www.ris.bka.gv.at/GeltendeFassung.wxe?Abfrage=Bundesnormen&Gesetzesnummer=20009983</u>

---

b) <u>Dokumente entnommen aus:</u>

- Wirtschaftskammer Österreich (WKÖ) / Geschäftsstelle Bilanzbuchhaltungsbehörde
- Allgemein online aufrufbar unter: <u>www.wko.at;</u> <u>https://www.wko.at/site/bilanzbuchhaltung/start.html</u>
- Zuletzt geprüft am: 01.03.2025

➤ <u>WKÖ:</u> Voraussetzungen für das Erlangen der Berufsberechtigung für Buchhalter (BH), Bilanzbuchhalter (BBH) und Personalverrechner (PV)
➤ <u>WKÖ:</u> Allgemeine Geschäftsbedingungen für Buchhalter (BH) gemäß BiBuG 2014
➤ <u>WKÖ:</u> Begleitblatt zu den Allgemeinen Geschäftsbedingungen für Buchhalter (BH) gemäß BiBuG 2014

➤ <u>WKÖ</u>: Allgemeine Geschäftsbedingungen für Bilanzbuchhalter (BBH) gemäß BiBuG 2014

➤ <u>WKÖ</u>: Begleitblatt zu den Allgemeinen Geschäftsbedingungen für Bilanzbuchhalter (BBH) gemäß BiBuG 2014

➤ <u>WKÖ</u>: Allgemeine Geschäftsbedingungen für Personalverrechner (PV) gemäß BiBuG 2014

➤ <u>WKÖ</u>: Begleitblatt zu den Allgemeinen Geschäftsbedingungen für Personalverrechner (PV) gemäß BiBuG 2014

➤ <u>WKÖ</u>: Code of Conduct und Datenschutz-Grundverordnung (DS-GVO): Verhaltensregeln für Bilanzbuchhaltungsberufe (BH, BBH, PV)

➤ <u>WKÖ</u>: Leitfaden zur EU-Datenschutz-Grundverordnung (DS-GVO) für Buchhalter (BH), Bilanzbuchhalter (BBH) und Personalverrechner (PV)

➤ <u>WKÖ</u>: Erklärung zur Verschwiegenheit der Mitarbeiter von Buchhaltern (BH), Bilanzbuchhaltern (BBH) und Personalverrechnern (PV)

➤ <u>WKÖ</u>: Verordnung des Präsidenten der Wirtschaftskammer Österreich (WKÖ) über die Ausübung der Bilanzbuchhaltungsberufe (Bilanzbuchhaltungsberufe-Ausübungsrichtlinie 2014 – BB-AR 2014)

➤ <u>WKÖ</u>: Verordnung des Präsidenten der Wirtschaftskammer Österreich (WKÖ), mit der die Verordnung über die Ausübung der Bilanzbuchhaltungsberufe (Bilanzbuchhaltungsberufe-Ausübungsrichtlinie 2014 – BB-AR 2014) geändert wird, genehmigt vom Bundesministerium für Digitalisierung und Wirtschaftsstandort mit Note vom 12.07.2018, BMDW-91.560/0013.I/3/2018

➤ <u>WKÖ</u>: Verordnung des Präsidenten der Wirtschaftskammer Österreich (WKÖ) über eine Geschäftsordnung des beratenden Ausschusses über die Einhaltung der Maßnahmen zur Verhinderung der Geldwäsche und der Terrorismusfinanzierung

➤ <u>WKÖ</u>: Verstärkte Präventionspflichten für Bilanzbuchhaltungsberufe zur Verhinderung der Geldwäsche und Terrorismusfinanzierung

➤ <u>WKÖ</u>: Identifizierung des Auftraggebers zur Verhinderung der Geldwäsche und Terrorismusfinanzierung (Checkliste der WKÖ)

➤ <u>WKÖ</u>: Risikoerhebung/Risikobeurteilung zur Verhinderung der Geldwäsche und Terrorismusfinanzierung (Checkliste der WKÖ)

➤ <u>WKÖ</u>: Checkliste zur Verdachtsmeldung der Geldwäsche und Terrorismusfinanzierung der Wirtschaftskammer Österreich (WKÖ)

➤ <u>WKÖ</u>: Information der Wirtschaftskammer Österreich (WKÖ) über eine „Politisch exponierte Person" (PEP) und Selbsterklärung des Kunden bzw. des wirtschaftlichen Eigentümers

➤ <u>WKÖ</u>: Whistleblowing: Hinweisgebersystem der Bilanzbuchhaltungsbehörde

➤ <u>WKÖ</u>: Änderung der Ermächtigung zur selbständigen Behandlung der dem Präsidenten der Wirtschaftskammer Österreich (WKÖ) vom Bilanzbuchhaltungsgesetz 2014 (BiBuG 2014) zugewiesenen Aufgaben vom 07.01.2014, ReOrg 136-9/13

➤ <u>WKÖ</u>: Fachprüfungen der Bilanzbuchhaltungsberufe: Inhalte der Fachprüfungen für Buchhalter (BH), Bilanzbuchhalter (BBH) und Personalverrechner (PV)

➤ <u>WKÖ</u>: Verordnung des Präsidenten der Wirtschaftskammer Österreich (WKÖ) über die nähere Ausgestaltung des Prüfungsverfahrens der Fachprüfungen für die Bilanzbuchhaltungsberufe (Bilanzbuchhaltungsberufe-Prüfungsverordnung 2014 – BB-PO 2014)

➤ <u>WKÖ</u>: General Terms and Conditions for Accountants (according to the Austrian Certified Management Accountant Law of 2014 – BiBuG 2014)

➤ <u>WKÖ</u>: General Terms and Conditions for Payroll Accountants (according to the Austrian Certified Management Accountant Law of 2014 – BiBuG 2014)

➤ <u>WKÖ</u>: General Terms and Conditions for Accountants and Payroll Accountants (according to the Austrian Certified Management Accountant Law of 2014 – BiBuG 2014)

➤ <u>WKÖ</u>: General Terms and Conditions for Certified Management Accountants (according to the Austrian Certified Management Accountant Law of 2014 – BiBuG 2014)

➤ <u>WKÖ</u>: Antrag auf öffentliche Bestellung als Buchhalter (BH) gemäß § 24 BiBuG

➤ <u>WKÖ</u>: Meldung über den Verzicht auf die Berufsberechtigung einer natürlichen Person gemäß § 56 BiBuG für Buchhalter (BH), Bilanzbuchhalter (BBH) und Personalverrechner (PV)

➤ <u>WKÖ</u>: Meldung über die Wiederaufnahme einer Berufsberechtigung einer natürlichen Person gemäß § 41 BiBuG für Buchhalter (BH), Bilanzbuchhalter (BBH) und Personalverrechner (PV)

➤ <u>WKÖ</u>: Meldung über das Ruhen einer Berufsberechtigung einer natürlichen Person gemäß § 41 BiBuG für Buchhalter (BH), Bilanzbuchhalter (BBH) und Personalverrechner (PV)

➤ <u>WKÖ</u>: Meldung über die Errichtung einer Zweigstelle einer natürlichen Person oder Gesellschaft gemäß § 35 BiBuG

➤ <u>WKÖ</u>: Fortbildungsnachweis für natürliche Personen: Meldung der Fortbildung gemäß § 33 Abs. 3 BiBuG 2014 betreffend Buchhalter (BH), Bilanzbuchhalter (BBH) und Personalverrechner (PV)

➤ <u>WKÖ</u>: Fortbildungsnachweis für Gesellschaften: Meldung der Fortbildung gemäß § 33 Abs. 3 BiBuG 2014 betreffend Buchhalter (BH), Bilanzbuchhalter (BBH) und Personalverrechner (PV)

➤ <u>WKÖ</u>: Datenschutz und Einwilligungserklärung für Buchhalter (BH), Bilanzbuchhalter (BBH) und Personalverrechner (PV) nach der Datenschutz-Grundverordnung

- Kammer der Steuerberater und Wirtschaftsprüfer (KSW)
- Allgemein online aufrufbar unter: www.ksw.or.at; https://www.ksw.or.at/PortalData/1/Resources/aab/AAB_2018_de.pdf
- Zuletzt geprüft am: 01.03.2025

> KSW: Allgemeine Auftragsbedingungen für Wirtschaftstreuhandberufe (AAB 2018)

---

c) Bilder entnommen aus:

- Gesetzessymbol (Paragrafen-Zeichen) bei den Kapitelunterteilungen: Michael Schwarzenberger (Deißlingen/Deutschland); Online aufrufbar unter: https://pixabay.com/de/illustrations/gesetz-symbol-recht-paragraf-447487/

<u>**NOTIZEN:**</u>